الموسوعة الجامعة لنوادر العرب

إعداد وجمع وتحرير: رأفت علام

مكتبة المشرق الإلكترونية

تم جمع وتحرير وبناء هذه النسخة الإلكترونية من المصنف عن طريق مكتبة المشرق الإلكترونية ويحظر استخدامها أو استخدام أجزاء منها بدون إذن كتابي من الناشر.

صدر في يناير 2020 عن مكتبة المشرق الإلكترونية – مصر

Table of Contents

1. الموسوعة الجامعة لنوادر العرب
2. نوادر الخلفاء
3. نوادر الأدباء
4. نوادر الكرام
5. نوادر العُشاق
6. نوادر الخلفاء العاشقين
7. نوادر بني عذرة
8. نوادر بني عامر
9. في نوادر الشعراء
10. متفرقات من نوادر العشاق
11. في مصارع العُشاق
12. متفرقات النوادر - الجزء الأول
13. متفرقات النوادر - الجزء الثاني

نوادر الخلفاء

ابْنُ الْمَهْدِيِّ وَالْمَأْمُونُ

١

إِنَّ إِبْرَاهِيمَ بْنَ الْمَهْدِيِّ أَخَا هَارُونَ الرَّشِيدِ، لَمَّا آلَتِ الْخِلَافَةُ إِلى الْمَأْمُونِ — ابْنِ أَخِيهِ هَارُونَ الرَّشِيدِ — لَمْ يُوَافِقْ عَلى ذَلِكَ، وذَهَبَ إِلى بَلْدَةِ «الرَّيِّ» وَادَّعَى فِيهَا الْخِلَافَةَ لِنَفْسِهِ، وَأَقَامَ فِيهَا نَحْوَ سَنَتَيْنِ، وَابْنُ أَخِيهِ الْمَأْمُونُ يَنْتَظِرُ مِنْهُ الطَّاعَةَ وَالِانْتِظَامَ فِي سِلْكِ الْجَمَاعَةِ حَتَّى يَئِسَ مِنْ عَوْدَتِهِ.

فَرَكِبَ وَذَهَبَ بِجَيْشِهِ إِلَى «الرَّيِّ» وحَاصَرَهَا وَافْتَتَحَهَا وَدَخَلَهَا؛ فَخَافَ إِبْرَاهِيمُ بْنُ الْمَهْدِيِّ وَخَرَجَ مُسْرِعًا مِنْ دَارِهِ عِندَ الظُّهْرِ، وَهُوَ لَا يَدْرِي إِلَى أَيْنَ يَذْهَبُ!

وَكَانَ الْمَأْمُونُ قَدْ جَعَلَ لِمَنْ أَتَاهُ بِهِ مِائَةَ أَلْفِ دِرْهَم، وَفِيمَا كَانَ إِبْرَاهِيمُ سَائِرًا فِي الطَّرِيقِ رَأَى زُقَاقًا فَمَشَى فِيهِ، فَوَجَدَهُ غَيْرَ نَافِذٍ، فَقَالَ: إِنْ رَجَعْتُ يَرْتَابُ النَّاسُ فِي أَمْرِي، وَالشَّارِعُ غَيْرُ نَافِذٍ، فَمَا الْحِيلَةُ؟!

٢

ثُمَّ نَظَرْتُ فَرَأَيْتُ فِي صَدْرِ الشَّارِعِ عَبْدًا أَسْوَدَ وَاقِفًا عَلى بَابِ بَيْتِهِ، فَتَقَدَّمْتُ إِلَيهِ، وَقُلْتُ لَهُ: هَلْ عِنْدَكَ مَوْضِعٌ أُقِيمُ فِيهِ سَاعَةً مِنَ النَّهَارِ؟ قَالَ: نَعَم. وَفَتَحَ الْبَابَ، فَدَخَلْتُ إِلَى بَيْتٍ نَظِيفٍ فِيهِ حَصِيرٌ وَبِسَاطٌ وَوِسَادَةٌ نَظِيفَةٌ، ثُمَّ أَغْلَقَ الْعَبْدُ عَلَيَّ الْبَابَ وَذَهَبَ.

فَخَطَرَ لِي أَنَّهُ سَمِعَ بِالْمُكَافَأَةِ الَّتِي خَصَّصَهَا الْمَأْمُونُ لِمَنْ يَجِيئُهُ بِي، وَطَمِعَ بِهَا وَخَرَجَ لِيَدُلَّهُ عَلَيَّ، فَبَقِيتُ خَائِفًا حَائِرًا فِي أَمْرِي، وَبَيْنَمَا كُنْتُ أُفَكِّرُ فِي ذَلِكَ إِذْ جَاءَنِيَ الْعَبْدُ وَمَعَهُ حَمَّالٌ يَحْمِلُ كُلَّ مَا يَحْتَاجُ إِلَيهِ مِنْ خُبْزٍ وَلَحْمٍ وَفَاكِهَةٍ، فَأَنْزَلَهَا عَنْ ظَهْرِ الْحَمَّالِ وَقَالَ لَهُ: امْضِ بِخَيْرٍ. فَخَرَجَ وَأَقْفَلَ وَرَاءَهُ بَابَ الدَّارِ.

ثُمَّ جَاءَنِي الْعَبْدُ وَقَالَ لِي: جُعِلْتُ فِدَاكَ يَا مَوْلَايَ، إِنِّي رَجُلٌ فَقِيرٌ، وَأَعْلَمُ أَنَّكَ رُبَّمَا تَجَنَّبْتَ قَذَارَتِي؛ فَأَتَيْتُكَ بِأَشْيَاءَ مِنْ خَارِجِ الْبَيْتِ.

٣

قَالَ إِبْرَاهِيمُ: وَكُنْتُ شَدِيدَ الْجُوعِ وَبِي حَاجَةٌ عَظِيمَةٌ إِلَى الطَّعَامِ، فَطَبَخْتُ لِنَفْسِي قِدْرًا لَمْ أَدْرِ أَنِّي أَكَلْتُ أَلَذَّ مِنْهَا فِي حَيَاتِي، فَلَمَّا انْتَهَيْتُ مِنَ الطَّعَامِ، قَالَ لِيَ الْعَبْدُ: هَلْ لَكَ يَا مَوْلَايَ فِي شَرَابٍ يُزِيلُ الْهَمَّ؟ قُلْتُ: لَا بَأْسَ، فَإِنِّي أَرْغَبُ فِي مُؤَانَسَتِكَ.

فَمَضَى وَجَاءَنِي بِشَرَابٍ مُعَطرٍ، ثمَّ قَدَّمَ لِي بَعْضَ الفَاكِهَةِ، وَقَالَ لِي: أَتَأذَنُ لِي يَا مَوْلَايَ بِالْجُلوسِ بِجَانِبِكَ؟ فَقُلْتُ لَهُ: اِجْلِسْ، ثُمَّ فَتَحَ خِزَانَةً، وَأَحْضَرَ مِنْهَا عُودًا، وَقَالَ لِي: لَا أَجْسُرُ أَنْ أَطْلُبَ مِنْكَ الْغِنَاءَ، فَهَلْ تَسْمَحُ لِي يَا مَوْلَايَ أَنْ أُغَنِّيَ؟ فَقُلْتُ لَهُ: وَمِنْ أَيْنَ عَلِمْتَ أَنِّي أُحْسِنُ الْغِنَاءَ؟

فَقَالَ: سُبْحَانَ اللهِ! مَوْلَايَ أَشْهَرُ مِنْ أَنْ يَخْفَى، أَلَسْتَ أَنْتَ سَيِّدِي إِبْرَاهِيمَ بْنَ الْمَهْدِيِّ خَلِيفَتَنَا بِالْأَمْسِ، وَالَّذِي جَعَلَ الْمَأْمُونُ لِمَنْ دَلَّهُ عَلَيهِ مِائَةَ أَلْفِ دِرْهَمٍ؟!

٤

فَلَمَّا سَمِعْتُ ذَلِكَ عَظُمَ الرَّجُلُ فِي عَيْنَيَّ، وَثَبَتَتْ لِي مُرُوءَتُهُ، فَتَنَاوَلْتُ الْعُودَ، وَقَدْ تَذَكَّرْتُ فِرَاقَ أَهْلِي وَأَوْلَادِي وَوَطَنِي؛ فَغَنَّيْتُ:

وَعَسَى الَّذِي أَهْدَى لِيُوسُفَ أَهْلَهُ
وَأَعَزَّهُ فِي السِّجْنِ وَهْوَ أَسِيرُ
أَنْ يَسْتَجِيبَ لَنَا وَيَجْمَعَ شَمْلَنَا
وَاللهُ رَبُّ الْعَالَمِينَ قَدِيرُ

فَطَرِبَ، وَقَالَ: أَتَأذَنُ لِي يَا مَوْلَايَ أَنْ أُغَنِّيَ مَا خَطَرَ بِبَالِي؟ وَإِنْ كُنْتُ مِنْ غَيْرِ أَهْلِ هَذَا الْفَنِّ! فَقُلْتُ: وَهَذَا مِنْ زِيَادَةِ أَدَبِكَ وَمُرُوءَتِكَ، فَأَخَذَ الْعُودَ وَأَنْشَدَ:

تُعَيِّرُنَا أَنَّا قَلِيلٌ عَدِيدُنَا
فَقُلْتُ لَهَا: إِنَّ الْكِرَامَ قَلِيلُ

فَطَرِبْتُ، وَنِمْتُ، وَلَمْ أَسْتَيْقِظْ إِلَّا بَعْدَ الْعِشَاءِ، فَعُدْتُ أُفَكِّرُ فِي كَرَمِ هَذَا الرَّجُلِ وَحُسْنِ أَدَبِهِ، فَقُمْتُ وَأَخَذْتُ كِيسًا كَانَ مَعِي فِيهِ دَنَانِيرُ، فَقَدَّمْتُهُ لَهُ، وَقُلْتُ: أَسْتَوْدِعُكَ اللهَ، وَأَسْأَلُكَ أَنْ تَقْبَلَ مِنِّي هَذِهِ الْهَدِيَّةَ.

فَرَفَضَ أَخْذَهَا وَأَعَادَهَا إِلَيَّ قَائِلًا: يَا مَوْلَايَ، إِنَّنَا نَحْنُ الصَّعَالِيكُ لَا قَدْرَ لَنَا عِنْدَكُمْ، فَهَلْ آخُذُ مُكَافَأَةً عَلَى مَا وَهَبَنِي إِيَّاهُ الزَّمَانُ؟! إِنَّ قُرْبَكَ وَتَشْرِيفَكَ مَنْزِلِي أَعْظَمُ مِنَ الْغِنَى، وَاللهِ لَوْ رَاجَعْتَنِي بِهَا لَقَتَلْتُ نَفْسِي!

٥

فَأَعَدْتُ الْكِيسَ وَانْصَرَفْتُ، وَلَمَّا وَصَلْتُ إِلَى الْبَابِ قَالَ لِي: يَا سَيِّدِي، إِنَّ هَذَا الْمَكَانَ أَخْفَى لَكَ مِنْ غَيْرِهِ، فَابْقَ عِنْدِي إِلَى أَنْ يُفَرِّجَ اللهُ عَنْكَ. فَقُلْتُ لَهُ: بِشَرْطِ أَنْ تَصْرِفَ مِمَّا فِي الْكِيسِ. فَتَظَاهَرَ بِالْقَبُولِ، فَأَقَمْتُ عِنْدَهُ أَيَّامًا وَأَنَا عَلَى تِلْكَ الْحَالَةِ فِي أَلَذِّ عَيْشٍ، وَهُوَ لَمْ يَصْرِفْ مِنَ الْكِيسِ شَيْئًا.

فَتَضَايَقْتُ مِنَ البَقَاءِ فِي بَيْتِهِ وَخِفْتُ مِنَ التَّثْقِيلِ عَلَيهِ؛ فَلَبِسْتُ زِيَّ النِّسَاءِ وَوَدَّعْتُهُ وَخَرَجْتُ، فَلَمَّا صِرْتُ فِي الطَّرِيقِ دَاخَلَنِي مِنَ الْخَوْفِ أَمْرٌ شَدِيدٌ وَجِئْتُ لِأَعْبُرَ الْجِسْرَ، فَنَظَرَنِي جُنْدِيٌّ كَانَ يَخْدِمُنِي، فَصَاحَ قَائِلًا: هَذَا حَاجَةُ الْمَأْمُونِ. وَقَبَضَ عَلَيَّ، فَدَفَعْتُهُ هُوَ وَفَرَسَهُ؛ فَوَقَعَا فِي حُفْرَةٍ.

فَتَجَمَّعَ النَّاسُ عَلَيْهِ، فَأَسْرَعْتُ فِي الْمَشْيِ حَتَّى قَطَعْتُ الْجِسْرَ، فَدَخَلْتُ شَارِعًا فَوَجَدْتُ بَابَ مَنْزِلٍ وَامْرَأَةً وَاقِفَةً فِي الدِّهْلِيزِ، فَقُلْتُ لَهَا: يَا سَيِّدَةَ النِّسَاءِ، أَنْقِذِي حَيَاتِي؛ فَإِنِّي رَجُلٌ خَائِفٌ. فَقَالَتْ: عَلَى الرَّحْبِ وَالسَّعَةِ، وَأَطْلَعَتْنِي إِلَي غُرْفَةٍ مَفْرُوشَةٍ وَقَدَّمَتْ لِي طَعَامًا، وَقَالَتْ: لَا تَخَفْ؛ فَمَا عَلِمَ بِكَ أَحَدٌ.

فَبَيْنَمَا هِيَ كَذَلِكَ إِذَا بِالْبَابِ يَطْرُقُ طَرْقًا شَدِيدًا؛ فَخَرَجَتْ وَفَتَحَتِ الْبَابَ، وَإِذَا بِالْجُنْدِيِّ الذِي دَفَعْتُهُ عَلَى الْجِسْرِ وَهُوَ مَجْرُوحُ الرَّأْسِ، وَدَمُهُ يَسِيلُ عَلَى ثِيَابِهِ، وَلَيسَ مَعَهُ فَرَسٌ. فَقَالَتْ: يَا هَذَا، مَاذَا أَصَابَكَ؟ قَالَ: إِنِّي حَصَلْتُ عَلَى الْغِنَى وَأَفْلَتَ مِنِّي، وَأَخْبَرَهَا بِمَا جَرَى لَهُ، فَأَخْرَجَتْ لَهُ عِصَابَةً عَصَبَتْ بِهَا رَأْسَهُ وَفَرَشَتْ لَهُ فَنَامَ.

فَطَلَعَتْ إِلَيَّ وَقَالَتْ: أَظُنُّ أَنَّكَ أَنْتَ صَاحِبُ الْقِصَّةِ. فَقُلْتُ لَهَا: نَعَمْ. فَقَالَتْ: لَا بَأْسَ عَلَيْكَ، فَلَا تَخَفْ. فَأَقَمْتُ عِنْدَهَا ثَلَاثَةَ أَيَّامٍ، ثُمَّ قَالَتْ لِي: إِنِّي أَخَافُ عَلَيْكَ مِنْ هَذَا الرَّجُلِ، وَأَشَارَتْ إِلَى زَوْجِهَا؛ لِئَلَّا يَرَاكَ فَيُبَلِّغَ عَنْكَ، فَأَرَى أَنْ تَنْجُوَ بِنَفْسِكَ. فَسَأَلْتُهَا الْمُهْلَةَ إِلَى اللَّيلِ، فَقَالَتْ: لَا بَأْسَ بِذَلِكَ.

فَلَمَّا جَاءَ اللَّيلُ لَبِسْتُ زِيَّ النِّسَاءِ، وَخَرَجْتُ مِنْ عِنْدِهَا، وَأَتَيْتُ إِلَى بَيْتِ جَارِيَةٍ لِي، فَلَمَّا رَأَتْنِي بَكَتْ وَتَوَجَّعَتْ وَحَمِدَتِ اللهَ عَلَى سَلَامَتِي وَخَرَجَتْ، وَهِيَ تُوهِمُنِي أَنَّهَا ذَاهِبَةٌ إِلَى السُّوقِ لِلِاهْتِمَامِ بِالضِّيَافَةِ، وَظَنَنْتُ بِهَا خَيْرًا.

وَلَمْ يَمْضِ قَلِيلٌ حَتَّى رَأَيْتُ إِبْرَاهِيمَ الْمَوْصِلِيَّ قَدْ أَقْبَلَ بِجُنُودِهِ، وَالْجَارِيَةُ مَعَهُ، فَأَسْلَمَتْنِي إِلَيْهِ، فَرَأَيْتُ الْمَوْتَ عِيَانًا، فَحَمَلُونِي بِالزِّيِّ الذِي أَنَا فِيهِ إِلَى الْمَأْمُونِ، فَعَقَدَ مَجْلِسًا عَامًّا وَأَدْخَلَنِي إِلَيْهِ.

فَلَمَّا وَقَفْتُ بَيْنَ يَدَيْهِ سَلَّمْتُ عَلَيْهِ بِالْخِلَافَةِ، فَقَالَ: لَا حَيَّاكَ اللهُ وَلَا رَعَاكَ. فَقُلْتُ لَهُ: مَهْلًا يَا أَمِيرَ الْمُؤْمِنِينَ، إِنَّ ذَنْبِي يَسْتَوْجِبُ الْقِصَاصَ، وَلَكِنَّ الْعَفْوَ مِنْ شَأْنِ الْكِرَامِ، وَقَدْ جَعَلَكَ فَوْقَ كُلِّ عَفْوٍ، كَمَا جَعَلَ ذَنْبِي فَوْقَ كُلِّ ذَنْبٍ، فَإِنْ تَقْتُلْ فَبِعَدْلِكَ، وَإِنْ تَعْفُ فَمِنْ فَضْلِكَ، ثُمَّ أَنْشَدْتُ:

ذَنْبِي إِلَيْكَ عَظِيمٌ
وَأَنْتَ أَعْظَمُ مِنْهُ
فَخُذْ بِحَقِّكَ أَوْ لَا
فَاصْفَحْ بِحِلْمِكَ عَنْهُ[1]
إِنْ لَمْ أَكُنْ عِنْدَ فِعْلِي
بَيْنَ الْكِرَامِ فَكُنْهُ

فَرَفَعَ الْمَأْمُونُ رَأْسَهُ، وَنَظَرَ إِلَيَّ، فَعَاجَلْتُهُ قَائِلًا:

أَتَيْتُ ذَنْبًا عَظِيمًا
وَأَنْتَ لِلْعَفْوِ أَهْلُ
فَإِنْ عَفَوْتَ فَمَنٌّ[٢]
وَإِنْ قَتَلْتَ فَعَدْلُ

فَرَقَّ لِيَ الْمَأْمُونُ وَابْتَسَمَ فِي وَجْهِي، ثُمَّ نَظَرَ إِلَى الْعَبَّاسِ وَأَخِيهِ أَبِي الْحَسَنِ وَجَمِيعِ مَنْ حَضَرَ مِنْ خَاصَّتِهِ، وَقَالَ لَهُمْ: مَاذَا تَرَوْنَ فِي أَمْرِهِ؟ فَأَشَارَ كُلٌ مِنْهُمْ بِقَتْلِي.

٧

فَقَالَ الْمَأْمُونُ لِأَحْمَدَ بْنِ أَبِي خَالِدٍ: مَاذَا تَقُولُ يَا أَحْمَدُ؟ فَقَالَ: يَا أَمِيرَ الْمُؤْمِنِينَ، إِنْ قَتَلْتَهُ فَقَدْ وَجَدْنَا مِثْلَكَ قَدْ قَتَلَ مِثْلَهُ، وَإِنْ عَفَوْتَ عَنْهُ لَمْ نَجِدْ مِثْلَكَ قَدْ عَفَا عَنْ مِثْلِهِ. فَأَطْرَقَ الْمَأْمُونُ رَأْسَهُ إِلَى الْأَرْضِ سَاعَةً، ثُمَّ رَفَعَهُ وَأَنْشَدَ:

قَوْمِي هُمُ قَتَلُوا الْأَمِينَ أَخِي
فَإِذَا رَمَيْتُ يُصِيبُنِي سَهْمِي

فَأَحْنَيْتُ رَأْسِي، وَكَبَّرْتُ فَرَحًا، وَقُلْتُ: عَفَا وَاللهِ أَمِيرُ الْمُؤْمِنِينَ. فَقَالَ الْمَأْمُونُ: لَا بَأْسَ عَلَيْكَ يَا عَمَّاهُ. فَقُلْتُ: يَا أَمِيرَ الْمُؤْمِنِينَ، ذَنْبِي أَعْظَمُ مِنْ أَنْ أَطْلُبَ مِنْكَ الْعُذْرَ، وَعَفْوُكَ أَعْظَمُ مِنْ أَنْ أَنْطِقَ مَعَهُ بِشُكْرٍ. فَقَالَ الْمَأْمُونُ: لَا لَوْمَ عَلَيْكَ، وَقَدْ عَفَوْتُ عَنْكَ وَأَعَدْتُ إِلَيْكَ مَالَكَ وَضِيَاعَكَ كُلَّهَا؛ فَقَبَّلْتُ الْأَرْضَ، وَأَنْشَدْتُ:

فَقَالَ الْمَأْمُونُ: لَا لَومَ عَلَيْكَ، وَقَدْ عَفَوْتُ عَنْكَ.

رَدَدْتَ مَالِي وَلَمْ تَبْخَلْ عَلَيَّ بِهِ

وَقَبْلَ رَدِّكَ مَالِي قَدْ حَقَنْتَ دَمِي[٣]

فَقَالَ الْمَأْمُونُ: إِنَّ مِنَ الْكَلَامِ مَا هُوَ أَغْلَى مِنَ الْجَوَاهِرِ. ثُمَّ قَدَّمَ لِيَ الْهَدَايَا، وَقَالَ: يَا عَمُّ، إِنَّ أَبَا إِسْحَاقَ وَأَخِيَ الْعَبَّاسَ أَشَارَا عَلَيَّ بِقَتْلِكَ. فَقُلْتُ لَهُ: إِنَّهُمَا نَصَحَاكَ يَا أَمِيرَ الْمُؤْمِنِينَ، وَلَكِنَّكَ فَعَلْتَ بِمَا أَنْتَ أَهْلُهُ. فَقَالَ الْمَأْمُونُ: قَدْ عَفَوْتُ عَنْكَ، وَلَمْ أُذِقْكَ مَرَارَةَ شَفَاعَةِ الشَّافِعِينَ.[٤]

٨

ثُمَّ إِنَّ الْمَأْمُونَ سَجَدَ وَقَبَّلَ الْأَرْضَ وَرَفَعَ رَأْسَهُ وَقَالَ لِي: يَا عَمُّ، أَتَدْرِي لِمَاذَا سَجَدْتُ وَقَبَّلْتُ الْأَرْضَ؟

فَقُلْتُ: نَعَمْ، أَظُنُّهُ شُكْرًا للهِ تَعَالَى الَّذِي سَاعَدَكَ عَلَى الظَّفَرِ[٥] بِعَدُوِّ دَوْلَتِكَ. فَقَالَ: مَا أَرَدْتُ هَذَا، وَلَكِنْ شُكْرًا للهِ تَعَالَى الَّذِي أَلْهَمَنِيَ الْعَفْوَ عَنْكَ، فَحَدِّثْنِي الْآنَ عَمَّا جَرَى لَكَ مُدَّةَ اخْتِفَائِكَ.
فَشَرَحْتُ لَهُ مَا جَرَى لِيَ مَعَ الْعَبْدِ وَالْجُنْدِيِّ وَامْرَأَتِهِ، وَمَا جَرَى لِي مَعَ جَارِيَتِي، فَأَمَرَ بِإِحْضَارِهِمْ، فَدَعَا جَارِيَتِي — وَكَانَتْ تَنْتَظِرُ الْجَائِزَةَ — فَقَالَ لَهَا: مَا حَمَلَكِ عَلَى مَا فَعَلْتِ بِسَيِّدِكِ؟ فَقَالَتْ: الرَّغْبَةُ فِي الْمَالِ. فَقَالَ لَهَا الْمَأْمُونُ: هَلْ لَكِ وَلَدٌ وَزَوْجٌ؟ قَالَتْ: لَا. فَأَمَرَ بِضَرْبِهَا مِائَةَ سَوْطٍ.[٦]

ثُمَّ أَحْضَرَ الْجُنْدِيَّ وَامْرَأَتَهُ وَالْعَبْدَ، فَسَأَلَ الْجُنْدِيَّ: مَا حَمَلَهُ عَلَى مَا فَعَلَ؟ فَقَالَ: الرَّغْبَةُ فِي الْمَالِ. فَقَالَ لَهُ الْمَأْمُونُ: أَمَرْنَا بِطَرْدِكَ مِنَ الْجُنْدِيَّةِ. ثُمَّ أَكْرَمَ زَوْجَتَهُ وَأَمَرَ بِدُخُولِهَا قَصْرَهُ، وَقَالَ: هَذِهِ تَصْلُحُ

لِلْمُهِمَّاتِ. ثُمَّ الْتَفَتَ إِلَى الْعَبْدِ وَقَالَ: لَقَدْ ظَهَرَ مِنْ مُرُوءَتِكَ مَا يُوجِبُ الْمُبَالَغَةَ فِي إِكْرَامِكَ. وَسَلَّمَ إِلَيْهِ دَارَ الْجُنْدِيِّ بِمَا فِيهَا، وَخَصَّصَ لَهُ أَلْفَ دِينَارٍ كُلَّ سَنَةٍ.

«وَالْعَفْوُ مِنْ شِيَمِ الْكِرَامِ، وَلَا بُدَّ أَنْ تُجْزَى الْمُرُوءَةُ بِمِثْلِهَا.»

جَعْفَرٌ وَالرَّشِيدُ

أَرِقَ الرَّشِيدُ ذَاتَ لَيْلَةٍ أَرَقًا شَدِيدًا؛ فَاسْتَدْعَى جَعْفَرًا، وَقَالَ: أُرِيدُ مِنْكَ أَنْ تُزِيلَ مَا بِقَلْبِي مِنَ الضَّجَرِ. فَقَالَ الْوَزِيرُ: يَا أَمِيرَ الْمُؤْمِنِينَ، كَيْفَ يَكُونُ عَلَى قَلْبِكَ ضَجَرٌ، وَقَدْ خَلَقَ اللهُ أَشْيَاءَ كَثِيرَةً تُزِيلُ الْهَمَّ عَنِ الْمَهْمُومِ، وَأَنْتَ قَادِرٌ عَلَيْهَا؟ فَقَالَ الرَّشِيدُ: وَمَا هِيَ يَا جَعْفَرُ؟

فَقَالَ لَهُ: قُمْ بِنَا الْآنَ حَتَّى نَطْلَعَ إِلَى فَوْقِ سَطْحِ هَذَا الْقَصْرِ؛ فَنَتَفَرَّجَ عَلَى النُّجُومِ وَاشْتِبَاكِهَا وَارْتِفَاعِهَا، وَالْقَمَرِ وَحُسْنِ طَلْعَتِهِ.

فَقَالَ الرَّشِيدُ: يَا جَعْفَرُ، مَا تَمِيلُ نَفْسِي إِلَى شَيْءٍ مِنْ ذَلِكَ. فَقَالَ: يَا أَمِيرَ الْمُؤْمِنِينَ، افْتَحْ شُبَّاكَ الْقَصْرِ الَّذِي يُطِلُّ عَلَى الْبُسْتَانِ، وَتَفَرَّجْ عَلَى حُسْنِ تِلْكَ الْأَشْجَارِ، وَاسْمَعْ صَوْتَ تَغْرِيدِ[٧] الْأَطْيَارِ، وَانْظُرْ إِلَى هَدِيرِ الْأَنْهَارِ،[٨] وَشُمَّ رَوَائِحَ تِلْكَ الْأَزْهَارِ. فَقَالَ: يَا جَعْفَرُ، مَا تَمِيلُ نَفْسِي إِلَى شَيْءٍ مِنْ ذَلِكَ.

فَقَالَ: يَا أَمِيرَ الْمُؤْمِنِينَ، افْتَحِ الشُّبَّاكَ الَّذِي يُطِلُّ عَلَى دِجْلَةَ حَتَّى تَتَفَرَّجَ عَلَى تِلْكَ الْمَرَاكِبِ وَالْمَلَّاحِينَ، فَهَذَا يُصَفِّقُ، وَهَذَا يُنْشِدُ مَوَالِيَ. فَقَالَ الرَّشِيدُ: مَا تَمِيلُ نَفْسِي إِلَى شَيْءٍ مِنْ ذَلِكَ. قَالَ جَعْفَرٌ: قُمْ يَا أَمِيرَ الْمُؤْمِنِينَ حَتَّى نَنْزِلَ إِلَى الِاصْطَبْلِ الْخَاصِّ، وَنَنْظُرَ إِلَى الْخَيْلِ الْعَرَبِيَّاتِ، وَنَتَفَرَّجَ عَلَى حُسْنِ أَلْوَانِهَا مَا بَيْنَ أَسْوَدَ كَاللَّيْلِ إِذَا أَظْلَمَ، وَأَشْقَرَ، وَأَحْمَرَ، وَأَبْيَضَ، وَأَصْفَرَ، وَأَلْوَانٍ تُحَيِّرُ الْعُقُولَ. فَقَالَ الرَّشِيدُ: مَا تَمِيلُ نَفْسِي إِلَى شَيْءٍ مِنْ ذَلِكَ.

فَقَالَ جَعْفَرٌ: يَا أَمِيرَ الْمُؤْمِنِينَ، مَا بَقِيَ إِلَّا ضَرْبُ عُنُقِ مَمْلُوكِكَ جَعْفَرٍ؛ فَإِنِّي وَاللهِ قَدْ عَجَزْتُ عَنْ إِزَالَةِ هَمِّ مَوْلَانَا. فَضَحِكَ الرَّشِيدُ، وَطَابَتْ نَفْسُهُ، وَزَالَ عَنْهُ الضَّجَرُ.

«مَبَاهِجُ الطَّبِيعَةِ تَشْرَحُ صَدْرَ الْمُؤْمِنِ بِقُدْرَةِ اللهِ.»

مَسْلَمَةُ بْنُ عَبْدِ الْمَلِكِ وَنَصِيبٌ الشَّاعِرُ

قَالَ مَسْلَمَةُ بْنُ عَبْدِ الْمَلِكِ لِنَصِيبٍ الشَّاعِرِ: هَلْ مَدَحْتَ فُلَانًا؟ وَذَكَرَ لَهُ اسْمَ أَحَدِ أَقَارِبِهِ. فَقَالَ نَصِيبٌ: لَقَدْ فَعَلْتُ. فَقَالَ مَسْلَمَةُ: وَهَلْ حَرَمَكَ مِنَ الْجَزَاءِ؟ فَقَالَ نَصِيبٌ: نَعَمْ، يَا أَمِيرَ الْمُؤْمِنِينَ. قَالَ مَسْلَمَةُ: فَهَلْ هَجَوْتَهُ؟ فَقَالَ نَصِيبٌ: لَا، يَا أَمِيرَ الْمُؤْمِنِينَ.

قَالَ مَسْلَمَةُ: وَلِمَاذَا لَمْ تَفْعَلْ وَقَدْ حَرَمَكَ الْجَزَاءَ؟ فَقَالَ نَصِيبٌ: لِأَنِّي كُنْتُ أَحَقَّ بِالذَّمِّ مِنْهُ؛ لِأَنِّي ظَنَنْتُهُ يَسْتَحِقُّ مَدْحِي. فَأُعْجِبَ بِهِ مَسْلَمَةُ، وَقَالَ: اسْأَلْنِي يَا نَصِيبُ. فَقَالَ نَصِيبٌ: إِنَّ كَفَّكَ بِالْعَطَاءِ أَجْوَدُ مِنْ

لِسَانِي يَا أَمِيرَ الْمُؤْمِنِينَ.

«مَنْ مَدَحَ مَنْ لَا يَسْتَحِقُّ الْمَدِيحَ كَانَ الْأَوْلَى بِلَوْمِ نَفْسِهِ.»

الْمَأْمُونُ وَالصَّائِغُ

حَدَّثَ سُلَيْمَانُ الْوَرَّاقُ قَالَ: مَا رَأَيْتُ أَعْظَمَ حِلْمًا مِنَ الْمَأْمُونِ، دَخَلْتُ عَلَيهِ يَوْمًا وَفِي يَدِهِ فَصٌّ مُسْتَطِيلٌ مِنْ يَاقُوتٍ أَحْمَرَ، لَهُ شُعَاعٌ قَدْ أَضَاءَ لَهُ الْمَجْلِسُ، وَهُوَ يُقَلِّبُهُ بِيَدِهِ وَيَسْتَحْسِنُهُ، ثُمَّ دَعَا بِرَجُلٍ صَائِغٍ وَقَالَ لَهُ: اصْنَعْ بِهَذَا الْفَصِّ كَذَا وَكَذَا، وأَحْلِلْ فِيهِ كَذَا وكَذَا، وَعَرَّفَهُ كَيْفَ يَعْمَلُ بِهِ، فَأَخَذَهُ الصَّائِغُ وَانْصَرَفَ.

ثُمَّ عُدْتُ إِلَى الْمَأْمُونِ بَعْدَ ثَلَاثَةِ أَيَّامٍ، فَتَذَكَّرَهُ فَاسْتَدْعَى بِالصَّائِغِ، فَأُتِيَ بِهِ وَهُوَ خَائِفٌ وَقَدِ اصْفَرَّ لَوْنُهُ، فَقَالَ الْمَأْمُونُ: مَا فَعَلْتَ بِالْفَصِّ؟ فَأَرْتَبَكَ الرَّجُلُ وَلَمْ يَنْطِقْ بِكَلَامٍ، فَفَهِمَ الْمَأْمُونُ بِالْفِرَاسَةِ أَنَّهُ حَصَلَ فِيهِ خَلَلٌ، فَوَلَّى وَجْهَهُ عَنْهُ حَتَّى هَدَأَ بَالُهُ.

ثُمَّ الْتَفَتَ إِلَيهِ وَأَعَادَ الْقَوْلَ، فَقَالَ: الْأَمَانَ يَا أَمِيرَ الْمُؤْمِنِينَ. قَالَ: لَكَ الْأَمَانُ. فَأَخْرَجَ الْفَصَّ أَرْبَعَ قِطَعٍ، وَقَالَ: يَا أَمِيرَ الْمُؤْمِنِينَ، سَقَطَ مِنْ يَدِي عَلَى السِّنْدَانِ، فَصَارَ كَمَا تَرَى. فَقَالَ الْمَأْمُونُ: لَا بَأْسَ عَلَيْكَ، اصْنَعْ بِهِ أَرْبَعَ خَوَاتِمَ. وَأَلْطَفَ فِي الْكَلَامِ، حَتَّى ظَنَنْتُ أَنَّهُ كَانَ يَشْتَهِي الْفَصَّ عَلَى أَرْبَعِ قِطَعٍ، فَلَمَّا خَرَجَ الرَّجُلُ مِنْ عِنْدِهِ قَالَ: أَتَدْرُونَ كَمْ قِيمَةُ هَذَا الْفَصِّ؟ قُلْنَا: لَا. قَالَ: اشْتَرَاهُ الرَّشِيدُ بِمِائَةٍ وَعِشْرِينَ أَلْفًا.

«الْحِلْمُ سَيِّدُ الْأَخْلَاقِ.»

الْمَأْمُونُ وَرَاثِي الْبَرَامِكَةِ

١

قَالَ خَادِمُ الْمَأْمُونِ: طَلَبَنِي أَمِيرُ الْمُؤْمِنِينَ لَيْلَةً، وَقَدْ مَضَى مِنَ اللَّيْلِ ثُلُثُهُ، فَقَالَ لِي: خُذْ مَعَكَ فُلَانًا وَفُلَانًا — وَسَمَّاهُمَا لِي؛ أَحَدُهُمَا عَلِيُّ بْنُ مُحَمَّدٍ، وَالْآخَرُ دِينَارٌ الْخَادِمُ — وَاذْهَبْ مُسْرِعًا لِمَا أَقُولُ لَكَ؛ فَقَدْ بَلَغَنِي أَنَّ شَيخًا يَحْضُرُ لَيْلًا إِلَى آثَارِ دُورِ الْبَرَامِكَةِ، وَيُنْشِدُ شِعْرًا يَذْكُرُهُمْ وَيَنْدُبُهُمْ وَيَبْكِي عَلَيْهِمْ ثُمَّ يَنْصَرِفُ، فَامْضِ أَنْتَ وَعَلِيٌّ وَدِينَارٌ حَتَّى تَصِلُوا إِلَى تِلْكَ الْخَرِبَاتِ فَاسْتَتِرُوا وَرَاءَ بَعْضِ جُدْرَانِهَا، فَإِذَا رَأَيْتُمُ الشَّيْخَ قَدْ جَاءَ وَنَدَبَ وَأَنْشَدَ أَبْيَاتًا فَأْتُونِي بِهِ.

فَأَخَذْتُهُمَا وَمَضَيْنَا حَتَّى أَتَيْنَا الْخَرِبَاتِ، فَإِذَا بِغُلَامٍ قَدْ أَتَى وَمَعَهُ بِسَاطٌ وَكُرْسِيٌّ مِنْ حَدِيدٍ بِرُفْقَتِهِ شَيْخٌ جَمِيلُ الطَّلْعَةِ لَطِيفٌ مُهَذَّبٌ، فَجَلَسَ عَلَى الْكُرْسِيِّ وَجَعَلَ يَبْكِي وَيَقُولُ هَذِهِ الْأَبْيَاتَ:

وَلَمَّا رَأَيْتُ السَّيْفَ جَنْدَلَ[٩] جَعْفَرًا
وَنَادَى مُنَادٍ لِلْخَلِيفَةِ فِي يَحْيَى
بَكَيْتُ عَلَى الدُّنْيَا وَزَادَ تَأَسُّفِي
عَلَيْهِمْ، وَقُلْتُ: الْآنَ لَا تَنْفَعُ الدُّنْيَا

مَعَ أَبْيَاتٍ أَطَالَهَا. فَلَمَّا فَرَغَ قَبَضْنَا عَلَيْهِ، وَقُلْنَا لَهُ: أَجِبْ أَمِيرَ الْمُؤْمِنِينَ. فَفَزِعَ فَزَعًا شَدِيدًا، وَقَالَ: دَعُونِي حَتَّى أُوصِيَ بِوَصِيَّةٍ؛ فَإِنِّي لَا أَضْمَنُ بَعْدَهَا حَيَاتِي. ثُمَّ تَقَدَّمَ إِلَى بَعْضِ الدَّكَاكِينِ وَأَخَذَ وَرَقَةً وَكَتَبَ فِيهَا وَصِيَّةً وَسَلَّمَهَا إِلَى غُلَامِهِ، ثُمَّ سِرْنَا بِهِ، فَلَمَّا وَقَفَ بَيْنَ يَدَيْ أَمِيرِ الْمُؤْمِنِينَ قَالَ لِي: مَنْ أَنْتَ؟ وَبِمَا اسْتَوْجَبَتْ مِنْكَ الْبَرَامِكَةُ مَا تَفْعَلُهُ فِي خَرَائِبِ دُورِهِمْ؟

قَالَ الشَّيْخُ: يَا أَمِيرَ الْمُؤْمِنِينَ، إِنَّ لِلْبَرَامِكَةِ أَيَادِيَ خَطِيرَةً عِنْدِي، فَأْذَنْ لِي أَنْ أُحَدِّثَكَ بِحَالِي مَعَهُمْ. قَالَ: قُلْ. فَقَالَ: يَا أَمِيرَ الْمُؤْمِنِينَ، أَنَا الْمُنْذِرُ بْنُ الْمُغِيرَةِ مِنْ أَوْلَادِ الْمُلُوكِ، وَقَدْ زَالَتْ عَنِّي نِعْمَتِي، فَلَمَّا رَكِبَنِي الدَّيْنُ وَاحْتَجْتُ إِلَى بَيْعِ مَسْقَطِ رَأْسِي، أَشَارَ عَلَيَّ الْأَهْلُ بِالْخُرُوجِ إِلَى الْبَرَامِكَةِ.

٢

فَخَرَجْتُ مِنْ دِمَشْقَ مَعَ ثَلَاثِينَ رَجُلًا مِنْ أَهْلِي، وَلَيْسَ مَعَنَا مَا يُبَاعُ أَوْ يُوهَبُ حَتَّى دَخَلْنَا بَغْدَادَ، وَنَزَلْنَا فِي بَعْضِ الْمَسَاجِدِ فَاسْتَتَرْتُ بِثِيَابٍ أَعْدَدْتُهَا، وَتَرَكْتُهُمْ جِيَاعًا لَا شَيْءَ عِنْدَهُمْ، وَدَخَلْتُ شَوَارِعَ بَغْدَادَ سَائِلًا عَنِ الْبَرَامِكَةِ، فَإِذَا أَنَا بِجَامِعٍ مُزَخْرَفٍ يَغُصُّ بِالْجُلُوسِ وَفِي جَانِبِهِ شَيْخٌ بِأَحْسَنِ زِيٍّ وَزِينَةٍ، وَعَلَى الْبَابِ خَادِمَانِ، فَطُفْتُ فِي الْقَوْمِ، وَدَخَلْتُ الْمَسْجِدَ وَجَلَسْتُ بَيْنَ أَيْدِيهِمْ، وَأَنَا أُقَدِّمُ رِجْلًا وَأُؤَخِّرُ أُخْرَى، وَالْعَرَقُ يَسِيلُ مِنِّي؛ لِأَنَّهَا لَمْ تَكُنْ صَنْعَتِي، وَإِذَا بِالْخَادِمِ مُقْبِلًا يَدْعُو الْقَوْمَ؛ فَقَامُوا وَأَنَا مَعَهُمْ، فَدَخَلُوا دَارَ يَحْيَى بْنِ خَالِدٍ، فَدَخَلْتُ مَعَهُمْ، وَإِذَا بِدَكَّةٍ لَهُ وَسَطَ بُسْتَانٍ، فَسَلَّمْنَا وَهُوَ يَعُدُّنَا مِائَةً وَوَاحِدًا، وَبَيْنَ يَدَيْهِ عَشَرَةٌ مِنْ أَوْلَادِهِ.

وَإِذَا بِمِائَةٍ وَاثْنَيْ عَشَرَ خَادِمًا قَدْ أَقْبَلُوا، وَمَعَ كُلِّ خَادِمٍ صِينِيَّةٌ، فَرَأَيْتُ الْقَاضِيَ وَالْمَشَايِخَ يَصُبُّونَ الدَّنَانِيرَ فِي أَكْمَامِهِمْ، وَيَجْعَلُونَ الصَّوَانِيَ تَحْتَ آبَاطِهِمْ، يَقُومُ الْأَوَّلُ فَالْأَوَّلُ حَتَّى بَقِيتُ وَحْدِي لَا أَجْسُرُ عَلَى أَخْذِ الصِّينِيَّةِ، فَغَمَزَنِي الْخَادِمُ؛ فَجَسَرْتُ وَأَخَذْتُهَا، وَجَعَلْتُ الذَّهَبَ فِي كُمِّي وَالصِّينِيَّةَ فِي يَدِي، وَقُمْتُ وَأَنَا أَتَلَفَّتُ إِلَى وَرَائِي؛ مَخَافَةَ أَنْ أُمْنَعَ مِنَ الذَّهَابِ، فَوَصَلْتُ إِلَى صَحْنِ الدَّارِ وَيَحْيَى يُلَاحِظُنِي، فَقَالَ لِلْخَادِمِ: ائْتِنِي بِهَذَا الرَّجُلِ؛ فَأَتَى بِي، فَقَالَ: مَا لِي أَرَاكَ تَتَلَفَّتُ يَمِينًا وَشِمَالًا؟ فَقَصَصْتُ عَلَيْهِ قِصَّتِي.

فَقَالَ لِلْخَادِمِ: ائْتِنِي بِوَلَدِي مُوسَى؛ فَأَتَاهُ بِهِ، فَقَالَ لَهُ: يَا بُنَيَّ، هَذَا رَجُلٌ غَرِيبٌ، خُذْهُ إِلَيْكَ وَاحْفَظْهُ بِنَفْسِكَ وَنِعْمَتِكَ. فَقَبَضَ مُوسَى وَلَدُهُ عَلَى يَدَيَّ، وَأَدْخَلَنِي إِلَى دَارٍ لَهُ، فَأَكْرَمَنِي غَايَةَ الْإِكْرَامِ، وَأَقَمْتُ عِنْدَهُ يَوْمِي وَلَيْلَتِي فِي أَلَذِّ عَيْشٍ وَأَتَمِّ سُرُورٍ، فَلَمَّا أَصْبَحَ دَعَا بِأَخِيهِ الْعَبَّاسِ وَقَالَ لَهُ: الْوَزِيرُ أَمَرَنِي بِالْعَطْفِ عَلَى هَذَا الْفَتَى، وَقَدْ عَلِمْتَ اشْتِغَالِي فِي بَيْتِ أَمِيرِ الْمُؤْمِنِينَ، فَاقْبَلْهُ عِنْدَكَ وَأَكْرِمْهُ، فَفَعَلَ ذَلِكَ وَأَكْرَمَنِي غَايَةَ الْإِكْرَامِ، وَفِي الْغَدِ سَلَّمَنِي لِأَخِيهِ أَحْمَدَ، وَلَمْ أَزَلْ فِي أَيْدِي الْقَوْمِ يَتَدَاوَلُونَنِي تِبَاعًا مُدَّةَ عَشَرَةِ أَيَّامٍ لَا أَعْرِفُ شَيْئًا عَنْ عِيَالِي، أَمْوَاتًا هُمْ أَمْ أَحْيَاءً.

فَلَمَّا كَانَ الْيَوْمُ الْحَادِيَ عَشَرَ جَاءَنِي خَادِمٌ وَمَعَهُ جَمَاعَةٌ مِنَ الْخَدَمِ، فَقَالُوا: قُمْ فَاخْرُجْ إِلَى عِيَالِكَ بِسَلَامٍ. فَقُلْتُ: وَيْلَاهُ! سُلِبَتِ الدَّنَانِيرُ وَالصِّينِيَّةُ، وَأَخْرُجُ عَلَى هَذِهِ الْحَالَةِ، إِنَّا لِلهِ وَإِنَّا إِلَيْهِ رَاجِعُونَ! فَرُفِعَ السِّتْرُ الْأَوَّلُ ثُمَّ الثَّانِي ثُمَّ الثَّالِثُ ثُمَّ الرَّابِعُ، فَلَمَّا رَفَعَ الْخَادِمُ الْأَخِيرَ، قَالَ لِي: مَهْمَا كَانَ لَكَ مِنَ الْحَوَائِجِ فَارْفَعْهَا إِلَيَّ؛ فَإِنِّي مَأْمُورٌ بِقَضَاءِ جَمِيعِ مَا تَأْمُرُنِي بِهِ، فَلَمَّا رُفِعَ السِّتْرُ الْأَخِيرُ رَأَيْتُ حُجْرَةً كَالشَّمْسِ حُسْنًا وَنُورًا، وَاسْتَقْبَلَتْنِي مِنْهَا رَائِحَةُ النَّدِّ وَالْعُودِ وَنَفَحَاتُ الْمِسْكِ.

وَإِذَا بِصِبْيَانِي وَعِيَالِي يَتَقَلَّبُونَ فِي الْحَرِيرِ وَالدِّيبَاجِ.

وَإِذَا بِصِبْيَانِي وَعِيَالِي يَتَقَلَّبُونَ فِي الْحَرِيرِ، وَحَمَلَ إِلَيَّ عَشَرَةَ آلَافِ دِينَارٍ وَمَنْشُورًا بِضَيْعَتَيْنِ وَتِلْكَ الصِّينِيَّةَ الَّتِي كُنْتُ أَخَذْتُهَا بِمَا فِيهَا مِنَ الدَّنَانِيرِ. وَأَقَمْتُ يَا أَمِيرَ الْمُؤْمِنِينَ مَعَ الْبَرَامِكَةِ فِي دُورِهِمْ ثَلَاثَ عَشْرَةَ سَنَةً، لَا يَعْلَمُ النَّاسُ أَمِنَ الْبَرَامِكَةِ أَنَا أَمْ رَجُلٌ غَرِيبٌ. فَلَمَّا دَهَتْهُمُ الْبَلِيَّةُ وَنَزَلَ بِهِمْ مَا نَزَلَ مِنَ الرَّشِيدِ أَلْزَمَنِي عَمْرُو بْنُ مَسْعَدَةَ بِدَفْعِ خَرَاجٍ[١٠] عَلَى هَاتَيْنِ الضَّيْعَتَيْنِ لَا يَفِي دَخْلُهُمَا بِهِ، فَلَمَّا تَحَامَلَ عَلَيَّ الدَّهْرُ كُنْتُ فِي آخِرِ اللَّيْلِ أَقْصِدُ خَرِبَاتِ دُورِهِمْ، فَأَنْدُبُهُمْ وَأَذْكُرُ حُسْنَ صُنْعِهِمْ إِلَيَّ وَأَبْكِي عَلَى إِحْسَانِهِمْ.

قَالَ الْمَأْمُونُ: اِئْتُونِي بِعَمْرِو بْنِ مَسْعَدَةَ، فَلَمَّا أُتِيَ بِهِ، قَالَ لَهُ: أَتَعْرِفُ هَذَا الرَّجُلَ؟ قَالَ: يَا أَمِيرَ الْمُؤْمِنِينَ، هُوَ بَعْضُ صَنَائِعِ الْبَرَامِكَةِ، قَالَ كَذَا وَكَذَا. فَقَالَ لَهُ: رُدَّ إِلَيْهِ كُلَّ مَا أَخَذْتَهُ مِنْهُ فِي مُدَّتِهِ؛ لِيَكُونَ لَهُ وَلِأَوْلَادِهِ مِنْ بَعْدِهِ. وَلِلْحَالِ عَلَا نَحِيبُ[١١] الرَّجُلِ.

فَلَمَّا رَأَى الْمَأْمُونُ كَثْرَةَ بُكَائِهِ؛ قَالَ لَهُ: يَا هَذَا، قَدْ أَحْسَنَّا إِلَيْكَ، فَمَا يُبْكِيكَ؟ قَالَ: يَا أَمِيرَ الْمُؤْمِنِينَ، وَهَذَا أَيْضًا مِنْ صَنِيعِ الْبَرَامِكَةِ، لَوْ لَمْ آتِ خَرِبَاتِهِمْ فَأَبْكِيَهُمْ وَأَنْدُبَهُمْ لَمَا اتَّصَلَ خَبَرِي إِلَى أَمِيرِ

الْمُؤْمِنِينَ، فَفَعَل بِي مَا فَعَل.

فَمَا كَادَ يَنْتَهِي مِنْ كَلَامِهِ حَتَّى فَاضَتْ عَبَرَاتُ[١٢] الْمَأْمُونِ، وَظَهَرَ عَلَيْهِ الْحُزْنُ، وَقَالَ: لَعَمْرِي، هَذَا مِنْ صَنِيعِ الْبَرَامِكَةِ، فَعَلَى مِثْلِهِم يُبْكَى وَإِيَّاهُم يُشْكَرُ وَلَهُم يُوَفَّى وَلِإِحْسَانِهِم يُذْكَرُ.

«يَمُوتُ الْكَرِيمُ وَذِكْرُهُ حَيٌّ بَيْنَ مَنْ شَمَلَهُمْ إِحْسَانُهُ.»

هَارُونُ الرَّشِيدُ وَأَحَدُ الْكُرَمَاءِ

١

حَكَى الْأَصْمَعِيُّ قَالَ: قَصَدْتُ فِي بَعْضِ الْأَيَّامِ رَجُلًا كُنْتُ آتِيهِ أَحْيَانًا كَثِيرَةً؛ لِكَرَمِهِ وَجُودِهِ، فَلَمَّا أَتَيْتُ دَارَهُ وَجَدْتُ عَلَى بَابِهِ بَوَّابًا، فَمَنَعَنِي مِنَ الدُّخُولِ إِلَيْهِ، وَقَالَ لِي: وَاللهِ يَا أَصْمَعِيُّ، مَا أَوْقَفَنِي عَلَى بَابِهِ لِأَمْنَعَ مِثْلَكَ إِلَّا لِرِقَّةِ حَالِهِ وَقُصُورِ يَدِهِ، وَمَا هُوَ فِيهِ مِنَ الضِّيقِ. فَقُلْتُ لَهُ: أُرِيدُ أَنْ أَكْتُبَ لَهُ رُقْعَةً،[١٣] أَتُوصِلُهَا إِلَيهِ؟ فَقَالَ: سَمْعًا وَطَاعَةً. فَأَحْضَرَ لِي وَرَقَةً وَقَلَمًا وَدَوَاةً، فَأَخَذْتُ وَكَتَبْتُ لَهُ شِعْرًا:

إِذَا كَانَ الْكَرِيمُ لَهُ حِجَابٌ
فَمَا فَضْلُ الْكَرِيمِ عَلَى اللَّئِيمِ

ثُمَّ طَوَيْتُ الرُّقْعَةَ وَدَفَعْتُهَا إِلَى الْحَاجِبِ، وَقُلْتُ لَهُ: أَوْصِلْ هَذِهِ الرُّقْعَةَ إِلَيْهِ. فَفَعَلَ وَمَضَى بِالرُّقْعَةِ قَلِيلًا ثُمَّ عَادَ إِلَيَّ بِالرُّقْعَةِ عَيْنِهَا وَقَدْ كَتَبَ تَحْتَ شِعْرِي جَوَابًا شِعْرًا:

إِذَا كَانَ الْكَرِيمُ قَلِيلَ مَالٍ
تَحَجَّبَ بِالْحِجَابِ عَنِ الْغَرِيمِ

وَمَعَ الرُّقْعَةِ صُرَّةٌ فِيهَا خَمْسُمِائَةِ دِينَارٍ، فَتَعَجَّبْتُ مِنْ سَخَائِهِ مَعَ قِلَّةِ مَا بِيَدِهِ، فَقُلْتُ فِي نَفْسِي: وَاللهِ، لَأُتْحِفَنَّ[١٤] هَارُونَ الرَّشِيدَ بِهَذَا الْخَبَرِ، فَانْطَلَقْتُ حَتَّى أَتَيْتُ قَصْرَ الْخِلَافَةِ، فَاسْتَأْذَنْتُ وَدَخَلْتُ فَسَلَّمْتُ عَلَيْهِ بِالْخِلَافَةِ.

٢

فَلَمَّا رَآنِي قَالَ لِي: مِنْ أَيْنَ يَا أَصْمَعِيُّ؟ قُلْتُ: مِنْ عِنْدِ رَجُلٍ مِنْ أَكْرَمِ الْأَحْيَاءِ مِنْ بَعْدِ أَمِيرِ الْمُؤْمِنِينَ. قَالَ: وَمَنْ هُوَ؟ فَدَفَعْتُ لَهُ الصُّرَّةَ وَسَرَدْتُ عَلَيْهِ الْخَبَرَ، فَلَمَّا رَأَى الصُّرَّةَ قَالَ: هَذِهِ مِنْ بَيْتِ مَالِي وَلَا بُدَّ لِي مِنَ الرَّجُلِ. فَقُلْتُ: وَاللهِ يَا أَمِيرَ الْمُؤْمِنِينَ، إِنِّي أَسْتَحِي أَنْ أَكُونَ سَبَبَ كَدَرِهِ بِإِرْسَالِكَ إِلَيْهِ. فَقَالَ: لَا يَغُمُّكَ ذَلِكَ. ثُمَّ الْتَفَتَ إِلَى بَعْضِ خَاصَّتِهِ، وَقَالَ لَهُ: امْضِ مَعَ الْأَصْمَعِيِّ، فَإِذَا أَرَاكَ دَارًا فَادْخُلْ، وَقُلْ لِصَاحِبِهِ: أَجِبْ أَمِيرَ الْمُؤْمِنِينَ، وَلْتَكُنْ دَعْوَتُكَ لَهُ بِلَطَافَةٍ مِنْ غَيْرِ أَنْ تُزْعِجَهُ.

وَلَكِنِّي اسْتَحَيْتُ مِنَ اللهِ تَعَالَى أَنْ أُعِيدَ قَاصِدِي إِلَّا كَمَا أَعَادَنِي أَمِيرُ الْمُؤْمِنِينَ.

قَالَ الْأَصْمَعِيُّ: فَمَضَيْنَا، وَدَعَوْنَا الرَّجُلَ، فَجَاءَ وَدَخَلَ عَلَى أَمِيرِ الْمُؤْمِنِينَ، وَسَلَّمَ بِالْخِلَافَةِ، فَقَالَ لَهُ هَارُونُ الرَّشِيدُ: أَلَسْتَ أَنْتَ الَّذِي وَقَفْتَ لَنَا بِالْأَمْسِ، وَشَكَوْتَ لَنَا رِقَّةَ حَالِكَ، وَقُلْتَ: إِنَّكَ فِي ضِيقٍ شَدِيدٍ مِنَ الِاحْتِيَاجِ؛ فَرَحِمْنَاكَ، وَوَهَبْنَا لَكَ هَذِهِ الصُّرَّةَ؛ لِتُصْلِحَ بِهَا حَالَكَ، وَقَدْ قَصَدَكَ الْأَصْمَعِيُّ بِبَيْتٍ مِنَ الشِّعْرِ؛ فَدَفَعْتَهَا لَهُ؟

فَقَالَ: نَعَمْ، يَا أَمِيرَ الْمُؤْمِنِينَ، وَاللهِ مَا كَذَبْتُ فِيمَا شَكَوْتُهُ لِأَمِيرِ الْمُؤْمِنِينَ مِنْ رِقَّةِ حَالِي وَشِدَّةِ احْتِيَاجِي! وَلَكِنِّي اسْتَحَيْتُ مِنَ اللهِ تَعَالَى أَنْ أُعِيدَ قَاصِدِي إِلَّا كَمَا أَعَادَنِي أَمِيرُ الْمُؤْمِنِينَ.

فَقَالَ هَارُونُ الرَّشِيدُ: للهِ دَرُّ بَطْنٍ أَتَاكَ! فَمَا وَلَدَتِ الْعَرَبُ أَكْرَمَ مِنْكَ. ثُمَّ بَالَغَ بِإِكْرَامِهِ وَخَلَعَ عَلَيْهِ[١٥] وَجَعَلَهُ مِنْ خَاصَّتِهِ.

«مَنْ تَشَبَّهَ بِالْكِرَامِ رغْمَ فَقْرِهِ أَغْنَاهُ اللهُ.»

الْمَهْدِيُّ وَإِبْرَاهِيمُ بْنُ طَهْمَانَ

كَانَ لِإِبْرَاهِيمَ بْنِ طَهْمَانَ جِرَايَةٌ مِنْ بَيْتِ الْمَالِ فَاخِرَةٌ، وَكَانَ يَسْخَرُ بِذَلِكَ، فَسُئِلَ يَوْمًا فِي مَجْلِسِ الْخَلِيفَةِ، فَقَالَ: لَا أَدْرِي. فَقَالُوا: تَأْخُذُ فِي كُلِّ يَوْمٍ كَذَا وَكَذَا، وَلَا تُحْسِنُ مَسْأَلَةً! فَقَالَ: إِنَّمَا أَخَذْتُ عَلَى

مَا أُحْسِنُ، وَلَوْ آخُذ عَلى مَا لَا أُحْسِنُ لفنِيَ بَيْتُ الْمَالِ، وَلَا يَفْنَى مَا لَا أدْرِي. فَأعْجَبَ أَمِيرَ الْمُؤْمِنِينَ جَوَابُهُ، وَأَمَرَ لَهُ بِجَائِزَةٍ وَزَادَ فِي جِرَايَتِهِ.

الْمَهْدِيُّ وَأَبُو الْعَتَاهِيَةِ الشَّاعِرُ

قَالَ أَشْجَعُ السّلَمِيُّ الشَّاعِرُ الْمَشْهُورُ: أَذِنَ الْخَلِيفَةُ الْمَهْدِيُّ لِلنَّاسِ فِي الدُّخُولِ عَلَيْهِ، فَدَخَلْنَا مَعَ أَبِي الْعَتَاهِيَةِ، فَأَمِرْنَا بِالْجُلُوسِ، فَاتَّفَقَ أَنْ جَلَسَ بِجَنْبِي بَشَّارُ فَقَالَ لِي: مَنْ هَذَا؟ فَقُلْتُ: أَبُو الْعَتَاهِيَةِ. فَقَالَ: أَتُرَاهُ يُنْشِدُ فِي هَذَا الْمَحْفَلِ؟ فَقُلْتُ: أَحْسَبُهُ سَيَفْعَلُ. قَالَ: فَأَمَرَهُ الْمَهْدِيُّ؛ فَأَنْشَدَ:

أَتَتْهُ الْخِلَافَةُ مُنْقَادَةً
إِلَيْهِ تُجَرِّرُ أَذْيَالَهَا
فَلَمْ تَكُ تَصْلُحُ إِلَّا لَهُ
وَلَمْ يَكُ يَصْلُحُ إِلَّا لَهَا
وَلَوْ رَامَهَا أَحَدٌ غَيْرُهُ
لَزُلْزِلَتِ الْأَرْضُ زِلْزَالَهَا
وَلَوْ لَمْ تُطِعْهُ جَمِيعُ الْقُلُوبِ
لَمَا قَبِلَ الله أَعْمَالَهَا

فَقَالَ لِي بَشَّارٌ: انْظُرْ، وَيْحَكَ يَا أَشْجَعُ! هَلْ طَارَ الْخَلِيفَةُ عَنْ فِرَاشِهِ؟ قَالَ أَشْجَعُ: فَوَاللهِ، مَا انْصَرَفَ أَحَدٌ عَنْ ذَلِكَ الْمَجْلِسِ بِجَائِزَةٍ غَيْرُ أَبِي الْعَتَاهِيَةِ.

ذَكَاءُ الْمَأْمُونِ

حُكِيَ أَنَّ أُمَّ جَعْفَرٍ عَاتَبَتِ الرَّشِيدَ فِي مَدْحِهِ لِلْمَأْمُونِ دُونَ الْأَمِينِ وَلَدِهَا، فَدَعَا خَادِمًا وَقَالَ لَهُ: وَجِّهْ إِلَى الْأَمِينِ وَالْمَأْمُونِ خَادِمًا يَقُولُ لِكُلِّ وَاحِدٍ مِنْهُمَا عَلَى الْخَلْوَةِ: مَا تَفْعَلُ بِي إِذَا أَفْضَتِ[١٦] الْخِلَافَةُ إِلَيْكَ؟ فَأَمَّا الْأَمِينُ فَقَالَ لِلْخَادِمِ: أُعْطِيكَ أَرْضًا وَمَالًا.

وَأَمَّا الْمَأْمُونُ فَإِنَّهُ قَامَ إِلَى الْخَادِمِ بِدَوَاةٍ كَانَتْ بَيْنَ يَدَيْهِ وَقَالَ: أَتَسْأَلُنِي عَمَّا أَفْعَلُ بِكَ يَوْمَ يَمُوتُ أَمِيرُ الْمُؤْمِنِينَ، وَخَلِيفَةُ رَبِّ الْعَالَمِينَ؟! إِنِّي لَأَرْجُو أَنْ نَكُونَ جَمِيعًا فِدَاءً لَهُ.

فَقَالَ الرَّشِيدُ لِأُمِّ جَعْفَرٍ: كَيْفَ تَرَيْنَ؟ فَسَكَتَتْ عَنِ الْجَوَابِ.

«مَنْ بَرَّ بِوَالِدَيْهِ اسْتَحَقَّ الْجَزَاءَ فِي الدُّنْيَا وَالْآخِرَةِ.»

عُبَيْدُ اللهِ وَالْمُتَوَكِّلُ

أَبْطَأَ عُبَيْدُ اللهِ بْنُ يَحْيَى عَنِ الدِّيوَانِ، فَأَرْسَلَ إِلَيْهِ الْمُتَوَكِّل يَتَعَرَّفُ خَبَرَهُ، فَكَتَبَ إِلَيْهِ:

عَلِيلٌ مِنْ مَكَانَيْنِ
مِنَ الْإِفْلَاسِ وَالدَّيْنِ
فَفِي هَذَيْنِ لِي شُغْلٌ
وَحَسْبِي شُغْلُ هَذَيْنِ

فَبَعَثَ إِلَيْهِ بِأَلْفِ دِينَارٍ.

الْمَهْدِيُّ وَأَبُو دُلَامَةَ

تَوَاطَأَ أَبُو دُلَامَةَ مَعَ أُمِّ دُلَامَةَ عَلَى أَنْ يَأْتِيَ هُوَ الْمَهْدِيَّ فَيَنْعِيهَا، وَتَأْتِيَ عَلَى الْخَيْزُرَانِ فَتَنْعِيهِ. فَأَتَى أَبُو دُلَامَةَ الْمَهْدِيَّ وَهُوَ يَبْكِي.

فَقَالَ لَهُ: مَا بَالُكَ؟ فَقَالَ: مَاتَتْ أُمُّ دُلَامَةَ، وَإِنِّي أَحْتَاجُ إِلَى تَجْهِيزِهَا.[١٧] فَدَفَعَ لَهُ مَالًا. وَأَتَتْ أُمُّ دُلَامَةَ الْخَيْزُرَانَ وَقَالَتْ: إِنَّ أَبَا دُلَامَةَ مَضَى لِسَبِيلِهِ.[١٨] فَاغْتَمَّتْ وَأَمَرَتْ لَهَا بِمَالٍ وَأَعْطَتْهَا ثِيَابًا وَطِيبًا. وَلَمَّا دَخَلَ الْمَهْدِيُّ عَلَى الْخَيْزُرَانِ قَالَتْ لَهُ: يَا أَمِيرَ الْمُؤْمِنِينَ، إِنَّ أَبَا دُلَامَةَ مَضَى لِسَبِيلِهِ، أَبْقَى اللهُ أَمِيرَ الْمُؤْمِنِينَ! وَأُمُّ دُلَامَةَ كَانَتْ عِنْدِيَ السَّاعَةَ، فَأَعْطَيْتُهَا التَّجْهِيزَ لِزَوْجِهَا. فَقَالَ الْمَهْدِيُّ: إِنَّ أُمَّ دُلَامَةَ مَاتَتْ، وَكَانَ عِنْدِي أَبُو دُلَامَةَ السَّاعَةَ، وَأَعْطَيْتُهُ نَفَقَةَ تَجْهِيزِهَا.

فَعَجِبَا وَلَمْ يُصَدِّقَا حَتَّى ذَهَبَا إِلَيْهِمَا، فَنَظَرَ الْمَهْدِيُّ فَإِذَا بِهِمَا طَرِيحَانِ فِي أَرْضِ الدَّارِ، فَقَالَ: لَا بُدَّ مِنْ أَنَّ أُمَّ دُلَامَةَ مَاتَتْ قَبْلَ زَوْجِهَا. قَالَتْ: بَلْ أَبُو دُلَامَةَ يَا أَمِيرَ الْمُؤْمِنِينَ. قَالَ: وَكَيْفَ ذَلِكَ وَقَدْ رَأَيْتُهُ السَّاعَةَ؟! فَلَمَّا اشْتَدَّ الْخِصَامُ قَالَ الْمَهْدِيُّ: أُقْسِمُ بِشَرَفِي أَنَّ لِمَنْ أَطْلَعَنِي عَلَى الْحَقِيقَةِ خَمْسَةَ آلَافِ دِرْهَمٍ. فَنَهَضَ أَبُو دُلَامَةَ وَقَالَ: أُمُّ دُلَامَةَ مَاتَتْ قَبْلِي يَا أَمِيرَ الْمُؤْمِنِينَ. فَضَحِكَ الْمَهْدِيُّ، وَدَفَعَ إِلَيْهِ الْمَالَ.

إِجَارَةُ مَعْنٍ لِرَجُلٍ اسْتَجَارَ بِهِ

١

رُوِيَ أَنَّ أَمِيرَ الْمُؤْمِنِينَ الْمَنْصُورَ أَمَرَ بِالْقَبْضِ عَلَى رَجُلٍ كَانَ يَسْعَى بِفَسَادِ دَوْلَتِهِ مَعَ الْخَوَارِجِ مِنْ أَهْلِ الْكُوفَةِ، وَجَعَلَ لِمَنْ دَلَّ عَلَيْهِ أَوْ جَاءَ بِهِ مِائَةَ أَلْفِ دِرْهَمٍ، ثُمَّ إِنَّ الرَّجُلَ ظَهَرَ فِي بَغْدَادَ، فَبَيْنَمَا هُوَ يَمْشِي مُخْتَفِيًا فِي بَعْضِ نَوَاحِيهَا رَآهُ رَجُلٌ مِنْ أَهْلِ الْكُوفَةِ فَعَرَفَهُ، فَأَخَذَ بِمَجَامِعِ ثِيَابِهِ، وَقَالَ: هَذَا طَلَبُ أَمِيرِ الْمُؤْمِنِينَ.

فَبَيْنَمَا الرَّجُل عَلى هَذِهِ الْحَالَةِ إِذ سَمِعَ وَقْعَ حَوَافِرِ الْخَيْلِ؛ فَالْتَفَتَ فَإِذا مَعْنُ بْنُ زَائِدَةَ، فَاسْتَغَاثَ بِهِ وَقَالَ لَهُ: أَجِرْنِي، أَجَارَكَ اللهُ! فَالْتَفَتَ مَعْنٌ إِلَى الرَّجُلِ الْمُتَعَلِّقِ بِهِ وَقَالَ لَهُ: مَا شَأْنُكَ وَهَذَا؟ فَقَالَ لَهُ: إِنَّهُ طَلَبُ أَمِيرِ الْمُؤْمِنِينَ الَّذِي أَمَرَهُ بِالْقَبْضِ عَلَيْهِ، وَجَعَلَ لِمَنْ دَلَّ عَلَيْهِ مِائَةَ أَلْفِ دِرْهَم. فَقَالَ: دَعْهُ. وَقَالَ لِغُلَامِهِ: انْزِلْ عَنْ دَابَّتِكَ، وَاحْمِلِ الرَّجُلَ عَلَيْهَا. فَصَاحَ الرَّجُلُ الْمُتَعَلِّقُ بِهِ، وَصَرَخَ، وَاسْتَجَارَ بِالنَّاسِ، وَقَالَ: أَيُحَالُ بَيْنِي وَبَيْنَ بُغْيَةِ[19] أَمِيرِ الْمُؤْمِنِينَ؟ فَقَالَ لَهُ مَعْنٌ: اذْهَبْ فَقُلْ لِأَمِيرِ الْمُؤْمِنِينَ وَأَخْبِرْهُ أَنَّهُ عِنْدِي.

فَانْطَلَقَ[20] الرَّجُلُ إِلَى الْمَنْصُورِ وَأَخْبَرَهُ، فَأَمَرَ الْمَنْصُورُ بِإِحْضَارِ مَعْنٍ فِي السَّاعَةِ، فَلَمَّا وَصَلَ أَمْرُ الْمَنْصُورِ إِلَى مَعْنٍ، دَعَا جَمِيعَ أَهْلِ بَيْتِهِ وَأَوْلَادِهِ وَأَقَارِبِهِ وَحَاشِيَتِهِ وَجَمِيعَ مَنْ يَلُوذُ بِهِ، وَقَالَ لَهُمْ: أُقْسِمُ عَلَيْكُمْ بِأَلَّا يَصِلَ إِلَى هَذَا الرَّجُلِ مَكْرُوهٌ أَبَدًا وَفِيكُمْ عَيْنٌ تَطْرِفُ.

فَأَطْرَقَ الْمَنْصُورُ سَاعَةً، ثُمَّ رَفَعَ رَأْسَهُ، وَقَالَ لَهُ: قَدْ أَجَرْنَاهُ لَكَ يَا مَعْنُ.

ثُمَّ إِنَّه سَارَ إِلَى الْمَنْصُور فَدَخَلَ وَسَلَّمَ عَلَيْهِ، فَلَمْ يَرُدَّ عَلَيْهِ الْمَنْصُورُ السَّلَامَ، وَقَالَ لَهُ: يَا مَعْنُ، أَتَتَجَرَّأُ عَلَيَّ؟ قَالَ: نَعَمْ، يَا أَمِيرَ الْمُؤْمِنِينَ. فَقَالَ الْمَنْصُورُ: وَنَعَمْ أَيْضًا؟! وَقَدِ اشْتَدَّ غَضَبُهُ. فَقَالَ مَعْنٌ: يَا أَمِيرَ الْمُؤْمِنِينَ، كَمْ مِنْ مَرَّةٍ تَقَدَّمَ فِي دَوْلَتِكُمْ بَلَائِي وَحُسْنُ جِهَادِي! وَكَمْ مِنْ مَرَّةٍ خَاطَرْتُ بِدَمِي! أَفَمَا

رَأَيْتَمُونِي أَهْلًا بِأَنْ يُوهَبَ لِي رَجُلٌ وَاحِدٌ اسْتَجَارَ بِي بَيْنَ النَّاسِ، بِوَهْمِهِ أَنِّي عَبْدٌ مِنْ عَبِيدِ أَمِيرِ الْمُؤْمِنِينَ، وَكَذَلِكَ هُوَ؟ فَمُرْ بِمَا شِئْتَ، هَا أَنَا بَيْنَ يَدَيْكَ.

فَأَطْرَقَ[٢١] الْمَنْصُورُ سَاعَةً، ثُمَّ رَفَعَ رَأْسَهُ وَقَدْ سَكَنَ مَا بِهِ مِنَ الْغَضَبِ، وَقَالَ لَهُ: قَدْ أَجَرْنَاهُ لَكَ يَا مَعْنُ. فَقَالَ لَهُ مَعْنٌ: إِنْ رَأَى أَمِيرُ الْمُؤْمِنِينَ أَنْ يَجْمَعَ بَيْنَ الأَجْرَيْنِ، فَيَأْمُرَ لَهُ بِمُكَافَأَةٍ فَيَكُونُ قَدْ أَحْيَاهُ وَأَغْنَاهُ. فَقَالَ الْمَنْصُورُ: قَدْ أَمَرْنَا لَهُ بِخَمْسِينَ أَلْفِ دِرْهَمٍ.

فَقَالَ لَهُ مَعْنٌ: يَا أَمِيرَ الْمُؤْمِنِينَ، إِنَّ صِلَاتِ الْخُلَفَاءِ عَلَى قَدْرِ جِنَايَاتِ الرَّعِيَّةِ، وَإِنَّ ذَنْبَ الرَّجُلِ عَظِيمٌ، فَأَجْزِلْ لَهُ الْعَطَاءَ. قَالَ: قَدْ أَمَرْنَا لَهُ بِمِائَةِ أَلْفِ دِرْهَمٍ. فَقَالَ لَهُ مَعْنٌ: عَجِّلْهَا يَا أَمِيرَ الْمُؤْمِنِينَ؛ فَإِنَّ خَيْرَ الْبِرِّ عَاجِلُهُ. فَأَمَرَ بِتَعْجِيلِهَا فَحَمَلَهَا وَانْصَرَفَ، وَأَتَى مَنْزِلَهُ، وَقَالَ لِلرَّجُلِ: يَا رَجُلُ، خُذْ مُكَافَأَتَكَ، وَالْحَقْ بِأَهْلِكَ، وَإِيَّاكَ وَمُخَالَفَةَ الْخُلَفَاءِ فِي أُمُورِهِمْ بَعْدَ هَذِهِ.

هِشَامٌ وَدَرْوَاسُ

حَصَلَتْ فِي عَهْدِ هِشَامٍ مَجَاعَةٌ عَظِيمَةٌ؛ فَدَخَلَ إِلَيْهِ وُجُوهُ النَّاسِ مِنَ الأَحْيَاءِ وَفِي جُمْلَتِهِمْ دَرْوَاسُ بْنُ حَبِيبٍ الْعِجْلِيُّ وَعَلَيْهِ جُبَّةُ صُوفٍ، فَنَظَرَ هِشَامٌ إِلَى صَاحِبِهِ نَظْرَةَ لَائِمٍ فِي دُخُولِ دَرْوَاسَ إِلَيْهِ، وَقَالَ: أَيَدْخُلُ عَلَيَّ كُلُّ مَنْ أَرَادَ الدُّخُولَ؟ وَكَانَ دَرْوَاسُ حَكِيمًا فَعَلِمَ أَنَّهُ عَنَاهُ، فَقَالَ دَرْوَاسُ: يَا أَمِيرَ الْمُؤْمِنِينَ، مَا أَخَلَّ لَكَ دُخُولِي عَلَيْكَ، وَلَقَدْ شَرَّفَنِي وَرَفَعَ قَدْرِي تَمَكُّنِي مِنْ مَجْلِسِكَ، وَقَدْ رَأَيْتُ النَّاسَ دَخَلُوا لِأَمْرٍ عَدَلُوا عَنْهُ، فَإِنْ أَذِنْتَ فِي الْكَلَامِ تَكَلَّمْتُ. فَقَالَ هِشَامٌ: للهِ دَرُّكَ! تَكَلَّمْ؛ فَمَا رَأَى صَاحِبُ الْقَوْمِ غَيْرَكَ. فَقَالَ: يَا أَمِيرَ الْمُؤْمِنِينَ، تَتَابَعَتْ عَلَيْنَا سُنُونٌ ثَلَاثٌ، أَمَّا الأُولَى فَأَذَابَتِ الشَّحْمَ، وَأَمَّا الثَّانِيَةُ فَأَكَلَتِ اللَّحْمَ، وَأَمَّا الثَّالِثَةُ فَأَتْعَبَتِ الْمُخَّ وَمَصَّتِ الْعَظْمَ، وَللهِ فِي أَيْدِيكُمْ أَمْوَالٌ، فَإِنْ تَكُنْ للهِ فَاعْطِفُوا بِهَا عَلَى عِبَادِ اللهِ، وَإِنْ تَكُنْ لَهُمْ فَعَلَامَ تَحْجُبُونَهَا عَنْهُم، وَإِنْ تَكُنْ لَكُمْ فَتَصَدَّقُوا بِهَا عَلَيْهِم؛ فَإِنَّ اللهَ يَجْزِي الْمُتَصَدِّقِينَ، وَلَا يُضِيعُ أَجْرَ الْمُحْسِنِينَ.

فَقَالَ هِشَامٌ: للهِ أَنْتَ! مَا تَرَكْتَ وَاحِدَةً مِنْ ثَلَاثٍ. وَأَمَرَ بِمِائَةِ أَلْفِ دِينَارٍ، فَقُسِّمَتْ فِي النَّاسِ، وَأَمَرَ لِدَرْوَاسَ بِمِائَةِ أَلْفِ دِرْهَمٍ. فَقَالَ: يَا أَمِيرَ الْمُؤْمِنِينَ، أَلِكُلِّ رَجُلٍ مِنَ الْمُسْلِمِينَ مِثْلُهَا؟ قَالَ: لَا، وَلَا يَقُومُ بِذَلِكَ بَيْتُ الْمَالِ. فَقَالَ: لَا حَاجَةَ لِي فِيمَا يَبْعَثُ عَلَى ذَمِّكَ.

فَلَمَّا عَادَ إِلَى دَارِهِ أَمَرَ بِذَلِكَ، فَبُعِثَ إِلَيْهِ، فَقَسَّمَ تِسْعِينَ أَلْفَ دِرْهَمٍ فِي تِسْعَةٍ مِنْ أَحْيَاءِ الْعَرَبِ وَأَبْقَى عَشَرَةَ آلَافِ دِرْهَمٍ، فَبَلَغَ ذَلِكَ هِشَامًا، فَقَالَ: للهِ دَرُّهُ! إِنَّ صَنِيعَ مِثْلِهِ يُعَلِّمُ النَّاسَ الْعَدَالَةَ.

«الْمُسَاوَاةُ فِي الْعَطَاءِ عُنْوَانُ الْعَدَالَةِ.»

إِنَّ لِلْعَالَمِ خَالِقًا

حُكِيَ أَنَّ رَجُلًا يُنْكِرُ وُجُودَ اللهِ جَاءَ إِلَى هَارُونَ الرَّشِيدِ، وَقَالَ: يَا أَمِيرَ الْمُؤْمِنِينَ، قَدِ اتَّفَقَ عُلَمَاءُ عَصْرِكَ مِثْلُ أَبِي حَنِيفَةَ، عَلَى أَنَّ لِلْعَالَمِ صَانِعًا، فَمَنْ كَانَ فَاضِلًا مِنْ هَؤُلَاءِ فَمُرْهُ أَنْ يَحْضُرَ هَا هُنَا،

حَتّى أبْحثَ مَعَهُ بيْنَ يَدَيْك، وَأثْبِتَ أنّهُ ليْسَ لِلْعالمِ صَانِعٌ.

فَأرْسَلَ هَارُونُ الرَّشِيدُ إلَى أبِي حَنيفَةَ؛ لأنّهُ كانَ أفْضَلَ الْعُلَمَاءِ، وَقالَ: يَا إمَامَ الْمُسْلِمِينَ، اعْلَمْ أنّهُ قَدْ جَاءَ إلَيْنَا كَافِرٌ وهُوَ يَدَّعِي نَفْيَ الصَّانِعِ، وَيَدْعُوكَ إلى الْمُنَاظَرَةِ. فَقَالَ أبُو حَنِيفَةَ: أذْهَبُ بَعْدَ الظُّهْرِ. فَجَاءَ رَسُولُ الْخَلِيفَةِ وَأخْبَرَ بِمَا قَالَ أبُو حَنيفَةَ، فَأرْسَلَ ثانِيًا، فَقَامَ أبُو حَنِيفَةَ وَأتَى إلَى هَارُونَ الرَّشِيدِ، فَاسْتَقْبَلَهُ هَارُونُ وَجَاءَ بِهِ وَأجْلَسَهُ فِي الصَّدْرِ، وَقَدِ اجْتَمَعَ الأكَابِرُ وَالأعْيَانُ.

فَقَالَ الْكَافِرُ: يَا أبَا حَنيفَةَ، لِمَ أبْطَأْتَ فِي مَجِيئِكَ؟ فَقَالَ أبُو حَنِيفَةَ: قَدْ حَصَلَ لِي أمْرٌ عَجِيبٌ؛ فَلِذَلِكَ أبْطَأْتُ، وَذَلِكَ أنَّ بَيْتِي وَرَاءَ دِجْلَةَ، فَخَرَجْتُ مِنْ مَنْزِلِي وَجِئْتُ إلَى جَنْبِ دِجْلَةَ حَتّى أعْبُرَهَا، فَرَأيْتُ بِجَنْبِ دِجْلَةَ سَفِينَةً عَتِيقَةً مُقَطَّعَةً قَدِ افْتَرَقَتْ ألْوَاحُهَا، فَلَمَّا وَقَعَ بَصَرِي عَلَيْهَا اضْطَرَبَتِ الألْوَاحُ وَتَحَرَّكَتْ وَاجْتَمَعتْ وَتَوَصَّلَ بَعْضُهَا بِبَعْضٍ، وَصَارَتِ السَّفِينَةُ صَحِيحَةً بِلَا نَجَّارٍ وَلَا عَمَلِ عَامِلٍ، فَقَعَدْتُ عَلَيْهَا وَعَبَرْتُ الْمَاءَ وَجِئْتُ هَا هُنَا.

فَقَالَ الْكَافِرُ: اسْمَعُوا أيُّهَا الأعْيَانُ مَا يَقُولُ إمَامُكُمْ وَأفْضَلُ زَمَانِكُمْ، فَهَلْ سَمِعْتُمْ كَلامًا أكْذَبَ مِنْ هَذَا؟ كَيْفَ تَحْصُلُ السَّفِينَةُ الْمَكْسُورَةُ بِلا عَمَلِ نَجَّارٍ، فَهُوَ كَذِبٌ مَحْضٌ قَدْ ظَهَرَ مِنْ أفْضَلِ عُلَمَائِكُمْ. فَقَالَ أبُو حَنيفَةَ: أيُّهَا الْكَافِرُ، إذَا لَمْ تَحْصُلِ السَّفِينَةُ بِلَا صَانِعٍ وَنَجَّارٍ، فَكَيْفَ يَجُوزُ أنْ يَحْصُلَ هَذَا الْعَالَمُ مِنْ غَيْرِ صَانِعٍ، أمْ كَيْفَ تَقُولُ بِعَدَمِ وُجُودِ الصَّانِعِ؟ فَعِنْدَ ذَلِكَ أمَرَ الرَّشِيدُ بِضَرْبِ عُنُقِ الْكَافِرِ فَقَتَلُوهُ.

«إنَّ عَظَمَةَ هَذَا الْكَوْنِ تَدُلُّ عَلَى عَظَمَةِ صَانِعِهِ.»

الشَّرَاهَةُ

حَضَرَ أعْرَابِيٌّ مَعَ بَعْضِ النَّاسِ عِنْدَ الْحَجَّاجِ، فَقُدِّمَ الطَّعَامُ فَأكَلُوا مِنْهُ، ثُمَّ قُدِّمَتِ الْحَلْوَى، فَتَرَكَ الْحَجَّاجُ الأعْرَابِيَّ حَتَّى أكَلَ مِنْهَا لُقْمَةً، فَقَالَ: مَنْ أكَلَ مِنَ الْحَلْوَى ضَرَبْتُ عُنُقَهُ. فَامْتَنَعُوا عَنْ أكْلِهَا، وَبَقِيَ الأعْرَابِيُّ يَنْظُرُ تَارَةً إلَى الْحَجَّاجِ وَتَارَةً إلَى الْحَلْوَى، ثُمَّ قَالَ: أيُّهَا الأمِيرُ، أوصِيكَ بِأوْلَادِي خَيْرًا، وَابْتَدَأ بِالأكْلِ؛ فَضَحِكَ الْحَجَّاجُ وَأنْعَمَ عَلَيْهِ.

الأعْرَابِيُّ الشَّاعِرُ وَالْخَلِيفَةُ

اسْتَدْعَى بَعْضُ الْخُلَفَاءِ شُعَرَاءَ مِصْرَ، فَصَادَفَهُم شَاعِرٌ فَقِيرٌ بِيَدِهِ جَرَّةٌ فَارِغَةٌ، ذَاهِبًا بِهَا إلَى الْبَحْرِ؛ لِيَمْلأهَا مَاءً، فَتَبِعَهُمْ إلَى أنْ وَصَلُوا إلَى دَارِ الْخِلافَةِ، فَبَالَغَ فِي إكْرَامِهِمْ وَالإنْعَامِ عَلَيْهِمْ، وَرَأى ذَلِكَ الرَّجُلَ وَالْجَرَّةَ عَلَى كَتِفِهِ، وَنَظَرَ إلَى ثِيَابِهِ الْقَدِيمَةِ، وَقَالَ: مَنْ أنْتَ وَمَا حَاجَتُكَ؟ فَأنْشَدَ:

وَلَمَّا رَأيْتُ الْقَوْمَ شَدُّوا رِحَالَهُمْ[٢٢]
إلَى بَحْرِكَ الطَّامِي[٢٣] أتَيْتُ بِجَرَّتِي

فَقَالَ الْخَلِيفَةُ: امْلَئُوا لَهُ الْجَرَّةَ ذَهَبًا وَفِضَّةً؛ فَحَسَدَهُ بَعْضُ الْحَاضِرِينَ، وَقَالَ: هَذَا رَجُلٌ فَقِيرٌ مَجْنُونٌ لَا يَعْرِفُ قِيمَةَ هَذَا الْمَالِ، وَرُبَّمَا أَتْلَفَهُ وَضَيَّعَهُ.

فَقَالَ الْخَلِيفَةُ: هُوَ مَالُهُ يَفْعَلُ بِهِ مَا شَاءَ، فَمُلِئَتْ لَهُ ذَهَبًا وَخَرَجَ إِلَى الْبَابِ، فَفَرَّقَ مَا بِهَا، وَبَلَغَ الْخَلِيفَةَ ذَلِكَ فَاسْتَدْعَاهُ وَعَاتَبَهُ عَلَى ذَلِكَ، فَقَالَ:

يَجُودُ عَلَيْنَا الْخَيِّرُونَ بِمَالِهِمْ
وَنَحْنُ بِمَالِ الْخَيِّرِينَ نَجُودُ

فَأَعْجَبَهُ ذَلِكَ، وَأَمَرَ أَنْ تُمْلَأَ لَهُ عَشَرَ مَرَّاتٍ، وَقَالَ: «الْحَسَنَةُ بِعَشَرَةِ أَمْثَالِهَا.»

نَبَاهَةُ امْرَأَةٍ

دَخَلَتْ عَلَى هَارُونَ الرَّشِيدِ يَوْمًا امْرَأَةٌ مِنْ نِسَاءِ الْبَرَامِكَةِ، وَقَالَتْ لَهُ: يَا أَمِيرَ الْمُؤْمِنِينَ، أَقَرَّ[24] اللهُ عَيْنَيْكَ، وَفَرَّحَكَ بِمَا أَعْطَاكَ! لَقَدْ حَكَمْتَ فَأَقْسَطْتَ،[25] زَادَكَ اللهُ رِفْعَةً! فَقَالَ لَهَا: مَنْ تَكُونِينَ أَيَّتُهَا الْمَرْأَةُ؟ قَالَتْ لَهُ: مِنْ آلِ بَرْمَكٍ الَّذِينَ قَتَلْتَ رِجَالَهُمْ، وَأَخَذْتَ أَمْوَالَهُمْ. قَالَ: أَمَّا الرِّجَالُ فَقَدْ نَفَذَ بِهِمْ أَمْرُ اللهِ، وَأَمَّا الْمَالُ فَمَرْدُودٌ عَلَيْكِ، وَأَمَرَ بِرَدِّ مَالِهَا.

وَقَالَ لِجُلَسَائِهِ: إِنَّهَا دَعَتْ عَلَيْنَا دُعَاءً عَظِيمًا. قَالُوا: وَمَا هُوَ يَا أَمِيرَ الْمُؤْمِنِينَ؟ قَالَ: فَمِنْ قَوْلِهَا: أَقَرَّ اللهُ عَيْنَيْكَ، أَيْ أَسْكَنَ حَرَكَتَهُمَا، وَإِذَا سَكَنَتِ الْعَيْنُ مِنَ الْحَرَكَةِ فَتَكُونُ قَدْ عَمِيَتْ، وَمِنْ قَوْلِهَا: فَرَّحَكَ اللهُ بِمَا أَعْطَاكَ، أَخَذَتْهُ مِنْ قَوْلِ الْقُرْآنِ إِذْ يَقُولُ: حَتَّى إِذَا فَرِحُوا بِمَا أُوتُوا أَخَذْنَاهُمْ بَغْتَةً، وَقَوْلُهَا: حَكَمْتَ فَأَقْسَطْتَ، أَخَذَتْهُ مِنْ قَوْلِهِ تَعَالَى: وَأَمَّا الْقَاسِطُونَ فَكَانُوا لِجَهَنَّمَ حَطَبًا، وَقَوْلُهَا: زَادَكَ اللهُ رِفْعَةً، أَيْ: بَعْدَ الرِّفْعَةِ يَكُونُ الْهُبُوطُ.

هَارُونُ الرَّشِيدُ وَالشَّيْخُ الْبَدَوِيُّ

خَرَجَ أَمِيرُ الْمُؤْمِنِينَ هَارُونُ الرَّشِيدُ يَوْمًا مِنَ الْأَيَّامِ، هُوَ وَأَبُو يَعْقُوبَ النَّدِيمُ وَجَعْفَرٌ الْبَرْمَكِيُّ وَأَبُو نُوَاسٍ، وَسَارُوا فِي الصَّحْرَاءِ، فَرَأَوْا شَيْخًا مُتَّكِئًا عَلَى حِمَارٍ لَهُ، فَقَالَ هَارُونُ الرَّشِيدُ لِجَعْفَرٍ: اسْأَلْ هَذَا الشَّيْخَ مِنْ أَيْنَ هُوَ.

فَقَالَ لَهُ جَعْفَرٌ: مِنْ أَيْنَ جِئْتَ؟ قَالَ: مِنَ الْبَصْرَةِ. قَالَ لَهُ جَعْفَرٌ: وَإِلَى أَيْنَ سَيْرُكَ؟ قَالَ: إِلَى بَغْدَادَ. قَالَ لَهُ: وَمَا تَصْنَعُ فِيهَا؟ قَالَ: أَلْتَمِسُ دَوَاءً لِعَيْنِي. فَقَالَ هَارُونُ الرَّشِيدُ: يَا جَعْفَرُ، مَازِحْهُ. فَقَالَ: إِذَا مَازَحْتُهُ أَسْمَعُ مِنْهُ مَا أَكْرَهُ. فَقَالَ: بِحَقِّي عَلَيْكَ أَنْ تُمَازِحَهُ.

فَقَالَ جَعْفَرٌ لِلشَّيْخِ: إِنْ وَصَفْتُ لَكَ دَوَاءً يَنْفَعُكَ، فَمَا الَّذِي تُكَافِئُنِي بِهِ؟ فَقَالَ لَهُ: اللهُ تَعَالَى يُكَافِئُكَ عَنِّي بِمَا هُوَ خَيْرٌ لَكَ مِنْ مُكَافَأَتِي. فَقَالَ: أَنْصِتْ إِلَيَّ حَتَّى أَصِفَ لَكَ هَذَا الدَّوَاءَ الَّذِي لَا أَصِفُهُ لِأَحَدٍ غَيْرِكَ. فَقَالَ لَهُ: وَمَا هُوَ؟

فَقَالَ لَهُ جَعْفَرٌ: خُذْ لَكَ ثَلَاثَ أَوَاقٍ مِنْ هُبُوبِ الرِّيحِ، وَثَلَاثَ أَوَاقٍ مِنْ شُعَاعِ الشَّمْسِ، وَثَلَاثَ أَوَاقٍ مِنْ زَهْرِ الْقَمَرِ، وَثَلَاثَ أَوَاقٍ مِنْ نُورِ السِّرَاجِ، وَاجْمَعِ الْجَمِيعَ، وَضَعْهَا فِي الْهَوَاءِ ثَلَاثَةَ أَشْهُرٍ، ثُمَّ بَعْدَ ذَلِكَ ضَعْهَا فِي هَاوَنٍ بِلَا قَعْرٍ وَدُقَّهَا ثَلَاثَةَ أَشْهُرٍ، فَإِذَا دَقَقْتَهَا فَضَعْهَا فِي وِعَاءٍ مَشْقُوقٍ وَضَعِ الْوِعَاءَ فِي الْهَوَاءِ ثَلَاثَةَ أَشْهُرٍ، ثُمَّ اسْتَعْمِلْ هَذَا الدَّوَاءَ فِي كُلِّ يَوْمٍ ثَلَاثَةَ دَرَاهِمَ عِنْدَ النَّوْمِ، وَاسْتَمِرَّ عَلَى ذَلِكَ، فَإِنَّكَ تُعَافَى إِنْ شَاءَ اللهُ.

فَلَمَّا سَمِعَ الشَّيْخُ كَلَامَ جَعْفَرٍ قَالَ: لَا عَفَاكَ اللهُ، خُذْ مِنِّي هَذِهِ اللَّطْمَةَ مُكَافَأَةً لَكَ عَلَى وَصْفِكَ هَذَا الدَّوَاءَ، وَبَادَرَهُ بِضَرْبَةٍ عَلَى أُمِّ رَأْسِهِ. فَضَحِكَ هَارُونُ الرَّشِيدُ حَتَّى اسْتَلْقَى، وَأَمَرَ لِذَلِكَ الرَّجُلِ بِثَلَاثَةِ آلَافِ دِرْهَمٍ.

«مَنْ قَالَ كَلَامًا لَا يَعْنِيهِ، سَمِعَ كَلَامًا لَا يُرْضِيهِ.»

رَسُولُ قَيْصَرَ وَعُمَرُ بْنُ الْخَطَّابِ

أَرْسَلَ قَيْصَرُ رَسُولًا إِلَى عُمَرَ بْنِ الْخَطَّابِ؛ لِيَنْظُرَ أَحْوَالَهُ، وَيُشَاهِدَ أَفْعَالَهُ، فَلَمَّا دَخَلَ الْمَدِينَةَ سَأَلَ أَهْلَهَا وَقَالَ: أَيْنَ مَلِكُكُمْ؟ فَقَالُوا: مَا لَنَا مَلِكٌ، بَلْ لَنَا أَمِيرٌ قَدْ خَرَجَ إِلَى ظَاهِرِ الْمَدِينَةِ. فَخَرَجَ الرَّسُولُ فِي طَلَبِهِ، فَرَآهُ نَائِمًا فِي الشَّمْسِ عَلَى الْأَرْضِ فَوْقَ الرَّمْلِ الْحَارِّ، وَقَدْ وَضَعَ صُرَّةً كَالْوِسَادَةِ، وَالْعَرَقُ يَسْقُطُ مِنْ جَبِينِهِ إِلَى أَنْ بَلَّ الْأَرْضَ.

فَلَمَّا رَآهُ عَلَى هَذِهِ الْحَالَةِ؛ وَقَعَ الْخُشُوعُ فِي قَلْبِهِ، وَقَالَ: رَجُلٌ يَكُونُ جَمِيعُ الْمُلُوكِ لَا يَقِرُّ لَهُمْ قَرَارٌ فِي هَيْبَتِهِ، وَتَكُونُ هَذِهِ حَالَهُ! وَلَكِنَّكَ يَا عُمَرُ عَدَلْتَ؛ فَأَمِنْتَ؛ فَنِمْتَ، وَمَلِكُنَا يَجُورُ، فَلَا جَرَمَ أَنَّهُ لَا يَزَالُ سَاهِرًا خَائِفًا.

أَبُو جَعْفَرٍ وَمَعْنٌ

دَخَلَ مَعْنُ بْنُ زَائِدَةَ عَلَى أَبِي جَعْفَرٍ فَقَالَ لَهُ: كَبُرْتَ يَا مَعْنُ. قَالَ: فِي طَاعَتِكَ يَا أَمِيرَ الْمُؤْمِنِينَ. قَالَ: وَإِنَّكَ تَتَجَلَّدُ. قَالَ: عَلَى أَعْدَائِكَ يَا أَمِيرَ الْمُؤْمِنِينَ. قَالَ: وَإِنَّ فِيكَ لَبَقِيَّةً. قَالَ: هِيَ لَكَ يَا أَمِيرَ الْمُؤْمِنِينَ. قَالَ: أَيُّ الدَّوْلَتَيْنِ أَحَبُّ إِلَيْكَ أَوْ أَبْغَضُ، أَدَوْلَتُنَا أَمْ دَوْلَةُ بَنِي أُمَيَّةَ؟ قَالَ: ذَلِكَ إِلَيْكَ يَا أَمِيرَ الْمُؤْمِنِينَ، إِنْ زَادَ بِرُّكَ[٢٦] عَلَى بِرِّهِمْ كَانَتْ دَوْلَتُكَ أَحَبَّ إِلَيَّ، وَإِنْ زَادَ بِرُّهُمْ عَلَى بِرِّكَ كَانَتْ دَوْلَتُهُمْ أَحَبَّ إِلَيَّ. قَالَ: صَدَقْتَ.

عُرْوَةُ وَعَبْدُ الْمَلِكِ

دَخَلَ عُرْوَةُ بْنُ الزُّبَيْرِ مَعَ عَبْدِ الْمَلِكِ بْنِ مَرْوَانَ إِلَى بُسْتَانٍ، وَكَانَ عُرْوَةُ مُعْرِضًا عَنِ الدُّنْيَا، فَحِينَ رَأَى فِي الْبُسْتَانِ مَا رَأَى قَالَ: مَا أَحْسَنَ هَذَا الْبُسْتَانَ! فَقَالَ لَهُ عَبْدُ الْمَلِكِ: أَنْتَ وَاللهِ أَحْسَنُ مِنْهُ؛ لِأَنَّهُ يُؤْتِي أُكُلَهُ كُلَّ عَامٍ، وَأَنْتَ تُؤْتِي أُكُلَكَ كُلَّ يَوْمٍ.

أَبُو دُلَامَة وَالْخَلِيفَة السَّفَاحُ

كَانَ أَبُو دُلَامَةَ الشَّاعِرُ وَاقِفًا بَيْنَ يَدَيِ السَّفَّاحِ فِي بَعْضِ الْأَيَّامِ، فَقَالَ لَهُ الْخَلِيفَةُ: سَلْنِي حَاجَتَكَ. فَقَالَ لَهُ أَبُو دُلَامَةَ: أُرِيدُ كَلْبَ صَيْدٍ. فَقَالَ: أَعْطُوهُ إِيَّاهُ. فَقَالَ: وَأُرِيدُ دَابَّةً أَتَصَيَّدُ عَلَيْهَا. قَالَ: أَعْطُوهُ إِيَّاهَا. قَالَ: وَغُلَامًا يَقُودُ الْكَلْبَ، وَيَصِيدُ بِهِ. قَالَ: أَعْطُوهُ غُلَامًا. قَالَ: وَجَارِيَةً تُصلِحُ الصَّيْدَ وَتُطْعِمُنَا مِنْهُ. قَالَ: أَعْطُوهُ جَارِيَةً. قَالَ: هَؤُلَاءِ يَا أَمِيرَ الْمُؤْمِنِينَ عَبِيدُكَ، فَلَا بُدَّ لَهُمْ مِنْ دَارٍ يَسْكُنُونَهَا. فَقَالَ: أَعْطُوهُ دَارًا تَجْمَعُهُمْ. قَالَ: وَإِنْ لَمْ يَكُنْ لَهُمْ ضَيْعَةٌ، فَمِنْ أَيْنَ يَعِيشُونَ؟ قَالَ: وَهَبْتُكَ عَشْرَ ضِيَاعٍ غَامِرَةٍ. قَالَ: وَمَا الْغَامِرَةُ يَا أَمِيرَ الْمُؤْمِنِينَ؟ قَالَ: مَا لَا نَبَاتَ فِيهَا. قَالَ: قَدْ أَقْطَعْتُكَ يَا أَمِيرَ الْمُؤْمِنِينَ مِائَةَ ضَيعَةٍ غَامِرَةٍ مِنْ فَيَافِي بَنِي أَسدٍ. فَضَحِكَ مِنْهُ، وَقَالَ: اجْعَلُوهَا كُلَّهَا عَامِرَةً.

هوامش

١- صَفَحَ: سَامَحَ.
٢- مَنٌّ: كَرَمٌ.
٣- حَقَنْتَ دَمِي: عَفَوْتَ عَنِّي.
٤- شَفَاعَة: إِجَارَة.
٥- ظَفَرَ بِهِ: قَبَضَ عَلَيْه
٦- سَوْط: كُرْبَاج.
٧- تَغْرِيد: غِنَاء.
٨- هَدِيرُ الْأَنْهَارِ: صَوْتُ تَسَاقُطِ مِيَاهِهَا.
٩- جَنْدَلَ: قَتَلَ.
١٠- خَرَاج: ضَرِيبَة.
١١- نَحِيب: بُكَاء.
١٢- عَبَرَات: دُمُوع.
١٣- رُقْعَة: وَرَقَة.
١٤- أَتْحَفَ: قَدَّمَ.
١٥- خَلَعَ عَلَيه: أَنْعَمَ عَلَيهِ.
١٦- أَفْضَتْ إِلَيْهِ: أَتَتْ إِلَيْهِ.
١٧- التَّجْهِيزُ: إِلْبَاسُ الْمَيِّتِ الْكَفَنَ.
١٨- مَضَى لِسَبِيلِهِ: مَاتَ.
١٩- بُغْيَة: طَلَب.
٢٠- انْطَلَقَ: ذَهَبَ.
٢١- أَطْرَقَ: سَكَتَ.

[22] شَدُّوا رِحَالَهُمْ: أَعَدُّوا رَكَائِبَهُمْ.
[23] الطَّامِي: الْفَائِضُ.
[24] أَقَرَّ: أَسْكَنَ.
[25] أَقْسَطْتَ: عَدَلْتَ.
[26] الْبِرُّ: الصَّلَاحُ.

نوادر الأدباء

في نوادر الملوك والخلفاء مع الأدباء

النوادر الأولى

في نوادر الملك كسرى

الرشيد وعنبر المغني

قال إسحاق الموصلي: حضرت مسامرة الرشيد ليلة عنبر المغني، وكان فصيحًا متأدبًا، وكان مع ذلك يملي الشعر بصوت حسن؛ فتذاكروا رقة شعر المدنيين؛ فأنشد بعض جلسائه أبياتًا لأحد الشعراء؛ حيث يقول:

واذكر أيام الحمى ثم انثني
على كبد من خشية أن تصدعا
وليس عشيات الحمى برواجع
عليك ولكن خل عينيك تدمعاً
بكت عيني اليمنى فلما زجرتها
على الجهل بعد الحلم أسبلتا معا

فأُعجِب الرشيد برقة الأبيات، فقال له عنبر: يا أمير المؤمنين، إنَّ هذا الشعر مدني رقيق، قد غُذي بماء العقيق، حتى رقّ وصفا، فصار أصفى من الهواء، ولكن إن شاء أمير المؤمنين أنشدته ما هو أرق من هذا وأحلى وأصلب وأقوى لرجل من أهل البادية. قال: فإني أشاء. قال: وأترنم به يا أمير المؤمنين؟ قال: ذلك لك. فغنى لجرير:

إن الذين غدوا بلبك غادروا
وشلًا بعينك لا يزال معينا
غيضن من عبراتهن وقلن لي
ماذا لقيت من الهوى ولقينا
راحوا العشية أوجه منكورة
إن حرن حرنا أو هدين هدينا
فرموا بهن سواهما عرض الفلا
إن متن متنا وإن حيين حيينا

قال: صدقت يا عنبر، وخلع عليه، وأجازه.

أفضل الملوك

قيل لكسرى: أي الملوك أفضل؟ قال: الذي إذا جاورته وجدته عليمًا، وإذا خبرته وجدته حكيمًا، وإذا غضب كان حليمًا، وإذا ظفر كان كريمًا، وإذا استمنح منح جسيمًا، وإذا وعد وفى وإن كان الوعد عظيمًا، وإذا اشتكي إليه وجد رحيمًا.

أنوشروان والفتاة

خرج كسرى أنوشروان إلى الصيد يومًا واعتزل عسكره، فعطش، فرأى ضيعة قريبة منه، فقصدها حتى وقف على باب دار قوم، وطلب منهم الماء ليشرب، فخرجت له فتاة، فلما رأته عادت إلى البيت مسرعة، فدقت قصبة سكر، ومزجتها بماءٍ، وخرجت به في قدح إليه، فنظر القدح، فرأى فيه شرابًا وقذى، فشرب منه شيئًا فشيئًا حتى انتهى إلى آخره، ثم قال: نعمَ الماء لولا ما فيه من القذى! فقالت له الفتاة: أنا ألقيت القذى عمدًا. فقال لها: ولِمَ فعلتِ ذلك؟

فقالت: لما رأيتك شديد العطش خشيت أن تشربه مرة واحدة، فيضر بك شربه. فعجب كسرى من ذكائها وفطنتها، وقال: كم عصرتِ فيه من قصبة؟ فقالت: عصرت فيه قصبة واحدة. فعجب من ذلك، فلما مضى طلب اسم المكان، وكان قد نسيه، فرأى خراجه قليلًا، فحدث نفسه أن يزيد في خراجه، وبعد حين مرَّ بذلك المكان منفردًا، ووقف على ذلك الباب، وطلب الماء ليشرب، فخرجت له الصبية عينها، ورأته فعرفته، وعادت مسرعة لتمزج له الماء فأبطأت عليه، فلما خرجت إليه قال لها: قد أبطأتِ! فقالت له: لم تمزج حاجتك من قصبة واحدة، بل من ثلاث قصبات. فقال: وما سبب ذلك؟! فقالت: من تغير نية الحاكم؛ فقد سمعنا أنه إذا تغيرت نية السلطان على قوم زالت بركاتهم، وقلَّت خيراتهم. فضحك أنوشروان، وأزال ما كان في نفسه من زيادة الخراج، ثم تزوج بتلك الفتاة؛ لعجبه من فصاحتها.

كسرى وبزرجمهر الوزير

قال أنوشروان لبزرجمهر: أي الأشياء خير للمرء؟ قال: عقل يعيش به. قال: فإن لم يكن؟ قال: فإخوان يسترون عيبه. قال: فإن لم يكن؟ قال: فمال يتحبب به إلى الناس. قال: فإن لم يكن؟ قال: فعي صامت. قال: فإن لم يكن؟ قال: فموت جارف.

كسرى أنوشروان والغلام

أراد كسرى كاتبًا لأمر أعجله، فلم يوجد غير غلام صغير يصحب الكتاب، فدعاه فقال: ما اسمك؟ قال: مهرماه. قال: اكتب ما أملي عليك. فكتب قائمًا أحسن من غيره قاعدًا، ثم قال له: اكتب في هذا الكتاب من تلقاء نفسك، ففعل، وضمَّ إلى الكتاب رقعة فيها: «إن الحرمة التي أوصلتني إلى سيدنا لو وكلت فيها إلى نفسي لقصرت أن أبلغ إليها، فإن رأى أن لا يحطني إلى ما هو دونها فعل»، فقال

كسرى: أحب مهرماه أن لا يدع في نفسه لهفة يتلهف عليها بعد إمكان الفرصة، وقد أمرنا له بما سأل.

نباهة كسرى

فرَّ كسرى من ملاقاة بهرام جور، فاتبعه الجيش، وكان قد أعدَّ معه فصوصًا من زجاج مختلفة الألوان والأصباغ ودنانير من صفرة مغشاة بالذهب، فلما خاف أن يدركه الطلب نثر تلك الدنانير والفصوص على الأرض؛ فاشتغل الناس بجمعها فنجا بنفسه.

الحارث بن كلدة وكسرى أنوشروان

وفد الحارث بن كلدة — طبيب العرب — على كسرى أنوشروان، فأمر له بالدخول، فانتصب بين يديه، فقال له كسرى: من أنت؟ قال: أنا الحارث بن كلدة. قال: أأعرابي؟ قال: نعم من صحيحها. قال: فما صناعتك؟ قال: طبيب. قال: وما تصنع العرب بالطبيب مع جهلها وضعف عقولها وقلة قبولها وسوء عزائمها؟! فقال: ذلك أجدر — أيها الملك — إذا كانت بهذه الصفة أن تحتاج إلى ما يصلح جهلها، ويقيم عوجها، ويسوس أبدانها، ويعدل إسنادها. قال الملك: كيف لها بأن تعرف ما تعهده عليها لو عرفت الحق لم تثبت إلى الجهل؟ قال الحارث: أيها الملك، إن الله — جل اسمه — قسَّم العقول بين العباد كما قسم الأرزاق، وأخذ القوم نصيبهم، ففيهم ما في الناس من جاهل وعالم وعاجز وحازم. قال الملك: فما الذي تجد في أخلاقهم وتحفظ من أمزاجهم؟ قال الحارث: أنفس سخية، وقلوب جرية، وعقول صحيحة مرضية، وأحساب نقية؛ فيمرق الكلام من أفواههم مروقَ السهم من الوتر، أسرع من سفن الماء، وأعذب من الهواء، ويطعمون الطعام، ويضربون الهام، وعزهم لا يُرَام، وضيفهم لا يُضام، ولا يروع إذا نام، لا يقرن بفضلهم أحد من الأقوام، ما خلا الملك الهمام؛ الذي لا يقاس به أحد من الأنام. فاستوى كسرى جالسًا، ثم التفت إلى من حوله، فقال: أطوى قومه، فلولا أن تداركه عقله لزم قومه، غير أني أراه ذا عمى! ثم أذن له بالجلوس، فقال: كيف نظرك بالطب؟ قال: ناهيك. قال: فما أصل الطب؟ قال: ضبط الشفتين، والرفق باليدين. قال: أصبت الدواء، فما الداء؟ قال: إدخال الطعام على الطعام هو الذي أفنى البرية، وقتل السباع في البرية. قال: أصبتَ، فما الجمرة التي تلتهب منها الأدواء؟ قال: هي التخمة؛ إن بقيت في الجوف قتلت، وإن تحللت أسقمت. قال: فما تقول في إخراج الدم؟ قال: في نقصان الهلال، في يوم صحو لا غيم فيه، والنفس طيبة، والسرور حاضر. قال: فما تقول في الحمام؟ قال: لا تدخل الحمام شبعان، ولا تَغْشَ أهلك سكران، ولا تنم بالليل عريان، وارفق بجسمك يكن أرجحه لنسلك. قال: فما تقول في شرب الدواء؟ قال: اجتنب الدواء ما لزمتك الصحة، فإذا أحسست بحركة الداء فاحسمه بما يردعه؛ فإن البدن بمنزلة الأرض؛ إن أصلحتها عمرت، وإن أفسدتها خربت. قال: فما تقول في الشراب؟ قال: أطيبه أهناه، وأرقه أمراه، ولا تشرب صرفًا يورثك صداعًا ويثيرُ عليك من الداء أنواعًا، قال: فأي اللحمان أحمد؟ قال: الضأن؛ أسمنه وأبذله.

النوادر الثانية

نوادر الملك النعمان

النعمان وحاتم طيء وأوس بن جارحة

كان بين حاتم طيء وبين أوس بن جارحة ألطف ما كان بين اثنين، فقال النعمان لجلسائه: لأفسدن ما بينهما! فدخل على أوس، فقال: إن حاتمًا يزعم أنه أفضل منك! فقال: أبيت اللعن صدق! ولو كنت أنا وأهلي وولدي لحاتم لوهبنا في يوم واحد! وخرج فدخل على حاتم فقال له مثل ذلك، فقال: صدق، وأين أقع من أوس وله عشرة ذكور دونهم أفضل مني؟! فقال النعمان: ما رأيت أفضل منكما.

النعمان والمحكوم عليه بالقتل

قيل: إن النعمان جعل له يومين؛ يوم بؤس من صادفه فيه قتله، ويوم نعيم من لقيه أحسن إليه، وكان رجل يدعى الطائي، قد رماه حادث دهره بسهام فاقته وفقره، وأبلاه القدر من قرب عسره، وبعد يسره بما أنساه جميل صبره، وأعاره شكوى ضره، فأحوجته الحاجة إلى مزايلة قراره، وأخرجته الفاقة من محل استقراره، فخرج يرتاد نجعة لعياله، إذ أوقفه القدر في منزل النعمان في يوم بؤس، فلما بصر به الطائي علم أنه مقتول، وأن دمه مطلول، فقال: حيَّا الله الملك، إنَّ لي صبية صغارًا، وأهلًا جياعًا، وقد أرقت ماء وجهي في طلب هذه البلغة الحقيرة لهم، وأعلم أن سوء الحظ أقدمني على الملك في هذا اليوم العبوس، وقد قربت من مقر الصبية والأهل، وهم على شفا تلف من الطوى، ولن يتفاوت الحال في قتلي بين أول النهار وآخره، فإن رأى الملك أن يأذن لي في أن أوصل إليهم هذا القوت، وأوصي بهم أهل المروءة من الحي؛ لئلا يهلكوا جميعًا، وعليَّ عهد الله أني إذا أوصيت بهم أرجع إلى الملك مساءً، وأسلم نفسي بين يديه لنفاذ أمره. فلما علم النعمان صورة مقاله، وفهم حقيقة حاله، ورأى تلهفه من ضياع أطفاله رق له، وقال: لا آذن لك إلَّا أن يضمنك رجل معنا، فإن لم ترجع قتلناه، وكان في مجلسه شريك بن عدي بن شرحبيل — نديم النعمان — فالتفت الطائي إلى شريك وقال له:

يا شريك بن عدي
ما من الموت انهزامي
بل لأطفال ضعاف
عدموا طعم الطعام
بين جوع وانتظار
واحتقار وسقام
يا أخا كل كريم
أنت في قوم كرام
يا أخا النعمان جُد لي
بضمان والتزام
ولك الله بأني
راجع قبل الظلام

فقال شريك بن عدي: أصلح الله الملك، عليَّ ضمانه. فمرَّ الطائي مسرعًا والنعمان يقول لشريك: إن صدر النهار قد ولى ولم يرجع! وشريك يقول: ليس للملك عليَّ سبيل حتى يأتي المساء. فلما قرب المساء قال النعمان لشريك: جاء وقتك فتأهب للقتل! فقال شريك: هذا شخص قد لاح مقبلًا وأرجو أن يكون الطائي، فإن لم يكن فأمر الملك ممتثل، فبينما هم كذلك وإذا الطائي قد أقبل يشتد في عدوه مسرعًا، فقدم، وقال: خشيت أن ينقضي النهار قبل وصولي فعدوت. ثم وقف قائمًا، وقال: أيها الملك، مر بأمرك. فأطرق النعمان ثم رفع رأسه، وقال: والله ما رأيت أعجب منكما! أما أنت يا طائي؛ فما تركت لأحد في الوفاء مقامًا يقوم فيه ولا ذكرًا يفخر به، وأما أنت يا شريك؛ فما تركت لكريم سماحة يذكر بها في الكرماء، فلا أكون أنا ألأمُ الثلاثة، ألا وإني قد رفعت يوم بؤسي عن الناس، ونقضت يوم عادتي كرامة؛ لوفاء الطائي وكرم شريك. فقال الطائي:

ولقد دعتني للخلاف عشيرتي
فعددت قولهم من الإضلال
إني امرؤٌ حبي الوفاء خليقة
وفعال كل مهذب مفضال

فقال النعمان: ما حملك على الوفاء وفيه تلف نفسك؟! قال: ديني؛ فمن لا دين له لا وفاء له. فأحسن إليه النعمان ووصله، وأعاده إلى أهله.

عدي بن زيد والنعمان

خرج النعمان بن المنذر متصيدًا ومعه عدي بن زيد، فمرا بشجرة، فقال عدي بن زيد: أيها الملك، أتدري ما تقول هذه الشجرة؟ قال: لا! قال: إنها تقول:

من رآنا فليحدث نفسه
أنه موفٍ على قرب السؤال
وصروف الدهر لا يبقى لها
ولما تأتي به صم الجبال
رب ركب قد أناخوا حولنا
يشربون الخمر بالماء الزلال
عصف الدهر بهم فانقرضوا
وكذاك الدهر حالًا بعد حال

ثم جاوزا الشجرة فمروا بمقبرة، فقال له عدي: أيها الملك، أتدري ما تقول هذه المقبرة؟ قال: لا! قال: إنها تقول:

أيها الركب المخبونا
على الأرض المجدونا

كما أنتم كذا كنا
كما نحن تكونونا

فقال النعمان: قد علمت أن الشجرة والمقبرة لا يتكلمان، وأنك إنما أردت أن تعظني، فجزاك الله عني خيرًا، فما السبيل الذي تدرك به النجاة؟ قال: تدع عبادة الأوثان وتعبد الله وحده. قال: أفي هذا النجاة؟ قال: نعم. فترك عبادة الأوثان، وعبد الواحد القهار.

النوادر الثالثة

متفرقات من نوادر الملوك

الإسكندر وساكن المقابر

مرَّ الإسكندر بمدينة قد ملكها غيره من الملوك، فقال: انظروا، هل بقي بها أحد من نسل ملوكها؟ فقالوا: رجل يسكن المقابر. فأحضره، وسأله عن إقامته، فقال: أردت أن أميز عظام الملوك من عظام عبيدهم فوجدتها سواء. فقال: هل تتبعني فأحيي شرفك إن كان لك همة؟ فقال: همتي عظيمة إن أنلتنيها. فقال: ما هي؟ قال: حياة لا موت معها، وشباب لا هرم بعده، وغنى لا فقر معه، وسرور لا مكروه فيه! فقال: ليس عندي هذا. فقال: دعني ألتمسه ممن هو عنده. فقال: ما رأيت مثله حكيمًا.

موت الإسكندر

حُكم للإسكندر أنه لا يموت إلَّا بأرض سماؤه ذهب وأرضه حديد، فلما سقط من دابته حمل على درع وظلل بترس من ذهب؛ فلما أفاق ورأى ذلك فطن لما حكم له، وقال: قاتل الله المنجمين؛ يقولون ولا يفسرون! فكتب إلى والدته: أن اصنعي طعامًا، وادعي له من لم تصبه مصيبة، فامتثلت، فبقي الطعام ولم يأتها أحد، ففطنت أنه أرسل يعزيها، وقال:

وما أنا بالمخصوص من بين من أرى
ولكن أتتني نوبتي في النوائب

تأبين الإسكندر

لما مات الإسكندر وضعوه في تابوت من ذهب، وحملوه إلى الإسكندرية، وندبه جماعة من الحكماء يوم موته، فقال بطليموس: هذا يوم عظيم العبرة، أقبل من شره ما كان مدبرًا، وأدبر من خيره ما كان مقبلًا. وقال ميلاطوس: خرجنا إلى الدنيا جاهلين، وأقمنا فيها غافلين، وفارقناها كارهين. وقال أفلاطون الثاني: أيها الساعي المغتصب، جمعت ما خذلك، وتوليت ما تولى عنك، فلزمتك أوزاره، وعادت إلى غيرك ثماره. وقال مسطور: قد كنا بالأمس نقدر على الاستماع ولا نقدر على الكلام،

واليوم نقدر على الكلام ولا نقدر على الاستماع. وقال ثاون: انظروا إلى حلم النائم، كيف انقضى؟ وإلى ظل الغمام، كيف انجلى؟ وقال آخر: ما سافر الإسكندر سفرًا بلا أعوان ولا عدة غير سفره هذا. وقال غيره: لم يؤدبنا بكلامه كما أدبنا بسكوته. وقال آخر: قد كان بالأمس طلعته علينا حياة، واليوم النظر إليه سقم.

أزدشير الملك والخطيب

لما استوثق الأمر لأزدشير بن يزدجرد جمع الناس فخطبهم خطبة، حثهم فيها على الألفة والطاعة، وحذرهم المعصية ومفارقة الجماعة، وصفق الناس أربعة، فخروا له سجدًا، وتكلم متكلمهم، فقال: لا زلت — أيها الملك — محبوبًا من الله، رفيقًا للنصر، حاصلًا على دوام العافية وتمام النعمة وحسن المزية، ولا زلت تتابع لديك المكرمات، وتشفع إليك الذمامات، حتى تبلغ الغاية التي يؤمن زوالها، ولا تنقطع زهرتها في دار القرار التي أعدها الله لنظرائك من أهل الزلفى والحظوة لديه، ولا زال ملكك وسلطانك باقيين، والشمس والقمر زائدين في زيادة البحور والأنهار حتى تستوي أقطار الأرض معها في علوّك عليها ونفاذ أمرك فيها، فقد أشرق علينا من ضياء نورك ما عمنا عموم ضياء الصبح، ووصل إلينا من عظيم رأفتك ما اتصل بأنفسنا اتصال النسيم، فأصبحت وقد جمع الله بك الأيادي بعد اختلافها، وألّف بك القلوب بعد تباغضها، وأذهب عنا ألسن الحساد بعد توقد نيرانها بفضلك الذي لا يدرك بوصف، ولا يحد بنعت. فقال أزدشير: طوبى للممدوح إذا كان للمدح مستحقًا، وللداعي إذا كان للإجابة أهلًا.

بهرام جور والراعي

حكي أن الملك بهرام جور خرج يومًا للصيد، فظهر له حمار وحش فاتبعه حتى خفي عن عسكره، فظفر به فمسكه، ونزل عن فرسه يريد أن يذبحه، فرأى راعيًا أقبل من البرية، فقال له: يا راعِ، أمسك فرسي هذا حتى أذبح هذا الحمار، فمسكه، ثم تشاغل بذبح الحمار، فلاحت منه التفاتة فرأى الراعي يقطع جوهرة في عذار فرسه، فأعرض الملك عنه حتى أخذها، وقال: إن النظر إلى العيب من العيب. ثم ركب فرسه ولحق بعسكره، فقال له الوزير: أيها الملك السعيد، أين جوهرة عذار فرسك؟ فتبسم الملك ثم قال: أخذها من لا يردها، وأبصره من لا ينمُّ عليه، فمن رآها منكم مع أحد فلا يعارضه بشيء بسبب ذلك.

الملك المتعظ

بنى أحد الملوك قصرًا، وقال: انظروا من عاب فيه شيئًا فأصلحوه وأعطوه درهمين، فأتاه رجلٌ، فقال: إن في هذا القصر عيبين. قال: وما هما؟ قال: يموت الملك ويخرب القصر. قال: صدقت. ثم أقبل على نفسه، وترك الدنيا.

الملك وعبده

بعث الملك إلى عبد له: ما لك لا تخدمني وأنت عبدي؟ فأجابه: لو اعتبرت لعلمت أنك عبد عبدي؛ لأنك تتبع الهوى فأنت عبده، وأنا أملكه فهو عبدي.

الملك والوزير

أشار وزير على ملكه بجمع الأموال واقتناء الكنوز، وقال: إن الرجال وإن تفرقوا عنك اليوم فمتى احتجتهم عرضت عليهم الأموال فتهافتوا عليك، فقال له الملك: هل لهذا من شاهد؟ قال: نعم، هل بحضرتنا الساعة ذباب! قال: لا. فأمر بإحضار جفنة فيها عسل، فحضرت، فتساقط عليها الذباب لوقتها، فاستشار السلطان بعض أصحابه في ذلك فنهاه، وقال: لا تغير قلوب الرجال، فليس في كل وقت أردتهم حضروا، فسأل: هل لذلك من دليل؟ قال: نعم، إذا أمسينا أخبرك، فلما أظلم الليل قال للملك: هات الجفنة، فحضرت ولم تحضر ذبابة واحدة.

ملك الجزيرة والرجل

انكسرت سفينة برجل في البحر فوقع إلى جزيرة، فعمل شكلًا هندسيًّا على الأرض، فرآه بعض أهل الجزيرة، فذهبوا به إلى الملك، فأحسن إليه، وأكرم مثواه، وكتب الملك إلى سائر ممالكه: أيها الناس، اقتنوا ما إذا كسرتم في البحر صار معكم.

الملك الكريم

غضب الملك على بعض حاشيته؛ فأسقط الوزير اسمه من ديوان العطايا، فقال الملك: أبقه على ما كان عليه؛ لأن غضبي لا يسقط همتي.

النوادر الرابعة

نوادر الخليفة هارون الرشيد

الرشيد والمجنون

مرَّ الرشيد بدير في ظاهر الرقة، فلما أقبلت مواكبه أشرف أهل الدير ينظرون إليه، وفيهم مجنون مسلسل، فلما رأى هارون رمى بنفسه بين يديه، وقال: يا أمير المؤمنين، قد قلت فيك أربعة أبيات، أفأنشدك إياها؟ قال: نعم، فأنشد:

لحظات طرفك في العدى
تغنيك عن سل السيوف
وغريم رأيك في النهى

يكفيك عاقبة الصروف
وسيول كفك بالندى
بحر يفيض على الضعيف
وضياء وجهك في الدجى
أبهى من البدر المنيف

ثم قال: يا أمير المؤمنين، هات أربعة آلاف درهم أشتري بها كبيسًا وتمرًا. فقال هارون: تدفع له. فحملت إلى أهله.

الرشيد والأعرابي

ركب الرشيد في بعض أسفاره ناقة فطلع عليه أعرابي، فناشده:

أغيثًا تحمل الناق
ة أم تحمل هارونا؟
أم الشمس أم البدر
أم الدنيا أم الدينا؟
ألا كل الذي قلت
ه قد أصبح مأمونا

فأمر له بعشرة آلاف درهم.

عبد الله العمري والرشيد

قال رجل لعبيد الله العمري: هذا هارون الرشيد في الطواف قد أُخلي له المسعى. فقال له: لا جزاك الله عني خيرًا، كلفتني أمرًا كنت عنه غنيًّا. ثم جاء إليه، فقال له: يا هارون. فلما نظر إليه قال: يا عم. قال: كم ترى ها هنا من خلق الله؟ فقال: لا يحصيهم إلا الله عز وجل. فقال: اعلم أيها الرجل أن كل واحد منهم يُسأل عن خاصة نفسه، وأنت واحد تُسأل عنهم كلهم، فانظر كيف تكون؟ فبكى هارون وجلس، وجعلوا يعطونه منديلًا، منديلًا للدموع، ثم قال له: وفيمَ؟ قال: إن الرجل ليسرع في مال نفسه، فيستحق الحجر عليه، فكيف فيمن أسرع في مال أمة عظيمة؟!

الرشيد ومالك وسفيان بن عيينة

وجه الرشيد إلى مالك بن أنس ليأتيه فيحدثه، فقال مالك: إن العلم يؤتى. فصار الرشيد إلى منزله، فاستند معه إلى الجدار، فقال: يا أمير المؤمنين، من إجلال الله تعالى إجلال العلم، فقام وجلس بين يديه، وبعث إلى سفيان بن عيينه، فأتاه، وقعد بين يديه وحدثه، فقال الرشيد بعد ذلك: يا مالك تواضعنا لعلمك فانتفعنا به، وتواضع لنا علم سفيان فلم ننتفع به.

الرشيد والعباس والفضل بن عياض

قصد الرشيد زيارة الفضل بن عياض ليلًا مع العباس، فلما وصلا بابه سمعاه يقرأ: أَمْ حَسِبَ الَّذِينَ اجْتَرَحُوا السَّيِّئَاتِ أَن نَّجْعَلَهُمْ كَالَّذِينَ آمَنُوا وَعَمِلُوا الصَّالِحَاتِ سَوَاءً مَّحْيَاهُمْ وَمَمَاتُهُمْ سَاءَ مَا يَحْكُمُونَ (الجاثية: ٢١)، فقال الرشيد للعباس: إن انتفعنا بشيء فهذا، فناداه العباس: أجب أمير المؤمنين. فقال: وما يعمل عندي أمير المؤمنين؟! ثم فتح الباب وأطفأ السراج، فجعل هارون يطوف حتى وقعت يده عليه، فقال: آه من يد ما ألينها إن نجت من عذاب يوم القيامة! ثم قال: استعد للجواب يوم القيامة، إنك تحتاج أن تتقدم مع كل نفس بشرية. فاشتد بكاء الرشيد، فقال العباس: اسكت يا فضل، فإنك قتلت أمير المؤمنين! فقال: يا هامان، إنما قتلته أنت وأصحابك! فقال الرشيد: ما سماك هامان إلا وقد جعلني فرعون! ثم قال له الرشيد: هذه ألف دينار أرجو أن تقبلها مني. فقال: لا حاجة لي بها ردَّها على من أخذتها منه. فقام الرشيد وخرج.

الدهري وأبو حنيفة عند الرشيد

حكي أن دهريًّا جاء إلى هارون الرشيد وقال: يا أمير المؤمنين، قد اتفق علماء عصرك — مثل أبي حنيفة — على أن للعالم صانعًا، فمن كان فاضلًا من هؤلاء فمرهُ أن يحضر ها هنا، حتى أبحث معه بين يديك، وأثبت له أنه ليس للعالم صانع، فأرسل هارون الرشيد إلى أبي حنيفة؛ لأنه كان أفضل العلماء، وقال: يا إمام المسلمين، اعلم أنه قد جاء إلينا دهريٌّ وهو يدَّعي نفي الصانع، ويدعوك إلى المناظرة. فقال أبو حنيفة: أذهب بعد الظهر. فجاء رسول الخليفة، وأخبر بما قاله أبو حنيفة، فأرسل إليه ثانية، فقام أبو حنيفة وأتى إلى هارون الرشيد، فاستقبله هارون، وجاء به، وأجلسه في الصدر، وقد اجتمع الأركان والأعيان، فقال الدهري: يا أبا حنيفة لِمَ أبطأت في مجيئك؟ فقال أبو حنيفة: قد حصل لي أمر عجيب فلذلك أبطأت؛ وذلك أن بيتي وراء دجلة، فخرجت من منزلي وجئت إلى جنب دجلة حتى أعبرها، فرأيت بجنب دجلة سفينة عتيقة معطلة قد افترق ألواحها، فلما وقع بصري عليها اضطربت الألواح وتحركت واجتمعت وتوصل بعضها ببعض وصارت السفينة صحيحة بلا نجار ولا عمل عامل، فقعدت عليها وعبرت وجئت إلى ها هنا! فقال الدهري: اسمعوا أيها الأعيان ما يقول إمامكم وأفضل زمانكم! فهل سمعتم كلامًا أكذب من هذا؟! كيف تحصل السفينة المكسورة بلا عمل نجار؟! فهو كذب محض قد ظهر من أفضل علمائكم! فقال أبو حنيفة: أيها الكافر المطلق، إذا لم تحصل السفينة بلا صانع ونجار فكيف يجوز أن يحصل هذا العالم من غير صانع؟! أم كيف تقول بعدم الصانع؟! فعند ذلك أمر الرشيد بضرب عنق الدهري، فقتلوه.

الرشيد والجارية والتنوخي

قال التنوخي: كان عند الرشيد جارية من جواريه وبحضرته عقد جوهر، فأخذ يقلبه، ففقده، فاتهمها به، فسألها عن ذلك، فأنكرت، فحلف بالطلاق والعتاق والحج، فصدقته، فأقامت على الإنكار، وهو متهم لها، وخاف أن تكون خرجت في يمينه، فاستدعى أبا يوسف، وقصَّ عليه القصة، فقال أبو يوسف: خلني مع الجارية وخادم معنا حتى أخرجك من يمينك، ففعل ذلك، فقال لها أبو يوسف: إذا

سألك أمير المؤمنين عن العقد فأنكريه، فإذا أعاد عليك السؤال فقولي: قد أخذته. فإذا أعاد عليك، فأنكري. وخرج، فقال للخادم: لا تقل لأمير المؤمنين ما جرى. وقال للرشيد: سلها يا أمير المؤمنين ثلاث دفعات متواليات عن العقد؛ فإنها تصدقك، فدخل الرشيد فسألها فأنكرت أول مرة، وسألها ثانية فقالت: نعم قد أخذته. فقال: أي شيء تقولين؟ فقالت: والله ما أخذته، ولكن هكذا قال لي أبو يوسف. فخرج إليه فقال: ما هذا؟ قال: يا أمير المؤمنين، قد خرجت من يمينك؛ لأنها أخبرتك أنها قد أخذته، وأخبرتك أنها لم تأخذه، فلا يخلو أن تكون صادقة في أحد القولين، وقد خرجت أنت من يمينك. فسرّ ووصل أبا يوسف، فلما كان بعد مدة وجد العقد.

عبد الملك بن صالح والرشيد

دخل عبد الملك بن صالح دار الرشيد فلقيه إسماعيل بن صبيح الحاجب، فقال: اعلم أنه ولد لأمير المؤمنين ابنان فعاش أحدهما ومات الآخر، فيجب أن تخاطبه بحسب ما عرفناك. فلما صار بين يديه قال: سرَّك الله يا أمير المؤمنين فيما ساءك، ولا ساءك فيما سرَّك وجعلها واحدة بواحدة تستوجب من الله زيادة الشاكرين وجزاء الصابرين.

ابتهال الرشيد

قال إبراهيم بن عبد الله الخراساني: حججت مع أبي سنة حج الرشيد، فإذا نحن بالرشيد واقف حاسر حافٍ على الحصباء، وقد رفع يديه وهو يرتعد ويبكي ويقول: يا رب أنت أنت وأنا أنا، أنا العوَّاد بالذنب وأنت العوَّاد بالمغفرة، اغفر لي. فقال لي أبي: انظر إلى جبار الأرض، كيف يتضرع إلى جبار السماء؟!

الرشيد وجارية الناطقي

قال الأصمعي: ما رأيت الرشيد مبتذلًا قط إلَّا مرة كتبت إليه عنان جارية الناطقي رقعة فيها:

كنت في ظل نعمة بهواكا
آمنًا منك لا أخاف جفاكا
فسعى بيننا الوشاة فأقرر
ت عيون الوشاة بي فهناكا
فسعي لغير ذا كان أولى
بك في حقنا جعلت فداكا

فأخذ الرقعة بيده — وعنده أبو جعفر الشطرنجي — فقال: أيكم يشير إلى المعنى الذي في نفسي، فيقول فيه شعرًا، وله عشرة آلاف درهم؟ فظننت أنه وقع بقلبه أمر عنان، فبادره أبو جعفر قائلًا:

مجلس يُنسب السرور إليه

بمحب ريحانه ذكراكا

فقال يا غلام: ابدرهُ، قال الأصمعي، وقلت:

لم ينلك الرجاءُ أن تحضريني
وتجافت أمنيتي عن سواكا

قال: أحسنت والله يا أصمعي، لها ولك بهذا البيت عشرون ألفًا.

بكر بن حماد وهارون الرشيد وعنان

قال بكر بن حماد الباهلي: لما انتهى إليَّ خبر عنان، وأنها ذكرت لهارون، وقيل: إنها أشد الناس. خرجت معترضًا لها، فما راعني إلا الناطقي — مولاها — وقد ضرب على عضدي، فقال لي: هل لك فيما سنح من طعام أو شراب ومجالسة عنان؟! فقلت: ما بعد عنان مطلب، ومضينا حتى أتينا منزله، فعقل دابته ثم دخل، فقال: هذا شاعر يا عنان يريد مجالستك اليوم؟ فقالت: لا، والله إني كسلانة! فحمل عليها بالسوط، ثم قال لي: ادخل. فدخلت ودمعها يتحدر كالجمان في خدها، فطمعت بها، فقلت:

هذي عنان أسبلت دمعها
كالدر إذ ينسلُّ من خيطه

ثم قلت: أجيزي. فقالت:

فليت من يضربها ظالمًا
تجف كفاه على سوطه

فقلت لها: إن لي حاجة. فقالت: هاتها. قلت لها: بيت وجدته على ظهر كتابي لم أقرضه ولم أقدر على إجازته. قالت: قل. فأنشدتها:

فما زال يشكو الحب حتى حسبته
تنفس في أحشائه فتكلما

قال: فأطرقت ساعة، ثم أنشدت:

ويبكي فأبكي رحمة لبكائه
إذا ما بكى دمعًا بكيت له دما

قلت لها: فما عندك في إجازة هذا البيت:

بديع حسن بديع صد
جعلت خدي له ملاذا

فأطرقت ساعة، ثم قالت:

فعاتبوه فعنفوه
فأوعدوه فكان ماذا

الرشيد والراعي النبيه

كان لراعي مواشٍ دعوى على رجل، فأتى الرشيد يشكو خصمه، وبعد أن بسط دعواه قال: وعلى كل حال الأمر لله ثم لدولتكم؛ فاحكموا بهذه الدعوى حسب ما تقتضيه حكمتكم، وأنا متخذكم لي كالسطل والكلب؛ فإنهما عوني وملجئي! فلما سمع الرشيد ذلك قال له: ماذا تقول؟! فأعاد ما قاله؛ فاستشاط الرشيد غضبًا، وأمر حاجبه للحال أن يوثق الراعي بالحبال ويودع السجن ليقتله في اليوم التالي، فلما بلغ الوزير ذلك سأل الرشيد العفو عن الراعي، وأنه لو لم يكن ذا ذكاء وعقل ثاقب لما وصفه بما وصف، والتمس منه أن يسلمه الراعي مدة وجيزة؛ ليدرسه قليلًا، وحينئذٍ يمثله في نادي الرشيد ويطلب إليه أن يصفه، فإن عاد وقال ما قاله قبلًا يضرب عنقه وإلا يكرمه.

فأجاب التماسه وسلمه الراعي، فمضى به إلى بيته، وقال له: ماذا حملك على وصف الملك بالسطل والكلب؟ قال: اعلم يا مولاي أنني لم أخطئ بذلك؛ فإن السطل هو الإناء الذي أحفظ به الحليب، والكلب هو الذي يحرس المواشي من الوحوش، وبما أنهما الواسطة الوحيدة لمعيشتي وصفته بهما. فعجب الوزير من ذكائه، وأخذ يدرّسه أصول العربية برهة من الزمان، ثم أحضره أمام الرشيد لإتمام وعده له، أما الرشيد فأمر أحد أصحابه أن يسل سيفه، ويقبل ليضرب عنق الراعي إذا عاد فوصف الملك بما وصفه قبلًا، فامتثل وسار نحو الراعي وهو مشهر الحسام، فلما رآه أنشد:

يا من حوى ورد الرياض بخدهِ
وحكى قضيب الخيزران بقدِّه
دع عنك ذا السيف الذي جردته
عيناك أمضى من مضارب حده
كل السيوف قواطعٌ إن جُردت
وحسام لحظك قاطع في غمدِه
إن شئت تقتلني فأنت محكم
من ذا يطالب سيِّدًا في عبدِه

فلما سمع الرشيد شعره أخذه الانذهال، وتحير مما كان، وكيف اكتسب ذلك الراعي من العلم أجمله في وقت يسير؟! وحدثه بما وصفه به قبلًا؟ فأجابه الراعي: إنني لم أخطئ قبلًا بوصفي إياك بذينك الوصفين؛ فإنهما سند حياتي، ولست أعيش إلا بهما، فحسنت لديه فطنة الرجل وأكرمه.

هارون الرشيد وأبو معاوية

كان هارون الرشيد يتواضع للعلماء، قال أبو معاوية الضرير — وكان من علماء الناس: أكلت مع الرشيد يومًا، فصبَّ على يديَّ الماء رجل، فقال لي: يا أبا معاوية، أتدري من صبَّ الماء على يدك؟ فقلت: لا يا أمير المؤمنين. قال: أنا. فقلت: يا أمير المؤمنين، أنت تفعل هذا إجلالًا للعلم؟ قال: نعم.

الأعرابي والرشيد والكاتب

دخل أعرابي على الرشيد فأنشده أرجوزة مدحه بها وإسماعيل بن صبيح يكتب كتابًا بين يديه، وكان من أحسن الناس خطًّا وأسرعهم يدًا، فقال الرشيد للأعرابي: صف الكاتب. فقال:

رقيق حواشي العلم حين بكوره
يريك الهوينا والأمور تطير
له قلما بؤسٍ ونُعمى كلاهما
سحابته في الحالتين درورُ
يناجيك عما في ضميرك خطه
ويفتح باب النجح وهو عسيرُ

فقال الرشيد: قد وجب لك يا أعرابي عليه حق كما وجب لك علينا، يا غلام، ادفع له دية الحر، فقال إسماعيل: وعلى عبدك دية العبد.

ابن السماك وهارون الرشيد

قال ابن السماك: بعث إليَّ هارون الرشيد، فلما انتهيت إلى باب القصر، أخذ بي حارسان، فأعجلاني في دهليز القصر، فلما انتهيت إلى باب القاعة لقيني خصيان، فأخذاني من الحارسين، فأعجلا بي إلى قاعة القصر، فانتهيت إلى البهو الذي هو فيه فقال لهما هارون: ارفقا بالشيخ، فلما وقعت بين يديه، قلت: يا أمير المؤمنين ما مرَّ بي منذ ولدت أتعب من يومي هذا، فاتق الله في خلقه، وأنصحك لنفسك في رعيتك؛ فإن لك مقامًا بين يدي الله تعالى أنت فيه أذل من مقامي هذا بين يديك، واتق الله واعلم أنه قادر عليم. فاضطرب على فراشه حتى نزل إلى مصلى بين يدي فراشه، فقلت: يا أمير المؤمنين، هذا ذل الصفة، فكيف لو رأيت ذل المعاينة؟! فكادت نفسه تخرج، فقال يحيى للخصيين: أخرجوه فقد أبكى أمير المؤمنين.

الرشيد والرجل

أحضر الرشيد رجلًا؛ ليوليه القضاء، فقال له: إني لا أحسن القضاء، ولا أنا فقيه. فقال له الرشيد: فيك ثلاث خصال: لك شرف؛ والشرف يمنع صاحبه من الدناءة، ولك حلم؛ يمنعك من العجلة، ومن

لم يعجل قلَّ خطؤه، وأنت رجل تشاور في أمرك، ومن شاور كثر صوابه، وأما الفقه فنضم إليك من تتفقه به، فولي فما وُجد فيه تقصير.

الرشيد والمرأة

دخلت على الرشيد امرأة وقالت له: أتمَّ الله أمرك، وفرَّحك فيما أعطاك، لقد قسطت بما فعلت زادك الله رفعة. فلما سمع قولها التفت إلى أرباب دولته، وقال: أعلمتم ما قالت المرأة؟ وما القصد من كلامها؟ فقالوا: ما فهمنا من كلامها إلَّا دعاءً لحضرتك بالخير. فقال: لا بل دعاء عليَّ. فقالوا: وكيف ذلك يا أمير المؤمنين؟! فقال: أما قولها: «أتم الله أمرك» أرادت به قول الشاعر:

إذا تمَّ أمرٍ بدا نقصه
توقع زوالًا إذا قيل تمَّ

وأما قولها: «فرَّحك الله بما أعطاك» أرادت بقوله تعالى: حَتَّىٰ إِذَا فَرِحُوا بِمَا أُوتُوا أَخَذْنَاهُم بَغْتَةً (الأنعام: ٤٤). وأما قولها: «لقد قسطت بما فعلت»: أرادت قوله تعالى: وَأَمَّا الْقَاسِطُونَ فَكَانُوا لِجَهَنَّمَ حَطَبًا (الجن: ١٥)، وأما قولها: «وزادك رفعة»: أرادت به قول الشاعر حيث يقول:

ما طار طير وارتفع
إلا كما طار وقع

ثم التفت إلى المرأة، وقال لها: ما حملك على هذا الكلام؟ قالت: إنك قتلت أهلي وقومي. فقال: ومن أهلك وقومك؟ فقالت: البرامكة. فأراد أن يجزيَها ببعض العطايا فلم ترضَ، وذهبت في حال سبيلها.

الرشيد وابن المهدي وعبد الملك بن صالح

قال إبراهيم بن المهدي: كنت عند الرشيد، فأتاه رسولٌ معه أطباق عليها مناديل ورقعة، فأخذ يقرأ الرقعة ويقول: وصله الله وبرَّه. فقلت: يا أمير المؤمنين، من هذا الذي أطنبت في مدحه؛ لنشاركك في جميل ذكره؟ فقال: عبد الملك بن صالح. ثم كشف عن الأطباق فإذا هي فواكه! فقلت: يا أمير المؤمنين، ما يستحق هذا الوصف إلا أن يكون في الرقعة ما لا نعلمه. فرمى بها إليَّ، فإذا فيها: «دخلت يا أمير المؤمنين إلى بستان لي قد عمرته بنعمتك، وقد أينعت فواكهه، فحملتها في أطواق قضبان، ووجهت بها إلى أمير المؤمنين ليصل إليَّ من بركة دعائه مثل ما وصل إليَّ من نوافلِ برِّهِ»، فقلت: وقال في هذا الكلام ما يستحق الدعاء؟! فقال: أوما تراه كنى بالقضبان عن الخيزران؛ وهي اسم أمنا؟!

أبو العتاهية والرشيد

حبس الرشيد أبا العتاهية الشاعر، فكتب على حائط الحبس:

أما والله إن الظلم شومٌ
وما زال المسيء هو الظلومُ
إلى دَيَّان يوم الدين نمضي
وعند الله تجتمع الخصومُ
ستعلم في المعاد إذا التقينا
غدًا عند المليك مَن الظلومُ؟!

فقرأ الرشيد ذلك، فبكى بكاءً مرًّا، ودعا بأبي العتاهية؛ فاستحله، ووهب له ألف دينارٍ وأطلقه.

الرشيد والعابد

حجَّ الرشيد فبلغه عن عابد بمكة مجاب الدعوة معتزل في جبال تِهامة، فأتاه هارون الرشيد، فسأله عن حاله، ثم قال له: أوصني ومرني بما شئت؛ فوالله لا عصيتك. فسكت عنه ولم يرد عليه جوابًا، فخرج عنه هارون، فقال له أصحابه: ما منعك إذ سألك أن تأمره بما شئت وحلف أن لا يعصيك أن تأمره بتقوى الله والإحسان إلى رعيته؟ فخط لهم في الرمل: إني أعظمت الله أن يكون يأمره فيعصيه، وآمره أنا فيطيعني.

النوادر الخامسة

نوادر المأمون

المأمون والرجل

عاب رجلٌ رجلًا عند المأمون، فقال له: قد استدللنا على كثرة عيوبك بما تذكر من عيوب الناس؛ لأن طالب العيوب إنما يطلبها بقدر ما هي فيه، لا بقدر ما فيه منها، قال الشاعر:

أرى كل إنسان يرى عيب غيره
ويعمى عن العيب الذي هو فيهِ
وما خير من تخفى عليه عيوبه
ويبدلها بالعيب عيب أخيهِ

المأمون وسهل بن هارون

كان المأمون يستقبل سهل بن هارون، فدخل عليه يومًا والناس جلوس، وقد أسبلوا براقع الغفلة على وجوه الفطن، والفهم عنهم قد رحل، والتبلد فيهم قد قطن، فلما فرغ المأمون من كلامه أقبل سهل على الناس، وقال: ما لكم تسمعون ولا تعون؟ وتفهمون ولا تفهمون؟! وتشاهدون ولا تعجبون؟!

والله إنه ليقول ويفعل في اليوم القصير مثل ما يفعله أبو مروان في الزمن الطويل، عربكم كعجمهم، وعجمكم كعبيدهم، لكن كيف يعرف الدواء من لا يشعر بالداء؟! فاستحسن المأمون منه ذلك، وأنزله منزلته الأولى.

أبو محمد اليزيدي والمأمون

كان أبو محمد اليزيدي ينادم المأمون، فغلب عليه الشراب ذات ليلة فغلبه، فأمر المأمون بحمله إلى منزله برفق، فلما أفاق استحى وانقطع عن الركوب أيامًا، فلما طال عليه ذلك كتب إلى المأمون:

أنا المذنب الخطاء والعفو واسع
ولو لم يكن ذنب لما عُرف العفوُ
سكرت فأبدى مني الكأس بعض ما
كرهت وما أن يستوي السكر والصحوُ
ولا سيما إذ كنت عند خليفة
وفي مجلس ما إن يجوز به اللغوُ

فلما قرأها المأمون وقَّع في الرقعة: «سر إلينا فقد عفونا عنك، فلا عتب عليك وبساط النبيذ يطوى معه».

أبو دلف والمأمون

دخل أبو دلف على المأمون، وقد كان عتب عليه ثم أقاله، وقد خلا مجلسه: قل أبا دلف وما عسيت أن تقول، وقد رضي عنك أمير المؤمنين، وغفر لك ما فعلت. فقال: يا أمير المؤمنين:

ليالي تدني منك بالبشر مجلسي
ووجهك من ماء البشاشة يقطرُ
فمن ليَ بالعين التي كنت مرة
إليَّ بها في سالف الدهر تنظرُ

قال المأمون: لك بها رجوعك إلى مناصحته، وإقبالك على طاعته، ثم عاد إلى ما كان عليه.

المأمون ومدعي النبوة

ادَّعى رجل النبوة في زمن المأمون، فبلغه خبره؛ فأحضره إليه، ثم سأله: ما علامة نبوتك؟ فقال له: علمي بما في نفسك! فقال: وما في نفسي؟ فقال: تقول: إني كاذب. فحبسه ثم أحضره، وقال له: هل أوحي إليك شيء؟! قال: لا. قال: ولِمَ ذلك؟! قال: لأن الملائكة لا تدخل الحبس! فضحك منه وأطلقه.

المأمون والحسن بن سهل

لما ودَّع المأمون الحسن بن سهل قبل مخرجه من مدينة السلام قال له: يا أبا محمد، ألك حاجة تعهد إليَّ فيها؟ قال: نعم يا أمير المؤمنين، أن تحفظ عليَّ من قلبك ما لا أستعين على حفظه إلَّا بك.

ابن قتيبة والمأمون

قال سعيد بن مسلم بن قتيبة للمأمون: لو لم أشكر الله إلا على حسن ما أبلاني في أمير المؤمنين من قصده إليَّ بحديثه وإشارته إليَّ بطرفه كان ذلك من أعظم ما توجبه النعمة وتفرضه الصنيعة. قال المأمون: ذلك والله لأن الأمير يجد عندك من حسن الإفهام إذا حدثت، وحسن الفهم إذا حُدثت ما لا يجده عند غيرك.

المأمون والرجال الثلاثة

قال المأمون: ما عجزت عن جواب أحد قط مثلما عييت عن جواب ثلاثة. فقال بعض أصحابه: من أولئك يا أمير المؤمنين؟ قال: أما الأول: فرجل من أهل الكوفة، وسبب ذلك أن أهل الكوفة رفعوا قصةً يشكون فيها عاملًا عليهم، فقعدت يومًا، وقلت لهم: إن خاصمتموني كلكم مللت، ولكن اختاروا رجلًا منكم أتولى مناطقته ويقوم مقامكم. قالوا: قد اخترنا رجلًا غير أنه أصم، فإن احتمله أمير المؤمنين فهو لساننا! قلت: قد احتملته. وأحضروه، فلما مثل بين يديَّ قلت له: ما تقول؟ فقال: يا أمير المؤمنين، وليتَ علينا رجلًا ثلاث سنين، فاستأصل أموالنا، ويريد أرواحنا، ففي السنة الأولى: نفدت أموالنا، وفي السنة الثانية: بعنا ضياعنا، وفي الثالثة: خرجنا من ديارنا وأوطاننا للشرّ الذي نالنا والمسكنة التي حلت بنا. فقلت له: كذبت، وأنت أهل لذلك، بل وليتُ عليكم ثقةً عندي على أموالكم مأمونًا فاضلًا. فقال يا أمير المؤمنين: صدقت وبررت، وأنا كذبت وأفكت، وأنت خليفة الله في بلادنا وأمينه على عباده، فكيف خصصتنا بهذا العادل المؤتمن الفاضل ثلاث سنين ولم توله غير بلاده؛ فينشر عدله في البلاد، ويحيا به العباد كما انتشر علينا، ويفيض من عدله على رعيتك ما أفاض علينا؟! فضحكت، وقلت له: قم فقد عزلته عنكم. وأما الثاني: فأم الفضل، دخلت عليها لما كثر بكاؤها وحزنها على الفضل، فقلت لها: يا أم الفضل، لا تكثري البكاء والحزن على ذي الرئاستين؛ فأنا لك ولد مكانه. فاشتد بكاؤها، فأعدت عليها القول، فقالت: يا أمير المؤمنين، كيف لا أحزن على ولد أكسبني مثلك؟ فلم أجد كلامًا بعده، وخرجت من عندها. وأما الثالث: فإني أتيت برجل يدعي النبوة، فأمرت بحبسه، ثم تفرغت من شغلي، فأمرت بإحضاره، وقلت له: زعمت أنك نبي؟! قال: نعم. قلت: إلى من بُعِثت؟ قال: أوَتركتموني أبعث إلى أحد؟! بُعثتُ الغداة وحبست نصف النهار! فقلت: من أنت من الأنبياء؟ قال: موسى بن عمران. قلت له: إن موسى كانت له دلائل وبراهين. قال: وما كانت براهينه؟ قلت: كان إذا ضمَّ يده إلى جيبه أخرجها بيضاء، وإذا ألقى العصا صارت حية. قال: نعم، إنما ذلك لأجل فرعون لما قال: أنا ربكم الأعلى. فإن شئت ترى ذلك قل كما قال فرعون؛ حتى أظهر لك الآيات. فضحكت من كلامه، وأمرت له بجائزة.

اليزيدي والمأمون

قال محمد اليزيدي النحوي: دخلت على المأمون يومًا وهو في حديقة له، ريانة أغصانها، غضة أوراقها في فصل الربيع، والدنيا قد تبرجت بثياب الرياض، وعنده جاريته منعم — وكانت أجمل أهل دهرها — تغنيه بهذه الأبيات:

وزعمت أني ظالم فهجرتني
ورميت في قلبي بسهم نافذِ
فنعم ظلمتك فاغفري وتجاوزي
هذا مقام المستجير العائذِ
هذا مقام فتى أضرَّ به الهوى
أوليس عندكم ملاذ اللائذِ
ولقد أخذتم من فؤادي لبه
لا شلَّ ربي كف ذاك الآخذِ

فطرب المأمون طربًا شديدًا، واستعادها الصوت مرارًا، ثم قال: يا يزيدي، هل شيء أحسن مما نحن فيه؟ قلت: نعم يا أمير المؤمنين. فقال: وما هو؟ قلت: الشكر لمن خولك هذا الإنعام الجليل العظيم. فقال: أحسنت وصدقت. ووصلني بصلة، وأمر بإحضار مائة ألف درهم يتصدق بها، وكأني نظرت إلى البدر وقد خرجت وهي تُفرَّق.

ذكاء المأمون

كان عبد الله المأمون يقرأ على الكسائي — والمأمون إذ ذاك صغير — وكان من عادة الكسائي إذا قرأ عليه المأمون يطرق رأسه؛ فإذا غلط المأمون رفع الكسائي رأسه ونظر إليه؛ فيرجع المأمون إلى الصواب، فقرأ المأمون يومًا سورة الصف، فلما قرأ: يَا أَيُّهَا الَّذِينَ آمَنُوا لِمَ تَقُولُونَ مَا لَا تَفْعَلُونَ (الصف: ٢) رفع الكسائي رأسه، ونظر المأمون إليه؛ فكرر الآية، فوجد القراءة صحيحة، فمضى على قراءته وانصرف الكسائي، فدخل المأمون على أبيه الرشيد، فقال: يا أمير المؤمنين، إن كنت وعدت الكسائي وعدًا فإنه يستنجزه منك. قال: إنه كان التمس للقراء شيئًا ووعدته به؛ فهل قال لك شيئًا؟ قال: لا. قال: فما أطلعك على هذا؟ فأخبره بالأمر، فسرَّ من فطنته وحدَّة ذكائه.

المأمون والحائك

رفع صاحب الخبر إلى المأمون أن حائكًا يعمل العام كله لا يتعطل في عيد ولا جمعة، فإذا طلع الورد طوى عمله، وغرد بصوت، وقال:

طاب الزمان وجاءَ الورد فاصطبحوا
ما دام للورد أزهار وأنوار

فإذا شرب مع ندمائه غنى:

أشرب على الورد من حمراء صافية
شهرًا وعشرًا وخمسًا بعدها عددا

فلا يزال في صبوح وغبوق ما بقيت وردة، فإذا انقضى عاد إلى عمله، وأنشد:

فإن يبقني ربي إلى الورد أصطبح
وندمان صدق عارفين مقاميا

فقال المأمون: لقد نظر الورد بعين جليلة؛ فينبغي أن نعينه على هذه المروءة، وأمر أن يدفع إليه في كل سنة عشرة آلاف درهم.

يحيى بن أكثم والمأمون

قال يحيى بن أكثم: ماشيت المأمون يومًا من الأيام في بستان مؤنسة بنت المهدي، فكنت من الجانب الذي يستره من الشمس، فلما انتهى إلى آخره وأراد الرجوع أردت أن أدور إلى الجانب الذي يستره من الشمس؛ فقال: لا تفعل، ولكن كن بحالك حتى أسترك كما سترتني. فقلت: يا أمير المؤمنين، لو قدرت أن أقيك حرَّ النار لفعلت، فكيف الشمس؟! فقال: ليس هذا من كرم الصحبة. ومشى ساترًا إياي من الشمس كما سترته.

المأمون والموبذ

حضر الموبذ عند المأمون وهو يكالمه؛ إذ وردت عليه خريطة من الحسن فيها أخبار العراق وموت ابن الموبذ، فقال المأمون: أحسن الله لك العوض وعليه الخلف. فأجابه بصالح الأدعية، فعجب المأمون وقال: أتدري ما أردت؟ قال: لا. قال: تعالَ إن ابنك مات. قال: قد علمت ذلك. قال: ومن أين علمت ذلك والخريطة الساعة وردت؟! قال: قد علمت ذلك يوم ولد وعلة موته وجوده.

نباهة المأمون

حكي أن أم جعفر عاتبت الرشيد في تقريظه للمأمون دون الأمين ولدها، فدعا خادمًا، وقال له: وجه إلى الأمين والمأمون خادمًا يقول لكل واحد منهما على الخلوة: ما تفعل بي إذا أفضت الخلافة إليك؟ فأما الأمين فقال للخادم: أقطعك وأعطيك. وأما المأمون فإنه قام إلى الخادم — بدواة كانت بين يديه — وقال: اسألني عما أفعل بك يوم يموت أمير المؤمنين وخليفة رب العالمين؛ إني لأرجو أن نكون جميعًا فداء له. فقال الرشيد لأم جعفر: كيف ترين؟ فسكتت عن الجواب.

محمد بن عمران والمأمون

لما بنى محمد بن عمران قصره إزاء قصر المأمون قيل له: يا أمير المؤمنين، باراك وباهاك. فدعاه، وقال: لم بنيت هذا القصر حذائي؟ قال: يا أمير المؤمنين أحببت أن ترى نعمتك عليَّ؛ فجعلته نصب عينك. فاستحسن المأمون جوابه وعفا عنه.

العباس بن الحسين والمأمون

قال العباس بن الحسين للمأمون: يا أمير المؤمنين، إن لساني ينطلق بمدحك غائبًا، وقد أحببت أن يستزيد عندك حاضرًا، أفتأذن يا أمير المؤمنين بالكلام؟ فقال له: قل فوالله إنك لتقول فتحسن، وتحضر فتزين وتغيب فتؤتمن. فقال: ما بعد هذا الكلام يا أمير المؤمنين أفتأذن بالسكوت؟ قال: إذا شئت.

المأمون وسوسن والجارية

كان للمأمون جماعة من المغنين وفيهم مغنٍّ يسمى سوسنًا عليه وسم جمال.

فبينما هو عنده يغني؛ إذ تطلعت جارية من جواريه فنظرت إليه، فعلقته، فكانت إذا حضر سوسن تسوي عودها وتغني:

ما مررنا بالسوسن الغض إلَّا
كان معي لمقلتيَّ نديما
حبذا أنت والمسمى به أن
ت وإن كنت معه أذكى نسيما

فإذا غاب سوسن أمسكت عن هذا الصوت وأخذت في غيره، فلم تزل تفعل ذلك حتى فطن المأمون، فدعا بها ودعا السيف والنطع، ثم قال: اصدقيني أمرك. قالت: يا أمير المؤمنين، ينفعني عندك الصدق؟ قال لها: إن شاء الله. قالت: يا أمير المؤمنين، اطلعت من وراء الستارة فرأيته فعلقته. فأمسك المأمون عن عقوبتها وأرسل إلى المغني فوهبها له، وقال: لا يقربنا.

المأمون والجاني

وقف رجل بين يدي المأمون وقد جنى جناية، فقال: والله لأقتلنك. فقال الرجل: يا أمير المؤمنين، تأنَّ عليَّ؛ فإن الرفق نصف العفو. قال: وكيف وقد حلفت لأقتلنك؟! قال: يا أمير المؤمنين، لأن تلقى الله جانيًا خير لك من أن تلقاه قاتلًا. فخلى سبيله.

المأمون وجلساؤه

قال المأمون يومًا لبعض جلسائه: أنشدوني بيتًا لملك يدل على أن قائله ملك، فأنشده بعضهم قول امرئ القيس:

أمن أجل أعرابية حل أهلها
جنوبَ الحمى عيناك تبتدرانِ

فقال: ليس في هذا ما يدل على أنه ملك؛ فإنه يجوز أن يقول هذا سوقي حضري، إنما هذا بيت يدل على أن قائله ملك. وأنشد للوليد بن يزيد:

اسقني من سلاف ريق سليمى
واسق هذا النديم كأسًا عقارا

أما ترون إلى إشارته وقوله: «هذا النديم» فإنها إشارة ملك.

المأمون وعلوية المجنون

دخل علوية المجنون يومًا على المأمون وهو يرقص ويصفق بيديه ويغني بهذين البيتين:

عزيزي من الإنسان لا إن جفوته
صفا لي ولا إن صرت طوع يديهِ
وإني لمشتاق إلى ظل صاحب
يروق ويصفو إن كدرت عليه

فسمع المأمون والحاضرون ما لم يستمعوا قبلًا، وقال المأمون: ادنُ يا علوية ورددهما. فرددهما عليه سبع مرات، فقال المأمون: يا علوية خذ الخلافة وأعطني هذا الصاحب.

النوادر السادسة

نوادر الخليفة المنصور

المنصور والرجل

دخل رجل على المنصور فقال له: تكلم بحاجتك، فقال: يبقك الله يا أمير المؤمنين. قال: تكلم بحاجتك فإنك لا تقدر على هذا المقام كل حين. قال: والله يا أمير المؤمنين ما أستقصرُ أجلك، ولا أخاف

بخلك، ولا أغتنم مالك، وإن عطاءك لشرفٌ، وإنَّ سؤالك لدين، وما لامرئ بذل وجهه إليك خيبة أو شين. قال: فأحسن جائزته وأكرمه.

المنصور ومعن بن زائدة

قال المنصور لمعن بن زائدة: ما أظن ما قيل عنك من ظلمك أهل اليمن واعتسافك عليهم إلا حقًّا. قال: كيف يا أمير المؤمنين؟! قال: بلغني عنك أنك أعطيت شاعرًا لبيت قاله ألف دينار! فأنشده البيت، وهو:

معن بن زائدة الذي زيدت به
فخرًا إلى فخر بنو شيبان

قال: نعم يا أمير المؤمنين قد أعطيته ألف دينار، ولكن على قوله:

ما زِلْتَ يَوْمَ الهاشِمِيَّةِ مُعْلِمًا
بالسَيف دون خليفة الرحمنِ
فمنعت حوزته وكنت وقاءهُ
من وقع كل مهند وسنانِ

قال: فاستحيا المنصور، وجعل ينكت الأرض بالمخصرة، ثم رفع رأسه، وقال: اجلس يا ابن زائدة.

المنصور وابن طاوس

بعث أبو جعفر المنصور إلى مالك بن أنس وإلى ابن طاوس؛ فدخلا عليه، وإذ هو جالس على فرش قد نضدت له، وبين يديه أنطاع قد بسطت، وجلادون بأيديهم السيوف لضرب رقاب الناس، فأومأ إليهما بالجلوس، وأطرق عنهما طويلًا، ثم التفت إلى ابن طاوس، فقال له: حدِّثني عن أبيك. قال: نعم، سمعت أبي يقول: قال رسول الله: «إن أشد الناس عذابًا يوم القيامة رجل أشركه الله في حكمه؛ فأدخل عليه الجور في عدله»، قال مالك: فضممت ثيابي مخافة أن يملأني دمه.

ثم التفت إليه أبو جعفر، فقال: عظني يا ابن طاوس. قال: نعم، أما سمعت الله يقول: أَلَمْ تَرَ كَيْفَ فَعَلَ رَبُّكَ بِعَادٍ * إِرَمَ ذَاتِ الْعِمَادِ * الَّتِي لَمْ يُخْلَقْ مِثْلُهَا فِي الْبِلَادِ * وَثَمُودَ الَّذِينَ جَابُوا الصَّخْرَ بِالْوَادِ إلى قوله: لَبِالْمِرْصَادِ (الفجر: ٦–١٤)، قال مالك: فضممت ثيابي أيضًا مخافة أن يملأني دمه. فأمسك المنصور ساعة، ثم قال: يا ابن طاوس، ناولني الدواة. فأمسك ابن طاوس ولم يناوله إياها وهي في يده، فقال: ما يمنعك أن تناولنيها؟! قال: أخشى أن تكتب بها معصية لله فأكون شريكك فيها. فلما سمع المنصور ذلك قال: قوما عني. قال ابن طاوس: ذلك ما كنا نبغي. قال مالك: فما زلت أعرف لابن طاوس بعدها فضلًا.

المنصور وأبو جعفر

لما كتب أبو جعفر أمان ابن هبيرة، واختلف فيه الشهود أربعين يومًا، ركب في رجال معه حتى دخل على المنصور، فقال: إن دولتكم جديدة، فأذيقوا الناس حلاوتها، وجنبوهم مرارتها؛ لتسرع محبتكم إلى قلوبهم، ويَعْذُبَ ذكرُكم على ألسنتهم، وما زلت منتظرًا لهذه الدعوة. فأمر أبو جعفر برفع الستر بينه وبين الرجل، فنظر إلى وجهه، وباسطه بالقول حتى اطمأن قلبه، فلما خرج قال أبو جعفر: عجبًا من كل من يأمرني بقتل مثل هذا.

المنصور والشيخ الجريء

كان المنصور متطلعًا إلى الإحاطة بأمور الناس عمومًا، وإلى معرفة أحوال بني أمية خصوصًا؛ فبلغه أن من مشايخ أهل الشام شيخًا معروفًا، وكان بطانة لهشام بن عبد الملك بن مروان، فأرسل إليه المنصور، وأحضره بين يديه، وسأله عن تدبير هشام في حروبه مع الخوارج؛ فوصف له الشيخ ما دبر، وقال: فعل — رحمه الله — كذا وكذا، ودبر كذا وكذا. فقال له المنصور: قم عليك لعنة الله، تطأ بساطي، وتترحم على عدوي؟! فقال الرجل — وهو مولٍ يريد الخروج: إن نعمة عدوك لقلادة في عنقي لا ينزعها إلا غال. فلما سمعه المنصور قال: ردوه. فلما رجع قال: يا أمير المؤمنين، إن أكثر الناس لؤمًا من لم يجعل دعاءه لمن أحسن إليه، وثناءه عليه وحمده لمعروفه عنده؛ وفاءً له، ولو أمكنني القدر وقدرني القضاء على الوفاء لهشام بأكثرَ من ذلك لوجدني أمير المؤمنين وافيًا لديه. فقال له المنصور: ارجع يا شيخ إلى إتمام حديثك، أشهد أنك نهيض حر وولد رشيد. ثم أقبل المنصور على حديثه إلى أن فرغ فدعا المنصور بمال وكسوة، وقال: خذ هذا صلة منا لك. فأخذ ذلك، وقال: والله يا أمير المؤمنين ما بي من حاجة، ولقد مات عني من كنت في ذكره؛ فما أحوجني إلى وقوفي على باب أحد بعده، ولولا جلالة أمير المؤمنين ولزوم طاعته وإيثاري أمره لما لبست نعمة أحد بعده. فقال المنصور: لله أنت لو لم يكن لقومك غيرك كنت أبقيت لهم ذكرًا مخلدًا ومجدًا باقيًا بوفائك لمن أحسن إليك. ثم أوصى المنصور برعاية أموره وقضاء حوائجه، وصار يذكره في خلواته ويستحسن ما صدر منه.

المنصور ورجل في المسجد

بينما كان المنصور يطوف بالكعبة ليلًا إذ سمع قائلًا يقول: اللهمَّ إني أشكو إليك ظهور البغي والفساد في الأرض وما يحول بين الحق وأهله من الطمع.

فخرج المنصور وجلس في ناحية المجلس وأرسل إلى الرجل يدعوه، فصلى ركعتين واستلم الركن، ثم أقبل مع الرسول فسلم عليه بالخلافة، فقال له المنصور: ما الذي سمعتك تقول وتذكر من ظهور البغي والفساد في الأرض وما يحول بين الحق وأهله من الطمع؟! فوالله لقد حشوت مسامعي ما أمرضني. قال: يا أمير المؤمنين، إن أمنتني أنبأتك الأمور على جليتها وأصولها، وإلَّا أجادل عن نفسي. قال له المنصور: أنت آمن على نفسك. فقال: إن الذي داخله الطمع حتى حال بينه وبين

إصلاح ما ظهر من البغي والفساد أنت. قال: ويحك! وكيف يداخلني الطمع والبيضاء في قبضتي والحلو والحامض عندي؟!

قال: وهل داخل أحدًا من الطمع ما داخلك؟! إن الله تعالى استرعاك المسلمين وأموالهم، وجعلت بينك وبينهم حجابًا من الجص والآجر، وأبوابًا من الحديد، وحجبة معهم الأسلحة، وأمرتهم أن لا يدخل عليك إلا فلان وفلان — سميتهم لهم — ولم تأمر بإيصال الملهوف، ولا الجائع ولا العاري ولا الضعيف ولا الفقير، وما أحد إلا وله في المال حق، فلما رآك هؤلاء النفر الذين استخلصتهم لنفسك وآثرتهم على رعيتك وأمرت أن لا يحجبوا عنك تجبي الأموال فلا تعطيها، وتجمعها ولا تقسمها، قالوا: هذا خان الله، فما لنا لا نخونه وقد سخر لنا نفسه؟! فاتفقوا على أن لا يصل إليك من أخبار الناس إلَّا ما أرادوا، ولا يخرج لك عامل فيخالف أمرهم إلَّا أقصوه ونفوه؛ حتى تسقط منزلته ويصغر قدره، فلما اشتهر ذلك عنك وعنهم عظمهم الناس وهابوهم، فكان أول من صانعهم عمالك بالهدايا والأموال؛ ليتقووا بها على ظلم رعيتك؛ لينالوا به ظلم من دونهم، فامتلأت بلاد الله بالطمع بغيًا وفسادًا، وصار هؤلاء شركاءك في سلطانك وأنت غافل، فإن جاء متظلم حيل بينه وبين الدخول عليك، فإن أرادوا رفع قصته إليك عند ظهورك وجدك قد نهيت عن ذلك، وأوقفت رجلًا ينظر في مظالمهم، فإن جاء ذلك المظلوم إلى الرجل وبلغ بطانتك سألوا صاحب المظالم أن لا يرفع مظلمته؛ فإن المتظلم من له بهم حرمة، أجابهم خوفًا منهم، فلا يزال المظلوم يختلف إليه ويلوذ به ويشكو ويستغيث وهو يدافعه ولا يقبل عليه، وإذا جهد واضطر وأخرج وقف وصرخ بين يديك، فيضرب ضربًا شديدًا مبرحًا؛ ليكون نكالًا لغيره وأنت تنظر ولا تذكر، فما بقاء الإسلام على هذا؟! وقد كنتُ يا أمير المؤمنين أسافر إلى الصين، فقدمتها مرة وقد أصيب ملكها بسمعه فبكى بكاءً شديدًا؛ فعزاه بعض جلسائه، فقال: أما إني لست أبكي على ما نزل بي من ذهاب سمعي، ولكني أبكي لمظلوم يقف يصرخ بالباب فلا يُسمع صوته. ثم قال: أما إذا ذهب سمعي فإن بصري لم يذهب، نادوا في الناس أن لا يلبس ثوبًا أحمرَ إلا متظلم، ثم صار يركب الفيل طرفي النهار وينظر؛ هل يرى مظلومًا؟! فهذا مشرك بالله تعالى غلبت رأفته بالمشركين شح نفسه، وأنت تؤمن بالله واليوم الآخر غلبك شح نفسك، فإن كنت إنما تجمع المال لولدك فقد أراك الله في الطفل يسقط من بطن أمه وما له على الأرض مال، وما من مال إلا ودونه يد شحيحة تحويه، فما يزال الله — جلّ وعلا — يلطف بذلك الطفل حتى تعظم رغبة الناس إليه، ولست الذي يعطي، بل الله يعطي من يشاء بغير حساب، وإن قلت: إنما أجمع المال لتشديد السلطان وتقويته، فقد أراك الله تعالى ببني أمية ما أغنى عنهم ما جمعوا من الذهب والفضة، وما أعدوا من الرجال والكراع والسلاح حين أراد الله بهم ما أراد، وإن قلت: إنما أجمعه لطلب غاية هي أجسم من الغاية التي أنا فيها، فوالله ما فوق ما أنت فيه منزلة إلا منزلة لا تنال إلا بخلاف ما أنت عليه يا أمير المؤمنين، هل تعاقب من عصاك بأكثرَ من القتل أو الصلب؟! قال المنصور: لا. قال: فكيف تصنع يا أمير المؤمنين يوم القيامة عند لقاء الله — عز وجل — الذي خولك ملك الدنيا وهو لا يعاقب من عصاه من عبيده وعمل بخلاف ما أمر به في كتابه بالقتل، ولكن يعاقبهم في الخلود بالعذاب الأليم، وقد ترى ما عُقد عليه قلبك، وحملته جوارحك، ونظر إليه بصرك، واجترحته يداك، ومشت إليه قدماك، هل يغني ما شححت عليه من قلب الدنيا إذا انتزعه من يديك ودعاك إلى الحساب على ما خولك؟

فلما أتم الرجل كلامه والمنصور يتململ منه بكى بكاءً شديدًا ثم قال: يا ليت المنصور لم يخلق. ثم قال للرجل: يا ويحك! كنت أفكر في الانتقام منك عما جبهتني به، والآن قد رأيت العفو عن مقالتك لصدق مقصدك أولى، وشكرك على نصحك أحمد، فكيف احتيالي لنفسي والسلامة مع مؤاخذة الله تعالى على ما أوضحت؟

فقال الرجل: يا أمير المؤمنين، إن للناس أعلامًا يفزعون إليهم في دينهم، ويرصنون بقولهم، فاتخذهم لك بطانة يرشدوك، واستعن بآدابهم وأقوالهم يسعدوك. قال المنصور: قد بعثت إليهم فهربوا مني! قال الرجل: خافوا منك أن تحملهم على طريقتك، فلم يرضوا بها، ولكن افتح باب مجلسك، وسهِّل حجابك، وانظر في أمور الناس، وانصر المظلوم، واقمع الظالم، وخذ الغنى والأموال مما حل وطاب، واقسم ذلك بالحق والعدل على أهله، وأنا الضامن لك أنك إذا فعلت ذلك أن يأتوك ويساعدوك على صلاح الأمة، فبينما هو والرجل في الحديث دخل المؤذنون، فسلموا عليه للصلاة، فقام وصلى، فلما فرغ من صلاته عاد فطلب الرجل فلم يجده، فما زال المنصور بعد ذلك يذكره، ويقول إذا ذكره: كرهت كلامه ثم حمدته وانتفعت به.

المنصور والرجل

أخبر أحمد بن موسى قال: ما رأيت رجلًا أثبت جنانًا، ولا أحسن معرفة، ولا أظهر حجة من رجل رفع فيه عند المنصور بأن عنده أموالًا لبني أمية؛ فأمر المنصور حاجبه الربيع أن يحضره، فلما حضر بين يديه قال المنصور: رفع إلينا أن عندك ودائع وأموالًا وسلاحًا لبني أمية، فأخرجها لنا لنجمع ذلك إلى بيت المال.

فقال الرجل: يا أمير المؤمنين، أنت وارث لبني أمية؟ قال: لا. قال: فلِمَ تسأل إذن مما في يدي من أموال بني أمية ولست بوارث لهم ولا وصي؟! فأطرق المنصور ساعة ثم قال: إن بني أمية ظلموا الناس، وغصبوا أموال المسلمين. فقال الرجل: يحتاج أمير المؤمنين إلى بينة يقبلها الحاكم، تشهد أن المال الذي لبني أمية هو الذي في يديه، وأنه هو الذي غصبوه من الناس، وأن أمير المؤمنين يعلم أن بني أمية كانت لهم أموال لأنفسهم غير أموال المسلمين التي اغتصبوها على ما يتهم أمير المؤمنين. فسكت المنصور ساعة، ثم قال: يا ربيع، صدق الرجل، ما يجب لنا على الرجل بشيء. ثم قال للرجل: ألك حاجة؟ قال: نعم، قال: ما هي؟ قال: أن تجمع بيني وبين من سعى بي إليك، فوالله يا أمير المؤمنين ما لبني أمية عندي مال ولا سلاح، وإنما أحضرت بين يديك وعلمت ما أنت فيه من العدل والإنصاف واتباع الحق واجتناب المظالم فأيقنت أن الكلام الذي صدر مني هو أنجح وأصلح لما سألتني عنه.

فقال المنصور: يا ربيع، اجمع بينه وبين الذي سعى به، فجمع بينهما، فقال: يا أمير المؤمنين، هذا أخذ لي خمسمائة دينار وهرب، ولي عليه مسطور شرعي. فسأل المنصور الرجل فأقر بالمال، قال: فما حملك على السعي كاذبًا؟ قال: أردت قتله ليخلص لي المال! فقال الرجل: قد وهبتها له يا أمير المؤمنين لأجل وقوفي بين يديك وحضوري مجلسك، ووهبته خمسمائة دينار أخرى لكلامك لي،

فاستحسن المنصور فعله وأكرمه وأعاده إلى بلده مكرمًا، وكان المنصور كل وقت يقول: ما رأيت مثل هذا الشيخ قط ولا أثبت من جنانه، ولا من حجتي مثله، ولا رأيت مثل حلمه ومروءته.

المنصور وصاحب الضيعة

غصب أحد الولاة رجلًا من العقلاء ضيعةً له، فشكاه إلى المنصور فقال له: أصلحك الله، أذكرُ حاجتي أم أضرب لك قبلها مثلًا؟ قال: بل اضرب لي قبلها مثلًا، قال: أصلحك الله، إن الطفل الصغير إذا نابه أمر يكرهه فإنه يغير إلى أمه؛ إذ لا يعرف غيرها، وظنًّا منه أنه لا ناصر فوقها، فإذا ترعرع واشتد فأوذي كان فراره وشكواه إلى أبيه؛ لعلمه بأن أباه أقوى من أمه على نصرته، فإذا بلغ وصار رجلًا ووقع به أمرٌ شكا إلى الوالي؛ لعلمه بأنه أقوى من أبيه، فإذا زاد عقله واشتدت شكيته شكا إلى السلطان؛ لعلمه بأنه أقوى من سواه، فإن لم ينصفه السلطان شكا إلى الله — عزَّ وجلَّ — وقد نزلت بي نازلة، وليس فوقك أحد أقوى منك، فإن أنصفتني وإلا رفعت أمرها إلى الله؛ إذ ليس فوقك إلَّا الله تعالى. قال: بل ننصفك. وأمر بأن يكتب إلى واليه برد ضيعته عليه.

عمارة والمنصور والرجل

جاء عمارة بن حمزة إلى الملك المنصور فأجلسه عنده، وكان ذلك في يوم نظره في المظالم، فقام رجل على قدميه ونادى بأعلى صوته: يا أمير المؤمنين، أنا مظلوم. فقال له: ومن ظلمك؟ فقال: عمارة بن حمزة هذا أخذ ضياعي وعقاري. فأمر المنصور أن يقوم من مجلسه ويساوي خصمه، فقال عمارة: يا أمير المؤمنين، إن كانت الضياع له فلا أعارضه فيها، وإن كانت لي فقد وهبتها له، ولا أقوم من مجلس أكرمني به أمير المؤمنين لأجل ضياع أو عقار.

المنصور وأحد ولد الأشتر

حكي إلى المنصور برجل من ولد الأشتر النخعي ذكر عنه الميل إلى بني علي بن أبي طالب والتعصب لهم، فأمر بإحضاره، فلما مثل بين يديه قال: يا أمير المؤمنين، ذنبي أعظم من نقمتك، وعفوك أعظم من ذنبي، ثم قال:

فهبني شيئًا كالذي قلت ظالمًا
فعفوًا جميلًا كي يكون لك الفضلُ
فإن لم أكن للعفو منك لسوءِ ما
أتيت به أهلًا فأنت له أهلُ

فعفا عنه.

المنصور وشبة بن عقال

جلس المنصور يومًا فقال: من يصف صالحًا ابني؟ وقد رشحه لأن يُوَلِّيَهُ بعض أمور؛ فكلهم هاب المهدي، فقال شبة بن عقال: لله دره ما أفصح لسانه! وأحضر جنانه! وأبلَّ ريقه! وأسهل طريقه! وكيف لا يكون كذلك وأمير المؤمنين أبوه والمهدي أخوهُ؟! ثم أنشد:

هو الجواد فإن يلحق بشأوهما
على تكاليفه ما مثله لحقا
أو يسبقاهُ على ما كان من مهل
فمثل ما قدَّما من صالح سبقا

فقال المنصور: ما رأيت مثله مخلصًا، مدحه وأرضاني.

إبراهيم بن هرمة والمنصور

يحكى عن المنصور أن الربيع بن يونس حاجبه قال له يومًا: يا أمير المؤمنين، إن الشعراء ببابك وهم كثيرون، وقد طالت أيام إقامتهم، ونفدت نفقاتهم. فقال: اخرج إليهم، واقرأ عليهم السلام، وقل لهم: من مدحنا منكم فلا يصفنا بالأسد؛ فإنما هو كلب من الكلاب، ولا بالحية؛ فإنما هي دويبة سيئة تأكل التراب، ولا بالحلي؛ فإنما هي حجر أصم، ولا بالبحر؛ فإنه ذو مخاوف، فمن كان ليس في شعره شيء من هذا فليدخل، ومن كان في شعره شيء من هذا فليصرف، فانصرف كلهم إلا إبراهيم بن هرمة؛ فإنه قال: أدخلني. فأدخله، فلما مثل بين يديه قال: يا ربيع، قد علمت أنه لا يجيبك أحد غيره، هات يا إبراهيم: فأنشده القصيدة التي أولها:

سرى نومه عني الصبا المتجامِلُ
وأذن بالبين الحبي المزايلُ

حتى انتهى إلى قوله:

له لحظات في حقافي سديره
إذا كرَّها فيها عقابٌ ونائل
فأما الذي أمنت أمنهُ الردى
وأما الذي خوفت بالثكل ثاكل

فرفع له الستر، وأقبل عليه مصغيًا إليه حتى فرغ من إنشادها، ثم أمر له بعشرة آلاف درهم، وقال: يا إبراهيم، لا تتلفها طمعًا في نيل مثلها، فما في كل وقت تصل إلينا وتنال مثلها منا، قال إبراهيم: ألقاك بها يا أمير المؤمنين يوم العرض وعليها خاتم الجهبذ.

المنصور العباسي وأبو عبد الله

كتب المنصور العباسي إلى أبي عبد الله بن جعفر الصادق (رضي الله عنه): لِمَ لا تغشاني كما تغشانا الناس؟ فأجابه: ليس لنا من الدنيا ما نخافك عليه، ولا عندك من الآخرة ما نرجوك له، ولا أنت في نعمة فنهنئك بها، ولا نعدها نقمة فنعزيك لها. فكتب المنصور إليه: تصحبنا لتنصحنا. فكتب إليه أبو عبد الله أيضًا: من يطلب الدنيا لا ينصحك، ومن يطلب الآخرة لا يصحبك.

المنصور وخالد وإيوان كسرى

كان المنصور تقدم بهدم إيوان كسرى وحمل نقضه إلى مدينة السلام، فقال له خالد: لا تهدم بناءً دلَّ على فخامة قدر بانيه الذي غلبته، وأخذت ملكه فتعجز عنه، فيدل ذلك على عجز منك. فقال: هذا الميل منك إلى المجوس. وأمر بهدمه فعجز عنه، فقال: يا خالد، صرنا إلى رأيك. فقال: الآن أشير أن لا تكف عنه، فإن الهدم أيسر من البناء؛ لئلا تقول الناس: إنك عجزت عن هدم بناء بناه عدوك.

النوادر السابعة

نوادر الخليفة معاوية بن أبي سفيان

وصف ضرار لمعاوية

قال ضرار بن ضمرة: دخلت على معاوية بعد قتل أمير المؤمنين، فقال لي: صف أمير المؤمنين. فقلت: اعفني! فقال: لا بد أن تصفه. فقلت: أما إذا لا بد فإنه كان والله بعيد المدى، شديد القوى، يقول فصلًا، ويحكم عدلًا، يتفجر العلم من جوانبه، وتنطق الحكمة من نواحيه، يستوحش من الدنيا وزهرتها، ويأنس بالليل ووحشته، غزير العبرة، طويل الفكرة، يعجبه من اللباس ما خشن، ومن الطعام ما خشب، وكان فينا كأحدنا؛ يجيبنا إذا سألناه، ويأتينا إذا دعوناه، ونحن والله مع تقريبه لنا وقربه بنا لا نكاد نكلمه؛ هيبةً له، يعظم أهل الدين، ويقرب المساكين، لا يطمع القوي في باطله، ولا ييأس الضعيف من عدله، ولقد رأيته مرة تحت جنح الدجى يتململ تململ السليم، ويبكي بكاء الحزين، ويقول: يا دنيا غرِّي غيري، أبي تعرضت، أم إليَّ تشوَّقت؟! هيهات هيهات! قد أبَنْتُكِ ثلاثًا لا رجعة فيها، فعمرك قصير، وخطرك يسير، وعيشك حقير، آه آه! من قلة الزاد وبعد السفر، ووحشة الطريق. فبكى معاوية، وقال: رحم الله أبا الحسن كان والله كذلك، فكيف حزنك يا ضرار؟ فقلت: حزن من ذبح ولدها في حجرها فلا ترقأ عبرتها، ولا يسكن حزنها.

معاوية وعمرو بن العاص وعبد الملك بن مرْوان

دخل عبد الملك بن مروان على معاوية وعنده عمرو بن العاص فسلم ثم جلس، فلم يلبث أن قام، قال معاوية: ما أكرم مروءة هذا الفتى! قال عمرو: إن أخذ بأخلاق أربعة وترك أخلاقًا أربعة: أخذ بأحسن البشر إذا لقي، وبأحسن الحديث إذا حدث، وبأحسن الاستماع إذا حُدث، وبأيسر المؤنة إذا

حولف، وترك مشورة من لا يثق بعقله، وترك مجالسة من لا يرجع إلى دينه، وترك مخالطة لئام الناس، وترك من الكلام كل ما يعتذر منه.

معاوية وبكارة الهلالية

دخلت بكارة الهلالية على معاوية يومًا وهو بالمدينة، وكانت قد أسنت وغشي بصرها وضعفت قوتها ترتعش بين خادمين لها، فسلمت وجلست، فرد عليها معاوية السلام، وقال: كيف أنتِ يا خالة؟ قالت: بخير يا أمير المؤمنين. قال: غيَّرَكِ الدهرُ. قالت: كذلك هو ذو غِيَرٍ، من عاش كبر، ومن مات فُقد، فقال عمرو بن العاص: هي والله القائلة يا أمير المؤمنين:

يا زيد دونك فاحتفر من دارنا
سيفًا حسامًا في التراب دفينا
قد كنت أذخره ليوم كريهة
فاليوم أبرزه الزمان مصونا

وقال مروان: هي والله القائلة يا أمير المؤمنين:

أترى ابن هند للخلافة مالكًا
هيهات ذاك وإن أراد بعيدُ
منتك نفسك في الخلاء ضلالةً
أغراك عمرو للشقا وسعيدُ

وقال سعيد بن العاص: وهي والله القائلة:

قد كنت أطمع أن أموت ولا أرى
فوق المنابر من أمية خاطبا
فالله أخر مدتي فتطاولت
حتى رأيت من الزمان عجائبا
في كل يوم للزمان خطيبهم
بين الجميع لآل أحمد عائبا

ثم سكتوا، فقالت: يا معاوية، كلامك غشَّى بصري وقصر حجتي، أنا والله قائلة ما قالوا، وما خفي عليك مني أكثر. فضحك معاوية، وقال: ليس يمنعنا ذلك من برك، اذكري حاجتك. قالت: أما الآن فلا. وانصرفت، فوجه إليها معاوية بجائزة سَنيَّةٍ.

معاوية والحسن بن علي

خرج معاوية سنة حاجًّا فمر بالمدينة ففرَّق على أهلها أموالًا جزيلة، ولم يحضر الحسن بن علي، فلما حضر قال له معاوية: مرحبًا مرحبًا برجل تركنا حتى نفد ما عندنا وتعرض لنا ببخلنا. فقال الحسن: كيف ينفذ ما عندك وخراج الدنيا يجيء إليك؟! فقال معاوية: قد أمرت لك بمثل ما أمرت به لأهل المدينة وأنا ابن هند. فقال الحسن: قد رددته عليك وأنا ابن فاطمة الزهراء.

معاوية ووالداه

قال أبو حازم الأعرج لسليمان بن عبد الملك: إنما السلطان سوق، فما نُفِق عنده حُمِل إليه. ولما قدم معاوية من الشام وكان عمر قد استعمله عليها دخل على أمه هند فقالت له: يا بنيَّ، إنه قلما ولدت حرة مثلك، وقد استعملك هذا الرجل، فاعمل بما وافقه؛ أحببت ذلك أم كرهته. ثم دخل على أبيه أبي سفيان، فقال له: يا بني، إن هؤلاء الرهط من المهاجرين سبقونا وتأخرنا عنهم، فرفعهم سبقهم وقصَّر بنا تأخرنا، فصرنا أتباعًا وصاروا قادةً، وقد قلدوك جسيمًا من أمرهم؛ فلا تخالفنَّ أمرهم، فإنك تجري إلى أحد لم تبلغه، ولو قد بلغته لتنبعث فيه. قال معاوية: فعجبت من اتفاقهما في المعنى على اختلافهما في اللفظ.

معاوية وعمرو بن العاص

قال عمرو: رأيت معاوية في بعض أيامنا بصفين خرج في عدة لم أره خرج في مثلها، فوقف في قلب عسكره، فجعل يلحظ ميمنةً فيرى الخلل؛ فيبدر إليه من ميسرة، ثم يفعل ذلك بميمنة، فتغنيه اللحظة عن الإشارة، فدخله ذهول لما رأى، فقال: يا ابن العاص، كيف ترى هؤلاء وما هم عليه؟ فقلت: يا أمير المؤمنين، لقد رأيت من يسوس الناس بالدين والدنيا فما رأيت أحدًا أوتي له من طاعة رعيته ما أوتي لك من هؤلاء؟ فقال: أفتدري من يفسد هؤلاء؟ قلت: لا. قال: في يوم واحد. قال: فأكثرت التعجب. قال: إي والله في بعض يوم. قلت: وكيف ذلك يا أمير المؤمنين؟ قال: إذا كذبوا في الوعد والوعيد، وأعطوا على الهوى لا على الغنى فسدَ جميع ما ترى.

الزرقاء ومعاوية بن سفيان

بينما معاوية بن سفيان جالس في ديوانه بعدما آل الأمر إليه واجتمع هو والحاشية تذاكروا حرب صفين، فقال أحدهم: إنه رأى الزرقاء ابنة عدي بن قيس الهمذانية وهي راكبة على ناقة، واقفة بين الصفين تحرض الناس على القتال، ولم ترهب أحدًا من الفريقين! فقال معاوية: أوَهي حية إلى الآن؟! فقيل له: نعم؛ هي مقيمة بالكوفة. فقال: يجب أن نستقدمها إلينا، ثم كتب إلى عامله بالكوفة أن يبعث بها مع ثقة من ذوي محارمها وعدة من فرسان قومها، وأن يمهد لها وطاءً لينًا، ويسترها بستر حصين، ويوسع لها من النفقة، فأرسل إليها فأقرأها الكتاب، فقالت: إن كان أمير المؤمنين جعل الخيار لي فإني لا آتيه، وإن كان حتمًا فالطاعة أولى. فحملها وأحسن جهازها على ما أمر به، فلما دخلت على معاوية، قال: مرحبًا وأهلًا، قدمتِ خيرَ قدوم قدمه وافد، كيف حالك؟ قالت: بخير يا أمير المؤمنين، مات الرأس، وبتر الذنب، ولم يعد ما ذهب، والدهر ذو غِيَرٍ، من تفكر بصر، والأمر

يحدث بعده الأمر. قال لها معاوية: أتحفظين ذلك يومئذ؟ قالت: لا، والله لا أحفظه ولقد نسيته. قال: لكني أحفظه، لله أبوك حين تقولين: «أيها الناس، ارعووا وارجعوا، إنكم قد أصبحتم في فتنة غشيتكم بها جلابيب الظلم، وجازت بكم عن قصد المحبة، فيا لها فتنة عمياء صماء بكماء، لا تسمع لناعقها، ولا تنساق لقائدها، إن المصباح لا يضيء في الشمس، ولا تنير الكواكب مع القمر، ولا يقطع الحديد إلا الحديد، ألا من استرشدنا أرشدناه، ومن سألنا أخبرناه، أيها الناس، إن الحق كان يطلب ضالته فأصابها، فصبرًا يا معشر المهاجرين على المضض؛ فإنه قد اندمل الشتات، والتأمت كلمة الحق، ودفع العين الظلمة، فلا يجهلنَّ أحد فيقول: كيف؟ وأنى؟ ليقضي الله أمرًا كان مفعولًا، الآن آن الأوان، خضاب النساء الحناء، وخضاب الرجال الدماء، ولهذا اليوم ما بعده، والصبر خير في الأمور عواقبًا»، ثم قال لها: والله يا زرقاء؛ لقد أشركت عليًا في كل دم يسفكه! قالت: أحسن الله مشاركتك، وأدام سلامتك، مثلك من يبشر بخير، ويسرُّ جليسه. قال: أويسرك ذلك؟ قالت: نعم، والله لقد سررت بالخبر، فأنى لك بتصديق الفعل؟ فضحك، وقال لها: والله لوفاؤكم له بعد موته أعجب من حبكم له في حياته، اذكري حاجتك. قالت: يا أمير المؤمنين، آليت على نفسي أن لا أسأل أميرًا أعنت عليه أبدًا. ثم انصرفت، فأرسل لها معاوية جائزتها.

الأحنف ومعاوية بن أبي سفيان

عدَّدَ معاوية بن أبي سفيان على الأحنف ذنوبًا، فقال: يا أمير المؤمنين، لم ترد الأمور على أعقابها، أما والله إن القلوب التي أبغضناك بها لبين جوانحنا، والسيوف التي قاتلناك بها على عواتقنا، ولئن مددت فترًا من غدر لنمدَّن باعًا من فتر، ولئن شئت لتصفين كدر قلوبنا بصفو حلمك. قال: فإني أفعل.

معاوية وعبد الله بن عامر

قال معاوية لعبد الله بن عامر: إن لي إليك حاجة. قال: بحاجة أقضيها يا أمير المؤمنين، فسل حاجتك. قال: أريد أن تهب دورك وضياعك بالطائف. قال: قد فعلت. قال: وصلتك برحم فسل حاجتك. قال: حاجتي إليك أن تردها عليَّ يا أمير المؤمنين. قال: قد فعلت.

معاوية وسودة بنت عمارة

دخلت سودة بنت عمارة الهمدانية على معاوية بعد موت أمير المؤمنين علي، فجعل يؤنبها على تحريضها عليه أيام صفين، وآل أمره إلى أن قال: ما حاجتك؟ فقالت: إن الله مسائلك عن أمرنا، وما افترض عليك من حقنا، ولا زال يعدد علينا من قبلك من يسمو بمكانك، ويبطش بسلطانك، فيحصدنا حصد السنبل، ويسومنا الخسف، ويذيقنا الحتف، هذا بشر بن أرطأة قدم علينا، فقتل رجالنا، وأخذ أموالنا، ولولا الطاعة لكان فينا عز ومنعة، فإن عزلته عنا شكرناك وإلا كفرناك، فقال لها معاوية: تهدديني بقومك؟! لقد هممت بأن آمر فينفذ فيك الحكم. فأطرقت سودة ساعة، ثم أنشدت:

صلى الإله على روح تضمنها
قبر فأصبح فيه العزُّ مدفونا
قد حالف الحق لا يبغي به بدلًا
فصار الحق والإيمان مدفونا

فقال معاوية: من هذا يا سودة؟! قالت: والله هو أمير المؤمنين علي بن أبي طالب، والله لقد جئته في رجل كان وصيًّا علينا، فجار، فصادفته قائمًا يصلي، فلما رآني انفتل من صلاته، ثم أقبل عليَّ بوجهه برفق ورأفة وتعطف، وقال: ألك حاجة؟! قلت: نعم. وأخبرته، فبكى، ثم قال: اللهم أنت الشاهد عليَّ وعليهم أني لم آمرهم بظلم خلقك ولا بترك حقك، ثم أخرج قطعة من جلد، فكتب فيها: «بسم الله الرحمن الرحيم: قَدْ جَاءَتْكُم بَيِّنَةٌ مِنْ رَبِّكُمْ فَأَوْفُوا الْكَيْلَ وَالْمِيزَانَ وَلَا تَبْخَسُوا النَّاسَ أَشْيَاءَهُمْ وَلَا تُفْسِدُوا فِي الْأَرْضِ بَعْدَ إِصْلَاحِهَا ذَلِكُمْ خَيْرٌ لَكُمْ إِن كُنتُم مُّؤْمِنِينَ (الأعراف: ٨٥) فإذا قرأت كتابي هذا فاحتفظ بما في يديك من عملنا حتى يقدم من يقبضه منك والسلام»، ثم دفع الرقعة إليَّ فجئت بها إلى صاحبه، فانصرف عنا معزولًا. فقال معاوية: اكتبوا لها ما تريد، واصرفوها إلى بلادها غير شاكية.

معاوية والأحنف

خطب معاوية يومًا فقال: إن الله تعالى يقول: وَإِن مِنْ شَيْءٍ إِلَّا عِندَنَا خَزَائِنُهُ وَمَا نُنَزِّلُهُ إِلَّا بِقَدَرٍ مَّعْلُوم (الحجر: ٢١)، فعلامَ تلومونني؟! فقال الأحنف: إنا والله ما نلومك على ما في خزائن الله، ولكنّ على ما أنزله من خزائنه فجعلته في خزائنك وحُلْتَ بيننا وبينه.

معاوية وعبد الله بن الزبير

كان لعبد الله بن الزبير أرض وكان له فيها عبيد يعملون فيها، وإلى جانبها أرض لمعاوية وفيها أيضًا عبيد يعملون فيها، فدخل عبيد معاوية في أرض عبد الله بن الزبير، فكتب عبد الله كتابًا إلى معاوية يقول له فيه: «أما بعد يا معاوية، فإن عبيدك قد دخلوا أرضي فانههم عن ذلك، وإلا كان لي ولك شأن، والسلام»، فلما وقف معاوية على كتابه وقرأه دَفَعَهُ إلى ولده يزيد، فلما قرأه قال له معاوية: يا بني، ما ترى؟ قال: أرى أن تبعث إليه جيشًا يكون أوله عنده وآخره عندك فيأتوك برأسه! فقال: بل غير ذلك خير منه يا بنيَّ، ثم أخذ ورقة وكتب فيها جواب كتاب عبد الله بن الزبير يقول فيه: «أما بعد؛ فقد وقفت على كتاب ابن الزبير، وساءني ما ساءه، والدنيا بأسرها هينة عندي في جنب رضاه، نزلت عن أرضي لك؛ أضفها إلى أرضك بما فيها من المال والعبيد، والسلام»، فلما وقف عبد الله بن الزبير على كتاب معاوية كتب إليه: «وقفت على كتاب أمير المؤمنين أطال الله بقاءه، ولا أعدمه الرأي الذي أحله من قريش هذا المحل، والسلام»، فلما وقف معاوية على كتاب عبد الله بن الزبير وقرأه رمى به إلى ابنه يزيد، فلما قرأه تهلل وجهه وأسفر، فقال له: يا بنيَّ، من عفا ساد، ومن حلم عظم، ومن تجاوز استمال إليه القلوب، فإذا ابتليت بشيء من هذه الأدواء فداوه بمثل هذا الدواء.

النوادر الثامنة

نوادر الخليفة عمر بن عبد العزيز

زياد وعمر بن عبد العزيز

لما دخل زياد على عمر بن عبد العزيز قال: يا زياد، ألا ترى ما ابتليت من أمر الأمة؟! فقال زياد: يا أمير المؤمنين، والله لو أن شعرة منك نطقت ما بلغت كنه ما أنت فيه، فاعمل لنفسك في الخروج مما أنت فيه، يا أمير المؤمنين، كيف حال رجل له خصم ألدُّ؟ قال: سيئ الحال. قال: فإن كان له خصمان ألدَّان؟ قال: أسوأ الحالة. قال: فإن كانوا ثلاثة؟ قال: لا يهنأه عيش. قال: فوالله ما أحد من أمتك إلا وهو خصمك. فبكى عمر حتى تمنيت أن لا أكون قلت له ذلك.

عمر بن عبد العزيز والمؤذن

قال ميمون بن مهران: كنت عند عمر بن عبد العزيز، فقال لآذنه: من بالباب؟ قال: رجل أناخ الآن زعم أنه ابن بلال مؤذن رسول الله ﷺ فأذن له، فلما دخل قال: حدِّثني. فقال: حدَّثني أبي أنه سمع النبي ﷺ يقول: «من ولي شيئًا من أمور الناس ثم حجب عليه حجب الله عنه يوم القيامة»، فقال عمر لحاجبه: الزم بيتك. فما رُئي بعدها على بابه حاجب، وقال: لا شيء أضيع للمملكة، وأهلك للرعية من شدة الحجاب.

بلال وعمر بن عبد العزيز والعلاء

وفد بلال بن أبي بردة على عمر بن عبد العزيز فجعل يدعي الصلاة، فقال عمر: ذلك للتصنع. فقال له العلاء — وكان حاضرًا: أنا آتيك بخبره، فجاءه وهو يصلي فقال له: ما لي عندك إن بعثت أمير المؤمنين على توليتك العراق؟ قال: عمالتي سنة. وكان مبلغه عشرين ألف درهم، فقال: اكتب به خطك. فكتب إليه، فجاء العلاء إلى عمر فأخبره، فقال: أراد أن يغرنا بالله.

عمر بن عبد العزيز وابن عبد الملك

كان عمر بن عبد العزيز واقفًا مع سليمان بن عبد الملك — أيام خلافته — فسمع صوت رعد؛ ففزع سليمان منه، ووضع صدره على مقدم رحله، فقال له عمر: هذا صوت رحمته، فكيف صوت عذابه؟!

عمر بن عبد العزيز والفتى الزاهد

دخل قوم على عمر بن عبد العزيز يعودونه في مرضه وفيهم شاب ذابل ناحل، فقال له عمر: يا فتى، ما بلغ بك ما أرى؟ قال: يا أمير المؤمنين، أمراض وأسقام. قال له عمر: لتصدقني؟ قال: بلى يا أمير المؤمنين، ذقت من حلاوة الدنيا فوجدتها مرة عواقبها، فاستوى عندي حجرها وذهبها، وكأني أنظر إلى عرش ربنا وإلى الناس يساقون إلى الجنة والنار؛ فأظمأت نهاري وأسهرت ليلي، وقليل كل ما أنا فيه في جنب ثواب الله وخوف عقابه.

عمر بن عبد العزيز والغلام

لما استخلف عمر بن عبد العزيز قدم عليه وفود أهل كل بلد، فتقدم إليه وفد أهل الحجاز فاشرأبَّ منهم غلام للكلام، فقال عمر: يا غلام، ليتكلم من هو أسنُّ منك. فقال الغلام: يا أمير المؤمنين، إنما المرء بأصغريه؛ قلبه، ولسانه، فإذا منح الله عبده لسانًا لافظًا، وقلبًا حافظًا؛ فقد أجاد له الاختيار، ولو أن الأمور بالسن لكان ها هنا من هو أحق بمجلسك منك. فقال عمر: صدقت، تكلم فهذا السحر الحلال. فقال: يا أمير المؤمنين، نحن وفد التهنئة لا وفد الترزئة، ولم يقدمنا إليك رغبة ولا رهبة؛ لأنا قد أمنا في أيامك ما خفنا، وأدركنا ما طلبنا. فسأل عمر عن سن الغلام، فقيل: عشر سنين. فعجب من فصاحته وقوة جنانه.

عمر بن عبد العزيز وخالد بن عبد الله

دخل خالد بن عبد الله المقري على عمر بن عبد العزيز لما ولي الخلافة فقال: يا أمير المؤمنين، من تكون الخلافة قد زانته فأنت قد زنتها، ومن تكون شرفته فأنت قد شرفتها، كما قال الشاعر:

وإذا الدر زان حسن وجوه
كان للدر حسن وجهك زينا

فقال عمر: أُعطِيَ صاحبكم مقولًا، ولم يعط معقولًا.

سليمان بن عبد الملك وعمر بن عبد العزيز

قال سليمان بن عبد الملك لعمر بن عبد العزيز — وقد أعجبه سلطانه: كيف ترى ما نحن فيه؟ فقال عمر: سرور لولا أنه غرور، وحرم لولا أنه عدم، وملك لولا أنه هلك، وحياة لولا أنه موت، ونعيم لولا أنه عذاب أليم! فظهر في وجه سليمان الكآبة من كلام عمر، ولم ينتفع بنفسه بعد ذلك.

مروءة عمر بن عبد العزيز

قام عمر بن عبد العزيز يومًا وأصلح السراج لجلسائه، فقال أحدهم: ألا أمرتني يا أمير المؤمنين، فكنت أكفيك إصلاحه؟ فقال: ليس من المروءة أن يستخدم المرء جليسه، قمت وأنا عمر ورجعت

وأنا عمر.

عمر بن عبد العزيز والسكارى

قال المدائني: بينما أبرهة بن الصباح الكندي عند عمر بن عبد العزيز وإذا بفتية سكارى لهم جمال وحشمة، فأمر عمر بضربهم، فقال أبرهة: بالله أيها الأمير، لا تفضح هؤلاء بمصرنا. فقال: إني أقيم الحق فيهم وفي غيرهم واحدًا. فقال أبرهة: يا غلام آتني من شرابهم في القدح فناوله قدحًا فشمه وشربه، وقال: أصلح الله الأمير، ما نشرب في بيوتنا على عادتنا إلا من هذا. قال: أطلقوهم. فلما خرج أبرهة قيل له: أتشرب الخمر؟! قال: الله يعلم أني ما شربتها قط، ولكن كرهت أن يفضح مثل هؤلاء في بلدة أنا فيها.

عمر بن عبد العزيز والحسن البصري

كتب عمر بن عبد العزيز لما وليَ الخلافة إلى الحسن بن أبي الحسن البصري أن يكتب إليه بصفة الإمام العادل، فكتب إليه:

اعلم يا أمير المؤمنين، أن الله جعل الإمام العادل قوام كل مائل، وقصد كل جائر، وصلاح كل فاسد، وقوة كل ضعيف، ونصفة كل مظلوم، ومفزع كل ملهوف، والإمام العادل — يا أمير المؤمنين — كالراعي الشفيق على إبله، الرفيق الذي يرتاد له أطيب المرعى، ويذودها عن مراتع التهلكة، ويحميها من السباع، ويكتنفها من أذى الحر والقرّ، والإمام العادل — يا أمير المؤمنين — كالأب الحاني على ولده، يسعى لهم صغارًا، ويعينهم كبارًا، يكتسب لهم حياته، ويذخر لهم بعد مماته، والإمام العدل — يا أمير المؤمنين — كالأم الشفيقة البرة الرفيقة بولدها، حملته كرهًا ووضعته كرهًا، وربته طفلًا، تسهر بسهره، وتسكن بسكونه، ترضعه تارة وتفطمه أخرى، وتفرح بعافيته وتغتم بشكايته، والإمام العدل — يا أمير المؤمنين — وصي اليتامى، وناصر المساكين، يربي صغيرهم، ويحمي كبيرهم، والإمام العدل — يا أمير المؤمنين — كالقلب بين الجوانح؛ تصلح الجوانح بصلاحه، وتفسد بفساده، والإمام العدل — يا أمير المؤمنين — هو القائم بين الله وبين عباده، ويسمع كلام الله، ويسمعهم، وينظر إلى الله، ويريهم، وينقاد إلى الله، ويقودهم، فلا تكن يا أمير المؤمنين، فيما ملكك الله كعبد ائتمنه سيده واستحفظه ماله وعياله؛ فبدد المال وشرد العيال، فأفقر أهله، وفرق ماله، واعلم — يا أمير المؤمنين — أن الله أنزل الحدود؛ ليزجر بها عن الخبائث والفواحش، فكيف إذا أتاها من بابها؟! وأن الله أنزل القصاص حياة لعباده، فكيف إذا قتلهم من يقتص لهم؟! فاذكر يا أمير المؤمنين الموت وما بعده، وقلة أشياعك عنده وأنصارك عليه، فتزود له لما بعده من الفزع الأكبر، واعلم يا أمير المؤمنين، أن لك منزلًا غير منزلك الذي أنت فيه، يطول فيه ثواؤك، ويفارقك أحباؤك، يسلمونك في قصره فريدًا وحيدًا، فتزود لهما، يصحبك يوم يفر المرء من أخيه، وأمه وأبيه، وصاحبه وبنيه، واذكر — يا أمير المؤمنين — إذا بعث من في القبور، وحصل ما في الصدور، فالأسرار ظاهرة، والكتاب لا يغادر صغيرة ولا كبيرة إلا أحصاها، فالآن — يا أمير المؤمنين — وأنت في مهل قبل حلول الأجل، وانقطاع الأمل، لا تحكم — يا أمير المؤمنين — في عباد الله حكم الجاهلين، ولا تسلك بِهم سبيل الظالمين، ولا تسلط المستكبرين على

المستضعفين؛ فإنهم لا يرقبون في مؤمن إلّا ولا ذمة، فتبوء بأوزارك وأوزار مع أوزارك، وتحمل أثقالك وأثقالاً مع أثقالك، ولا يغرنك الذين يتنعمون بما فيه بؤسك، ويأكلون الطيبات في دنياهم بإذهاب طيباتك في آخرتك، لا تنظر إلى قدرتك اليوم، ولكن انظر إلى قدرتك غدًا وأنت مأسور في حبائل الموت، وموقوف بين يدي الله في مجمع من الملائكة والنبيين والمرسلين، وقد عنت الوجوه للحي القيوم، إني — يا أمير المؤمنين — وإن لم أبلغ بعظتي ما بلغه أولو النهى من قبلي فلم آلك شفقة ونصحًا، فأنزل كتابي إليك كمداوي حبيبه، يسقيه الأدوية الكريهة؛ لما يرجو له في ذلك من العافية والصحة، والسلام.

عمر بن عبد العزيز والعجوز[1]

لما رجع عمر من الشام إلى المدينة انفرد عن الناس؛ ليعرف أخبار رعيته، فمر بعجوز في خباء لها، فقال: ما فعل عمر؟ قالت: قد أقبل من الشام سالمًا. فقال: ما تقولين فيه؟ فقالت: يا هذا، لا جزاه الله عني خيرًا. قال: ولِمَ؟! قالت: لأنه ما أنالني من عطائه منذ ولي أمر المسلمين دينارًا ولا درهمًا. فقال: وما يدري عمر بحالك وأنت في هذا الموضع؟ فقالت: سبحان الله! والله ما ظننت أن أحدًا يلي على الناس ولا يدري ما بين مشرقها ومغربها! فبكى عمر، فقال: وا عمراه! كل أحد أفقه منك حتى العجائز يا عمر! ثم قال لها: يا أمة الله، بكم تبيعينني ظلامتك من عمر فإني أرحمه من النار؟ فقالت: لا تهزأ بنا يرحمك الله! فقال عمر: لست أهزأ بك، ولم يزل بها حتى اشترى ظلامتها بخمسة وعشرين دينارًا، فبينما هو كذلك إذ أقبل علي بن أبي طالب وعبد الله بن مسعود فقالا: السلام عليك يا أمير المؤمنين. فوضعت العجوز يدها على رأسها، وقالت: وا سوأتاه! شتمت أمير المؤمنين في وجهه؟! قال لها عمر: لا بأس عليك يرحمك الله. ثم طلب قطعة جلد يكتب فيها، فلم يجد، فقطع من مرقعته، وكتب فيها: بسم الله الرحمن الرحيم هذا ما اشترى عمر من فلانة ظلامتها منذ ولي الخلافة إلى يوم كذا بخمسة وعشرين دينارًا، فما تدعي عليه عند وقوفه في المحشر بين يدي الله تعالى فعمر بريء منه، شهد عليٌّ ذلك وابن مسعود. ثم دفعها إلى ولده، وقال له: إذا أنا مت فاجعلها في كفني ألقى بها ربي.

جرير وعمر بن عبد العزيز

قدم جرير بن الخطفي على عمر بن عبد العزيز عن أهل الحجاز، فاستأذن في الشعر، فقال: ما لي وللشعر يا جرير، إني لفي شغل عنه؟! فقال: يا أمير المؤمنين، إنها رسالة عن أهل الحجاز. فقال: فهاتها إذاً. فقال:

كم من طرير أمير المؤمنين لدى
أهل الحجاز دهاه البؤس والفقرُ
أصابت السنة الشهباء ما ملكت
يمينه فحناه الجهد والكبر
ومن قطيع الحشا عاشت مخبأة

ما كانت الشمس تلقاها ولا القمر
لما جلتها صروف الدهر كارهة
قامت تنادي بأعلى الصوت يا عمر

[1] القصة لعمر بن الخطاب وقد نسبت من الكاتب خطأ لعمر بن عبد العزيز.

النوادر التاسعة

نوادر الخليفة عبد الملك بن مروان وأولاده

عبد الملك بن مروان والحجاج

قال العتبي: لما اشتدت شوكة العراق على عبد الملك بن مروان خطب في الناس، وقال: إن نيران أهل العراق قد علا لهبها، وكثر حطبها، فجمرها حار، وشهابها وار، فهل من رجل ذي سلاح عتيد وقلب حديد أبعثه لها؟! فقام الحجاج وقال: أنا يا أمير المؤمنين. فقال: ومن أنت؟! قال: أنا الحجاج بن يوسف بن الحكم بن عامر. فقال له: اجلس. ثم أعاد الكلام، فلم يقم أحد غير الحجاج، فقال: كيف تصنع إن وليتك؟ قال: أخوض الغمارات، وأقتحم الهلكات، فمن نازعني حاربته، ومن هرب مني طلبته، ومن لحقته قتلته، أخلط عجلة بتأنٍّ، وصفوًا بكدر، وشدة بلين، وتبسمًا بازورار، وعطاءً بحرمان، وما على أمير المؤمنين إلا أن يجرب، فإن كنت للأوصال قطاعًا، وللأرواح نزاعًا، وللأموال جماعًا، وإلا فليستبدل بي. فقال عبد الملك: لا، من تأدب وجد بغيته، اكتبوا له كتابه.

عبد الملك بن مروان والرجل

وجد عبد الملك بن مروان على رجل فجفاه وأطرحه، ثم دعا به ليسأله عن شيء؛ فرآه شاحبًا ناحلًا، فقال له: متى اعتللت؟ فقال: ما مسني سقم، ولكن جفوت نفسي إذ جفاني الأمير، وآليت أن لا أرضى عنها حتى يرضى عني أمير المؤمنين. فأدناه إلى نفسه.

عبد الملك بن مروان وبعض العلماء

اجتمع عند عبد الملك بن مروان في الحرة علماء كثيرون من العرب، فذكروا بيوت العرب، فاتفقوا على خمسة أبيات؛ بيت بني معاوية الأكرمين في كندة، وبيت بني جشم في بكر تغلب، وبيت ابن ذي الجوشن في بكر، وبيت زرارة في تميم، وبيت بني بدر في قيس، وفيهم الأحيرز بن مجاهد الثعلبي — وكان أعلم القوم — فجعل لا يخوض معهم فيما يخوضون فيه، فقال له عبد الملك: ما لك يا أحيرز ساكتًا منذ الليلة؛ فوالله ما أنت بدون القوم علمًا؟! قال: وما أقول؟! سبق أهل الفضل في نقصانهم، والله لو أن للناس كلهم فرسًا سابقًا لكانت غرته بنو شيبان، ففيمَ الإكثار؟! وقد قال المسيب:

تبيت الملوك على عتبها

وشيبان إن عتبت تعتبُ
فكالشهد بالراح أخلاقهم
وأحلامهم منهما أعذب
وكالمسك ترب مقاماتهم
وترب قبورهم أطيب

عاتكة وعبد الملك

لما أراد عبد الملك الخروج إلى مصعب تعلقت به عاتكة وهي تبكي وتقول: قاتل الله القائل:

إذا ما أراد الغزو لم يثْنِ همه
جياد عليها نظمُ درٍّ يزينها

عبد الملك والغلام

هرب عبد الملك من الطاعون، فركب ليلًا، وأخرج غلامًا معه، وكان ينام على دابته، فقال للغلام: حدثني. فقال: ومن أنا حتى أحدثك؟! فقال: على كل حال حدث حديثًا سمعته. فقال: بلغني أن ثعلبًا يخدم أسدًا ليحميه ويمنعه ممن يريده، فكان يحميه، فرأى الثعلب عقابًا فلجأ إلى الأسد؛ فأقعده على ظهره، فانقض العقاب واختلسه، وصاح الثعلب: يا أبا الحارث، أغثني واذكر عهدك لي. فقال: إنما أقدر على منعك من أهل الأرض، وأما أهل السماء فلا سبيل لي إليهم. فقال عبد الملك: وعظتني وأحسنت، انصرف، فانصرف ورضي بالقضاء.

عمر وسليمان بن عبد الملك

حجَّ سليمان بن عبد الملك ومعه عمر بن عبد العزيز، فلما أشرفا على عقبة عفان نظر سليمان إلى السرادقات قد ضربت له، فقال له: يا عمر كيف ترى؟ قال: أرى دنيا عريضة يأكل بعضها بعضًا، وأنت المسئول عنها، المأخوذ بها. فبينما هما كذلك؛ إذ طار غراب من سرادقات سليمان في منقاره كسرة فصاح، فقال سليمان: ما يقول هذا الغراب؟ قال عمر: ما أدري ما يقول، ولكن إن شئت أخبرتك بعلم. قال: أخبرني. قال: هذا الغراب طار من سرادقاتك في منقاره كسرة أنت بها مأخوذ وعنها مسئول: من أين دخلت؟ ومن أين خرجت؟ قال: إنك لتخبرنا بالعجائب. قال: أفلا أخبرك بأعجب من هذا؟ قال: بلى. قال: من عرف الله كيف عصاه؟! ومن عرف الشيطان كيف أطاعه؟! ومن أيقن بالموت كيف يهنيه العيش؟! قال: لقد نغصت علينا ما نحن فيه! ثم ضرب فرسه وسار.

الأعرابي وعبد الملك بن مروان

امتحن عبد الملك بن مروان أعرابيًا من الشعراء، فقال: صف لي الخمر. فأطرق الأعرابي وقال:

شموس إذا شيمت لدى الماء مرةً
لها في عظام الشاربين دبيبُ
تريك القذا من دنها وهي دونه
لوجه أخيها في الوجوه قطوبُ

فقال عبد الملك: شربتها يا أخا العرب ووجب عليك الحد! فقال: ومن أين لك ذلك يا أمير المؤمنين؟ قال: لأنك وصفتها بصفتها. فقال: وإني قد رابني من أمير المؤمنين ما رابه بأن يكون أيضًا شربها؛ إذ عرف أني وصفتها بصفتها. فضحك منه، وأحسن جائزته.

عبد الملك بن مروان وخالد بن عبد الله

جلس يومًا عبد الملك بن مروان وعند رأسه خالد بن عبد الله بن أسيد، وعند رجليه أمية بن عبد الله بن أسيد، وأدخلت عليه الأموال التي جاءت من قبل الحجاج حتى وضعت بين يديه، فقال: هذا والله التوفير، وهذه الأمانة، لا ما فعل هذا (وأشار إلى خالد) استعملته على العراق فاستعمل كل مسلط فاسق، فأدوا إليه العشرة واحدًا، وأدى إليَّ من العشرة واحدًا، واستعملت هذا على خراسان (وأشار إلى أمية) فأهدى إليَّ برذونين حطمين، فإن استعملتكم أضعتم، وإن عزلتكم قلتم: استخف بنا وقطع أرحامنا! فقال خالد بن عبد الله: استعملتني على العراق وأهله رجلان؛ سامع مطيع مناصح، وعدو مبغض مكاشح، فأما السامع المطيع المناصح: فإنا جزيناه ليزداد ودًّا إلى وده، وأما المبغض المكاشح: فإنا رأينا خفته وحللنا حقده، وأكثرنا له المودة في صدور رعيتك، وإن هذا جبى الأموال، وزرع لك البغضاء في قلوب الرجال، فتوشك أن تثبت البغضة بلا أموال ولا رجال. فلما خرج ابن الأشعث قال عبد الملك: هذا والله ما قال خالد.

عطاء بن أبي رباح وهشام بن عبد الملك

قال عثمان بن عطاء الخراساني: انطلقت مع أبي يزيد هشام بن عبد الملك، فلما قربنا إذا بشيخ على حمار أسود وعليه قميص دنس، وجبة دنسة، وقلنسوة لاطية دنسة، وركاباه من خشب، فضحكت منه، وقلت لأبي: من هذا الأعرابي؟ قال: اسكت، هذا سيد فقهاء الحجاز عطاء بن أبي رباح. فلما قرب منا نزل أبي عن بغلته، ونزل هو عن حماره فاعتنقا وتساءلا، ثم عادا فركبا وانطلقا حتى وقفا على باب هشام، فما استقر بهما الجلوس حتى أذن لهما، فلما خرج أبي قلت له: حدثني ما كان منكما. قال: لما قيل لهشام: إن عطاء بن أبي رباح بالباب أذن له، فوالله ما دخلت إلا بسببه، فلما رآه هشام قال: مرحبًا مرحبًا ها هنا ها هنا. ولا زال يقول له: ها هنا. حتى أجلسه معه على سريره، ومس بركبته ركبته، وعنده أشراف الناس يتحدثون، فسكتوا، فقال له: ما حاجتك يا أبا محمد. قال: يا أمير المؤمنين، أهل الحرمين أهل الله، وجيران رسوله، تقسم عليهم أرزاقهم وعطياتهم. قال: يا غلام، اكتب لأهل مكة والمدينة بعطاياهم وأرزاقهم لسنة. ثم قال: هل من حاجة غيرها يا أبا محمد؟ قال: نعم يا أمير المؤمنين، أهل الحجاز وأهل نجد هم أصل العرب وقادة الإسلام، ترد فيهم فضول صدقاتهم. قال: نعم، يا غلام، اكتب بأن ترد فيهم فضول صدقاتهم، وهل من حاجة غيرها يا أبا محمد؟ قال: نعم يا أمير المؤمنين، أهل الثغور يرون من ورائكم، ويقاتلون عدوَّكم، تجري لهم

أرزاقًا تدرها عليهم، فإنهم إن هلكوا ضاعت الثغور. قال: نعم، يا غلام، اكتب بحمل أرزاقهم إليهم، هل من حاجة غيرها يا أبا محمد؟ قال: نعم يا أمير المؤمنين، أهل ذمتكم لا يجبى صغارهم ولا ينتفع كبارهم، ولا يكلفون ما لا يطيقون، فإن ما تجبونه منهم معونة لكم على عدوكم. قال: نعم، يا غلام، اكتب لأهل الذمة بأن لا يكلفوا ما لا يطيقون، هل من حاجة غيرها يا أبا محمد؟ قال: نعم، اتق الله في نفسك، فإنك خلقت وحدك، وتموت وحدك، وتحشر وحدك، وتحاسب وحدك، ولا والله ما معك من أحد. فأكب هشام ينكث في الأرض وهو يبكي، فقام عطاء، فلما كنا عند الباب إذا برجل قد تبعه بكيس لا أدري ما فيه دنانير أم دراهم، فقال: إن أمير المؤمنين أمر لك بهذا. فقال: أنا لا أسألكم عليه أجرًا إن أجري إلا على رب العالمين. فوالله ما شرب عنده قطرة ماء.

ابن المهلب والوليد وسليمان بن عبد الملك

أخذ الحجاج بن يوسف يزيد بن المهلب وعذَّبه، واستأصل موجوده، وسجنه، فاحتال يزيد بحسن تلطفه، وأرغب السجان واستماله، وهرب هو والسجان، وقصد الشام إلى سليمان بن عبد الملك، وكان الخليفة إذ ذاك الوليد بن عبد الملك، فلما وصل يزيد بن الملهب إلى سليمان بن عبد الملك أكرمه وأحسن إليه وأقام عنده، فكتب الحجاج إلى الوليد يعلمه أن يزيد هرب من السجن، وأنه عند سليمان بن عبد الملك أخي أمير المؤمنين، فكتب الوليد إلى أخيه سليمان بذلك، فكتب سليمان: «يا أمير المؤمنين، إني أجرت يزيد بن المهلب؛ لأنه مع أبيه وإخوته أحباء لنا من عهد أبينا، ولم أجر عدوًّا لأمير المؤمنين، وقد كان الحجاج عذبه وغرمه دراهمَ كثيرة ظلمًا، ثم طلب منه بعدها مثل ما طلب أولًا، فإن رأى أمير المؤمنين أن لا يخزيني في ضيفي فليفعل؛ فإنه أهل الفضل والكرم»، فكتب إليه الوليد: «إنه لا بد من إرسال يزيد مقيدًا مغلولًا»، فلما ورد ذلك الكتاب على سليمان أحضر ولده أيوب فقيده، ثم دعا بيزيد بن المهلب وقيده، ثم شد قيد هذا إلى قيد هذا بسلسلة، وغلهما جميعًا، وحملهما إلى أخيه الوليد، وكتب إليه: «أما بعد؛ يا أمير المؤمنين، فقد وجهت إليك يزيد وابن أخيك أيوب بن سليمان، وقد هممت أن أكون ثالثهما، فإن هممت يا أمير المؤمنين بقتل يزيد فبالله عليك فابدأ بقتل أيوب، ثم اجعل يزيدًا ثانيًا، واجعلني إن شئت ثالثًا، والسلام»، فلما دخل يزيد بن المهلب وأيوب بن سليمان على الوليد — وهما في سلسلة — أطرق الوليد؛ استحيَاء، وقال: لقد أسأنا إلى أبي أيوب؛ إذ بلغنا به هذا المبلغ. فأخذ يزيد يتكلم ويحتج لنفسه، فقال له الوليد: ما يحتاج إلى الكلام، قد قبلنا عذرك، وعلمنا بحكم الحجاج. ثم استحضر حدادًا فأزال عنهما الحديد، وأحسن إليهما، ووصل أيوب ابن أخيه بثلاثين ألف درهم، ووصل يزيد بن المهلب بعشرين ألف درهم، وردهما إلى سليمان، وكتب كتابًا للحجاج مضمونه: «لا سبيل لك على يزيد بن المهلب، فإياك أن تعاودني فيه بعد اليوم»، فسار يزيد بن المهلب إلى سليمان بن عبد الملك، وأقام عنده في أعلى المراتب وأفضل المنازل.

سليمان بن عبد الملك والشيخ

دخل سليمان بن عبد الملك مسجد دمشق فرأى شيخًا فقال: يا شيخ، أيسرُّك أن تموت؟ فقال: لا والله. قال: لِمَ وقد بلغت من السن ما أرى؟! قال: فني الشباب وشره، وبقي الشيب وخيرُه، فأنا إذا قعدت

ذكرت الله، وإذا قمت حمدت الله، فأحب أن تدوم لي هاتان الحالتان.

ابن أبي الجهم وهشام بن عبد الملك

قال أحمد بن عبيد: كُنَّا عند هشام بن عبد الملك وقد وفد عليه وفد أهل الحجاز، وكان شباب الكُتَّابِ إذا قدم الوفد حضروا لاستماع بلاغة خطبائهم، فحضرت كلامهم حتى محمد بن أبي الجهم بن حذيفة العدوي، وكان أعظم القوم قدرًا، وأكبرهم سنًّا، فقال: أصلح الله أمير المؤمنين، إن خطباء قريش قد قالت فيك ما قالت، وأكثرت وأطنبت، ووالله ما بلغ قائلهم قدرك، ولا أحصى خطيبهم فضلك، وإذا أذنت في القول قلت. قال: قل وأوجز. قال: تولاك الله يا أمير المؤمنين بالحسنى، وزينك بالتقوى، وجمع لك خير الآخرة والأولى، إن لي حوائجَ، أفأذكرها؟ قال: هاتها. قال: كبر سني، ونال الدهر مني، فإن رأى أمير المؤمنين أن يجبر كسري، وينفي فقري؛ فعل. قال: ما الذي ينفي فقرك ويجبر كسرك؟! قال: ألف دينار وألف دينار وألف دينار! قال: فأطرق هشام طويلًا، ثم قال: يا ابن أبي الجهم، بيت المال لا يحتمل ما ذكرت! ثم قال له: هيه! قال: ما هيه؟! أما والله أنت الآمر الوالي، والله آثرك لمجلسك، فإن تعطنا فحقنا أديت، وإن تمنعنا فنسأل الذي بيده ما حويت، يا أمير المؤمنين، إن الله جعل العطاء محبةً، والمنع مبغضة، والله لأن أحبك أحب إليَّ من أن أبغضك. قال: فألف دينار لماذا؟ قال: أقضي بها دينًا آن قضاؤه، وعناني حمله، وأضرَّ بي أهله. قال: فلا بأس تنفس كربته، وتؤدي أمانته، وألف دينار لماذا؟ قال: أعلم بها من بلغ من ولدي. قال: نعم المسلك سلكت، أغضضت بصرًا، وأعففت ذكرًا، ورفعت نسلًا، وألف دينار لماذا؟ قال: أشتري بها أرضًا يعيش بها ولدي، وأستعين بفضلها على نوائب دهري، وتكون ذخرًا لمن بقي. قال: فإنا قد أمرنا لك بما سألت. قال: فالحمد لله على ذلك. وخرج، فأتبعه هشام بصره، وقال: إذا كان القرشي فليكن مثل هذا، ما رأيت رجلًا أوجز في مقال ولا أبلغ في بيان منه. ثم قال: أما والله إنا لنعرف الحق إذا نزل، ونكره الإسراف والبخل، وما نعطي تبذيرًا، ولا نمنع تقتيرًا، وما نحن إلا خزان الله في بلاده، وأمناؤه على عباده، فإذا أذن أعطينا، وإذا منع أبينا، ولو كان كل قائل يصدق، وكل سائل يستحق ما جبهنا قائلًا، ولا رددنا سائلًا، ونسأل الذي بيده ما استحفظنا أن يجريه على أيدينا، فإنه: يَبْسُطُ الرِّزْقَ لِمَن يَشَاءُ وَيَقْدِرُ إِنَّهُ كَانَ بِعِبَادِهِ خَبِيرًا بَصِيرًا فقالوا: يا أمير المؤمنين، لقد تكلمت فأبلغت، وما بلغ في كلامه ما قصصتَ أحد كما أبلغتَ.

عروة وهشام بن عبد الملك

وفد عروة بن أذينة على هشام بن عبد الملك فشكا إليه حاله، فقال: ألست القائل:

لقد علمت وما الإسراف من خلقي
أن الذي هو رزقي سوف يأتيني
أسعى إليه فيعييني تطلُّبه
ولو قعدت أتاني لا يعنيني

وقد جئت من الحجاز إلى الشام في طلب الرزق؟ فقال: يا أمير المؤمنين، وعظت فأبلغت، وذكرتني ما أنسانيه الدهر. وخرج من عنده، فركب ناقته وكرَّ بها راجعًا إلى الحجاز، فلما كان الليل ونام هشام على فراشه ذكر عروة، وقال: «رجل من قريش وفد عليَّ فرددته خائبًا» فلما أصبح وجه إليه بألفي دينار، فقرع عليه الرسول باب داره بالمدينة وأعطاه المال، فقال له عروة: أبلغ أمير المؤمنين عني السلام، وقل له: «كيف رأيت قولي؟ سعيت فرجعت خائبًا؛ فأتاني رزقي في منزلي.»

النوادر العاشرة

نوادر الخليفة المهدي

المهدي وشريك بن عبد الله

قال علي بن صالح: كنت عند المهدي ودخل عليه شريك بن عبد الله القاضي فأراد أن يخبره، فقال لخادم على رأسه: هات عودًا للقاضي. فجاء الخادم بالعود الذي يلهى به، فوضعه في حجر شريك، فقال شريك: ما هذا يا أمير المؤمنين؟! قال: هذا أخذ صاحبه أمس البارحة، فأحببت أن يكون كسره على يد القاضي. فقال: جزاك الله خيرًا يا أمير المؤمنين. فكسره، ثم أفاضوا في الحديث، حتى نسي الأمر، ثم قال المهدي لشريك: ما تقول في رجل أمر وكيلًا له أن يأتي بشيء يعينه فأتى بغيره فتلف ذلك الشيء؟ فقال: يضمن يا أمير المؤمنين. فقال للخادم: اضمن ما تلف بقضيته.

المهدي وسفيان الثوري

قال سفيان الثوري: لما حج المهدي قال: لا بد لي من سفيان. فوضعوا لي الرصد حول البيت فأخذوني بالليل، فلما مثلت بين يديه أدناني قائلًا: لأي شيء لا تأتينا فنستشيرك في أمرنا، فما أمرتنا من شيء صرنا إليه، وما نهيتنا عن شيء انتهينا عنه؟! فقلت له: كم أنفقت في سفرك هذا؟ قال: لا أدري، لي أمناء ووكلاء. قلت: فما عذرك غدًا إذا وقفت بين يدي الله تعالى فسألك عن ذلك؟ لكن عمر بن الخطاب (رضي الله عنه) لما حج قال لغلامه: كم أنفقت في سفرنا هذا؟ قال: يا أمير المؤمنين، ثمانية عشر دينارًا، قال: ويحك! أجحفنا بيت المال!

المهدي وإياس بن معاوية

لما دخل المهدي البصرة رأى إياس بن معاوية وهو صبي وخلفه أربعمائة من العلماء وأصحاب الطيالسة وإياس يتقدمهم، فقال المهدي: أما كان فيهم شيخ يتقدمهم غير هذا الحدث؟! ثم إن المهدي التفت إليه وقال: كم سنك يا فتى؟ فقال: سني — أطال الله بقاء الأمير — سنُّ أسامة بن زيد بن حارثة لما ولاه رسول الله ﷺ جيشًا فيهم أبو بكر وعمر. فقال له المهدي: تقدَّم بارك الله فيك.

صالح بن بشر والمهدي

دخل صالح بن بشر على المهدي فقال له: عظني، فقال: ألم يجلس في هذا المجلس أبوك وعمك قبلك؟ قال: نعم. قال: فكانت لهم أعمال ترجو لهم النجاة بها؟ قال: نعم. قال: فكانت لهم سيئات تخاف عليهم الهلكة منها؟ قال: نعم. قال: فانظر ما رجوت لهم فيه من النجاة فأته، وما خفت عليهم فيه من الهلكة فاجتنبه.

المهدي وأبو عبيد الله

كتب أبو عبيد الله إلى المهدي بعد عزله إياه عن الدواوين: «لم ينكر أمير المؤمنين حالي في قرب المؤانسة وخصوص الخلطة من حالي عنده قبل ذلك في قيامي بواجب خدمته التي أولتني من نعمته، فلم أبدل — أعز الله أمير المؤمنين — حالي بالتبعيد، وقربني إلى محل الإقصاء، وما يعلم الله مني فيما قلت إلا ما علم أمير المؤمنين، فإن رأى — أكرمه الله — أن يعارض قولي بعلمه بدأ، أو عاقبة فعل إن شاء الله»، فلما قرأ كتابه شهد بتصديقه قلبه، فقال: ظلمنا أبا عبيد الله؛ فليرد إلى حاله، ويعلم ما تجدد له من حسن رأيي فيه.

وفاة المهدي

نام المهدي يومًا فأنشد في نومه هذه الأبيات:

كأني بهذا القصر قد باد أهله
وأوحش منه ركنه ومنازله
فلم يبق إلا ذكره وحديثه
ينادي بليل معولات ثواكله

فاستيقظ مرعوبًا ثم نام فأنشد:

أبا جعفر حانت وفاتك وانقضت
سنوك وأمر الله لا بد واقعُ
فهل كاهن أعددته ومنجم
أبا جعفر عنك المنية رافعُ

فما أتت عليه عشرة أيام حتى مات.

النوادر الحادية عشرة

نوادر الإمام عمر بن الخطاب، والخليفة المعتصم

عمر بن الخطاب والمرأة

نظر عمر بن الخطاب إلى حسناء وبها ندب في وجهها، فقال: ما هذه الندوب يا حسناء؟! قالت: من طول البكاء على أخويَّ. قال لها: أخواك في النار. قالت: ذلك أطول لحزني عليهما أني كنت أشفق عليهما من النار، وأنا اليوم أبكي لهما من النار، وأنشدت:

وقائلةٍ والنعش قد فات خطوها
لتدركه يا لهف نفسي على صخرِ
ألا ثكلت أم الذين غدوا به
إلى القبر ماذا يحملون إلى القبرِ

ثم تمثلت بقول الآخر:

أخ طالما سرني ذكره
فقد صرت أشجي إلى ذكرهِ
وقد كنت أغدو إلى قصره
فقد صرت أعدو إلى قبرهِ
وكنت أراني غنيًّا به
عن الناس لو مدَّ في عمرهِ
وكنت إذا جئته زائرًا
فأمري يجوز على أمرهِ

عمر بن الخطاب وأم كلثوم

قال أنس بن مالك: خرج أمير المؤمنين عمر بن الخطاب في ليلة من الليالي في الظلمة يطوف لافتقاد أحوال المسلمين؛ فرأى بيتًا من الشعر مضروبًا لم يكن قد رآه بالأمس، فدنا منه فسمع أنين امرأة، ورأى رجلًا قاعدًا، فدنا منه، وقال له: من الرجل؟ فقال: من أهل البادية، قدمت إلى أمير المؤمنين أصيب من فضله. قال: فما هذا الأنين؟! قال: امرأة تتمخض وقد أخذها الطلق. قال: فهل عندها أحد؟ قال: لا. فانطلق عمر والرجل لا يعرفه فجاء إلى منزله، فقال لامرأته أم كلثوم بنت علي بن أبي طالب: هل لكِ في أجر قد ساقه الله إليك؟ فقالت: وما هو؟ قال: امرأة تتمخض وليس عندها أحد. قالت: إن شئت. قال: خذي ما يصلح للمرأة من الخرق والدهن، وجيئيني بقدر وشحم وحبوب. فجاءت، فحمل القدر، ومشت خلفه حتى أتى البيت، فقال: ادخلي إلى المرأة. وجاء حتى قعد إلى الرجل، فقال: هات لي نارًا. ففعل، فجعل عمر ينفخ النار ويضرمها تحت القدر حتى أنضجها، وولدت المرأة، فقالت أم كلثوم: يا أمير المؤمنين، بشر صاحبك بغلام، فلما سمع الرجل قولها: «يا أمير المؤمنين» ارتاع لذلك، وقال: يا أمير المؤمنين؟! وا خجلتاه منك! أهكذا تفعل بنفسك؟! فقال: يا أخا العرب، من ولي شيئًا من أمور الناس ينبغي أن يتطلع على صغير أمرهم وكبيره؛ فإنه مسئول عنه، ومتى غفل عنهم خسر الدنيا والآخرة. ثم قام عمر وأخذ القدر عن النار، وحملها إلى باب

البيت، فأخذتها أم كلثوم، وأطعمت المرأة، فلما استقرت وأسكنت، طلعت أم كلثوم، فقال للرجل: قم إلى بيتك، وكل ما بقي في القدر، وفي غدٍ ائتِ إلينا. فلما أصبح جاءه، فجهزه بما أغناه وانصرف.

عمر بن الخطاب والمرأة

كان عمر بن الخطاب يعس المدينة، فمشى حتى أعيا فاتكأ إلى جدار؛ فإذا امرأة تقول لابنة لها صغيرة: قومي إلى ذلك اللبن فامزجيه بالماء. فقالت: يا أماه، أوما علمتِ ما كان من عزم أمير المؤمنين؟ قالت: وما كان من عزمه؟ قالت: إنه أمر مناديه فنادى أن لا يشرب اللبن بالماء، فقالت: امزجيه فإنك بموضع لا يراك عمر ولا منادي عمر! فقالت الصبية: والله ما كنت لأطيعه في الملأ وأعصيه في الخلا.

عمر بن الخطاب وعمرو بن معدي كرب

سأل عمر بن الخطاب عمرو بن معدي كرب فقال: ما تقول في الرمح؟ قال: أخوك وربما خانك. قال: فالنبل؟ قال: منايا تخطئ وتصيب. قال: فالدرع؟ قال: مشغلة للفارس، متعبة للراجل، وإنها لحصن حصين. قال: فالترس؟ قال: مجن وعليه تدور الدوائر. قال: فالسيف؟ قال عنده: ثكلتك أمك، قال عمر: بل أنت.

رسول قيصر وعمر بن الخطاب

أرسل قيصر رسولًا إلى عمر بن الخطاب؛ لينظر أحواله ويشاهد أفعاله، فلما وصل المدينة سأل أهلها، وقال: أين ملككم؟ فقالوا: ما لنا ملك! بل لنا أمير قد خرج إلى ظاهر المدينة. فخرج الرسول في طلبه؛ فرآه نائمًا في الشمس على الأرض فوق الرمال الحارة وقد وضع درته كالوسادة، والعرق يسقط من جبينه إلى أن بل الأرض، فلما رآه على هذه الحالة وقع الخشوع في قلبه، وقال: رجل يكون جميع الملوك لا يقرُّ لهم قرار في هيبته وتكون هذه حاله، ولكنك يا عمر عدلت؛ فأمنت؛ فنمت، وملكنا يجور؛ فلا جرم إذا ظل ساهرًا خائفًا.

عمر بن الخطاب وسعد بن أبي وقاص

كتب عمر بن الخطاب إلى سعد بن أبي وقاص: إن الله إذا أحب عبدًا حببه إلى خلقه، فاعتبر منزلتك من الله بمنزلتك من الناس، واعلم أن ما لك عند الله مثل ما للناس عندك.

عمر بن الخطاب وأحد الزهاد

قام عمر بن الخطاب بالجبانة فإذا هو بأعرابي، فقال: ما تصنع ها هنا يا أعرابي في هذه الديار الموحشة؟ قال: وديعة لي ها هنا يا أمير المؤمنين. قال: وما وديعتك؟ قال: ابن لي دفنته فأنا أخرج

إليه كل يوم أندبه؟ قال: فاندبه حتى أسمع! فأنشأ يقول:

يا غائبًا ما يئوب من سفره
عاجله موته على صغره
يا قرة العين كنت لي سكنًا
في طول ليلي نعم وفي قصره
شربت كأسًا أبدل شاربها
لا بدَّ يومًا له على كبره
يشربها والأنام كلهم
من كان في بدوه وفي حضره
فالحمد لله لا شريك له
الموت في حكمه وفي قدره
قد قسم الموت في العباد فما
يقدر خلق يزيد في عمره

وفاة الإمام عمر

قال ابن عمر: لما حضرت الوفاة والدي عمر غشي عليه، فأخذت رأسه فوضعته في حجري، فقال: ضع رأسي بالأرض؛ لعل الله يرحمني. فمسح خديه بالتراب، وقال: ويلٌ لمن لا يغفر له الله ذنبًا. فقلت: إن حجري والأرض سواء! فقال: ضع رأسي بالأرض كما آمرك، فإذا قضيت فأسرعوا بي إلى حفرتي، وإنما هو خير تقدموني إليه، أو شرٌّ تضعونه عن رقابكم. ثم بكى، فقيل له: ما يبكيك؟ قال: خبر السماء؛ لا أدري إلى جنة ينطلق بي أو إلى نار؟!

تميم بن جميل والمعتصم

قال أحمد بن أبي داود: ما أتينا رجلًا نزل به الموت فما شغله ذلك ولا أذهله عما كان يحب أن يفعله إلا تميم بن جميل؛ فإنه كان على شاطئ الفرات، وأتى به الرسول إلى باب أمير المؤمنين المعتصم في يوم الموكب حين يجلس للعامة، ودخل عليه، فلما مثل بين يديه دعا بالنطع والسيف فأحضرا، فجعل تميم بن جميل ينظر إليهما ولا يقول شيئًا، وجعل المعتصم يصعد النظر فيه ويصوبه، فكان جسيمًا وسيمًا، ورأى أن يستنطقه؛ لينظر أين جنانه ولسانه من منظره، فقال: يا تميم إن كان لك عذر فأت به، أو حجة فادلها، فقال: أما إذ قد أذن لي أمير المؤمنين فإني أقول: الحمد لله الذي أحسن كل شيء خلقه وبدأ خلق الإنسان من طين، ثم جعله نسله من سلالة من ماء مهين، يا أمير المؤمنين، إن الذنوب تخرس الألسنة، وتصدع الأفئدة، ولقد عظمت الجريرة، وكبر الذنب، وساء الظن، ولم يبق إلا عفوك أو انتقامك، وأرجو أن يكون أقربهما منك وأسرعهما إليك أولاهما بامتنانك وأشبههما بخلافتك. ثم أنشأ يقول:

أرى الموت بين السيف والنطعِ كامنًا

يلاحظني من حيثما أتلفتُ
وأكبر ظني أنك اليوم قاتلي
وأي امرئ مما قضى الله يفلت
ومن ذا الذي يدلي بعذر وحجة
وسيف المنايا بين عينيه مصلت
يعز على الأوس بن ثعلب موقف
يسل علي السيف فيه وأسكت
وما جزعي أني أموت وإنني
لأعلمُ أن الموت شيء موقت
ولكن خلفي صبية قد تركتهم
وأكبادهم من حسرة تتفتت
كأني أراهم حين أنعى إليهم
وقد خمشوا تلك الوجوه وصوتوا
فإن عشت عاشوا خافضين بغبطة
أرد الردى عنهم وإن مت موتوا
فكم قائل لا يبعد الله روحه
وآخر خذلان يسر ويشمت!

قال: فتبسم المعتصم، وقال: كاد والله يا تميم أن يسبق السيف العذل، اذهب فقد عفوت لك الصَّبْوَة، وتركتك للصبية.

المعتصم والمغني

ذكر المعتصم جارية كانت غلبت عليه وهو بمصر، ولم يكن يخرج بها معه، فدعا مغنيًا له: فقال له: ويحك! إني ذكرت جارية فأقلقني الشوق إليها، فهات صوتًا يشبه ما ذكرت لك! فأطرق مليًّا ثم غنى:

وددت من الشوق المبرح أنني
أعار جناحيْ طائرٍ فأطير
فما لنعيم لست فيهِ بشاشة
وما لسرورٍ لست فيه سرور
وإن امرأً في بلدة نصف قلبه
ونصف بأخرى غيرها لصبور

قال: والله ما يجدون ما في نفسي. وأمر له بجائزة، ورحل من ساعته.

المعتصم وعبد الله بن طاهر

كتب المعتصم إلى عبد الله بن طاهر في أيام اعتلاله:

أعزز عليَّ بأن أراك عليلًا
أو أن يكون بك السقام نزيلا
فوددت أني مالك لسلامتي
فأعيرها لك بكرة وأصيلا
فتكون تبقى سالمًا بسلامتي
وأكون مما قد عراك بديلا
هذا أخ يشتكي ما تشتكي
وكذا الخليل إذا أحب خليلا

المعتصم وأبو تمام الشاعر

لما أنشد أبو تمام قصيدته في المعتصم التي مطلعها:

السيف أصدق أنباءً من الكتب
في حدّه الحدُّ بين الجد واللعب

قال له: لقد جلوت عروسك يا أبا تمام، فأحسنت جلاءها. قال: يا أمير المؤمنين، والله لو كانت من الحور العين لكان حسن إصغائك إليها من أوفى مهورها.

النوادر الثانية عشرة

متفرقات من نوادر الخلفاء

الخليفة وحامل الجرة

استدعى بعض الخلفاء شعراء مصر، فصادفهم شاعر فقير، كان بيده جرةٌ فارغة ذاهبًا بها إلى البحر ليملأها ماءً فتبعهم إلى أن دخلوا دار الخلافة، فبالغ الخليفة في إكرامهم والإنعام عليهم، ورأى ذلك الرجل والجرة على كتفه، ونظر إلى ثيابه الرثة، فقال: من أنت؟ وما حاجتك؟ فأنشد:

ولما رأيت القوم شدوا رحالهم
إلى بحرك الطامي أتيت بجرتي

قال: املئوا له جرته ذهبًا وفضة. فحسده بعض الحاضرين، وقال: هذا فقير مجنون لا يعرف قيمة هذا المال وربما أتلفه وضيعه! فقال الخليفة: هو ماله يفعل به ما يشاء، فملئت له، وخرج إلى الباب، ففرقها على الجميع، وبلغ الخليفة ذلك فاستدعاه، فعاتبه على ذلك، فقال:

يجود علينا الخيِّرون بمالهم
ونحن بمال الخيرين نجودُ

فأعجبه ذلك، وأمر أن تملأ له عشر مرات، وقال: الحسنة بعشرة أمثالها.

المعتضد بالله وقطر الندى

لما زُفَّت قطر الندى بنت خمارويه بن أحمد بن طولون إلى المعتضد بالله أحبها حبًّا شديدًا، وإنه وضع يومًا رأسه في حجرها فنام، فتلطفت في إزالة رأسه من حجرها، ووسدته، وخرجت من البيت، فلما استيقظ ناداها فأجابته من قرب، فقال: سلمت نفسي إليك فذهبت عني؟! فقالت: والله لم أزل كالفة لأمير المؤمنين. قال: فما أخرجك عني؟! قالت: إن مما أدبتني به أني لا أجلس مع النيام، ولا أنام مع الجلوس. فاستحسن ذلك منها.

عبد الرحمن القوصي والملك المظفر

اتفق أن الذكي عبد الرحمن القوصي حضر مجلسًا عند الملك المظفر قبل أن يلي حماة فأنشد:

متى أراك ومن تهوى وأنت كما
تهوى على رغمهم روحين في بدنِ
هناك أنشد والآمال حاضرة
هنئت بالملك والأحباب والوطنِ

فوعده إذا ملك حماة أعطاه ألف دينار، فلما ملكها أنشده:

مولاي هذا الملك قد نلته
برغم مخلوق من الخالقِ
والدهر منقاد لما شئته
وذا أوان الموعد الصادقِ

فدفع له ألف دينار وأقامه معه، ولزمته أسفار وهو بخدمته، فأنفق فيها المال الذي أعطاه إياه ولم يحصل بيده زيادة عليه، فقال:

ذاك الذي أعطوه لي جملة
قد استردوه قيلًا قليل
فليت لم يعطوا ولم يأخذوا
وحسبنا الله ونعم الوكيل

فبلغ ذلك الملك المظفر، فأخرجه من دار كان قد أنزله بها، فقال:

أتخرجني من كسر بيت مهدم
ولي فيك من حسن الثناء بيوت
فإن عشت لم أعدم مكانًا يضمني
وإن مت تدري ذكر من سيموت

فحبسهُ المظفر، فقال: ما ذنبي إليك؟ قال: «حسبي الله ونعم الوكيل»، ثم أمر بخنقه، فلما أحس بذلك، قال:

أعطيتني الألف تعظيمًا وتكرمة
يا ليت شعري أم أعطيتني بدمي

أبو العباس والأعرابي

خرج أبو العباس أمير المؤمنين متنزهًا بالأنبار، فأمعن في نزهته، وانتبذ من أصحابه طواف خباء لأعرابي، فقال له الأعرابي: ممن الرجل؟ قال: من كنانة. قال: من أي كنانة؟ قال: من أبغض كنانة إلى كنانة! قال: فأنت إذًا من قريش؟ قال: نعم. قال: فمن أي قريش؟ قال: من أبغض قريش إلى قريش! قال: فأنت إذًا من ولد عبد المطلب؟ قال: نعم. قال: فمن أي ولد عبد المطلب أنت؟ قال: من أبغض ولد عبد المطلب إلى ولد عبد المطلب! قال: فأنت إذًا أمير المؤمنين! السلام عليك يا أمير المؤمنين. فاستحسن ما رأى منهُ وأمر له بجائزة.

الخليفة والأصمعي

من ألطف ما اتفق أن بعض الخلفاء كان يحفظ الشعر من مرة، وعنده مملوك يحفظه من مرتين، وجارية من ثلاث مرات، وكان بخيلًا جدًّا، فكان الشاعر إذا أتاه بقصيدة قال له: إن كانت مطروقة بأن يكون أحد منًّا يحفظها نعلم أنها ليست لك فلا نعطيك عليها جائزة، وإن لم نكن نحفظها فعطيتك وزن ما هي فيه مكتوبة. فيقرأ الشاعر القصيدة، فيحفظها الخليفة من أول مرة ولو كانت ألف بيت، ويقول للشاعر: أسمعها عليّ فإني أحفظها! وينشدها بكمالها، ثم يقول: وهذا المملوك أيضًا يحفظها — وقد سمعها المملوك مرتين: مرة من الشاعر، ومرة من الخليفة فيحفظها ويقرأها — ثم يقول الخليفة: وهذه الجارية التي وراء الستر تحفظها أيضًا — وقد سمعتها ثلاث مرات: مرة من الشاعر، ومرة من الخليفة، ومرة من المملوك، فتقرأها بحروفها — فيخرج الشاعر صفر اليدين، وكان الأصمعي من جلسائه وندمائه، فنظم أبياتًا مستصعبة، ونقشها في أسطوانة، ولفها في ملاءة، وجعلها على ظهر بعير، ولبس جوخة بدوية مفرجة من وراء ومن قدام، وضرب له لثامًا لم يبن منهُ غير عينيه، وجاء إلى الخليفة، وقال: إني امتدحت أمير المؤمنين بقصيدة. قال: يا أخا العرب إن كانت لغيرك فلا نعطيك لها جائزة، وإن كانت لك نعطيك زنة ما هي مكتوبة فيه. قال: قد رضيت. وأنشد:

صوت صفير البلبل
هيج قلب الثملِ
الماء والزهر معًا
مع حسن لحظ المقل
وأنت حقًّا سيدي
وسؤددي وموللي
وطاب لي نوح الحما
م قوقڤو بالزجل
قد فاح من لحظاتها
عبير ورد الخجل
قلت وصوص وصوص
فجاء صوت من علِ
وقال لا لا لا للا
وقد غدا مهرولي
وفتية يسقونني
قهيوة كالعسل
شممتها في أنففي
أذكى من القرنفلِ
في بستتان حسن
بالزهر والسرولل
والعود دندن دندن
والطبل طبطب طبلي
والرقص ارطب طبطب
والماء شقشقشقلي
شووا شووا شووا
على وريق السفرجل
وغرد القمري يصيح
من ملل من مللي
فلو تراني راكبًا
على حمار أعزل
أمشي على ثلاثة
كمشية المرتجل
والناس قد ترحمني
في السوق بالتعلل
والكل كع كع ككع
خلفي ومن حويللي
لكن مشيت هاربًا

من خشية في عقللي
إلى لقاء ملكٍ
معظم مبجل
يأمر لي بخلقه
حمراء كالدململ
أجر فيها مأربًا
ببغدد كالدلدل

فلما فرغ من إنشادها بهت الملك فيها ولم يحفظها الخليفة؛ لصعوبتها، ثم نظر إلى المملوك فأشار إليه أنه ما حفظ منها شيئًا، وفهم من الجارية أنها ما حفظت منها شيئًا، فقال الخليفة: يا أخا العرب، إنك صادق، وهي لك بلا شك، فإني ما سمعتها قبل ذلك، فهات الرقعة التي هي مكتوبة فيها حتى نعطيك زنتها. فقال: يا مولاي إني لم أجد ورقًا أكتب فيه، وكان عندي قطعة رخام من عهد أبي وهي ملقاة في الدار ليس لي بها حاجة فنقشتها فيها! ولم يسع الخليفة إلا أن أعطاه زنتها ذهبًا، فنفد جميع ما في خزانة الملك من المال، فأخذ الأصمعي ذلك وانصرف، فلما ولى، قال: يغلب على ظني أن هذا الأعرابي هو الأصمعي! فأحضره وكشف عن وجهه، فإذا هو الأصمعي، فتعجب من صنيعه، ورجع عما كان يعامل به الشعراء، وأجراهم على عوائد الملوك.

أبو النواس وأحد الخلفاء

حكي عن أبي النواس أنه دخل على أحد الخلفاء فوجده جالسًا وإلى جانبه جارية سوداء، تدعى خالصة، وعليها من أنواع الحلي والجواهر ما لا يوصف، فصار أبو النواس يمتدحه، وهو يسهو عن استماعه، فلما خرج كتب على الباب:

لقد ضاع شعري على بابكم
كما ضاع درٌ على خالصه

فمرت الجارية، فقرأت البيت، فأطلعت الخليفة عليه، فغضب الخليفةٍ، وأمر بإحضار أبي النواس، وكان مختبئًا وراء الباب، فمسح العينين اللتين في لفظة «ضاع»، وأحضر بين يديه، فقال له ما كتبت على الباب؟ قال: كتبت:

لقد ضاء شعري على بابكم
كما ضاء درٌ على خالصه

فأعجبه ذلك، وأنعم عليه، فخرج أبو النواس وهو يقول: لله درك من شعر؛ قُلِعَتْ عيناه فأبصر!

هشام والرجل

لما مات هشام بن عبد الملك بكى ولده عليه، فقال أحدهم: جاد لكم هشام بالدنيا وجدتم عليه بالبكاء، وترك لكم ما كسب وتركتم عليه ما اكتسب، ما أسوأ حال هشام إن لم يغفر الله له!

الخليفة والمسجون

حبس بعض الخلفاء شخصًا على غير ذنب، فبقي سنين عديدة، فلما حضرته الوفاة كتب رقعة، وقال للسجان: سألتك بالله أني إذا مت فأوصل هذه الرقعة إلى الخليفة، فمات، فأخذها إليه، فإذا مكتوب فيها: أيها الغافل! إن الخصم قد تقدم والمدعى عليه بالأثر، والمنادي جبريل والقاضي لا يحتاج إلى بينة.

ابن السكيت والمعتز بالله

قال ابن السكيت: أحضرت لتعليم المعتز بالله، فقلت له: بأي شيء نبدأ اليوم؟ فقال: بالخروج، فقلت: نعم، فعدا من بين يدي وعثر على المرمر، فقال:

يموت الفتى من عثرة بلسانهِ
وليس يموت المرء من عثرة الرجلِ

فقلت للمتوكل: جئتم بي لتأديبه وهو آدب مني، فأمر لي بعشرة آلاف درهم.

هشام وأحد الشرفاء

غضب هشام على رجل من أشراف الناس فشتمه، فوبخه الرجل، فقال: أما تستحي أن تشتمني وأنت خليفة الله في أرضه؟! فأطرق هشام واستحى، وقال له: اقتص. قال: إذًا سفيه مثلك! فقال: خذ عن ذلك عوضًا من المال. قال: ما كنت لأفعل. قال: فهبها لله. قال: هي لله ثم لك. فنكس هشام رأسه، وقال: والله لا أعود لمثلها.

ذخر الدولة والمعتمد

قال ذخر الدولة: استدعاني المعتمد على الله محمد بن عباد الأندلسي ليلة قد ألبسها البدر رداءه وأوقد فيها أضواءه، وهو على البحيرة الكبرى، والنجوم قد انعكست فيها، تخالها زهرًا، وقابلتها المجرة، فسالت فيها شهرًا، وقد أرجت نوافح الند، وماست معاطف الرند، وحسد النسيم الروض، ففشى بأسراره، وأفشى حديث آسه وعراره، ومشى مختالًا بين لبات النور وأزراره، بدمع منسجم، وزفرات تترجم، فلما نظرت إليه استدعاني، وقربني، وشكى إليَّ من الهجران ما استغربته، وأنشد:

أيا نفس لا تجزعي واصبري

وإلا فإن النوى متلفَ
حبيب جفاكِ وقلب عصاكِ
ولاحٍ لحاكِ ولا ينصف
شجونٌ منعن الجفون الكرى
وعوضنها أدمعًا تنزف

فانصرفت عنه، ولم يعلمني بقصته، ولا كشف لي عنه غصته.

الشبلي وأمير المؤمنين

قال الشبلي في مجلس وعظه: لله الهيبة، فسمعه شاب فصرخ صرخة فمات، فخاصمه أولياؤه إلى السلطان، وادعوا عليه أنه قاتل ابنهم، فقال له السلطان: ما تقول؟ فقال: يا أمير المؤمنين، روح حنت؛ فرنت؛ فدعيت؛ فأجابت، فما ذنبي؟! فبكى أمير المؤمنين، ثم قال لأوليائه: خلوا سبيله فلا ذنب له.

المعزي والحسن والخليفة

كان الحسن بن علي يومًا جالسًا فجاءه رجل وسأله شيئًا من الصدقة، ولم يكن عنده ما يسد به رمقه فاستحيا أن يرده، فقال: ألا أدلك على شيء يحصل لك منه البر؟ فقال: ماذا تدلني عليه؟ قال: اذهب إلى الخليفة، فإن ابنته توفيت، وانقطع عليها، وما سمع من أحد تعزية؛ فعزه بهذه التعزية يحصل لك بها الخير. فقال: حفِّظْنِي إياها. قال: قل له: «الحمد لله الذي سترها بجلوسك على قبرها، ولا هتكها بجلوسها على قبرك»، فذهب إلى الخليفة وعزاه بهذه التعزية؛ فسمعها، فذهب عنه الحزن فأمر له بجائزة، وقال: بالله عليك أكلامك هذا؟ قال: لا، بل كلام فلان. فقال: صدقت؛ فإنه معدن الكلام الفصيح. وأمر له بجائزة أخرى.

عدل عضد الدولة

وقال أيضًا: بلغني عن عضد الدولة أنه كان في بعض أمرائه شاب تركي، وكان يقف عند روزنة ينظر على امرأة فيها، فقالت المرأة لزوجها: قد حرم عليَّ هذا التركي أن أتطلع في الروزنة؛ فإنه طول النهار ينظر إليها، وليس فيها أحد، فلا يشك الناس أن لي معه حديثًا، وما أدري كيف أصنع؟ فقال زوجها: اكتبي إليه رقعة، وقولي فيها: لا معنى لوقوفك فتعال إليَّ بعد العشاء إذا غفل الناس في الظلمة، فإني خلف الباب. ثم قام وحفر حفرة طويلة خلف الباب، ووقف له فلما جاء التركي فتح له الباب فدخل، فدفعه الرجل فوقع، وطموا عليه، وبقي أيامًا لا يدرى ما خبره؟ فسأل عنه عضد الدولة؛ فقيل له: ما لنا به خبر، فما زال يعمل فكره إلى أن بعث يطلب مؤذن المسجد المجاور لتلك الدار، فأخذه أخذًا عنيفًا في الظاهر، ثم قال له: هذه مائة دينار خذها وامتثل ما آمرك، إذا رجعت إلى مسجدك فأذن الليلة بالليل واقعد في المسجد، فأول من يدخل عليك ويسألك عن سبب إنفاذي إليك

فأعلمني به. فقال: نعم، ففعل ذلك، وكان أول من دخل ذلك الشيخ، فقال له: قلبي عليك، وأي شيء أراد منك عضد الدولة؟ فقال: ما أراد مني شيئًا، وما كان إلا الخير، فلما أصبح أخبر عضد الدولة بالحال فبعث إلى الشيخ، فأحضره ثم قال له: ما فعل التركي؟ فقال: أصدقك الخبر، لي امرأة رشيدة مستحسنة، كان يراصدها ويقف تحت روزنتها، فرحت — من خوف الفضيحة بوقوفه — ففعلت به كذا وكذا. فقال: اذهب إلى دعة الله، فما سمع الناس ولا قلنا.

في نوادر الفلاسفة والحكماء

وصية لقمان لابنه

قال لقمان لابنه: لا تركن إلى الدنيا، ولا تشغل قلبك بها؛ فإنك لم تخلق لها، وما خلق الله خلقًا أهون عليه منها، فإنه لم يجعل نعيمها ثوابًا للمطيعين، ولا بلاءها عقوبة للعاصين، يا بني، لا تضحك من غير عجب، ولا تمش في غير أدب، ولا تسأل عما لا يعنيك، يا بني، لا تُضِعْ مالك وتصلح مال غيرك، فإن مالك ما قدمت ومال غيرك ما تركت، يا بني، إن من يرحم يُرحم، ومن يصمت يسلم، ومن يقل الخير يغنم، ومن يقل الباطل يأثم، ومن لا يملك لسانه يندم، يا بني، زاحم العلماء بركبتيك، وانصت إليهم بأذنيك، فإن القلب يحيا بنور العلماء كما تحيا الأرض الميتة بمطر السماء.

لقمان ومولاه

كان لقمان عبدًا أسودَ لبعض أهل الأيلة، فقال له مولاه: اذبح لنا شاةً، وأتنا بأطيب مضغة. فأتاه باللسان، فقال له: اذبح لي أخرى وائتني بأخبث مضغة. فأتاه باللسان! فقال له في ذلك، فقال: ما شيء أطيب منه إذا طاب، ولا أخبث منه إذا خبث.

سقراط وأحد الفلاسفة

كان سقراط الحكيم قليل الأكل خشن اللباس، فكتب إليه بعض الفلاسفة: «أنت تحسب أن الرحمة لكل ذي روح واجبة، وأنت ذو روح فلا ترحمها بترك قلة الأكل وخشن اللباس.» فكتب في جوابه: «عاتبتني على لبس الخشن، وقد يعشق الإنسان القبيحة ويترك الحسناء، وعاتبتني على قلة الأكل، وإنما أريد أن آكل لأعيش وأنت تريد تعيش لتأكل، والسلام»، فكتب إليه الفيلسوف: «قد عرفت السبب في قلة الأكل، فما السبب في قلة الكلام؟ وإذا كنت تبخل على نفسك بالمأكل فلِمَ تبخل على الناس بالكلام؟»، فكتب في جوابه: «ما احتجت إلى مفارقته، وتركه للناس فليس لك، والشغل بما ليس لك عبث، وقد خلق الحق سبحانه لك أذنين ولسانًا؛ لتسمع ضعف ما تقول، ولا لتقول أكثر مما تسمع، والسلام.»

فيثاغورس الفيلسوف وسائلوه

قيل لفيثاغورس الفيلسوف: من الذي يسلم من معاداة الناس؟ قال: من لم يظهر منه خير ولا شر. قيل: وكيف ذلك؟! قال: لأنه إن ظهر منه خير عاداه الأشرار، وإن ظهر منه شر عاداه الأخيار!

طاليس الفيلسوف والعجوز

بينما كان طاليس خارجًا من محله لرصد الكواكب؛ إذ مرَّ بحفرة عميقة فوقع فيها، فرأته عجوز فأخرجته منها، ثم قالت له: أتزعم يا طاليس أنك تعلم جميع ما في السماء مع أنك لم تعلم ما تحت رجليك؟!

سولون الفيلسوف وأهل أثينا

جرت قديمًا حروب بين الأثينيين والمغاريين بسبب جزيرة سلامينا، وانتهى الأمر بينهم إلى أن انهزم الأثينيون تعبًا بسبب سفك الدماء، حتى أجمع رأيهم على أن كل من تكلم في شأن المغاريين لأجل جزيرة سلامينا وطلب تجديد الحرب معهم يكون جزاؤه الموت ما دام المغاريون مستولين عليها، فرأى سولون الفيلسوف أنه إذا تكلم في ذلك أضرَّ بنفسه، وإذا سكت يعود الضر على وطنه وأهل مملكته، فتظاهر بالجنون خديعة لهم ليبدي ما يخطر له، فشاع في المدينة خبر جنونه، فأنشأ أبيات شعر محزنة حفظها جيدًا ثم خرج لابسًا ثياب صوف رثة، وفي عنقه حبل، وعلى رأسه طيلسان قديم، فاجتمع عليه أهل المدينة، فطلع إلى مرتفع مخصص للمناداة وأنشد تلك الأشعار المحزنة، ثم قال بأعلى صوته: ليتني ما كنت من أهل هذه البلدة، وا حسرتاه! أتمنى لو كنت مولودًا في بلاد الأعجام أو البرابرة أو في أي مكان آخر؛ فإن ذلك أهون عليَّ من أن يراني الناس ويشيروا إليَّ ويقولون: إن هذا الرجل من أهل أثينا الذين فرُّوا من حرب سلامينا، فأسرعوا في أخذ الثار، وامحوا عنا هذا العار الذي لحقنا، وتنبهوا حتى نأخذ هذه المدينة التي أخذها أعداؤنا ظلمًا وعدوانًا. فأثر قوله ذلك في عقول أهل أثينا، وأبطلوا اتفاقهم، وأخذوا سلاحهم، ومضوا إلى حرب المغاريين.

أكرسيوس صديق يولون الفيلسوف

أسر قيروس ملك العجم إستياجس الملك جد أكرسيوس أبا أمه، وأخذ جميع ملكه رغمًا عن إرادة أكرسيوس، فغضب لذلك أكرسيوس، وأخذته الحمية على جده، وقصد حرب بلاد العجم؛ لأنه رأى نفسه ذا ثروة عظيمة، ورأى أن أهل مملكته أشجع في الحرب من جميع العالم، فضمن لنفسه الظفر، ولكن لسوء حظه انهزم إلى مدينة ساريس في مروره فيها مدة أربعة عشر يومًا، ثم أخذوه أسيرًا بالسلاسل والأغلال، وأحضروه إلى قيروس، فأمر أن يوضع مغلولًا في مستوقد من حطب، ووضعوا حوله أربعة عشر غلامًا، وأمر بأن يحرقوه بالنار بمشاهدة قيروس وجميع العجم، وهموا بوضع النار في الحطب، وإذا بأكرسيوس وقد تذكر كلامًا سمعه من سولون الفيلسوف وصاح آسفًا حزينًا: سولون، سولون، فعجب قيروس، وبعث يسأله عن ذا الاسم الذي قد تذكره؛ أهو من أسماء الآلهة فينقذه؟ فما أجابه أكرسيوس، فشددوا عليه، فقال بصوت ملؤه الأسف: إن من ذكرته رجل يجب على الملوك أن يستصحبوه ويقربوه منهم، ويعتبروه ويسمعوا كلامه، فإنه أنفع من خزائنهم وجميع ما عندهم من الأشياء النفيسة، فقالوا: حدثنا عنه سريعًا. فقال: إنه من أعظم حكماء اليونان، وقد كنت أرسلت له سابقًا لأستشيره في جميع أموري، فقال لي عفوًا: «ما هذه الحياة الدنيا إلا باطل زائل، وأنه ينبغي على الأديب أن يتوقع آخر عمره، ولا يغترَّ بسعادته، ولا يعتمد عليها؛ لأنها معرضة لأكثر المصائب التي تفوق الإحصاء»، فقد عرفت الآن حقيقة ما قاله لي. وفيما هو يتكلم اشتعلت النار في الحطب من تحت المستوقد، وابتدأت تتصاعد إلى أعلى، فعند ذلك حصل لقيروس الشفقة، واتعظ بكلامه، وهاجه حالة أكرسيوس المحزنة، وذكر سابق مجده وما كان عليه من العز

والرخاء، فأمر للحال بإطفاء النار، وإطلاق أكرسيوس من السلاسل التي كان مقيدًا بها، وأحسن إليه، واعتمد على مشورته في سائر أموره.

بيتاقوس الفيلسوف والمستشير

جاء بيتاقوس يومًا رجل فقال: أريد أن أتزوج بإحدى اثنتين؛ واحدة منهما تساويني في الحسب، وأخرى أغنى مني وأعلى نسبًا، فآخذ لي واحدة منهما. فرفع عليه عصا كان يتوكأ عليها، وقال: اذهب إلى مجمع الصبيان الذي يلعبون فيه واسمع ما يقولون واعمل به! فمضى الرجل إلى ملعب الصبيان؛ فسمعهم ينبهون بعضهم، ويقولون: «كل واحد يأخذ مثله»، فاعتبر الرجل بذلك، وجنح عن أخذ التي فوقه في الغنى والنسب، وأخذ التي تماثله في الصفات والأخلاق.

عدل بيتاقوس الفيلسوف

كان تيري بن بيتاقوس الفيلسوف يومًا في حانوت رجل حجام مع جماعة من الشبان الذين كانوا يجتمعون عادةً هناك للتحدث والاستخبار، وبينما هو كذلك؛ إذ سقطت عليه حديدة من يد صانع — غير عامد — فكسرت رأسه، فهم أهل المدينة بقتل ذاك الرجل، وأمسكوه وأحضروه إلى بيتاقوس والد المقتول، فبحث عن السبب؛ فرأى أن الرجل الذي ألقى قطعة الحديد على رأس ابنه غير متعمد، فعَفا عنه، وقال: إن ذنبًا غير مقصود لجدير بالعفو والمسامحة؛ لأن الأعمال بالنيات لا بالمظاهرة.

بياس الفيلسوف والمشركون

كان بياس الفيلسوف يومًا في سفينة مع جماعة من المشركين، هبت عليهم ريح عاصفة، أشرفت منها السفينة على الغرق، فخاف المشركون غاية الخوف، وابتهلوا بالدعاء لآلهتهم؛ لتنجيهم من الموت الذي يتهددهم، فقال لهم بياس: عليكم بالصمت؛ لأن آلهتكم لو علمت أنكم في السفينة لأغرقتها وهلكنا جميعًا!

بياس الفيلسوف والمحكوم عليه

اضطر بياس يومًا أن يحكم بالقتل على أعز أصدقائه؛ عملًا باقتضاء الشرع، فما كاد أن ينطق بصيغة الحكم حتى شرع في البكاء وسط المحكمة، فقيل له: ما يبكيك، وأنت الحاكم المطلق تغير الحكم كيف شئت؟! فقال: إنما بكيت أسفًا وحنانًا على من أصيب بنكبات الدهر، ولكن الشريعة فرضت عليَّ أن لا أعتبر هذه الطبيعة ولا أجري على أميالها.

بياس الفيلسوف والسفينة

تأمل بياس يومًا في شحن ألواح السفينة، فتأوه بأعلى صوته، وقال: إن المسافرين في البحر ليسوا بعيدين عن الموت إلّا بمقدار أربعة أصابع، فسئل عن آمن السفن، فقال: هي التي تصل إلى البر سالمة.

بياس الفيلسوف ورجل من أثينا

قدم إلى بياس الفيلسوف رجل من أثينا وعيرهُ بأنه من التتار، فقال له: إن بلدي قد فضحتني، وأما أنت فقد فضحت بلدك.

انتيثينوس الفيلسوف

سئل انتيثينوس الفيلسوف يومًا: ما الذي ينبغي طلبه من الدنيا؟ فأجاب: موت الإنسان سعيدًا.

وحصل له غيظ شديد من حساده الذين كان يرعاهم حسدهم رعي الصدأ للحديد، فكان يقول: لو خيرت بين أن أكون غرابًا أو حاسدًا لاخترت أن أكون غرابًا؛ لأن الغربان لا تأكل الميتة، وأما الحساد فإنهم يأكلون لحوم الأحياء.

سمع ذات يوم كثيرًا من الأراذل يمدحونه، فقال: ما الذي صنعت من سيئ الفعال حتى مدحني أولئك الأراذل؟!

أرستيب الفيلسوف ودينيس الملك

اتفق أن دينيس الملك كان في نفسه شيء من أرستيب فلما وصل إليه الطعام وتهيئوا للأكل أمره الملك دينيس أن يجلس في المحل الأخير، فلم يتأثر من ذلك ولم يغضب وقال للملك: يخيل لي أنك أردت أن تشرف بي هذا الموضع.

أرستيب الفيلسوف وأبو التلميذ

أرسل بعض الناس ولده إليه ليعلمه وطلب منه أن يعتني بتعليمه فطلب منه أرستيب خمسين درهمًا، فاستعظم ذلك أبو الغلام وقال: كيف أدفع خمسين درهمًا مع أني قادر على شراء مملوك بها؟! فقال له أرستيب: اذهب واشترِ بها مملوكًا يكمل لك خادمان.

أرستيب وديوجينوس الفيلسوف

كان ديوجينوس الفيلسوف يومًا يغسل حشائش على عادته، فبينما هو كذلك إذ مرَّ به أرستيب، فقال له ديوجينوس: لو أمكنك أن تقنع بمثل هذه الحشائش لما اضطررت للذهاب إلى الملوك وسمعت منهم ما لا يلذك. فقال أرستيب: وأنت لو عرفت صناعة مجالسة الملوك لكرهت هذه الحشائش.

أرستيب الفيلسوف وأثخينس

وقع بين أرستيب وأثخينس منازعة عظيمة أدت إلى إعراض كل منهما عن صاحبه، فذهب أرستيب إلى أثخينس وقال له: هل لك في الصلح؛ فنكف عنا لسان الساخرين؟ فقال أثخينس: الصلح بغيتي وعين مرامي. فقال أرستيب: لا تنس أني أنا الذي سعيت في الصلح وطلبته منك مع أني أكبر منك سنًّا.

أرستيب الفيلسوف والرجل

أخذ أحدهم يسب أرستيب يومًا ويذمه بحضرته، فتركه أرستيب وذهب فذهب خلفه وقال: لمَ تذهب يا قبيح؟ فقال له أرستيب: أنت رجل قادر على السب، أما أنا فلست مأذونًا بسماعه.

أرستيب الفيلسوف والملك

لما أكثر أرستيب الذهاب إلى مدينة سراقوسة واعتاده أضمر دينيس الملك في نفسه أن يسأله عن ذلك، فسأله: ماذا تصنع في هذه المدينة؟ فقال له أرستيب: آتي لأعطيك ما عندي، وأستعيض عنه بما عندك.

أكسينوقراط الفيلسوف وتابع الإسكندر

كان أكسينوقراط الفيلسوف قنوعًا للغاية، فاتفق أن الإسكندر بعث له جملة من الدراهم، فلم يأخذ منها إلَّا ثلاثة وردَّ الباقي، وقال لحامل الهدية: إن للإسكندر خلقًا كثيرًا يطعمهم؛ فيحتاج للدراهم أكثر مني.

ديوجينس الفيلسوف والرجل

أراد أحدهم أن يظهر دقة عقله لديوجينس فقال له: إنك لست أنا، وأنا رجل، فلست أنت برجل! فقال له ديوجينس: لو قلت أنت لست أنا واقتصرت لأنتجت بنفسها أنك لست برجل.

ديوجينس الفيلسوف والطفل

رأى ديوجينس يومًا في سيره طفلًا يشرب بكفيه؛ فاستحيا من ذلك جدًّا، وقال: كيف تكون الأطفال أشد معرفة مني بالأشياء التي يُدرك التخلي عنها؟ وأخرج عند ذلك قدحه من خرجه وكسره؛ لأنه رآه غير نافع له.

ديوجينس الفيلسوف وديموثينس

اتفق أن ديموثينس أكل يومًا في حانة؛ فحانت منه التفاتة؛ فأبصر ديوجينس فاختفى، فلما لمحه ديوجينس قال: كلما اختفيت في مثل ذا المكان تمكنت فيه.

ديوجينس الفيلسوف ومعيروه

عيره أراذل الناس بالفقر وعابوه به؛ فقال لهم: لم أرَ أحدًا عوقب على فقره، ورأيت كثيرًا من الناس أرباب القبائح والخيانات يعاقبون على خيانتهم.

ديوجينس الفيلسوف وصديقه

أتى ديوجينس صديقٌ مدة أسره؛ لكي ينقذه من ذل يد العبودية، فقال له ديوجينس: أبك جنون، أم تهزأ بي؟! أما علمت أن الأسد ليس أسيرًا عند من يطعمه، إنما المطعم للسبع هو أسيرهُ.

ديوجينس الفيلسوف وأفلاطون

كان أفلاطون يقول في تعريف الإنسان: إنه حيوان ذو رجلين لا ريش له! فأخذ ديوجينس ديكًا ونتفه وخبأه تحت عباءته، ولما دخل المكتب أخرجه وطرحه في الوسط، وقال: هذا إنسان أفلاطون! فاضطر أفلاطون لتصحيح تعريفه أن يزيد عليه: «ذو أظفار عريضة»!

ديوجينس الفيلسوف في ميغاره

مرَّ ديوجينس يومًا بمدينة ميغاره فرأى أطفالهم عراة ورأى الغنم مرتدية بصوفها، فقال: غنم هذه المدينة أسعد من بني آدم!

ديوجينس وحامل الخشبة

كان أحدهم يحمل خشبة طويلة على ظهره، فصدم بها ديوجينس على حين غفلة ثم قال له: قِ نفسَكَ. فقال له ديوجينس: لقد ضاربتني ثانية بهذه الكلمة.

ديوجينس والرجل المسرف

رأى ديوجينس رجلًا مسرفًا سائرًا في طريق فسأله دينارًا؛ فقال له ذلك المسرف: لمَ طلبت مني دينارًا وتطلب من غيري درهمًا فقط؟! فقال: لأنه يعطيني مرة ثانية، وأشك في أن أراك مرة أخرى قادرًا على إعطائي!

ديوجينس وأهل التلميذ

أتوا ديوجينس يومًا بتلميذ ومدحوه له بالعقل والمعارف والنباهة وحسن الأخلاق، فلما أتموا كلامهم قال: من كانت هذه صفاته فلا حاجه له بي، ولِمَ جئتم به إلي؟!

بيرهون الفيلسوف وركاب السفينة

بينما كان بيرهون في سفينة صغيرة؛ إذ هبت ريح عاصفة على غفلة، فغدت السفينة في خطر أزعج من كان معه، أما هو فلم يكترث، بل ظل يأكل ساكنًا دون خوف ولا حذر، ثم أشار إلى غنمة كانت بجانبه تأكل، وقال: يجب على العاقل أن يدرك بقوة القلب والجنان رتبة هذا الحيوان الصغير.

بيون الفيلسوف والملك

بلغ بيون الفيلسوف يومًا أن أحد الأعداء وشى به وعرَّض برداءة أصله لدى الملك أنتيفونوس، فلم يكترث ولا تأثر من ذلك، مظهرًا أنه غير عالم به، فأرسل الملك إلى بيون زاعمًا أنه يفحمه بتلك الحجج ويحيره، فقال له: ما اسمك؟ واسم بلدك؟ وأصلك؟ وحرفة أهلك؟ فلم يتحير من ذلك، وقال: كان أبي رجلًا عتيقًا، وكان يبيع دهن الخنزير والسمن، ولا أعلم إذا كان جميلًا؛ لأن وجهه الآن مشوه بآثار ضرب سيده، وكان تتاري الأصل، مقيمًا في بلدة على شاطئ نهر يورثينوس، ولا أدري ما ارتكبه أبي من الذنب حتى بيع مع زوجته وأولاده؟! وكنت أنا إذ ذاك فتى جميلًا، فابتاعني أحد الخطباء، وأوصى لي بجميع أمواله، فلما مات مزقت الوصية وحرقتها في النار، وذهبت إلى أثينا، وتعلمت الفلسفة، وهذا كل ما يقال عني وعن أهلي أيها الملك. فعجب من تواضعه وذكاء فؤاده.

زينون الفيلسوف

كان زينون آتيًا من «فيتيا» ومعه شيء من أرجوان الصينيين، فكسرت به السفينة، وتلف ما كان معه بمينا «بيري» فاغتم لتلك الخسارة، وجاء مدينة أثينا، فدخل على بائع كتب، فقرأ المقالة الأولى من كتاب زنفون الفيلسوف؛ ليسلي همه بها، فسرَّ بقراءتها كثيرًا، وسأل الكتبي عن أماكن الذين يتكلم عنهم زنفون، وإذا بأقراطيس الكلبي مارًّا بالصدفة، فأشار إليه الكتبي، وقال لزينون: اتبع هذا الرجل، وكان زينون في الثلاثين من العمر شديد الحياء والخجل، فلما رآه أقراطيس على ذي الحال أراد أن يقوي عزمه؛ فأعطاه ذات يوم قدرًا ممتلئة عدسًا، وأمره أن يدور بها في طرق المدينة، فاحمرَّ وجه زينون خجلًا من ذلك، واختفى خشية أن يُرى من أحد أصحابه، فقال له أقراطيس: لِمَ هربت يا مكار مع أنه لا يضرك ذلك بل يمهد لك سبيل الدعة والتواضع؟!

الفيلسوف والولد

دخل ولد صغير على فيلسوف وطلب إليه أن يعطيه جمرة نار، ولم يكن معه وعاء يأخذ فيه النار، فتعجب من أمره، وقال له: كيف تأخذ النار وأنت لم تأتِ بوعاء لها؟! قال: إن شئت أعطني وها قد جئت بالوعاء اللازم. قال هذا وغرف رمادًا ملء كفه، وقال: ضع النار هنا، أرأيت ما أحسن هذا الوعاء. فتعجب الفيلسوف من فطنته، وقال: حقيقة إن الإنسان مهما تعلم يبقَ قاصرًا.

زينون الحكيم والرجل

رأى زينون الحكيم رجلًا على شاطئ البحر مفكرًا حزينًا على الدنيا، فقال له: يا فتى، ما تلهفك على الدنيا؟! لو كنت في غاية الغنى وأنت راكب لجة البحر، وقد انكسرت بك السفينة، وأشرفت على الغرق أما كانت غاية مطلوبك النجاة، وأن يذهب كل ما بيديك؟ قال: نعم. قال: ولو كنت ملكًا وأحاط بك من يريد قتلك، أما كان مرادك النجاة من يده ولو ذهب جميع ما تملك؟ قال: نعم. قال: فأنت ذلك الغني الآن، وأنت ذلك الملك. فتسلى الرجل بكلامه.

الرجل الحكيم بألف رجل

قيل لرجل من عبس: ما أكثر صوابكم في مباشرة ما تأتون ومجانبة ما تعرضون عنه! قال: نحن ألف رجل، وفينا رجل واحد حازم ذو رأي ومعرفة، فنحن نشاوره في الجليل والحقير، ونعمل برأيه، فكأننا إذا عملنا برأيه ومشورته قد عملنا برأي ألف حازم، وجدير بألف حازم أن يصيبوا.

وصية بعض الحكماء

أوصى بعض الحكماء ملكًا فقال: «لا يكوننَّ العدو الذي كشف لك عن عداوته بأحقرَ عندك من الظنين الذي يستتر لك بمخاتلته، فإنه ربما تخوف الرجل السم الذي هو أقتل الأشياء، وقتله الماء الذي هو محيي الأشياء، وربما تخوف أن تقتله الملوك التي تملكه ثم تقتله العبيد التي يملكها.»

عمر بن عبد العزيز والحسن

كتب عمر بن عبد العزيز إلى الحسن: اجمع لي أمر الدنيا، وصف لي أمر الآخرة. فكتب إليه: «إنما الدنيا حلم، والآخرة يقظة، والموت مستيقظ، ونحن في أضغاث أحلام، من حاسب نفسه ربح، ومن غفل عنها خسر، ومن نظر في العواقب نجا، ومن أطاع هواه ضلَّ، ومن حلم غنم، ومن خاف سلم، ومن اعتبر أبصر، ومن فهم علم، ومن علم عمل، فإذا زللت فارجع، وإذا ندمت فاقلع، وإذا جهلت فاسأل، وإذا غضبت فأمسك، واعلم أن أفضل الأعمال ما أكرهت النفوس عليه.»

ابنة حاتم

اجتاز بعض الأمراء باب حاتم الأصم، فاستسقى ماءً فلما شرب رمى إليهم شيئًا من المال، ووافقه أصحابه، ففرح أهل الدار سوى بنية صغيرة لحاتم فإنها بكت، فقيل لها: ما يبكيك؟! قالت: مخلوق نظر إلينا نظرة فاستغنينا، فكيف لو نظر إلينا الخالق سبحانه وتعالى؟!

في نوادر العظماء

من الوزراء والأمراء والخطباء والقضاة وغيرهم

النوادر الأولى

نوادر الوزراء والأمراء

ابن مقلة والواشي

وشى حاسد بابن مقلة الوزير الكاتب المتفرد في أمانته، وادعى أنه غدر الملك في بعض الأمور، فأمر الملك بقطع يده، فلما فعل به هذا الأمر لزم بيته، وانصرفت عنه الأصدقاء والمحبون، ولم يأتِهِ أحد إلى نصف النهار، فتبين للملك أن الكلام عليه باطل، فأمر بقتل الذي وشى بابن مقلة وردَّه إلى ما كان عليه، فلما رأى إخوانه أن نعمته عادت لهُ عادوا يهنئونه وأقبلوا يعتذرون، فأنشد:

تحالف الناس والزمانُ
فحيث كان الزمان كانوا
عاداني الدهر نصف يوم
فانكشف الناس لي وبانوا

ومكث يكتب بيده اليسرى بقية عمره.

أبو بكر وأبو العباس بن صارة

اجتمع الوزير أبو بكر وأبو العباس بن صارة في يوم جلاد ذهب برقه، وأذاب ورق ورقه، والأرض قد ضحكت لتعبيس السماء، واهتزت وربت عند نزول الماء؛ فقال ابن صارة:

هذي البسيطة كاعب أبرادها
حلل الربيع وحليها النوارُ

فقال أبو بكر:

فكأن هذا الجو فيها عاشق
قد شفهُ التعذيب والأضرار

فقال ابن صارة:

وإذا شكا فالبرق قلب خافق
وإذا بكى فدموعه الأمطارُ

فقال أبو بكر:

من أجل ذلة ذا وعزة هذه
يبكي الغمام وتضحك الأزهارُ

الفضل بن مروان وابن فراس الشاعر

كان الفضل بن مروان وزير المعتصم ظالمًا غاشمًا متبجحًا بالظلم متجبرًا متكبرًا، وكان المعتصم يقول: الفضل بن مروان أسخط الله وأرضاني؛ فسلطني الله عليه. دخل عليه الهيثم بن فراس الشاعر متظلمًا من بعض عماله، فصرف وجهه عنه، ولوى عطفه؛ فخرج من عنده وهو ينشد:

تجبرتَ يا فضل بن مروان فانتظرِ
فقبلك كان الفضل والفضل والفضلُ
ثلاثة أملاك مضوا لسبيلهم
أبادهم التغيير والموت والقتلُ
فإن تكُ قد أصبحت في الناس ظالمًا
ستودي كما أودي الثلاثة من قبلُ

فلما سمع الفضل أبياته قال: ما الذي عنى بقوله؟ فقيل: إنهُ أراد الفضل بن يحيى، والفضل بن سهل، والفضل بن الربيع. فتغير وجهه، ولم يلبث إلا أيامًا يسيرة حتى قبض عليه.

جعفر البرمكي وأبو نواس

بنى جعفر بن يحيى البرمكي دارًا وتأنق فيها، وانتقل إليها، فدخل عليه أبو نواس مع من دخل إليه من الشعراء لتهنئته، فأنشد:

أدارَ البلى إن الخشوع لبادي
عليكِ وإني لم أخنك ودادي
فمعذرة مني إليك بأن ترى
رهينة أرواح وصوت غوادي
ولا أدرأ الضراء عنك بحيلة
فما أنا منها قائل بسعادي
فإن كنت مهجور الفتاة فما رمت
يد الهجر عن قوس المنون فوادي

فإن كنت قد بدلت بؤسًا بنعمة
فقد بدلت عيني قذى برقادِ

وختمها بقوله:

سلام على الدنيا إذا ما فقدتم
بني برمك من رائحين وغاد

فتطير جعفر لها وأظهر الوجوم، ثم قال: نعيت إلينا أنفسنا يا أبا نواس. فلم تكن إلا مدة يسيرة حتى أوقع بهم الرشيد.

عبد الله بن جعفر والرجل

بينما عبد الله بن جعفر راكب؛ إذ تعرض له رجل في الطريق، فمسك بعنان فرسه، وقال: سألتك بالله أيها الأمير أن تضرب عنقي! فبهت فيه عبد الله، وقال: أمعتوه؟! قال: لا والله. قال: فما الخبر؟ قال: لي خصم ألدُّ قد لزمني وألحَّ وضيق عليَّ وليس لي به طاقة. فقال: ومن خصمك؟! قال: الفقر! فالتفت عبد الله إلى غلامه، وقال: ادفع له ألف دينار. ثم قال له: يا أخا العرب خذها ونحن سائرون، ولكن إذا عاد إليك خصمك متغشمًا فأتنا متظلمًا فإنا منصفوك منه إن شاء الله. قال الأعرابي: والله إن معي من جودك ما أدحض به حجة خصمي بقية عمري. ثم أخذ المال وانصرف.

عبد الله بن جعفر ونصيب الشاعر

وقف الناس يومًا من الأيام على باب عبد الله بن جعفر الطيار، وكان أرباب الحاجات ينتظرون خروجه، فنهضوا إليه، فما طلب أحد حاجة إلا قضاها له، وكان فيمن حضر نصيب الشاعر، فلما نظر إلى ما يسمع منه تقدم إليه، وقبّل يده، وأنشد:

ألفتَ (نعم) حتى كأنك لم تكن
عرفت من الأشياء شيئًا سوى نعم
وعاديت (لا) حتى كأنك لم تكن
سمعت بلا في سالف الدهر والأمم

فقال له عبد الله: ما حاجتك؟ قال: هذه رواحلي توسقها لي. قال: أنخ أنخ. ثم أوسقها له تمرًا، وأمر له بعشرة آلاف درهم وثياب، فلما انصرف نصيب قال قائل لعبد الله: يا ابن الطيار أتعطي هذا العطاء كله لمثل هذا العبد الأسود؟! فقال: إن كان أسود؛ فإن شِعره لأبيض، وإن كان عبدًا فإن ثناءه لحرٌّ، وهل أعطيناه إلّا رواحل تمضي، وطعامًا يفنى، وثيابًا تبلى؟! وكان يعتق في غرة كل شهر مائة عبد.

عبد الله بن جعفر وأحد الأنصار

ابتاع عبد الله بن جعفر حائط نخل من رجل أنصاري بمائة ألف درهم، فرأى ابنًا له يبكي، فقال له: ما يبكيك؟! قال: كنت أطلب أنا وأبي أن نموت قبل خروج هذا الحائط من أيدينا، ولقد غرست بعض نخله بيدي. فدعا أباه ورد عليه الصلة، وسوغه المال.

علي بن عيسى وأصحابه

لما نكب علي بن عيسى الوزير لم ينظر ببابه أحدًا من أصحابه وآله وإخوانه الذين كانوا ملازمين له في حال تصرفه واشتغاله، فلما رُدت إليه الوزارة اجتمعوا إليه وعطفوا عليه، وجعل كل منهم يأخذ في السبق للقياه والنظر إلى محياه، فحين رآهم كذلك أنشد:

ما الناس إلا مع الدنيا وصاحبها
فكيفما انقلبت يومًا به انقلبوا
يعظمون أخا الدنيا فإن وثبت
عليه يومًا بما لا يشتهي وثبوا
لا يحلبون لحي در نعمته
حتى يكون لهم شطر الذي حلبوا

دواء الخمار

سأل حامد بن العباس وزيره علي بن عيسى — وكان في ديوان الوزارة — عن دواء الخمار؛ فأعرض الوزير عن كلامه، وقال: ما أنا وهذه المسألة في مثل هذا المقام؟! فخجل منه حامد، وكان أبو عمه وقاضي القضاة حاضرًا، فتحرك ومكن جلوسه، وتنحنح لإصلاح صوته، ووضع كمًّا على كمٍّ، ثم قال: أعوذ بالله من الشيطان الرجيم، قال الله تعالى: وَمَا آتَاكُمُ الرَّسُولُ فَخُذُوهُ وَمَا نَهَاكُمْ عَنْهُ فَانتَهُوا (الحشر: ٧) وقال النبي: «استعينوا على كل صنعة بصالحى أهلها» والأعشى هو إمام هذه الصنعة في الجاهلية، وقد قال:

وكأس شربت على لذة
وأخرى تداويت منها بها

ثم تلاه شاعر العرب مجنون ليلى فقال:

تداويت من ليلى بليلى من الهوى
كما يتداوى شارب الخمر بالخمر

وتبعهما على ذلك أبو فراس فقال:

دع عنك لومي فإنَّ اللوم إغراءُ
وداوني بالتي كانت هي الداءُ

فتهلل وجه حامد لذلك، وقال لعلي بن عيسى: ما منعك يا بارد أن تجيب ببعض ما أجاب به قاضي القضاة؟ وقد استظهر في الجواب بقول الله، ثم بقول رسوله، ثم بكلام العرب، ثم بقول المولدين، وبين الفتوى، وأدى المعنى، وخلص من العهدة؟! فكان خجل علي بن عيسى من حامد أعظم من خجل حامد منه.

الحجاج والأعرابي

انفرد الحجاج يومًا عن عسكره فلقي أعرابيًّا، فقال له: يا وجه العرب، كيف الحجاج؟ فقال: ظالم غاشم. قال: هلَّا شكوت إلى عبد الملك بن مروان؟! قال: أظلم وأغشم عليهما لعنة الله! فبينما هو كذلك إذ تلاحقت به عساكره، فعلم الأعرابي أنه الحجاج، فقال الأعرابي: أيها الأمير السر الذي بيني وبينك لا يطلع عليه أحد إلا الله. فتبسم الحجاج وأحسن إليه وانصرف.

الحجاج وأكل الحلوى

حضر أعرابي عند الحجاج فقدَّم الطعام فأكل الناس منه، ثم قدمت الحلوى، فترك الحجاج الأعرابي حتى أكل منها لقمة، ثم قال: من أكل من الحلوى ضربت عنقه، فامتنع الناس من أكلها، وبقي الأعرابي ينظر إلى الحجاج مرةً وإلى الحلوى مرة، ثم قال: أيها الأمير، أوصيك بأولادي خيرًا! ثم اندفع يأكل، فضحك الحجاج حتى استلقى على قفاه، وأمر لهُ بصلة.

المهلب ومالك بن بشير والحجاج

لما هزم المهلب بن أبي صفرة قطري بن الفجاءة — صاحب الأزارقة — بعث إلى مالك بن بشير فقال له: إني موفدك إلى الحجاج، فسِرْ؛ فإنما هو رجل مثلك! وبعث له بجائزة فردها، وقال: إنما الجائزة بعد الاستحقاق، وتوجَّه، فلما دخل على الحجاج قال له: ما اسمك؟ قال: مالك بن بشير. قال: ملك وبشارة! كيف تركت المهلب؟ قال: أدرك ما أمل، وأمن من خاف. قال: كيف هو بجنده؟ قال: والد رءوف. قال: فكيف جنده؟ قال: أولاد بررة. قال: كيف رضاهم عنه؟ قال: وسعهم بالفضل وأقنعهم بالعدل. قال: فكيف تصنعون إذا لقيتم عدوكم؟ قال: نلقاهم بجدنا فنطمع فيهم، ويلقوننا بجدهم فيطمعون فينا. قال: كذلك الجد إذا لقي الجد، فما حال قطري؟ قال: كادنا ببعض ما كدناه. قال: فما منعكم من اتباعه؟ قال: رأينا المقام من ورائه خيرًا من اتباعه. قال: فأخبرني عن ولد المهلب. قال: أعباء القتال بالليل حماة السرح بالنهار. قال: أيهم أفضل؟ قال: ذلك إلى أبيهم! قال: لتقولن. قال: هم كحلقة لا يُعرف طرفاها. قال: أقسمت عليك؛ هل رويت لغيري هذا الكلام؟ قال: ما اطلع عليه غير الله وأنت. فقال الحجاج لجلسائه: فهو والله الكلام المطبوع، لا الكلام المصنوع.

رؤبة وأبو مسلم صاحب الدعوة

قال رؤبة: قدمت على أبي مسلم صاحب الدعوة فناداني: يا رؤبة. فنوديت له من كل مكان: يا رؤبة. فأجبت:

لبيك إذا دعوتني لبيكا
أحمد ربًّا ساقني إليكا
الحمد والنعمة في يديكا

قال: في يدي الله — عز وجل — قلت: وأنت لما نعمت حمدت. ثم استأذنته في الإنشاد، فأذن لي، فأنشدته:

ما زال يأتي الملك من أقطاره
وعن يمينه وعن يساره
مشمرًا لا يصطلي بناره
حتى أقر الملك في قراره

فقال: إنك أتيتنا وقد خف المال واستنفده الإنفاق، وقد أمرنا لك بجائزة، وهي تافهة يسيرة، ومنك العود، وعلينا المعول، والدهر هادئ مستتب، فلا تلقَ بجنبك إلَّا شره. قال: فقلت: الذي أفادني الأمير من كلامه أحب إلي من الذي أفادني من ماله.

أبو دهان وسعد بن مسلم

وفد أبو دهان على سعد بن مسلم ووقف ببابه، فحجبه حينًا ثم أذن له، فمثل بين يديه وقال: إن هذا الأمر الذي صار إليك وفي يديك قد كان في يدي غيرك فأمسى — والله — حديثًا، إن خيرًا فخير وإن شرًّا فشر، فتحبب إلى عباد الله بحب البشر وتسهيل الحجاب ولين الجانب، فإن حب عباد الله موصول بحب الله، وبغضهم موصول ببغض الله؛ لأنهم شهداء الله على خلقه، ورقباؤه على من اعوج عن سبيله.

ابن حمران وأبو الفضل الجوهري

لما هجم ابن حمران على مصر في أيام المستنصر بالله وأحرق داره بالزيت وتخطف عسكره، اجتمع الناس إلى أبي الفضل الجوهري الواعظ، فشكوا حالهم إليه؛ فكتب إلى المستنصر: «إن كنت خالقًا فارحم خلقك، وإن كنت مخلوقًا فخف خالقك والسلام»، فرفع ذلك عنهم.

إحسان محمد بن حميد الطويسي إلى عدوه

حكي عن محمد بن حميد الطويسي أنه كان يومًا على غذائه وإذا بضجة عظيمة على الباب، فرفع رأسه، وقال لغلمانه: ما هذه الضجة؟! من كان عند الباب فليدخل؟ فخرج الغلام وعاد، وقال: يا مولاي، إن فلانًا أخذ وجيء به موثقًا بالحديد، والغلمان والشرط ينتظرون أمرك فيه. فرفع يده عن الطعام سرورًا بأخذه، فقال رجل ممن حضر عنده: الحمد لله الذي أمكنك من عدوك، فسبيل لك أن تسقي الأرض من دمه! وقال آخر: بل يصلب حيًّا ويعذب حتى يموت! وتكلم كل أحد بما وفق له، وهو ساكت مطرق، ثم رفع رأسه، وقال: يا غلام، فك عنه وثاقه، وادخله إلينا مكرمًا! فلم يكن بأسرع مما امتثل أمره وأدخل إليه رجلًا لا دم فيه، فلما رآه هش له، ورفع مجلسه، وأمر بتجديد الطعام، وجعل يبسطه ويملقه، حتى انتهى الطعام، ثم أمر له بكسوة حسنة، وصلة جميلة، وأمر برده إلى أهله مكرمًا، ولم يعاتبه بحرف واحد على جفائه، ثم التفت إلى جلسائه، وقال لهم: إن أفضل الأصحاب من حضَّ الصاحب على المكارم، ونهاه عن ارتكاب المآثم، وحسن له أن يجازي الإحسان بضعفه، والإساءه عمن أساء إليه بصفحه، إنا إذا جازينا من أساء إلينا بمثل ما أساء فأين موضع الشكر عما أتيح من الظفر؟! إنه ينبغى لمن يحضر مجالس الملوك أن يمسك إلا عن قولٍ سديد وأمرٍ رشيد؛ فإن ذلك أدوم للنعمة، وأجمع للألفة، إن الله تعالى يقول: يَا أَيُّهَا الَّذِينَ آمَنُوا اتَّقُوا اللهَ وَقُولُوا قَوْلًا سَدِيدًا * يُصْلِحْ لَكُمْ أَعْمَالَكُمْ وَيَغْفِرْ لَكُمْ ذُنُوبَكُمْ (الأحزاب: ٧٠-٧١).

الحجاج وأحد بني تميم

لما ظفر الحجاج بمحمد بن عبد الرحمن بن الأشعث — وكان قد خرج عليه، وخلع عبد الملك بن مروان — فأمر بضرب أعناق الجند الذين ظفر بهم حتى أتى على رجلٍ من بني تميم، فقال: والله أيها الأمير لئن أسأنا في الأدب لما أحسنت في العقوبة. فقال الحجاج: أفٍ لهذه الجِيَفِ! أما كان فيهم من يحسن مثل هذا؟! وأمر بإطلاق من بقي، وعفا عنهم.

أبو دلامة ومروان بن محمد

خرج مروان بن محمد لمحاربة الضحاك الحروري، فلما التقى الجمعان خرج من أصحاب الضحاك فارس فدعا إلى البراز، فقال مروان: من يخرج إليه وله عشرة آلاف درهم؟ فقال أبو دلامة: أنا. وخرج طمعًا في الجائزة، فرأى رجلًا عظيم الهامة، وعليه فرو قد أصابته السماء فابتل، ولفحته الشمس فيبس حتى صار كالقطة لا يعمل فيها السيف، فلما رآه الفارس جرى إليه وهو يرتجز:

وخارج أخرجه حب الطمعْ
فر من الموت وفي الموت وقعْ
من كان يهوى أهله فلا رجعْ

فخافه أبو دلامة، فلوى جواده هربًا، واتخذ من خوفه في الأرض نفقًا، كما اتخذ الحوت لنجاته في البحر سربًا، فقال مروان: من هذا الفاضح لا أنجاه الله؟ فقال أبو دلامة: فرَّ لا أنجاه الله، خير من قُتِلَ ورحمه الله!

عزيز الدين والمهلب

كان المهلب بن شاهين الشاعر عاملًا بنهر فروه ونهر رجا لعزيز الدين، فظهرت عليه خيانة، فأشخصه وتوعَّده، فلما مثل بين يديه قال:

قل للعزيز أدام ربي عزه
وأناله من خيره مكنونه
إني جنيت ولم يزل جبل الورى
يهبون للخدام ما يجنونه
ولقد جمعتُ من الجنون فنونه
فاجمع من الصفح الجميل فنونه
من كان يرجو عفو من هو فوقه
فليعفُ عن جرم الذي هو دونه

فعفا عنه وأعاده إلى عمله.

السائل وأحد الأمراء

وفد رجل على بعض الأمراء فسأله حاجة فقضاها، ثم سأله أخرى فقضاها، حتى قضى سبع حاجات، فلما خرج من عنده قيل له: ما فعل بك؟ قال: ما أدري! ثم قال:

لكني أخبركم عنه بنادرة
لم يأتها قبله عرب ولا عجمُ
قرأ عليه كتابًا منه كاتبه
إلى أخ وجبت منه له نعمُ
حتى إذا ما مضت (لا) في رسالته
قال استمع ثم لا تمض لك الصمم
لا تكتبن بلا فيها إلى أحد
شق الكتاب ومر فليكسر القلم

الحجاج وقتيبة والأسير

أمر الحجاج بقوم ممن خرج عليهم، فأمر بهم فضربت أعناقهم، وأقيمت صلاة المغرب وقد بقي من القوم واحد، فقال لقتيبة بن مسلم: انصرف به معك حتى تغدو به عليَّ. قال قتيبة: فخرجت والرجل معي، فلما كنا ببعض الطريق قال لي: هل لك في خير؟ قلت: وما ذاك؟! قال إني والله ما خرجت على المسلمين ولا استحللت دماءهم، ولكن ابتليت بما ترى، وعندي ودائع وأموال، فهل لك أن تخلي سبيلي وتأذن حتى آتي أهلي وأرد على كل ذي حق حقه، وأوصي، ولك عليَّ أن أرجع حتى أضع

يدي في يدك؟! قال قتيبة: فعجبت له، وتضاحكت لقوله، فمضينا هنية ثم أعاد عليَّ القول، وقال: إني أعاهد الله لك على أن أعود إليك. قال قتيبة: فوالله ما ملكت نفسي حتى قلت له: اذهب. فلما توارى عني شخصه أسقط في يدي، فقلت: ماذا صنعت بنفسي؟! وأتيت أهلي مهمومًا مغمومًا، فسألوني عن شأني فأخبرتهم، فقالوا: لقد اجترأت على الحجاج، فبتنا بأطولِ ليلةٍ، فلما كان عند أذان الغداة إذا بالباب يطرق، فخرجت فإذا أنا بالرجل، فقلت: أرجعت؟! قال: سبحان الله! جعلت لك عهد الله عليَّ فأخونك ولا أرجع؟! فقلت: أما والله إن استطعت لأنفعنك، وانطلقت به حتى أجلسته على باب الحجاج، ودخلت، فلما رآني، قال: يا قتيبة أين أسيرك؟ قلت: أصلح الله الأمير، بالباب، وقد اتفق لي معه قصة عجيبة، قال: ما هي؟ فحدثته الحديث، فأذن له فدخل، ثم قال: يا قتيبة، أتحب أن أهبه لك؟ قلت: نعم. قال: هو لك، فانصرف به معك. فلما خرجت به، قلت له: خذ أي طريق شئت، فرفع طرفه إلى السماء، وقال: لك الحمد يا رب. وما كلمني بكلمة ولا قال لي: أحسنت، ولا أسأت! فقلت في نفسي: مجنون والله! فلما كان بعد ثلاثة أيام جاءني، وقال لي: جزاك الله خيرًا، أما والله ما ذهب عني ما صنعت، ولكن كرهت أن أشرك مع حَمْدِ اللهِ حَمْدَ أحدٍ.

أبو العيناء وعيسى بن فرخان

كان عيسى بن فرخان شاه يفد على أبي العيناء في حال وزارته، فلما انصرف عنها لقي أبا العيناء في بعض الطرق فسلم عليه سلامًا خفيفًا، فقال أبو العيناء لغلامه: من هذا؟ قال: أبو موسى. فدنا منه حتى أخذ بعنان بغلته، وقال: لقد كنت أقنع بإيمائك دون بيانك، وبلحظك دون لفظك، فالحمد لله على ما آلت إليه حالك، فلئن كانت أخطأت فيك النعمة لقد أصابت فيك النقمة، ولئن كانت الدنيا أبدت قبائحها بالإقبال عليك لقد أظهرت محاسنها بالإدبار عنك، ولله المنة إذ أغنانا عن الكذب عليك، ونزهنا عن قول الزور فيك، فقد والله أسأت حمل النعمة، وما شكرت حق المنعم. ثم أطلق يده من عنانه، ورجع إلى مكانه، فقيل له: يا أبا عبد الله، لقد بالغت في السب، فما كان الذنب؟! فقال: سألته حاجة أقلَّ من قيمته فردني عنها بأقبحَ من خلقته.

خرقاء وسعد بن أبي وقاص

لما نزل سعد بن أبى وقاص بالقادسية أميرًا عليها، وهزمت الفرس، وقتل رستم أتت خرقاء بنت النعمان بن المنذر في جماعة من قومها وجواريها وهنَّ في زيها، عليهن المسوح والمقطعات السود، مترهبات تطلب صلته، فلما وقفن بين يديه أنكرهنَّ سعد، فقال: أيكنَّ خرقاء؟ قالت: ها أنا ذا. قال: أنت خرقاء؟ قالت: نعم، فما تكرارك في استفهامي؟! ثم قالت: إن الدنيا دار زوال لا تدوم على أهلها انتقالًا، وتعقبهم بعد حال حالًا، كنا ملوك هذا المصر يجيء لنا خراجه، ويطيعنا أهله مدى الإمرة وزمان الدولة، فلما أدبر الأمر صاح بنا صائح الدهر؛ فشق عصانا، وشتت شملنا، وكذلك الدهر يا سعد؛ إنه ليس يأتي قومًا بمسرة إلا ويعقبهم بحسرة، ثم أنشأت تقول:

وبينا نسوس الناس والأمرُ أمرنا
إذا نحنُ فيهم سوقة ليس نُعرفُ
فأفٍّ لدنيا لا يدوم نعيمها

تقلب تاراتٍ بنا وتصرفَ

فقال سعد: قاتل الله عديَّ بن زيد، كأنه ينظر إليها حيث يقول:

إن للدهر صولةً فاحذرنها
لا تبيتنَّ قد أمنت الدهورا
قد يبيت الفتى معافى فيرزا
ولقد كان آمنًا مسرورًا

فبينما هي واقفة بين يدي سعد؛ إذ دخل عمرو بن معدي كرب، وكان زوارًا لأبيها في الجاهلية، فلما نظر إليها قال: أنت خرقاء؟ قالت: نعم. قال: فما دهمك، فأذهب بجودات شيمك؟ أين تتابع نعمتك وسطوة نقمتك؟ فقالت: يا عمرو، إن الدهر عثرات وعبرات تعثر بالملوك وأبنائهم فتفضحهم بعد رفعة، وتفردهم بعد منعة، وتذلهم بعد عز، إن هذا الأمر كنا ننتظره، فلما حل بنا لم ننكره. فأكرمها سعد وأحسن جائزتها، فلما أرادت فراقه قالت: حيّ أختك بتحيات ملوكنا، لا نزع الله من عبد صالح نعمة إلا جعلك سببًا لردها عليه. ثم خرجت من عنده، فلقيها نساء المدينة فقلن لها: ما فعل بك الأمير؟ قالت: أكرم وجهي، وإنما يكرم الكريمَ كريمٌ.

المتنبي وسيف الدولة

كان المتنبي يأبى شرب الخمر ويكرهه، فألزمه سيف الدولة بن حمدان، فشرب ذات ليلة عنده، فصدرت منه هفوة، وندم لوقته، فقام وانصرف، وبقي لا يحضر مجلسه، فأكثر في طلبه حتى حضر، فأمره بالشرب فامتنع، وأقسم أنه لا يشرب أبدًا خمرًا، وأنشد يقول:

رأيت المدامة قلابةً
تهيج للمرء أشواقهُ
تسيء من المرء تأديبه
ولكن تحسن أخلاقهُ
وبالأمس مت بها موتةً
وهل يشتهي الموت من ذاقهُ؟!

أهل الحجاز والحجاج

مرض الحجاج مرضًا شديدًا، فأرجف أهل الحجاز بموته، فخرج مندملًا من مرضه حتى صعد ذروة المنبر فقال: ألا إن أهل السواق أهل الشقاق والنفاق نفخ الشيطان في عناصرهم، فقالوا: مات الحجاج! وما مات الحجاج، وإن مت فإني والله ما أحب إلَّا الموت، وهل أرجو الخير كله إلَّا بعد الموت؟! وما رأيت الله — علا ذكره وتقدست أسماؤه — رضي بالتخليد لأحد من خلقه إلَّا لأخسهم وأهونهم عليه؛ إبليس، ولقد سأل العبد الصالح ربه، فقال: هب لي ملكًا لا يبقى لأحد من بعدي.

ففعل، ثم اضمحل كأنه لم يكن، يا أيها الرجل — وكلكم ذلك الرجل — والله كأني بي وبكم قد صار كل حي منا ميتًا، وكل رطب يابسًا، ونقل كل امرئ في ثياب طاهرة إلى أربع أذرع طولًا في ذراعين عرضًا، وأكلت الأرض شعره، ومصت دمه، ورجع الحبيبان: أهله وولده يقتسمان من ماله، ألا إن الذين يعلمون ما أقول حقًا. ثم نزل.

الكردي والأمير

حضر بعض مقدمي الأكراد على سماط أمير، وكان على السماط حجلتان مشويتان، فنظر الكردي إليهما وضحك، فسأله الأمير عن ذلك، فقال: قطعت الطريق في عنفوان شبابي على تاجر، فلما أردت قتله تضرع فما أفاد تضرعه، فلما رأى أني قاتله لا محالة التفت إلى حجلتين كانتا في الجبل، فقال: اشهدا عليه أنه قاتلي. فلما رأيت هاتين الحجلتين تذكرت حمقه! فقال الأمير: قد شهدتا! ثم أمر الأمير بضرب عنقه.

النوادر الثانية

نوادر الخطباء

خطبة عبد الله بن الزبير بعد قتل مصعب

لما بلغ عبد الله بن الزبير قتل مصعب صعد المنبر، فحمد الله وأثنى عليه، ثم سكت، فجعل لونه يحمرُّ تارة ثم يصفر أخرى، فقال رجل من قريش لرجل إلى جانبه: ما له لا يتكلم، فوالله إنه لبيب الخطباء؟! قال: لعله يريد أن يذكر مقتل سيد العرب فيشتد عليه ذلك؛ وغير ملوم. ثم تكلم فقال: «الحمد لله، له الخلق والأمر، والدنيا والآخرة، تؤتي الملك من تشاء، وتنزع الملك ممن تشاء، وتعز من تشاء، وتذل من تشاء.

أما بعد: فإنه لم يعز الله من كان الباطل معه، وإن كان معه الأنام طرًّا، ولم يذل من كان الحق معه، وإن كان بائسًا حقيرًا، ألا وإن خزان العراق أتانا فأحزننا وأفرحنا؛ فأما الذي أحزننا فإن لفراق الحميم لوعة غير أن دعوى ذوي الألباب إلى الصبر وكريم العزاء، وأما الذي أفرحنا: فإن قتل المصعب له شهادة ولنا ذخيرة، أسلمه النعام المعالم، ألا وإن أهل العراق باعوه بأقلّ من الثمن الذي كانوا يأخذونه منه، فإن يقتل فقد قتل أخوه وأبوه وابن عمه وكانوا الخيار الصالحين، إنا والله لا نموت خنقًا ولكن قصفًا بالرماح، وموتًا تحت ظلال السيوف، وليس كما يموت ابن مروان، ألا وإنما الدنيا رية من الملك الأعلى الذي لا يبيد ذكره ولا يذل سلطانه، فإن تقبل الدنيا علي لم آخذها أخذ الأشر البطر، وإن تدبر عني لم أبكِ عليها بكاء الخرق المهين»، ثم نزل.

خطبة عتبة بن أبي سفيان

صعد عتبة بن أبي سفيان المنبر فقال: «يا أهل مصر، قد كنتم تعذرون لبعض المنع منكم ببعض الجور عليكم، فقد وليكم من يقول ويفعل ويفعل ويقول، فإن رددتم ردكم بيده، وإن استصعبتم ردكم بسيفه، ثم رجا في الأمر ما أمل في الأول أن البقية متابعة، قلنا: عليكم السمع والطاعة، ولكم علينا العدل، فأينا غدر فلا ذمة له عند صاحبه، والله ما انطلقت به ألسنتنا حتى عقدت عليها قلوبنا، ولا طلبناها منكم حتى بذلناها لكم ناجزًا يناجز، ومن حذركن بشرٍّ» قال: فنادوه: سمعًا وطاعة. فناداهم: عدلًا عدلًا.

خطبة جعفر بن محمد

خطب جعفر بن محمد فقال: «أوصيكم عباد الله ونفسي بتقوى الله، ولزوم طاعته، وتقويم العمل، وترك الأمل، فإنه من فرَّط في عمله لم ينتفع بشيء من أمله، أين التعب بالليل والنهار؟ والمقتحم بلجج البحار ومفاوز القفار يسير من وراء الجبال وعالج الرمال، يصل الغدو بالرواح والمساء بالصباح في طلب محقرات الرياح هجمت عليه منيته، فعظمت بنفسه رزيئته، فصار ما جمع بورًا، وما اكتسب غرورًا، ووافى القيامة محسورًا، أيها اللاهي الفائز بنفسه، كأني بك وقد أتاك رسول ربك لا يقرع لك بابًا، ولا يهاب لك حجابًا، ولا يقبل منك بديلًا، ولا يأخذ عنك كفيلًا، ولا يرحم لك صغيرًا، ولا يوقر فيك كبيرًا، حتى يؤديك إلى قعر مظلمة أرجاؤها موحشة كفعلة الأمم الخالية والقرون الماضية، أين من سعى واجتهد، وجهز وعدَّ، وبنى وشيد، وزخرف؟ ونجد بالقليل لم يقنع، وبالكثير لم يمنع، أين من قاد الجنود، ونشر البنود؟ أضحوا رفاتًا تحت الثرى أمواتًا، وأنتم بكأسهم شاربون، ولسبيلهم سالكون، عباد الله، فاتقوا الله، وراقبوه، واعملوا لليوم الذي تسير منه الجبال، وتشقق السماء بالغمام، وتتطاير الكتب عن اليمين والشمال، فأي رجل يومئذ قال: هاؤم اقرءوا كتابيه؟ أم يا ليتني لم أوت كتابيه؟ نسأل من وعدنا بإقامة الشرائع في جنته أن يقينا سخطه، إنما أحسن الحديث وأبلغ الموعظة كتاب الله الذي لا يأتيه الباطل من بين يديه ولا من خلفه تنزيل من حكيم حميد.»

علي بن أبي طالب

قال الإمام علي بن أبي طالب: «أعجب ما في الإنسان قلبه، وله موارد من الحكمة وأضداد من خلافها، فإن سنح له الرجاء أذله الطمع، وإن هاجه الطمع أهلكه الحرص، وإن ملكه اليأس قتله الأسف، وإن عرض له الغضب اشتد به الغيظ، وإن أسعد بالرضا نسي التحفظ، وإن أتاه الخوف شغله الحذر، وإن اتسع له الأمن استقبله العز، وإن أصابته مصيبة فضحه الجزع، وإن استفاد مالًا أطغاه الغنى، وإن عضته فاقة بلغ به البلاء، وإن جهد به الجوع قعد به الضعف، وإن أفرط في الشبع كظته البطنة، فكل تقصير به مضر، وكل إفراط له قاتل.

قس بن ساعدة والرجل

قال أحدهم: بينا أنا بجبل يقال له: سمعان، في يوم شديد الحرِّ إذا أنا بقس بن ساعدة خطيب العرب أمام قبرين بينهما مسجد، فقلتٍ له: ما هذان القبران؟ فقال: هذان قبرا أخوين كانا لي فماتا، فاتخذت بينهما مسجدًا أعبد الله — جلَّ وعزَّ — فيه حتى ألحق بهما. ثم ذكر أيامهما فبكى، وأنشد:

خليليَّ هبا طالما قد رقدتما
أجدا كما لا تقضيان كراكما
ألم تعلما ما لي براوند هذه
ولا بخراق من نديم سواكما
مقيم على قبريكما لست بارحًا
طوال الليالي أو يجيب صداكما
جرى الموت مجرى اللحم والعظم منكما
كأن الذي يسقي العقار سقاكما
أناديكما كيما تجيبا وتنطقا
وليس مجابًا صوته من دعاكما
أمن طول نوم لا تجيبان داعيًا
خليليَّ ما هذا الذي قد دهاكما
قضيت بأني لا محالة هالك
وأني سيعروني الذي قد عراكما
سأبكيكما طول الحياة وما الذي
يرد على ذي عولة أن بكاكما

ثابت قطنة الخطيب

قال محمد بن يزيد: كان ثابت قطنة قد وُلِّيَ عملًا من أعمال خراسان، فلما صعد المنبر يوم الجمعة رام الكلام فتعذر عليه، فقال: سيجعل الله بعد عسر يسرًا، وبعد عيٍّ بيانًا، وأنتم إلى أمير فعَّالٍ أحوج منكم إلى أمير قوَّال، ثم أشهر الحسام وأنشد:

وإن لم أقف فيكم خطيبًا فإنني
بسيفي إذا جد الوغى لخطيبُ

فبلغت كلماته خالد بن صفوان، فقال: والله ما علا ذلك المنبر أخطب منه.

الإمام علي والمسترشد

سأل رجل الإمام علي بن أبي طالب أن يعظه؛ فقال: لا تكن ممن يرجو الآخرة بلا عمل، ويرجو التوبة بطول الأمل، يقول في الدنيا بقول الزاهدين، ويعمل فيها بقول الراغبين، إن أعطى منها لم يشبع، وإن مُنع لم يقنع، ينهي ولا ينتهي، ويأمر بما لا يأتي، يحب الصالحين ولا يعمل عملهم،

ويبغض المذنبين وهو أحدهم، ويكره الموت؛ لكثرة ذنوبه، إن سقم ظل نادمًا، وإن صح أمن لاهيًا، يعجب بنفسه إذا عوفي، ويقنط إذا ابتلي، إن أصابه بلاءٌ دعا مضطرًا، وإن ناله رخاء أعرض مغترًا، تغلبه نفسه على ما يظن، ولا يغلبها على ما يستيقن، يخاف على غيره بأدنى من ذنبه، ويرجو لنفسه بأكثرَ من عمله، إن استغنى بطر وفتن، وإن افتقر قنط ووهن، يقصر إذا عمل، ويبالغ إذا سأل، يصف العبر ولا يعتبر، ويبالغ في الموعظة ولا يتعظ، فهو بالقول مدل، ومن العمل مقل، ينافس فيما يفنى، ويسامح فيما يبقى، يرى الغنم مغرمًا والغرم مغنمًا، يخشى الموت ولا يبادر الفوت، يستعظم من معصية غيره ما يستقل أكثر منه من نفسه، يستكثر من طاعته ما يحتقره من طاعة غيره، فهو عن الناس طاعن ولنفسه مداهن، اللهو مع الأغنياء أحب إليه من الذكر مع الفقراء، يحكم على غيره لنفسه ولا يحكم عليها لغيره، فهو يطاع ويعصي ويستوفي ولا يوفي، ويخشى الخلق في غير ربه، ولا يخشى ربه في خلقه.

أبو الدرداء وأهل الشام

لما دخل أبو الدرداء الشام قال: يا أهل الشام، اسمعوا قول أخ لكم ناصح. فاجتمعوا عليه، فقال: ما لي أراكم تبنون ما لا تسكنون؟ وتجمعون ما لا تأكلون؟ إن الّذين كانوا قبلكم بنوا شديدًا، وأملوا بعيدًا، وجمعوا كثيرًا، فأصبح أملهم غرورًا، وجمعهم بورًا، ومساكنهم قبورًا.

خطبة أبي العباس السفاح

ارتج على أبي العباس السفاح؛ فنزل ثم صعد، وقال: أيها الناس، إن اللسان بضعة من الإنسان؛ يكل لكلاله، ويرتجل لارتجاله، ونحن أمراء الكلام، بنا تفرعت فروعه، وعلينا تهدلت غصونه، وإنا لا نتكلم هدرًا، ولا نسكت حصرًا، بل نسكت معتبرين، وننطق مرشدين.

قتيبة بن مسلم والرجل

خطب قتيبة بن مسلم على منبر خراسان عندما قدمها واليًا فسقطت العصا من يده؛ فتطير من ذلك، فقام بعض الأعراب فمسحها وناوله إياها، وقال: أيها الأمير، ليس كما ظن العدو وأساء الصديق، ولكنه كما قال الشاعر:

فألقت عصاها واستقر بها النوى
كما قر عينًا بالإياب المسافر

خطبة الإمام علي بن أبي طالب

قال الإمام على: «من حلم ساد، ومن ساد استفاد، ومن استحيا قتل، ومن احتفر لأخيه بئرًا وقع فيها، ومن نسي زلته استعظم ذله، ومن هاب خاب، ومن طلب للرئاسة صبر على السياسة، ومن أبصر

عيب نفسه غفر عن عيب غيره، ومن سل سيف البغي قتل به، ومن هتك حجاب غيره انهتكت عورات بيته، ومن كابر في الأمور عطب، ومن اقتحم اللجج غرق، ومن أعجب برأيه ضل، ومن استغنى بعقله زل، ومن تجبر على الناس ذل، ومن تعمق في العمل كل، ومن صاحب الأنذال حقر، ومن جالس العلماء وقر، ومن دخل مداخل السوء اتهم، ومن حسن خلقه سهلت له طرقه، ومن حسن مكرمه كانت الهيبة أمامه، ومن خشي الله فاز، ومن استعان بالجهل ترك طريق العدل، ومن عرف أجله قصر أمله، ثم أنشد يقول:

ألبس أخاك على عيوبهْ
واستر وعظه على ذنوبهْ
واصبر على بهت السفي
ه وللزمان على خطوبه
ودع الجواب تفاضلًا
وكلِ الظلوم إلى حسيبه

النوادر الثالثة

نوادر القضاة

مرزبان والخراساني والقاضي

باع رجل من خراسان جمالًا إلى مرزبان المجوسي وكيل جعفر بثلاثين ألف درهم، فمطله بثمنها وعوقه عن سفره؛ فطال ذلك على الرجل فأتى إلى بعض أصحابه وشاوره؛ كيف يعمل؟ فقال: اذهب إلى مرزبان، وقل له: أعطني ألف درهم، وأحل عليك بالمال الباقي، وأسافر إلى خراسان، فإذا فعل فعرفني حتى أشير عليك. ففعل الرجل وأتى إلى مرزبان، فأعطاه ألف درهم فرجع إلى الرجل فأخبره، فقال له: عد إليه، وقل له: إذا ركبت غدًا فاجعل طريقك على القاضي حتى أوكل رجلًا يقبض المال منك في دفعات، وأروح أنا إلى خراسان، فإذا جاء وجلس إلى القاضي فادَّع بمالك كله، فإذا أقرَّ حبسه القاضي وأخذت مالك منه، فرجع الخراساني إلى مرزبان وسأله ذلك؛ فأجابه، فقال: انتظرني غدًا بباب القاضي، فلما ركب من الغد قام إليه الرجل، وقال: إن رأيت أن تنزل إلى القاضي حتى أوكل بقبض المال وأروح؟

فنزل مرزبان فتقدما إلى القاضي، وكان حفص بن غياث، فقال الرجل: أصلح الله القاضي، لي على هذا تسعة وعشرون ألف درهم. وادَّعى عليه، فقال له حفص: ما تقول يا مجوسي؟ قال: صدق، أصلح الله القاضي. قال: قد أقر لك. قال: يعطيني مالي وإلا الحبس. فقال المرزبان: يا مجوسي ما تقول؟ قال: هذا المال مع السيدة أم جعفر. قال له: يا أحمق، تعد ثم تقول هذا على السيدة! ما تقول يا رجل؟! قال: إن أعطاني مالي وإلا حبسته. فقال حفص: يا مجوسي ما تقول؟ قال: المال على السيدة. قال حفص: خذوا بيده إلى الحبس. فلما حبس بلغ الخبر به إلى أم جعفر؛ فغضبت، وبعثت إلى السندي، وقالت: وجه بمرزبان إليَّ وعجل. فأسرع السندي، فأخرجه من الحبس، وبلغ الخبر إلى

حفص أن مرزبان قد أخرج، فقال: أحبس أنا ويخرج السندي؟! والله لا جلست للقضاء أو يُرد مرزبان إلى الحبس. وغلق باب بيته، فسمع السندي ذلك فجاء إلى السيدة أم جعفر، فقال: الله الله فيَّ! فإن حفصًا ممن لا تأخذه في الله لومة لائم، وأخاف من أمير المؤمنين الرشيد يقول لي: بأمر من أخرجته؟ رديه إلى الحبس وأنا أكلم حفصًا فيه. فأجابته، وردته إلى الحبس، وقالت أم جعفر للرشيد: قاضيك هذا أحمق حبس وكيلي، واستخف به، اكتب إليه ومره لا ينظر في الحكم، فأمر لها بالكتاب، وبلغ حفصًا ذلك، فقال للرجل: أحضر لي شهودًا لأسجل لك على المجوسي بالمال. وجلس حفص وسجل على المجوسي، فجاء خادم السيدة ومعه كتاب الرشيد، فقال: هذا كتاب أمير المؤمنين. فقال: اسمع ما يقال لك. فلما فرغ حفص من السجل أخذ الكتاب من الخادم وقرأه، وقال: اقرأ على أمير المؤمنين السلام، وأخبره أن كتابه ورد وقرأته، وقد أنفذت الحكم عليه، فقال الخادم: قد عرفت والله ما صنعت؛ أبيت أن تأخذ كتاب أمير المؤمنين حتى تفرغ مما تريد، والله لأخبرت أمير المؤمنين بما فعلت. فقال له حفص: قل له ما أحببت، فجاء الخادم وأخبر هارون الرشيد بذلك، فضحك وقال للحاجب: مر لحفص بن غياث بثلاثين ألف درهم. فركب يحيى بن خالد فاستقبل حفصًا منصرفًا عن مجلس الحكم، فقال: أيها القاضي، قد سررت أمير المؤمنين اليوم، وقد أمر لك بثلاثين ألف درهم، فما كان السبب في هذا؟! فقال حفص: تمم الله سرور أمير المؤمنين وأحسن حفظه وكلاءته، ما زدت على ما أفعل كل يوم. قال: ومع ذلك؟ قال: لا أعلم أني سجلت على مرزبان المجوسي بمال وجب عليه. فقال يحيى: فمن هذا سر أمير المؤمنين. قال حفص: الحمد لله كثيرًا، من أقام بحقوق الشريعة ألبسه الله رداء المهابة.

ابن عيسى الوزير والقاضي أبو عمرو

كان أبو الحسن علي بن عيسى الوزير يحب أن يبين فضله على كل أحد، فدخل عليه القاضي أبو عمرو في أيام وزارته وعلى القاضي قميص جديد فاخر غالي الثمن، فأراد الوزير أن يخجله؛ فقال: يا أبا عمرو، بكم اشتريت شقة هذا القميص؟ قال: بمائة دينار. فقال أبو الحسن: أنا اشتريت شقة قميصي هذا بعشرين دينارًا. فقال أبو عمرو: إن الوزير أعزه الله تعالى يجمل الثياب فلا يحتاج إلى المبالغة فيها، ونحن نتجمل بالثياب فنحتاج إلى المبالغة فيها؛ لأننا نلابس العوام، والوزير أعزه الله تعالى يخدمه الخواص، ويعلمون أن تركه ذلك لمثلي إنما هو عن قدرةٍ.

الأزدي ومحمد بن داود والجارية

قال القاضي أبو عمر محمد بن يوسف الأزدي: كنت أساير أبا بكر محمد بن داود الإمام الأصفهاني ببغدادَ، وإذا بجارية تغني من شعره هذه الأبيات:

أشكو عليل فؤاد أنت متلفه
شكوى عليل إلى ألفٍ يعللهُ
سقمٍ يزيد على الأيام كثرته
وأنت في عظم ما ألقى تقلله
الله حرم قتلي في الهوى سفهًا

وأنت يا قاتلي ظلمًا تحلله

فقال محمد بن داود: كيف السبيل إلى استرجاع هذا؟ فقلت: هيهات! سارت به الركبان.

النوادر الرابعة

متفرقات من نوادر العظماء

أبو جعفر البغدادي وأبو عيسى

قال أبو جعفر البغدادي: خرجت يومًا إلى المسجد الجامع ومعي قرطاس؛ لأكتب فيه بعض ما أستفيده من العلماء، فمررت بباب أبي عيسى بن المتوكل، فإذا ببابه المشدودُ — وكان من أحذق الناس بالغناء — فقال: أين تريد يا أبا عكرمة؟ قلت: المسجد الجامع لعلّي أستفيد فيه حكمة أكتبها. فقال: ادخل بنا على أبي عيسى. فقلت له: مثل أبي عيسى في قدره وجلالته يُدخل عليه بغير إذن؟! فقال للحاجب: أَعْلِم الأمير بمكان أبي عكرمة.

قال: فما لبث إلا ساعة حتى خرج الغلمان فحملوني حملًا، فدخلت إلى دار لا والله ما رأيت أحسن منها بناءً، ولا أظرف فرشًا، ولا صباحة وجوه، فحين دخلنا نظرت إلى أبي عيسى، فلما أبصرني قال لي: يا بغيض، متى تحتشم؟ اجلس. فجلست، قال: ما هذا القرطاس بيدك؟ قلت: يا سيدي، حملته لأستفيد منه شيئًا، وأرجو أن أدرك حاجتي في هذا المجلس. فمكثنا حينًا ثم أتينا بالطعام، ما رأيت أكثر منه ولا أحسن، فأكلنا، وحانت مني التفاتة، فإذا أنا بزنين ودبيس — وهما من أحذق الناس بالغناء — فقلت: هذا المجلس قد جمع الله فيه كل شيء مليح، ثم رفع الطعام وجيء بالشراب، وقامت جارية تسقينا شرابًا ما رأيت أحسن منه، في كل كأس لا أقدر على وصفها، فقلت: أعزك الله ما أشبه هذا بقول إبراهيم بن المهدي يصف جارية بيدها خمر:

حمراء صافية في جوف صافيةٍ
يسعى بها نحونا خود من الحور
حسناء تحمل حسناوين في يدها
صافٍ من الراح في صافي القوارير

وقد جلس المشدود وزنين ودبيس ولم يكن في ذلك الزمان أحذق من هؤلاء الثلاثة بالغناء، فابتدأ المشدود فغنى:

لما استقل بأردافٍ تجاذبهُ
واخضرَّ فوق حجاب الدر شاربه
وأشرق الورد في نسرين وجنته
واهتزَّ أعلاه وارتجت حقائبه

كلمته بجفون غير ناطقة
فكان من رده ما قال حاجبه

ثم سكت فغنى زنين:

الحب حلو أمرَّته عواقبهُ
وصاحب الحب صب القلب ذائبهُ
أستودع الله من بالطرف ودعني
يوم الفراق ودمع العين ساكبه
ثم انصرفت وداعي الشوق يهتف بي:
ارفق بقلبك قد عزت مطالبهُ

وقال:

وعاتبته دهرًا فلما رأيته
إذ ازداد ذلًّا جانبي عز جانبه
عقدت له في الصدر مني مودةً
وخليت عنه مبهمًا لا أعاتبه

ثم سكت فغنى دبيس:

بدر من الأنس حفته كواكبه
قد لاح عارضه واخضرَّ شاربهُ
عاطيته كدم الأوداج صافية
فقام يشدو وقد مالت جوانبهُ

قالت: فعجبت كيف أنهم غنوا بلحن واحد وقافية واحدة؟! قال أبو عيسى: يعجبك من هذا شيء يا أبا عكرمة؟ فقلت: يا سيدي، المنى دون هذا. ثم إن القوم غنوا على هذا إلى انقضاء المجلس.

عبد الله بن طاهر وابن خليد

لما ولي عبد الله بن طاهر خراسان بعد موت أبيه من قبل الواثق دخل عليه عبد الله بن خليد بن سعد المعروف بأبي العميل بقصيدة يمدحه فيها ويهنئه بالولاية فقال:

يا من يؤمل أن تكون خصالهُ
كخصال عبد الله أنصت واسمع
اصدق وعفَّ وبرَّ وانصف واحتمل
واكفف وكاف ودار واحلم واشجع

والطف ولِن واشتد وأرفق واتئد
واحزم وجِدَّ وحام واحمل وادفع
فلقد نصحتك إن قبلت نصيحتي
وهديت للنهج الأسَد المهيع

حسانة النميرية وعبد الرحمن بن الحكم

وفدت حسانة النميرية بنت أبي الحسين الشاعر الأندلسي على عبد الرحمن بن الحكم متشكيةً من عامله جابر بن لبيد والي إلبيرة، وكان الحكم قد وقع لها بخط يده تحرير أملاكها، فلم يفدها، فدخلت إلى الإمام عبد الرحمن فأقامت بفنائه وتلطفت مع بعض نسائه حتى أوصلها إليه وهو في حال طرب وسرور، فانتسبت إليه فعرفها وعرف أباها، ثم أنشدت:

إلى ذي الندى والمجد سارت ركائبي
على إبلٍ تصلى بنار الهواجرِ
ليجبر صدعي أنه خير جابر
ويمنعني من ذا المظالم جابر
فإني وأيتامي بقبضة كفه
كذي الريش أضحى في مخالب كاسر
جدير لمثلي أن يقال بسرعة
بموت أبي العاص الذي كان ناصري
سقاه الحيا لو كان حيًّا لما اعتدى
عليّ زمان باطش بطش قادر
أيمحو الذي خطته يمناه جابر
لقد سام بالأملاك إحدى الكبائر

ولما فرغت رفعت إليه خط والده وحكت جميع أمرها، فرقَّ لها، وأخذ خط أبيه فقبله، ووضعه على عينيه، وقال: تعدى ابن لبيد طوره؛ حتى رام نقض رأي الحكم، وحسبنا أن نسلك سبيله بعده، ونحفظ بعد موته عهده، انصرفي فقد عزلته لك. ووقع لها بمثل توقيع أبيه الحكم؛ فقبلت يده، وأمر لها بجائزة، فانصرفت.

كافور وأبو إسحاق والفضل بن عباس

جلس أبو إسحاق عند كافور الإخشيدي، فدخل عليه أبو الفضل بن عباس فقال: أدام الله أيام مولانا (وكسر ميم أيام) فتبسم كافور إلى أبي إسحاق، ففطن لذلك وقال بديهًا:

لا غرو أن لحن الداعي لسيدنا
وغص من دهش بالريق أو بهرِ

فمثل سيدنا حالت مهابته
بين الأديب وبين الفتح بالحصر
وإن يكن خفض الأيام عن غلط
في موضع النصب لا عن قلة البصر
فإن أيامه خفض بلا نصب
وإن دولته صفو بلا كدر

فاستحسن قوله وأحسن إليهم.

فضل الحبر والمداد

كتب إبراهيم بن العباس كتابًا؛ فأراد محو حرف، فلم يجد منديلًا، فمحاه بكفه، فقيل له في ذلك، فقال: المال فرع، والعلم أصل، وإنما بلغنا هذه الحال وحصلنا على هذه الأموال بهذا العلم والمداد، ثم أنشد:

إذا ما الفكر أضمر حسن لفظ
وأدّاه الضمير إلى العيان
ووشاه ونمنمه مسد
فصيح بالمقال وباللسان
رأيتَ حلى البيان منورات
تضاحك بينها صور المعاني

الأحنف والرجل

سمع الأحنف بن قيس رجلًا يقول: العلم في الصغر كالنقش في الحجر. فقال الأحنف: الكبير أكثر عقلًا، ولكنه أشغل قلبًا.

الشعبي والأعربيان والعلم

قال الشعبي: العلم ثلاثة أشبار، من نال منه شبرًا شمخ بأنفه وظن أنه ناله، ومن نال الشبر الثاني صغرت إليه نفسه وعلم أنه لم ينله، وأما من نال الشبر الثالث فهيهات لا يناله أحد أبدًا، ومما أنذرك به في حالي أني صنعت في البيوع كتابًا، جمعت فيه ما استطعت من كتب الناس، وأجهدت فيه نفسي، وكددت فيه خاطري، حتى إذا تهذب واستكمل، وكدت أعجب به، وتصورت أنني أشد الناس اضطلاعًا بعلمه، حضرني وأنا في مجلس أعرابيان، فسألاني عن بيع عقداه في البادية على شروط تضمنت أربع مسائل لم أعرف لواحدة منها جوابًا، فأطرقت وبحالي وحالها معتبرًا، فقالا: ما عندك فيما سألناك جواب وأنت زعيم هذه الجماعة؟! فقلت: لا. فقالا: واهًا لك! وانصرفا، ثم أتيا من يتقدمه

في العلم كثير من أصحابي، فسألاه فأجابهما مسرعًا بما أقنعهما، وانصرفا عنه راضيين بجوابه حامدين العلم، فبقيت مرتبكًا وبأمري معتبرًا، وإني لعلى ما كنت عليه من المسائل إلى وقتي هذا، فكان ذلك زاجرَ نصيحةٍ ونذيرَ عظةٍ، تذلل بها قياد النفس، وانخفض لها جناح العجب توفيقًا منحته ورشدًا أوتيته.

حكمة مالك بن دينار

قيل لمالك بن دينار: ادع الله لفلان المحبوس. فقال: مثل محبوسك مثل شاة غدت إلى عجين فقير فأكلته فأتخمت، فصاحبها يقول: اللهم سلمها. وصاحب العجين يقول: اللهم أهلكها! ولا ينفع دعاءُ صاحبها مع دعاء المظلوم، فقولوا لصاحبكم يرد إلى كل ذي حق حقه؛ فإنه لا يحتاج إلى دعائي حينئذ.

أبو أيوب وعبد الله بن الأعرابي

قال أحمد بن عمران: كنا عند أبي أيوب أحمد بن محمد بن شجاع يومًا في منزله، فبعث غلامًا من غلمانه إلى أبي عبد الله بن الأعرابي، وسأله المجيء إليه، فعاد الغلام، فقال: قد سألته، فقال: «عندي قوم من الأعراب، فإذا قضيت وطري منهم أتيت»، قال الغلام: وما رأيت عنده أحدًا إلَّا أن بين يديه كتبًا ينظر فيها؛ فينظر في هذا مرة وفي هذا مرةً! ثم ما شعرنا حتى جاء، فقال له أبو أيوب: يا أبا عبد الله، سبحان الله العظيم! تخلفت وحرمتنا الأنس بك، ولقد قال لي الغلام: إنه ما رأى عندك أحدًا، وقد قلت له: أنا مع قوم من الأعراب إذا قضيت إربي منهم أتيت، فقال:

لنا جلساء ما يملُّ حديثهم
ألبَّاء مأمونون غيبًا ومشهدا
يفيدوننا من علمهم علم من مضى
وعقلًا وتأديبًا ورأيًا مفردا
فإن قلت أموات فما أنت كاذب
وإن قلت أحياء فلست مفندا

نباهة والٍ

أحضر عند بعض الولاة رجلان اتهما بسرقة، فأقامها بين يديه ثم دعا بشربة ماء، فجيء بكوز، فقال لهما: ضعا يديكما عليه. فمد أحدهما فارتاع، وثبت الآخر، فقال لمن خاف: اذهب إلى حال سبيلك، وقال للآخر: أنت الذي أخذت المال. وتهدده، فأقر، وسئل عن ذلك؛ فقال: إن اللص قوي القلب، والبريء يُخدع، ولو تحرك عصفور لفزع منه.

الرازي والرجل

قال رجل ليحيى بن معاذ الرازي: إنك تحب الدنيا. فقال يحيى للرجل: أخبرني عن الآخرة؛ بالطاعة تنال أم بالمعصية؟ قال: لا، بل بالطاعة. قال: فأخبرني عن الطاعة؛ بالحياة تنال أم بالممات؟ قال: لا، بالحياة. قال: فأخبرني عن الحياة؛ أبالقوت تنال أم بغير القوت؟ قال: لا، بل بالقوت. قال: فأخبرني عن القوت؛ أمن الدنيا هو أم من الآخرة؟ قال: لا، بل من الدنيا. قال: كيف لا أحب الدنيا قدر لي فيها قوت أكتسب به حياة أدرك بها طاعة أنال بها الآخرة؟! فقال الرجل: إن من البيان لسحرًا!

نصر الدين والسراج بن الوراق

كتب نصر الدين المحامي إلى السراج بن الوراق، وكان السراج يسكن بالروضة:

كم قد أردد للباب الكريم لكي
أبل شوقي وأحيي بيت أشعاري
وأنثني خائبًا فيما أؤمله
وأنت في روضة والقلب في نار

فكتب الجواب إليه:

الآن نزهتني في روضة عبقت
أنفاسها بين أزهار وأثمار
أسكنتني بشذاها فانثنيت بهَا
وكل بيت أراه بيت خمار
ولا تغالط فمن فينا السراج ومن
أولى بأن قال: إن القلب في نار

أبو حنيفة وشريكه التاجر

كان بين أبي حنيفة وبين رجل من البصرة شركة في تجارة، فبعث إليه أبو حنيفة سبعين ثوبًا ثمينًا، وكتب إليه: إن في واحد منها عيبًا وهو ثوب كذا، فإذا بعته فبيِّن العيب. فباعها بثلاثين ألف درهم، وجاءَ بها إلى أبي حنيفة، فقال له: هل بينت العيب؟ فقال: لقد نسيت! فتصدق أبو حنيفة بجميع ثمنها.

رثاء لعلي بن أبي طالب

لما ماتت فاطمة كان علي بن أبي طالب يزور قبرها كل يوم، فأقبل ذات يوم، فانكب على القبر وبكى بكاءً مرًّا، وأنشد يقول:

ما لي مررت على القبور مسلمًا

قبر الحبيب فلم يردَّ جوابي
يا قبر ما لك لا تجيب مناديًا
أمللت بعدي خلة الأحباب؟!

فسمع كأن هاتفًا يقول:

قال الحبيب وكيف لي بجوابكم
وأنا رهين حفائر وترابِ
أكل التراب محاسني فنسيتكم
وحجبت عن أهلي وعن أترابي
فعليكمُ مني السلام تقطعت
مني ومنكم خلة الأحباب

شهاب الدين وفاطمة بنت الخشاب

أرسل شهاب الدين بن فضل الله إلى فاطمة بنت الخشاب قصيدة طويلة مطلعها:

هل ينفع المشتاق قرب الدار
والوصل ممتنع مع الزوَّارِ
يا نازلين بمهجتي وديارهم
من ناظريَّ بمطمح الأنظار
هيجتمُ شجني فعدت إلى الصبا
من بعدما وخط المشيب عذاري

فأجابته المترجمة بقصيدة منها:

إن كان غركم جمال إزار
فالقبح في تلك المحاسن وارِ
لا تحسبوا أني أماثل شعركَم
أنى تقاس جداول ببحار

فلما وصلت القصيدة إلى شهاب الدين القاضي وجدها كلها ألفاظ دُرِّيَّة ومعانٍ عبقرية؛ فأكبر مخاطبتها، وأخذها بعين الكمال، ولم يعد يراسلها إلَّا مراسلة العلماء الأعلام.

يحيى بن خالد وصاحب الخريطتين

يروى أن يحيى بن خالد بن برمك عزم على زفاف حسان ولده؛ فأهدى إليه وجوه الدولة كل منهم بحسب حاله وقدرته، فصنع بعض المتجملين العاجزين بطتين، وملأ إحداهما ملحًا مطيبًا، وملأ الأخرى سعدًا معطرًا، وكتب معهما رقعة فيها: «لو تمت الإرادة لأسعفت الحاجة، ولو ساعدت القدرة على بلوغ النعمة لتقدمت السابقين إلى خدمتك وأتعبت المجتهدين في كرامتك، لكن قعدت بي القدرة عن مساواة أهل النعمة، وقعدت بي الجدة عن مباهاة أهل المكنة، وخشيت أن تُطوى صحيفة البر وليس لي فيها ذكر، فأنفذت المصلح بيمنه وبركته — وهو الملح — والمختتم بطيبه ونظافته — وهو السعد — باسطًا يده المعذرة، صابرًا على ألم التقصير، متجرعًا غصص الاقتصار على اليسير، والقائم بعذري في ذلك: أنه ليس على الضعفاء ولا على المرضى ولا على الذين لا يجدون ما ينفقون حرج، والخادم ضارع في الامتنان عليه بقبول خدمته ومعذرته والإحسان إليه بالإعراض من جراءته والرأي أسمى»، ثم دخل دار يحيى ووضع الخريطتين والرقعة بين يديه، فلما قرأ الرقعة أمر أن تفرغا، وتملأ إحداهما دنانير، والأخرى دراهم.

محمد بن واسع وقتيبة بن مسلم

دخل محمد بن واسع على قتيبة بن مسلم والي خراسان في مدرعة صوف، فقال له: ما يدعوك إلى لباس هذه؟! فسكت، فقال قتيبة: أكلمك لا تجيبني؟! قال: أكره أن أقول: زهدًا؛ فأزكي نفسي، أو أقول فقرًا فأشكو ربي، فما جوابك إلا السكوت، قال ابن سماك لأصحاب الصوف: والله لئن كان لباسكم وفقًا لسرائركم فقد أحببتم أن يطلع الناس عليها، وإن كان مخالفًا لقد هلكتم.

أبو العلاء وكتاب الفصوص

ألّف أبو العلاء صاعد كتبًا، منها كتاب الفصوص، واتفق لهذا الكتاب أن أبا العلاء دفعه حين كمل لغلام له يحمله بين يديه وقطع نهر قرطبة، فخانت الغلام رجله فسقط في النهر هو والكتاب، فعلم العريف الشاعر به، فأنشد بحضرة المنصور:

قد غاص في البحر كتاب الفصوص
وهكذا كل ثقيل يغوص

فضحك المنصور والحاضرون، وأردف العريف قائلًا:

عاد إلى معدنه إنما
توجد في قعر البحار الفصوص

الحسن بن وهب ومحمد بن عبد الملك

توالى نزول المطر وقتًا من الأوقات؛ فقطع الحسن بن وهب عن لقاء محمد بن عبد الملك بن الزيات، فكتب إلى الحسن:

يوضح العذر في تراخي اللقاء
ما توالى من هذه الأنواءِ
فسلام الإله أهديه مني
كل يوم لسيد الوزراء
لست أدري ماذا أذم وأشكو
من سماء تعوقني عن سماء
غير أني أدعو لهاتيك بالثك
ل وأدعو لهذه بالبقاءِ

عمرو بن العاص حين الوفاة

لما احتضر عمرو بن العاص الوفاة جمع بنيه فقال: يا بني، ما تغنون عني من أمر الله شيئًا؟! قالوا: يا أبت، إنه الموت ولو كان غيره لوقيناك بأنفسنا. فقال: أسندوني. فأسندوه، ثم قال: اللهم إنك أمرتني فلم أأتمر، وزجرتني فلم أزدجرِ، اللهم لا قوي فأنتصر، ولا بريءٌ فأعتذر، ولا مستكبر بل مستغفر أستغفرك وأتوب إليك، لا إله إلا أنت سبحانك إني كنت من الظالمين، فلم يزل يكررها حتى مات.

في نوادر الأذكياء

أحمد بن طولون والسائل

جلس أحمد بن طولون يومًا في منتزه له يأكل، فرأى سائلًا في ثوب خلق، فوضع يده في رغيف ودجاجة وقطع لحم وقطعة فالوذج، وأمر بعض الغلمان بمناولته إياها، فرجع الغلام وأخبره أنه ما هشّ له، فقال ابن طولون للغلام: جئني به. فمثل بين يديه، فاستنطقه، فأحسن الجواب، ولم يضطرب من هيبته، فقال له: أحضر لي الكتب التي معك، واصدقني عمن بعث بك، فقد صحَّ عندي أنك صاحب خبر. واستحضر السياط، فاعترف له بذلك، فقال بعض من حضر: هذا والله السحر! فقال أحمد: ما هو بسحر، ولكنه قياسٌ صحيحٌ، رأيت سوء حال هذا فوجهت إليه بطعام يسر إذا أكله الشبعان، فما هش له، وما مد يده، فأحضرته فتلقاني بقوة جأش، فلما رأيت رثاثة حاله، وقوة جنانه؛ علمت أنه صاحب خبر.

ابن طولون والحمَّال

رأى ابن طولون يومًا حمالًا يحمل صندوقًا وهو يضطرب تحته، فقال: لو كان هذا الاضطراب من ثقل المحمول لفاضت عنق الحمال، وأنا أرى عنقه بارزة وما هذا إلًا من خوف ما يحمل. فأمر بحط الصندوق؛ فوجد فيه جارية قد قتلت، فقال: اصدقني بحقيقة حالها؟ فقال: أربعة أشخاص في دار كذا أعطوني هذه الدنانير وأمروني بحمل هذه المقتولة، فضرب الحمال مائتي عصا، وأمر بقتل الأربعة.

ابن أبي زيد وأبو جعفر الموسوي

قال أبو جعفر الموسوي: دخلت على أبي نصر بن أبي زيد وعنده علوي مبرم فتأذى بطول جلوسه وكثرة كلامه، فلما نهض قال لي أبو نصر: ابن عمك هذا خفيف على القلب! فقلت: نعم. فقال: ما أظنك فهمت. فعلمت أنه أراد خفيفًا مقلوبًا وهو الثقيل.

القاضي ومستودع الكيس والرجل

قال يزيد بن هارون: تقلد القضاء بواسط رجل ثقة، كثير الحديث؛ فجاء رجل فاستودعه، وبعض الشهود كيسًا مختومًا، ذكر أن فيه ألف دينار، فلما حصل الكيس عند الشاهد وطالت غيبة الرجل قدر أنه قد هلك، فهم بإنفاق المال وفتق الكيس من أسفله وأخذ الدنانير، وجعل مكانها دراهم، وأعاد الخياطة كما كانت، وقدر أن الرجل وافى وطلب الشاهد بوديعته، فأعطاه الكيس بختمه، فلما حصل في منزله فض ختمه؛ فصادف في الكيس دراهم، فرجع إلى الشاهد، فقال له: عافاك الله، اردد علي

مالي؛ فإني استودعتك دنانير، والذي وجدت دراهم مكانها! فأنكر ذلك واستعدى عليه القاضي المتقدم ذكره، فأمر بإحضار الشاهد مع خصمه، فلما حضرا سأل الحاكم: منذ كم أودعته هذا الكيس؟ قال: منذ خمس عشرة سنة. فأخذ القاضي الدراهم، وقرأ سككها، فإذا هي دراهم منها ما قد ضرب منذ سنتين أو ثلاث ونحوها، فأمره أن يدفع الدنانير إليه؛ فدفعها إليه، وأسقطه، وقال له: يا خائن، ونادى مناديه: ألا إن فلان ابن فلان القاضي قد أسقط فلان ابن فلان الشاهد فاعلموا ذلك، ولا يغتر به أحد بعد اليوم، فباع الشاهد أملاكه بواسط، وخرج عنها هربًا، فلم يعلم له خبر.

أبو حنيفة والأعرابي

قال يحيى بن جعفر: سمعت أبا حنيفة يقول: احتجت إلى ماء بالبادية، فجاءني أعرابي ومعه قربة من أهله، فأبى أن يبيعها إلا بخمسة دراهم، فدفعت إليه خمسة دراهم، وقبضت القربة، ثم قلت: يا أعرابي ما رأيك في السويق؟ فقال: هاتِ. فأعطيته سويقًا ملتوتًا بالزيت، فجعل يأكل حتى امتلأ، ثم عطش، فطلب شربة، فقلت: بخمسة دراهم. فلم أنقصه من خمسة دراهم على قدر من ماء، فاستردت الخمسة، وبقي معي الماء.

عضد الدولة ومستودع العقد والعطار

قال ابن الجوزي: بلغني أن رجلًا قدم إلى بغداد للحج، وكان معه عقد من الحب يساوي ألف دينار، فاجتهد في بيعه، فلم يتفق له، فجاء إلى عطار موصوف بالخير فأودعه إياه، ثم حج وعاد فأتاه بهدية، فقال له العطار: من أنت؟ وما هذا؟ فقال: أنا صاحب العقد الذي أودعتك إياه. فما كلمه حتى رفسه رفسة رماه عن دكانه، وقال: تدعي عليَّ مثل هذه الدعوى؟! فاجتمع الناس للحاجّ وقالوا: ويلك! هذا الرجل خير ما لحقت من تدعي عليه مثل هذه الدعوى! فتحير الحاجُّ، فما زادوه إلا شتمًا وضربًا، فقيل له: لو ذهبت إلى عضد الدولة فله في هذه الأشياء فراسة. فكتب قصته ورفعها لعضد الدولة، فصاح به فجاء، فسأله عن حاله، فأخبره بالقصة، فقال: اذهب إلى العطار بكرة واقعد؛ فإن منعك فاقعد على دكة تقابله من بكرة إلى المغرب ولا تكلمه، وافعل هكذا ثلاثة أيام، فإني أمر عليك في اليوم الرابع وأقف وأسلم عليك فلا تقم لي، ولا ترد عليَّ السلام، وجواب ما أسألك عنه، فإذا انصرفت فأعد عليه ذكر العقد، ثم أعلمني ما يقول لك، فإن أعطاكه فجئ به إليَّ.

قال: فجاء إلى دكان العطار ليجلس فمنعه، فجلس بمقابلته ثلاثة أيام، فلما كان في اليوم الرابع اجتاز عضد الدولة في موكبه العظيم، فلما رأى الخراساني وقف وقال: سلام عليكم. فقال الخراساني ولم يتحرك: وعليكم السلام. فقال: يا أخي، تقدم فإنك لا تأتي إلينا ولا تعرض حوائجك علينا! فقال كما اتفق ولم يتبعه الكلام، وعضد الدولة يسأله وقد وقف ووقف العسكر كله، والعطار قد أغمي عليه من الخوف، فلما انصرف التفت العطار إلى الحاج، فقال: ويحك متى أودعتني هذا العقد؟ وفي أي شيء كان ملفوفًا؟ فذكرني لعلِّي أذكره! فقال: من صفته كذا وكذا، فقام ومشى ثم هز جرةً عنده فوقع العقد، فقال: كنت نسيت ولم تذكرني الحال ما ذكرت! فأخذ العقد ثم قال: وأي فائدة لي في أن أعلم عضد الدولة؟ ثم قال في نفسه لعله يشتريه، فذهب إليه فأعلمه، فبعث به مع الحاجب إلى دكان العطار،

فعلق العقد في عنق العطار، وصلبه بباب الدكان، ونودي عليه: هذا جزاء من استودع فجحد. فلما ذهب النهار أخذ الحاجب العقد فسلمه إلى الحاجّ، وقال: اذهب.

مصعب بن الزبير والمرأة

كان مصعب بن الزبير من أحسن الناس وجهًا، وكان جالسًا بفناء داره يومًا بالبصرة، فجاءت امرأة فوقفت تلح النظر إليه، فقال: ما وقوفك يا أمة الله؟ فقالت: طفئ مصباحنا فجئنا نقتبس من وجهك مصباحًا!

آكل المشمش والطبيب

بينما كان أحد الخبازين يخبز في تنوره بمدينة دمشق؛ إذ عبر عليه رجل يبيع المشمش، فاشترى منه، وجعل يأكل بالخبز الحار، فلما فرغ سقط مغشيًّا عليه، فنظروا فإذا هو ميت، فجعلوا يتربصون به، ويحملون له الأطباء، فيلمسون دلائله ومواضع الحياة منه، فقضوا بأنه ميت، فغسل وكفن وحمل إلى الجبانة، فبينما هم خارجون من باب المدينة استقبلهم طبيب يقال له: البيرودي وكان حاذقًا ماهرًا، فسمع الناس يلهجون بقصته، فقال لهم: أنزلوه حتى أراه. فجعل يقلبه وينظر أمارات الحياة التي يعرفها، ثم فتح فمه وأسقاه شيئًا فتقيأ، واندفع ما هنالك يسيل، وإذا بالرجل قد فتح عينيه وتكلم وعاد كما كان إلى دكانه.

عبد الله بن جعفر والغلام

خرج عبد الله بن جعفر — وكان كريمًا — إلى ضيعة له، فنزل على نخيل قوم وفيها غلام أسود يقوم عليها، فأتى ومعه ثلاثة أقراص، ودخل كلب ودنا من الغلام، فرمى إليه بقرص فأكله، ثم رمى إليه بالثاني والثالث فأكلهما، وعبد الله ينظر، فقال: يا غلام، كم قوتك كل يوم؟ قال: ما رأيت. قال: فلم آثرت هذا الكلب؟! قال: ما هي بأرض كلاب، وإنه جاء من مسافةٍ بعيدة خائفًا فكرهت ردَّه. قال: فما أنت صانع اليوم؟ قال: أطوي يومي هذا، قال عبد الله بن جعفر: أُلامُ على السخاء وهذا أسخى مني! فاشترى الغلام وأعتقه بعد أن أتحفه بمال جزيل.

الإعجاب بالنفس خلل

خطب معاوية خطبة أعجبته، فقال: أيها الناس هل من خلل؟! فقال رجل من عرض الناس: نعم، خلل كخلل المنخل! فقال: وما هو؟ فقال: إعجابك بها ومدحك إياها.

أبو تمام والرجل

سمع بعضهم أبا تمام ينشد هذا البيت:

لا تسقني ماء الملام لأنني
صبٌّ قد استعذبت ماءَ بكائي

فجهز له إناء وقال: ابعث لي في هذا قليلًا من ماء الملام! فقال له أبو تمام: لا أبعث حتى تبعث لي بريشة من جناح الذل.

الهيثم بن صالح وابنه

قال الهيثم بن صالح لابنه: يا بني، إذا أقللت من الكلام أكثرت من الصواب. فقال: يا أبتِ، فإن أكثرت وأكثرت (أي كلامًا وصوابًا)؟ فقال: يا بني، ما رأيت موعوظًا أحق بأن يكون واعظًا منك.

إبراهيم باشا والحمار

رأى إبراهيم باشا يومًا حمَّارًا يأكل وإلى جانبه حماره، وعلى ظهر الحمار حمل ثقيل، فقال إبراهيم باشا للحمَّار: كم يأكل حمارك كل يوم؟ قال: ثلاث أقات شعير. فأمر فأتي بالشعير ووضع في معلف الحمار، ثم قال لمن حوله: ضعوا هذا الحمل على ظهر صاحبه. ففعلوا، فأخذ الحمَّار يستغيث من ثقل هذا الحمل، فقال له إبراهيم باشا: لأتركنك على ذي الحال حتى ينتهي الحمار من أكله، وإنك كما جازيت تجازى.

المتنبي والكتاب

امتدح المتنبي بعض أعداء صاحب مملكته، فبلغه ذلك فتوعد المتنبي بالقتل، فخرج هاربًا ثم اختفى مدة، فأخبر الملك أنه ببلدة كذا، فقال الملك لكاتبه: اكتب للمتنبي كتابًا ولطف له العبارة واستعطف خاطره وأخبره أني رضيت عنه وَأمره بالرجوع إلينا، فإذا جاء إلينا فعلنا به ما نريد. وكان بين الكاتب والمتنبي مصادقة في السر، فلم يسع الكاتب إلا الامتثال، فكتب كتابًا ولم يقدر أن يدس فيه شيئًا؛ خوفًا من الملك أن يقرأه قبل ختمه، غير أنه لما انتهى إلى آخره وكتب: «إن شاء الله تعالى» شدَّد النون فصارت (إنَّ)، وقرأه السلطان وختمه وبعث به إلى المتنبي، فلما وصل إليه ورأى تشديد النون ارتحل من تلك البلدة على الفور، فقيل له في ذلك! فقال: أشار الكاتب بتشديد النون إلى ما جاء في القرآن: إِنَّ الْمَلَأَ يَأْتَمِرُونَ بِكَ لِيَقْتُلُوكَ فَاخْرُجْ إِنِّي لَكَ مِنَ النَّاصِحِينَ (القصص: ٢٠). «ثم كتب الجواب وزاد ألفًا على آخر (إن)؛ إشارة إلى ما قيل: إِنَّا لَن نَّدْخُلَهَا أَبَدًا مَّا دَامُوا فِيهَا (المائدة: ٢٤).

الأصمعي والرجل

قال الأصمعي: قلت لغلام حدث من أولاد العرب كان يحادثني فأمتعني بفصاحة وملاحة: أيسرُّك أن يكون لك مائة ألف درهم وأنت أحمق؟! قال: لا والله. فقلت: ولِمَ؟ قال: أخاف أن يجني علي حمقي جناية تذهب بمالي ويبقى عليَّ حمقي.

صباح أبي العتاهية

قيل لأبي العتاهية: كيف أصبحت؟ قال: على غير ما يحب الله، وعلى غير ما أحب، وعلى غير ما يحب إبليس! فقيل له في ذلك، فقال: لأن الله يحب أن أطيعه وأنا لست كذلك، وأنا أحب أن يكون لي ثروة ولست كذلك، وإبليس يحب مني المعصية ولست كذلك.

الرازي والصبيان

حكى أبو علي الرازي قال: مررت بصبيان في طريق الشام يلعبون بالتراب وقد ارتفع الغبار، فقلت: مهلًا قد غبرتم! فقال صبي منهم: يا شيخ، أين تفرُّ إذا هيل عليك التراب في القبر؟! فغشي علي وفقت والصبي قاعد عند رأسي مع الصبيان يبكون، فقلت له: أعندك حيلة في الفرار من التراب؟! فقال: أنا لا أعلم، ولكن سل غيري! فقلت: ومن غيرك؟ قال: عقلك!

تارك الخمرة

ترك رجل النبيذ فقيل له: لِمَ تركته وهو رسول السرور إلى القلب؟ فقال: ولكنه بئس الرسول، يبعث إلى الجوف فيذهب إلى الرأس.

الحداد والأمير

قال الآكديُّ: دخلت على الأمير سعيد بن المظفر أيام ولايته للثغر فوجدته يقطر دهنًا على خنصره، فسألته عن سببه؛ فذكر ضيق خاتمه وأنه ورم بسببه، فقلت له: الرأي قطع حلقته قبل أن يتفاقم الأمر. فقال: من يصلح لذلك؟ فاستدعيت ظافرًا الحداد الشاعر فقطع الحلقة وأنشد بديهًا:

قصر عن أوصافك العالمُ
وكثَّر الناثر والناظمُ
من يكن البحر له راحةً
يضيق عن خنصره الخاتمُ

فاستحسنه الأمير ووهب له الخاتم.

وكان بين يدي الأمير غزال مستأنس، وقد ربض وجعل رأسه في حجره، فقال ظافر بديهًا:

عجبت لجرأة هذا الغزال
وأمرٍ تخطى له واعتمد
وأعجِب به إذ بدا جاثمًا

وكيف اطمأن وأنت أسد

فزاد الأمير والحاضرون في الاستحسان.

أبو العلاء المعري والغلام

روي أن غلامًا لقي أبا العلاء المعري، فقال: من أنت يا شيخ؟ قال: فلان. قال: أنت القائل في شعرك:

وإني وإن كنت الأخير زمانه
لآتٍ بما لم تستطعه الأوائل

قال: نعم. قال: يا عماه، إن الأوائل قد رتبوا ثمانية وعشرين حرفًا للهجاء؛ فهل لك أن تزيد عليها حرفًا؟! فدهش أبو العلاء المعري من ذلك، وقال: إن هذا الغلام لا يعيش؛ لشدة حذقه وتوقد فؤاده.

السلطان والرجل المذنب

دخل مذنب على سلطان، فقال له: بأي وجه تلقاني؟! فقال: بالوجه الذي ألقى به ربي وذنوبي إليه أعظم وعقابه أكبر. فعفا عنه.

عبد الملك والرجل

تكلم رجل عند عبد الملك بكلام ذهب فيه كل مذهب، فقال له وقد أعجبه: ابن من أنت يا غلام؟ فقال: ابن نفسي يا أمير المؤمنين، التي نلت بها هذا المقعد منك. قال: صدقت. وعجب من حدة ذهنه.

المعتصم وابن خاقان

عاد الخليفة المعتصمُ خاقانَ عند مرضه، وكان لخاقان ابن اسمه الفتح، فقال له المعتصم: داري أحسن أم دار أبيك؟ فقال: ما دام أمير المؤمنين في دار أبي فهي أحسن.

المأمون والرجل

تكلم رجل بين يدي المأمون فأحسن، فقال له: ابنُ من أنت؟ قال: ابن الأدب يا أمير المؤمنين. قال: نعم النسب انتسبت إليه!

هارون الرشيد والكسائي

لقي هارون الرشيد الكسائي في بعض طرقه، فوقف عليه وتحفى بسؤاله عن حاله، فقال: أنا بخير يا أمير المؤمنين، ولو لم أجد من ثمرة الأدب إلا ما وهب الله تعالى لي من وقوف أمير المؤمنين لكان ذلك كافيًا محتسبًا.

في نوادر الزاهدين

الراهب والرجل

مرَّ رجل براهب في صومعته، فقال له: من أنيسك؟ فقال: قلبي. قال: فمن جليسك؟ قال: الصبر. قال: فبأي شيء تقطع وقتك؟ قال: بذكر المساكين الذين في الدنيا. قال: فما رأيت في الدنيا؟ قال: ما رأيت أصدق من الموت. قال له: فما بال الخلق لا يتفكرون فيه؟! قال الراهب: إنما يتفكر الأحياء. وأما الموتى فقد أماتوا أنفسهم قبل الموت بحب الدنيا؛ فهم لا يتفكرون.

بشر الحافي والرجل

قال أحدهم: دخلت على بشر في يوم شديد البرد وقد تعرى من الثياب، فقلت: يا أبا نصر، الناس يزيدون الثياب في مثل هذا اليوم وأنت تنقص؟! فقال: ذكرت الفقراء، وما هم فيه ولم يكن لي ما أؤاسيهم به؛ فأردت أن أرافقهم بنفسي في مقاساة البرد.

بلال ومالك بن دينار

خرج بلال بن أبى بردة في جِنازة — وهو أمير على البصرة — فنظر إلى جماعة وقوفًا، فقال: ما هذا؟ قالوا: مالك بن دينار يذكِّر الناس. فقال لوصيف معه: اذهب إلى مالك بن دينار فقل له: يرتفع إلينا إلى القبر. فجاء الوصيف فنادى الرسالة إلى مالك، فصاح به مالك: ما لي إليه حاجة فأجيبه فيها، فإن تكن له حاجة فليجئ إلى حاجة نفسه. فلما وقفوا بينهم قام بلال بمن معه إلى حلقة مالك، فلما دنا منه نزل ونزل من معه، ثم جاء يمشي إلى الحلقة حتى جلس، فلما رآه مالك بن دينار سكت فأطال السكوت، فقال له بلال: يا أبا يحيى، ذكِّرنا. فقال: ما نسيت شيئًا فأذكرك به! فقال: فحدثنا! فقال: أما هذا فنعم، قدم علينا أمير من قبلك على البصرة، فمات فدفناه في هذه الجبانة، ثم أتينا وإذا بفقير قد مات فدفناه أيضًا إلى جانبه، فوالله ما أدري أيهما كان أكرم على الله سبحانه. فقال بلال: يا أبا يحيى، أتدري ما الذي جرَّأك علينا؟ وما الذي أسكتنا عنك؟ لأنك لم تأكل من دراهمنا شيئًا، أما والله لو أخذت من دراهمنا شيئًا ما اجترأت علينا هذه الجراءة.

الحجاج والرجل

حجَّ الحجاج فنزل بعض المياه بين مكة والمدينة ودعا بالغداء، وقال لحاجبه: انظر مَن يتغذى معي واسأله عن بعض الأمر. فنظر نحو الجبل، وإذا براعٍ بين التلال نائمًا، فضربه برجله، وقال له: ائت الأمير. فأتاه، فقال له الحجاج: اغسل يدك وتغدَّ معي. فقال: دعاني من هو خير منك فأجبته. قال: ومن هو؟ قال: الله تعالى؛ دعاني إلى الصيام فصمت. قال: في هذا الحر الشديد؟! قال: نعم، صمت

ليوم هو أشد منه حرًّا. قال: فأفطر وصم غدًا. قال: إن ضمنت لي البقاء إلى غد! قال: ليس ذلك إلي! قال: فكيف تسألني عاجلًا بآجل لا تقدر عليه؟! قال: لأنه طيب. قال: لم تطيبه أنت ولا الطباخ، ولكن طيبته العافية.

أبو عقال وأبو هارون

كان أبو عقال علوان بن الحسن من أبناء الملوك، وكان ذا نعمة وملك، فزهد في الدنيا، وتاب إلى ربه ورجع عن ذلك رجوعًا فارق معه نظراءه؛ فرفض المال والأهل، وهاجر البناء والوطن، وبلغ من العبادة مبلغًا أربى فيه على المجتهدين، ثم انقطع إلى بعض السواحل فصحب رجلًا يكنى أبا هارون الأندلسي منقطعًا مبتهلًا إلى الله تعالى، فرأى منه كبير اجتهاد في العمل، فبينما أبو عقال يسهد ليلة وأبو هارون نائم؛ إذ غالبه النوم، فقال لنفسه: يا نفس، هذا عابد جليل القدر ينام الليل كله فلو أرحتِ نفسي! فاستلقى قليلًا؛ فرأى في منامه شخصًا، فتلا عليه: أَمْ حَسِبَ الَّذِينَ اجْتَرَحُوا السَّيِّئَاتِ أَن نَّجْعَلَهُمْ كَالَّذِينَ آمَنُوا وَعَمِلُوا الصَّالِحَاتِ (الجاثية: ٢١) إلى آخر الآية، فاستيقظ فزعًا، وعلم أنه المراد، فأيقظ أبا هارون، وقال له: سألتك بالله؛ هل أتيتَ كبيرةً قط؟ قال: لا يا ابن أخي ولا صغيرة عن تعمد! فقال أبو عقال: لهذا تنام أنت، ولا يصلح لمثلي إلا الكر والاجتهاد. ثم انقطع إلى العبادة ومات وهو ساجد في صلاته.

ابن المعلم الهاشمي

قال عبد الله بن المعلم: خرجنا من المدينة حجاجًا، فلما كنا بالرويثة نزلنا، فوقف بنا رجل عليه ثياب رثة ليس له منظر وهيئة، فقال: من يبغي خادمًا؟ من يبغي ساقيًا؟ فقلت: دونك هذه القربة. فأخذها فانطلق، فلم يلبث إلا يسيرًا حتى أقبل وقد امتلأ أثوابه طينًا فوضعها كالمسرور الضاحك، ثم قال: لكم غير هذا؟ قلنا: لا. وأطعمناه قرصًا باردًا، فأخذه وحمد الله تعالى وشكره، ثم اعتزل وقعد فأكله أكل جائع، فأدركتني عليه الشفقة؛ فقمت إليه بطعام طيب كثير، فقلت له: قد علمت أنه لم يقع منك القرص بموقع فدونك هذا الطعام. فنظر في وجهي وتبسم، وقال: يا عبد الله، إنما هي فورة جوع فما أبالي بأي شيء رددتها. فرجعت عنه، فقال لي رجل إلى جنبي: أتعرفه؟ قلت: لا. قال: إنه من بني هاشم من ولد العباس بن عبد المطلب كان يسكن البصرة، فتاب، فخرج منها متفقدًا، فما عُرف له أثر ولا وقف له على خبر. فأعجبني قوله، ثم اجتمعت به وآنسته، وقلت له: هل لك أن تعادلني؛ فإن معي فضلًا من راحلتي؟ فجزاني خيرًا، وقال: لو أردت هذا لكان لي معدًّا. ثم آنس إليَّ فجعل يحدثني، فقال: أنا رجل من ولد العباس، كنت أسكن البصرة، وكنت ذا كبر شديد وبذخ، وإني أمرت خادمي أن يحشو فراشًا لي من حرير ومخدة بورد نثر، ففعل، وإني لنائم وإذا بقمع وردة قد أغفلته عين الخادم، فقمت إليه وأوجعته ضربًا، ثم عدت إلى مضجعي بعد إخراج القمع من المخدة، فأتاني آتٍ في منامي في صورة فظيعة فهزني، وقال: أفق من غشيتك، أبصر من حيرتك! ثم أنشأ يقول:

يا خد إنك إن توسد لينًا
وسدت بعد الموت صم الجندل
فامهد لنفسك ساعدًا تسعد به

فلتندمن غدًا إذا لم تفعلِ

فانتبهت فزعًا، فخرجت من ساعتي هاربًا إلى ربي.

عبد الواحد بن زيد والمرأة الحكيمة

قال عبد الواحد بن زيد: ذكر لي أن في جوانب الإبلة جارية مجنونة تنطق بالحكمة، فلم أزل أطلبها حتى وجدتها في خرابة جالسة على حجر وعليها جبة صوف وهي محلوقة الرأس، فلما نظرت إليَّ، قالت من غير أن أكلمها: مرحبًا يا عبد الواحد. فقلت لها: رحب الله بك! وعجبت من معرفتها لي ولم ترني قبل ذلك! فقالت: ما الذي جاء بك ها هنا؟ فقلت: جئت لتعظيني. فقالت: وا عجباه لواعظ يوعظ! ثم قالت: يا عبد الواحد، اعلم أن العبد إذا كان في كفائه ثم مال إلى الدنيا سلبه الله حلاوة الزهد، فيظل حيرانَ والهًا، فإن كان له نصيب عند الله عاتبه وحيًا في سره، فقال: عبدي، أردت أن أرفع قدرك عند ملائكتي وحملة عرشي، وأجعلك دليلًا لأوليائي وأهل طاعتي في أرضي؛ فملت إلى عرض من أعراض الدنيا وتركتني، فورثتك بذلك الوحشة بعد الأنس، والذل بعد العز، والفقر بعد الغنى، عبدي، ارجع إلى ما كنت عليه أرجع لك ما كنت تعرفه من نفسك. ثم تركتني وولت وانصرفت عنها وبقلبي حسرة منها.

الراهب والرجل

صحب رجل راهبًا سبعة أيام؛ ليستفيد منه شيئًا، فوجده مشغولًا عنه بذكر الله تعالى وعن الفكر لا يفتر، فلما كان اليوم السابع، التفت إليه قائلًا: يا هذا، قد علمت ما تريد، حب الدنيا رأس كل خطيئة، والزهد في الدنيا رأس كل خير، والتوفيق نتاج كل خير. قال: فكيف أعرف ذلك؟ قال: كان جدي رجلًا من الحكماء قد شبه الدنيا بسبعة أشياء؛ فشبهها بالماء المالح يغرُّ ولا يروي ويضر ولا ينفع، وبسحاب الصيف يغر ولا ينفع، وبطل الغمام يغر ويخذل، وبزهر الربيع ينضر ثم يصفر فتراه هشيمًا، وبأحلام الهائم يرى السرور في منامه، فإذا استيقظ لم يكن في يده إلا الحسرة، وبالعسل المشوب بالسم الزعاف يلذ ويقتل، فتدبرت هذه الحروف السبعة سبعين سنة، ثم زدت حرفًا واحدًا؛ فشبهتها بالغول التي تهلك من أجابها، وتترك من أعرض عنها، فرأيت جدي في المنام يقول: يا ابن الرشيد، إنك مني وأنا منك، هي والله الغول التي تهلك من أجابها وتترك من أعرض عنها. قلت: فبأي شيء يكون الزهد في الدنيا؟ قال: باليقين، واليقين بالصبر، والصبر بالعين، والعين بالفكر. ثم وقف الراهب، وقال: خذها منا فلا أراك خلفي إلا متجردًا بفعل دون قول. فكان ذلك آخر العهد به.

ملك إسرائيل والرجل

ركب أحد ملوك إسرائيل يومًا في زي عظيم، فشخصت نحوه الناس ينظرون إليه أفواجًا، حتى مرَّ برجل ورأى شيئًا مكبًّا عليه وهو لم يلتفت إليه ولا رفع رأسه، فوقف الملك عليه، وقال: كل الناس ينظرون إليَّ إلا أنت! فقال الرجل: إني رأيت ملكًا مثلك وكان على هذه القرية فمات مع فقير فدفن

إلى جنبه في يوم واحد، وكنا نعرفهما في الدنيا بأجسادهما، ثم كنا نعرفهما بقبريهما، ثم نسفت الريح قبريهما وكشف عنهما فاختلطت عظامهما، فلم أعرف الملك من المسكين، فلذلك أقبلت على عملي، وتركت النظر إليك.

النعمان والحكيم

أشرف النعمان يومًا على الخورنق فأعجبه ما أوتي من الملك والسعة ونفوذ الأمر وإقبال الوجوه نحوه، فقال لأصحابه: هل أوتي أحد مثل ما أوتيت؟ فقال له حكيم: أهذا الذي أوتيت شيءٌ لم يزل ولا يزال، أم شيء كان لمن كان قبلك زال عنه وصار إليك؟ قال: بل شيءٌ كان لمن قبلي زال عنه وصار إليَّ وسيزول عني! قال: فسررت بشيء تذهب عنك لذته وتبقى تبعته! قال: فأين المهرب؟ قال: إما أن تقيم وتعمل بطاعة الله أو تلبس أمساحًا وتلحق بجبل وتعبد ربك فيه، وتفر عن الناس حتى يأتيك أجلك. قال: فإذا كان ذلك فما لي؟ قال: حياة لا موت فيها، وشباب لا هرم فيه، وصحة لا سقم فيها، وملك لا يبلى. قال: فأي خير فيما يفنى؟ والله لأطلبن عيشًا لا يزول أبدًا، وملكًا جديدًا. فانخلع من ملكه، ولبس الأمساح، وسار في الأرض، وتبعه الحكيم، وجعلا يعبدان الله حتى ماتا.

سبب سلوِّ أم الهيثم

قيل لأم الهيثم: ما أسرع ما سلوت؟! فقالت: إني فقدت منه سيفًا في مضائه، ورمحًا في استوائه، وبدرًا في بهائه، ولكن قلت:

قدم العهد وأسلاني الزمن
إن في اللحد لمسلى والكفن
وكما تبلى وجوه في الثرى
فكذا يبلى عليهن الحزن

الرجل والمرأة

قال بعضهم: نزلت بامرأة ذات أولاد وثروة، فلما أرادت الارتحال، قالت: لا تنسني إذا وردت هذا الصقع. ثم أتيتها بعد أعوام فوجدتها قد افتقرت وثكلت أولادها وهي ضاحكة مسرورة! فسألتها، فقالت: إني كنت ذات ثروة وجاه، وكانت لي أحزان، فعلمت أن ذلك لقلة الشكر، وأنا اليوم بهذه الحالة أضحك شكرًا لله تعالى على ما أعطاني من الصبر.

زياد والرجل

قال زياد لرجل: أين منزلك؟ قال: وسط البلد. قال: كم لك من ولد؟ قال: تسعة. فقال بعض من حضر: أيها الأمير، إنه يسكن المقابر وله ابن واحد! فقال: أجل داري بين أهل الدنيا والآخرة، ومات

لي تسعة فهم لي، وبقي واحد؛ لا أدري؛ أهو لي، أم أنا له؟!

أبو ذر بن عمر يرثي ابنه

لما مات ذر بن عمر قام أبوه على قبره فقال: يا بنيَّ، شغلنا الحزن لك عن الحزن عليك، فليت شعري ما الذي قلت، وما الذي قيل لك؟ اللهم أنت قد ألزمته طاعتك وطاعتي، فإني قد وهبت له ما قصر فيه من حقي، فهب لي ما قصر فيه من طاعتك، اللهم ما وعدتني من الأجر على مصيبتي به فقد وهبته له، فهب لي من فضلك. ثم قال عند انصرافه: ما علينا بعدك من غضاضة، وما بنا إلى إنسان مع الله حاجة، وقد مضينا وتركناك، ولو أقمنا ما نفعناك.

أمير المؤمنين بين مقابر الكوفة

مرَّ أمير المؤمنين بمقابر الكوفة، فقال: السلام عليكم أهل الديار الموحشة، والمحال المقفرة، أنتم لنا سلف ونحن لكم تبع، أما الأزواج فقد فرحت، وأما الديار فقد سكنت، وأما الأموال فقد قسمت، هذا خبر ما عندنا فما خبر ما عندكم؟! ثم التفت إلى أصحابه، فقال: أما إنهم لو تكلموا لقالوا: «وجدنا خير الزاد التقوى.»

الناسك وأبو نواس

مرَّ ناسك بدار فيها أبو نواس ينشد:

إن في توبتي لفسخًا لجرمي
فاعف عني فأنت للعفو أهل

فرفع يده وقال: اللهم تب عليه. قال:

لا تؤاخذ بما يقول على السكِ
ر فتًى ما له لدى الصحو عقلُ

فقال: اللهم أرشدنا. ومضى.

وصف عبد الله الحضرمي للمتصوفين

قيل لأبي عبد الله الحضرمي — وكان يُعرف بالصامت؛ لأنه صمت عشرين سنة: مَن المتصوفون؟ فقال: رِجَالٌ صَدَقُوا مَا عَاهَدُوا اللهَ عَلَيْهِ، فقيل: كيف صفتهم؟ قال: لَا يَرْتَدُّ إِلَيْهِمْ طَرْفُهُمْ وَأَفْئِدَتُهُمْ

هَوَاءٌ، قيل: فأين محلهم؟ فقال: فِي مَقْعَدِ صِدْقٍ عِندَ مَلِيكٍ مُّقْتَدِرٍ، قيل: زدنا. قال: إِنَّ السَّمْعَ وَالْبَصَرَ وَالْفُؤَادَ كُلُّ أُولَٰئِكَ كَانَ عَنْهُ مَسْئُولًا.

فرقد السنجي والحسن

كان فرقد السنجي يلبس المسوح فلقي الحسن، فقال: يا أبا سعيد، ما ألين ثوبك! فقال الحسن: يا فرقد، ليس لين ثيابي يباعدني من الله، ولا خشونتها تقربك منه «إن الله جميل يحب الجمال».

الرشيد والبهلول

لما بلغ الرشيد الكوفة قاصدًا الحج خرج أهل الكوفة للنظر إليه وهو في هودج عال، فنادى البهلول: يا هارون، يا هارون، فقال: من المجترئ علينا؟! فقيل: هو البهلول. فرفع السجف فقال البهلول: يا أمير المؤمنين، روي عن عبد الله العامري قال: «رأيت رسول الله ﷺ سائرًا إلى الحج؛ لا ضرب، ولا طرد، ولا قال: إليك، إليك»، وتواضعك يا أمير المؤمنين في سفرك هذا خير من تكبرك. فبكى الرشيد حتى جرت دموعه على الأرض، وقال: أحسنت يا بهلول، زدنا. فقال: أيما رجل آتاه الله مالًا وجمالًا وسلطانًا فأنفق ماله، وعفَّ جماله، وعدل في سلطانه كتب في ديوان الله من الأبرار. فقال له الرشيد: أحسنت. وأمر له بجائزة، فقال: لا حاجة لي بها، ردها إلى من أخذتها منه! قال: فنجري عليك رزقًا يقوم بك؟ فرفع البهلول طرفه إلى السماء، وقال يا أمير المؤمنين، أنا وأنت عيال الله، فمن المحال أن يذكرك وينساني.

بعض الصلحاء والزاهد

قال بعض الصلحاء: بينا أنا سائر في بعض جبال بيت المقدس؛ إذ هبطت إلى واد هناك، وإذا أنا بصوت عالٍ ولتلك الجبال دوي منه، فاتبعت الصوت، فإذا أنا بروضة فيها شجر ملتف، ورجل قائم يردد هذه الآية: يَوْمَ تَجِدُ كُلُّ نَفْسٍ مَّا عَمِلَتْ مِنْ خَيْرٍ مُّحْضَرًا وَمَا عَمِلَتْ مِن سُوءٍ تَوَدُّ لَوْ أَنَّ بَيْنَهَا وَبَيْنَهُ أَمَدًا بَعِيدًا وَيُحَذِّرُكُمُ اللهُ نَفْسَهُ (آل عمران: ٣٠)، فوقفت خلفه وهو يردد هذه الآية، ثم صاح صيحة وخرَّ مغشيًّا عليه، فانتظرت إفاقته، فأفاق بعد ساعة وهو يقول: أعوذ بك من أعمال البطالين، وأعوذ بك من أعمال الغافلين، لك خشعت قلوب الخائفين، وفزعت أعمال المقصرين، وذلت قلوب العارفين، ثم نفض يديه، وهو يقول: ما لي وللدنيا؟! وما للدنيا وما لي؟! أين القرون الماضية؟ وأهل الدهور السالفة؟ في التراب يبلون، وعلى مر الدهور يفنون. فناديته: يا عبد الله، أنا منذ اليوم خلفك أنتظر فراغك. قال: وكيف يفرغ من يبادر الأوقات وتبادره؟ كيف يفرغ من ذهبت أيامه وبقيت آثامه؟ ثم قال: أنت وأنا لها، ولكل شدة أتوقع، ثم لها عني ساعة، وقرأ: وَبَدَا لَهُم مِّنَ اللهِ مَا لَمْ يَكُونُوا يَحْتَسِبُونَ (الزمر: ٤٧)، ثم صاح صيحة أشدَّ من الأولى، وخرَّ مغشيًّا عليه، فقلت: قد خرجت روحه. فدنوت منه، فإذا هو يضطرب، ثم أفاق وهو يقول: من أنا؟ ما خطئي؟ هب لي إساءتي بفضلك، وجللني بسترك، واعفُ عني بكرم وجهك، إذا وقفت بين يديك. فقلت له: يا سيدي، بالذي ترجوه لنفسك وتثق به إلا كلمتني! فقال: عليك بكلام من ينفعك كلامه، ودع كلام من أوبقته ذنوبه،

أنا في هذا الموضع ما شاء الله أجاهد إبليس ويجاهدني، فلم يجد عونًا عليَّ ليخرجني ممَّا أنا فيه، فإليك عني، فقد عطلت لساني، ومالت إلى حديثك شعبة من قلبي، فأنا أعوذ من شرك بمن أرجو أن يعيذني من سخطه. فقلت في نفسي: هذا وليٌّ من أولياء الله، أخاف أن أشغله عن ربه. ثم تركته ومضيت لوجهي.

ذو النون المصري والمرأة الزاهدة

قال ذو النون المصري: خرجت يومًا من وادي كنعان، فلما علوت الوادي إذا بسواد مقبل عليَّ وهو يقول: وَبَدَا لَهُم مِّنَ اللهِ مَا لَمْ يَكُونُوا يَحْتَسِبُونَ (الزمر: ٤٧) ويبكي، فلما قرب مني السواد إذا بامرأة عليها جب صوف وبيدها ركوة فقالت لي: من أنت؟ غير فزعة مني، فقلت: رجل غريب. فقالت: يا هذا، وهل تجد مع الله غربة؟! فبكيت من قولها، فقالت: ما الذي يبكيك؟! فقلت: وقع الدواء على داء قد قرح فأسرع في نجاحه. قالت: فإن كنت صادقًا فلمَ بكيت؟! قلت: يرحمك الله، الصادق لا يبكي؟! قالت: لا، قلت: ولم ذاك؟! قالت: لأن البكاء راحة للقلب! قال ذو النون: فبقيت والله متعجبًا من قولها.

بعض العارفين والرجل

مرَّ رجل ببعض العارفين وهو يأكل بقلًا وملحًا، فقال: يا عبد الله، أرضيت من الدنيا بهذا؟! فقال العارف: ألا أدلك على من رضي بشر من هذا؟! فقال: نعم. قال: من رضي بالدنيا عوضًا عن الآخرة.

الغزالي وبعض الصلحاء

قال بعض الصلحاء: رأيت الغزالي في البرية وعليه مرقعة وبيده ركوة وعصا، فقلت: أيها الإمام، أليس تدريس العلم ببغدادَ خيرًا من هذا؟! فنظر إلي نظر الازدراء، وقال: لما بزغ بدر السعادة من فلك الإرادة، وجنحت شمس الأصول إلى مغارب الوصول:

تركت هوى سعدى وليلى بمعزل
وعدت إلى مصحوب أولِ منزلِ
ونادت بي الأشواق مهلًا فهذه
منازل من تهوى رويدك فانزلِ

أبو الشمقمق والرجل

كان أبو الشمقمق الشاعر الظريف المشهور قد لزم بيته لثياب رثة كان يستحي أن يخرج بها إلى الناس، فقال له بعض إخوانه يسليه عما رأى من سوء حاله: أبشر يا أبا الشمقمق؛ فقد روي: أن

العارفين في الدنيا هم الكاسون يوم القيامة. فقال له: إن كان ذلك حقًا فوالله لأكونن غنيًّا بالملابس يوم القيامة.

موعظة حكيم

قال بعض الحكماء: مسكين ابن آدم! لو خاف من النار كما يخاف من الفقر لنجا منهما جميعًا، ولو رغب في الجنة كما يرغب في الدنيا لفاز بهما جميعًا، ولو خاف الله في الباطن كما يخاف خلقه في الظاهر لسعد في الدارين جميعًا.

الربيع بن خيثم وأمه

لما رأت أم الربيع بن خيثم ما يلقى الربيع من البكاء والسهر قالت له: يا بنيَّ، ما بالك؟ لعلك قتلت قتيلًا؟! قال: نعم يا أماه! قالت: ومن هو؛ حتى نطلب من أهله العفو عنك؟! فوالله لو يعلمون ما أنت فيه لرحموك وعَفَوْا عنك! فقال: يا أماه، هي نفسي. فبكت رحمة له.

علي بن أبي طالب ونوف البكالي

قال نوف البكالي: رأيت أمير المؤمنين عليًّا ذات ليلة وقد خرج من فراشه، فنظر إلى النجوم، فقال: يا نوف، أراقد أنت، أم رامق؟ قلت: بل رامق يا أمير المؤمنين. قال: يا نوف، طوبى للزاهدين في الدنيا الراغبين في الآخرة، أولئك قوم اتخذوا الأرض بساطًا، وترابها فراشًا، وماءها طيبًا، والقرآن شعارًا، والدعاء دثارًا، يا نوف، إن داود النبي — عليه السلام — قام في مثل هذه الساعة من الليل، فقال: إنها ساعة لا يدعو فيها عبد إلا استجيب له إلا أن يكون عشّارًا أو عريفًا أو جاهلًا.

الأعرابية وأهل الميت

حكي أن أعرابية دخلت من البادية فسمعت صراخًا في دار، فقالت: ما هذا؟! فقيل لها: مات لهم إنسان. فقالت: ما أراهم إلّا من ربهم يستغيثون، وبعطائه يتبرمون، وعن ثوابه يرغبون!

أبو العتاهية والمسترشد

كتب رجل إلى أبي العتاهية فقال:

يا أبا إسحاق إني
واثق منك بودك
فأعني بأبي أن
ت على عيبي برشدك

فأجابه أبو العتاهية:

أطع الله بجهدك
راغبًا أو دون جهدك
أعط مولاك الذي تط
لب من طاعة عبدك

نوادر الكرام

مقدمة

مما ورد في مدح الكرم وذم البخل:

وما ضاع مال أورث الحمد أهله
ولكن أموال البخيل تضيع

•••

وليست أيادي الناس عندي غنيمة
ورُبَّ يد عندي أشد من الأسر

•••

إذا كنت جمَّاعًا لمالِكَ ممسكًا
فأنت عليهِ خازن وأمينُ
تؤديه مذمومًا لي غير حامدٍ
فيأكله عفوًا وأنت دفينُ

•••

ويُظهر عيب المرء في الناس بخلُه
ويحجبه عنهم جميعًا سخاؤُه
تردَّى بأثواب السخاء فإنني
أرى كل عيب فالسخاء غطاؤُه

•••

أترجو أن تسود بلا عناء
وكيف يسود ذو الدعة البخيلُ

•••

ولم يجتمع شرق وغرب لقاصد
ولا المجد في كف امرئ والدراهمُ
ولم أرَ كالمعروف تدعى حقوقه
مغارم في الأقوام وهي مغانمُ

•••

ليس يعطيك للرجاء ولا لل
خوف لكن يلذ طعم العطاءِ

•••

فإنك لا تدري إذا جاء سائل
أأنت بما تعطيه أم هو أسعدُ

•••

من يفعل الخير لا يعدم جوائزه
لا يذهب العرف بين الله والناس

•••

يد المعروف غنمٌ حيث كانت
تحملها كفورٌ أم شكورُ
ففي شكر الشكور لها جزاء
وعند الله ما كفر الكفورُ

•••

خِلٌّ إذا جئته يومًا لتسأله
أعطاك ما ملكت كفَّاهُ واعتذرا
يخفي صنائعه والله يظهرها
إن الجميل إذا أخفيته ظهرا

•••

اعمل الخير ما استطعت وإن
كان قليلًا فلن تحيط بكله

•••

إن الصنيعة لا تكون صنيعة
حتى يصاب بها طريق المصنع
فإذا صنعت صنيعة فاعمل بهاَ

لله أو لذوي القرابة أو دعِ

•••

لعمرك ما المعروف في غير أهله
وفي أهله إلا كبعض الودائع
فمستودَعٌ ضاع الذي كان عنده
ومستودعٌ ما عنده غير ضائع

•••

وما الناس في شكر الصنيعة عندهم
وفي كفرها إلا كبعض المزارع
فمزرعة طابت وأضعف نبتهاَ
ومزرعة أكدت على كل زارعِ

•••

أبقيت مالك ميراثًا لوارثهِ
فليت شعري ما أبقى لك المالُ
القوم بعدك في حال تسرهُم
فكيف بعدهم حالت بك الحال
ملوا البكاء فما يبكيك من أحد
واستحكم القول في الميراث والقالُ
ألهتهم عنك دنيا أقبلت لهم
وأدبرت عنك والأيام أحوالُ

•••

إذا كنت ذا مال ولم تكُ ذا ندى
فأنت إذًا والمقترون سواءُ
على أن في الأموال يومًا تباعةً
على أهلها والمقترون براءُ

لأبي مسلم الخولاني:

إن المكارم كلها حسنٌ
والبذل أحسن ذلك الحسنِ

كم عارفٌ بي لست أعرفه
ومخبر عني ولم يرنِي
يأتيهم خبري وإن بَعُدت
داري وموعد عنهم وطني
إني لحر المال ممتهنٌ
ولحر عرضي غير ممتهنِ

ولعبد العزيز بن مروان:

إذا طارقات الهم صاحبت الفتى
وأعمل فكر الليل والليل عاكرُ
وباكرني في حاجة لم يجد لها
سواي ولا من نكبة الدهر ناصرُ
فرجت بمالي همَّهُ عن كرامةٍ
وزاوله الهم الطروق المساورُ
وكان له فضل عليَّ بظنه
في الخير إني للذي ظن شاكرُ

ولغيره:

من ظن بالله خيرًا جاد مبتدءًا
والبخل من سوء ظن المرء بالله

ولغيره مضمنًا قول بزرجمهر:

لا تبخلن بدنيا وهي مقبلةٌ
فليس ينقصها التبذير والسرفُ
وإن توَّلت فأحرى أن تجود بهاٍ
فالحمد منها إذا ما أدبرت خلفُ

وقيل أيضًا:

يا من تجلد للزما
ن أما زمانك منك أجلد
سلط نهاك على هوا
ك وعد يومك ليس من غد
إن الحياة مزارع
فازرع بها ما شئت تحصد

•••

والناس لا يبقى سوى
آثارهم والعين تفقد
أَوَمَا سمعت بمن مضى
هذا يذمُّ وذاك يُحمد
المال إن أصلحته
يصلح وإن أفسدت يفسد

ولحاتم الطائي:

أضاحك ضيفي قبل إنزال رحلهِ
ويخصب عندي والمكان جديبُ
وما الخصب للأضيافِ أن يكثر القرى
ولكنما وجه الكريم خصيبُ

ولبكر بن النطاح:

أقول لمرتادِ الندى عند مالكٍ
تمسك بجدوى مالك وصلاتِه
فتًى جعل الدنيا وفاء لعرضهِ
فأسدى بها المعروف قبل عداتِه
فلو بددت أمواله جود كفهِ
لقاسم من يرجوه شطرَ حياتِه
وإن لم يجز في العمر قسم لمالكٍ
وجاز له أعطاه من حسناتِه
وجاد بها من غير كفرٍ بربهِ
وإشراكه في صومهِ وصلاتِه

ولآخر:

ملأت يدي من الدنيا مرارًا
وما طمع العواذل في افتقادي
ولا وجبت عليَّ زكاة مالٍ
وهل تجبُ الزكاة على الجوادِ

ولغيره:

عطاؤك لا يغني ويستغرق الثنا
وتبقى وجوهُ الراغبين بمائها

ولابن عبد ربه:

كريم على العلات جزلٌ عطاؤهُ
ينيل وإن لم يعتمد لنوالِ
وما الجود من يعطي إذا ما سألتهُ
ولكن من يعطي بغير سؤالِ

وللحسن بن هانئ:

فإن تولني منك الجميل فأهله
وإلا فإني عاذرٌ وشكور

ولحاتم الطائي:

قد تأولت فيك قول رسول
الله إذ قال مفصحًا إفصاحا
إن طلبتم حوائجًا عند قوم
فتنقوا لها الوجوه الصباحا
فلعمري لقد تنقيت وجهًا
ما بهِ خاب من أراد النجاحا

وإليك ما ورد في مدح الكرم وذم البخل:

قال أكثم بن صيفي حكيم العرب: «ذللوا أخلاقكم للمطالب، وقودوها إلى المحامد، وعلموها المكارم، ولا تقيموا على خُلق تذمونه من غيركم، وصِلوا من رغب إليكم، وتحلوا بالجود يلبسكم المحبة، ولا تعتقدوا البخل فيوافيكم الفقر».

وقال خالد بن عبد الله القسري وهو على المنبر: «أيها الناس عليكم بالمعروف، فإن الله لا يعدم فاعله جوازيه، وما ضعفت الناس عن أدائه قوّى الله على جزائِه».

وكان سعيد بن العاص يقول على المنبر: «من رزقه الله رزقًا حسنًا فلينفق منه سرًّا وجهرًا حتى يكون أسعد الناس به، فإنما يترك ما ترك لأحد رجلين، أما المصلح فلا يقل عليه شيء، وأما المفسد فلا يبقى له شيء».

قال بزرجمهر: «إذا أقبلت عليك الدنيا فأنفق منها فإنها لا تبقى».

وكان كسرى يقول: «عليكم بأهل السخاء والشجاعة فإنهم أهل حسن الظن بالله، ولو أن أهل البخل لم يدخل على من ضر بخلهم ومذمة الناس لهم وإطباق القلوب على بغضهم إلا سوء ظنهم بربهم في الخلف لكان عظيمًا».

وقال عبد الله بن عباس: «سادات الناس في الدنيا الأسخياء وفي الآخرة الأتقياء».

وقيل لأبي عقيل البليغ العراقي: «كيف رأيت مروان بن الحكم عند طلب الحاجة إليه؟ قال: رأيت رغبته في الإنعام فوق رغبتهِ في الشكر، وحاجته إلى قضاء الحاجة أشد من حاجة صاحب الحاجة».

وقالت أسماء بنت خارجة: «أحب أن لا أردَّ أحدًا في حاجةٍ طلبها؛ لأنه لا يخلو أن يكون كريمًا فأصون له عرضه، أو يكون لئيمًا فأصون عرضي عنه».

وقيل: «الأيام مزارع فما زرعت فيها تحصد».

وقال الأحنف بن قيس: «ما ادخرت الآباء للأبناء ولا أبقت الموتى للأحياء شيئًا أفضل من اصطناع المعروف عند ذوي الأحساب».

وقيل: «أَحْيِ معروفك بإماتة ذكرهِ، وعظمهُ بالتصغير له».

وقالت الحكماء: «من تمام كرم المنعم التغافل عن حجته، والإقرار بالفضيلة لشاكر نعمتهِ».

وقيل أيضًا: «للمعروف ثلاثُ خصالٍ: تعجيلهُ وتيسيره وتستيره؛ فمن أخل بواحدة منها فقد بخس المعروف حقهُ وسقط عنهُ الشكر».

وللنبي ﷺ: «من عَظُمَت نعمة الله عنده عظمت مؤونة الناس عليهِ، فإن لم يقم بتلك المؤونة عرض النعمة للزوال».

وقال جعفر بن محمد: «لله خلقًا من رحمتهِ برحمتهِ لرحمته، وهم الذين يقضون حوائج الناس، فمن استطاع منكم أن يكون منهم فليكن».

وقال الإمام علي رضي الله عنه لأصحابه: «من كانت له إليَّ منكم حاجة فليرفعها في كتابٍ لأصون وجوهكم عن المسألة».

وقيل: «من بذل إليك وجهه فقد وفَّاك حق نعمتك».

وقيل: «أكمل الخصال ثلاث: وقار بلا مهابة، وسماح بلا طلب مكافأة، وحلم بغير ذل».

وقيل أيضًا: «السخي من كان مسرورًا ببذله، متبرعًا بعطائه، لا يلتمس عرض دنيا فيحبط عمله، ولا طلب مكافأة فيسقط شكره، ويكون مثله مثل الصائد الذي يلقي الحَبَّ للطائر لا يريد نفعها ولكن نفع نفسهِ».

محتويات كتاب نوادر الكرام:

- **القسم الأول:** في نوادر البرامكة
- **الثاني:** معن بن زائدة.
- **الثالث:** حاتم الطائي.
- **الرابع:** الخليفة المهدي.
- **الخامس:** هارون الرشيد.
- **السادس:** الأمين والمأمون.
- **السابع:** متفرقة في الكرم.

نوادر البرامكة

الفضل بن يحيى وزائره

بينما كان الفضل بن يحيى في مجلسه محاطًا بالوزراء والأحشاد أتاه الحاجب فقال: إن بالباب رجلًا قد أكثر في طلب الإذن وزعم أن له يدًا عليك يكاد يميته كتمانها، فقال: أدخلهُ، فدخل رجل جميل رث الثياب، فسلم بأفصح لسان، فأومأ إليه بالجلوس، فجلس، فسألهُ: ما حاجتك؟ قال: هل رأيت ما أنا عليه من رثاثة الثياب وضيق ذات اليد؟ قال: أجل، فما الذي لك علينا وقد كاد يقضي عليك كتمانه؟ قال: ولادة تقرب من ولادتك وجوار يدنو من جوارك واسم مشتق من اسمك، قال: أما الجوار فقد يمكن حصول ما ذكرت، وقد يوافق الاسم الاسم، ولكن ما علمك بالولادة؟ قال: أعلمتني أمي أن يوم ولادتي كان موافقًا يوم ولادتك، وأن والدك سماك الفضل فسمتني فضيلًا إعظامًا لاسمك وخشية أن ألحق بعالي مجدك، فتبسم الفضل وقال: كم أتى عليك من السنين؟ قال: خمس وثلاثون، قال: صدقت هذا المقدار الذي أتيت عليه، فما حال أمك؟ قال: توفيت رحمها الله، قال: فما منعك عن اللحوق بنا فيما مضى؟ قال: لم أرضَ بمقابلتك في زمن حداثة يقعدني عن لقاء الملوك، قال: يا غلام أعطه لكل عام من سنيهِ ألفًا، وأعطه من كسوتنا ومراكبنا ما يصلح له، فلم يخرج من الدار إلا وقد طاف به إخوانه وخاصة أهله.

يحيى بن خالد وأحد التجار

اعترض الفضل بن يحيى بن خالد في وقت خروجه إلى خراسان فتى من التجار كان شخص إلى الكوفة، فأخذ بعنان دابة الفضل وقال:

سأرسل بيتًا ليس في الشعر مثلهُ
يقطع أعناق البيوت الشوارد
أقام الندى والبأس في كل منزل
أقام به الفضل بن يحيى بن خالد

فأمر له بمائة ألف درهم.

مروان بن أبي حفصة وزبيدة ابنة جعفر

قال أبو الجنوب مروان بن أبي حنصة أبياتًا ورفعها إلى زبيدة ابنة جعفر يمتدح ابنها محمدًا وفيها يقول:

لله درك يا عقيلة جعفر

ماذا ولدت من العلا والسؤددِ
إن الخلافة قد تبين نورها
للناظرين على جبين محمدِ

فأمرت أن يملأ فمه درًا.

الفضل بن يحيى وأبو علي بن الجهم

قال أبو علي بن الجهم: أصبحت يومًا وأنا في غاية من الضيق ما أهتدي إلى دينار ولا درهم ولا أملك إلا دابة عجفاء، وخادمًا خلقًا وطلبت الخادم فلم أجده ثم جاء فقلت: أين كنت؟ فقال: في اجتهاد شيء لك وعلف لدابتك، فوالله ما قدرت عليه، فقلت: أسرج لي دابتي، فأسرجها، فركبت، فلما صرت في سوق يحيى إذا أنا بموكبٍ عظيم، وإذا الفضل بن يحيى، فلما أبصرني قال: سر، فسرت قليلًا، وحجز بيني وبينه غلام يحمل طبقًا على باب ينادي جارية، فوقف الفضل طويلًا، ثم قال: سر، فسرت، ثم قال: تدري ما سبب وقفتي؟ قلت: إن رأيت أن تعلمني، قال: كانت لأختي جارية وكنت أحبها حبًّا شديدًا، وأستحي من أختي أن أطلبها منها، ففطنت أختي لذلك، فلما كان هذا اليوم ألبسَتْهَا وزينَتْهَا وبعثت بها إليَّ، فما كان من عمري يوم أطيب من يومي هذا، فلما كان هذا الوقت جاءني رسول أمير المؤمنين فأزعجني وقطع لذتي، ولما صرت إلى هذا المكان دعا هذا الغلام صاحب الطبق باسم تلك الجارية فارتحت إلى ندائه، فقلتُ: أصابك ما أصاب أخا بني عامر حيث قال:

وداعٍ دعا إذ نحن بالخيف من منى
فهيج أحزان الفؤاد وما يدري
دعا باسم ليلى غيرها فكأنما
أطار بليلى طائرًا كان في صدري

فقال: اكتب لي هذين البيتين، فعدلت لأطلب ورقةً أكتب له هذين البيتين فيها، فلم أجد، فرهنت خاتمي عند بقال وأخذت ورقة وكتبتهما وأدركته بها، فقال لي: ارجع إلى منزلك فرجعت ونزلت، فقال لي الخادم: أعطني خاتمك أرهنه على قوتنا، فقلت: قد رهنته، فما أمسيت حتى بعث لي بثلاثين ألف درهم جائزة وعشرة آلاف سلفًا عن شهر برزق أجراه لي في كل شهر.

جعفر والرشيد

لما غضب الرشيد على البرامكة، أُصيب في خزانة الجعفر جرة فيها ألف دينار ونيف، كل دينار منها وزنه مائة مثقال ومثقال، على أحد جانبي كل دينار منها مكتوب:

واصفر من ضرب دار الملوكِ
يلوحُ على وجهه جعفرُ
يزيد على مائة واحد

متى تعطه معسرًا يوسرُ

ابن العلويّ والفضل

قال عبد الله بن العلويّ: «أتيت الفضل بن يحيى فأكرمني وأجلسني معه على فراشه، فكلمته في دَيْني ليكلم أمير المؤمنين في قضائه عني، قال: وكم دينك؟ قلت: ثلاثمائة ألف درهم، قال: نعم، فخرجت من عنده وأنا مغموم لضعف ردِّه عليَّ، فمررت ببعض إخواني مستريحًا إليهِ، ثم صرت إلى منزلي فوجدت المال قد سبقني من ماله خاصةً.

هبات الفضل بن يحيى

وهب الفضل لطباخه مائة ألف درهم فعاتبه أبوه في هذا، فقال: إن هذا صحبني وأنا لا أملك شيئًا، واجتهد في نصيحتي، وقال الشاعر:

إن الكِرام إذا ما أيسروا ذكروا
من كان يصحبهم في المركب الخشنِ

أبان بن عبد الحميد مع البرامكة

قيل: «إن أبان بن عبد الحميد الشاعر مولى بني (رقاش) قدم بغداد واتصل بالبرامكة، وعمل كتاب كليلة ودمنة شعرًا، وله قصائد ومدائح في الرشيد والفضل بن يحيى».

ويقال: إن كل كلام نُقل إلى الشعر، فالكلام أفصح منهُ إلا هذا، وأول قصيدتِه هذه قولُهُ:

هذا كتاب أدب ومحنه
وهو الذي يدعى كليلة ودمنه

وعددها أربعة عشر ألف بيت مزدوجة في ثلاثة أشهر، قال: فأعطاه يحيى بن خالد عشرة آلاف دينار وأعطاه الفضل خمسة آلاف دينار، فتصدق بثلث المال الذي أخذه.

حسن شمائل يحيى بن خالد

من كلامه: إن من بلغ رتبة فتاه بها فاعلم أن محلهُ دونها. وقال: يدل على كرم المرء سوء أدب غلمانه. وقال لابنه: خذ من كل علم طرفًا، فإن من جهل شيئًا عاداه. وقال: ثلاثة أشياء تدل على عقول أربابها: الهدية، والكتاب، والرسول. وكان يقول لأولاده: اكتبوا أحسن ما تسمعون، واحفظوا

أحسن ما تكتبون وتحدثوا بأحسن ما تحفظون. وكان يقول: إذا أقبلت الدنيا، فأنفق، فإنها لا تغني، وإذا ولت فأنفق فإنها لا تبقى وإليه أشار الشاعر:

إذا جادت الدنيا عليك فجد بِها
على الناس طرًّا قبل أن تتفلّتُ
فلا الجود يُفنيها إذا هي أقبلت
ولا البخل يُبقيها إذا هي ولّتُ

وكان صِلات يحيى إذا ركب بأن يعرض لهُ في طريقه مائتا درهم، فركب ذات يوم فعرض له أديب شاعر فقال له:

يا سميُّ الحصور يحيى أتيحت
لك من فضل ربنا حنتانِ
كل مَن مر في الطريق عليكم
فله من نوالكم مائتانِ
مائتا درهم لمثلي قليلٌ
هي منكم للعابر العجلانِ

قال يحيى: صدقت، فأمر بحمله إلى داره، فلما رجع من دار الخليفة سأله عن حاله، فذكر له أنه كان تزوج وحلف بواحدة من ثلاث، إما أن يؤدَى المهر وهو أربعة آلاف، وأما أن يطلق، وإما أن يقيم مجريًا للمرأة ما يكفيها إلى أن يتهيأ له نقلها، فأمر له يحيى بأربعة آلاف للمهر وأربعة آلاف ثمن منزل، وأربعة آلاف للبنية، وأربعة آلاف لما يحتاج إليه، وأربعة آلاف ليستظهر بها فأخذ عشرين ألف درهم.

مديح يحيى بن خالد

وكان يحيى بن خالد يجري على سفيان بن عيينة كل نهار ألف درهم، فلما مات يحيى كان سفيان يقول في سجوده: اللهم إن يحيى بن خالد كفاني أمر دنياي فاكفِه أمر آخرتِه.

حديث البرامكة في السجن

قال ابن خالد البرمكي لأبيه يحيى وهم في القيود، ولبس الصوف، والحبس: يا أبتاه بعد الأمر والنهي والأموال العظيمة، أصارنا الدهر إلى القيود ولبس الصوف والحبس، فقال له أبوه: يا بني، دعوة مظلوم سرت بليل غفلنا عنها ولم يغفل الله عنها، ثم أنشأ يقول:

رُبَّ أقوام غدوا في نعمةٍ
زمنا والدّهر ربَّانٌ غدَقَ

سكت الدهر زمانًا عنهم
ثم أبكاهم دما حين نطق

جعفر البرمكي وأحمد بن جنيد

قال أحمد بن جنيد الإسكافي — وكان أحضر الناس بجعفر البرمكي خص، فكان الناس يقصدونه في حوائجهم إلى جعفر، وإن رقاع الناس كثرت في خف أحمد بن الجنيد فلم تزل إلى أن تهيأ له الخلوة بجعفر —، فقال له: جعلني الله فداءك، قد كثرت رقاع الناس معي وأشغالك كثيرة، وأنت اليوم خالٍ، فإن رأيت أن تنظر فيها، قال له جعفر: على أن تقيم عندي اليوم، فقال: نعم، وصرف دوابه وأقام عنده، فلما تغذوا جاءه بالرقاع، فقال له: هذا وقت راحة فدعنا اليوم، فأمسك عنه وانصرف فلم ينظر في الرقاع، فلما كان بعد أيام خلا به فأذكره، فقال: نعم، على أن تقيم عندي اليوم فأقام عنه، ففعل به مثل الفعل الأول حتى فعل به ذلك ثلاثًا، فلما كان في آخر يوم أذكره، فقال: دعني الساعة، وناما، فانتبه جعفر قبل أحمد بن الجنيد، فقال لخادم له: اذهب إلى خف أحمد فجئني بكل رقعة فيه، ولا يعلمه أحمد، فذهب الغلام وجاء بالرقاع فوقع جعفر فيها عن آخرها بخطه بما أحب أصحابها، ووكد ذلك ثم أمر الغلام أن يردها إلى الخف، فردها، فانتبه أحمد، فلم يقل له فيها شيئًا وانصرف بها أيامًا، قال أحمد بن جنيد لكاتبِه: ويحك، هذه الرقاع قد أخلقت خفي، وهذا ليس ينظرها فتصفحها وجدد ما أخلق منها، فأخذها الكاتب فنظر فيها، فوجد الرقاع موقعًا عليها بما سأل أصحابها وأكثر، فتعجب من كرمِه ونبل أخلاقِه، ومن أنه قضى حاجته ولم يعلم بها لئلا يظن أنه اعتد بها عليه.

جود خالد بن برمك

روى الجاحظ قال: كان أصحابنا يقولون لم يكن يرى لجليس خالد بن برمك دارًا إلا خالد قد بناها، ولا ضيعة إلا وهو قد اشتراها ولا ولدًا إلا وهو اشترى أمه إن كانت أمة، وأمهرها إن كانت حرة، ولا دابة إلا هي من دوابه، وكان خالد البرمكي أول من سمى أهل الاستماحة والاسترفاد الزوار فقال بعضُ من قصده:

حذا خالد في جوده حذو برمِك
فمجد له مستطرف وأثيل
وكانوا بنو الإعدام يدعون قبله
بلفظ على الإعدام فيه دليلُ
يسمون بالسؤال في كل موطِن
وإن كان فيهم نابهٌ وجليلُ
فسماهم الزوار سترًا عليهمِ
وإستاره في المجتدين سدول

العطايا الثلاث التي وهبها الرشيد ويحيى وولداه

حج هارون الرشيد مرة ومعه يحيى بن خالد وولداه الفضل وجعفر، فلما وصلوا إلى المدينة جلس الرشيد ومعه يحيى فأعطيا الناس، وجلس الأمين ومعه الفضل بن يحيى فأعطيا الناس، وجلس المأمون ومعه جعفر فأعطيا الناس، فأعطوا في تلك السنة ثلاث أعطيات ضُربت بكثرتها الأمثال، وكانوا يسمونه عام الأعطيات الثلاث، وأثري الناس بسبب ذلك.

الفضل بن يحيى والشاعر

ولاه الرشيد خراسان فخرج إليه أبو الهول الشاعر مادحًا معتذرًا من شعر كان هجاه به فأنشده:

سرى نحوه من غضبة الفضل عارض
له لجة فيها البوارق والرعدُ
وكيف ينام الليل ملق فراشه
على مدرج يعتاده الأسد الوردُ
وما لي إلى الفضل بن يحيى بن خالد
من الجرم ما يخشى على مثله الحقدُ
فجدْ بالرضى لا أبتغي منك غيره
ودأبك فيما كنت عودتني بعدُ

فقال له الفضل: لا أحتمل تفريقك بين رضاي وإحساني وهما مقرونان، فإن أردتهما معًا وإلا فدعهما معًا، ثم وصله ورضي عنه.

الفضل وإسحاق الموصلي والجارية

حدث إسحاق بن إبراهيم الموصلي قال: كنت قد ربيت جارية وثقفتها وعلمتها حتى برعت، ثم أهديتها إلى الفضل بن يحيى، فقال لي: يا إسحاق إن رسول صاحب مصر قد ورد إليّ يسألني حاجة أقترحها عليه، فدع هذه الجارية عندك فإني سأطلبها وأعلمه أني أريدها، فإنه سوف يحضر إليك ويساومك فيها فلا تأخذ فيها أقل من خمسين ألف دينار. قال إسحاق: فمضيت بالجارية إلى منزلي فجاء إلي رسول صاحب مصر وسألني عن الجارية فأخرجتها إليه، فبذل فيها عشرة آلاف دينار فامتنعت، فصعد إلى عشرين ألف دينار فامتنعت، فصعد إلى ثلاثين ألفًا فما ملكت نفسي حتى قلت له: بعتك، وسلمت الجارية إليه وقبضت المال، ثم إنني أتيت من الغد إلى الفضل بن يحيى فقال: يا إسحاق بكم بعت الجارية؟ قلت: بثلاثين ألف دينار، قال: ألم أقل لك لا تأخذ منه أقل من خمسين ألفًا؟ قلت: فداك أبي وأمي والله ما ملكت نفسي منذ سمعت لفظة ثلاثين، فتبسم ثم قال: إن رسول صاحب الروم قد سألني أيضًا حاجة وسأقترح عليه هذه الجارية وأدله عليك، فخذ جاريتك وانصرف إلى منزلك فإذا ساومك فيها فلا تأخذ منه أقل من خمسين ألف دينار.

فأخذت الجارية وانصرفت إلى منزلي، فأتاني رسول صاحب الروم وساومني في الجارية، فطلبت خمسين ألفًا فقال: هذا كثير، ولكن تأخذ مني ثلاثين ألفًا، فوالله ما ملكت نفسي منذ سمعت لفظة ثلاثين ألفًا حتى قلت له: بعتك، ثم قبضت المال منه وسلمت الجارية إليه، ومضيت من الغد إلى الفضل بن يحيى فقال: ما صنعت؟ وبكم بعت الجارية يا إسحاق؟ قلت: بثلاثين ألفًا، فقال: سبحان الله، ما أوصيتك أن لا تأخذ فيها أقل من خمسين ألفًا؟ قلت: جعلت فداك والله إني لما سمعت قوله ثلاثين ألفًا استرخت جميع أعضائي، فضحك وقال: خذ جاريتك واذهب إلى منزلك ففي غد يجيء إليك رسول صاحب خراسان فقوِّ نفسك ولا تأخذ منه أقل من خمسين ألفًا.

قال إسحاق: فأخذت الجارية ومضيت إلى منزلي، فجاءني رسول صاحب خراسان وساومني فيها فطلبت خمسين ألفًا فقال لي: هذا كثير، ولكن تأخذ ثلاثين ألفًا، فقويت نفسي وامتنعت، فصعد معي إلى أربعين ألف دينار، فكاد عقلي يذهب من الفرح ولم أتمالك أن أقول له بعتك، فأحضر المال وأقبضنيه وسلمت الجارية إليه، ومضيت من الغد إلى الفضل فقال لي: بكم بعت الجارية؟ قلت: بأربعين ألفًا، ووالله لما سمعتها منه كاد عقلي يذهب، وقد حصل عندي جعلت فداك مائة ألف دينار ولم يبقَ لي أمل، فأحسن الله جزاءك، فأمر بالجارية فأخرجت إلي وقال: يا إسحاق خذ جاريتك وانصرف، قال إسحاق: فقلت هذه الجارية والله أعظم الناس بركة، فأعتقتها وتزوجتها فولدت لي أولادي.

عمر بن العباس والفضل

قيل: إن محمد بن العباس حضر يومًا عند الفضل بن يحيى ومعه سفط فيه جوهر، وقال له: إن حاصلي قد قصر عما أحتاج إليه، وقد علاني دين مقداره ألف ألف درهم وإني أستحي أن أعلم أحدًا بذلك، وآنف أن أسأل أحدًا من التجار أن يقرضني ذلك وإن كان معي رهن يفي بالقيمة، أبقاك الله لك تجار يعاملونك، وأنا أسألك أن تقرض لي من أحدهم هذا المبلغ وتعطيه هذا الرهن، فقال له الفضل: السمع والطاعة ولكن تقضي هذه الحاجة أن تقيم عندي اليوم، فأقام عنده، ثم إن الفضل أخذ السفط منه وهو مختوم بختمه وأرسل معه ألف ألف درهم وأنفذ الدراهم والسفط إلى منزله، وأخذ خط وكيله بقبضِه، فأقام محمد في دار الفضل إلى آخر النهار، ثم انصرف إلى داره فوجد السفط ومعه ألف ألف درهم، فسرَّ بذلك سرورًا عظيمًا، فلما كان من الغد بكَّرَ إلى الفضل ليشكره على ذلك، فوجده قد بكر إلى دار الرشيد، فمضى محمد إلى دار الرشيد، فحين علم به خرج بباب آخر ومضى إلى منزله، فمضى محمد إليه واجتمع به وشكره على فعله وقال: إني بكرت إليك لأشكرك على إحسانك، فقال له الفضل: إني فكرت في أمرك فرأيت أن هذه الألف ألفًا التي حملتها أمس إليك تقضي بها دينك ثم تحتاج إليه فتقترض، فبعد قليل يعلوك مثلها، فبكرت اليوم إلى أمير المؤمنين وعرضت عليه حالك وأخذت لك منه ألف ألف درهم أخرى، فلما حضرت إلى باب أمير المؤمنين خرجت أنا بباب آخر، وكذلك فعلت لما حضرت إلى باب أبي لأني ما كنت أوثر أن ألقاك حتى يُحمل المال إلى منزلك، وقد حُمل، فقال له محمد: بأي شيء أجازيك على هذا الإحسان، ما عندي شيء أجازيك به إلا أني ألتزم بالأيمان المؤكدة وبالطلاق والعتاق والحج إني ما أقف على باب غيرك ولا أسأل سواك، قيل: وحلف محمد أيمانًا مؤكدة وكتب بها خطه وأشهد به عليه أن لا يقف بباب غير الفضل بن يحيى، فلما ذهبت دولة البرامكة وتولى الفضل بن الربيع الوزارة بعدهم احتاج

محمد فقالوا له: لو ركبت إلى الفضل بن الربيع، فلم يفعل والتزم باليمين، فلم يركب إلى أحد ولم يقف على باب أحد حتى مات.

جعفر وعبد الملك بن صالح بن العباس

قيل: إن جعفر بن يحيى البرمكي جلس يومًا للشرب وأحب الخلوة، فأحضر ندماءَه الذين يأنس بهم وجلس معهم وقد هيئ المجلس ولبسوا الثياب المصبغة، وكانوا إذا جلسوا في مجلس الشراب واللهو لبسوا الثياب الحمر والصفر والخضر، ثم إن جعفر بن يحيى تقدم إلى الحاجب أن لا يأذن لأحد من خلق الله تعالى سوى رجل من الندماء كان قد تأخر عنهم اسمه عبد الملك بن صالح، ثم جلسوا يشربون ودارت الكاسات وخفقت العيدان، وكان رجل من أقارب الخليفة يقال له عبد الملك بن صالح بن علي بن عبد الله بن العباس، وكان شديد الوقار والدين والحشمة، وكان الرشيد قد التمس منه أن ينادمه ويشرب معه وبذل له على ذلك أموالًا جليلة فلم يفعل، فاتفق أن هذا عبد الملك بن صالح حضر إلى باب جعفر بن يحيى ليخاطبه في حوائج له، فظن الحاجب أنه هو عبد الملك بن صالح الذي تقدم جعفر بن يحيى بالإذن له وأن لا يدخل غيره، فأذن الحاجب له فدخل عبد الملك بن صالح العباس على جعفر بن يحيى، فلما رآه جعفر كاد عقله أن يذهب من الحياء، وفطن أن القضية قد اشتبهت على الحاجب بطريق اشتباه الاسم، وفطن عبد الملك بن صالح أيضًا للقصة وظهر له الخجل في وجه جعفر بن يحيى، فانبسط عبد الملك وقال: لا بأس عليكم أحضروا لنا من هذه الثياب المصبغة شيئًا، فأحضر له قميص مصبوغ، فلبسه وجلس يباسط جعفر بن يحيى ويمازحه وقال: اسقونا من شرابكم فسقوه رطلًا وقال: ارفقوا بنا فليس لنا عادة بهذا، ثم باسطهم ومازحهم، وما زال حتى انبسط جعفر بن يحيى وزال انقباضه وحياؤه، ففرح جعفر بذلك فرحًا عظيمًا وقال له: ما حاجتك، قال: جئت — أصلحك الله — في ثلاث حوائج أريد أن تخاطب الخليفة فيها، أولها، أن عليَّ دينًا مبلغه ألف ألف درهم أريد قضاءه، ثانيًا، أريد ولاية لابني يشرف بها قدره، وثالثها، أريد أن تزوج ولدي بابنة الخليفة، فإنها بنت عمه وهو كفء لها، فقال جعفر بن يحيى: قد قضى الله هذه الحوائج الثلاث: أما المال ففي هذا المساء يُحمل إلى منزلك، وأما الولاية فقد وليت ابنك مصر، وأما الزواج فقد زوجته فلانة ابنة مولانا أمير المؤمنين على صداق مبلغه كذا وكذا، فانصرف في أمان الله، فراح عبد الملك إلى منزله، فرأى المال قد سبقه، ولما كان من الغد حضر عند الرشيد وعرفه ما جرى وإنه قد ولاه مصر وزوجه ابنته، فعجب الرشيد من ذلك وأمضى العقد والولاية، فما خرج جعفر من دار الرشيد حتى كتب له التقليد بمصر وأحضر القضاة والشهود وعقد العقد.

في المكافأة

قال الحسن بن سهل: كنت يومًا عند يحيى بن خالد البرمكي وقد خلى في مجلسه لإحكام أمر من أمور الرشيد، فبينما نحن جلوس إذ دخل عليه جماعة من أصحاب الحوائج فقضاها لهم، ثم توجهوا لشأنهم فكان آخرهم قيامًا أحمد بن أبي خالد الأحول فنظر يحيى إليه والتفت إلى الفضل ابنه وقال: يا بني إن لأبيك مع أبي هذا الفتى حديثًا فإذا فرغت من شغلي هذا فذكرني أحدثك، فلما فرغ من شغله وطعم قال له ابنه الفضل: أعزك الله يا أبي أمرتني أن أذكرك حديثَ أبي خالد الأحول، قال: نعم يا

بني، لما قدم أبوك من العراق أيام المهدي كان فقيرًا لا يملك شيئًا فاشتد به الأمر إلى أن قال لي من في منزلي: إن كتمنا حالنا زاد ضررنا ولنا اليوم ثلاثة أيام ما عندنا شيء نقتات به، قال: فبكيت لذلك يا بني بكاءً شديدًا، وبقيت ولهان حيران مطرقًا مفكرًا ثم تذكرت منديلًا كان عندي فقلت لهم: ما حال المنديل، فقالوا هو باق عندنا، فقلت: ادفعوه إلي، فأخذتُه ودفعتُه إلى بعض أصحابي وقلت له: بعه بما يسر، فباعه بسبعة عشر درهمًا، فدفعتها إلى أهلي وقلت: أوقفوها إلى أن يرزق الله غيرها، ثم بكرت من الغد إلى باب أبي خالد وهو يومئذ وزير المهدي، فإذا الناس وقوفا على داره ينتظرون خروجه فخرج عليهم راكبًا، فلما رآني سلم عليّ وقال: كيف حالك؟ فقلت: يا أبا خالد ما حال رجل يبيع من منزله بالأمس منديلًا بسبعة عشر درهمًا، فنظر إليَّ نظرًا شديدًا وما أجابني جوابًا، فرجعت إلى أهلي كسير القلب وأخبرتهم ما اتفق لي مع أبي خالد، فقالوا: بئس والله ما فعلت، توجهت إلى رجل كان يرتضيك لأمر جليل فكشفت له سرك وأطلعته على مكنون أمرك، فأزريت عنه بنفسك وصَغُرت عنه منزلتك بعد أن كنت عنده جليلًا، فما يراك بعد اليوم إلا بهذه العين، فقلت: قد قُضي الأمر الآن بما يمكن استدراكه، فلما كان من الغد بكرت إلى الخليفة، فلما بلغت الباب استقبلني رجل فقال لي: قد ذكرت الساعة بباب أمير المؤمنين، فلم ألتفت لقوله، فاستقبلني آخر فقال لي كمقالة الأول، ثم استقبلني حاجب أبي خالد فقال لي: أين تكون قد أمرني أبو خالد بإجلاسك إلى أن يخرج من عند أمير المؤمنين، فجلست حتى خرج، فلما رآني دعاني وأمر لي بمركوب فركبت وسرت معه في منزله، فلما نزل قال: عليّ بفلان وفلان الحناطين ،فأحضرا، فقال لهما: ألم تشتريا مني غلات السواد بثمانية عشر ألف ألف درهم؟ قالا: نعم، قال: ألم أشترط عليكما شركة رجل معكما، قالا: بلى، قال: هو هذا الرجل الذي اشترطت شركته لكما، ثم قال لي: قم معهما، فلما خرجنا قالوا لي: ادخل معنا بعض المساجد حتى نكلمك في أمر يكون فيه الربح الهنيء، فدخلنا مسجدًا، فقالا لي: إنك تحتاج في هذا الأمر إلى وكلاء وأمناء وكيالين وأعوان ومؤن لم تقدر منها على شيء، فهل لك أن تبيعنا شركتك بمال نعجله لك فتنتفع به ويسقط عنك التعب والكلف؟ فقلت لهما: وكم تبذلان لي، فقالا: مائة ألف درهم، فقلت: لا أفعل، فما زالا يزيداني وأنا لا أرضى إلى أن قالا لي: ثلاثمائة ألف درهم ولا زيادة عندنا على هذا، فقلت: حتى أشاور أبا خالد، قالا: ذلك لك، فرجعت إليه وأخبرته، فدعا بهما وقال لهما: هل وافقتماه على ما ذكر، قالا: نعم، قال: اذهبا فاقبضاه المال الساعة، ثم قال لي: أصلح أمرك وتهيأ فقد قلدتك العمل، فأصلحت شأني وقلدني ما وعدني به، فما زلت في زيادة حتى صار أمري إلى ما صار، ثم قال لولده الفضل: يا بني فما تقول في ابن من فعل بأبيك هذا الفعل وما جزاؤه؟ قال: حق لعمري وجب عليك له، فقال: والله يا ولدي ما أجد له مكافأة غير أني أعزل نفسي وأوليه، ففعل ذلك، وهكذا تكون المكافأة.

سعيد بن سالم الباهلي مع الفضل وجعفر

قال سعيد بن سالم الباهلي: اشتد بي الحال في مرض هارون الرشيد واجتمع عليَّ ديونٌ كثيرةٌ أثقلت ظهري وعجزت عن قضائها، وضاقت حيلي، وبقيت متحيرًا لا أدري ما أصنع حيث عسر عليَّ أداؤها عسرًا عظيمًا، واحتاطت ببابي أرباب الديون، وتزاحم عليّ المطالبون ولازمني الوفاء، فضاقت حيلي وازدادت فكرتي، فلما رأيت الأمور متعسرة، والأحوال متغيرة، قصدت عبد الله بن مالك الخزاعي والتمست منه أن يمدني برأيه، ويرشدني إلى باب الفرج بحسن تدبيره، فقال عبد الله بن مالك الخزاعي: لا يقدر أحد على خلاصك من محنتك وهمك وضيقك وغمك إلا البرامكة، فقلت:

ومن يقدر على احتمال تكبرهم ويصبر على تجبرهم؟ فقال: تحمَّل ذلك لأجل إصلاح حالك، فنهضت من عنده ومضيت إلى الفضل وجعفر ولدي يحيى بن خالد وقصصت عليهما قصتي وأبديت لهما حالتي، فقالا: أسعدك الله بعونه وأغناك عن خلقه بمنه، وأجزل لك عظيم خيره، وقام لك بالكفاية دون غيره، إنه على ما يشاء قدير وبعباده لطيف خبير.

فانصرفت من عندهما ورجعت إلى عبد الله بن مالك ضيق الصدر متحير الفكر منكسر القلب وأعدت ما قالاه، فقال: ينبغي أن تقيم اليوم عندنا لننظر ما يقدره الله تعالى، فجلست عنده ساعة وإذا بغلامي قد أقبل وقال: يا سيدي إن ببابنا بغالًا كثيرةً بأحمالها ومعها رجل يقول: أنا وكيل الفضل بن يحيى وجعفر بن يحيى، فقال عبد الله بن مالك: أرجو أن يكون الفرج قد أقبل عليك، فقم وانظر ما الشأن، فنهضت من عنده وأسرعت عدوًا إلى بيتي، فرأيت رجلًا معه رقعة مكتوبٌ فيها: إنك لما كنت عندنا وسمعنا كلامك توجهنا بعد خروجك إلى الخليفة وعرفناه أنه أفضى بك الحال إلى ذل السؤال، فأمرنا أن نحمل إليك من بيت المال ألف درهم، فقلنا له: هذه الدراهم يصرفها إلى غرمائه ويؤدي بها دينه، ومن أين يقيم وجه نفقاته؟ فأمر لك بثلاثمائة ألف درهم أخرى، وقد حمل إليك كل واحد منا من خالص ماله ألف ألف درهم فصارت الجملة ثلاثة آلاف ألف وثلاثمائة ألف درهم تصلح بها أحوالك وأمورك، فانظر إلى هذا الكرم العظيم.

الكتاب المزور

كان بين يحيى بن خالد وبين عبد الله بن مالك الخزاعي عداوة في السر ما كانا يظهرانها، وسبب العداوة بينهما أن أمير المؤمنين هارون الرشيد كان يحب عبد الله بن مالك محبةً عظيمةً، بحيث إن يحيى بن خالد وأولاده كانوا يقولون: إن عبد الله يسحر أمير المؤمنين حتى مضى على ذلك زمان طويل والحقد في قلوبهما، فاتفق أن الرشيد قلد ولاية أرمينية لعبد الله بن مالك الخزاعي وسيره إليها، فلما استقر في يختها قصده رجل من أهل العراق كان فيه فضل وأدب وذكاء وفطنة، إلا أنه ضاق ما بيده وفني ماله واضمحل حاله فزور كتابًا على يحيى بن خالد إلى عبد الله بن مالك وسافر إليه في أرمينية.

فلما وصل إلى بابه سلم الكتاب إلى بعض حجابه، فأخذ الحاجب الكتاب وسلمه إلى عبد الله بن مالك الخزاعي، ففتحه وقرأه وتدبره فعلم أنه مزور، فأمر بإحضار الرجل فلما تمثل بين يديهِ دعا له وأثنى عليه وعلى أهل مجلسه، فقال له عبد الله بن مالك: ما حملك مع بُعد المشقة على مجيئك إليَّ بكتاب مزور، ولكن طب نفسًا، فإننا لا نخيب سعيك، فقال الرجل: أطال الله بقاء مولانا الوزير إن كان ثقل عليك وصولي فلا تحتج في منعي بحجة، فإن أرض الله واسعة، والرازق حي، والكتاب الذي أوصلته إليك من يحيى بن خالد صحيح غير مزور، فقال عبد الله: أنا أكتب كتابًا لوكيلي ببغداد وآمره فيه أن يسأل عن حال هذا الكتاب الذي أتيتني به فإن كان ذلك حقًا صحيحًا غير مزور قلدتك إمارة بعض بلادي وأعطيتك مائتي ألف درهم مع الخيل والنجب الجليلة، وإن كان الكتاب مزورًا أمرت بأن تضرب مائتي خشبة وأن تحلق لحيتك، ثم أمر عبد الله أن يُحمل إلى حجرة وأن يجعل له فيها ما يحتاج إليه حتى يحقق أمره، ثم كتب كتابًا إلى وكيله ببغداد مضمونه: إنه قد وصل إليَّ رجل

ومعه كتاب يزعم أنه من يحيى بن خالد وأنا أسيءُ الظن بهذا الكتاب، فيجب أن لا تهمل هذا الأمر بل تمضي بنفسك وتتحقق أمر هذا الكتاب وتسرع إليَّ برد الجواد لأجل أن نعلم صدقه من كذبه.

فلما وصل إليه الكتاب ببغداد ركب من ساعته ومضى إلى دار يحيى بن خالد، فوجده جالسًا مع ندمائه وخواصه، فسلم عليه وسلم إليه الكتاب، فقرأه يحيى بن خالد ثم قال للوكيل: عد إليَّ من الغد حتى أكتب لك الجواب، ثم التفت إلى ندمائه بعد انصراف الوكيل وقال: ما جزاء من تحمل عني كتابًا مزورًا وذهب به إلى عدوّي، فقال كل واحد من ندمائه مقالاً، وجعل كل واحد منهم يذكر نوعًا من العذاب، فقال لهم يحيى: قد أخطأتم فيما ذكرتم، وهذا الذي أشرتم به من دناءة الهمم وخستها، وكلكم تعرفون منزلة عبد الله من أمير المؤمنين، وتعلمون ما بيني وبينه من الغضب والعداوة، وقد سبب الله تعالى هذا الرجل وجعله واسطة في الصلح بيننا ووفقه لذلك وقيضه ليخمد نار الحقد من قلوبنا وهي تتزايد من مدة عشرين سنة، وتصلح واسطته شئوننا، وقد وجب عليَّ أن أفي لهذا الرجل بتحقيق ظنونه وإصلاح شئونه وأكتب له كتابًا إلى عبد الله بن مالك الخزاعي مضمونه: إنه يزيد في إكرامه ويستمر على إعزازه واحترامه، فلما سمع الندماء ذلك دعوا له بالخيرات وتعجبوا من كرمه ووفور مروَّتِهِ.

ثم إنه طلب الورقة والدواة وكتب إلى عبد الله كتابًا بخط يده مضمونه:

بسم الله الرحمن الرحيم،

وصل كتابك أطال الله بقاك وسررت بسلامتك وابتهجت باستقامتك وشمول سعادتك، وكان ظنك أن ذلك الرجل الحر زوَّر عني كتابًا ولم يحمل مني خطابًا، وليس الأمر كذلك، فإن الكتاب أنا كتبته وليس بمزور ورجائي من إكرامك وإحسانك وحسن شيمتك أن تفي لذلك الرجل الحر الكريم بأمله وأمنيته وترى له حق حرمته وتوصله إلى غرضه، وأن تخصه منك بغامر الإحسان ووافر الامتنان، ومهما فعلته فأنا المقصود به والشاكر عليه، ثم عنون الكتاب وختمه وسلمه إلى الوكيل، فأنفذه الوكيل إلى عبد الله، فحين قرأه ابتهج بما حواه وأحضر ذلك الرجل وقال له: أي الأمرين اللَّذَين وعدتك بهما أحب إليك لأحضره لك بين يديك، فقال الرجل: العطاء أَحَبُ إليَّ من كل شيء، فأمر له بمائتي ألف درهم وعشرة أفراس عربية خمسة منها بالجلال الحرير وخمسة بمروج المواكب المحلاة، وبعشرين تختًا من الثياب وعشرة من المماليك ركاب خيل، وما يليق بذلك من الجواهر الثمينة، ثم خلع عليه وأحسن إليه ووجهه إلى بغداد في هيئة عظيمة.

فلما وصل إلى بغداد قصد دار يحيى بن خالد قبل أن يصل إلى أهله وطلب الإذن في الدخول عليه، فدخل الحاجب إلى يحيى وقال له: يا مولاي إن ببابنا رجلًا ظاهر الحشمة جميل الخلقة حسن الحال كثير الغلمان يريد الدخول عليك، فأذن له بالدخول، فلما دخل عليه قبَّل الأرض بين يديه، فقال له يحيى: من أنت، فقال له الرجل: أيها السيد أنا الذي كنت ميتًا من جور الزمان فأحييتني من رمس النوائب وبعثتني إلى جنة المطالب، أنا الذي زوَّرت كتابًا عنك وأوصلته إلى عبد الله بن مالك الخزاعي، فقال له يحيى: ما الذي فعل معك، وأي شيء أعطاك؟ فقال: أعطاني من يدك وجميل طويتك وشمول نعمك وعموم كرمك وعلو همتك وواسع فضلك حتى أغناني وخولني وهداني، وقد

حملت جميع عطيته ومواهبه، وها هي ببابك والأمر إليك والحكم في يدك، فقال له يحيى: إن صنيعك معي أجمل من صنيعي معك، ولك عليَّ المنة العظيمة واليد البيضاء الجميمة، حيث بدلت العداوة التي كانت بيني وبين ذلك الرجل المحتشم بالصداقة والمودة، فها أنا أهب لك من المال مثل ما وهب لك عبد الله بن مالك، ثم أمر له من المال والخيل والتخوت بمثل ما أعطاه عبد الله، فعادت لذلك الرجل نعمته كما كانت بمروءة هذين الكريمين.

شاعر البرامكة وأبو نواس

حدث ابن مناذر قال: حج الرشيد بعد إيقاعه بالبرامكة وحج معه الفضل بن الربيع وكان مضيفًا مملقًا، فهيأت فيه قولًا أجدت تنميقه وحسنت فيه، فدخلت إليه في يوم التروية، وإذا هو يسأل عني ويطلبني، فبادرني الفضل بن الربيع قبل أن أتكلم فقال: يا أمير المؤمنين هذا شاعر البرامكة ومادحهم، وقد كان البشر ظهر لي في وجهه لما دخلت، فتنكر وعبس في وجهي، فقال الفضل: مره يا أمير المؤمنين أن ينشدك قوله فيهم «أتانا بنو الأملاك من آل برمك».

فقال لي: أنشد، فأبيت، فتوعدني وأكرهني، فأنشدته:

أتانا بنو الأملاك من آل برمك
فيا طيب أخبار ويا حسن منظرِ
إذا نزلوا بطحاء مكة أشرقتَ
بيحيى وبالفضل بن يحيى وجعفرِ
فتظلم بغداد وتجلوا لنا الدجى
بمكة ما حجوا ثلاثة أقمرِ
فما خلقت إلا لجود أكفهمَ
وإقدامهم إلا لأعواد منبرِ
إذا راض يحيى الأمر ذلت صعابه
وناهيك من راعٍ له ومدبرِ
ترى الناس إجلالًا له وكأنَهم
غرانيق ماء تحت باز مصرصرِ

ثم أتبعت ذلك بأن قلت: كانوا أولياءك يا أمير المؤمنين أيام مدحتهم، وفي طاعتك لم يلحقهم سخطك ولم تحلل بهم نقمتك، ولم أكن في ذلك مبتدعًا ولا خلا أحد من نظرائي من مدحهم، وكانوا قومًا قد أظلني فضلهم وأغناني رفدهم فأثنيت بما أولوا، فقال يا غلام الطم وجهه، فلطمت والله حتى سدرت وأظلم ما كان بيني وبين أهل المجلس، ثم قال اسحبوه على وجهه.

ثم قال: والله لأحرمنك ولا تركت أحدًا يعطيك شيئًا في هذا العام، فسُحبت حتى خرجت وانصرفت وأنا أسوأ الناس حالًا في نفسي ومالي وما جرى عليَّ، ولا والله ما عندي ما يقيم يومئذ قوت عيالي لعبدهم، فإذا شاب قد وقف عليَّ ثم قال: اعذر عليَّ والله يا كبيرنا بما جرى عليك، ودفع إليَّ صرة

وقال: تبلغ بما في هذه، فظننتها دراهم فإذا هي ثلاثمائة دينار، فقلت له: من أنت جعلني الله فداك، قال: أنا أخوك أبو نواس فاستعن بهذه الدنانير واعذرني، فقبلتها وقلت: وصلك الله يا أخي وأحسن جزاءك.

كرم يحيى بن خالد البرمكي

استدعى هارون الرشيد رجلًا من أعوانه يقال له صالح قبل الوقت الذي تغير فيه على البرامكة، فلما حضر بين يديه قال له: يا صالح سر إلى منصور وقل له: إن لنا عندك ألف ألف درهم، والرأي قد اقتضى أنك تحمل لنا هذا المبلغ في هذه الساعة، وقد أمرتك يا صالح أنه إن لم يحصل لك ذلك المبلغ من هذه الساعة إلى قبل المغرب أن تزيل رأسه عن جسمه وتأتيني به، فقال: سمعًا وطاعةً، وسار إلى منصور وأخبره ما ذكر أمير المؤمنين، فقال منصور: قد هلكت، فوالله إن جميع متعلقاتي وما تملكه يدي إذا بيعت بأغلى قيمة لا يزيد ثمنها على مائة ألف فمن أين أقدر يا صالح على التسعمائة ألف درهم الباقية؟ فقال له صالح: دبر لك حيلة تتخلص بها عاجلًا وإلا هلكت، فإني لا أقدر أتمهل عليك لحظة بعد المدة التي عينها لي الخليفة، ولا أقدر أن أخل بشيء مما أمرني به أمير المؤمنين، فأسرع بحيلة تتخلص بها قبل أن تنصرم الأوقات، فقال منصور: أسألك من فضلك أن تحملني إلى بيتي لأودع أولادي وأهلي وأوصي أقاربي، قال صالح: فمضيت إلى بيته فجعل يودع أهله وارتفع الضجيج في منزله وعلا البكاء والصياح والاستغاثة بالله تعالى، فقال صالح: قد خطر ببالي أن الله يجعل لك الفرج على يد البرامكة فاذهب بنا إلى دار يحيى بن خالد.

فلما ذهب إلى يحيى بن خالد أخبره بحاله، فاغتم لذلك وأطرق إلى الأرض ساعة، ثم رفع رأسه واستدعى خازن داره وقال له: كم في خزينتنا من المال، فقال له مقدار خمسة آلاف درهم، فأمر بإحضارها، ثم أرسل رسولًا إلى ولده الفضل برسالة مضمونها: إنه قد عُرض علي للبيع ضياع جليلة لا تخرب أبدًا فأرسل لنا شيئًا من الدراهم، فأرسل إليه ألف ألف درهم، ثم أرسل إنسانا آخر إلى ولده جعفر برسالة مضمونها: إنه قد حصل لنا شغل مهم ونحتاج فيه إلى شيء من الدراهم فأنفذ له جعفر في الحال ألف ألف درهم، ولم يزل يحيى يرسل أناسًا إلى البرامكة حتى جمع منهم لمنصور مالًا كثيرًا، وصالح ومنصور لا يعلمان بهذا الأمر، فقال منصور ليحيى: يا مولاي قد تمسكت بذيلك وما أعرف هذا المال إلا منك كما هو عادة كرمك فتمم لي بقية ديني واجعلني عتيقك، فأطرق يحيى وبكى وقال: يا غلام، إن أمير المؤمنين قد كان وهب لجاريتنا دنانير جوهرة عظيمة القيمة، فاذهب إليها وقل لها ترسل لنا هذه الجوهرة، فمضى الغلام وأتى بها إليه، فقال: يا صالح أنا ابتعت هذه الجوهرة لأمير المؤمنين من التجار بمائتي ألف دينار، ووهبها أمير المؤمنين لجاريتنا دنانير العوادة، وإذا رآها معك عرفها وأكرمك وحقن دمك من أجلنا إكرامًا لنا وقد تم الآن مالك يا منصور، قال صالح: فحملت المال والجوهرة إلى المنصور معي، فبينما نحن في الطريق إذ سمعته يتمثل بهذا البيت:

وما حبًّا سعت قدمي إليهم
ولكن خفت من ضرب النبال

فعجبت من سوء طبعه ورداءته وفساده، وخبث أصله وميلاده، ورددت عليه وقلت له: ما على وجه الأرض خير من البرامكة ولا أخبث ولا أشر منك، فإنهم اشتروك من الموت وأنقذوك من الهلاك، ومنّوا عليك بالفكاك ولم تشكرهم ولم تحمدهم ولم تفعل فعل الأحرار، بل قابلت إحسانهم بهذا المقال.

ثم مضيت إلى الرشيد وقصصت عليه القصة وأخبرته بجميع ما جرى، فتعجب الرشيد من كرم يحيى وسخائه ومروءته، وخساسة منصور ورداءته، وأمر أن تُرد الجوهرة إلى يحيى بن خالد، وقال: كل شيء قد وهبناه لا يجوز أن نعود فيه، وعاد صالح إلى يحيى بن خالد وذكر له قصة منصور وسوء فعله، فقال يحيى: يا صالح إذا كان الإنسان مقلًا ضيق الصدر مشغول الفكر فمهما صدر منه لا يؤاخذ به لأنه ليس ناشئًا عن قلبه، وصار يتطلب العذر لمنصور... فبكى صالح وقال: لا يجري الفلك الدائر بإبراز رجل إلى الوجود مثلك، فوا أسفاه كيف يتوارى من له خلق مثل خلقك وكرم مثل كرمك تحت التراب، وأنشد هذين البيتين:

بادِر إلى أي معروف هممت به
فليس في كل وقت يمكن الكرمُ
كم مانع نفسه إمضاء مكرمة
عند التمكن حتى عاقه الندمُ

جعفر البرمكي مع بائع الفول

حُكِي أن جعفرًا البرمكي لما صلبه هارون الرشيد أمر بصلب كل من نعاه أو رثاه، فكف الناس عن ذلك، فاتفق أن أعرابيًا كان ببادية بعيدة وفي كل سنة يأتي بقصيدة إلى جعفر البرمكي فيعطيه ألف دينار جائزة على تلك القصيدة فيأخذها وينصرف ويستمر ينفق منها على عياله إلى آخر العام، فجاء الأعرابي بالقصيدة على عادته، فلما جاء وجد جعفرًا مصلوبًا، فجاء إلى المحل الذي هو مصلوب فيه وأناخ راحلته وبكى بكاءً شديدًا وحزن حزنًا عظيمًا وأنشد القصيدة ونام، فرأى جعفرًا البرمكي في المنام يقول له: إنك قد أتعبت نفسك وجئتنا فوجدتنا على ما رأيت، ولكن توجه إلى البصرة واسأل عن رجل اسمه كذا وكذا من تجار البصرة وقل له: إن جعفرًا البرمكي يقرئك السلام ويقول لك: أعطني ألف دينار بأمارة الفولة، فلما انتبه الأعرابي من نومه توجه إلى البصرة فسأل عن ذلك التاجر واجتمع به، وبلغه ما قاله جعفر في المنام، فبكى التاجر بكاءً شديدًا حتى كاد يفارق الدنيا، ثم إنه أكرم الأعرابي وأجلسه عنده وأحسن مثواه ومكث عنده ثلاثة أيام مكرمًا، ولما أراد الانصراف أعطاه ألفًا وخمسمائة دينار وقال له: الألف هي المأمور لك بها والخمسمائة إكرام مني إليك ولك في كل سنة ألف دينار، وعندما حان انصراف الأعرابي قال للتاجر: بالله عليك أن تخبرني بخبر الفولة حتى أعرف أصلها، فقال له: إني كنت في ابتداء الأمر فقير الحال أطوف بالفول الحارّ في شوارع بغداد وأبيعه حيلة على المعاش، فخرجت في يوم بارد ماطر وليس على بدني ما يقيني من البرد فتارة أرتعد من شدة البرد وتارة أقع في ماء المطر، وأنا في حالة كريهة تقشعر منها الجلود، وكان جعفر في ذلك اليوم جالسًا في قصر مشرف على الشارع وعنده خواصه، فوقع نظره عليَّ فرَقَّ لحالي وأرسل إليَّ بعض أتباعه فأخذني إليه وأدخلني عليه، فلما رآني قال لي: بع ما معك من الفول على طائفتي، فأخذت أكيله بمكيال كان معي، فكل من أخذ كيلة فول يملأها ذهبًا حتى فرغ جميع ما

معي ولم يبقَ في القفة شيء، ثم جمعت الذهب الذي حصل لي على بعضه، فقال لي: هل بقي معك شيءٌ من الفول، قلت: لا أدري، ثم فتشت القفة فلم أجد فيها سوى فولة واحدة فأخذها مني جعفر وفلقها نصفين، فأخذ نصفها وأعطى النصف الثاني إحدى نسائه وقال: بكم تشترين نصف هذه الفولة؟ قالت: بقدر هذا الذهب مرتين، فصرت متحيرًا في أمري وقلت في نفسي: هذا محال، فبينما أنا متعجب وإذ بالمرأة أمرت بعض جواريها فأحضرت ذهبًا قدر الذهب المجتمع مرتين، فقال جعفر: وأنا أشتري النصف الذي أخذته بقدر الجميع مرتين، ثم قال جعفر: خذ ثمن فولك، وأمر بعض خدامه فجمع المال كله ووضعه في قفتين فأخذته وانصرفت، ثم جئت إلى البصرة، واتجرت بما معي من المال فوسع الله عليَّ ولله الحمد والمنة، فإذا أعطيتك في كل سنة ألف دينار من بعض إحسان جعفر ما ضرني شيء، فانظر مكارم أخلاق جعفر والثناء عليه حيًّا وميتًا.

حكم الوادي ويحيى بن خالد والجارية دنانير

قال حكم الوادي: دخلت يومًا على يحيى بن خالد فقال لي: يا أبا يحيى، ما رأيك في خمسمائة دينار قد حضرت؟ قلت: ومن لي بها، قال: تلقى لحنك في «ذكرتك إن فاض الفراق بأرضنا» على دنانير، فها هي ذه، وهذا سلام واقف معك ومخرجها إليك، وأنا راكب إلى أمير المؤمنين ولست أنصرف من مجلس المظالم إلى وقت الظهر فكدها فيه، فإذا أحكمته فلك خمسمائة، فقالت دنانير: يا سيدي، أبو يحيى يأخذ خمسمائة دينار وينصرف وأنا أبقى معك أقاسمك عمري كله، فقال لها: إن حفظتيه فلك ألف دينار، وقام فمضى، فقلت لها: يا سيدتي اشغلي نفسك بذا، فإنك أنت تهبين لي الخمسمائة دينار بحفظك إياه وتفوزين بالألف الدينار، وإلا بطل هذا، فلم أزل معها أكدُّها وأغني ونغني حتى انصرف يحيى، فدعا بماء وطشت، ثم قال: يا أبا يحيى غنِ الصوت كما كنت تغنيه، فقلت: هلكت، يسمعه مني وليس هو ممن يخفى عليه، ثم يسمعه منها فلا يرضاه، فلم أجد بدًا من الغناء، ثم قال: غنهِ أنت الآن فغنيت، فقال: والله ما أرى إلَّا خيرًا، فقلت: جعلت فداك أنا أمضغ هذا منذ أكثر من خمسين سنة كما أمضَغ الخبز وهذه أخذته الساعة وهو بذل لها بعدي وتجترئُ عليه وتزداد حسنًا في صوتها، فقال: صدقت، هات يا سلام له خمسمائة دينار ولها ألف دينار، ففعل، فقلت له: وحياتك يا سيدي لأشاطرنَّ أستاذي الألف دينار، قال: ذلك إليك، ففعلت فانصرفت وقد أخذت بهذا الصوت ألف دينار.

إسحاق التميمي الشاعر والفضل بن يحيى

هو عبد الله بن يعقوب ويكنى أبو محمد مولى بني تميم، حدث إسحاق قال: كنت على باب الفضل بن يحيى فأتاني التميمي الشاعر بقصيدة في قرطاس وسألني أن أوصلها إلى الفضل فنظرت فيها ثم خرقت القرطاس، فغضب أبو محمد وقال لي: أما كفاك أن استخففت بحاجتي ومنعتني أن أدفعها إلى غيرك، فقلت له: أنا خيرٌ لك من القرطاس، ثم دخلت إلى الفضل فلما تحدثنا قلت له: معي هدية وصاحبها بالباب وأنشدته، فقال: وكيف حفظتها؟ قلت: الساعة، دفعها إلي على الباب فحفظتها، فقال: دع الآن، فقلت له: فأدخله، فأدخل، فسأله عن القصة: فأخبره ثم خرج التميمي، فقلت: خذ في حاجة الرحل، فقال: أما إذا عنيت به فقد أمرت له بخمسة آلاف درهم، فقلت له: أما إذا أقللتها فعجلها، فأمر

بها فأحضرت، فقلت له: أليس لإعناتك إياي ثمن، قال: نعم، قلت: فهاته، قال: لا أبلغ بك في الإعنات ما بلغت بالشاعر في المديح، فقلت: فهات ما شئت، فأمر بثلاثة آلاف درهم فضممتها إلى الخمسة آلاف ووجهت بها إليه.

إبراهيم الموصلي يستوهب بالغناء ثمن ضيعة من البرامكة

حدَّث مخارق قال: اشتغل الرشيد يومًا واصطبح واصطبحت السماء تطش طشًا خفيفًا، فقلت: والله لأذهبن إلى أستاذي إبراهيم فأعرف خبره ثم أعود، فأمرت من عندي أن يسوُّوا مجلسًا لنا إلى وقت رجوعي، فجئت إلى إبراهيم الموصلي فإذا بالباب مفتوح والدهليز قد كنس، والبواب قاعد، فقلت: ما خبر أستاذي، فقال: ادخل، فدخلت فإذا هو جالس في رواقٍ له وبين يديه قدورٌ تغرغر وأباريق تزهر والستارة منصوبة والجواري خلفها، وإذا قدامه طست فيه رطليه وكوز وكأس، فدخلت أترنم ببعض الأصوات وقلت له: ما بال الستارة لست أسمع من ورائها صوتًا، فقال: اقعد ويحك، إني أصبحت على الذي ظننت فأتاني خبر ضيعة تجاورني كنت والله طلبتها زمانًا وتمنيتها فلم أملكها وقد أعطى بها مائة ألف دينار، فقلت: وما يمنعك منها؟ والله لقد أعطاك الله أضعاف هذا المال وأكثر، قال: صدقت ولكن لست أطيب نفسًا أن أخرج هذا المال، فقلت: ومن يعطيك الساعة مائة ألف درهم والله ما أطمع في ذلك من الرشيد فكيف من دونه، فقال: اجلس خذ هذا الصوت، ونقر بقضيب معه على الدواة وألقى عليَّ هذين البيتين:

نامِ الخليون من همٍّ ومن سقم
وبتُّ من كثرة الأحزان لم أنم
يا طالب الجود والمعروف مجتهدًا
اعمد ليحيى حليف الجود والكرمِ

فأخذته فأحكمته، ثم قال لي: امضِ الساعة إلى باب الوزير يحيى بن خالد، فإنك تجد الناس عليه وتجد الباب قد فتح ولم يجلس عليه بعد، فاستأذن عليه قبل أن يصل إليه أحد فإنه سينكر عليك مجيئك، ويقول: من أين أقبلت في هذا الوقت، فحدثه بقصدك إياي وما ألقيت إليك من خير الضيعة، وأعلمه أني صنعت هذا الصوت وأعجبني، ولم أرَ أحدًا يستحقه إلا فلانة جاريته، وإني ألقيته عليك حتى أحكمته لتطرحه عليها فيستدعي بها ويأمر بالستارة أن تنصب ويوضع له كرسي ويقول لك: ألقه عليها بحضرتي، فافعل وأتني بالخبر بعد ذلك، قال: فجئت باب يحيى فوجدته كما وصف وسألني فأعلمته ما أمرني به، ففعل كل شيء قاله لي إبراهيم وأحضر الجارية فألقيت عليها، ثم قال لي: تقيم عندنا يا أبا المهنا أم تنصرف؟ فقلت: أنصرف أطال الله بقاءك فقد علمت ما أذن لنا فيه، فقال: يا غلام احمل مع أبي المهنا عشرة آلاف درهم واحمل إلى أبي إسحاق مائة ألف درهم ثمن هذه الضيعة، فحملت العشرة آلاف درهم إلي وأتيت منزلي، فقلت: أسر يومي هذا وأسر من عندي، ومضى الرسول إليه بالمال، فدخلت منزلي ونثرت على من عندي من الجواري دراهم من تلك البدرة وتوسلتها وأكلت وشربت وطربت وسررت يومي كله فلما أصبحت قلت: والله لآتين أستاذي ولأعرفن خبره، فأتيته فوجدت الباب كهيئته بالأمس ودخلت فوجدته على مثل ما كان عليه، فترنمت وطبت فلم يتلقَ ذلك بما يجب، فقلت له: ما الخبر ألم يأتك المال، قال بلى، فما كان خبرك أنت

بالأمس، فأخبرته بما كان وُهب لي وقلت: ما كان ينتظر من تحت الستارة، فقال: ارفع السجف فرفعته، فإذا عشرة بدر، فقلت: وأي شيء بقي عليك في أمر الضيعة؟ قال: ويحك ما هو والله إلا أن دخلت منزلي حتى شححت عليها فصارت مثل ما حويت قديمًا، فقلت: سبحان الله العظيم فتصنع ماذا، قال: قم حتى ألقي عليك صوتًا صنعته يفوق ذلك الصوت، فقمت وجلست بين يديه فألقى عليَّ:

ويفرح بالمولود من آل برمك
بغاة الندى والسيف والرمح والنصل
وتنبسط الآمال فيه لفضله
ولا سيما إن كان من ولد الفضل

فلما ألقى عليَّ الصوت سمعت ما لم أسمع مثله قط وصغر عندي الأول فأحكمته، ثم قال: انهض الساعة إلى الفضل بن يحيى فإنك تجده لم يأذن لأحد بعد وهو يريد الخلوة مع أهله اليوم فاستأذن عليه وحدثه بحديثنا أمس وما كان من أبيه إلينا وإليك، وأعلمه أني قد صنعت هذا الصوت وكان عندي أرفع منزلة من الصوت الذي صنعته بالأمس وإني ألقيته عليك حتى أحكمته ووجهت بك قاصدًا لتلقيه على فلانة جاريته، فصرت إلى باب الفضل فوجدت الأمر على ما ذكر، فاستأذنت فوصلت وسألني ما الخبر، فأعلمته بخبري في اليوم الماضي وما وصل إليَّ وإليه من المال، فقال: أخزى الله إبراهيم فما أبخله على نفسه ثم دعا خادمًا فقال: اضرب الستارة، فضربها فقال لي: ألقِهِ، فلما غنيته لم أتمه حتى أقبل يجر بطرفه ثم جلس على وسادة دون الستارة وقال: والله لقد أحسنت وأستاذك يا مخارق، فلم أخرج حتى أخذته الجارية وأحكمت، فسرَّ بذلك سرورًا شديدًا وقال: أقم عندي اليوم، فقلت: يا سيدي إنما بقي لنا يوم واحد ولولا أني أحب سرورك لم أخرج من منزلي، فقال: يا غلام احمل مع أبي المهنا عشرين ألف درهم واحمل إلى إبراهيم مائتي ألف درهم، فانصرفت إلى منزلي بالمال، ففتحت بدرة نثرت منها على الجواري وشربت وسررت أنا ومن عندي يومنا، فلما أصبحت بكرت إلى إبراهيم أتعرَّف خبره وأعرفه خبري فوجدته على الحال التي كان عليها أولًا وآخرًا، فدخلت أترنم وأصفق فقال لي: ادنُ، فقلت: ما بقي؟ فقال: اجلس وارفع سجف هذا الباب، فإذا عشرون بدرة مع العشرة الأول فقلت: ما تنتظر الآن، فقال: ويحك ما هو والله إلا أن حصلت حتى جرت مجرى ما تقدم، فقلت: ما أظن أحدًا نال في هذه الدولة ما نلته فلم تبخل على نفسك بشيء عنيته دهرًا وقد ملكك الله أضعافه، ثم قال: اجلس فخذ هذا الصوت، وألقى عليَّ صوتًا إنسانيًا — والله — صَوتَيِّ الأوَّليْن:

إلى جعفر صارت بنا كل حرة
طواها سراها نحوه والتهجرُ
إلى واسع للمنتدين فناؤه
تروح عطاياه عليهم وتبكرُ

ثم قال لي: هل سمعت مثل هذا؟ فقلت: ما سمعت قط مثله، فلم يزل يرد عليَّ حتى أخذته، ثم قال لي: امضِ إلى جعفر فافعل به كما فعلت بأخيه وأبيه، قال: فمضيت ففعلت مثل ذلك وخبرته ما كان منهما وعرضت عليه الصوت فسرَّ به ودعا خادمًا فأمره بضرب الستارة وأحضر الجارية وقعد على كرسي، ثم قال: هات مخارق، فاندفعت فألقيت الصوت عليها حتى أخذته، فقال: أحسنت والله يا

مخارق وأحسن أستاذك، فهل لك في المنام عندنا اليوم؟ فقلت: يا سيدي هذا آخر أيامنا، وإنما جئت لموقع الصوت مني حتى ألقيته على الجارية، فقال: يا غلام احمل معه ثلاثين ألف درهم وإلى الموصلي ثلاثمائة ألف درهم، فصرت إلى منزلي بالحال فأقمت ومن معي مسرورين نشرب بقية يومنا ونطرب، ثم بكرت إلى إبراهيم فتلقاني قائمًا وقال لي: أحسنت يا مخارق، فقلت: ما الخبر، فقال: اجلس، فجلست، فقال لمن خلف الستارة: خذوا فيما أنتم فيه ثم رفع السجف فإذا المال، فقلت: ما خبر الضيعة، فأدخل يده تحت مسورة هو متكئ عليها فقال: هذا صك الضيعة ثم سئل عن صاحبها فوجد ببغداد، فاشتراها منه يحيى بن خالد وكتب إليَّ: قد علمت أنك لا تسخو نفسًا بشراء الضيعة من مال يحصل لك ولو حيزت لك الدنيا كلها، وقد ابتعتها لك من مالي ووجهت لك بصكها ووجه إلي بصكها — وهذا المال كما ترى، ثم بكى وقال لي: يا مخارق إذا عاشرت فعاشر مثل هؤلاء، وإذا مدحت فامدح مثلهم، هذه ستمائة ألف وضيعة بمائة ألف وستون ألف درهم لك حصلنا ذلك أجمع، وأنا جالس في مجلسي لم أبرح منه فمتى يدرك مثل هؤلاء؟!

قيل في محمد بن يحيى بن خالد البرمكي:

سألت الندى والجود ما لي أراكما
تبدلتما عزًا بذل مؤبدِ
وما بال ركن المجد أمسى مهدمًا
فقال أصبنا بابن يحيى محمدِ
فقلت فهلاَّ متمًا بعد موته
وقد كنتما عبديه في كل مشهدِ
فقالا أقمنا كي نعزى بفقده
مسافة يوم ثم نتلوه في غدِ

يحيى بن خالد وأحد الشعراء

دخل أحد الشعراء على يحيى بن خالد البرمكي فأنشده:

سألت الندى هل أنت حرٌ فقال لا
ولكنني عبد ليحيى بن خالدِ
فقلت شراءً قال: لا، بل وراثةً
توارثني من والد بعد والد

فأمر له بعشرة آلاف درهم.

الفضل بن يحيى والأعرابي

روى الأصمعي عن الفضل بن يحيى قال: خرج يومًا للصيد والقنص، وبينما هو في موكبه إذ رأى أعرابيًا على ناقة قد أقبل من صدر البرية يركض في سيره، قال: هذا يقصدني فلا يكلمه أحدٌ غيري، فلما دنا الأعرابي ورأى المضارب تضرب، والخيام تنصب والعسكر الكثير، الجمُّ الغفير، وسمع الغوى والضجة ظن أنه أمير المؤمنين، فنزل وعقل راحلته وتقدم إليه وقال: السلام عليك يا أمير المؤمنين ورحمة الله وبركاته، قال: اخفض عليك ما تقول: فقال: السلام عليك أيها الأمير، قال: الآن قاربت اجلس، فجلس الأعرابي، فقال له الفضل: من أين أقبلت يا أخا العرب؟ قال: من قضاعة، قال: من أدناها أو من أقصاها؟ قال: من أقصاها، فقال: يا أخا العرب: مثلك من يقصد من ثلاثمائة فرسخ إلى العراق لأي شيء، قال: قصدت هؤلاء الأماجد الأنجاد الذين قد اشتهر معروفهم في البلاد، قال منٍ هم؟ قال: البرامكة، قال الفضل: يا أخا العرب، إن البرامكة خلق كثير، وفيهم جليل وخطير، ولكلٍّ منهم خاصة وعامة، فهل أفرزت منهم لنفسك من اخترته لنفسك وأتيته لحاجتك؟ قال: أجل أطولهم باعًا وأسمحهم كفًّا، قال: من هو؟ قال: الفضل بن يحيى بن خالد، فقال له: الفضل يا أخا العرب، إن الفضل جليل القدر عظيم الخطر، إذا جلس للناس مجلسًا عامًّا لم يحضر مجلسه إلا العلماء والفقهاء والأدباء والشعراء والكتّاب والمناظرون للعلم، أعالم أنت؟ قال: لا، قال: أوردت على الفضل بكتاب وسيلة، قال: لا، فقال: يا أخا العرب غرتك نفسك، مثلك يقصد الفضل بن يحيى وهو ما عرفتك عنه من الجلالة، بأي ذريعة أو وسيلة تقدم عليه، قال: والله يا أمير ما قصدته إلا لإحسانه المعروف، وكرمه الموصوف، وببيتين من الشعر قلتهما فيه، فقال الفضل: يا أخا العرب أنشدني البيتين، فإن كانا يصلحان أن تلقاه بهما أشرت عليك بلقائه، وإن كانا لا يصلحان أن تلقاه بهما بررتك بشيء من مالي ورجعت إلى باديتك، وإن كنت لا تستحق بشعرك شيئا، قال: أفتفعل أيها الأمير، قال: نعم، قال: فإني أقول:

ألم ترَ أن الجودَ من عهد آدم
تحدَّر حتى صار يمتصه الفضل
ولو أن أمًّا مسها جوع طفلها
غذته باسم الفضلِ لاغتذأ الطفل

قال: أحسنت يا أخا العرب، فإن قال لك: هذان البيتان قد مدحنا بهما شاعر وأخذ الجائزة عليهما فأنشدني غيرهما، فما تقول؟ قال: أقول:

قد كان آدمُ حين حان وفاته
أوصاك وهو يجود بالحباء
ببنيه أن ترعاهم فرعيتهم
وكفيت آدم عولة الأبناء

قال: أحسنت يا أخا العرب، فإن قال لك: ممتحنًا، هذا البيتان أخذتهما من أفواه الناس، فأنشدني غيرهما، فما تقول وقد رمقتك الأدباء بالأبصار وامتدت الأعناق إليك وتحتاج أن تناضل عن نفسك، قال: إذن أقول:

ملّتٍ جهابذ فضل وزن نائله

ومل كاتبه إحصاء ما يهبُ
والله لولاك لم يُمدح بمكرمةٍ
خلق ولم يرتفع مجدٌ ولا حسبُ

قال: أحسنت يا أخا العرب، فإن قال لك الفضل: هذان البيتان مسروقان أنشدني غيرهما، فما تقول؟
قال: إذن أقول:

ولو قيل للمعروفِ: نادِ أخا العلا
لنادى بأعلى الصوت يا فضل يا فضلُ
ولو أنفقت جدواك من رمل عالج
لأصبح من جدواك قد نفد الرمل

قال: أحسنت يا أخا العرب، فإن قال لك الفضل: هذا البيتان مسروقان أيضًا، أنشدني غيرهما، فما تقول؟ قال أقول:

وما الناس إلا اثنان صبٌ وباذلٌ
وإني لذاك الصبُّ والباذلُ الفضلُ
على أنَّ لي مثلًا كما ذكر الورى
وليس لفضل في سماحته مثل

قال: أحسنت يا أخا العرب، فإن قال لك الفضل: أنشدني غيرهما، فما تقول؟ قال: أقول أيها الأمير:

حكى الفضل عن يحيى سماحة خِالد
فقامت به التقوى وقام به العدلُ
وقام بهِ المعروف شرقًا ومغربًا
ولم يكُ للمعروف بعدٌ ولا قبلُ

قال: أحسنت، فإن قال: قد ضجرنا من الفاضل والمفضول أنشدني بيتين على الكنية لا على الاسم، فما تقول؟ قال: إذن أقول:

ألا يا أبا العباس يا واحد الورِى
ويا ملكًا خدُّ الملوك له نعل
إليك تسير الناس شرقًا ومغربًا
فرادى وأزواجًا كأنهم نحل

قال: أحسنت يا أخا العرب، فإن قال لك الفضل: أنشدنا غير الاسم والكنية والقافية، قال: والله لئن زادني الفضل وامتحنني بعد هذا لأقولن أربعة أبيات ما سبقني إليهن أعرابي ولا أعجمي، ولئن

زادني بعدها لأجمعن قوائم ناقتي هذه وأجعلها في فم الفضل، ولأرجعنَّ إلى قضاعة خاسرًا ولا أبالي، فنكس الفضل رأسه وقال للأعرابي: يا أخا العرب أسمعني الأبيات الأربعة، قال: أقول:

ولائمةٍ لامتك يا فضل في الندى
فقلت لها هل يقدح اللوم في البحرِ
انتهين فضلًا عن عطاياه للغنى
فمن ذا الذي ينهى السحاب عن القطرِ
كأن نوال الفضلِ في كل بلدة
تحدر هذا المزن في مهمةٍ قفر
كأن وفود الناس في كل وجهةٍ
إلى الفضل لاقوا عنده ليلة القدرِ

قال: فأمسك الفضل عن فيهِ وسقط على وجهه ضاحكًا، ثم رفع رأسه وقال: يا أخا العرب أنا والله الفضل بن يحيى سل ما شئت، فقال: سألتك بالله أيها الأمير إنك لهوَ، قال نعم، قال له: فأعطني الأمان، قال: عليك الأمان، اذكر حاجتك، قال عشرة آلاف درهم، قال الفضل: ازدريت بنا وبنفسك يا أخا العرب، تعطى عشرة آلاف درهم في عشرة آلاف، وأمر بدفع المال، فلما صار المال إليه حمده وزير الفضل وقال: يا مولاي هذا إسراف، يأتيك جلف من أجلاف العرب بأبيات استرقها من أشعار العرب فتجزيه بهذا المال، فقال: استحقه بحضوره إلينا من أرض قضاعة، قال الوزير: أقسمت عليك إلَّا أخذت سهمًا من كنانتك وركبته في كبد قوسك وأومأت به إلى الأعرابي، فإن رد عن نفسه ببيت من الشعر، وإلا فاستعطف مالك ويكون له في بعضه كفاية، فأخذ الفضل سهمًا وركبه في كبد قوسه وأومأ به إلى الأعرابي وقال له: ردَّ سهمي ببيتٍ من الشعر فأنشأ يقول:

لقوسك قوس الجود والوتر الندي
وسهمك سهم العز فارم به فقري

فضحك الفضل وأنشأ يقول:

إذا ملكت كفي منالًا ولم أنِل
فلا انبسطت كفي ولا نهضت رجلي
على الله إخلاف الذي قد بذلته
فلا مبقٍ لي بخلي ولا متلفي بَذلي
أروني بخيلًا نال مجدًا ببخله
وهاتوا كريمًا مات من كثرة البذل

ثم قال الفضل لوزيره: أعطِ الأعرابي مائة ألف درهم لقصده وشعره ومائة ألف درهم ليكفينا شر قوائم ناقته، فأخذ الأعرابي المال وانصرف وهو يبكي، فقال له الفضل: صمّ بكاءك يا أعرابي، أاستقلالًا للمال الذي أعطيناك؟ قال: لا، ولكني أبكي على مثلك يأكله التراب وتواريه الأرض، وتذكرت قول الشاعر:

لعمرك ما الرزية فقد مال
ولا فرس تموت ولا بعيرُ
ولكن الرزية فقد حُرٍّ
يموت لموته خلقٌ كثيرُ

ثم انصرف الأعرابي مسرورًا.

مروان بن أبي حفصة وجعفر البرمكي

دخل مروان بن أبي حفصة على جعفر بن يحيى فأنشده:

أبرَّ فما ترجو الجيادُ لحاقه
أبو الفضل سباق الأخاصيم جعفر
وزير إذا ناب الخلافة حادث
أشار بما عنه الخلافة تصدر

فقال جعفر: أنشدني مرثيتك في معن بن زائدة، فأنشده:

أقمنا باليمامة أو نسينا
مقامًا لا نريد به زوالا
وقلنا أين نذهب بعد معنٍ
وقد ذهب النوال فلا نوالا
وكان الناس كلهم لمعنٍ
إلى أن زار حفرته عيالا

حتى فرغ من القصيدة، وجعفر يرسل دموعه على خديه فقال: هل أثابك على هذه المرثية أحد من أهل بيته وولده؟ قال: لا، قال: فلو كان معنٌ حيًّا ثم سمعها منك كم كان يثيبك عليها، قال: أربعمائة دينار، قال: ما كنا نظن أنه يرضى لك بذلك، وقد أمرنا لك عن معنٍ رحمه الله بالضعف مما ظننته وزدناك مثل ذلك، فاقبض من الخازن ألفًا وستمائة دينار قبل أن تخرج، فقال: مروان يذكر جعفرًا وما سمح به عن معن:

نفحت مكافئًا عن جود معنٍ
لنا فيما تجود به سجالا
فعجلت العطية بابن يحيى
لنادبه ولم ترد المطالا
فكافأ عن صدى معنٍ جواد
بأجود راحة بذلت نوالا
بنى لك خالد وأبوك يحيى

بناءً في المكارم لن ينالا
كأن البرمكي لكلِّ مالٍ
تجود به يداه يُقاد مالاً

إسحاق الموصلي عند الكرماء

قال إسحاق بن إبراهيم الموصلي: دعاني يحيى بن خالد فدخلت عليه، وكان عنده الفضل وجعفر ولداه فقال لي: أصبحت اليوم مهمومًا فأردت الصبوح لأتسلى، فغنِّ صوتًا لعلي أرتاح إليه فغنيته:

إذا نزلوا بطحاء مكة أشرقت
بيحيى وبالفضلِ بن يحيى وجعفر
فما خلقت إلَّا لجود أكفهم
وأرجلهم إلَّا لأعواد منبر

فسرَّ وأمر لي بمائة ألف درهم، وأمر لي كل واحد من ولديه بمثل هذا المبلغ، فحملت المال وانصرفت.

كرم يحيى بن خالد

من مكارمه أن الرشيد لما نكب البرامكة واستأصل شأفتهم، حرَّم على الشعراء أن يرثوهم، وأمر بالمؤاخذة على ذلك، فاجتاز بعض الحرس ببعض الخربات، فرأى إنسانًا واقفًا وفي يده رقعة فيها شعر يتضمن رثاء البرامكة وهو ينشده ويبكي، فأخذه الحرس وأتى به إلى الرشيد وقص عليه الصورة، فاستحضره الرشيد وسأله عن ذلك فاعترف به، فقال له الرشيد: أما سمعت تحريمي إرثائهم لأفعلن بك وأصنعن؟ فقال: يا أمير المؤمنين إذا أذنت لي في حكاية حالي حكيتها ثم بعد ذلك أنت ورأيك، قال: قل، قال: إني كنت من أصغر كتَّاب يحيى بن خالد وأرقهم حالاً، فقال لي: أريد أن تضيفني في دارك يومًا، فقلت: يا مولانا أنا دون ذلك، وداري لا تصلح لهذا، قال: لا بد من ذلك، قلت: فإن كان لا بد فأمهلني مدة حتى أصلح شأني ومنزلي، ثم بعد ذلك أنت ورأيك، قال: كم أمهلك؟ قلت: سنة، قال: كثير، قلت: فشهورًا، قال نعم، فمضيت وشرعت في إصلاح المنزل وتهيئة أسباب الدعوة، فلما تهيأت الأسباب أعلمت الوزير بذلك: فقال: نحن غدًا عندك، فمضيت وتهيأت في الطعام والشراب وما يحتاج إليه، فحضر الوزير في غد ومعه ابناه جعفر والفضل وعدة يسيرة من خواص أتباعه، فنزل عن دابته ونزل ولداه جعفر والفضل ومن معه وقال: يا فلان أنا جائع فعجل لي بشيء، فقال لي الفضل ابنه: الوزير يحب الفراريج المشوية فعجل منها ما حضر، فدخلت وأحضرت شيئًا، فأكل الوزير ثم قام يتمشى في الدار وقال: يا فلان فرِّجنا في دارك، فقلت: يا مولانا هذه هي داري ليس لي غيرها، قال: بلى لك غيرها، قلت: والله لا أملك سواها، فقال: هاتوا بنَّاءً، فلما حضر قال له: افتح في هذا الحائط بابًا، فمضى ليفتح فقلت: يا مولانا كيف يجوز أن يُفتح بابٌ إلى بيوت الجيران والله أوصى بحفظ الجار، قال: لا بأس في ذلك، ثم فتح الباب، فقام الوزير وأبناؤه فدخلوا فيه وأنا معهم فخرجوا منه إلى بستان حسن كثير الأشجار والماء يتدفق فيه وبه من المقاصير والمساكن ما

يروق كل ناظر، وفيه من الآلات والفرش والخدم والجواري كل جميل بديع، فقال: هذا المنزل وجميع ما فيه لك، فقبّلت يده ودعوت له وتحققت الفضة، فإذا هو من يوم حادثني في أمر الدعوة قد أرسل واشترى الأملاك المجاورة لي وعمرها دارًا حسنة، ونقل إليها من كل شيء وأنا لا أعلم، وكنت أرى العمارة وأحسبها لبعض الجيران، فقال لابنه جعفر: يا بني هذا منزل وعمال، فالمادة من أين تكون له؟ قال جعفر: قد أعطيته الضيعة الفلانية بما فيها وسأكتب له بذلك كتابًا، فالتفت إلى ابنه الفضل وقال له: يا بني فمن الآن إلى أن يدخل هذه الضيعة ما الذي ينفق؟ قال الفضل: عليَّ عشرة آلاف دينار أحملها إليه، فقال: عجلًا له ما قلتما، فكتب لي جعفر بالضيعة وحمل الفضل إليّ المال، فأثريت وارتفعت حالي وكسبت بعد ذلك معه مالًا طائلًا أنا أتقلب فيه إلى اليوم، فوالله يا أمير المؤمنين ما أجد فرصة أتمكن فيها من الثناء عليهم والدعاء لهم إلا انتهزتها مكافأة لهم على إحسانهم ولن أقدر على مكافأته، فإن كنت قاتلي على ذلك فافعل ما بدا لك، فرقّ الرشيد لذلك وأطلقه وأذن لجميع الناس في رثائهم.

رثاء امرأة لجعفر

قال أبو زيد الرياحي: كنت جالسًا عند خشبة جعفر بن يحيى البرمكي أفكر في زوال ملكه وحاله التي صار إليها إذ أقبلت امرأة لها هيئة حسنة، فوقفت على جعفر وبكت واحترقت وتكلمت فأبلغت وقالت: أما والله لئن أصبحت للناس آية لقد بلغت الغاية، ولئن زال ملكك وخانك دهرك ولم يطل به عمرك فلقد كنت المغبوط الناعم بالًا، يحسن بك الملك فاستعظم الناس فقدك، إذ لم يستخلفوا ملكًا بعدك، فنسأل الله الصبر على عظيم الفجيعة وجليل الرزيئة الذي لا يستعاض بغيرك، والسلام عليك، وداعٍ غير قالٍ ولا ناسٍ لذكرك ثم أنشأت تقول:

العيش بعدك مرٌّ غير محبوب
ومذ صلبت ومقتنا كل مصلوب
أرجو لك الله ذا الإحسان أن له
فضلًا علينا وعفوًا غير محسوب

ثم سكتت ساعة وتأملته ثم أنشأت تقول:

عليك من الأحبة كل يوم
سلام الله ما ذكر السلامُ
لئن أمسى صداك برأي عين
على خشب حباك به الإمامُ
فمن ملك إلى ملك برغم
من الأملاك آن لك الحمامُ

المأمون وراثي البرامكة

قال خادم المأمون: طلبني أمير المؤمنين ليلة وقد مضى من الليل ثلثه فقال لي: خذ معك فلانًا وفلانًا وسماهما لي — أحدهما علي بن محمد والآخر دينار الخادم —، واذهب مسرعًا لما أقول لك فقد بلغني أن شيخًا يحضر ليلًا إلى آثار دور البرامكة وينشد شعرًا يذكرهم ويندبهم ويبكي عليهم ثم ينصرف، فامض أنت وعلي ودينار حتى تردوا تلك الخرابات، فاستتروا وراء بعض جدرانها فإذا رأيتم الشيخ قد جاء وندب وأنشد أبياتًا فأتوني به. فأخذتهما ومضينا حتى أتينا الخرابات فإذا بغلام قد أتى ومعه بساط وكرسي جديد برفقته شيخ جميل الطلعة لطيفًا مُهابًا فجلس على الكرسي وجعل يبكي وينتحب ويقول هذه الأبيات:

ولما رأيت السيف جندل جعفرًا
ونادى منادٍ للخليفة في يحيى
بكيت على الدنيا وزاد تأسفي
عليهم وقلت الآن لا تنفع الدنيا

مع أبيات أطالها؛ فلما فرغ قبضنا عليه: وقلنا له: أجب أمير المؤمنين، ففزع فزعًا شديدًا وقال: دعوني حتى أوصي بوصية فإني لا أوقن بعدها بحياة، ثم تقدم إلى بعض الدكاكين واستفتح وأخذ ورقة وكتب فيها وصية وسلمها إلى غلامه، ثم سرنا به، فلما مثّل بين يدي أمير المؤمنين قال له: من أنت؟ وبما استوجبت منك البرامكة ما تفعله في خرائب دورهم؟ قال الشيخ: يا أمير المؤمنين إن للبرامكة أياد خطيرة عندي، فأذن لي أن أحدثك بحالي معهم، قال: قل، فقال: يا أمير المؤمنين، أنا المنذر بن المغيرة من أولاد الملوك، وقد زالت عني نعمتي، فلما ركبني الدين واحتجت إلى بيع مسقط رأسي أشار علي الأهل بالخروج إلى البرامكة.

فخرجت من دمشق مع ثلاثين رجلًا من أهلي وليس معنا ما يباع أو يوهب، ثم دخلنا بغداد ونزلنا في بعض المساجد فاستترت بثياب أعددتها، وتركتهم جياعًا لا شيء عندهم ودخلت شوارع بغداد سائلًا عن البرامكة فإذا أنا بجامع مزخرف يغص بالجلوس وفي جانبه شيخ بأحسن زي وزينة وعلى الباب خادمان، فطفت في القوم ودخلت المسجد وجلست بين أيديهم وأنا أقدِّم رجلًا وأؤَخر أخرى والعرق يسيل مني لأنها لم تكن صنعتي، وإذا بالخادم مقبلًا يدعو القوم فقاموا وأنا معهم، فدخلوا دار يحيى بن خالد فدخلت معهم، وإذا بدكة له وسط بستان فسلمنا وهو يعدنا مائة وواحدًا وبين يديه عشرة من أولاده، وإذا بمائة واثني عشر خادم قد أقبلوا ومع كل خادم صينية، فرأيت القاضي والمشايخ يصبون الدنانير في أكمامهم ويجعلون الصواني تحت آباطهم، ويقوم الأول فالأول حتى بقيت وحدي لا أجسر على أخذ الصينية، وتغمزني الخادم فجسرت وأخذتها وجعلت الذهب في كمي والصينية في يدي وقمت ولا أتلفت إلى ورائي مخافة أن أمنع من الذهاب، فوصلت إلى صحن الدار ويحيى يلاحظني فقال للخادم: ائتني بهذا الرجل: فأتى بي، فقال: ما لي أراك تتلفت يمينًا وشمالًا فقصصت عليه قصتي، فقال للخادم: ائتني بولدي موسى، فأتاه به، فقال له: يا بني هذا رجل غريب خذه إليك واحفظه بنفسك ونعمتك، فقبض موسى ولده على يدي وأدخلني إلى دار له، فأكرمني غاية الإكرام وأقمت عنده يومي وليلتي في ألذ عيش وأتم سرور، فلما أصبح دعا بأخيه العباس وقال له: الوزير أمرني بالعطف على هذا الفتى وقد علمت اشتغالي في بيت أمير المؤمنين فاقبله عندك وأكرمه، ففعل ذلك وأكرمني غاية الإكرام، ثم وفي الغد سلمني لأخيه أحمد ولم أزل في أيدي القوم يتداولونني

تباعًا مدة عشرة أيام لا أعرف شيئًا عن عيالي أمواتًا هم أم أحياء، فلما كان اليوم الحادي عشر جاءني خادم ومعه جماعة من الخدم، فقالوا: قم فاخرج إلى عيالك بسلام، فقلت: ويلاه سُلبت الدنانير والصينية وأخرج على هذه الحالة، إنا لله وإنا إليه راجعون، فرفع الستر الأول ثم الثاني ثم الثالث ثم الرابع، فلما رفع الخادم الأخير قال لي: مهما كان لك من الحوائج فارفعها إليّ فإني مأمور بقضاء جميع ما تأمرني به، فلما رفع الستر الأخير رأيت حجرة كالشمس حسنًا ونورًا، واستقبلني منها رائحة الند والعود ونفحات المسك، وإذا بصبياني وعيالي يتقلبون في الحرير والديباج وحمل إليّ عشرة آلاف دينار ومنشورًا بضيعتين وتلك الصينية التي كنت أخذتها بما فيها من الدنانير، وأقمت يا أمير المؤمنين مع البرامكة في دورهم ثلاث عشرة سنة لا يعلم الناس أمن البرامكة أنا أم رجل غريب، فلما دهمتهم البلية ونزل بهم ما نزل من الرشيد ألزمني عمرو بن مسعدة بدفع خراج على هاتين الضيعتين لا يفي دخلهما به فلما تجامل علي الدهر كنت في آخر الليل أقصد خرابات دورهم فأندبهم وأذكر حسن صنعهم إلي وأبكي على إحسانهم، فدعا المأمون بعمرو بن مسعدة، فلما أتى به قال له: أتعرف هذا الرجل؟ قال يا أمير المؤمنين: هو بعض صنائع البرامكة، قال: كم ألزمته في ضيعتيه، قال كذا وكذا، فقال له: رد إليه كل ما أخذته منه في مدته ليكون له ولعقبه من بعده، وللحال علا نحيب الرجل.

فلما رأى المأمون كثرة بكائه قال له: يا هذا قد أحسنا إليك فما يبكيك، قال يا أمير المؤمنين وهذا أيضًا من صنيع البرامكة، لو لم آتِ خراباتهم فأبكيهم وأندبهم لما اتصل خبري إلى أمير المؤمنين ففعل بي ما فعل، فما كاد ينتهي من كلامه حتى فاضت عبرات المأمون وظهر عليه الحزن وقال: لعمري هذا من صنيع البرامكة، فعلى مثلهم يبكى وإياهم يشكر ولهم يوفى ولإحسانهم يذكر.

مقتل البرامكة

قال إسماعيل بن يحيى الهاشمي: كنت مع الرشيد يومًا من الأيام راكبًا إلى الصيد فبينما نحن نسير إذ نظرنا إلى موكب بالبعد اعترضنا فقال لي: يا إسماعيل لمن هذا، فقلت لأخيك جعفر بن يحيى فالتفت يمينًا وشمالًا إلى من معه في موكبه فإذا هي شرذمة يسيرة، ثم نظر إلى الموكب الذي فيه جعفر فلم يره فقال: يا إسماعيل ما فعل جعفر وموكبه، فقلت: يا سيدي قد مضى في طريقه ولم يعلم بموضعك، فقال: ما رآنا أهلًا أن يزيننا بموكبه ويجملنا بجيشه، فقلت: العفو يا أمير المؤمنين لو علم بمكانك ما تعداك وما سار إلَّا بين يديك واعتذرت بما حضر لي من الكلام، ثم سرنا حتى انتهينا إلى ضيعة عامرةٍ ومواشٍ كثيرة وكان الطريق يدور عليها فدرنا حتى رأينا باب القرية، فنظر الرشيد إلى البيدر وإلى كثرة الغلال والمواشي ويسار أهلها فالتفت إليَّ وقال: يا إسماعيل لمن هذه الضيعة، قلت: لأخيك جعفر بن يحيى، فسكت ثم تنفس الصعداء ثم سرنا، ولم يزل يمر بكل ضيعة أعمر من الأخرى، وكلما مرَّ وسألني عن ضيعة قلت: لجعفر بن يحيى، حتى سرنا ووصلنا إلى المدينة، فلما أردت وداعه والانصراف إلى منزله نظر إلى من كان حواليه نظرة فعلموا ما أراد، فتفرقوا وبقيت أنا وهو فقال: يا إسماعيل، قلت: لبيك يا أمير المؤمنين، فقال: انظر إلى البرامكة أغنيناهم وأفقرنا أولادنا وغفلنا أمرهم، فقلت في نفسي: بلية والله، ثم قلت: لماذا يا أمير المؤمنين؟ قال: نظرت لهؤلاء وغفلت هؤلاء لأني لا أعرف لولد من أولادي ضيعة من مثل ضياعهم فإنك ترى ضياع البرامكة على طريق واحد قرب هذه المدينة، فكيف بما هو لهم غير ذلك على غير هذا الطريق في سائر

البلدان؟ فقلت: يا أمير المؤمنين إنما البرامكة عبيدك وخدمك والضياع وأموالهم وكل ما يملكونه لك، فنظر إليَّ نظرة جبار عنيد ثم قال: ما عدَّ البرامكة بني هاشم إلا عبيدهم وإنهم هم الدولة وأن لا نعمة لبني العباس إلا وهم أنعموا عليهم بها، فقلت: أمير المؤمنين أبصر من غيره بخدمه ومواليه، فقال: والله يا إسماعيل إنك لتعلم أني قلت هذا وكأني أراك أن تعلمهم بكلامي فتتخذ لك عندهم يدًا، وإني أود تكتم هذا الأمر فإنه ما علم به أحد غيرك ومتى بلغهم شيءٌ مما جرى علمت أنه ما أفشاه إلا أنت، فقلت: يا أمير المؤمنين أعوذ بالله أن يكون مثلي يفشي سرك، قال: وكان هذا القول أول ما ظهر من أمر البرامكة، ثم ودعته وانصرفت متفكرًا في إيقاع الحيلة عنهم، فلما كان من الغد بكرت إليه وجلست بين يديه، وكان في محل يشرف على دجلة من شرق مدينة باب السلام وبإزائه، فنزل جعفر من الجانب الغربي، وكانت المواكب مع جميع الأصناف من قائد وأمير وعامل يردون في كل يوم إلى قصر جعفر، فالتفت إليَّ وقال: يا إسماعيل هذا ما كنا فيه بالأمس انظر كم على باب جعفر من الجيوش والغلمان والمواكب وأنا ما على باب داري أحد، فقلت: يا أمير المؤمنين ناشدتك الله أن لا تعلق نفسك بفكرك هذا وإن جعفرًا إنما هو عبدك وخادمك ووزيرك وصاحب جيوشك إذا لم يكن الجيش على بابه فعلى باب مَن يكون؟ وإنما بابه باب من أبوابك، فقال: يا إسماعيل انظر إلى دوابهم ألست ترى أعجازهم إلى قصري وتروث بإزائنا ونحن ننظر إليها، والله هذا هو الاستخفاف بعينه، والله لا أصبرن على ذلك، ثم غضب غضبًا شديدًا وامتلأ غيظًا فأمسكت عن الكلام وقلت: والله هذا قضاء من الله سابق وحكم لا محالة واقع، ثم استأذنته في الانصراف وعدت إلى منزلي، فلقيني جعفر في الطريق يريد الرشيد فتواريت عنه حتى مضى، فدخل إليه وسلم عليه فأجلسه عن يمينه وأكرمه غاية الإكرام وبش في وجهه وحادثه ساعة ووهب له خادمًا من خاصة خدمه وأنبلهم وأوضحهم وجهًا وأكملهم ظرفًا كاتبًا حاسبًا لبيبًا، فسُّر جعفر سرورًا كاملًا ووقع في قلبه أجل موقع، وكان دسيسًا عليه وبلية لديه يرفع أخباره إلى الرشيد ويحصي عليه أنفاسه ساعةً بساعة ووقتًا بوقت، فخلا به جعفر يومه ذلك وليلته واحتجب من أجله عن الناس، فلما كان بعد ثلاثة أيام سرت إلى جعفر فسلمت عليه، فلما خلا مجلسه ولم يبقَ عنده غيري وذلك الخادم واقف فعلمت أن الخادم يحصي علينا أخبارنا، فقلت: أيها الوزير نصيحة أفتأذن لي في الكلام، وكان الرشيد ولاه كورة خراسان كلها وما يضاف إليها وما ينسب لها قبل هذا الكلام بأيام وخلع عليه وعقد له لواءً وعسكرًا بالنهروان، وضرب الناس مضاربهم بها وهم متأهبون للسفر، فقلت: يا سيدي أنت عازم على الخروج إلى بلدة كثيرة الخير واسعة الأقطار عظيمة المملكة فلو صيرت بعض ضياعك لولد أمير المؤمنين لكان أحظى لمنزلتك عنده، فلما قلت هذا نظر إلي مغضبًا وقال: والله يا إسماعيل ما أكل الخبز ابن عمك أو قال صاحبك إلا بفضلي ولا قامت هذه الدولة إلا بنا، أما كفى أني تركته لا يهتم بأمر شيء من نفسه وولده وحاشيته ورعيته، وقد ملأت بيوت أمواله أموالًا ولا زلت للأمور الجليلة أدبرها حتى يمد عينه إلى ما ادخرته وأخذته لولدي وعقبي من بعدي وداخله حسد بني هاشم ودبَّ فيه الطمع، وقال: والله لئن سألني شيئًا من ذلك ليكونن وبالًا عليه سريعًا، فقلت: والله يا سيدي ما كان مما ظننت شيء ولا تكلم أمير المؤمنين بحرف قال: فما هذا الفضول منك، فجلست بعدها هنيهة ثم قمت إلى منزلي ولم أركب إليه ولا إلى الرشيد لأني صرت بينهما في حالة شبهة، وقلت في نفسي: هذا الخليفة وهذا وزيره وأي شيء لي بالدخول بينهما، وعلمت عند ذلك أن الخادم الذي وهبه الرشيد لجعفر كتب إلى الرشيد بما كان بيني وبينه وما تكلم به من الكلام الغليظ.

فلما قرأ الكتاب وفهم الخبر احتجب ثلاثة أيام متفكرًا في إيقاع الحيلة على البرامكة، فدخل في اليوم الرابع على زبيدة فخلا بها وشكا لها ما في قلبه وأطلعها على الكتاب الذي رفعه إليه الخادم، وكان بين جعفر وزبيدة شرٌ وعداوةٌ قديمة فلما تملكت الحجة عليه بالغت في المكر بهم واجتهدت في هلاكهم، وكان الرشيد يتبرك بمشورتها فقال: عليَّ برأيك الموفق الرشيد فإني خائف أن يخرج الأمر من يدي إن تمكنوا من خراسان وتغلبوا عليها، فقالت: يا أمير المؤمنين مثلك مع البرامكة كمثل رجل سكران غريق في بحر عميق، فإن كنت قد أفقت من سكرتك وتخلصت من غرقتك أخبرتك بما هو أصعب عليك وأعظم من هذا بكثير، وإن كنت على الحالة الأولى تركتك، فقال: قد كان ما كان والآن أسمع منك، فقالت: إن هذا الأمر أخفاه عنك وزيرك وهو أصعب مما أنت فيه وأقبح وأشنع، فقال لها: ويحك ما هو؟ فقالت: أنا أجلُ من أن أخاطبك به ولكن تحضر أرجوان الخادم وتشدد عليه وتوهنه ضربًا فإنه يعرفك الخبر، وكان الرشيد قد أحل جعفرًا محلًا لم يحله أخوه ولا أبوه وفوض له أن يرى كل جواريه سوى امرأته زبيدة فإنه لم يكن رآها، فلما فسد قلب الرشيد وعزم على هلاك البرامكة وجدت عليهم سبيلًا ومالت على جعفر، وكان جعفر يدخل إلى الحريم في غياب الرشيد فلا يستترن منه وكان ذلك بأمر الرشيد.

وقيل: إنه كان للرشيد مجلس بالليل مع جعفر البرمكي فقال له يومًا: لا يطيب لي ذلك إلا بمحضر أختي العباسة، ولكن لا يجوز إلَّا أن نكتب لك عليها لإباحة النظر من غير أن تقربها، فاتفقا على ذلك وعقد له عليها ثم أحضرها فكانت تحضر ذلك المجلس إلا أنه زاد غرامها وعشقها فيه، وكان لجعفر البرمكي امرأة تزين له الجواري كل ليلة، فجاءتها العباسة ورشتها بالمال فزينتها له وأدخلتها عليه فظن أنها جارية.

فلما أصبحوا قالت له: أنا العباسة وقد كنت أسألك أن تساعدني على مودتك فتأبى، فلما أيست منك احتلت عليك بما رأيت في هذه الليلة وإن لم تواظب لأكونن سببًا في سلب نعمتك وهل أنت إلا زوجي؟

فطار السُّكرُ من رأس جعفر وقال لها: أهلكتني وأهلكت نفسك فوالله لقد بعتِني رخيصًا.

فلما بلغ الرشيد الخبر خرج واستدعى بأرجوان الخادم وأحضر السيف والنطع وقال: برأت من المنصور إن لم تصدقني حديث جعفر لأقتلنك، فقال: الأمان يا أمير المؤمنين؟ قال: نعم لك الأمان، قال: أعلم أن جعفرًا قد خانك في أختك العباسة وقد دخل بها منذ سبع سنين وولدت منه ثلاثة بنين الأول له ست سنين والاثنان قد أنفذهما إلى مدينة الرسول ﷺ وهي حامل بالرابع وأنت أذنت له بالدخول على أهل بيتك وأمرتني أن لا أمنعه في أي وقت شاء ليلًا ونهارًا، قال: أمرتك أن لا تحجبه فحين حدثت هذه الحادثة لِمَ لَمْ تخبرني، ثم أمر بضرب عنقه وقام من وقته ودخل على زبيدة وقال لها: أرأيت ما عاملني به جعفر وما ارتكب من هتك ستري ونكس رأسي، وفضحني بين العرب والعجم، فقالت: هذه شهوتك وإرادتك عمدت إلى شباب جميل الوجه حسن الثياب طيب الرائحة جابر في نفسه، أدخلته على ابنة خليفة من خلفاء الله وهي أحسن منه وجهًا وأنظف منه ثوبًا وأطيب منه رائحة لكنها لم ترَ رجلًا قط غيره، فهذا جزاء مَن جمع بين النار والحطب، فخرج من عندها مكروبًا، فدعا بخادمه مسرور وكان قاسي القلب فظًا غليظًا قد نزع الله الرحمة من قلبه فقال: يا

مسرور إذا ادْلهَمَّ الظلام فأتني بعشرة من أقوياء الفَعَلة ومعهم خادمان، قال: نعم، فلما كان بعد العتمة جاء مسرور ومعه الفعلة والخادمان، فقام الرشيد وهم بين يديه حتى أتى المقصورة التي فيها أخته فنظر إليها وهي حامل فلم يكلمها بشيء ولم يعاتبها على ما فعلت وأمر الخادمين بإدخالها في صندوق كبير في مقصورتها بعد قتلها، ووضعها بحليها وثيابها كما هي وقفل عليها، وقد علمت أنه بعد قتل أرجوان لاحقها به، فلما علم أنه استوثق بها دعا الفعلة ومعهم المعاول والزنابيل فحفروا وسط تلك المقصورة حتى بلغوا الماء وهو قاعد على كرسي ثم قال: حسبكم هاتوا الصندوق فدلوه إلى تلك الحفرة، ثم قال: ردُّوا التراب عليه، ففعلوا وسدوا الموضع كما كان، ثم أخرجهم وأقفل الباب وأخذ المفتاح معه وجلس في موضعه والفعلة والخادمان بين يديه ثم قال: يا مسرور خذ هؤلاء القوم وأعطهم أجرتهم، فأخذهم مسرور وجعلهم في حد السيف وضبط عليهم بعد أن أثقلهم بالصخر والحصى ورماهم في وسط دجلة ورجع من وقته، فوقف بين يديه فقال: يا مسرور، فعلت ما أمرتك به؟ قال: دفعت لهم أجورهم، فرفع إليه مفتاح البيت وقال: احفظه حتى أسألك عنه وامضِ الآن وانصب في المحل القبة التركية، ففعل ذلك ووافاه قبل الصبح ولم يعلم أحد ما يريد.

فلما جلس في مجلسه وكان عصر الخميس يوم موكب جعفر: قال: يا مسرور لا تتباعد عني، ودخل الناس فسلموا عليه ووقفوا على مراتبهم، ودخل جعفر بن يحيى البرمكي فسلم عليه، فردَّ عليه السلام أحسن ردٍّ ورحب به وضحك في وجهه وجلس في مرتبته، وكانت مرتبته أقرب المراتب إلى أمير المؤمنين، ثم حدَّثه ساعة وضاحكه فأخرج جعفر الكتب الواردة عليه من النواحي فقرأها عليه وأمر ونهى ومنع، وأنفذ الأمور، وقضى حوائج الناس، ثم استأذن جعفر في الخروج إلى خراسان في يومه ذاك، فدعا الرشيد بالمنجم وهو جالس بحضرته، فقال الرشيد: كم مضى من النهار، قال ثلاث ساعات ونصف، وحسب له الرشيد بنفسه ونظر في نجمه فقال: يا أخي هذا يوم نحوسك، وهذه ساعة نحس ولا أرى إلا أنه يحدث فيها حادث، ولكن تصلي الجمعة وترحل في صعودك وتبيت في النهروان، وتبكر يوم السبت وتستقبل الطريق بالنهار فإنه أصلح من اليوم، فما رضي جعفر بما قاله الرشيد حتى أخذ الإصطرلاب من يد المنجم وقام فأخذ الطالع وحسبه لنفسه وقال: والله صدقت يا أمير المؤمنين إن هذه الساعة ساعة نحس وما رأيت نجمًا أشد احترامًا ولا أضيق مجرى من البروج في مثل هذا اليوم، ثم قام وانصرف إلى منزله والناس والقوَّاد والخاص والعام من كل جانب يعظمونه ويبجِّلونه إلى أن وصل إلى قصره في جيش عظيم، وأمر ونهى وانصرف الناس، فلم يستقر به المجلس حتى بعث إليه الرشيد مسرورًا وقال له: امضِ إلى جعفر وائتني به الساعة وقل له: وردت كتب خراسان، هذا دخل الباب الأول أوقف الجند، وإذا دخل الباب الثاني أوقف الغلمان، وإذا دخل الباب الثالث فلا تدع أحدًا يدخل معه من غلمانه بل يدخله وحده، فإذا دخل في صحن الدار فمل به إلى القبة التركية التي أمرتك بنصبها، فاضرب عنقه وائتني برأسه، ولا توقف أحدًا من خلق الله على ما أمرتك به ولا تراجعني في أمره، وإن لم تفعل ما ذكرت أمرت من يضرب عنقك ويأتيني برأسك ورأسه جملةً، وفي دون هذا كفاية وأنت أعلم، وأسرع قبل أن يبلغه الخبر من غيرك. فمضى مسرور واستأذن على جعفر فدخل وقد نزع ثيابه وطرح نفسه ليستريح، فقال: سيدي أجب أمير المؤمنين، فانزعج وارتاع منه وقال: ويلك يا مسرور أنا في هذه الساعة خرجت من عنده فما الخبر؟ قال: وردت كتب من خراسان يحتاج أن تقرأها، فطابت نفسه ودعا بثيابه فلبسها وتقلد بسيفه وذهب معه، فلما دخل من الباب الأول أوقف الجند، وفي الثاني أوقف الغلمان، فلما دخل من الباب الثالث التفت فلم يرَ أحدًا من غلمانه ولا الخادم الفرد، فندم على ركوبه تلك الساعة ولم يمكنه

الرجوع، فلما سار بإزاء تلك القبة المضروبة في صحن الدار مال به إليها وأنزله عن دابته، وأدخله القبة فلم يرَ فيها إلا سيفًا ونطعًا فاستحس بالبلاء وقال لمسرور: يا أخي ما الخبر؟ فقال له مسرور: أنا الساعة أخوك وفي منزلك تقول لي: ويلك أنت تدري ما القضية وما كان الله ليهملك ولا لينفعك، فقد أمرني أمير المؤمنين بضرب عنقك وحمل رأسك إليه الساعة، فبكى جعفر وجعل يقبل يدي مسرور ويقول: يا أخي يا مسرور قد علمت كرامتي لك دون جميع الغلمان والحاشية، وإن حوائجك عندي مقضية في سائر الأوقات، وأنت تعرف موضعي ومحلي من أمير المؤمنين وما يوحيه إليَّ من الأسرار، ولعل أن يكونوا بلغوه عنّي باطلًا وهذه مائة ألف دينار أحضرها لك الساعة قبل أن أقوم من موضعي هذا ودعني أهيم على وجهي، فقال: لا سبيل إلى الحياة أبدًا، قال: توقف عني ساعة وارجع إليه وقل له: قد فرغت مما أمرتني به واسمع ما يقول وعد فافعل ما تريد، فإن فعلت ذلك وحصلت لي السلامة فإني أشهد الله وملائكته أني أشاطرك في نعمتي مما ملكته يدي وأجعلك أمير الجيش وأملكك أمر الدنيا، ولم يزل به وهو يبكي حتى طمع في الحياة، فقال له مسرور: ربما يكون ذلك، وحل منطقته وأخذها ووكل به أربعين غلامًا من السودان يحفظونه، ومضى مسرور ووقف بين يدي الرشيد وهو جالس يقطر غضبًا وفي يده قضيب الولع ينكت به في الأرض، فلما رآه قال له: ثكلتك أمك ما فعلت في أمر جعفر؟ فقال: يا أمير المؤمنين قد أنفذت أمرك فيه، فقال: فأين رأسه، فقال: في القبة، قال: فأتني برأسه الساعة، فرجع مسرور وجعفر يصلي وقد ركع ركعة فلم يمهله أن يصلي الثانية حتى سل سيفه الذي أخذه منه وضرب عنقه وأخذ رأسه بلحيته، فطرحه بين يدي أمير المؤمنين وهو يشخب دمًا.

فنظر الرشيد إلى الجلاد وقال: ائتني باثنين من الجنود، فأتاه بهما فقال لهما: اضربا عنق مسرور فإني لا أقدر أن أرى قاتل جعفر، ثم تنفس الصعداء وبكى بكاءً شديدًا وجعل ينكت في الأرض في أثناء كل كلمة ويقرع أسنانه بالقضيب ويخاطبه ويقول: يا جعفر ألم أحلك محل نفسي؟ يا جعفر ما كافأتني ولا عرفت حقي ولا تفكرت في صروف الدهر ولا حسبت تقلب الأيام واختلاف أحوالها، يا جعفر خنتني في أهلي وفضحتني بين العرب والعجم، يا جعفر أسأت إليَّ وإلى نفسك وما تفكرت في عواقب أمرك ولم يزل على هذا الحال طورًا ينكت الأرض، وتارة يخاطب رأس جعفر إلى أن وقت صلاة الظهر، فخرج إلى الجامع وصلى بالناس جماعة ثم التفت إلى قصور جعفر ودوره وأقبل على أبيه وأخيه وجميع أولاد البرامكة ومواليهم وغلمانهم واستباح مالهم، وأمر بسلب جميع ما لهم من المضارب والخيام والسلاح وغير ذلك، فلما أصبح يوم السبت إذا هو قد قتل من البرامكة وحاشيتهم نحو ألف إنسان وترك من بقي منهم لا يرجع إلى وطنه وشتت شملهم في البلاد ولم يقدر أحد منهم على كسرة خبز.

ثم وجه إلى مدينة الرسول ﷺ فأتى بالصبيين ولدي جعفر من أخته العباسة فأدخلا عليه في بيته، فلما رآهما أعجب بهما وكانا في نهاية من الحسن والجمال فاستنطقهما فوجد لغتهما مدنية وفصاحتهما هاشمية وفي ألفاظهما عذوبة وبلاغة، فقال لكبيرهما: ما اسمك يا قرة عيني؟ قال: الحسن، وقال للصغير: ما اسمك يا حبيبي؟ قال: الحسين، فنظر إليهما وبكى بكاءً شديدًا، ثم قال: يعز علي حسنكما وجمالكما لا رحم الله من ظلمكما، ولم يدريا ما أراد بهما ثم أمر الجلاد بأخذهما إلى الأودة المعهودة وبقتلهما ودفنهما مع أمهما في الحفرة وهو مع ذلك يبكي بكاءً شديدًا حتى ظن أنه رحمهما، وأمر بعد ذلك ألا تذكر البرامكة في مجلس لأن ذلك كان مثيرًا لأشجانه مجددًا في قلبه

عوامل الأسى، وكان قتل جعفر بن يحيى في ليلة السبت أول ليلةٍ من صفر سنة ١٨٧ه وهو ابن سبعٍ وثلاثين سنة.

مقتل خالد بن جعفر

قال أبو عبيدة: كان الذي هاج الأمر بين الحارث بن ظالم وخالد بن جعفر أن خالد بن جعفر أغار على قوم الحارث بن ظالم وهم في وادٍ يقال له حراض، فقتل الرجال والحارث يومئذ غلام، وكانت نساء بني ذبيان لا يحلبن النعم، فلما قتلت رجالهن طفقن يدعون الحارث فيشد عصاب الناقة ثم يحلبنها ويبكين رجالهنَّ ويبكي الحارث معهنَّ، فنشأت في قلبه العداوة والبغضاء.

وأما خالد بن جعفر فإنه مكث برهةً من دهره إلى أن أتى النعمان بن المنذر —— ملك الحيرة —— لينظر ما قدره عنده وأتاه بفرس، فلقي عنده الحارث بن ظالم وقد أهدى له فرسًا، فقال: أبيت اللعن نعم صباحك وأهلي فداؤك، هذا فرس من خيل بني مرة لن يؤتى بمثله، ولقد كنت أرتبطه لغزو بني عامر بن صعصعة، فلما كرمت خالدًا أهديته إليك، وقال الربيع بن زياد العبسي فقال: هذا فرس من خيل بني عامر ارتبطت أباه عشرين سنة لم يخفق في غزوة ولم يتعب في سفر وفضله في هذين الفرسين كفضل بني عامر على غيرهم، فغضب النعمان عند ذلك، وقال: يا معشر قيس أي خيلكم أشباهنا، أين التي أذنابها كالكلاب تعالك اللجم في أشداقها تدور على مذاودها كأنما يقضمن حصًى؟ قال خالد: زعم الحارث أبيت اللعن أن تلك الخيل خيله وخيل آبائه، فغضب النعمان عند ذلك على الحارث بن ظالم، فلما أمسوا اجتمعوا يشربون فقال خالد لقينةٍ تغني:

دارٌ لهند والرباب وفرتني
ولبئس قول حوادث الأيام

وهن خالات الحارث بن ظالم، فغضب الحارث بن ظالم حتى امتلأ غيظًا وغضبًا وقال: ما تزال تتبع أولى بأخرة، ثم إن النعمان بن المنذر دعاهم بعد ذلك وقدم لهم تمرًا، فطفق خالد بن جعفر يأكل ويلقي نوى ما يأكل من التمر بين يدي الحارث، فلما فرغ القوم قال خالد بن جعفر: أبيت اللعن انظر إلى ما بين يدي الحارث بن ظالم من النوى فما ترك لنا تمرًا إلا أكله.

فقال الحارث: أما أنا فأكلت التمر وألقيت النوى، وأما أنت يا خالد فأكلته بنواه، فغضب خالد وكان لا ينازع، فقال: تنازعني يا حارث وقد قتلت قومك وتركتك يتيمًا في حجور النساء، فقال الحارث: ذلك يوم لم أشهده وحسبي ما أنا عليه الآن، فقال خالد: فهلا تشكر لي إذا قتلت زهير بن جزيمة وجعلتك سيد غطفان، قال: بلى أشكرك على ذلك، فخرج الحارث بن ظالم إلى بنت عفزر فشرب عندها وقال لها أنشدي:

تعلم أبيت اللعن أني فاتكٌ
من اليوم أو من بعده بابن جعفرِ
أخالد قد نبهتني غير نائمِ

فلا تأمنن فتكي مدى الدهر واحذرِ
أعيرتني أن نلت منا فوارسًا
غداة حراضٍ مثل جنات عبقرِ
أصابهم الدهر الخؤون بخترةٍ
ومن لا يقي الله الحوادث يعثرِ
فعلك يومًا أن تنوء بضربةٍ
بكفِّ فتًى من قومه غير جيدرِ
يعض بها عليا هوازنَ والمنى
لقاء أبي جزء بأبيض مبترِ

فبلغ خالد بن جعفر قوله فلم يحفل به، فقال عبد الله بن جعدة وهو ابن أخت خالد، وكان رجل قيس رأيًا لابنه: يا بني ائت أبا جزء فأخبره أن الحارث بن ظالم سفيهٌ موتورٌ فأخف مبيتك الليلة، فإنه قد غلبه الشراب، فإن أبيت فاجعل بينك وبينه رجلًا ليحرسك، فوضعوا رجلًا بإذائه، ونام ابن جعدة دون الرجل، وعرف أن عروة وابن جعدة يحرسان خالدًا، فأقبل الحارث فانتهى إلى ابن جعدة فتعداه، ومضى إلى الرجل وهو يحسبه خالدًا فأكب عليه حتى أعدمه الرشاد ثم مال إلى خالد وهو نائم فضربه بالسيف فقتله، فقال لعروة: أخبر الناس أني قتلت خالدًا، وقال في ذلك:

ألا سائل النعمان إن كنت سائلًا
وحيَّ كلاب هل فتكت بخالدِ
عشوت إليه وابن جعدة دونه
وعروة يكلا عمه غير راقدِ
وقد نصبا رجلًا فباشرت جوزه
بكلكل مخشي العداوة حاردِ
فأضربه بالسيف يافوخَ رأسه
وصمصم حتى نال نيط القلائدِ
وأفلت عبد الله مني بذعره
وعروة من بعد ابن جعدة شاهدي

موت يحيى بن خالد البرمكي

لما طالت مدة سجن يحيى بن خالد كتب إلى هارون الرشيد كتابًا نصه: «إلى أمير المؤمنين وخليفة رب العالمين هارون الرشيد من عبد أسلمته ذنوبه وأوبقته عيوبه ومال به الزمان ونزل به الحدثان، فعالج البؤس بعد الدعة وافترش السخط بعد الرضى، واكتحل السهاد بعد الهجود ساعته شهر وليلته دهر قد عاين الموت وشارف الفوت جزعًا لموجدتك يا أمير المؤمنين وأسفًا على ما فات من قربك لا على شيء من المواهب؛ لأن الأهل والمال إنما كانا لك وبك يا مولاي، وأما ما جناه ولدي خالد على نفسه فذاك أمر قدر فكان وأنت براء منه يا أمير المؤمنين، فانظر في أمري جعلت فداك وليمل

هواك بالعفو عن ذنبي ولسوف تبدي لك الأيام براءة ساحتي وحقيقة أمري والسلام»، ثم اختتمها بهذه الأبيات:

يكفيك ما أبصرت من
ذلي وذل مكانيه
وبكاء فاطمة الكئي
بة والمدامع جاريه
ومقالها بتوجع
وا سوأتي وشقائيه
من لي وقد غضب الزما
ن على جميع رجاليه
يا لهف نفسي لهفها
ما للزمان وما ليه
يا عطفة الملك الرضا
عودي علينا ثانيه

فلما بلغ كتابه أمير المؤمنين أهمله ولم يجبه عليه، فاعتل يحيى وزادت آلامه حتى شعر بدنو الأجل فكتب رقعة إلى الرشيد أوصى السجان بأخذها بعد مفارقة روحه الجسد وفيها ما يأتي: «قد تقدم الخصم إلى موقف الفصل، وأنت على الأثر، والله حكم عدل»، فلما مات يحيى وبلغ الرشيد تلك الرقعة حزن عليه غاية الحزن وندم على ما بدا منه.

رثاء بني برمك لسليمان بن برمك

أصبت بسادة كانوا عيونًا
بهم نسقى إذا انقطع الغمامُ
فقلت وفي الفؤاد ضريم نار
والمعبرات من عيني انسجامُ
على المعروف والدنيا جميعًا
ودولة آل برمك السلامُ
جزعت عليك يا فضل بن يحيى
ومن يجزع عليك فلا يلامُ
هوت بك عن أنجم المعروف فينا
وغر بفقدك القوم اللئامُ
ولم أرَ قبل قتلك يا ابن يحيى
حسام قدَّه السيفُ الحسامُ
برين الحادثاتِ له سهامًا
فغالته الحوادثُ والسهامُ

ليهن الحاسدين بابن يحيى
أسير لا يضيم ويستضامِ
وإن الفضل بعد رِداء عزٍّ
غدا ورداؤه ذالٌ ولامُ
وقد آليت معتذرًا بنذرٍ
ولي فيما نذرتُ به اعتزَّامُ
بأن لا ذقتُ بعدكم مدامًا
وموتي أن يفارقني المدامُ
أألهو بعدكم وأقرُّ عينًا
عليَّ اللهو بعدكم حرامُ
وكيف يطيب لي عيشٌ وفضلٌ
أسيرٌ دونه البلدُ الشآمُ
وجعفر ثاويًا باللحد أبلت
محاسنه السمائم والقتامُ
أمرُّ به فيغلبني بكائي
ولكن البكاء له اكتتامُ
أقول وقمت منتصبًا لديه
إلى أن كاد يفضحني القيامُ
أما والله لولا خوف واشٍ
وعينٌ للخليفة لا تنامُ
لطفن بركن جزعك واستلمنا
كما للناس بالحجر استلامُ

وقيل فيهم من مرثية:

الآن استرحنا واستراحت ركابنا
وأمسك من يجزى ومن كان يجتدِي
فقل للمطايا: قد أمنت من السرى
وطئ الفيافي فرقدًا بعد فرقدِ
وقل للمنايا: قد ظفرتِ بجعفرِ
ولن تظفري من بعدهِ بمسودِ
وقل للعطايا بعد فضلِ تعطلي
وقل للرزايا كل يوم تجددِي
ودونك سيفًا هاشميًا مهندًا
أصيب بسيفٍ هاشميٍّ مهندِ

نوادر معن بن زائدة

عفو معن بن زائدة عن أسراه

قيل: إن معن بن زائدة قبض على عدة من الأسرى فعرضهم على السيف، فالتفت إليه بعضهم وقال له: أصلح الله الأمير، لا تجمع علينا بين الجوع والعطش ثم القتل، فوالله إن كرم الأمير يبعد عن ذلك، فأمر لهم حينئذ بطعام وشراب فأكلوا وشربوا ومعن ينظر إليهم، فلما فرغوا من أكلهم قالوا له: أيها الأمير أطال الله بقاءك إننا قد كنا أسراك والآن صرنا ضيوفك، فانظر كيف تصنع بضيوفك، فعند ذلك قال لهم معن: قد عفوت عنكم، فقال أحدهم: والله أيها الأمير إن عندنا عفوك عنا أشرف من يوم ظفرك بنا، فسرَّ معنًا هذا الكلام وأمر لكلٍّ منهم بكسوة ومال.

كرم معن بن زائدة

حكي عن معن بن زائدة أن رجلًا قال له: احملني أيها الأمير، فأمر له بناقة وفرس وبغلة وحمار، ثم قال له: لو علمت أن الله خلق مركوبًا غير هذا لحملتك عليه، وقد أمرنا لك من الخَزّ بجبة وقميص ودراعة وسراويل وعمامة ومنديل ورداء وجورب وكيس، ولو علمنا لباسًا غير هذا من الخَزّ لأعطيناك، ثم أمر بإدخاله إلى الخزانة وصب تلك الخلع عليه.

إجارة معن لرجل استغاث به من المنصور

روي أن أمير المؤمنين المنصور أهدر دم رجل كان يسعى بفساد دولته مع الخوارج من أهل الكوفة، وجعل لمن دل عليه أو جاء به مائة ألف درهم، ثم إن الرجل ظهر في بغداد، فبينما هو يمشي مختفيًا في بعض نواحيها إذ بصر به رجل من أهل الكوفة فأخذ بمجامع ثيابه وقال: هذا بغية أمير المؤمنين، فبينما الرجل على هذه الحالة إذ سمع وقع حوافر الخيل فالتفت فإذا معن بن زائدة، فاستغاث به وقال له: أجرني أجارك الله، فالتفت معن إلى الرجل المتعلق به وقال له: ما شأنك وهذا؟ فقال له: إنه بغية أمير المؤمنين الذي أهدر دمه وجعل لمن دل عليه مائة ألف درهم، فقال: دعه، وقال لغلامه: انزل عن دابتك واحمل الرجل عليها، فصاح الرجل المتعلق وصرخ واستجار بالناس وقال: حال بيني وبين بغية أمير المؤمنين، فقال له معن: اذهب فقل لأمير المؤمنين وأخبره أنه عندي، فانطلق الرجل إلى المنصور فأخبره، فأمر المنصور بإحضار معن في الساعة، فلما وصل أمر المنصور إلى معن دعا جميع أهل بيته ومواليه وأولاده وأقاربه وحاشيته وجميع من يلوذ به وقال لهم: أقسم عليكم بأن لا يصل إلى هذا الرجل مكروه أبدًا وفيكم عين تطرف، ثم إنه سار إلى المنصور فدخل وسلم عليه فلم يرد عليه المنصور السلام، ثم إن المنصور قال له: يا معن أتتجرأ عليّ، قال: نعم يا أمير المؤمنين، فقال: ونعم أيضًا، وقد اشتد غضبه، فقال معن: يا أمير المؤمنين كم من مرة تقدم في دولتكم بلائي وحسن عنائي، وكم من مرة خاطرت بدمي أفما رأيتم أهلًا بأن يوهب لي رجل واحد استجار بي بين الناس بوهمه أنه عبد من عبيد أمير المؤمنين وكذلك هو، فمر بما

شئت ها أنا بين يديك، فأطرق المنصور ساعة ثم رفع رأسه وقد سكن ما به من الغضب وقال له: قد أجرناكه يا معن، فقال له معن: إن رأى أمير المؤمنين أن يجمع بين الأجرين فيأمر له بصلة فيكون قد أحياه وأغناه، فقال المنصور: قد أمرنا له بخمسين ألف درهم، فقال له معن: إن صلات الخلفاء على قدر جنايات الرعية، وإن ذنب الرجل عظيم فأجزل صلته، قال: قد أمرنا له بمائة ألف درهم، فقال له معن: عجل بها يا أمير المؤمنين، فإن خير البر عاجله، فأمر له بتعجيلها، فحملها وانصرف وأتى منزله وقال للرجل: يا رجل خذ صلتك والحق بأهلك وإياك ومخالفة الخلفاء في أمورهم بعد هذه.

جود معن بن زائدة

حكي عن معن بن زائدة أن شاعرًا من الشعراء قصده فأقام مدة يريد الدخول عليه فلم يتهيأ له ذلك، فلمّا أعياه الأمر سأل بعض خدمه وقال له: أرجوك إذا دخل الأمير إلى البستان أن تعرفني، فلما دخل معنٌ إلى بستانه ليتنزه جاء الخادم وأخبر الشاعر، فكتب الشاعر بيتًا من الشعر على خشبة وألقاها في الماء الجاري إلى البستان، فاتفق أن معنًا كان جالسًا في ذلك الوقت على جانب الماء، فمرت عليه الخشبة فنظر فيها كتابة فأخذها وقرأها فوجد فيها:

أيا جود معن ناج معنًا بحاجتي
فما لي إلى معنٍ سواك سبيل

فلما قرأها معن قال لخادمه: أحضر الرجل صاحب هذه الكتابة، فخرج وجاء به فقال له: ماذا كتبت، فأنشده البيت، فلما تحققه أمر له بألف درهم، ثم إن معنًا وضع تلك الخشبة البساط مكان جلوسه، فلما كان اليوم الثاني جاء فجلس في مجلسه فآلمته الخشبة، فقام لينظر ما آلمه فرأى الخشبة فأمر خادمه أن يدعو الرجل، فمضى وجاء به فأمر له بألف درهم ثانية، ثم إنه في اليوم الثالث خرج إلى مجلسه فآلمته الخشبة فدعا الشاعر وأعطاه ألف درهم أيضًا، فلما رأى الشاعر هذا العطاء الزائد لأجل بيت واحد من الشعر خاف أن معنًا يراجعه عقله ويأخذ المال منه فهرب، ثم إن معنًا خرج إلى مجلسه في اليوم الرابع فآلمته الخشبة فخطر الشاعر بباله فأمر خادمه أن يحضره ويعطيه ألف درهم، فمضى الخادم وسأل عنه فقيل له: إنه سافر، فرجع وأخبر مولاه، فلما بلغه أنه سافر اغتم جدًّا وقال: وددت والله لو أنه مكث وأعطيته كل يوم ألفًا حتى لا يبقى في بيتي درهم.

الأعرابي ومعن بن زائدة

كان معن بن زائدة أميرًا على العراق وكان له في الكرم اليد البيضاء وهو من الحلم على أعظم جانب، فقدم إليه أعرابي ذات يوم يمتحن حلمه، فلما وقف قال:

أتذكر إذ لحافك جلد شاة
وإذ نعلاك من جلد البعير

قال معن: أذكر ذلك ولا أنساه، فقال الأعرابي:

فسبحان الذي أعطاك ملكًا
وعلمك الجلوس على السرير

قال معن: سبحانه على كل حال، فقال الأعرابي:

فلست مسلمًا إن عشت دهرًا
على معنٍ بتسليم الأمير

قال معن: يا أخا العرب السلام سنة تأتي بها كيف شئت، فقال الأعرابي:

سأرحل عن بلاد أنت فيها
ولو جار الزمان على الفقير

قال معن: يا أخا العرب إن جاورتنا فمرحبا بك، وإن رحلت مصحوب بالسلام.

فقال الأعرابي:

فجُدْ لي يا ابن ناقصةٍ بشيءٍ
فإني قد عزمت على المسير

قال معن: أعطوه ألف دينار يستعين بها على سفره، فأخذها وقال:

قليل ما أتيت به وإني
لأطمع منك بالمال الكثير

قال معن: أعطوه ألفًا آخر، فأخذها الأعرابي وقبّل الأرض بين يدي الأمير وقال:

سألت الله أن يبقيك ذخرًا
فما لك في البرية من نظير

فقال: من قد أعطيناه على هجائنا ألفي درهم فأعطوه على مديحنا أربعة آلاف، فأخذ الأعرابي المال وانصرف شاكرًا له ومعجبًا بحلمه العظيم.

معن وبعض أهل الكوفة

لما ولى المنصور معن بن زائدة أذربيجان قصده قوم من أهل الكوفة، فلما صاروا ببابه واستأذنوا عليه دخل الآذن فقال: أصلح الله الأمير، بالباب وفدٌ من أهل العراق، قال: من أي العراق؟ قال: من الكوفة، قال: ائذن لهم، فدخلوا عليه، فنظر إليهم معن في هيئة ذرية وهو على أريكته فأنشد يقول:

إذا نوبةٌ نابت صديقك فاغتنم
سمرتها فالدهر بالناس قلبُ
فأحسن ثوبيك الذي هو لابس
وأفره مهريك الذي هو يركبُ
وبادر بمعروف إذا كنت قادرًا
زوال اقتدار أو غنى عنك يعقبُ

فوثب إليه رجل من القوم فقال: أصلح الله الأمير ألا أنشدك أحسن من هذا؟ قال: لمن؟ قال: لابن عمك ابن هرمة، قال: هات فأنشد:

وللنفس تاراتٌ بها تبخل العدى
وتسخو عن المال النفوس الشحائحُ
إذا المرء لم ينفعك حيًّا فنفعه
أقل إذا ضمت عليه الصفائحُ
لأية حال يمنع المرء ماله
غدا فعدا والموت غادٍ ورائحُ

فقال معن: أحسنت وإن كان الشعر لغيرك يا غلام، أعطهم أربعة آلاف يستعينون بها على أمورهم إلى أن يتهيأ لنا فيهم ما نريد، فقال الغلام: يا سيدي اجعلها دنانير أو دراهم، فقال معن والله لا تكون همتك أعلى من همتي صفّرها لهم.

معن ومروان بن أبي حفصة

لما قدم معن بن زائدة بغداد أتاه الناس وأتاه مروان بن أبي حفصة، فإذا المجلس غاص بأهله فأخذ بمصراع في الباب وقال:

وما أحجم الأعداءُ عنك تقية
عليك ولكن لم يروا فيك مطمعًا
له راحتان الجود والحتف فيهما
أبى الله إلا أن تضرَّ وتنفعا

فقال معن: احتكم يا أبا السمط، فقال: عشرة آلاف درهم، قال معن: يجب عليك أن تطلب تسعين ألفًا.

ذكر ما قاله الحسين في معن بن زائدة

خرج المهدي يومًا يتصيد فلقيه الحسين بن مطير فأنشد:

أضحت يمينك من جود مصورة
لكن يمينك منها صورة الجودِ
من حسن وجهك تضحي الأرض مشرقة
ومن بنانك يجري الماء في العودِ

فقال المهدي: كذبت يا فاسق، وهل تركت في شعرٍ موضعًا لأحد مع قولك في معن بن زائدة:

ألما بمعن ثم قولا لقبره
سقتك الفؤاد مربعًا ثم مربعا
فيا قبر معن كنت أول حفرة
من الأرض خطت للمكارم مضجعا
أيا قبر معن كيف واريت جوده
وقد كان منه البر والبحر مترعا
ولكن حويت الجود والجود ميت
ولو كان حيًا ضقت حتى تصدعا
وما كان إلا الجود صور وجهه
فعاش ربيعًا ثم ولى مودعا
فلما مضى معن مضى الجود والندى
وأصبح عرنين المكارم أجدعا

فأطرق الحسين ثم قال: يا أمير المؤمنين وهل معن إلا حسنة من حسناتك؟ فرضي عنه وأمر له بألفي دينار.

معن وبعض فصحاء العرب

دخل بعض فصحاء العرب على معن فقال: أصلح الله الأمير لو شئت أن أتوسل إليك ببعض من يثقل عليك لوجدت ذلك سهلًا عليك، ولكن استشفعت بقدرك واستعنت عليك بفضلك، فإن أردت أن تضعني من كرمك حيث وضعت نفسي من رحلك، فإني لم أكرم نفسي عن مسألتك فأكرم وجهك عن ردي، فقال: سل حاجتك، قال: ألف درهم، قال: ربحت عليك ربحًا مبينًا، قال: مثلك لا يربح على سائله، قال: أضعفوا له ما سأل.

معن بن زائدة والثلاث جوار

كان معن بن زائدة يومًا في الصيد فعطش فلم يجد مع غلمانه ماء، فبينما هو كذلك وإذا ثلاث جوارٍ قد أقبلن حاملات ثلاث قرب فسقينه، فطلب شيئًا من المال مع غلمانه فلم يجده، فدفع لكل واحدة منهن عشرة أسهم من كنانته نصولها من ذهب، فقالت إحداهن: ولكن لم تكن هذه الشمائل إلا لمعن بن زائدة، فلتقل كل واحدة منكن شيئا من الأبيات فقالت الأولى:

يركب في السهام نصول تبر
ويرمي للعدا كرمًا وجودا
فللمرضى علاجٌ من جراح
وأكفان لمن سكن اللحودا

وقالت الثانية:

ومحارب من فرط جود بنانه
عمت مكارمه الأقارب والعدى
صيغت فصول سهامه من عسجدٍ
كي لا يفوته التقارب والندا

وقالت الثالثة:

ومن جوده يرمي العداة بأسهم
من الذهب الإبريز صيغت نصولها
لينفقها المجروح عند انقطاعه
ويشتري الأكفان منها قتيلها

معن وأحد العامة

خرج معن بن زائدة يومًا في جماعة إلى الصيد، فقرب منهم قطيع ظباء فافترقوا في طلبه، وانفرد معن خلف ظبي، فلما ظفر به نزل فذبحه، فرأى شخصًا مقبلًا من البرية على حمار فركب فرسه واستقبله، فسلم عليه وقال له: من أين أتيت؟ قال له: أتيت من أرض قضاعة وإن لها مدة من السنين مجدبة، وقد أخصبت في هذه السنة فزرعت فيها قثاء، وقصدت الأمير معن بن زائدة لكرمه المشهور، ومعروفه المأثور، فقال له: كم أملت منه؟ قال: ألف دينار، قال له: إن قال لك هذا القدر كثير، فقال: خمسمائة دينار، قال: فإن قال لك كثير، قال: ثلاثمائة دينار، قال: فإن قال لك كثير، قال: مائتا دينار، قال: فإن قال لك كثير، قال: مائة دينار، قال: فإن قال لك كثير، قال: خمسين دينار، قال: فإن قال لك كثير، قال: ثلاثين دينار، قال: فإن قال لك كثير، قال: أدخلت قوائم حماري في فكه وأرجع إلى أهلي خائبًا صفر اليدين، فضحك معن منه وساق جواده حتى لحق بعسكره ونزل في منزله وقال لحاجبه: إذا أتاك شخص على حمار بقثاء، فأدخله عليّ، فأتى ذلك الرجل بعد ساعة فأذن له الحاجب في الدخول، فلما دخل على الأمير معن لم يعرف أنه هو الذي قابله في البرية لهيبته

وجلالته وكثرة خدمه وحشمه وهو متصدر في دست مملكته والحفدة قيام عن يمينه وعن شماله وبين يديه، فلما سلم عليه قال له الأمير: ما الذي أتى بك يا أخا العرب، قال: أملت الأمير وأتيت له بقثاء في غير أوانها، فقال له: وكم أملت منا، قال: ألف دينار، قال: هذا القدر كثير، قال: خمسمائة دينار قال: كثير، قال: ثلاثمائة دينار، قال: كثير، قال: مائتا دينار، قال: كثير، قال: مائة دينار، قال: كثير، قال: خمسين دينارا، قال: كثير، قال: ثلاثين دينارا قال: كثير، قال: والله لقد كان ذاك الرجل الذي قابلني في البرية مشؤومًا، أفلا أقل من ثلاثين دينارًا، فضحك معن وسكت فعلم الأعرابي أن هذا الرجل الذي قابله في البرية، فقال له: يا سيدي إذا لم تجئ بالثلاثين دينارا فها هو الحمار مربوط بالباب وها معن جالس، فضحك معن حتى استلقى على قفاه، ثم استدعى وكيله وقال له: أعطه ألف دينار وخمسمائة دينار وثلاثمائة دينار ومائتي دينار وخمسين دينارًا وثلاثين دينارًا ودع الحمار مربوطًا مكانه، فبُهت الأعرابي وتسلم الألفين ومائة دينار وثمانين دينارًا.

قيل في معن بن زائدة:

يقولون معن لا زكاة لماله
وكيف يزكي المال من هو باذله
إذا حال حول لم يكن في دياره
من المال إلا ذكره وجمائله
تراه إذا ما جئته متهللًا
كأنك تعطيه الذي أنت سائله
تعوَّد بسط الكف حتى لو أنه
أراد انقباضًا لم تعطه أنامله
فلو لم يكن في كفه غير نفسه
لجاد بها فليتق الله سائله

لمروان بن أبي حفصة يرثي بها معن بن زائدة

مضى لسبيله معن وأبقى
مكارم لن تبيد ولن تنالا
كأن الشمس يوم أصيب معن
من الإظلال ملبسة ظلالا
هو الجبل الذي كانت نزارٌ
تهد من العدو به الجبالا
وعطلت الثغور لفقد معن
وقد يروى بها الأسل النهالا
وأظلمت العراق وأورثتها
مصيبة المجللة اعتلالا

وظل الشام يرجف جانباه
لركن العز حين وهى فمالا
وكادت من تهامة كل أرض
ومن نجد تزول غداة زالا
فإن يعلو البلاد له خشوع
فقد كانت تطول به اختيالا
أصاب الموت يوم أصاب معنًا
من الإحياء أكرمهم فعالا
كأن الناس كلهم بمعنٍ
إلى أن زار حفرته عيالا
ولم يك طالب للعرف ينوي
إلى غير ابن زائدة ارتحالا

•••

مضى من كان يحمل كل عب
ويسبق فضل نائله السؤالا
وما عمد الوفود لمثل معن
ولا حطوا بساحته الرحالا
ولا بلغت أكف ذوي العطايا
يمينًا من يديه ولا شمالا
وما كانت تجف له حياض
من المعروف مترعة سجالا
فليت الشامتين به فدوه
وليت العمر مد له فطالا
ولم يك كنزه ذهبًا ولكن
سيوف الهند والسمر الصقالا
وذخرًا في محامد باقيات
وفضل تقًي به التفضيل نالا
مضى لسبيله من كنت ترجى
به عثرات دهرك أن تقالا
فلست بمالك عبرات عين
أبت بدموعها إلا انهمالا
فلهف أبي عليك إذ اليتامى
غدوا شعثًا وقد أضحوا سلالا
ولهف أبي عليك إذ القوافي
لممتدح بها ذهبت ضلالا

أقمنا باليمامة إذ يئسنا
مقامًا لا نريد لها نزالا
وقلن أين نرحل بعد معن
وقد ذهب النوال فلا نوالا
سيذكرك الخليفة غير قالٍ
إذا هو في الأمور بلا الرجالا
ولا ينسى وقائعك اللواتي
على أعدائه جعلت وبالا
حباك أخو أمية بالمراثي
مع المدح الذي قد كان قالا
وألقى رحله أسفًا وآلى
يمينًا لا يشد له حبالا

نوادر حاتم الطائي

حاتم في صغره

كان حاتم من شعراء العرب وكان جوادًا يشبه شعره جوده ويصدق قوله فعله، وكان حيثما نزل عُرف منزله، وكان مظفرًا إذا قاتل غلب وإذا غنم أنهب، وإذا سُئل وهب، وإذا ضرب بالقداح فاز، وإذا سابق سبق، وإذا أسر أطلق وكان يقسم بالله أن لا يقتل وحيد أمه، وكان إذا أهل الشهر الأصم الذي كانت مضر تعظمه في الجاهلية ينحر في كل يوم عشرًا من الإبل فيطعم الناس ويجتمعون إليه، فكان ممن يأتيه من الشعراء الحطيئة وبشر بن أبي خازم، فذكروا أن أم حاتم أتيت وهي حبلى بالمنام فقيل لها: أغلام سمح يقال له حاتم أحب إليك أم عشرة غلمة كالناس، ليوث ساعة الباس، ليسوا بأوغال ولا أنكاس، فقالت: حاتم، فولدت حاتمًا، فلما ترعرع جعل يخرج أمامه فإن وجد من يأكل معه أكل، وإن لم يجد طرحه، فلما رأى أبوه أنه يهلك طعامه قال له: الحق بالإبل، فخرج إليها، ووهب له جارية وفرسًا وفلوَّها، فلما أتى الإبل طفق يبغي الناس فلا يجدهم ويأتي الطريق فلا يجد عليه أحدًا، فبينما هو كذلك إذ بصر بركب على الطريق فأتاهم، فقالوا: يا فتى هل من قرى، فقال: تسألوني عن القرى وقد ترون الإبل، وكان الذين بصر بهم ابن الأبرص وبشر بن أبي خازم والنابغة الذبياني وكانوا يريدون النعمان، فنحر لهم ثلاثة من الإبل، فقال عبيد: إنما أردنا بالقرى اللبن، وكانت تكفينا بكرة إذا كنت لا بد متكلفًا لنا شيئًا، فقال حاتم: قد عرفت ولكن رأيت وجوهًا مختلفة وألوانًا متفرقة فظننت أن البلدان غير واحدة فأردت أن يذكر كل واحد منكم ما رأى إذا أتى إلى قومه، فقالوا فيه أشعارًا امتدحوه بها وذكروا فضله، فقال حاتم: أردت أن أحسن إليكم فكان لكم الفضل عليّ وأنا أعاهد الله فأضرب عراقيب إبلي عن آخرها وتقدموا إليها فتقتسموها، ففعلوا فأصاب الرجل تسعة وتسعين بعيرًا ومضوا على سفرهم إلى النعمان، وإن أبا حاتم سمع بما فعل، فأتاه فقال له: أين الإبل؟ فقال: يا أبت طوقتك بها طوق الحمامة لجيد الدهر وكرمًا لا يزال الرجل يحمله ببيت شعر أثنى به علينا عوضًا عن إبلك، فلما سمع أبوه ذلك قال: والله لا أساكنك أبدًا فخرج أبوه بأهله وتركه هائمًا ومعه جاريته وفرسه وفلوّها، فقال يذكر تحول أبيه عنه:

وإنّي لعف الفقر مشترك الغنى
وتارك شكل لا يوافقه شكلي
وأجعل مالي دون عرضي جنة
لنفسي وأستغني بما كان من فضلي
وما ضرني أن سار سعد بأهله
وأفردني في الدار ليس معي أهلي
سيكفي ابتناي المجد سعدٍ بن حشرج
وأحمل عنكم كل ما حلّ من أزلي
ولي مع بذل المال في المجد صولة
إذا الحرب أبدت عن نواجذها العضل

وما من لئيم عاله الدهر مرة
فيذكرها إلا استحال إلى البخل

كرم حاتم

أغار قوم على طيئ فركب حاتم فرسه وأخذ رمحه ونادى في جيشه وأهل عشيرته، ولقي القوم فهزمهم وتبعهم فقال له كبيرهم: يا حاتم هبني رمحك فرمى به إليه، فقيل لحاتم: عرضت نفسك للهلاك ولو عطف عليك لقتلك، فقال: قد علمت ذلك ولكن ما جواب من يقول: هب لي؟

مفاخرة بين حاتم وسعد بن حارثة

خرج الحكم بن أبي العاصي ومعه عطر يريد الحيرة، وكان بالحيرة سوق يجتمع إليه الناس كل سنة، وكان النعمان بن المنذر قد جعل لبني لام بن عمر ربع الطريق طعمة لهم، وذلك لأن بنت سعد بن حارثة بن لام كانت عند النعمان وكانوا صهاره، فمرَّ الحكم بن أبي العاصي بحاتم بن عبد الله فسأله الجوار في أرض طيئ حتى يصير إلى الحيرة، فأجاره ثم أمر حاتم بجزور فنحرت وطبخت، فأكلوا ومع حاتم سلمان بن حارثة بن سعد بن الحشرج وهو ابن عمه، فلما فرغوا من الطعام طيبهم الحكم من طيبه ذلك، فمر حاتم بسعد بن حارثة بن لام وليس مع حاتم من بني أبيه غير سلمان وحاتم على راحلته وفرسه تقاد، فأتاه بنو لام فوضع حاتم سفرته وقال: اطعموا حياكم الله، فقالوا: من هؤلاء معك يا حاتم؟ قال: هؤلاء جيراني، قال له سعد: فأنت تجير علينا في بلادِنا، قال له: أنا ابن عمكم وأحق من لم تخفروا ذمته، فقالوا: لست هذاك، وأرادوا أن يفضحوه كما فُضح عامر بن جوين قبله، فوثبوا إليه فتناول سعد بن حارثة بن لام حاتمًا، فأهوى له حاتم بالسيف فأطار أرنبة أنفه، ووقع الشر حتى تحاجزوا، فقال حاتم في ذلك:

وددت وبيت الله لو أن أنفه
هواء فما متَّ المخاط عن العظم
ولكنما لاقاه سيف ابن عمه
فآب ومرَّ السيف منه على الخطم

فقالوا لحاتم: بيننا وبينك سوق الحيرة فنُماجِدك ونضع الرهن، ففعلوا ووضعوا تسعة أفراس رهنًا على يد رجل من كلب يقال له امرؤ القيس بن عدي ووضع حاتم فرسه، ثم خرجوا حتى انتهوا إلى الحيرة، وسمع ذلك إياس بن قبيصة الطائي فخاف أن يعينهم النعمان بن المنذر ويقويهم بماله وسلطانه المصهر الذي بينهم وبينه، فجمع إياس رهطه من بني حية وقال: يا بني حية إن هؤلاء القوم قد أرادوا أن يفضحوا ابن عمكم في مماجدته، فقال رجل من بني حية: عندي مائة ناقة سوداء ومائة ناقة حمراء أدماء، وقام آخر فقال: عندي عشرة أحصنة على كل حصان منهم فارس مدجج لا يُرى منه إلَّا عيناه، وقال حسان بن جبلة الخير: قد علمتم أن أبي قد مات وترك كلاءً كثيرًا فعليَّ كل خمر أو لحم أو طعام ما أقاموا في سوق الحيرة، ثم قام إياس فقال: عليَّ مثل جميع ما أعطيتم كلكم،

كل ذلك وحاتم لا يعلم شيئًا مما فعلوا، وذهب حاتم إلى مالك بن جبار ابن عم له بالحيرة كان كثير المال، فقال: يا ابن العم أعنِّي على مفاخرتي ثم أنشد:

يا مال إحدى خطوب الدهر قد طرقت
يا مال ما أنتم عنها بزحزاح
يا مال جاءت حياض الموت واردة
من بين عمر فخضناه وضحضاح

فقال له مالك: ما كنت لأخرب نفسي ولا عيالي وأعطيك مالي، فانصرف عنه، وأتى ابن عم له يقال له وهم بن عمرو، وكان حاتم يومئذ مُعادٍ له لا يكلمه، فقالت له امرأته: أيْ وهْم هذا، والله أبو سفانة حاتم قد طلع، فقال: ما لنا ولحاتم أثبتي النظر، فقالت: ها هو، قال: ويحِك هو لا يكلمني فما جاء به إلي؟ فنزل حاتم فسلم عليه، فرد سلامه وحياه ثم قال له: ما جاء بك يا حاتم، قال: خاطرت على حسبك وحسبي، قال: في الرحب والسعة هذا مالي — وكانت عدته يومئذ تسعمائة بعير — فخذها مائة مائة حتى تذهب الإبل أو تصيب ما تريد، فقالت امرأته: يا حاتم أنت تخرجنا عن مالنا وتفضح صاحبنا، تعني زوجها، فقال: اذهبى عني فوالله ما كان الذي غمك ليردني عما قصدت، وقال حاتم:

ألا أبلغا وهم بن عمرو رسالةً
فإنك أنت المرء بالخير أجدرُ
رأيتك أوفى الناس منا قرابةً
وغيرك منهم كنت أحبو وأنصرُ
إذا ما أتى يوم يفرق بيننا
بموت فكن يا وهم من يتأخرُ

ثم قال إياس بن قبيصة: احملوني إلى الملك، وكان به نقرس، فحمل حتى أدخل عليه، فقال: أنعم صباحًا أبيت اللعن، فقال النعمان: وحياك إلهك، فقال: إياس أتمد أختانك بالمال والخيل وتجعل بني ثعل في قعر الكنانة، أظن أختانك أن يصنعوا بحاتم كما صنعوا بعامر بن جوين ولن يشعروا أن بني حية بالبلد، فإن شئت والله ناجزناك حتى يطفح الوادي دمًا، فليحضروا مماجدهم — مفاخرتهم — غدًا بجمع العرب، فعرب النعمان الغضب في وجهه وكلامه فقال له: يا أحلمنا لا تغضب فإني سأكفيك، وأرسل النعمان إلى سعد بن حارثة وإلى أصحابه: انظروا ابن عمكم حاتمًا فأرضوه، فوالله ما أنا بالذي أعطيكم مالي تبذرونه وما أطيق بني حية، فخرج بنو لام إلى حاتم فقالوا له: أعرض عن هذا المجاد ندع أرش أنف ابن عمنا، قال: لا والله لا أفعل حتى تتركوا أفراسكم ويقلب مجادكم، فتركوا أرش أنف صاحبهم وأفراسهم وقالوا: قبحها الله وأبعدها فإنما هي مقارف، فعمد إليها حاتم فعقرها وأطعمها الناس وسقاهم الخمر وقال حاتم في ذلك:

أبلغ بني لام بأن خيولهم
عقرى وإن مجادهم لم يمجد
ها إنما مطرت سماؤكم دمًا
ورفعت رأسك مثل رأس الأصيد

ليكون جيراني أكالى بينكم
نجلًا لكنديٍّ وسبي مزبد
وابن النجود إذا غدا متلاظمًا
وابن العذور ذي العجان الأبرد
ولثابت عيني جدا متماوت
وللفظ أوسيُّ عوى لمقلد
أبلغ بني ثعل بأني لم أكن
أبدًا لأفعلها طوال المسند
لا جئتهم فلًا وأترك صحبتي
نهبًا ولم تغدر بقائمة يدي

ملك الروم وحاتم الطائي

من أعجب ما حكي عن حاتم الطائي أن أحد قياصرة الروم بلغته أخبار حاتم فاستغرب ذلك، وكان قد بلغه أن لحاتم فرسًا من كرام الخيل عزيزة عنده، فأرسل إليه بعض حجابه يطلب منه الفرس هديةً إليه وهو يريد أن يمتحن سماحته بذلك، فلما دخل الحاجب ديار طيئ سأل عن أبيات حاتم حتى دخل عليه، فاستقبله ورحب به وهو لا يعلم أنه حاجب الملك، وكانت المواشي حينئذ في المراعي فلم يجد إليها سبيلًا لقرى ضيفه فنحر الفرس وأضرم النار، ثم دخل إلى ضيفه يحادثه فأعلمه أنه رسول قيصر، وقد حضر يستميح الفرس، فساء ذلك حاتمًا وقال: هلَّا أعلمتني قبل الآن فإني قد نحرتها لك إذ لم أجد جزورًا غيرها بين يدي، فعجب الرسول من سخائه وقال: والله لقد رأينا منك أكثر مما سمعنا.

حاتم وامرأته ماوية

قيل: إن حاتمًا الطائي لما كان متزوجًا بماوية بنت عفير كانت تلومه كثيرًا على إتلاف المال فلا يلتفت إلى قولها ولا يكترث به، وكان لها ابن عم يقال له مالك فقال لها يومًا: ما تصنعين بحاتم؟ فوالله لئن وجد مالًا ليتلفنه وإن لم يجد ليتكلفن، ولئن مات ليتركن أولاده عالة على قومك، فقالت ماوية: صدقت إنه كذلك. وكنَّ يطلقن الرجال في الجاهلية، وذلك أن يقمن ضمن بيت من شعر فإن كان باب البيت من قبل المشرق حولته إلى المغرب وإن كان من قبل المغرب حولته إلى المشرق، وإن كان من قبل اليمن حولته إلى الشام وإن كان من قبل الشام حولته إلى اليمن، فإذا رأى الرجل ذلك علم أنها طلقته فلم يأتها، ثم قال لها ابن عمها طلقي حاتمًا وأنا أتزوجك فإني خير لك منه وأكثر مالًا وأقل تبذيرًا، فلم يزل بها حتى طلقته فأتاها حاتم وقد حولت باب الخباء، فقال حاتم لولده: يا عدي أترى ما فعلت أمك؟ فقال: قد رأيت ذلك، فأخذ ابنه وهبط بطن وادٍ فنزل فيه فجاء قوم فنزلوا على باب الخباء كما كانوا ينزلون وكانت عدتهم خمسين فارسًا فضاقت بهم ماوية ذرعًا وقالت لجاريتها: اذهبي إلى ابن عمي وقولي له: إن أضيافًا لحاتم قد نزلوا بنا وهم خمسون رجلًا فأرسل لنا بشيء نقريهم ولبن نسقيهم، وقالت لها: انظري إلى جبينه وفمه فإن شافهك بالمعروف فاقبلي منه،

وإن ضرب بلحيته على زوره ولطم رأسه فأقبلي ودعيه، فلما أتته وجدته متوسدًا وطبًّا من لبن، فأيقظته وأبلغته الرسالة وقالت له: إنما هي الليلة حتى يعلم الناس مكان حاتم، فلطم رأسه بيده وضرب بلحيته وقال أقرئيها السلام وقولي لها: هذا الذي أمرتك أن تطلقي حاتمًا لأجله وما عندي لبن يكفي أضياف حاتم، فرجعت الجارية، فأخبرتها بما رأت وما قال لها، فقالت لها: اذهبي إلى حاتم وقولي له: إن أضيافك قد نزلوا بنا الليلة ولم يعلموا مكانك فأرسل إلينا بناقة نقريهم ولبن نسقيهم، فأتت الجارية حاتمًا فصاحت به، فقال: لبيك ماذا تريدين؟ فأخبرته بما جاءت بسببه، فقال لها: حبًّا وكرامة، ثم قام إلى الإبل فأطلق اثنتين من عقالهما وصاح بهما حتى أتيا الخباء ثم ضرب عراقيبهما، فطفقت ماوية تصيح: هذا الذي طلقتك بسببه تترك أولادنا وليس لهم شيء، فقال لها: ويحك يا ماوية، الذي خلقهم وخلق العالم بأسره متكفل بأرزاقهم.

جود حاتم الطائي

قالت نوار امرأة حاتم: أصابتنا سنة اقشعرَّت لها الأرض واغبرَّ أفق السماء، وضرب الجوع أطنابه حتى بتنا بالهلاك، فبقينا الليل على هذا الحال والموت يتهددنا ويتهدد أولادنا عبد الله وعديًّا وسنانة، فقام حاتم إلى الولدين، وقمت أنا إلى الابنة وما سكتوا إلَّا بعد هدأة من الليل، وأقبل يعللني بالحديث فعرفت ما يريد فتناومت، فلما اسود الدجى إذا بصوت قد سمع ويد حركت الباب، فقال: من هذا؟ قالت: جارتك فلانة أتيتك من عند صبية يتعاوون كالذئاب فما وجدت سندًا سواك يا أبا عدي، فقال: عليَّ بهم فقد أشبعك الله وإياهم، فأقبلت المرأة تحمل اثنين ويمشي وراءها أربعة كأنها نعامة حولها رئالها، فقام إلى فرسه فنحره، ثم كشط عن جلده ودفع المدية إلى المرأة وقال لها: شأنك، فاجتمعنا على اللحم نشوي ونأكل، ثم جعل يمشي في الحي يأتيهم بيتًا بيتًا فيقول: هبوا أيها القوم عليكم بالنار، فاجتمعوا والتفع في ثوبه متنحيًا ينظر إلينا بدون أن يذوق طعامًا هو أحوج إليه منَّا، فأصبحنا وما على الأرض من الفرس إلا عظم وحافر، فأنشأ حاتم يقول:

مهلًا نوار أقلي اللوم والعذلا
ولا تقولي لشيءٍ فات ما فعلَا
ولا تقولي لمالٍ كنت مهلكه
مهلًا وإن كنت أعطي الإنس والجبلَا
يرى البخيل سبيل المال واحدةً
إن الجواد يرى في ماله سبلَا

ولحاتم الطائي وقد استنشدته ماوية:

أماويَّ قد طال التجنب والهجر
وقد غدرتني من طلابكم العذرُ
أماوي إن المال غادٍ ورائحٌ
ويبقى من المال الأحاديث والذكرُ
أماوي إني لا أقول لسائلٍ

إذا جاء يومًا حل في مالنا نذرُ
أماوي إما مانع فمبينٌ
وإما عطاءٌ لا ينهنهه الزجرُ
أماوي ما يغني الثراء عن الفتى
إذا حشرجت نفسٌ وضاق بها الصدرُ

ومنها:

أماوي إن يصبح حداي بقفرةٍ
من الأرض لا ماء هناكٍ ولا خمرُ
ترى أن ما أهلكت لم يكُ ضرَّني
وأن يدي مما بخلت به صفرُ
أماوي إني ربٌّ واحد أمه
أجيرت فلا قتلٌ عليه ولا أسرُ
وقد علم الأقوام لو أن حاتمًا
أراد ثراء المال كان له وفرُ
وإني لا آلو بمال صنيعةً
فأوله زادٌ وآخره ذخرُ
يفك به العاني ويؤكل طيبًا
وما إن تعريه القداح ولا الخمرُ
ولا أظلم ابن العم إن كان إخوتي
شهودًا وقد أودى بإخوته الدهرُ
غنينا زمانًا بالتصعلك والغنى
كما الدهر في أيامه العسرُ واليسرُ
كسبنا صروف الدهر لينًا وغلظةً
وكلًا سقاناه بكأسهما الدهرُ
فما زادنا بغيًا على ذي قرابةٍ
غنانا ولا أدى بإحساننا الفقرُ
فقدمًا عصيت العاذلات وسلطت
على مصطفى مالي أناملي العشرُ
وما ضر جارًا يا ابنة العم فاعلمي
يجاورني ألَّا يكون له سترُ
بعيني عن جارات قولي غفلةٌ
وفي السمع مني عن حديثهم وقرُ

وقال أحدهم في حاتم:

وحاتم طيئٍ إن طوى الموت جسمه

فنشر اسمه في الجود عاش مخلدًا

وقال آخر:

لما سألتك شيئًا
بدلت رشدًا بغيٍّ
ممن تعلمت هذا
إلا تجود بشيٍّ
أما مررت بعبدٍ
لعبد حاتم طيٍّ

وصادفت ابن الكلبي حاتمًا فأنشده:

وعاذلة هبت بليل تلومني
وقد غاب عبوق الثريا فغردًا
تلوم على إعطائي المال ضلة
إذا ضل بالمال البخيل وصردا
تقول ألا أمسك عليك فإنني
أرى المال عند الممسكين معبدا
ذريني وشأني إن مالك وافر
وكل امرئ جار على ما تعودا
أعاذل لا آلوك إلا خليقتي
فلا تجعلي فوقي لسانك مبردا
ذريني يكن مالي لعرضي جنة
يقي المال عرضي قبل أن يتبددا
أريني جوادًا مات هزلًا لعلني
أرى ما ترين أو بخيلًا مخلدا
وإلا فكُفِّي بعض قولك واجعلي
إلى رأى من تلحين رأيك مسندا
ألم تعلمي أني إذا الضيف نابني
وعزَّ القرى أقرى السديف المرهدا
أسوّد سادات العشيرة عارفًا
ومن دون قومي في الشدائد مذودا
وألفي لأعراض العشيرة حافظا
وحقهم حتى أكون المسوَّدا
يقولون لي أهلكت مالك فاقتصد
وما كنت لولا تقولون سيدا
كلوا الآن من رزق الإله وأيسروا

فإن على الرحمن رزقكم غدا
سأذخر من مالي دلاصًا وسابحًا
وأسمر خطيًا وعضبًا مهندا
وذلك يكفيني من المال كله
مصونا إذا ما كان عندي متلدا

وأنشده أيضًا:

ألا سبيلٌ إلى مالٍ يعارضني
كما يعارض ماء الأبطح الجاري
ألا أعان على جودي بميسرة
فلا يرد لدى كفي أقتاري

وأنشده أيضًا:

أما والذي لا يعلم الغيب غيره
ويحيي العظام البيض وهي رميم
لقد كنت أطوي البطن والزاد يشتهى
مخافة يومًا أن يقال لئيم
وما كان بي ما كان والليل ملبسٌ
رواق له فوق الأكام بهيم
ألفُ مجلسي الزاد من دون صحبتي
وقد آب نجمٌ واستقل نجوم

وأنشده أيضًا:

وقائلة أهلكت بالجود مالنا
ونفسك حتى ضرَّ نفسك جودها
فقلت دعيني إنما تلك عادتي
لكلٍّ كريم عادة يستعيدها

وأنشد حاتم يخاطب امرأته ماوية بنت عبد الله:

أيا ابنة عبد الله وابنة مالكٍ
ويا ابنة ذي البردين والفرس الوردي
إذا ما صنعت الزاد فالتمسي له
أكيلًا فإني لست آكله وحدي
أخا طارقًا أو جار بيت فإنني

أخاف مذمَّات الأحاديث من بعدي
وإني لعبد الضيف ما زال ثاويًا
وما فيَّ إلا تلك من شيمة العبد

يزيد بن حاتم وربيعة الرأي

قيل: إن ربيعة الرأي قدم مصر فأتى يزيد السلمي فلم يعطه شيئًا، ثم عطف على يزيد بن حاتم فشغل عنه لأمر ضروري فخرج وهو يقول:

أراني ولا كفران لله راجعًا
بخفي حنين من نوال ابن حاتم

فلما فرغ ابن حاتم من ضرورته سأل عنه فقيل له: إنه خرج وهو يقول كذا، وأنشد البيت فأرسل من يجد في طلبه فأتي به فقال: كيف قلت؟ فأنشد البيت، فقال يزيد: شغلنا عنك وعجلت علينا ثم أمر بخفيه فخلعا من رجله وملئا مالًا وقال: ارجع بهما بدلًا من خفي حنين.

مديح حاتم بعد الوفاة

خرج إليه رجل من الشعراء يمدحه فلما بلغ مصر وجده قد مات فقال فيه:

لئن مصر فاتتني بما كنت أرتجي
وأخلفني منها الذي كنت آمل
فما كل ما يخشى الفتى بمصيبة
ولا كل ما يرجو الفتى هو نائل
وما كان بيني لو لقيتك سالمًا
وبين الغنى إلا ليالٍ قلائل

حاتم الطائي بعد الوفاة

يحكى عن حاتم الطائي أنه لما مات دُفن في رأس جبل وعملوا على قبره حوضين من حجرين ورسوم بنات محلولات الشعور من حجر، وكان تحت ذلك الجبل نهر جار، فإذا نزلت الوفود يسمعون الصراخ في الليل من العشاء إلى الصباح، فإذا أصبحوا لم يجدواً أحدًا غير البنات المصورة من الحجر.

فلما نزل ذو الكراع ملك حمير بذلك الوادي خارجًا عن عشيرته بات تلك الليلة هناك، وتقرب من ذلك الموضع، فسمع الصراخ فقال: ما هذا العويل الذي فوق هذا الجبل؟ فقالوا له: إن هذا قبر حاتم الطائي وإن عليه حوضين من حجر ورسوم بنات من حجر محلولات الشعور، وكل ليلة يسمع

النازلون في هذا المكان هذا العويل والصراخ، فقال ذو الكراع ملك حمير يهزأ بحاتم الطائي: يا حاتم نحن الليلة ضيوفك ونحن خماص، قال: فغلب عليه النوم، ثم استيقظ وهو مرعوب وقال: يا عرب الحقوني وأدركوا راحلتي، فلما جاءوا وجدوا الناقة تضطرب فذبحوها وشووا لحمها وأكلوا، ثم سألوه عن سبب ذلك فقال: غفلت عيني فرأيت في منامي حاتم الطائي وقد جاءني بسيف وقال: جئتنا ولم يكن عندنا شيء، وضرب ناقتي بالسيف، فلو لم تحصلوها وتنحروها لماتت، فلما أصبح الصباح ركب ذو الكراع راحلة واحد من أصحابه وأردفه خلفه، فلما كانوا وسط النهار رأوا راكبًا على راحلة وفي يده راحلة أخرى، فقالوا له: من أنت؟ فقال: أنا عدي ابن حاتم الطائي، ثم قال أين ذو الكراع أمير حمير؟ فقالوا له: هذا هو، فقال: اركب هذه الناقة عوضًا عن راحلتك فإن ناقتك قد ذبحها أبي لك، قال ومن أخبرك، قال: أتاني الليلة في المنام وقال لي: يا عدي إن ذا الكراع ملك حمير استضافني فنحرت له ناقته فأدركه بناقة يركبها، فإني لم يكن عندي شيء، فأخذها ذو الكراع وتعجب من كرم حاتم حيًّا وميتًا.

نوادر الخليفة المهدي

أبو دلامة والمهدي

ولد لأبي دلامة ابنة ليلًا فأوقد السراج وجعل يخيط خريطة من شقيق، فلما أصبح طواها بين أصابعه وغدا بها إلى المهدي واستأذن عليه وكان لا يمنعه الدخول فأنشده:

لو كان يقعد فوق الشمس من كرم
قوم لقيل: اقعدوا يا آل عباس
ثم ارتقوا من شعاع الشمس في درج
إلى السماء فأنتم أكرم الناس

قال له المهدي: أحسنت والله أبا دلامة، فما الذي غدا بك إلينا؟ قال: ولدت لي جارية يا أمير المؤمنين، قال: فهل قلت فيها شعرًا؟ قال: نعم، قلت:

فما ولدتك مريم أم عيسى
ولم يكفلك لقمان الحكيم
ولكن قد تضمك أم سوء
إلى لباتها وأبٌ لئيم

فضحك المهدي وقال: فما تريد أن أعينك به في تربيتها، قال: تملأ هذه يا أمير المؤمنين وانهار إليه بالخريطة بين إصبعيه، فقال المهدي وما عسى أن تحمل هذه، قال: من لم يقنع بالقليل لم يقنع بالكثير، فمر أن تملأ مالًا، فلما نشرت أخذت عليه صحن الدار، فدخل فيها أربعة آلاف درهم، فضحك المهدي حتى استلقى على قفاه.

أبو دلامة والمهدي

وكان المهدي قد كسا أبا دلامة ساجًا فأخذ به وهو سكران، فأتى به إلى المهدي فأمر بتمزيق الساج عليه وأن يُسجن في بيت الدجاج، فلما كان في بعض الليل وصحا أبو دلامة من سكره ورأى نفسه بين الدجاج صاح: يا صاحب البيت، فاستجاب له السجان وقال: ما لك يا عدو الله؟ قال: ويلك من أدخلني مع الدجاج؟ قال: أعمالك الخبيثة أتى بك أمير المؤمنين وأنت سكران فأمر بتمزيق ساجك وحبسك مع الدجاج، قال له: ويلك أوقد لي سراجا وجئني بدواة وورق فكتب أبو دلامة إلى المهدي:

أَمن صهباء صافية المزاج
كأن شعاعها لهب السراج
تهش لها النفوس وتشتهيها

إذا برزت ترقرق في الزجاج
أمير المؤمنين فدتك نفسي
عِلام حبستني وخرقت ساجي
أقاد إلى السجون بغير ذنب
كأني بعض عمال الخراج
ولو معهم حُبست لهان ذاكم
ولكني حُبست مع الدجاج
دجاجات يطيف بهن ديك
ينادي بالصياح إذا يناجي
وقد كانت تخبرني ذنوبي
بأني من عذابك غير ناجي
على أني وإن لاقيت شرًا
لخيرك بعد ذاك الشر راجي

ثم قال: أوصلها إلى أمير المؤمنين، فأوصلها إليه السجان، فلما قرأها أمر بإطلاقه وأدخله عليه فقال له: أين بتَّ الليلة أبا دلامة؟ قال: مع الدجاج يا أمير المؤمنين، قال: فما كنت تصنع؟ قال: كنت أقوقي معهن حتى أصبحت، فضحك المهدي وأمر له بصلة جزيلة وخلع عليه كسوة شريفة.

المهدي وأبو دلامة الشاعر

لما اتصل بالمهدي خبر وفاة والده بمكة المكرمة اشتد منه الحزن واغرورقت عيناه بالدموع وقال: إن رسول الله قد بكى عند فراق الأحبة، ولقد فارقت عظيمًا وقلدت جسيمًا، وبينما كان المهدي جالسًا للتعزية بوالده والتهنئة بمبايعته، دخل عليه أبو دلامة فأنشد:

عيناي واحدة ترى مسرورةً
بإمامها جذلة وأخرى تطرفُ
تبكي وتضحك مرة ويسوءها
ما أنكرت ويسرها ما تعرف
فيسوءها موت الخليفة محرمًا
ويسرها إذ قام هذا الأرأف

فأجزل له العطاء وكان أول من وصله.

المهدي والأعرابي

قيل: إن المهدي قعد قعودًا عامًّا للناس، فدخل رجل في يده نعل ومنديل فقال: يا أمير المؤمنين هذه نعل رسول الله ﷺ قد أهديتها إليك، قال: هاتها فدفعها إليه فقبل باطنها ورفعها على عينيه وأمر للرجل بعشرة آلاف درهم، فلما أخذها وانصرف قال لجلسائه: أترون أني لم أعلم أن رسول الله ﷺ لم يرَها، فضلًا عن أن يكون لبسها، ولو كذبناه لقال للناس: أتيت أمير المؤمنين بنعل رسول الله ﷺ فردَّها عليّ، فكان من يصدقه أكثر ممن يدفع خبره، إذ كان من شأن العامة وأشكالها النصرة للضعيف على القوي، فاشترينا لسانه وقبلنا هديته وصدقنا قوله ورأينا فعلنا أنجح وأرجح.

كرم المهدي

نزل المهدي بمنزل بعيساباذ لما بناها وأمر أن يكتب له أبناء المهاجرين وأبناء الأنصار، فكتبوا ودعي بنقبائهم وجلس مجلسًا عامًّا لهم، ففرق ثلاثة آلاف درهم فأغنى كل فقير وجبر كل كسير وفرج عن كل مكروب، ثم قامت الخطباء ودخل الشعراء فأنشدوه ففرق فيهم خمسمائة ألف درهم، فكثر الداعي له في الطرقات والبوادي وقام في هذا اليوم مروان بن أبي حفصة فأنشده:

ما يلمع البرق إلا حنَّ مغتربُ
كأنه من دواعي شوقه وصبُ
ما أنس لا أنس غيثًا ظل وابلهُ
عليّ من راحةِ المهديِّ ينسكب
شيئًا فما أخلفتنا من مخائله
سحابةٌ صوبها الأوراق والذهب
صدقت يا خير مأمون ومعتمدٍ
ظني بأضعاف ما قد كنت أحتسب
أعطيت سبعين ألفًا غير متبعها
منا ولست بمنان بما تهب
قد لاح للناس بالمهدي نورُ هدًى
يضيء والصبح في الظلماء يحتجب
خليفةٌ طاهر الأثواب معتصمٌ
بالحق ليس له في غيره أرب

المهدي والواقدي

قال الواقدي: دخلت على المهدي بمحبرة ودفتر وكتب عني أشياء أحدثه بها ثم نهض وقال: كن مكانك حتى أعود إليك، ودخل دار الحريم ثم خرج متنكرًا ممتلئا غضبًا، فلما جلس قلت: يا أمير المؤمنين خرجت على خلاف الحال التي دخلت عليها، قال: نعم دخلت على الخيزران فوثبت إليّ ومدت يدها وخزقت ثوبي وقالت لي: يا قشاش وأي خير رأيت منك؟ وإنما اشتريتها من نخاس

ورأت مني ما رأت وعقدت لابنيها بولاية العهد، ويحك، وأنا قشاش، قال: قلت يا أمير المؤمنين قال رسول الله ﷺ: «إنهن يغلبن الكرام ويغلبهن اللئام»، وقال: «خيركم خيركم لأهله وأنا خيركم لأهلي»، وقال: «خُلقت المرأة من ضلع أعوج إن قومته كسرته»، وحدثته من هذا الباب بكل ما حضر لي فسكن غيظه وأسفر وجهه وأمر لي بألفي دينار، وقال أصلح بهذه من حالك وانصرفت، فلما وصلت إلى منزلي وافاني رسول الخيزران فقال تقرئك السلام سيدتي وتقول: يا عم قد سمعت جميع ما كلمت به أمير المؤمنين فأحسن الله جزاءك وهذا ألفا دينار إلا عشرة بعثت بها إليك لأني لم أحب أن أساوي صلة أمير المؤمنين، ووجهت لي بأثواب.

المهدي وأحد العبيد

أهدى له بعض العبيد عصيدة، فاشترى الضيعة التي فيها ذلك العبد والعبد بألف دينار، وأعتقه ووهبه الضيعة وأقدمه المهدي بغداد ثم رده المدينة لمنام رآه.

المهدي والمؤمل

قال المؤَمل بن أميل: قدمت على المهدي وهو بالري وهو إذ ذاك ولي عهد فامتدحته بأبيات، فأمر لي بعشرين ألف درهم، فكتب بذلك إلى المنصور وهو بمدينة السلام يخبره فكتب إلى كاتب المهدي أن توجه إليَّ بالشاعر، فطلبت فلم يقدر علي، وكتب إلى أبي جعفر أنه قد توجه إلى مدينة السلام، فأجلس المنصور قائدًا من قواده على جسر النهروان وأمره أن يتصفح الناس رجلًا رجلًا فجعل لا يمر به قافلة إلا تصفح من فيها، حتى مرت به القافلة التي فيها المؤمل بن أميل، فتصفحه فلما سأله من أنت؟ قال: أنا المؤَمل بن أميل المحاربي الشاعر أحد زوار المهدي، قال: إياك طلبت، قال المؤَمل: فكاد قلبي يتصدع خوفًا من أبي جعفر، فقبض عليّ وسلمني إلى الربيع، فدخل على أبي جعفر وقال: هذا الشاعر قد ظفرنا به، قال: أدخلوه إلي، فدخلت إليه وسلمت عليه تسليم مروع، فرد السلام وقال: ليس ههنا إلا خيرًا، أأنت المؤَمل بن أميل، قلت: نعم يا أمير المؤمنين، قال: أتيت غلامًا غرًّا فخدعته، قلت: نعم، أصلح الله أمير المؤمنين، أتيت غلامًا غرًا كريمًا فخدعته فانخدع، قال: فكأن ذلك أعجبه، فقال: أنشدني ما قلت فيه فأنشدته:

هو المهدي إلا أن فيه
مشابه صورة القمر المنير
مشابه ذا وذا فيما إذا ما
أنارا يشكلان على البصير
فهذا في الظلام سراج ليل
وهذا في النهار ضياء نور
ولكن فضل الرحمن هذا
على ذا بالمنابر والسرير
وبالملك العزيز فذا أميرٌ

وما ذا بالأمير ولا الوزير
ونقص الشهر يحمد ذا وهذا
منير عند نقصان الشهور
فيا ابن خليفة الله المصفى
به تعلو مفاخرة الفخور
لئن فقت الملوك وقد توانوا
إليك من السهولة والوعور
لقد سبق الملوك أبوك حتى
بقوا ما بين كاب أو حسيرٍ
وجئت مصليًّا تجري جثيثًا
وما لك حين تجري من فتور
فقال الناس ما هذان إلا
كما بين الفتيل من النقير
فإن سبق الكبير فأهل سبق
له فضل الكبير على الصغير
وإن بلغ الصغير مدًا كبير
فقد خلق الصغير من الكبير

فقال له المنصور: والله لقد أحسنت ولكن هذا لا يساوي عشرين ألف درهم وأين المال؟ قلت: ها هو ذا، فقال يا ربيع امضِ معه فأعطه ألف درهم وخذ منه الباقي ففعل الربيع ما أمره المنصور؟ قال: ثم إن المهدي ولي الخلافة بعد ذلك وولي ابن يونان المظالم، فكان يجلس للناس بالرصافة، فرفعت إليه قصة فلما وصلت إليه قصتي ضحك، فقال له ابن يونان: أصلح الله أمير المؤمنين ما رأيتك ضحكت من شيء إلا من هذه القصة، فقال: نعم، هذه رقعة أعرف قصتها، ردوا عليه عشرين ألف درهم، فردوها إليّ فأخذتها وانصرفت.

جود المهدي

خرج المهدي ذات يوم متنزهًا إلى الأنبار، وبينما هو في مجلسه دخل عليه الربيع ومعه قطعة من جراب فيه كتابة برماد وخاتم من طين عُجن بالرماد وهو مطبوع بخاتم الخلافة فقال: يا أمير المؤمنين ما رأيت أعجب من هذه الرقعة جاءني بها أعرابي وهو ينادي: هذا كتاب أمير المؤمنين المهدي دلوني على هذا الرجل الذي يسمى الربيع، فقد أمرني أن أدفعها إليه وهذه الرقعة، فأخذها المهدي وضحك وقال: صدق وهذا خطي وهذا خاتمي، أفلا أخبركم بالقصة، قلنا: رأي الأمير أعلى منا في ذلك، قال: خرجت أمس إلى الصيد في غب سماءٍ، فلما أصبحت هاج علينا ضباب شديد وفقدت أصحابي حتى ما رأيت منهم أحدًا، وأصابني من البرد والجوع والعطش ما لا يعلمه إلا الله وتحيرت عند ذلك، فذكرت دعاءً سمعته من أبي يحكيه عن أبيه قال إذا أصبح وإذا أمسى: بسم الله وبالله ولا حول ولا قوة إلا بالله العلي العظيم وقى وشفى وكفى من الحرق والغرق والفرَق والهدم وميتة السوء، فلما قلتها رفع لي ضوء نار فقصدتها، فإذا بهذا الأعرابي في خيمة له يوقد نارًا بين

يديه، فقلت: أيها الأعرابي هل من ضيافة؟ قال: انزل، فنزلت، فقال لزوجته: هاتِ ذلك الشعير، فأتت به، فقال: اطحنيه، فابتدأت تطحنه، فقلت له: اسقني ماءً، فأتاني بسقاء فيه مذقة من لبن أكثره ماء، فشربت منها شربة ما شربت أطيب منها، وأعطاني حلسًا له فوضعت رأسي عليه ونمت، ثم انتبهت فإذا هو قد وثب إلى شاة فذبحها، فإذا امرأته تقول له: ويحك قتلت نفسك وصبيتك إنما كان معاشك من هذه الشاة فذبحتها، فبأي شيء تعيش؟ فقلت: لا عليك هات الشاة فشققت جوفها واستخرجت كبدها بسكين في خفي، فشرحتها ثم طرحتها على النار فأكلت، ثم قلت له: هل عندك شيء أكتب فيه؟ فجاءني بهذه القطعة، فأخذت عودًا من الرماد الذي كان بين يديه فكتبت له هذا الكتاب وختمته بها الخاتم وأمرتهُ أن يجيء ويسأل عن الربيع فيدفعها إليه، فإذا في الرقعة خمسمائة ألف درهم، فقال: لا والله ما أردت إلا خمسين ألف درهم، ولكن جرت يدي بخمسمائة ألف درهم ولا أنقص والله منها درهمًا واحدًا، ولو لم يكن في بيت المال غيرها احملوها معه، فما كان إلا قليلًا حتى كثرت إبله وصار منزلًا من المنازل ينزله كل من أراد الحج من الأنبار إلى مكة المكرمة، وسُمي مضيف أمير المؤمنين المهدي.

المهدي والمختبئان

لما فرغ المهدي من بناء عيساباذ ركب في جماعة يسيرة لينظر البلد، فدخله مفاجأة وأخرج من كان هناك من الناس وبقي رجلان خفيا عن أبصار الأعوان، فرأى المهدي أحدهما وقد دُهش بالعقل، فقال: من أنت؟ قال: أنا أنا، فقال: ويلك من أنت؟ قال: لا أدري، قال: ألك حاجة؟ قال: لا لا، قال: أخرجوه أخرج الله نفسك، فدُفع في قفاه، فلما خرج قال لغلام له: اتبعه من حيث لا يعلم فسل عن أمره ومهنته فإني أخاله حائكًا، فخرج الغلام على أثره، ثم رأى الآخر فاستنطقه، فأجاب بقلب جريء، ولسان سليط، فقال: من أنت؟ قال: رجل من أبناء رجال دعوتك، قال: من جاء بك إلى ههنا؟ قال: جئت لأنظر إلى هذا البناء الحسن فأتمتع بالنظر، وأكثر الدعاء لأمير المؤمنين بطول المدة وتمام النعمة ونماء العز والسلامة، قال: أفلك حاجة؟ قال: نعم، خطبت ابنة عم لي فردني أبوها، وقال: لا مال لك والناس يرغبون في المال، وأنا بها مشغوف ولها وامق، قال: قد أمرت لك بخمسين ألف درهم، قال: جعلني الله فداءك يا أمير المؤمنين، لقد وصلت فأجزلت الصلة ومننت فأعظمت المنة، فجعل الله باقي عمرك أكثر من ماضيه وآخر أيامك خيرًا من أولها، ومتعك بما أنعم به عليك وأمتع رعيتك بك، فأمر أن تعجل له الصلة ووجه بعض خاصته وقال: اسأل عن مهنته فإني أخاله كاتبًا، فرجع الرسولان معًا، فقال الأول: وجدنا الأول حائكًا، وقال الآخر: وجدت الرجل كاتبًا، فقال المهدي: لم تخفَ عليَّ مخاطبة الكاتب والحائك.

المهدي وشعبة الشاعر

كان شعبة شاعرًا متشاغلًا بالعلم لا يكسب شيئًا من الدنيا وكان له إخوة يقومون بأموره، واشترى أحد إخوته من السلطان طعامًا فخسر به فحبس، فقدم شعبة على المهدي وكان له على أخيه ستة آلاف دينار، فلما دخل قال: يا أمير المؤمنين، أنشد قتادة وسماك بن حرب لأمية بن أبى الصلت شعرًا في عبد الله بن جدعان التيمي:

أأذكر حاجتي أم قد كفاني
حياؤك إن شيمتك الحياءُ
وعلمك بالحقوق وأنت فرعٌ
له الحسب المهذب والسناءُ
كريم لا يغيره صباحُ
عن الخلق الجميل ولا المساءُ
بأرضك كل مكرمة بناها
بنو تيم وأنت لها سماءُ
إذا أثنىً عليك المرء يومًا
كفاه من تعرضه الثناءُ

فقال: لا يا أبا بسطام لا تذكرها قد عرفناها وقضيناها لك، ادفعوا إليه أخاه ولا تأخذوا منه شيئًا.

المهدي وإبراهيم بن طهمان

كان لإبراهيم بن طهمان جراية من بيت المال فاخرة وكان يفخر بذلك، فسُئل يومًا في مجلس الخليفة، فقال: لا أدري، فقالوا: تأخذ في كل يوم كذا وكذا ولا تحسن مسألةً، فقال: إنما أخذت على ما أحسن ولو آخذ على ما لا أحسن لفني بيت المال ولا يفنى ما لا أدري، فأعجب أمير المؤمنين جوابه وأمر له بجائزة فاخرة وزاد في جرايته.

المهدي وأبو العتاهية الشاعر

قال أشجع السلمي الشاعر المشهور: أذن الخليفة المهدي للناس في الدخول عليه، فدخلنا مع أبي العتاهية فأمرنا بالجلوس، فاتفق أن جلس بجنبي بشار بن برد، وسكت المهدي فسكت الناس، فسمع بشار حسًا فقال لي: من هذا، فقلت: أبو العتاهية، فقال: أتراه ينشد في هذا المحفل، فقلت: أحسبه سيفعل، قال: فأمره المهدي فأنشد:

أتته الخلافة منقادة
إليه تجرر أذيالها
فلم تكُ تصلح إلّا له
ولم يكُ يصلح إلّا لها
ولو رامها أحد غيره
لزلزلت الأرض زلزالها
ولو لم تطعه بناب القلوب
لما قبل الله أعمالها

فقال لي بشار: انظر ويحك يا أشجع هل طار الخليفة عن فراشه؟ قال أشجع: فوالله ما انصرف أحد عن ذلك المجلس بجائزة غير أبي العتاهية.

نوادر الخليفة هارون الرشيد

إبراهيم الموصلي عند الرشيد

دخل إبراهيم الموصلي يومًا على الرشيد فأنشده:

وآمرة بالبخل قلت لها اقصرِي
فليس إلى ما تأمرين سبيل
فعالي فعال المكثرين تجملًا
ومالي كما قد تعلمين قليل
فكيف أخاف الفقر وأحرم الغِنى
ورأي أمير المؤمنين جميل

فقال: لله أبيات تأتينا بها ما أحسن أصولها، وأبين فصولها، وأقل فضولها، يا غلام أعطه عشرين ألفًا، قال: والله لا أخذت منها درهمًا، قال: ولمَ؟ قال: لأن كلامك يا أمير المؤمنين خير من شعري، قال: أعطوه أربعين ألفًا.

الرشيد والمفضل الضبي

قال الرشيد للمفضل الضبي: قل ما أحسن ما قيل في النوائب ولك هذا الخاتم الذي في يدي، قال قول الشاعر:

ينام بإحدى مقلتيه ويتقي
بأخرى المنايا فهو يقظان نائم

فقال: ما ألقى هذا على لسانك إلّا ذهاب الخاتم ورماه إليه، فاشترته أم جعفر بألف وستمائة دينار وبعثت به إليه، فقالت: قد كنت أراك تعجب به فألقاه إلى الضبي وقال: خذه وخذ الدنانير فما كنا نهب شيئًا فنرجع فيه.

ابن الجامع والجارية والرشيد

قال ابن جامع: انتقلت من مكة إلى المدينة لشدة لحقتني فأصبحت يومًا وما أملك إلا ثلاثة دراهم في كمي، فإذا بجارية على كتفها جرة تسعى بين يدي وتترنم بصوت شجي وتقول:

شكونا إلى أحبابنا طول ليلنا

فقالوا لنا ما أقصر الليل عندنا
وذاك لأن النوم يغشي عيونهم
سراعًا ولا يغشي لنا النوم أعينا
إذا ما دنا الليل المضر بذي الهوى
جزعنا وهم يستبشرون إذا دنا
فلو أنهم كانوا يلاقون مثلما
نلاقي لكانوا في المضاجع مثلنا

قال: فأخذ الغناء بقلبي ولم يدر لي منه حرف، فقلت: يا جارية ما أدري أوجهك أحسن أم غناؤك، فلو شئت أعدت، قالت: حبًّا وكرامة، ثم أسندت ظهرها إلى جدار وانبعثت تغنيه، فما دار لي منه حرفٌ فقلت لها: لو تفضلت مرة أخرى، فارتدت إلى الوراء وقالت: أليس عجيب أن أحدكم يجيء إلى الجارية عليها الضريبة فيشغلها، فضربت يدي إلى الدراهم الثلاثة فدفعتها إليها فأخذتها وقالت: تريد مني صوتًا أحسبك تأخذ به ألف دينار وألف دينار وألف دينار ثم غنت ففهمته، ثم سافرت إلى بغداد فآل الأمر إلى أن غنيت الرشيد بهذا الصوت فرمى لي بثلاثة أكياس، فتبسمت فقال: مم تبسمت؟ فأخبرته خبر الجارية فعجب من إصابتها.

هارون الرشيد والعباس بن الأحنف

قال هارون الرشيد في الليل بيتًا وأراد أن يشفعه بآخر فامتنع القول عليه فقال: علي بالعباس بن الأحنف، فلما طرق ذعر وخاف أهله، فلما وقف بين يدي الرشيد قال: وجهت إليك لبيت قلته ورمت أن أشفعه فامتنع القول علي، فقال: يا أمير المؤمنين دعني حتى ترجع نفسي إلي فإني قد تركت عيالي على حال من القلق عظيم ونالني من الخوف ما يتجاوز الحد والوصف فانتظر هنيهة ثم أنشد الرشيد:

حناقٌ قد رأيناها
لم نرَ مثلها بشرَا

فقال العباس:

يزيدك وجهها حسنًا
إذا ما زدتها نظرَا

فقال الرشيد زدني فقال:

إذا ما الليل مال علي
ك بالإظلام واعتكرَا
ودج فلم ترَ قمرًا
فأبرزها ترى قمرَا

فقال الرشيد: قد أزعجناك وأفزعناك وأقل الواجب أن نعطيك ديتك، فأمر له بعشرة آلاف درهم وصرفه.

الرشيد ويحيى البرمكي

كان يحيى يساير الرشيد يومًا فقام رجل فقال: يا أمير المؤمنين، عطبت دابتي، فقال: يعطى خمسمائة درهم، فغمزه يحيى، فلما نزل قال: يا يحيى أومأت إلي بشيءٍ حينما أمرت بالدراهم فما هو؟ فقال: مثلك لا يجري هذا المقدار على لسانه إنما يذكر مثلك خمسة آلاف ألف، عشرة آلاف ألف، قال: فإذا سُئلت مثل هذا كيف أقول؟ فقال: تقول يشترى له دابة يفعل به فعل نظرائه.

الرشيد وهيلانة وابن الأحنف

كان الرشيد شديد الحب لهيلانة وكانت ليحيى بن خالد فاستوهبها منه حتى غلبت على قلبه، فأقامت عنده ثلاث سنين ثم ماتت، فوجد عليها وجدًا شديدًا وأمر العباس بن الأحنف أن يرثيها، فقال فيها:

يا من تباشرت القلوب بموتها
قصد الزمان مضرتي فرماك
أبغي الأنيس فلا أرى لي مؤنسًا
إلا التردد حيث كنت أراك
ملكٌ بكاك وطال بعدك حزنه
لو يستطيع بملكه لفداك
يحمي الفؤاد عن النساء حفيظة
كي لا يحل حمى الفؤاد سواك

فأمر له بأربعين ألف درهم لكل بيت عشرة آلاف درهم، وقال: لو زدت لزدناك.

الرشيد وبركة زلزل

وعمل ببغداد بركة للسبيل وكان يُضرب بها المثل وأنشد نفطويه يصفها:

لو أن زهيرًا وامرأ القيس أبصرا
ملاحة ما تحويه بركة زلزل
لما وصفا سلمى ولا أم سالم
ولا أكثرا ذكر الدخول فحومل

هارون الرشيد والكسائي

قال الكسائي: حضرت عند الرشيد فأخرج إلي محمد الأمين وعبد الله المأمون كأنهما بدران فقال لي: كيف تراهما؟ فقلت:

أرى قمرَي أفق وفرعَي كرامة
بزينهما عرق كريمٌ ومحتدُ
سليلي أمير المؤمنين وحارزي
مواريث ما أبقى النبي محمدُ
يسدان أنفاق النفاق بهمة
يؤيدها حزم ورأي وسؤددُ
حياةٌ وخصب للمولى ورحمة
وحرب لأعداء وسيف مهندُ

ثم قلت: فرع زكي أصله وطاب غرسه وتمكنت فروعه وعذبت مشاربه أداهما ملك أغرٌّ نافذ الأمر واسع العلم عظيم الحلم، أعلاهما فعلوا، سما بهما فسموا، فهما يتطاولان بطوله ويستضيئان بنوره وينطقان ببيانه، فأمتع الله أمير المؤمنين بهما وبلغه الأمل فيهما.

الأمين والمأمون

الأمين مع جعفر بن موسى

حكي أن جعفر بن موسى الهادي كانت له جارية عوادة اسمها البدر الكبير، ولم يكن في زمانها أحسن منها وجهًا ولا أعدل قدًا ولا ألطف معنًى ولا أعرف بصناعة الغناء وضرب الأوتار، وكانت في غاية الجمال، ونهاية الظرف والكمال، فسمع بخبرها محمد الأمين بن زبيدة والتمس من جعفر أن يبيعها له، فقال له جعفر: أنت تعلم أنه لا يليق بمثلي بيع الجواري والمساومة على السراري، ولولا أنها تربية داري لأرسلتها هدية إليك ولم أبخل بها عليك، ثم إن محمدًا الأمين بن زبيدة توجه يومًا لقصد الطرب إلى دار جعفر فأحضر له ما يحسن حضوره بين الأحباب، وأمر جاريته البدر الكبير أن تغني له وتطربه، فأصلحت الآلات وغنت بأطيب النغمات، فأخذ محمد الأمين بن زبيدة في الشراب والطرب وأمر السقائين أن يكثروا الشراب على جعفر حتى يسكروه، ثم أخذ الجارية معه وانصرف إلى داره.

فلما أصبح الصباح أمر باستدعاء جعفر، فلما حضر قدم بين يديه الشراب وأمر الجارية أن تغني له من داخل الستارة، فسمع جعفر صوتها فعرفها فاغتاظ لذلك ولكنه لم يُظهر غيظًا لشرف نفسه وعلو همته، ولم يبدِ تغيرًا في منادمته، فلما انقضى مجلس الشراب أمر محمد الأمين بن زبيدة بعض أتباعه أن يملأ الزورق الذي ركب فيه جعفر إليه من الدراهم والدنانير وأصناف الجواهر واليواقيت والثياب الفاخرة والأموال الباهرة، ففعل ما أمر به حتى إنه وضع في الزورق ألف بدرة وألف درة قيمة الدرة عشرون ألف درهم، ولم يزل يضع فيه أصناف التحف حتى استغاث الملاحون وقالوا: ما يقدر الزورق أن يحمل شيئًا آخر وأمر بحمله إلى دار جعفر.

أبو النواس والأمين

قال أبو النواس يمدح الأمين ويذكر فضل البرامكة:

يا دار ما صنعت بك الأيام
لم يبقَ فيك بشارةٌ تمتامُ
عدم الزمان على الذين عهدتهم
بك قاطنين وللزمان عرامِ
أيام لا أخشى لزينب منزلًا
إلا مخالسةً عليَّ لمام
ولقد نهزت مع الرواة بدراهم
وأسمت سرح اللهو حيث أساموا
وبلغت ما بلغ امرؤ بشبابه

فإذا غضارة كل ذاك أثام
وإذا المطيُّ بنا بلغن محمدًا
فظهورهن على الرجال حرام
قربتنا من خير من وطئ الثرى
فلها علينا حرمة وذمام
رُفع الحجاب لنا فبان لناظرٍ
قمرٌ تقطع دونه الأوهامُ
ملك أغر إذا نظرت بوجهه
لم يروِك التبجيل والإعظام

أبو النواس والأمين وسليمان بن المنصور

حصلت عداوة بين أبي النواس وسليمان بن المنصور فأمر الأمين بحبس أبي النواس، فلما طال حبسه كتب إليه بهذه الأبيات:

تذكر أمين الله والعهد يذكر
مقالي وإنشاديك والناس حضَّرُ
ونثري عليك الدرّ يا درَّ هاشم
فيا من رأى درًا على الدر ينثر
أبوك الذي لم تملك الأرض مثله
وعمك موسى عدله المتخير
ومن مثل منصور بن منصور هاشم
ومنصور قحطان إذا عد مفخر
وجدك مهدي الهدى وشقيقه
أبو أمك الأدنى أبو الفضل جعفر
فمن ذا الذي يرمي بسهميك في العلا
وعبد مناف والداك وحمير
تحسنت الدنيا بحسن خليفة
وهو الصبح إلا أنه الدهر مسفر
يشبُّ إليه الجود من وجناته
وينظر من أعطافه حين ينظر
مضت لي شهور مذ حُبست ثلاثة
كأني قد أذنبت ما ليس يغفر
فإن أكُ لم أذنب ففيم عقوبتي
وإن كنت ذا ذنب فعفوك أكبر

فلما قرأ محمد الأبيات قال: أخرجوه وأجزوه ولو غضب أولاد المنصور كلهم.

النضر والمأمون

قال النضر: دخلت ليلةً على المأمون للمسامرة بمرو وعلي قميصٌ مرقوع، فقال: يا نضر ما هذا القشف؟ قلت: يا أمير المؤمنين أنا رجل كبير ضعيف وحرّ مرو شديد أتبدل بهذه الثياب الخليقة، قال: لا ولكنه تَنسُّك، ثم تجاوبا في الحديث فقال المأمون: حدثني هشيم عن النبي ﷺ قال: «إذا تزوج الرجل المرأة لدينها وجمالها كان فيها سَدَاد عن عون»، قلت: صدق فوك عن هشيم يا أمير المؤمنين، حدثني عوف بن أبي جميلة الأعرابي عن النبي ﷺ قال: «إذا تزوج الرجل المرأة لدينها وجمالها كان فيها سِدَاد عن عون»، وكان المأمون متكئًا فانتصب وقال: كيف قلت يا نضر سِداد بكسر السين، فقلت: يا أمير المؤمنين السداد بفتح السين هنا لحن، قال: أو تلحنني يا نضر؟ قلت: لا يا أمير المؤمنين ولكن لحن هشيم وكان لحانًا، فتبع أمير المؤمنين لفظه وقد تتبع الفقهاء، فقال: ما الفرق بينهما، قلت: السَّداد القصد في الدين والسبيل، والسِّداد البلغة وكل شيء سددت به شيئًا هو سِداد، قال: أوتعرف العرب هذا؟ قلت: نعم هذا العربي يقول وهو من ولد عثمان بن عفان:

أضاعوني وأي فتًى أضاعوا
ليوم كريهة وسِداد ثغر

فأطرق المأمون مليًّا ثم قال: قبَّح الله من لا أدب له، ثم قال: أنشدني يا نضر أخلب بيت قاله العرب، فقلت: قول ابن بيض في الحكم بن مروان:

تقول لي والعيون هاجعة
أقم علينا يومًا فلم أقم
أي الوجوه انتجعت قلتَ لها
وأي وجه إلا إلى الحكم
متى يقل حاجبًا يرادفه
هذا ابن بيض بالباب يبتسم
قد كنت أسلمت فيك مقتبلًا
وها أنا ذا داخل فأعطني سلمي

فقال المأمون: لله درك، فكأنما فتح لك قلبي، أنشدني ألطف بيت للعرب، قلت: قول ابن أبي عروبة المديني:

إني وإن كان ابن عمي غائبًا
لمزاحمٌ من خلفه وورائه
ومعيده نصري ولو كان امرءًا
متزحزحًا في أمره وسمائه
وأكون والي أمره فأصونه
حتى يحق علي وقت أدائه

وإذا الحوادث أحجمت بسوائهم
قربت صحيحتنا إلى جربائه
وإذا دعي باسمي لأركب مركبًا
صعبًا ركبت له على سلمائه
وإذا ارتدى ثوبًا كريمًا لم أقل
يا ليت أن على فضل ردائه

فقال: أحسنت يا نضر، أنشدني أقنع بيت قالته العرب فأنشدته:

أني امروٌ لم أزل وذاك من
الله أديبًا أعلم الأدبا
أقسم بالله ما اطمئنت بي ال
دار وإن كنت نازحًا طربا
لا أجتوي حلمة الصديق ولا
أبغي لنفسي شيئًا إذا ذهبا
أطلب ما يطلب الكريم من ال
رزق بنفسي وأحمل الطلبا
وأجلب البرَّة الصفي ولا
أجهد أخلاف غيرها طلبا
إني رأيت الفتى الكريم إذا
رغَّبته في صنيعه رغبا
والعبد لا يطلب العلاءَ ولا
يعطيك شيئًا إلا إذا وهبا
مثل الحمار الموقع السوء لا
يحسن شيئًا إلَّا إذا ضربا
ولم أجد عروة الخلائق إل
لا الدين لما اختبرت والحسدا
لم يرزق الخافض المقيم ولا
شدَّ بعنس رحلًا ولا قتبا
ويحرم الرزق ذو المطية والر
راجل من لا يزال مغتربا

قال: أحسنت يا نضر فعندك ضدها؟ قلت: نعم أحسن منها، قال: هات، فأنشدته:

يد المعروف غنم حيث كانت
تحملها كفورٌ أو شكور

قال: أحسنت يا نضر، ما تملك؟ قلت: أريضة تمر وأنصابها، قال: أوَلا نزيدك مع ذلك مالا؟ فقلت: إني إليه لمحتاج، فأخذ قرطاسًا فكتب ولم أدر ما يكتب، ثم قال: كيف تقول من التراب إذا أمرت أن يترب؟ قلت: أتربه، قال من الطين؟ قلت: طنَه، قال: فهو ماذا؟ قلت: مترب ومطين، فقال: هذا أحسن من الأولى، ثم قال للغلام: أتربه وطنه — أي: هبه أرضًا وطينًا — ثم قام وصلى بنا العشاء فلما فرغ قال لخادمه: تسير معه إلى الفضل بن سهل، فلما وصلنا إليه وقرأ الورقة قال: يا نضر إن أمير المؤمنين قد أمر لك بخمسين ألف درهم فما كان السبب، فأفدته ولم أكذب، فقال: ولحنت أمير المؤمنين، قلت: لا، ولكن لحن هشيم وكان لحانًا، فتبع أمير المؤمنين لفظته وقد تتبع الفقهاء، فأمر لي الفضل من عنده بثلاثين ألف درهم أخرى فقبضت ثمانين ألفًا بكلمة استفادها.

المأمون وابن الأعرابي

قال المأمون لابن الأعرابي: أخبرني عن أحسن ما قيل في الشراب، فقال: يا أمير المؤمنين قوله:

تريك القذى من دونها وهي دونه
إذا ذاقها من ذاقها يتمطق

قال: أشعر منه الذي يقول يعني أبا نواس:

فتمشت في مفاصلهم
كتمشي البرء في السقم
فعلت في البيت إذ مزجت
مثل فعل الصبح في الظلم
فاهتدى ساري الظلام بها
كاهتداء السفر بالعلم

فقلت فائدة يا أمير المؤمنين، فقال: أخبرني عن قول هند بنت عتبة:

نحن بنات طارق
نمشي على النمارق

من طارق هذا؟ فنظرت في نسبها فلم أجده، فقلت: يا أمير المؤمنين لا أعرف طارقًا في نسبها، فقال: إنما أرادت النجم، فانتسبت إليه بحسنها من قوله تعالى: وَالسَّمَاءِ وَالطَّارِقِ (الطارق: ١) فقلت: فائدتان يا أمير المؤمنين، فقال: أنا لؤلؤ هذا الأمر وابن لؤلؤَة. ثم رمى إليَّ بعنبرة كان يقلبها في يده فبعتها بخمسة آلاف درهم.

المأمون ومحمد بن الجهم

قال محمد بن الجهم: دعاني المأمون فقال: أنشدني بيت مدح نادر فأنشدته:

يجود بالنفس إن ضنَّ الجواد بها
والجود بالنفس أقصى غاية الجود

فقال: قد وليتك همذان، فأنشدني بيت هجاء نادر فأنشدته:

قبحت مناظره فحين خبرته
حسنت مناظره بقبح المخبر

قال: قد وليتك الدينور، فأنشدني بيت مرثية نادرًا فأنشدته:

أرادوا ليضفوا قبره عن عدوه
فطيب تراب القبر دلَّ على القبر

فقال: قد وليتك نهاوند، فأنشدني بيت غزل نادرًا فأنشدته:

حبٌّ مجدٌّ وحبيبٌ يلعِبُ
والقلب ما بينهما معذَّب

تهنئة العباس للمأمون

ولما ولد جعفر بن المأمون هنئوه بصنوف التهاني، وكان فيمن دخل العباس بن الأحنف، فمثل قائمًا بين يديه ثم أنشأ يقول:

مد لك الله الحياة مدًّا
حتى ترا ابنك هذا جدًّا
ثم يفدًّا مثلما تفدًّا
كأنه أنت إذا تبدّا
أشبه منك قامة وقدًّا
مؤزَّرًا بمجده مردًّا

فأمر له بعشرة آلاف درهم.

كرم المأمون

قال القاضي يحيى بن أكثم: وقد رآه وقع في يوم واحد بثلاثمائة ألف دينار وعرض عليه من القصص ما يزيد عن الحد، فوقع في الجميع ولم يضجر، فقلت يا أمير المؤمنين:

كأنك في الكتاب وجدت لاءً
محرمة عليك فلا تحل
فما تدري إذا أعطيت مالًا
أيكثر من عطائك أم يقل

فقال له: يا قاضي إنما تطلب الدنيا لتملك فإذا ملكت فلتَهِب.

نوادر متفرقة في الكرم

الهادي وإسحاق الموصلي

ذكر إسحاق الموصلي أن الهادي قال له: أنشدني وأطربني بإنشادك ما شئت فأنشدته:

فيا حبها زدني جوًى كل ليلة
ويا سلوة الأيام موعدك الحشرُ
هجرتك حتى قيل: لا يعرف الهوى
وزرتك حتى قيل: ليس له صبرُ

فاستطابه وأمر أن أدخل بيت المال وآخذ منه ما أردت، فأخذت منه سبع بدر وانصرفت.

جعفر بن أبي طالب وأبو هريرة

قال أبو هريرة: ما وددت أمًّا تلدني غير أم جعفر بن أبي طالب، تبعته يومًا وأنا جائع فلما بلغ الباب التفت فرآني فقال لي: ادخل، فدخلت ففكر حينًا فما وجد في بيته شيئًا إلا وعاء فيه قليل من السمن، فأنزله من رف لهم، ففتحه بين أيدينا فجعلنا نلعق ما كان فيه من السمن وهو ينشد ويقول:

ما كلف الله نفسًا فوق طاقتها
ولا تجود يدٌ إلا بما تجد

سوار القاضي وعبد الله بن طاهر

دخل سوار القاضي على عبد الله بن طاهر — صاحب خراسان — فقال: أصلح الله الأمير وأنشد:

قوم أبوهم سنان حين تنسبهم
طابوا وطاب من الأولاد ما ولدوا
لو كان يقعد فوق الشمس من كرم
قوم بأولهم أو مجدهم قعدوا
جن إذا فزعوا إنس إذا أمنوا
مرزؤون بها ليل إذا قصدوا
محسودون على ما كان من نعم
لا ينزع الله منهم ما له حسدوا

كعب بن مامة الإيادي

أشهر ما جاد به أنه كان يومًا مع رفيقه السعدي وقد اشتد الظمأ فآثره على نفسه وأعطاه ما عنده من الماء، فنجا السعدي ومات كعب ضحية كرمه ومروءته، وفيه يقول حبيب الشاعر:

يجود بالنفس إذ ضن البخيل بها
والجود بالنفس أقصى غاية الجود

ولحبيب أيضًا يمدح كعبًا وحاتمًا الطائي

كعبٌ وحاتمٌ اللذان تقسما
خطط العلا من طارفٍ وتليد
هذا الذي خلف السحاب ومات ذا
في الجهد ميتة خضرم صنديد
إلا يكن فيها الشهيد فقومه
لا يسمحون به بألف شهيد

عبد الله بن العباس والحسين بن علي

حبس معاوية عن الحسين بن علي صلاته حتى ضاقت عليه حاله، فقيل: لو وجهت إلى ابن عمك عبيد الله فإنه قدم بنحو من ألف ألف درهم، فقال الحسين: وأين تقع ألف ألف من عبيد الله، وفوالله لهو أجود من الريح إذا عصفت وأسخى من البحر إذا ذخر، ثم وجه إليه مع رسوله بكتابٍ ذكر فيه حبس معاوية عنه صلاته وضيق حاله وأنه يحتاج إلى مائة ألف درهم، فلما قرأ عبيد الله كتابه وكان رقيق الفؤاد لين العطف انهملت عيناه، ثم قال: ويلك يا معاوية ما اجترحت يديك من الإثم حين أصبحت لين المهاد رفيع العماد والحسين يشكو ضيق الحال وكثرة العيال، ثم قال إلى قهرمانه: احمل إلى الحسين نصف ما أملكه من فضة وذهب وثياب ومواشٍ وأخبره أني شاطرته مالي فإن أقنعه ذلك وإلا فارجع واحمل إليه الشطر الآخر، فقال له القيم: فهذه المؤن التي عليك من أين تقوم بها؟ قال: إذا بلغنا دللتك على أمر يقيم حالك، فلما أتى الرسول برسالته إلى الحسين قال: إنا لله حملت والله على ابن عمي وما حسبته يجود علينا بهذا كله وأخذ المال جميعه.

عبيد الله بن العباس وأحد الأنصار

جاءه رجل من الأنصار فقال: يا ابن عم رسول الله، ولد لي في هذه الليلة مولود وإني سميته باسمك تبركًا مني به وإن أمه ماتت، فقال عبيد الله: بارك الله لك في الهبة وأجزل لك الأجر على المصيبة، ثم دعا بوكيله فقال: انطلق الساعة فاشتر للمولود جارية تحضنه، وادفع إليه مائتي دينار للنفقة على

تربيته، ثم قال للأنصاري: عد إلينا بعد أيام فإنك جئتنا وفي العيش يبس وفي المال قلة، قال الأنصاري: لو سبقت حاتمًا بيوم واحد ما ذكرته العرب أبدًا ولكنه سبقك فصرت له تاليًا.

سعيد بن العاص ومعاوية ومروان

كان معاوية بديلًا بينه وبين مروان بن الحكم في ولاية المدينة فكان مروان يعارضه، فلما دخل معاوية قال له: كيف تركت أبا عبد الملك أي مروان، قال: تركته منفذًا لأمرك مصلحًا لعملك، قال معاوية: إنه كصاحب الخبزة كُفي إنضاجها فأكلها، قال: كلّا يا أمير المؤمنين، إنه من قوم لا يأكلون إلا ما حصدوا ولا يحصدون إلّا ما زرعوا، قال: فما الذي باعد بينك وبينه، قال: خفته على شرفي وخافني على مثله، قال: فأي شيء كان له عندك؟ قال: أسوؤه حاضرًا وأسره غائبًا، قال: يا أبا عواد، تركتنا في هذه الحروب، قال: حملت الثقل وكفيت الحزم، قال: فما أبطأك، قال: غناؤك أبطأني عنك، وكنت قريبًا لو دعوت لأجبناك ولو أمرت لأطعناك، قال: ذلك ظننا بك، فأقبل معاوية على أهل الشام، فقال: يا أهل الشام هؤلاء قومي وهذا كلامهم، ثم قال: أخبرني عن مالِك فقد نبئت أنك تتحرى فيه، قال يا أمير المؤمنين لنا مال يخرج لنا منه فضل، فإذا كان ما خرج قليلًا أنفقناه على قلته، وإن كان كثيرًا فكذلك غير أنَّا لا ندخر منه شيئًا عن معسر ولا طالبٍ ولا محتاج ولا نأثر عليه شيئًا من المآكل اللذيذة والمناظر البهيجة، قال: فكم يدوم لك هذا؟ قال: من السنة نصفها، قال: فما تصنع في باقيها؟ قال: نجد من يسلفنا ويسارع في معاملتنا، قال: ما أحد أحوج أن يصلح من شأنه منك، قال: إن شأننا لصالح يا أمير المؤمنين ولو زدت في مالي مثله ما كنت إلا بمثل هذا الحال، فأمر له معاوية بخمسين ألف درهم وقال: اشتر بها ضيعة تعينك على مروّتك، فقال: بل أشتري بها حمدً وذكرًا باقيًا أطعم بها، وأفك بها العاني، وأواسي بها الصديق وأصلح بها حال الجار، فلم تأتِ عليه ثلاثة أشهر وعنده منها درهم، فقال معاوية: ما فضيلة بعد الإيمان بالله هي أرفع في الذكر ولا أنبه في الشرف من الجود، وحسبك أن الله تعالى جعل الجود آخر صفاته.

عبيد الله بن معمر وأحد أهالي البصرة

من جوده أن رجلًا أتاه من أهل البصرة مع جارية له نفيسة، قد استأدبها بأنواع الأدب حتى برعت وفاقت في جميع الصفات الحميدة، ثم إن الدهر قعد بسيدها ومال عليه، وقدم عبيد الله بن معمر البصرة من بعض وجوهه، فقالت لسيدها: إني أريد أن أذكر لك شيئًا وأخشى أن يكون فيه بعض الجفاء غير أنه يسهل ذلك عليَّ ما أرى من ضيق حالك وقلة مالك وزوال نعمتك، وما أخافه عليك من الاحتياج وضيق الحال، وهذا عبيد الله بن معمر قدم وقد علمت شرفه وقدرته وسعة كفه وجود نفسه، فلو أذنت لي فأصلحت من شأني ثم تقدمت بي إليه وعرضتني عليه هدية رجوت أن يأتيك من مكافأته ما يقلك الله به وينهضك إن شاء الله، قال: فبكى وجدًا عليها وجزعًا لفراقها ثم قال لها: لولا ما نطقت بهذا ما ابتدأتك به أبدًا، ثم نهض بها حتى أوقفها بين يدي عبيد الله، فقال: أعزك الله هذه جارية ربيتها ورضيت بها لك فاقبلها مني هدية، فقال: مثلي لا يستهدى لمثلك، فهل لك في بيعها، فأجزل لك الثمن عليها حتى ترضى؟ قال: الذي تراه، قال: يقنعك مني عشر بدر في كل بدرة عشرة آلاف درهم، قال: والله يا سيدي ما امتد أملي إلى عشر ما ذكرت ولكن هذا فضلك المعروف وجودك

المشهور، فأمر عبيد الله بإخراج المال حتى صار بين يدي الرجل وقبضه، وقال للجارية: ادخلي الحجاب، فقال سيدها: أعزك الله لو أذنت لي في وداعها قال: نعم، فوقفت وقام وقال لها وعيناه تدمعان:

أبوح بحزن من فراقك موجع
أقاسي به ليلًا يطيل تفكري
ولولا قعود الدهر بي عنك لم يكن
يفرقنا شيء سوى الموت فاعذري
عليك سلام لا زيادة بيننا
ولا وصل إلا أن يشاء ابن معمر

قال عبيد الله بن معمر: قد شئت ذلك فخذ جاريتك وبارك الله لك في المال، فذهب بجاريته وماله فعاد غنيًّا.

يزيد بن المهلب وأحد بني ضبة

قدم علَى يزيد بن المهلب قومٌ من قضاعة من بني ضبة فقال رجل منهم:

والله ما ندري إذا ما فاتنا
طلبٌ إليك من الذي نتطلب
ولقد ضربنا في البلاد لم نجد
أحدًا سواك إلى المكارم ينسب
فاصبر لعادتنا التي عودتنا
أو لا فأرشدنا إلى من نذهب

فأمر له بألف دينار. فلما كان في العام المقبل وفد عليه فقال:

ما لي أرى أبوابهم مهجورة
وكأنَّ بابك مجمع الأسواق
حابوك أم هابوك أم شاموا الندى
بيديك فاجتمعوا من الآفاق
إني رأيتك للمكارم عاشقًا
والمكرمات قليلة العشاق

فأمر له بعشرة آلاف درهم.

ابن طوق وأحد الشعراء

عرض رجلَ لابن طوق وقد خرج في طلب النزهة، فناوله رقعة فيها جميع حاجته ومصدرة بهذا البيت:

جعلتك دنياي فإن أنت جدت لي
بخير وإلّا فالسلام على الدنيا

فقال: والله لأصدقن ظنك، فأعطاه حتى أغناه.

عبد الله بن طاهر ودعبل الشاعر

عرض دعبل بن علي الشاعر لعبد الله بن طاهر الخراساني وهو راكبٌ في حراقة له في دجلة فأشار إليه برقعة، فأمر بأخذها فإذا فيها:

عجبت لحراقة بن الحسي
ن كيف تسير ولا تغرق
ومجران من تحتها واحدٌ
وآخر من فوقها مطبق
وأعجب من ذاك عيدانها
إذا مسها كيف لا تورق

فأمر له بخمسة آلاف درهم وجارية وفرس.

وخرج عبد الله بن طاهر فتلقاه دعبل برقعة فيها هذه الأبيات:

طلعت قناتك بالسعادة فوقها
معقودة بلواء ملك مقبل
تهتز فوق طريدتين كأنما
تهنو بناقلها جناحًا أجدل
ربح البخيل على احتيال عرضه
بندى يديك ووجهك المتهلل
لو كان يعلم أن نيلك عاجل
ما فاض منه جدول في جدول

فأمر له بخمسة آلاف.

هشام ونصيب بن رياح

دخل نصيب بن رياح على هشام فأنشده:

إذا استبق الناس العلا سبقتهم
يمينك عفوًا ثم حلت شمالك

فقال هشام: بلغت غاية المدح فسلني، فقال: يا أمير المؤمنين، يداك بالعطية أطلق من لساني بالمسألة، قال: لا بد أن تفعل، قال: لي ابنة نفضت عليها من سوادي فكسدها فلو أسعفها أمير المؤمنين بشيء يجعله لها، قال: فأقطعها أرضًا، وأمر لها بحليٍّ وكسوةٍ فنفقت السوداء.

ليلى الأخيلية والحجاج

دخلت ليلى الأخيلية على الحجاج فأنشدته:

إذا ورد الحجاج أرضًا مريضة
تتبع أقصى دائها فشفاها
شفاها من الداء العضال الذي بها
غلام إذا هز القناة سقاها

فقال لها: لا تقولي غلام ولكن قولي همام، ثم قال: أي النساء أحب إليك لأنزلك عندها، قالت: ومن نساؤك أيها الأمير، قال: أم الجلاس ابنة سعيد بن العاص الأموية وهند ابنة إسماعيل بن خارجة الفزارية وهند ابنة المهلب بن أبي جفرة العتكية، قالت: الحيثية أحب إليَّ، فلما كان من الغد دخلت عليه، قال: يا غلام أعطها خمسمائة، قالت: أيها الأمير أحسبها إبلًا، قال قائل: إنما أمر لك بشاءٍ، قالت: الأمير أكرم من ذلك، قال: اجعلوها إبلًا ولا تخيبوا ظنها بنا.

الحسن بن سهل وعلي بن جبلة

قال الحسن بن رجاء الكاتب: قدم علينا علي بن جبلة إلى عسكر الحسن بن سهل والمأمون هناك عند خديجة ابنة الحسن بن سهل ونحن إذ ذاك نجري على نيف وسبعين ألف ملاح، ونحن في غاية من الانهماك فنزل بي فقلت له: قد كثر شغل الأمير، فقال: ألا تخبرنه بقدومي، قلت: أجل، فدخلت على الحسن بن سهل في وقت ظهوره فأعلمته مكانه قال: ألا ترى ما نحن فيه؟ قلت: لست بمشغول عن الأمر، فقال: يعطى عشرة آلاف إلى أن نتفرغ له، فأعلمت علي بن جبلة فقال لي كلمة له:

أعطيتني يا وليَّ الحق مبتدءا
عطية كافأت حمدي ولم ترني
ما شمت برقك حتى نلت ريقه
كأنما كنت بالجدوى تبادرني

المعتصم وأبو تمام

دخل أبو تمام الطائي على المعتصم بعد فتوحه عمورية والفوز على محاربيه فامتدحه بقصيدة بليغة أولها:

السيف أصدق أنباءً من الكتب
في حدّه الحدُّ بين الجد واللعب
بيض الصفائح لا سود الصحائف في
متونهنَّ جلاء الشك والريب
والسلم في شهب الأرماح لامعةٌ
بين الخميسين لا في السبعة الشهب

وهي قصيدة طويلة عددها ثلاثة وسبعون بيتًا، فأعطاه جائزة عليها ثلاثة وسبعين ألف دينار على كل بيتٍ ألف دينار.

امتداح أبي البختري على كرمه

كان وهب بن منبه أبو البختري كثير العطاء أليف الندى وفيه قال الشاعر:

فهلَّا فعلت وقاك المليك
فينا فعال أبي البختري
تتبع إخوانه في البلاد
فأغنى المقلّ على المكثر

كثيِّر وعمر بن عبد العزيز

دخل كثيِّر على عمر بن عبد العزيز، فاستأذن في الإنشاد، فقال: قل ولا تقل إلا حقًّا فقال:

وَليتَ فلم تشتم عليًا ولم تخف
بريًّا ولم تقبل إشارة مجرم
وصدقت بالفعل المقال مع الذي
أتيت فأمسى راضيًا كل مسلم
وقد لبست لبس الملوك ثيابها
ولاحت لك الدنيا بوجه ومعصم
وتومض أحيانًا بعين مريضة
وتبسم عن مثل الجمان المنظم
فأعرضت عنها مشمئزًا كأنما

سقتك شرابًا من سمام وعلقم
وقد كنت في أجبالها في ممنع
وفي بحرها من مزبد الموج مفعم
فلما أتاك الله غصبًا ولم يكن
لطالب دنيا بعدها من تكلم
تركت الذي يغني وإن كان مونقًا
وأكثرت ما يبقي برأي مصمم
فما لك همٌّ في الفؤاد مورقٌ
بلغت به أعلى البناء المقدم
فما بين شرق الأرض والغرب لم يكن
منادٍ ينادي من فصيح وأعجم
يقول أمير المؤمنين ظلمتني
بأخذٍ لدينارٍ أو بأخذ لدرهم
ولا بسط كفٍّ بامرئ غير مجرم
ولا السفك منه ظالمًا ملء محجم
فاربح بها من صفقة لمبايع
وأعظم بها أعظم بها ثم أعظم

فقال له: يا كثير، إنك تسئل عما قلته، ثم أجازه بأثمن العطايا.

مروان الشاعر والمتوكل

أمر المتوكل لمروان بن أبي الحبوب الشاعر بمائة وعشرين ألفًا وخمسين ثوبًا ورواحل كثيرة، فقال أبياتًا في شكره فلما بلغ قوله:

فأمسك ندى كفيك عني ولا تزد
فقد خفت أن أطغى وأن أتجبرا

فقال: والله لا أمسك حتى أغرقك بجودي وأمر له بضياعٍ تقوَّم بألف ألف.

يزيد بن المهلب والحلاق

حج يزيد بن المهلب فطلب حلاقًا يحلق رأسه، فجاؤوه بحلاق فحلق رأسه، فأمر له بخمسة آلاف درهم، فدُهش الحلاق وقال: آخذ هذه الخمسة آلاف وأمضي إلى أم فلان أخبرها أني قد استغنيت، فقال: أعطوه خمسة آلاف أخرى، فقال: امرأتي طالق إن حلقت رأس أحد بعدك، وصادف أن الحجاج أمر بسجن يزيد على خراج وجب عليه مقداره مائة ألف درهم، فجمعت له وهو في السجن، فجاءه الفرزدق يزوره فقال للحاجب: استأذن لي عليه.

فقال: إنه في مكان لا يمكن الدخول عليه فيه، فقال الفرزدق: إنما أتيت متوجعًا لما هو فيه ولم آتِ ممتدحًا، فأذن فلما أبصره قال:

أبا خالد ضاقت خراسان بعدكم
وقال ذوو الحاجات أين يزيد
فما قطرت بالشوق بعدك قطرة
ولا اخضرَّ بالمردين بعدك عود
وما لسرور بعد عزك بهجة
وما لجواد بعد جودك جود

فقال يزيد للحاجب: ادفع إليه المائة ألف درهم التي جمعت لنا، ودع الحجاج ولحمي يفعل فيه ما يشاء، فقال الحاجب للفرزدق هذا الذي خشيته حين منعتك من الدخول عليه، ثم دفعها إليه فأخذها وانصرف.

يزيد بن المهلب والعجوز

مر يزيد بن المهلب بعد خروجه من السجن بعجوز أعرابية فذبحت له عنزًا، فقال لابنه: ما معك من النفقة؟ قال: مائة دينار، قال: ادفعها إليها، فقال: هذه يرضيها اليسير وهي لا تعرفك، قال: إن كان يرضيها اليسير فأنا لا أرضى إلا بالكثير، وإن كانت لا تعرفني فأنا أعرف نفسي.

أبو جعفر وأزهر الشاعر

وفد أزهر الشاعر على أبي جعفر فقال له: ما حاجتك، قال جئتك طالبًا، فأمر له باثني عشر ألف درهم وقال: لا تأتنا بعد طالبًا، فأخذها وانصرف، ولما كان بعد سنة أتاه، فقال له أبو جعفر: ما حاجتك يا أزهر، قال: جئت مسلِّما فقال: لا والله بل جئت طالبًا، وقد أمرنا لك باثني عشر ألفًا فلا تأتنا طالبًا ولا مسلِّما، فأخذها ومضى ولما كان بعد سنة أتاه فقال: ما حاجتك يا أزهر قال: أتيت عائدًا، فقال: لا والله بل جئت طالبًا، وقد أمرنا لك باثني عشر ألفًا فاذهب ولا تأتنا بعد طالبًا ولا مسلِّما ولا عائدًا، فأخذها وانصرف، فلما مضت السنة أقبل، فقال له: ما حاجتك يا أزهر، قال: يا أمير المؤمنين دعاء كنت أسمعك تدعو به جئت لأكتبه فضحك أبو جعفر وقال: الدعاء الذي تطلبه غير مستجاب فإني دعوت الله به أن لا أراك فلم يستجب لي، وقد أمرنا لك باثني عشر ألفا. وتعالَ إذا شئت فقد أعيتنا الحيلة فيك.

السائل وعبيد الله

من جود عبيد الله بن عباس أنه أتاه سائل وهو لا يعرفه فقال له: صدِّق، فإني نبئت أن عبيد الله بن عباس أعطى سائلًا ألف درهم فاعتذر إليه، فقال له: وأين أنا من عبيد الله، قال: أين أنت منه في

الحسب أم في كثرة المال، قال فيهما، قال: أما الحسب في رجل فمروءته وفعله وإذا شئت فعلت وكنت حسيبًا، فأعطاه ألفي درهم واعتذر إليه من ضيق الحال، فقال له السائل: إن لم تكن عبيد الله بن عباس فأنت خير منه، وإن كنت هو فأنت اليوم خيرٌ منك أمس، فأعطاه ألفًا أخرى، فقال السائل: هذه هزة كريم حسيب، والله لقد جذبت قلبي بكريم الخصال التي قلما توجد في سواك من الرجال.

•••

قال أحمد بن مطير: أنشدت عبد الله بن طاهر أبياتًا كنت مدحت فيها بعض الولاة وهي:

له يوم بؤسٍ فيه للناس أبؤُسٌ
ويوم نعيم فيه للناس أنعمُ
فيقطر يوم الجود من كفه الندى
ويقطر يوم البؤس من كفه الدم
فلو أن يوم البؤس لم يثن كفه
عن الناس لم يصبح على الأرض مجرم
ولو أن يوم الجود فرغ كفه
لبذل الندى ما كان بالأرض معدم

فقال لي عبد الله: كم أعطاك؟ قلت: خمسة آلاف، قال: فقبلتها، قلت: نعم، قال لي: أخطأت؛ فما ثمن هذه إلا مائة ألف.

العتبي وعمه

قال العتبي: سمعت عمي ينشد لأبي عباس الزبيري:

وكل خليفة وولي عهد
لكم يا آل مروان الفداء
إمارتكم شفاء حيث كانت
وبعض إمارة الأقوام داء
فأنتم تحسنون إذا ملكتم
وبعض القوم إن ملكوا أساؤوا
هم أرضٌ لأرجلكم وأنتم
لأيديكم وأرجلهم سماء

فقلت له: كم أعطى عليها؟ قال: عشرين ألفًا.

خزيمة وعكرمة الفياض

كان في أيام خلافة سليمان بن عبد الملك رجل يقال له خزيمة بن بشر من بني أسد مشهورٌ بالمروءة والكرم والمواساة، وكانت نعمته وافرة، فلم يزل على تلك الحالة من الكرم حتى احتاج إلى إخوانه الذين كان يؤاسيهم ويتفضل عليهم، فآسوه حينًا ثم ملوه، فلما لاح منهم ذلك أتى امرأته وقال لها: يا ابنة العم رأيت من إخواني غير ما عهدته فيهم وقد عزمت على لزوم بيتي إلى أن يأتيني الموت، ثم إنه أغلق بابه وأقام يتقوت بما عنده حتى نفد جميعه وبقي حائرًا في أمره، وكان يومئذ عكرمة الفياض واليًا على الجزيرة. فبينما هو جالس في ديوانه وعنده جماعة من أهل البلد من معارفه إذ جرى ذكر خزيمة بن بشر، فسألهم عكرمة عن حاله فقالوا له: إنه في أشقى حالٍ من الفقر وقد أغلق بابه ولزم بيته، فقال عكرمة الفياض: أفما وجد خزيمة بن بشر مواسيًا أو مكافيًا، فقالوا له: لا، فأمسك عكرمة عن ذلك، وكان بمنزلة عظيمة من الكرم وسمّي الفياض لزيادة كرمه وجوده، فانتظر إلى الليل وعمد إلى أربعة آلاف دينار جعلها في كيس ثم ركب دابته وخرج سرًا من عند أهله لا يصحبه إلا غلام واحد يحمل المال، فلم يزل سائرًا حتى وصل إلى باب خزيمة، فنزل عن دابته إلى ناحية وأمسكها لغلامه وأخذ منه الكيس وأتى به وحده إلى الباب وقرعه، فخرج خزيمة فقال له عكرمة وقد أنكر صوته: خذ هذا أصلح به شأنك، فتناوله خزيمة فرآه ثقيلًا فوضعه وقبض على ذيل عكرمة وقال له: أخبرني من أنت جعلت فداك؟ فقال له عكرمة: ما جئتك في مثل هذا الوقت وأريد أن تعرفني، فقال له خزيمة: والله لا أقبله ما لم تخبرني من أنت، فقال له عكرمة: أنا جابر عثرات الكرام، فقال خزيمة: زدني إيضاحًا، فقال له عكرمة: لا والله، وانصرف، فدخل خزيمة بالكيس إلى امرأته وقال له: أبشري فقد أتى الله بالفرج فقومي أسرجي، فقالت: لا سبيل إلى السراج لأنه ليس لنا زيت، فبات خزيمة يلمس الكيس فيجد خشونة الدنانير، ولما رجع عكرمة إلى منزله سألته امرأته فيمَ خرج بعد هدأة من الليل منفردًا، فأجابها: ما كنت لأخرج في وقت كذا وأريد أن يعلم أحد بما خرجت إليه إلا الله فقط، فقالت له: لا بد لي أن أعلم ذلك، وصاحت وناحت وألحت عليه بالطلب، فلما رأى أنه ليس له بدٌّ قال لها: أخبرك بالأمر فاكتميه إذًا، قالت له: قل ولا تبال بذلك، فأخبرها بالقصة على وجهها، أما ما كان من خزيمة فإنه لما أصبح صالح غرماءه وأصلح شأنه وتجهز للسفر يريد الخليفة سليمان بن عبد الملك، فدخل الحاجب وأخبر سليمان بوصول خزيمة بن بشر، وكان سليمان يعرفه جيدًا بالمروءة والكرم فأذن له، فلما دخل خزيمة وسلم عليه بالخلافة قال له سليمان: يا خزيمة ما أبطأك عنا، قال: سوء الحال يا أمير المؤمنين، قال: فما منعك النهضة إلينا، قال خزيمة: ضعفي يا أمير المؤمنين وقلة ما بيدي، قال: فكم أنهضك الآن، قال خزيمة: لم أشعر يا أمير المؤمنين بعد هدأة من الليل إلّا والباب يطرق فخرجت فرأيت شخصًا وكان منه كيت وكيت، وأخبره بقصته من أولها إلى آخرها، فقال له: أما عرفته، فقال خزيمة: ما سمعت منه يا أمير المؤمنين إلّا حين سألته عن اسمه قال: أنا جابر عثرات الكرام، فتلهف سليمان بن عبد الملك على معرفته وقال: لو عرفناه لكافأناه على مروءته، ثم قال: علي بالكاتب فحضر إليه، فكتب لخزيمة الولاية على الجزيرة وجميع عمل عكرمة وأجزل له العطاء وأحسن ضيافته، وأمره بالتوجه من وقته إلى الولاية فقبل الأرض خزيمة وتوجه من ساعته إلى الجزيرة، فلما قرب منها خرج عكرمة وكان قد بلغه عزله وأقبل لملاقاة خزيمة مع جميع أعيان البلد، وسلموا عليه وساروا جميعا إلى أن دخلوا به البلد، فنزل خزيمة في دار الإمارة وأمر أن يؤخذ عكرمة ويحاسب، فحوسب ففضل عليه مال كثير فطلبه جزية منه، فقال له عكرمة: والله ما إلى درهم منه سبيل ولا عندي منه دينارًا، فأمر خزيمة بحبسه وأرسل يطالبه بالمال، فأرسل عكرمة يقول له: إني لست ممن يصون ماله بعرضه فاصنع ما شئت، فأمر خزيمة بقيده وضربه، فكبل بالحديد وضرب وضيق عليه، فأقام كذلك شهرًا فأضناه ذلك وأضر به،

فبلغ امرأته ضره فجزعت لذلك واغتمت غمًّا شديدًا، فدعت جارية لها ذات عقل وقالت لها: اذهبي الساعة إلى باب خزيمة وقولي للحاجب: إن عندي نصيحة للأمير فإذا طلبها منك فقولي: لا أقولها إلا للأمير خزيمة، فإذا دخلت عليه فسليه الخلوة فإذا فعل فقولي له: ما كان هكذا جزاء جابر عثرات الكرام منك بمكافأتك له بالضيق والحبس والحديد ثم بالضرب، ففعلت جاريتها ذلك، فلما سمع خزيمة قولها قال: واسوأتاه جابر عثرات الكرام غريمي، قالت: نعم، فأمر لوقته بدابته فأسرجت وركب إلى وجوه أهل البلد فجمعهم وسار بهم إلى باب الحبس متغيرًا وقد أضناه الضر، فلما نظر عكرمة إلى خزيمة ووجوه أهل البلد أحشمه ذلك فنكس رأسه، فأقبل خزيمة وأكب على رأسه فقبله، فرفع عكرمة رأسه وقال: ما أعقب هذا منك، قال خزيمة: كريم فعالك بسوء مكافأتي، فقال له عكرمة: يغفر الله لنا ولك، ثم إن خزيمة أمر بقيوده أن تفك وأن توضع في رجليه نفسه، فقال له عكرمة: ما مرادك بذلك، قال مرادي أن ينالني من الضر ما نالك، فقال له عكرمة: أقسم عليك بالله أن لا تفعل، وبعد ذلك خرجا جميعًا وجاء إلى دار خزيمة فودعه عكرمة وأراد الانصراف فلم يمَكِّنه من ذلك، ثم أمر خزيمة بالحمام فأخلي ودخلا جميعًا، وقام خزيمة نفسه فتولى خدمة عكرمة، ثم خرج فخلع عليه وحمل إليه مالًا كثيرًا وسأله أن يسير معه إلى أمير المؤمنين سليمان بن عبد الملك، وكان يومئذ في الرحلة، فسار معه حتى قدما على سليمان، فدخل الحاجب وأخبره بقدوم خزيمة بن بشر، فراعه ذلك وقال في نفسه: والي الجزيرة يقدم علينا بدون أمرنا مع قرب العهد به، ما هذا إلا لحادث عظيم، فلما دخل عليه قال: ما وراءك يا خزيمة؟ قال: خير يا أمير المؤمنين، قال: فما أقدمك، قال: يا أمير المؤمنين إني ظفرت بجابر عثرات الكرام فأحببت أن أسرك لما رأيت من شوقك إلى رؤيته، قال: ومن هو؟ قال: عكرمة الفياض، فأذن له في الدخول فدخل وسلم عليه بالخلافة، فرحب به وأدناه من مجلسه وقال له: اكتب حوائجك وما تختاره في رقعة، فكتبها فقضيت على أتم وجه، ثم أمر له بعشرة آلاف دينار وأضاف له شيئًا كثيرًا من التحف والظرف وولاه على الجزيرة وإرمينية وما جاورهما، وقال له: أمر خزيمة بيدك إن شئت عزلته، قال: بل رده إلى عمله مكرمًا يا أمير المؤمنين، ثم إنهما انصرفا جميعًا ولم يزالا عاملين لسليمان مدة خلافته.

المرأة الكريمة

بينما كان عبد الله بن عباس قادمًا من الشام يقصد الحجاز عرج على منزل فطلب من غلمانه طعامًا فلم يجدوا، فقال لوكيله: اذهب في هذه البرية فلعلك تجد راعيًا أو حيًّا فيه لبن أو طعام، فمضى بالغلمان فوقعوا على عجوز في حي، فقالوا لها: عندك طعام نبتاعه، قالت: أما طعام البيع فلا، ولكن عندي ما يكفيني وأولادي، قالوا: فأين أولادك؟ قالت: في رعي لهم وهذا أوان عودتهم، قالوا: فما أعددت لك ولهم؟ قالت: خبزة مبتلة بالماء، قالوا: وما هو غير ذلك؟ قالت: لا شيء، قالوا: فجودي لنا بشطرها، فقالت: أما الشطر فلا أجود به وأما الكل فخذوه، فقالوا لها: تمنعين النصف وتجودين بالكل، فقالت: نعم؛ لأن إعطاء الشطر نقيصة وإعطاء الكل كمال وفضيلة، فإني أمنع ما يضعني وأمنح ما يرفعني، فأخذوها ولم تسألهم من هم ولا من أين جاءوا، فلما وصلوا إلى عبد الله وأخبروه بخبرها عجب من ذلك، ثم قال لهم: احملوها إليَّ الساعة فرجعوا إليها، وقالوا لها: انطلقي معنا إلى صاحبنا فإنه يريدك، فقالت: ومن صاحبكم، قالوا: عبد الله بن عباس، قالت: هو والله عنوان الشرف وأسماه فما يريد مني، قالوا: مكافأتك، قالت: أواه والله لو كان ما فعلت معروفًا ما أخذت له بدلًا فكيف وهو يجب على الخلق أن يشارك فيه بعضهم بعضًا، فلم يزالوا بها حتى أخذوها إليه، فسلمت

عليه فرد عليها السلام، وقرب مجلسها ثم قال لها: ممن أنت؟ قالت: من بني كلب، قال: فكيف حالك؟ قالت: أسهر اليسير وأهجع أكثر الليل وأرى قرة العين في شيء، فلم يكن من الدنيا شيء إلا وقد وجدته، قال: فما ادخرت لبنيك إذا حضروا، قالت: أدخر لهم ما رُوي عن حاتم طيء حيث قال:

ولقد أبيت على الطوى وأظله
حتى أنال به كريم المأكل

فازداد عبد الله تعجبًا، وقال: لو جاءك بنوك وهم جياع ما كنت تصنعين؟ قالت: يا هذا لقد عظمت عندك هذه الخبزة حتى أشغلت بها بالك، دع عنك هذا فإنه يفسد النفس ويؤثر في العواطف، فقال عبد الله: علي بأولادها فأحضروهم فلما دنوا منه رأوا أمهم وسلموا، فأدناهم إليه وقال: إني لم أطلبكم وأمكم لمكروه، وإنما أحب أن أصلح من شأنكم، فقالوا: إن هذا قلّ أن يكون إلا عن سؤال أو مكافأة لفعل قديم، فقال: ليس شيء من ذلك ولكن جاورتكم الليلة فوددت وضع شيء من مالي عندكم، قالوا: يا هذا نحن في خفض عيش وكنان من الرزق فوجهه نحو من يستحق، وإن أردت النوال مبتدئًا من غير سؤال فتقدم فمعروفك مشكور وبرك مقبول، فقال: نعم هو ذاك، وأمر لهم بعشرة آلاف درهم وعشرين ناقة، فقالت العجوز لأولادها: لقل كل واحد منكم شيئًا وأنا أتبعكم في شيء منه، فقال الأكبر:

شهدت عليك بطيب الكلام
وطيب الفعال وطيب الخبر

وقال الأوسط:

تبرعت بالجود قبل السؤال
فعال عظيم كريم الخطر

وقال الأصغر:

وحق لمن كان ذا فعله
بأن يسترق رقاب البشر

وقالت العجوز:

فعمرك الله من ماجد
ووقيت كل الردى والحذر

جود ملك

قيل: إن الملك خسرو بن برويز كان يحب أكل السمك وكان يومًا جالسًا في المنظرة وشيرين عنده فجاءه صيادٌ وعنده سمكة كبيرة، وأهداها لخسرو ووضعها بين يديه، فأمر له بأربعة آلاف درهم، فقالت شيرين: بئس ما صنعت، فقال الملك: لم؟ فقالت: لأنك إذا أعطيت بعد هذا لأحد من حشمك هذا القدر قال: قد أعطاني مثل عطية الصياد، قال: لقد صدقت ولكن يقبح بالملوك أن يرجعوا في هباتهم وقد فات الأمر، فقالت شيرين: أنا أدبر هذا الحال، فقال: وكيف ذلك؟ فقالت: تدعو الصياد وتقول له: هذه السمكة ذكرٌ هي أم أنثى؟ فإن قال: ذكر، فقل: إنما طلبت أنثى، وإن قال: أنثى، فقل: إنما طلبت ذكرًا، فنودي الصياد فعاد، وكان الصياد ذا ذكاء وفطنة، فقال له خسرو: هذه السمكة ذكر أم أنثى، فقبل الصياد الأرض وقال له: هذه السمكة خنثى لا ذكر ولا أنثى، فضحك خسرو من كلامه وأمر له بأربعة آلاف درهم؛ فمضى الصياد إلى الخازن وقبض منه ثمانية آلاف درهم ووضعها في جراب كان معه وحملها على عنقه وهمَّ بالخروج فوقع من الجراب درهم واحد، فوضع الصياد الجراب عن كاهله وانحنى على الدرهم فأخذه والملك وشيرين ينظران إليه، فقالت شيرين لخسرو: أرأيت خسة هذا الرجل وسفالته سقط منه درهم واحد، فألقى عن كاهله وانحنى على الدرهم فأخذه ولم يسهل عليه أن يتركه ليأخذه غلام من غلمان الملك، فحرد خسرو من ذلك وقال: صدقت يا شيرين، ثم أمر بإعادة الصياد وقال له: يا ساقط الهمة لست بإنسان وضعت هذا المال عن عنقك لأجل درهم واحد وأسفت أن تتركه في مكانه، فقبل الصياد الأرض، وقال: أطال الله بقاءك أيها الملك إنني لم أرفع ذلك الدرهم لخطره عندي وإنما رفعته عن الأرض لأن على وجهه صورة الملك وعلى الوجه الآخر اسم الملك، فخيشت أن يأتي أحد بغير علم يضع عليه قدميه فيكون ذلك استخفافًا باسم الملك وأكون أنا المؤاخذ بهذا، فعجب خسرو من كلامهً واستحسن ما ذكره فأمر له بأربعة آلاف درهم، فعاد الصياد ومعه اثنا عشر ألف درهم، وأمر خسرو مناديًا ينادي لا يتدبر أحد برأي النساء، فإنه من تدبر برأيهن خسر درهمه.

الوفاء والفضل والمعروف عند بعض الكرماء

بينما كان عمر بن الخطاب جالسًا في بعض الأيام وعنده أكابر الصحابة، وأهل الرأي والإهابة، وهو في القضايا يحكم بين الرعايا، إذ أقبل عليه شاب من أحسن الشباب، نظيف الأثواب، يكتنفه شابان من أحسن الشباب أيضًا، وقد جذباه وسحباه، وأوقفاه بين يدي أمير المؤمنين ولبَّياه، فلما وقفوا بين يديه، نظر إليهما وإليه، فقالا: يا أمير المؤمنين نحن أخوان شقيقان، جديران باتباع الحق حقيقان كان لنا أب شيخ كبير، حسن التدبير، معظم في قبائله، منزه عن رذائله، معروف بفضائله، ربانا صغارًا، وأولادنا مننا غزارًا، كما قيل في المعنى:

لنا والد لو كان للناس مثله
أبٌ آخر أغناهم بالمناقب

فخرج اليوم إلى حديقة له يتنزه في أشجارها، ويقتطف يانع أثمارها، فقتله هذا الشاب، وعدل عن طريق الصواب، فنسألك القصاص عما جناه، والحكم فيه بما أمرك الله، فنظر عمر إلى الشاب، وقال له: قد سمعت فما الجواب، والغلام مع ذلك ثابت الجنان، خالٍ عن الاستيحاش، فخلع ثياب الهلع ونزع لباس الجزع، فتبسم عن مثل الجمان وتكلم بأفصح لسان وحيا بكلمات حسان، ثم قال: يا

أمير المؤمنين، والله لقد وعيا فيما أدعياه وصدقا فيما نطقا وأخبرا بما جرى وعبرا عم طرا، وسأنهي قصتي بين يديك والأمر فيها إليك، اعلم أني عريم من العرب العرباء نبتُّ في منازل البادية وصحبت أسود السنين العادية، فأقبلت إلى ظاهر هذا البلد بالأهل والمال والولد، فأفضت بي بعض طرائقها إلى المسير بين حدائقها نياق إليَّ حبيبات عليَّ عزيزات بينهن فحل كريم الأصل، كثير النسل، مليح الشكل، حسن النتاج، يمشي بينهن كأنه ملك عليه تاج، فدنت النوق إلى حديقة قد ظهر من الحائط شجرها، فتناولتها بمشفرها، فطردتها عن تلك الحديقة فإذا شيخ قد ظهر، وتسور الحائط وزفر، وفي يده اليمنى حجر، يتمادى كالليث إذا خطر، فضرب الفحل بذاك الحجر فأصابه فقتله وأباده، فلما رأيت الفحل سقط إلى جنبه وانقلب، وتوقدت فيَّ جمرات الغضب، فتناولت ذلك الحجر بعينه فضربته به، فكان سبب حتفه ولقي سوء منقلبه، المرء مقتول بما قتل به، بعد أن صاح صيحة عظيمة، وصرخ صرخة أليمة، فأسرعت هاربًا من مكاني، فلم أكن بأسرع من هذين الشابين فأمسكاني، وأحضراني كما تراني، قال عمر: وقد اعترفت، بما اقترفت، ويعذر الخلاص ووجب القصاص، ولات حين مناص، فقال الشاب سمعًا وطوعًا لما حكم الإمام، ورضيت بما اقتضته شريعة الإسلام، ولكن لي أخ صغير كان له أب خبير، خصه قبل وفاته بمال جزيل، وذهب جليل، وأحضره بين يدي، وسلم أمره إليَّ، وأشهد الله عليَّ، وقال: هذا لأخيك عندك، فاحفظه جهدك، فاتخذت لذلك مدفنًا، ووضعته فيه ولا يعلم بذلك أحدٌ إلا أنا، فإن حكمت الآن بقتلي ذهب الذهب، وكنت أنت السبب وطالبك الصغير بحقه، يوم يقضي الله بين خلقه، وإن انتظرتني ثلاثة أيام أقمت من يتولى أمر الغلام، وعدت وافيًا بالذمام، ولي من يضمنني على هذا الكلام، فأطرق عمر ساعة ثم نظر إلى من حضر، وقال: من يقوم على ضمانه، والعود إلى مكانه، فنظر الغلام إلى وجوه أهل المجلس الناظرين، وأشار إلى أبي ذر دون الحاضرين وقال هذا يكفلني، وهو الذي يضمنني، فقال عمر: أتضمنه يا أبا ذر على هذا الكلام؟ قال: نعم أضمنه إلى ثلاثة أيام، فرضي الشابان بضمان أبي ذر، وانتظراه ذلك القدر، فلما انقضت مدة الإمهال وكان وقتها يزول أو زال، حضر الشابان إلى مجلس عمر والصحابة حوله كالنجوم حول القمر، وأبو ذر قد حضر، والخصم ينتظر، فقال: أين الغريم يا أبا ذر وكيف يرجع من قد فرّ؟ فلا تبرح من مكاننا، حتى تفي بضماننا، فقال أبو ذر: وحق الملك العلام، إن انقضى تمام الأيام، ولم يحضر الغلام، وفيت بالضمان، وأسلمت لنفسي وبالله المستعان، فقال عمر: والله إن تأخر الغلام لأفعلن في أبي ذر ما اقتضته شريعة الإسلام، فهملت عبرات الحاضرين، وأرفضت زفرات الناظرين، وعظم الضجيج وتزايد الكلام، فعرض كبار الصحابة على الشابين أخذ الدية، لكف الأذية، فأصرا على عدم القبول، وأبيا إلا الأخذ بثأر المقتول، فبينما الناس يموجون تلهفًا لما مرَّ، ويصيحون تأسفًا على أبي ذر، إذ أقبل الغلام، ووقف بين يدي الإمام وسلم عليه أتم سلام، ووجهه يتهلل مشرقًا، ويتكلل عرقًا، وقال: قد أسلمت الصبي إلى أخوالي، وأطلعتهم على مكان ماله وأموالي ثم اقتحمت هاجرات الحر، ووفيت وفاء الحر الأغر، فعجب الناس من صدقه ووفائه وإقدامه على الموت واجترائه، فقال: من غدر لم يعف عنه من قدر، ومن وفى رحمه الطالب وعفاه وتحققت أن الموت إذا حضر لم ينجُ منه احتراس، وبادرت كي لا يقال ذهب الوفاء من الناس، فقال أبو ذر: والله يا أمير المؤمنين لقد ضمنت هذا الغلام ولم أعلم من أي قوم، ولا رأيته قبل ذلك اليوم، ولكنه نظر إلى من حضر فقصدني وقال: هذا يضمنني فلم أستحسن رده، وأبت المروءة أن تخيب قصده إذ ليس في القصد من بأس، كي لا يقال ذهب الفضل من الناس، فقال الشابان عند ذلك: يا أمير المؤمنين قد وهبنا لهذا الغلام دم أبينا فلتبدل وحشته بإيناس، كي لا يقال ذهب المعروف من الناس، فاستبشر الإمام بالعفو عن الغلام وعجب من صدقه

ووفائه واستغزر مروءة أبي ذر دون جلسائه واستحسن اعتماد الشابين في اصطناع المعروف، وأثنى عليهما أحسن ثناء وتمثل بهذا البيت:

من يصنع الخير لم يعدم جوائزه
لا يذهب العرف بين الله والناس

ثم عرض عليهما أمير المؤمنين أن يصرف لهما من بيت المال دية أبيهما فقالا: يا أمير المؤمنين إنما عفونا عنه ابتغاء لوجه الله، ومن نيته كذا، لا يتبع إحسانه منٌّ ولا أذى.

مرثية أبي الحسن الأنباري للوزير أبي طاهر

لما استعرت الحرب بين عز الدولة ابن بويه وابن عمر عضد الدولة ظفر عضد الدولة بوزير عز الدولة أبي طاهر محمد بن بقية، فسلمه وشهره وعلى رأسه برنس، ثم طرحه للفيلة فقتلته، ثم صلبه عند داره بباب الطاق وعمره نيف وخمسون سنة، ولما صُلب رثاه أبو الحسن محمد بن عمران يعقوب الأنباري أحد العدول ببغداد بهذه القصيدة الغراء، فلما وقف عليها عضد الدولة قال: وددت لو أني المصلوب وتكون هذه القصيدة فيَّ:

علوٌّ في الحياة وفي الممات
لحق تلك إحدى المعجزاتِ
كأن الناس حولك حين قاموا
وفود نداك أيام الصلات
كأنك قائم فيهم خطيبًا
وكلهم قيامٌ للصلاة
مددت يديك نحوهم احتفاء
كمدهما إليهم بالهبات
ولما ضاق بطن الأرض عن أن
يضمَّ علاك من بعد الوفاة
أصاروا الجوَّ قبرك واستعاضوا
عن الأكفان ثوب الساقيات
لعظمك في النفوس بقيت ترعى
بحراس وحفاظ ثقات
وتوقد حولك النيران ليلًا
كذلك كنت أيام الحياة
ركبت مطية من قبل زيدٌ
علاها في السنين الماضيات
وتلك قضية فيها تأسٍّ
تباعد عنك تعيير العداة

ولم أرَ قبل جزعك قط جزعًا
تمكن من عناق المكرمات
أسأت إلى النوائب فاستثارت
فأنت قتيل ثأر النائبات
وصير دهرك الإحسان فيه
إلينا من عظيم السيئات
وكنت لمعشر سعدًا فلما
مضيت تفرقوا بالمنحسات
غليل باطن لك في فؤادي
يخفف بالدموع الجاريات
ولو أني قدرت على قيام
بفرضك والحقوق والواجبات
ملأت الأرض من نظم القوافي
ونحت بها خلاف النائحات
ولكني أصبر عنك نفسي
مخافة أن أعدَّ من الجناة
وما لك تربة فأقول نسقي
لأنك نصب هطل الهاطلات
عليك تحية الرحمن تترى
برحماتٍ غوادٍ رائحاتِ

وقال فيه حين أُنزل عن الصليب:

لم يلحقوا بك عارًا إذ صُلبت بلى
باءوا باسمك ثم استرجعوا ندما
وأيقنوا أنهم في فعلهم غلطوا
وأنهم نصبوا من سؤدد علما
فاسترجعوك وواروا منك طود علا
بدفنه ودفنوا الأفضال والكرما
لئن بليت فلا يبلى نداك ولا
تنسى وكم هالكٍ ينسى إذا قدما
تقاسم الناس حسن الذكر فيك كما
ما زال مالك بين الناس يقتسما

جود عبيد الله بن العباس

من جوده أنه أتاه رجل وهو في داره فوقف بين يديه، وقال: يا ابن عباس، إن لي عندك يدًا وقد احتجت إليها، فنظر إليه عبيد الله وأحدق فيه بصره فلم يعرفه فقال: ما يدك عندنا، قال: رأيتك واقفًا بزمزم وغلامك يملأ من مائها والشمس ضربت أشعتها عليك فظللتك بطرف كسائي حتى شربت، فقال: نعم إني أذكر لك ذلك، ثم قال لغلامه: ما عندك، قال: مائتا دينار وعشرة آلاف درهم، قال: ادفعها إليه وما أراها تفي بحق يده عندنا.

علي بن أبي طالب والأعرابي

كان علي بن أبي طالب رضى الله عنه يقول: من كان له إليَّ حاجة فليرفعها لي في كتاب لأصون وجهه عن المسألة، ففي ذات يوم جاء أعرابي فقال: يا أمير المؤمنين، إن لي إليك حاجة يمنعني من ذكرها الحياء، فقال: خطها في الأرض، فكتب: «إني فقير»، فقال: يا قنبر اكسه حلتي، فقال الأعرابي:

كسوتني حلة تبلى محاسنها
فسوف أكسوك من حسن الثنا حللا
إن نلت حسن الثنا قد نلت مكرمة
وليس تبغي بما قدمته بدلا
إن الثناء ليحيي ذكر صاحبه
كالغيث يحيي نداه السهل والجبلا
لا تزهد الدهر في عرف بدأت به
كل امرئ سوف يجزى بالذي فعلا

فقال: يا قنبر زده مائة دينار، فقال: يا أمير المؤمنين لو فرقتها على الناس لأصلحت بها من شأنهم، فقال: رضي الله عنه: مه يا قنبر، فإني سمعت رسول الله ﷺ: يقول «اشكروا لمن أثنى عليكم وإذا أتاكم كريم قوم فاكرموه».

ابن عامر والرجل

أراد ابن عامر أن يكتب لرجل بخمسين ألف درهم فجرى القلم بخمسمائة ألف درهم فراجعه الخازن في ذلك فقال: أنفذه فما بقي إلا نفاذه فإن خروج المال أحب إليّ من الاعتذار، فنظر إليه الخازن، فقال: إذا أراد الله بعبد خيرًا صرف القلم عن مجرى إرادة كاتبه إلى إرادته، وأنا أردت شيئًا وأراد الجواد الكريم أن يعطي عبده عشرة أضعافه، فكانت إرادة الله الغالبة وأمره النافذ.

خالد بن يزيد والشاعر

قصد شاعرٌ خالد بن يزيد فأنشده شعرًا يقول فيه:

سألت الندى والجود حُرَّان أنتما
فقالا يقينا إننا لعبيدُ
فقلت ومن مولاكما فتطاولا
إليَّ وقالا خالدٌ ويزيد

فقال: يا غلام أعطه مائة ألف درهم وقل له: إن زدتنا زدناك فأنشد يقول:

كريمٌ كريم الأمهات مهذب
تدفق يمناه الندى وشمائله
هو البحر من أي الجهات أتيته
فلجته المعروف والجود ساحله
جواد بسيط الكف حتى لو أنه
دعاها لقبض لم تجبه أنامله

فقال: يا غلام أعطه مائة ألف درهم وقل له: إن زدتنا زدناك، فأنشد:

تبرعت لي بالجودِ حتى نعشتني
وأعطيتني حتى حسبتك تلعبُ
وأنبت ريشًا في الجناحين بعدما
تساقط مني الريش أو كاد يذهب
فأنت الندى وابن الندى وأخو الندى
حليف الندى ما للندى عنك مذهب

فقال: يا غلام أعطه مائة ألف درهم وقل له: إن زدتنا زدناك، فقال: حسب الأمير ما سمع وحسبي ما أخذت وانصرف.

خالد بن عبيد الله وأحد الشعراء

قدم أحد الشعراء على خالد بن عبيد الله وهو راكب للغزو، فقال له: قد قلت فيك بيتين من الشعر، قال: أنشدنيهما فقال:

يا واحد العرب الذي
ما في الأنام له نظير
لو كان مثلك آخر
ما كان في الدنيا فقير

فقال: يا غلام أعطه عشرين ألف دينار فأخذها وانصرف.

بذل الدراهم لجمع الدرهمين

دخل رجل على المهدي وامتدحه، فأمر له بخمسين ألف درهم فسأله أن يأذن له في تقبيل يده، فأذن له فقبلها وخرج، فما انتهى إلى الباب حتى فرق المال بأسره فعوتب على ذلك فاعتذر وأنشد يقول:

لمست بكفي كفه أبتغي الغنى
ولم أدرِ أن الجود من كفه بعدي

حسن الوفاء

كان الوزير محمد المهلبي قبل اتصاله بالسلطان ركيك الأحوال فسافر متطلبًا ما يسد به أوده واشتهى اللحم يومًا ولم يكن عنده درهم يشتري به لحمًا فأنشأ متأسفًا يقول:

ألا موتٌ يباع فأشتريه
يخلصني من الأمر الكريه
ألا موت لذيذ الطعم يأتي
فهذا العيش ما لا خير فيه
إذا أبصرت قبرًا من بعيد
وددت لو أنني ممن يليه

فسمعه رفيق كان معه فرقّ له واشترى له بدرهم ما سد رمقه وحفظ الأبيات وتفارقا فراق الزمان، ثم بعد مدة قصد رفيقه ببغداد وكتب للوزير برقعة بعثها إليه:

ألا قل للوزير فدته نفسي
فقال مذكرًا ما قد نسيه
أتذكر إذ تقول لضنك عيش
ألا موتٌ يباع فاشتريه

فلما وقف الوزير على ذلك بعث للرجل بسبعمائة درهم وكتب له على الرقعة: مَّثَلُ الَّذِينَ يُنفِقُونَ أَمْوَالَهُمْ فِي سَبِيلِ اللهِ كَمَثَلِ حَبَّةٍ أَنبَتَتْ سَبْعَ سَنَابِلَ فِي كُلِّ سُنبُلَةٍ مِّائَةُ حَبَّةٍ (البقرة: ٢٦١) ثم دعاه وخلع عليه وقربه إليه.

ابن العباس وعمر بن الخطاب

ذكر ابن العباس، قال: خرجت ليلة حالكة قاصدًا دار أمير المؤمنين عمر بن الخطاب رضي الله عنه، فما وصلت إلى نصف الطريق إلا ورأيت شخصًا أعرابيًا جذبني بثوبي وقال: الزمني يا عباس، فتأملت الأعرابي فإذا هو أمير المؤمنين عمر وهو متنكر، فتقدمت إليه وسلمت عليه وقلت

له: إلى أين يا أمير المؤمنين؟ قال: أريد جولة بين أحياء العرب في هذا الليل الدامس، فتبعته فسار وأنا وراءه وجعل يجول بين خيام الأعراب وبيوتهم ويتأملها إلى أن أتينا على جميعها، وأوشكنا أن نخرج منها فنظرنا، وإذا هناك خيمة وفيها امرأة عجوز وحولها صبية يعولون عليها ويبكون وأمامها قدر تشتعل من تحتها النار وهي تقول للصبية: رويدًا رويدًا بنيَّ قليلًا ينضج الطعام فتأكلون، فوقفنا بعيدًا من هناك وجعل عمر يتأمل العجوز تارةً وينظر إلى الأولاد أخرى.

ولما طال الوقت، قلت: يا أمير المؤمنين ما الذي يوقفك سر بنا، فقال: والله لا أبرح حتى أراها قد صبت للصبية فأكلوا واكتفوا، فوقفنا وقد طال وقوفنا جدًّا ومللنا المكان خوفًا من أن تستريب بنا العيون، والصبية لا يزالون يصرخون ويبكون والعجوز تقول لهم مقالتها: «رويدًا رويدًا بنيَّ قليلًا ينضج الطعام فتأكلون»، فقال لي عمر: ادخل بنا عندها نسألها فدخل ودخلت وراءه، فقال لها: السلام عليك يا خالة، فردت عليه السلام أحسن رد، فقال: ما بال هؤلاء الصبية يتصارخون ويبكون؟ فقالت له: لما هم فيه من الجوع، فقال لها: ولِمَ لَم تطعميهم مما في القدر، فقالت له: وماذا في القدر لأطعمهم؟ ليس هو إلا علالة فقط إلى أن يضجروا من العويل فيغلبهم النوم، وليس لي شيء لأطعمهم، فتقدم عمر إلى القدر ونظرها، فإذا فيها حصى وعليها الماء يغلى فتعجب من ذلك وقال لها: ما المراد بذلك، فقالت: أوهمهم أن فيها شيئًا يُطبخ فيؤكل فأعللهم به حتى إذا ضجروا وغلب النوم عيونهم ناموا، فقال لها: ولماذا أنت هكذا؟ فقالت له: أنا مقطوعة لا أخ لي ولا زوج ولا قرابة، فقال لها: لِمَ لَم تعرضي أمرك على أمير المؤمنين عمر بن الخطاب فيجعل لك شيئًا من بيت المال، فقالت له: لا حيا الله عمر ونكس أعلامه والله إنه ظلمني.

فلما سمع مقالتها ارتاع من ذلك وقال لها: يا خالة بماذا ظلمك عمر بن الخطاب، قالت له: نعم والله ظلمنا، إن الراعي عليه أن يفتش عن كل حال من رعيته لعله يوجد فيها من هو مثلي ضيق اليد كثير الصبية ولا معين ولا مساعد له فيتولى لوازمه، ويسمح له من بيت المال بما يقوته وعياله أو صبيته، فقال لها: ومن يُعلم عمر بحالك وما أنت به من الفاقة مع كثرة الصبية؟ كان يجب عليك أن تتقدمي وتعلميه، فقالت: لا والله إن الراعي الحر يجب عليه أن يفتش عن احتياجات رعيته خصوصًا وعمومًا، فلعل ذلك الشخص الفقير الحال الضيق اليد غلبه حياؤه ومنعه من التقدم إلى راعيه ليعلمه بحاله، فعلى عمر السؤال عن حال فقراء رعيته أكثر من تقدم الفقير إلى مولاه لإعلامه بحاله، والراعي الحر إذا أهمل ذلك فيكون هذا ظلمًا منه، وهذه سنة الله ومن تعداها فقد ظلم، فعند ذلك، قال لها عمر: صدقت يا خالة ولكن عللي الصبية والساعة آتيك.

ثم خرج وخرجت معه وكان قد بقي من الليل ثلثه الأخير، فمشينا والكلاب تنبحنا وأنا أطردها وأذبها عني وعنه إلى أن انتهينا إلى بيت الذخيرة، ففتحه وحده ودخله وأمرني فدخلت معه فنظر يمينًا وشمالًا فعمد إلى كيس من الدقيق يحتوي على مائة رطل وينيف، فقال لي: يا عباس حوِّل على كتفي، فحمَّلته إياه، ثم قال لي: احمل أنت هاتيك جرة السمن، وأشار إلى جرة هناك، فحملتها وخرجنا، وأقفل الباب وسرنا وقد انهار من الدقيق على لحيته وعينيه وجنبيه فمشينا إلى أن انصفنا، وقد أتعبه الحمل لأن المكان كان بعيد مسافة، فعرضت نفسي عليه وقلت له: بأبي وأمي يا أمير المؤمنين حول الكيس عنك ودعني أحمله، فقال: لا والله أنت لا تحمل عني جرائمي وظلمي يوم الدين، واعلم يا عباس أن حمل جبال الحديد وثقلها خير من حمل ظلامة كبرت أو صغرت ولا سيما

هذه العجوز تعلل أولادها بالحصى، يا له من ذنب عظيم عند الله، سر بنا وأسرِع يا عباس قبل أن تضجر الصبية من العويل فيناموا كما قالت.

فسار وأسرع وأنا معه وهو يلهث من التعب إلى أن وصلنا خيمة العجوز، فعند ذلك حول كيس الدقيق عن كتفه ووضعت جرة السمن أمامه، فتقدم هو بذاته وأخذ القدر وأكب ما فيها ووضع فيها السمن وجعل بجانبه الدقيق ثم نظر فإذا النار قد كادت تطفأ، فقال للعجوز: أعندك حطب، قالت: نعم يا بني، وأشارت له إليه، فقام وجاء بقليل منه، وكان الحطب أخضر فوضع منه في النار ووضع القدر على الأثافي وجعل ينكس رأسه إلى الأرض وينفخ بفمه تحت القدر، فوالله إني رأيت دخان الحطب يتصاعد من خلال لحيته وقد كنس بها الأرض، إذ كان يطأطئ رأسه ليتمكن من النفخ، ولم يزل هكذا حتى اشتعلت النار وذاب السمن وابتدأ غليانه فجعل يحرك السمن بعود في يده الواحدة ويخلط من الدقيق مع السمن في يده الأخرى إلى أن أنضج والصبية حوله يتصارخون، فلما طاب الطعام طلب من العجوز إناء فأتته به فجعل يصب الطبيخ في الإناء وهو ينفخه بفمه ليبرده ويلقم الصغار، ولم يزل يفعل هكذا معهم واحدًا بعد واحد حتى أتى جميعهم وشبعوا واكتفوا وقاموا يلعبون ويضحكون مع بعضهم إلى أن غلب عليهم النوم فناموا، فالتفت عمر عند ذلك إلى العجوز، وقال لها: يا خالة أنا من قرابة أمير المؤمنين عمر وسأذكر له حالك، فآتيني غدًا صباحًا في دار الأمان فتجديني هناك فأرجي خيرًا، ثم ودعها وخرج وخرجت معه فقال لي: يا عباس إني حين رأيت العجوز تعلل صبيانها بحصى حسست أن الجبال قد زُلزلت واستقرت على ظهري حتى إذا جئت بما جئت وأطعمتهم ما طبخت لهم واكتفوا وجلسوا يلعبون ويضحكون فحينئذ شعرت أن تلك الجبال قد سقطت عن ظهري، ثم أتى عمر داره وأمرني فدخلت معه وبتنا ليلتنا، ولما كان الصباح أتت العجوز فاستغفرها وجعل لها ولصبيتها راتبًا شهرًا فشهرًا.

المروءة والوفاء

سقط القائد فديرال يوم اشتدت نيران الحرب في فرجينيا أمام صفوف الأعداء مثخنًا بالجراح مخضبًا بالدماء يصرخ مستغيثًا لجرعة ماء، فعطف عليه جندي من عساكر الأعداء اسمه جمس مور من ولاية برك شمالي كارولينا وأتاه بالماء ونيران المدافع وكراتها تتساقط كالأمطار الغزيرة في الفريقين، فأخذ أصحاب جمس يحذرونه من الخطر ويردعونه عن أن يلقي بيده إلى التهلكة، فلم يلتفت إليهم وظل يسرع إلى عدوه المستغيث في معمعة الموت الأحمر حتى بلغ إليه وكأس الماء بيده فسقاه، وكان مع ذلك القائد الصريع ساعة ذهبية فقدمها للمنعم إليه فأبى ذاك أخذها، فسأله القائد فديرال عن اسمه، فقال له: إنه جمس مور، ثم رجع مور إلى مركزه ولم يرَ أحدهما الآخر بعد ذلك، ثم جُرح جمس مور وفقد بعض أعضائه في إحدى وقائع فرجينيا فرجع إلى بيته في ولاية برك، ثم مضى عليه سنين عديدة وفي هذه المدة بلغه خبر من القائد فديرال الذي سقاه كأس الماء في ساحة الحرب أنه وهب له عشرة آلاف دينار جزاءً لصنيعه يعطاها مدة أربع سنين أي يعطى كل سنة ألفين وخمسمائة دينار.

المتوكل وعبيد الله بن يحيى

أبطأ عبيد الله بن يحيى عن الديوان، فأرسل إليه المتوكل يتعرف خبره فكتب إليه:

عليل من مكانين
من الإفلاسِ والدينِ
ففي هذين لَي شغل
وحسبي شغل هذين

فبعث إليه بألف دينار.

المستعطى بالحلم

دخل ابن دعبل على بشر بن مروان لما ولي الكوفة، فقعد بين السماطين ثم قال: أيها الأمير إني رأيت رؤيا فأذن لي في قصها، فقال: قل، فقال:

أغفيت قبل الصبح نوم مسهد
في ساعة ما كنت قبل أنامها
فرأيت أنك جدت لي بوصيفة
موسومة حسنٌ عليَّ قيامها
وببدرة حملت إلي وبغلةٍ
شهباء ناجية يصر لجامها

قال له بشر بن مروان: كل شيء رأيت فهو عندي إلا البغلة فإنها دهماء فارغة قال: صحيح ما تقول إلا أني غلطت.

البطين الشاعر وابن يحيى الأرميني

قال البطين الشاعر: قدمت على ابن يحيى الأرميني فكتبت إليه:

رأيت في النوم أني راكبٌ فرسًا
ولي وصيفٌ وفي كفي دنانير
فقال قوم لهم حذق ومعرفة
رأيت خيرًا وللأحلام تعبير
رؤياك فسر غدًا عند الأمير تجد
تعبير ذاك وفي الغال التباشير
فجئت مستبشرًا مستشعرًا فرحًا
وعند مثلك لي بالفعل تبشير

فوقع لي في أسفل كتابي، أضغاث أحلام وما نحن بتأويل الأحلام بعالمين، ثم أمر لي بكل شيء ذكرته في أبياتي ورأيته في منامي.

التيمي والفضل بن الربيع

دخل التيمي إلى الفضل بن الربيع في يوم عيد فأنشده:

لعمرك ما الأشراف في كل بلدة
وإن عظموا للفضل إلا صنائع
ترى عظماء الناس للفضل خشعًا
إذا ما بدا والفضل كله خاشع
تواضع لما زاده الله رفعةً
وكل جليل عنده متواضع

فأمر له بعشرة آلاف درهم.

الصانع وصائغ الخليفة

حكي أن رجلًا من أبناء الناس كانت له يد في صناعة الصياغة، وكان واحد أهل زمانه، فساء حاله وافتقر بعد غناه، فكره الإقامة في بلده فانتقل إلى بلد آخر، فسأل عن سوق الصاغة فوجد دكانًا لمعلم السلطنة وتحت يده صناع كثيرون يعلمون الأشغال للسلطنة، وله سعادة ظاهرة ما بين مماليك وخدم وقماش وغير ذلك، فتوصل الصائغ الغريب إلى أن بقي من أحد الصناع الذين في دكان هذا المعلم، وأقام يعمل عنده مدة، وكلما فرغ النهار دفع له درهمين من فضة وتكون أجرة عمله تساوي عشرة دراهم فيكسب عليه ثمانية دراهم في كل يوم، فاتفق أن الملك طلب المعلم وناوله فردة سوار من ذهب مرصعة بفصوص في غاية من الحسن قد عُملت في غير بلاده، كانت في يد إحدى حظاياه فانكسرت، فقال له: الحمها، فأخذها المعلم وقد اضطرب عليه في عملها، فلما أخذها وأراها للصناع الذين عنده وعند غيره، فما قال له أحدهم أنه يقدر على عملها، فازداد المعلم لذلك غمًّا ومضت مدة وهي عنده لا يعلم ما يصنع، فاشتد الملك على إحضارها، وقال: هذا المعلم نال من جهتنا هذه النعمة العظيمة ولا يحسن أن يلحم سوارًا، فلما رأى الصائغ الغريب شدة ما نال المعلم قال في نفسه: هذا وقت المروءات أعملها ولا أؤاخذه ببخله عليَّ وعدم إنصافه، ولعله يُحسن إلي بعد ذلك، فحط يده في درج المعلم وأخذها وفك جواهرها وسبكها، ثم صاغها كما كانت ونظم عليها جواهرها، فعادت أحسن مما كانت، فلما رآها المعلم فرح فرحًا شديدًا، ثم مضى بها إلى الملك فلما رآها استحسنها وادعى المعلم أنها صنعته، فأحسن إليه وخلع عليه خلعة سنية، فجاء وجلس مكانه فبقي الصانع يرجو مكافأته عما عامله به فما التفت إليه المعلم، ولما كان النهار ما زاده على الدرهمين شيئًا، فما مضت إلا أيام قلائل وإذا الملك اختار أن يعمل زوجي أساور على تلك الصورة، فطلبه ورسم شكل ما يحتاج إليه وأكد عليه في تحسين الصنعة وسرعة العمل، فجاء إلى الصانع وأخبره بما قال الملك، فامتثل مرسومه ولم يزل منتصبًا إلى أن عمل الزوجين وهو لا يزيده شيئًا على الدرهمين في كل

يوم ولا يشكره ولا يعده بخير ولا يتجبل معه، فرأى المصلحة أن ينقش على زوج منهما أبياتًا يشرح فيها حاله ليقف عليها الملك، فنقش في باطن أحدهما هذه الأبيات نقشًا خفيًّا يقول:

مصائب الدهر كفي
إن لم تكفي فعفي
خرجت أطلب رزقي
وجدت رزقي توفي
فلا برزقي أحظى
ولا بصنعة كفي
كم جاهل في الثريا
وعالم متخفي

وعزم الصانع على أنه إن ظهرت الأبيات للمعلم شرح له ما عنده، وإن غم عليه ولم يرها كان ذلك سبب توصله إلى الملك، ثم لفهما في قطن وناولهما للمعلم فرأى ظاهرهما ولم يرَ باطنهما لجهله بالصنعة، ولما سبق له في القضاء فأخذهما المعلم ومضى بهما فرحًا إلى الملك وقدمهما إليه، فلم يشك في أنهما صنعته فخلع عليه وشكره، ثم جاء فجلس مكانه ولم يلتفت إلى الصانع وما زاده في آخر النهار شيئًا عن الدرهمين، فلما كان اليوم الثاني خلا خاطر الملك فاستحضر الحظية التي عمل لها السوارين الذهب، فحضرت وهما في يديها فأخذهما ليعيد نظره فيهما وفي حسن صنعتهما، فقرأ الأبيات فتعجب وقال: هذا شرح حال صانعهما والمعلم يكذب، فغضب عند ذلك وأمر بإحضار المعلم، فلما حضر قال له: من عمل هذين السوارين، قال: أنا أيها الملك، قال فما سبب نقش هذه الأبيات، قال: لم يكن عليهما أبيات، قال: كذبت ثم أراه النقش، وقال: إن لم تصدقني الحق لأضربن عنقك، فأصدقه الحق، فأمر الملك بإحضار الصانع، فلما حضر سأله عن حاله فحكى له قصته وما جرى له مع المعلم، فرسم الملك بعزل المعلم وأن تسلب نعمته وتُعطى للصانع وأن يكون عوضًا عنه في الخدمة، ثم خلع عليه خلعة سنية وصار مقدمًا سعيدًا، فلما نال هذه الدرجة وتمكن عن الملك تلطف به حتى رضي عن المعلم الأول وصارا شريكين ومكثا على ذلك إلى آخر العمر.

إحسان كريم إلى عدوه

كان بين غسان بن عباد وبين علي بن موسى عداوة عظيمة، وكان علي بن موسى ضامنًا أعمال خراج كضياع وغيره، فبقيت عليه بقية مقدار أربعين ألف دينار، فألح عليه المأمون بطلبها وشدد بها إلى أن قال لعلي بن صالح حاجبه، أمهله ثلاثة أيام فإن أحضر المال وإلا فاضربه بالسياط حتى يدفع المال أو يتلف، فانصرف علي بن موسى من دار المأمون وقد ارتاع وهو لا يعرف وجهًا يتجه إليه، فقال له كاتبه: إذا عرجت على غسان بن عباد وعرفته خبرك رجوت أن يعينك على أمرك، فقال له: إن بيني وبينه من العداوة ما عرفت، فقال له: نعم، ولكن الرجل ريحي كريم لا تمنعه العداوة التي بينكما عن فعل المعروف الذي هو من شيم الكرام، فقام علي بن موسى ومضى إلى أن جاء ودخل مع كاتبه على غسان بن عباد، فلما رآه غسان قام إليه وتلقاه جميلًا ووفاه حقه في الخدمة، وقال له: دع الأمر الذي بيني وبينك على حاله ولكن دخولك إلى داري توجب حرمته بلوغ ما رجوته مني،

فاذكر إن كان لك حاجة، فقص كاتبه عليه القصة، فقال له غسان: أرجو أن يكفيك الله تعالى حقيقة أمرك، ولم يزد على ذلك شيئًا، فقام علي بن موسى من عنده وهو نادم على قصده غسان، ويئس من أمره وقال لكاتبه ما أفدتني بدخولي على غسان سوى تعجيل الشماتة والهوان، فلم يصل علي بن موسى إلى داره حتى حضر إليه كاتب غسان ومعه البغال وعليها المال، فتقدم علي بن موسى وتسلمه وبات فرحًا مسرورًا، وعند الصباح بكر إلى دار أمير المؤمنين ليدفع المال، فوجد غسان قد سبقه هناك ودخل على المأمون وقال له: يا أمير المؤمنين، إن لعلي بن موسى بحضرتك حرمة وخدمة وسابق أصل، وقد لحقه من الخسران في ضمانه ما تعارفه الناس، وقد توعدته من الضرب بالسياط ما أطار عقله وأذهب لبه، فإن رأى أمير المؤمنين أن يجزيني من حسن كرمه ببعض ما عليه فهي صنيعة بي من إحسانه، ولم يزل يتلطف بالمأمون حتى حط عنه نصف ما عليه واقتصر منه بالنصف عشرين ألف دينار، فقال غسان للمأمون: سمعًا وطاعةً، ولكن على أن يجدد أمير المؤمنين له الضمان ويخلع عليه لكي تقوى نفسه ويعرف بها مكان الرضى عليه من أمير المؤمنين أبقاه الله، فأجاب المأمون إلى ذلك، فقال له غسان: إن شاء أمير المؤمنين فلتحمل الدواة إلى حضرته لتوقيع ما سمح به فيما قال، قال: افعل فحملت الدواة إلى المأمون وقدمها عنان له فوقع حينئذ لعلي بن موسى، وخرج علي بن موسى والخلع على كتفيه والتوقيع بيده، فلما حضر إلى داره حمل من المال عشرين ألف دينار وأرسلها إلى غسان وشكره على جميل فعله، فقال غسان لكاتبه: والله ما شفعت به عند أمير المؤمنين إلا لتتوفر عليه العشرون ألف دينار وينتفع بها هو، فامضِ بها إليه وردها فلست والله آخذها فهي له، فلما رجع الكاتب إلى علي بن موسى مولاه وبلغه ما قال، عرف عند ذلك قدر ما فعله غسان من الجميل، ولم يزل يخدمه ويوقره إلى آخر العمر.

الأصمعي وأحد الكرماء

حكى الأصمعي قال: قصدت في بعض الأيام رجلًا كنت آتيه أحيانًا كثيرة لكرمه وجوده، فلما أتيت داره وجدت على بابه بوابًا فمنعني من الدخول إليه وقال لي: والله يا أصمعي ما أوقفني على بابه لأمنع مثلك إلا لرقة حاله وقصور يده وما هو فيه من الضيق، فقلت له: أريد أن أكتب له رقعة أتوصلها إليه، فقال: سمعًا وطاعة، فأحضر لي قرطاسًا وقلمًا ودواة فأخذت وكتبت له شعرًا:

إذا كان الكريم له حجاب
فما فضل الكريم على اللئيم

ثم طويت الرقعة ودفعتها إلى الحاجب وقلت له: أوصل هذه الرقعة إليه، ففعل ومضى بالرقعة قليلًا ثم عاد إليَّ بالرقعة عينها، وقد كتب تحت شعري جوابا شعرًا:

إذا كان الكريم قليل مال
تحجب بالحجاب عن الغريم

ومع الرقعة صرة فيها خمسمائة دينار، فتعجبت من سخائه مع قلة ما بيده، فقلت في نفسي: والله لأتحفنَّ هارون الرشيد بهذا الخبر، فانطلقت حتى أتيت قصر الخلافة، فاستأذنت ودخلت فسلمت

عليه بالخلافة، فلما رآني قال لي: من أين يا أصمعي؟ قلت: من عند رجل من أكرم الأحياء من بعد أمير المؤمنين، قال: ومن هو؟ فدفعت له الصرة وسردت عليه الخبر، فلما رأى الصرة قال: هذه من بيت مالي ولا بد لي من الرجل، فقلت: والله يا أمير المؤمنين إني أستحي أن أكون سبب روعه بإرسالك إليه، فقال: لا يغمك ذلك، ثم التفت إلى بعض خاصته وقال له امضِ مع الأصمعي، فإذا أراك دارًا فادخل وقل لصاحبه: أجب أمير المؤمنين، وليكن دعاؤك له بلطافة من غير أن تزعجه، قال الأصمعي: فمضينا ودعونا الرجل فجاء ودخل على أمير المؤمنين وسلم بالخلافة، فقال له هارون الرشيد: ألست أنت الذي وقفت لنا بالأمس وشكوت لنا رقة حالك وقلت: إنك في ضيق شديد من الاحتياج فرحمناك ووهبنا لك هذه الصرة لتصلح بها حالك، وقد قصدك الأصمعي ببيت من الشعر فدفعتها له، فقال: نعم يا أمير المؤمنين، والله ما كذبت فيما شكوته لأمير المؤمنين من رقة حالي وشدة احتياجي، ولكنني استحييت من الله تعالى أن أعيد قاصدي إلا كما أعادني أمير المؤمنين، فقال هارون الرشيد: لله در بطن أتاك فما ولدت العرب أكرم منك، ثم بالغ بإكرامه وخلع عليه وجعله من خاصته.

والي البصرة والخيزران

لما ولي محمد بن سليمان البصرة أهدى إلى الخيزران مائة وصيف بيد كل وصيف جامٌ من ذهب مملوءًا مسكًا، فقبلت ذلك وكتبت إليه وقالت: «عافاك الله إن كل ما وصل إلينا منك ثمن رأينا فيك فقد بخستنا بالقيمة وإن كان وزن ميلك إلينا فظننا فيك فوقه».

إكرام ثلاثة أصدقاء مخلصين بعضهم بعضًا

نُقل عن الواقدي قال: كان لي صديقان أحدهما هاشمي وكنا في الصداقة كنفس واحدة، فنالتني ضيقة شديدة وقد حضر العيد، فقالت لي امرأتي: يا مولاي أمَّا نحن فقد نصبر على البؤس والشدة، وأمَّا صبياننا هؤلاء فقد تقطَّع قلبي عليهم حزنًا ورحمةً لأنهم يرون صبيان جيراننا ومعارفنا وقد تزينوا في العيد وهم فرحون، فلا بأس إذا احتلنا في ما يمكننا أن نصرفه في كسوتهم، فرأيت كلامها صوابًا وقد قطعت فؤادي من هذا الحديث، ففكرت في الحيلة وكتبت إلى صديقي الهاشمي أسأله التوسعة عليَّ بما يمكنه ويحضره، فوجه إليَّ كيسًا فيه ألف درهم، فما استقر قراره حتى كتب لي صديقي الآخر يشكو إليَّ مثلما شكوت أنا إلى صديقي الهاشمي، فوجهت إليه بالكيس على حاله، وخرجت إلى المسجد وأنا مستحي من امرأتي، فلما دخلت عليها وقد علمت بما فعلت لم تعنفني، فبينما أنا كذلك إذ دخل عليَّ صديقي الهاشمي ومعه الكيس وهو باقٍ بختمه فقال: اصدقني عما فعلته بما وجهت به إليك، فأخبرته بالحكاية على حقيقتها، فقال: إنكَ أرسلت تطلب مني التوسعة وأنا والله ثم والله لا أملك شيئًا سوى هذا الكيس الذي بعثت به إليك، ثم إني بعدما أرسلته لك كتبت إلى صديقنا أسأله المواساة إن كان يمكنه فوجه إليَّ الكيس بذاته وهو بختمي وها أنا ذا أتيت به إليك، وبحيث إننا كلنا في ضيق ولا يوجد عند أحدنا غير هذا الكيس فهلم نقتسمه، ثم إنه فتحه وأخرج منه مائة درهم للمرأة وفرق علي كل منا أنا وصديقي ثلاثمائة ألف درهم وأخذ هو مثلنا ثلاثمائة، وبلغ المأمون ذلك

فأرسل استدعاني وسألني عن القضية فشرحتها له كما هي، فاستدعى صديقي وأمر لكل منا بألفي دينار ولامرأتي بألف دينار.

قيل في إسحاق بن عبد الرحمن

كان في بغداد رجل من أهل السخاء رفيع القدر رقيق الجانب قال فيه أحد الشعراء:

نفى الجوع من بغداد إسحاق ذو الندى
كما قد نفى جوع الحجاز أخوه
وما يك من خير أتوه فإنما
فعال عزيز قبلهم فعلوه
هو البحر بل لو حل بالبحر وفده
ومن يجتديه ساعةً نزفوه

رثاء إسحاق بن عزيز

أنشد الزبير الشاعر يرثي إسحاق بن عزيز:

ولئن بكى جزعًا عليك لقد بكت
جزعًا عليه مكارم الأخلاقِ
يا خير من بكت المكارم فقده
لم يبقَ بعدك للمكارم باق
لو طاف في شرق البلاد وغربها
لم يلقَ إلا ماجدًا لكِ لاق
بخلت بما حوت الأكفُ وإنما
خلق الإله يديك للإنفاق
ما بتَّ من كرم الطبائع ليلةً
إلا لعرضك من نوالك واق

عمارة بن حمزة وأيوب المكي

بعث أيوب المكي بعض أولاده إلى عمارة بن حمزة فأدخله الحاجب، قال: ثم دنا إلى ستر مسبل، فقال: ادخل فدخلت، فإذا عمارة مضطجع محول وجهه إلى الحائط فقال لي الحاجب: اذكر حاجتك، فقلت: لعله نائم، قال: لا، فقلت: جعلني الله فداك، أخوك يقرئك السلام ويذكر دينًا عليه ويقول: بهظني وسد وجهي ولولاه كنت موضع رسولي تسأل أمير المؤمنين قضاءه عني، فقال: وكم دين

أبيك، قلت: ثلاثمائة ألف درهم، فقال: وفي مثل هذا القدر أكلم أمير المؤمنين، يا غلام احملها معه، وما التفت إليَّ ولا كلمني بغير هذا.

عمارة والفضل بن الربيع

قال الفضل بن الربيع: كان أبي يأمرني بملازمة عمارة، فاعتل عمارة وكان المهدي سيئ الرأي فيه، فقال له يومًا: يا أمير المؤمنين إن مولاك عمارة عليل وقد أفضى إلى بيع فرشه وكسوته، قال: غفلت عنه وما كنت أظن أنه بلغ إلى هذه الحالة، احمل إليه خمسمائة ألف درهم يا ربيع وأعلمه أن له عندي بعدها ما يحب، فحملها أبي من ساعته، وقال لي: اذهب بها إلى عمك وقل له: أخوك يقرئك السلام، ويقول: أذكرت أمير المؤمنين أمرك فاعتذر عن غفلته عنك وأمر لك بهذه الدراهم، وقال لك: عندي بعدها ما تحب، فأتيته بالمال ووجهه إلى الحائط فسلمت، فقال لي: من أنت، فقلت: ابن أخيك الفضل بن الربيع، فقال: مرحبًا بك، وأبلغته الرسالة، فقال: قد كان طال لزومك لنا وقد كنا نحسب أن نكافئك على ذلك، ولم يمكنا قبل هذا الوقت انصرف فهي لك، فهبته أن أردها عليه فتركت البغال على بابه وانصرفت إلى أبي فأعلمته، فقال: يا بني خذها بارك الله لك فيها، عمارة ليس ممن يهب فيرد، وكان أول مالٍ ملكته.

الحجاج والرجل

خطب الحجاج فأطال، فقام رجل فقال: الصلاة فإن الوقت لا ينتظرك والرب لا يعذرك، فأمر بحبسه فأتاه قومه وزعموا أنه مجنون وسألوه أن يخلي سبيله، فقال: إن أقر بالجنون خليته، فقال: معاذ الله لا أزعم أن الله ابتلاني وقد عافاني، فبلغ ذلك الحجاج فعفا عن صدقه.

عفو عبد الملك

تغيظ عبد الملك بن مروان على رجاء بن حيوة، فقال: والله لئن أمكنني الله منه لأفعلن به كذا وكذا، فلما صار بين يديه، قال له رجاء بن حيوة: يا أمير المؤمنين قد صنع الله ما أحببت فاصنع ما أحب الله، فعفا عنه وأمر له بصلة.

مدعي النبوة والملك

حكي أن رجلًا ادعى النبوة أيام أحد الملوك، فلما حضر بين يديه قال له: أنت نبيٌّ، قال: نعم، قال: وإلى من بعثت، قال: إليك، قال: أشهد أنك سفير أحمق، قال: إنما يبعث لكل قوم مثلهم، فضحك الملك وأمر له بشيء.

الحجاج والشيخ

خرج الحجاج يومًا للتنزه فصرف عنه أصحابه وانفرد بنفسه فلاقى شيخًا من بني عجل فقال له: من أين أنت يا شيخ؟ قال: من هذه القرية، قال: ما رأيكم بحكام البلاد، قال: كلهم أشرار يظلمون الناس ويختلسون أموالهم، قال: وما قولك في الحجاج، قال: هذا أنجس الكل سوَّد الله وجهه ووجه من استعمله على هذه البلاد، قال الحجاج: أتعرف من أنا؟ فقال: لا والله، قال: أنا الحجاج، قال: أنا فداك وأنت تعرف من أنا، قال: لا، قال أنا زيد بن عامر مجنون بني عجل أصرع كل يوم مرة في مثل هذه الساعة، فضحك الحجاج وأجازه.

قيس بن سعد والأعرابي

قيل لقيس بن سعد: هل رأيت قط أسخى منك، قال: نعم، نزلنا بالبادية على امرأة فحضر زوجها فقالت: إنه نزل بك ضيفان، فجاء بناقة فنحرها، وقال: شأنكم، فلما جاء الغد جاء بأخرى ونحرها، وقال: شأنكم، فقلت: ما أكلنا من التي نُحرت لنا البارحة إلا اليسير، فقال: إني لا أطعم أضيافي الغاب، فأقمنا عنده أيامًا والسماء تمطر وهو يفعل كذلك، فلما أردنا الرحيل وضعنا في بيته مائة دينار وقلنا للمرأة: اعتذري لنا منه، ومضينا، فلما توسط النهار إذا رجل يصيح خلفنا: قفوا أيها الركب اللئام أعطيتمونا ثمن القرى، لتأخذنها وإلا طعنتكم برمحي، فأخذناها وانصرف.

حجظة البرمكي

قال أبو الحسن المعروف بجحظة البرمكي:

أنا ابن أناس موَّل الناس جودهم
فأضحوا حديثًا للنوال المشهرِ
فلم يخلُ من إحسانهم لفظ مخبرٍ
ولم يخلُ من تقريظهم بطن دفترِ

وصف المعروف والكرم

قال رجل من فزارة يصف المعروف والكرم:

وإلا يكن عظمي طويلًا فإنني
له بالخصال الصالحات وصول
ولا خير في حسن الجسوم ونبلها
إذا لم تزن حسن الجسوم عقول
إذا كنت في القوم الطوال علوتهم
بعارفة حتى يقال طويل
وكم قد رأينا من فروع كثيرة

تموتَ إذا لم تجنهن أصول
ولم أرَ كالمعروف أما مذاقه
فحلوٌ وأما وجهه فجميل

وقال أبو دلف العجلي:

أجود بنفسي دون قومي رافعًا
لما نابهم قدمًا وأغشى الدواهيا
وأقتحم الأمر المخوف اقتحامه
لأدرك مجدًا أو أعاد ثاويًا

المتوكل وإبراهيم بن المدبر

قال إبراهيم بن المدبر: مرض المتوكل مرضًا خيف عليه منه، ثم عوفي وأذن للناس في الوصول إليه فدخلوا على طبقاتهم كافة ودخلت معهم، فلما رآني استدناني حتى قمت وراء الفتح ونظر إليَّ مستنطقًا فأنشدته:

يومٌ أتانا بالسرور
فالحمد لله الكبير
أخلصت فيه شكره
ووفيت فيه بالنذور
لما اعتللت تصدعت
شُعب القلوب من الصدور
من بين ملتهب الفؤا
د وبين مكتئب الضمير
يا عدَّتي للدين وال
دينا وللخطب الخطير
كانت جفوني شرَّة ال
آماق بالدمع الغزير
لو لم أمت جزعًا لعم
رُك إنني عين الصبور
يومي هنا لك كالسني
ن وساعتي مثل الشهور
يا جعفر المتوكل ال
عالي على البدر المنير
اليوم عاد الدين غضَّ
العود ذا ورق نضير

واليوم أصبحت الخلا
فة وهي أرسى من ثبير
قد حالفتك وعاقدت
ك على مطاولة الدهور

فقال المتوكل للفتح: إن إبراهيم ينطق عن نية خالصة وودٍّ محض وما قضينا حقه، فتقدم بأن يحمل إليه الساعة خمسون ألف درهم.

أبو سعيد وأبو تمام الشاعر

قال أبو تمام يمدح أبا سعيد وكان قد أجازه وأكرم مثواه:

أبا سعيد وما وصفي بمتهم
على المعالي وما شكري بمخترم
لئن جحدتك ما أوليت من حسن
إني لفي اللؤم أحظى منك في الكرم
أمسى ابتسامك والألوان كاسفة
تبسم الصبح في داج من الظلم
كذا أخوك الندى لو أنه بشر
لم يلف طرفة عين غير مبتسم
رددت رونق وجهي في صحيفته
ردَّ الصقال بهاء الصارم الخذم
وما أبالي وخير القول أصدقه
حقنت لي ماء وجهي أو حقنت دمي

الواثق وحسين بن الضحاك

حدث إبراهيم بن الحسن بن سهل، قال: كنا مع الواثق بالفاطول وهو يتصيد فصاد صيدًا حسنًا من الأوز والدراج وطير الماء وغير ذلك، ثم رجع فتغذى ودعا بالجلساء والمغنين وطرب، وقال: من ينشد؟ فقام الحسين بن الضحاك فأنشده:

سقى الله بالفاطول مسرح طرفكا
وخص بسقياه مناكب قصركا

حتى انتهى إلى قوله:

تحين للدراج في جنباته

وللعز آجالٌ قدرن بكفكا
حتوفًا إذا وجهتهن قواضبا
عجالًا إذا أغريتهن بزجركا
أبحت حمامًا مصعدًا ومصوبًا
وما رمت في حاليك مجلس لهوكا
تصرف فيه بين نأى ومسمع
ومشمول من كف ظبي لسقيكا
قضيت لبانات وأنت مخيم
مريح وإن شطت مسافة عزمكا
وما نال طيب العيش إلا مودعٌ
ولا طاب عيش نال مجهود كدكا

فقال الواثق: ما بعد الراحة ولذة الدعة شيءٌ، فلما انتهى إلى قوله:

خلقت أمينَ الله للخلق عصمةً
وأمنًا فكلٌ في ذراك وظلكا
وثقت بمن سماك بالغيب واثقًا
وثبت بالتأييد أركان ملككا
فأعطاك معطيك الخلافة شكرها
وأسعد بالتقوى سريرة قلبكا
وزادك من أعمارنا غير منةٍ
عليك بها أضعاف أضعاف عمركا
ولا زالت الأقدار في كل حالة
عداة لمن عاداك سلمًا لسلمكا
إذا كنت من جدواك في كل نعمة
فلا كنت إن لم أفن عمري بشكركا

فطرب الواثق وضرب الأرض بمخصرة كانت في يده وقال: لله درك يا حسين ما أقرب قلبك من لسانك، فقال: يا أمير المؤمنين جودك ينطق المفحم بالشعر والجاحد بالشكر، فقال له: لن تنصرف إلا مسرورًا وأمر له بخمسين ألف درهم.

المتوكل وإبراهيم بن العباس

لما عقد المتوكل لولاة العهود من ولده ركب بسر من رأى ركبة لم يرَ أحسن منها وركب ولاة العهود بين يديه والأتراك بين أيديهم الطبرزينات المحلاة بالذهب، ثم نزل في الماء فجلس فيه والجيش معه في الجوانحيات وسائر السفن، وجاء حتى نزل في القصر الذي يقال له العروس وأذن

للناس فدخلوا إليه، فلما تكاملوا بين يديه مثل إبراهيم بن العباس بين الصفين فاستأذن في الإنشاد فأذن له فأنشد:

ولما بدا جعفرٌ في الخميس
بين المطل وبين العروس
بدا لابسًا بهما حلةً
أزيلت بها طالعات النحوس
ولما بدا بين أحبابه
ولاة العهود وغرس النفوس
غدا قمرًا بين أقماره
وشمسًا مكللة بالشموس
لإيقاد نارٍ وإطفائها
ويومٍ أنيقٍ ويوم عبوس

ثم أقبل على ولاة العهود فقال:

أضحت عرى الإسلام وهي منوطةٌ
بالنصر والإعزاز والتأييدِ
بخليفةٍ من هاشم وثلاثة
كنفوا الخلافة من ولاة عهود
قمرٌ توافت حوله أقماره
فخففن مطلع سعدِه بسعودِ
رفعتهم الأيام وارتفعوا بها
فسعوا بأكرم أنفسٍ وجدود

الملك المؤيد وصفي الدين الحلي

حمل الملك المؤيد عماد الدين إسماعيل إلى صفي الدين الحلّي تحفًا وكسوات البيت ومهماته، فقال يمدحه ويشكر فضله:

جزاك الله من حسناك خيرًا
وكان لك المهيمن خير راعِ
فقد قصرت بالإحسان لفظي
كما طولت بالإنعام باعي
فأخرني الحياء وليس يدري
جميع الناس ما سبب امتناعي
فأشكر حسن صنعك في اتصال

وخطوي نحو ربعك في انقطاع
وقافية شبيهُ الشمس حسنًا
تردد بين كفي واليراع
لها فضلٌ على غرر القوافي
كما فضل البقاع على البقاع
غدت تثني على علياك لما
ضمنت لربها نجح المساعى
قدمت ولا برحت مدى الليالي
سعيد الجدِّ ذا أمرٍ مطاعِ

البحتري وأبو تمام

قال البحتري: قال لي أبو تمام: بلغني أن بني حميد أعطوك مالًا جليلًا فبم مدحتهم؟ فانشدني شيئًا منه، فأنشدته، فقال لي: كم أعطوك؟ فقلت: كذا، فقال لي: لقد ظلموك وما وفوك حقك، والله فإن بيتًا منها خير مما أخذت، ثم أطرق قليلًا فقال: لعمري لقد مات الكرم وذهب الناس وغاضت المكارم وكسدت أسواق الأدب، أنت والله يا بني أمير الشعراء، غدًا بعدي، فقمت فقبّلت رأسه ويديه ورجليه، وقلت: والله إن هذا القول أسرُّ إليَّ مما وصل منهم.

طاهر بن محمد والبحتري

من أخبار البحتري أنه كان بحلب شخص يقال له طاهر بن محمد الهاشمي مات أبوه وخلف له مقدار مائة ألف دينار فأنفقها على الشعراء والزوار في سبيل الله، فقصده البحتري من العراق فلما وصل إلى حلب، قيل له: إنه قعد في بيته لديون ركبته، فاغتم البحتري لذلك غمًّا شديدًا وبعث المدح إليه مع بعض مواليه، فلما وصلته ووقف عليها بكى ودعا بغلام له، وقال: بع داري، فقال له: أتبيع دارك وتبقى على رءوس الناس، فقال: لا بد من بيعها، فباعها بثلاثمائة دينار، فأخذ صرة وربط مائة دينار وأنفذها إلى البحتري وكتب إليه معها رقعة فيها هذه الأبيات:

لو يكون الحباءُ حسب الذي أن
ت لدينا به محلٌ وأهلُ
لحثيت اللجين والدر واليا
قوت حثوًا وكان ذاك يقلُّ
والأديب الأريب يسمح بالعذ
رِ إذا قصرَ الصديق المقلُّ

فلما وصلت الرقعة إلى البحتري رد الدنانير وكتب إليه:

بأبي أنت والله للبر أهل

والمساعي بعد وسعيك قبل
والنوال القليل يكثر إن شا
ء مرجيك والكثير يقل
غير أني رددت برَّك إذ كا
ن ربًا منك والربا لا يحل
وإذا ما جزيت شعرًا بشعرٍ
قضى الحق والدنانير فضل

فلما عادت الدنانير إليه حلَّ الصرة وضم إليها خمسين دينارًا أخرى وحلف أن لا يردها عليه وأرسلها، فلما وصلت إلى البحتري أنشأ يقول:

شكرتك إن الشكر للعبد نعمةٌ
ومن يشكر المعروف فالله زائده
لكل زمان واحدٌ يقتدى به
وهذا زمان أنت لا شك واحده

رب المروءة والفقير

حُكِي أن أحد أصحاب المروءة كان له جار فقير، فبينما كان ذات يوم مارًّا بدار ذاك الرجل إذ سمع ابنته تقول لأمها: يا أمي ليس عندنا الليلة ما نأكله، فقالت لها أمها: صبرًا لعل الله يشفق علينا فينقذنا من مخالب الجوع، فلما سمع الرجل ذلك بكى من الحنان، وقال لابنةٍ له: خذي هذه الدراهم إلى بيت فلان جارنا ولا تدعي أحدًا يراك أو يعلم بما تفعلين، فذهبت الابنة إلى بيت الفقير فرأت بنته في الباب فأعطتها الصرة وقالت ساترة وجهها: خذي هذه الدراهم، فسألتها عن اسمها فلم تجب، فعادت إلى أمها بتلك الصرة، فقالت لها: من أعطاك هذه؟ فقالت: لا أعلم لأن الذي دفعها إليَّ كان متنكرًا، فأخذت تدعو وأهل البيت لذلك الرجل المحسن الذي بعثه الله إليهم من حيث لا يدرون.

عنترة وشداد وسمية

غضب شداد يومًا على ابنه عنترة وكان قد وشي به إليه أحد حاسديه، فهمَّ بضربه وكان فتًى صغيرًا، فمنعته سمية فلم يمتنع بل نزل عليه بسوط كان في يده، فلما رأت سمية ذلك فاض دمعها وتحدر وأمسكت السوط بيدها فدفعها شداد في صدرها وأراد أن يضربها، فألقت نفسها على عنترة فجذبها فوقع الرداء عن رأسها وبقيت مكشوفة الرأس منزعجة الحواس وقالت: والله ما أمكنك من ضربه حتى تضربني قبله، فرمى السوط من يده، وقال: ويلك يا سمية تهتكين نفسك لأجل هذا العبد ولا تدعيني أصل إليه وقد كنت قبلًا تحرضيني عليه، فما الذي أوجب هذه المحبة، فخجلت سمية وأنشدت تقول:

حاشا لربة بيت منك صالحةٍ
كفت يديك فعادت منك بالخجلِ
تنزه العبد عن أمر عنيت به
حاشا لعنتر من شينٍ ومن زلل
هذا الشجاع الذي عاينت مشهده
يوم النزال كمثل الضيغم البطل
لولاه ما كان في الأحياء من رجل
يخلص المال من أعداك بالعجل
لما أتتنا خيول القوم غائرةً
من آل قحطان مثل العارض الهطل
أجارنا وحمانا بعدما ملكت
منا البنات ونجانا من الوجلِ
فخله فهو ليثٌ في عزيمته
يحمي الحريم ولا يخشى من الأجل
ليث الحروب ونار الحرب موقدةٌ
يلقى الرجال بقلبٍ قدَّ مذ جبل

هذا الهزبر الذي عاينت مشهده
عند اختلاف القنا والطعن بالأسل
لولاه قد كانت الأعداء مالكة
رقابنا وتشتتنا من الحلل

ثم قالت له: لقد هاجمنا بنو قحطان فسبوا نساءنا وكادوا أن يقتلونا لولا عنترة البطل الهمام، أفيجمل في شرع المروءة أن نعامله على ما فعل بهذه المعاملة القاسية ثم أنشدت:

شداد لو ترني والوجه مكشوفُ
وثقل ردفي وراء القوم مردوفُ
وعبلة أردفوها من ورا بطل
ودمعها سائلٌ في الخد مذورف
نساءُ عبس حيارى لا سبيل لها
قناعهنَّ عن الوجناتِ مكشوف
حتى العبيد الألي من حولهم هربوا
وكل عبدٍ تولى وهو ملهوف
فخاضها عنترٌ والشوس ثائرة
وأفقها بغبار الحرب ملفوف
وصاننا وحمانا بعد غربتنا
مع الرجال وعِرض الكل مقذوف

فرق قلبه لعنترة وفكه من الوثاق وقد عجب من كتمانه ذلك وانقياده إلى الكتاف ثم اعتذر له وأطلقه.

عنترة بن شداد عند كسرى

كان عنترة بن شداد عند كسرى أنوشروان وكان مكرمًا عنده فحسده بعضهم وهَمَّ بقتله، فلما بلغ كسرى ذلك غضب وأمر بقتل ذاك الرجل، وقال لمن حوله: إن هذا يُفْدَى بألوف من البشر ويستحق أن يُكرم ويعتبر، فامتثل عنترة بين يديه، وقال: مولاي بالله لا تفعل فإن إحسانك قد سبق والعفو بمثلك أليق وأنا قد عزمت على الرحيل، وما أشتهي أن يَذْكُرَنِي أحد إلا بالجميل، فعجب كسرى من حسن أدبه وبَشَّ في وجهه ثم عفا عن الرجل، وبعد قليل دخل كسرى إلى بستان حافل بالأشجار مزدان بأحاسن الأزهار فنصب له فيه خيمة فجلس، وعنترة إلى جانبه وقد قدم لهم الشراب، وجهزت الأطعمة، فنهض المنذر وقال: أنشدنا يا أبا الفوارس شيئًا من الشعر فأنشد:

يا أيها الملك الذي راحاته
قامت مقام الغيث في أزمانه
يا قبلة القصاد يا تاج العلى
يا بدر هذا العصر في كيوانه

يا مخجلًا ضوء السماء بجوده
يا منقذ المحزون من أحزانه
المظهر الإنصاف في أيامه
بخصاله والعدل في بلدانه
يا ساكنين ديار عبس إنني
لاقيت من كسرى ومن إحسانه
ما ليس يوصف أو يقدَّر أو يفي
أوصافه أحد بوصف لسانه
ملك حوى رتب المعالي كلها
بسمو مجد حل في إيوانه
مولى به شرف الزمان وأهله
والدهر نال الفخر من تيجانه
فغدوت في ربع خصيب عنده
متنزهًا فيه وفي بستانه
ونظرت بركته تفيض وماؤها
يحكي مواهبه وجود بنائه
في مربع جمع الربيع بربعه
في كل فن لاح في أفنانه
وطيوره من كل نوع أنشدت
جهرًا بأن الدهر طوع عنانه
ملكٌ إذا ما جال في يوم اللقا
وقف العدوُّ محيرًا في شانه
والنصر من جلسائه دون الورى
والسعد والإقبال من أعوانه
فلأشكرنَّ صنيعه بين الورى
وأطاعن الفرسان في ميدانه

فطرب كسرى ومن حضر، وقال له المنذر: حياك الله يا شاعر العرب، ما أرق شعرك وأعذب، ولما أراد عنترة الرحيل قال له كسرى: لو أعطيك يا عنترة على كل بيت ألف دينار لكان قليًلا في مقابلة أبياتك الحسان، لأن العطايا تنفد ومدحك يبقى على طول الزمان، فاطلب ما شئت وأطلق في ميدان الطلب لسانك، فشكره عنترة، وقال: لقد كفيت أيها الملك بجودك عن طلب المال، ولكن إذا تلطف الملك وتكرم انطلق لسان العبد وتكلم، فإني قد بلغت بإحسانك هذه الرتب العليا ولا أعود إلا بما أفتخر به على الغير وأزين به ابنة عمي عبلة بنت مالك فأمر له كسرى بتاج من الذهب وجواهر كريمة وحلي.

عنترة والأسد عند كسرى

لما أسر كسرى عنترة في أحد حروبه وأشار عليه الوزير بقتله أمر أن يؤتى له بأسد كان قد ذخره لمثل هذه الحال، وبينما كان عنترة ينتظر ذاك الأسد وإذا به قد أقبل رافلًا بالزناجير ومن حوله رجال كثيرة تقوده إليه، فهجم عليه عنترة مشهرًا الحسام وأنشد يقول:

يا ليث احذر أن تكون جزوعًا
واحمل عليَّ فلست منك مروعا
أقبل إليَّ فإنني لا أنثني
عن قتل مثلك أو أكون هلوعا
إن كنت تزعم أن وجهك عابسٌ
فأنا العبوس ولا أكون شنيعا
اليوم تضحى في الفلات مجندلًا
وتخرُّ في هذا المكان سريعا

وما زال يجاوله حتى استمكن منه فأهوى عليه بسيفه فخرَّ صريعًا، فعجب كسرى من شجاعته وقبَّلَهُ بين عينيه ثم أطلقه وأمر له بأحسن الهدايا وأجمل التحف.

عنترة بن شداد وسمية

مر عنترة يومًا بأرض بني غيلان وقد اشتد الحرُّ وسطعت الشمس فعكف على شجرة يستظل بها مع أخيه شيبوب، فما لبث أن سمع أنين حزن وقائلًا يقول: «قاتلك الله يا مالك ما أقساك»، ثم سمع صوتًا أقوى ورجلًا يترنم بهذه الأبيات:

يا أمّ داوي كبدي
بالماء من حر الظما
وابكي عليّ إنني
قد مل جسمي السقما
قد كان دمعي منجدي
واليوم قد صار دما
وزاد جسمي سقما
وذاب قلبي ألما
حمامة الوادي اهتفي
وساعدي المتيما
نوحي عليَّ واصنعي
على بلائي مأتما
بحرمة العهد الذي
حفظت فيه الذمما
إن سألتك عبلة

قولي لها: قد عدما
واليوم يقضي نحبه
شوقًا إلى ذاك الحمى
يا عبل ما خلى الهوى
من رسم جسمي علما
والجسم مني قد وهى
والصبر مني انصرما
لما رأيت عبلة
مسبيةً سبي الأما
لكن بهذا قد قضى
في حكمه ربُّ السما

فلما سمع عنترة ذلك ظن نفسه في حلم ومال إلى الصوت ميل الآسف الحنون فرأى بجانب نهر أمة سوداء بين يديها غلام شاب تارةً يغمض عينيه وطورًا يشير بيديه والأمة قاعدة إلى جانبه تبكي وتقبل وجهه حزنًا وحنانًا، فدنا منها عنترة، وقال: يا أمة الله، ما بال هذا الفتى خامد الأنفاس لا يسمع مقالًا ولا يلتفت يمينًا ولا شمالًا، فقالت له الأمة: والله يا وجه العرب ما كانت هذه حاله وإنما الأيام تأتي بالعجب فقال: ومن يكون هذا الفتى، قالت: عنترة واسم أمه زبيبة، وبينما كان يومًا يرعى الجمال إذ رأى فتاة حسناء تدعى عبلة فوقع حبه في قلبها، فهجم على أحيائها يومًا الأمير يقظان بن جياش بن مزاحم فقتل أهلها وأخذها سبية له وهو مقيم في ذاك السواري وغادر هذا المسكين هائمًا حزينًا لا يعرف هداه ولا يرى له ناصرًا على أعداه، فعجب عنترة من ذي المشابهة وتوارد الأسماء والحوادث ووعدها خيرًا، ومضى نحو ذاك الفارس وإذا به يشرب الخمر والجارية لديه تبكي وتنتحب وقد همت أن تلقي نفسها حزنًا إلى الأرض وهي تصيح بأعلى صوتها: «لن تنال أيها النذل مني منالًا، فوالله لا خنت ابن عمي عنترة ولو قطعتني إربًا».

فلما سمع عنترة كلامها خيل له أن عبلة تناديه من فمها فهجم عليه هجمة الأسد وقتله شر قتلة وأنقذ الفتاة من شره وردها إلى حبيبها.

مارية أم الحارث وحسان بن ثابت

قال حسان بن ثابت الشاعر يمدح مارية وآل جفنة بهذه الأبيات:

لله درُّ عصابة نادمتهم
يومًا بجلق في الزمان الأولِ
أولاد جفنة حول قبر أبيهم
قبر ابن مارية المعز المخول
يسقون من ورد البريص عليهم
بردى يصفق بالرحيق السلسل

بيض الوجوه كريمة أحسابهم
شم الأنوف من الطراز الأول
يغشون حتى ما تهر كلابهم
لا يسألون عن السواد المقبل

عفو عمرو بن الحارث

حارب عمرو بن الحارث قومًا من العرب وسبى نساءهم وأولادهم، وكان من جملة من سبي أخت عمرو بن الصعق العدواني، فلم يشعر إلا وأخوها قد وقف به وأنشد:

يا أيها الملك المهيب أما ترى
صبحًا وليلًا كيف يختلفان
هل تستطيع الشمس أن يؤتى بها
ليلًا وهل لك بالصباح يدان
فاعلم وأيقن أن ملكك زائل
وكما تدين تدان عقد رهان

فوقعت هذه الأبيات في قلبه، وقال له: أمنك الله على من لك عندي وأمن كل الناس على من وقع لهم من السبايا وجنح عن عزمه.

عروة بن الورد

ويلقب أيضًا بعروة الصعاليك لأنه كان يعول الضعيف والمريض في دياره ويقضي حوائجهم ومن قوله في المعروف:

ومكروب كشفت العار عنه
بضربة صارم لما دعاني
وقلت له أتاك أتاك فانهض
شجاع حين ينهض غير واني
فما أنا عند هيجا كل يوم
بمسلوب الفؤاد ولا جباني
يصافينا الكريم إذا التقينا
ويبغضني اللئيم إذا رآني

زهير وبنو عامر

لما بلغ زهيرًا خبر قتل ابنه شاس في أحياء بني عامر زحف بعسكر جرار لمحاربتهم وأخذ الثأر، فلما بلغوا ديارهم تقدم إلى الملك زهير ملاعب الأسنة غشم بن مالك أمير بني عامر، وقال: أيها الملك فيم أتيت أرضنا؟ فإن كنت زائرًا فعلى الرحب والسعة، وإن جئت متصيدًا فأهلًا وسهلًا بك، فقال زهير: لا والله ما جئتكم زائرًا ولا متصيدًا، إنما جئت لأخذ الثأر ممن قتلوا ولدي شاسًا، قال: وما الذي غير ما بيننا من الوداد، قال: قتل شاس ولدي في أحيائكم، قال غشم: ومن قتل ولدك وأحرق عليه كبدك؟ ومن أعلمك بذلك الخبر؟ قال: عبده سالم بن مسهر، قال: وهل تريد أن تأخذ البريء بالسقيم وتصدق فينا قول عبد زنيم؟ ولو فرضنا أنه صادق فكم يجوز أرضنا ليلًا من سلال وسارق وربما أدرك ولدك برجل غريب ففعل به ما فعل ولم يخش محذورًا، فإن شئت أن تعاملنا بالجفاء بعد الوداد والصفاء فمعاذ الله أن نغير ما بيننا وبينك من المحبة والوفاء، فكن بنا متلطفًا وارحم الأرامل والضعفاء، فلما سمع الملك زهير قوله رق لهم وعفا عنهم خوفًا من عاقبة البغي وعاد على أعقابه.

الجود والأجواد

قيل لأعرابي: ما القرى؟ فقال: نار يعلو شرفها وخيمة يوطأ كنفها، وقيل: تلقى النزيل بالوجه الجميل، وقال الله تعالى في مدح قوم: وَيُطْعِمُونَ الطَّعَامَ عَلَىٰ حُبِّهِ مِسْكِينًا وَيَتِيمًا وَأَسِيرًا (الإنسان: ٨)، وقال النبي ﷺ: «إذا نزل الضيف بقوم نزل برزقه وإذا ارتحل عنهم ارتحل بذنوبهم». وقيل لبعضهم: ما الكرم؟ فقال: طعام مبذول ونائل موصول ووفاءٌ لا يحول، وقال الإمام علي: لأن أختبز صاعًا أو صاعين فأدعو إليه نفرًا من إخواني أحب إليَّ من أن أعتق رقبة. وقال الواثق يومًا لأحمد بن أبي داود تضجرًا لكثرة حوائجه: قد خلت بيوت المال لطلباتك للائذين بك والمتوسلين إليك، فقال: يا أمير المؤمنين هي نتائج شكرها متصل بك وذخائر أجرها مكتوب لك وما لي من ذلك إلا أن أخلد المدح فيك، فقال: أحسنت وشفعه. وقيل للأحنف: ما السخاء؟ قال: الاحتيال للمعروف، قيل: فما اللؤم؟ قال: الاستقصاء على الملهوف. وقيل: السخي من كان بماله متبرعًا وعن مال غيره متورعًا. وقيل للصوفي: مَن الجواد من الناس؟ فقال: الذي يؤدي ما افترض عليه، وقيل للحسن: مَن السخي؟ فقال: من لو كانت الدنيا له فأنفقها لرأى عليه بعد ذلك حقوقًا. وقال بعضهم: الناس أربعة: جوادٌ وهو الذي يعطى حظ دنياه وآخرته، بخيل وهو الذي لا يعطى واحدًا منها، مسرف وهو الذي جعل ماله لدنياه، مقتصد وهو الذي أعطى كلًا بقدره. وقال الله تعالى: وَمَا تَفْعَلُوا مِنْ خَيْرٍ يَعْلَمْهُ اللهُ (البقرة: ١٩٧). وقال النبي ﷺ: «أهل المعروف في الدنيا أهل المعروف في الآخرة»، وقال: «السخاء شجرة من أشجار الجنة أغصانها متدلية في الدنيا فمن أخذ بغصن من أغصانها أداه إلى الجنة والبخل شجرة من أشجار النار فمن أخذ بغصن من أغصانها أداه إلى النار». وقال ابن عباس: صاحب المعروف لا يقع وإن وقع وجد متكأ. وقيل لأحد الحكماء ما الذي يشبه فعل الله من أفعال العباد؟ فقال: الإحسان إلى الناس. وقال النبي ﷺ: (تجافوا عن ذنب السخي فإن الله تعالى آخذ بيده).

وقال: سادة الدنيا في الدنيا الأسخياء وفي الآخرة الأتقياء. وقيل: من بذل الدراهم أحبه الناس طوعًا أو كرهًا، وقيل لحكيم: هل شيء خير من الدراهم؟ قال: معطيها. وقيل للحسن: كيف نزلت بالأطراف؟ فقال: هي منازل الأشراف يتناولون من أرادوا بالقدرة عليه ويتناولهم من أرادهم

بالحاجة إليهم. وقيل لبعض من اتخذ دعوة: أسرفت، فقال: ليس في الشرف إسراف. وقال المزني: إذا أتاك ضيف فلا تدعه ينتظر ما ليس عندك وتمنعه ما هو عندك بل قدم إليه وأحضر، وقيل: الضيف إلى القليل العاجل أحوج منه إلى الكثير الآجل. وقال النبي ﷺ لبعض نسائه: (آكلي ضيفك فالضيف يستحي أن يأكل وحده)، وقال: (من كان يؤمن بالله واليوم الآخر فليكرم ضيفه)، ونزل ضيف بجعفر بن أبي طالب متنكرًا، فعاونه غلمانه عند نزوله، فلما أراد الارتحال لم يعنه غلامٌ، فشكاهم فقال: إن غلماننا لا يعينون على الارتحال عنا. وقال ابن عون: ما رأيت أسخى بالطعام من الحسن وابن سيرين لأن الحسن يقول: الطعام أهون من أن يحلف عليه، وابن سيرين يقول: أقسمت لتأكلن. وقال ابن عباس: ما من داخل إلا وله حيرة فأبدؤه بالسلام،وما من مدعو إلى طعام إلا وله حشمة فأبدؤه بالملاطفة. وقيل: محادثة الإخوان تزيد لذة الضيف الآكل، وقال النبي ﷺ: (شركم من أكل وحده وضرب عبده ومنع رفده). وقيل لأعرابي: ممن أنت؟ قال: ممن لا يزجر وفودهم ولا يُسِّر وقودهم، وسُئل آخر. فقال: ممن يهتدي برأيه الصحب ويستدل بناره الركب. وقال أحدهم يصف قومًا كرامًا: لهم نار وإربه الزناد قديمة الولاد تضيء لها البلاد ويحيا بها العباد. قال الأصمعي لبعض الأعراب: ما تعرفون من مكارم الأخلاق، قال: نضيء نارنا للضيف ولا تنبح كلابنا ونقريه وجوهنا قبل طعامنا. قال النبي ﷺ: (من كان عليه يد فليكافئ عليها فإن لم يفعل فليثنين عليه فإن لم يفعل فقد كفر النعمة). وقال البحتري:

يزيد تفضلًا وأزيد شكرًا
وذلك دأبه أبدًا ودأبي

ولبعض الأدباء:

لأملأن لسان الشكر فيك فقد
أطلقته بفعال ملؤها كرم

بعث المنصور إلى شيخ من بطانة هشام فاستحضره وسأله عن تدبير هشام وأحواله، فأقبل الشيخ يقول: فعل رحمه الله وقال يوم كذا رحمه الله، فقال المنصور: قم لعنك الله أتطأ بساطي وتترحم على عدوي، فقال الشيخ: إن نعمة عدوك لقلادة في عنقي لاينزعها ممر الأيام، فقال المنصور: ارجع إلى حديثك فإني أشهد أنك غرس شريف وابن حرة كريم، وأجازه.

لما قتل مسلمةُ بن عبد الملك يزيدَ بن المهلب أمر بأن يحضر الشعراء ليقولوا في ذلك، فلم يألوا أن ذكروه بأقبح ما قدروا عليه ما خلا رجلًا من بني دارم فإنه قال: لا أذم رجلًا لا أملك ربعًا ولا مالًا ولا أثاثًا إلا منه ولو قُطعت إربًا إربًا، ولقد رثيته بأحسن ما يُرثى به رجل وأنشد الأبيات. فجزاه سليمان خيرًا، وقال: إذا اصْطنع فليصطنع مثل هذا.

وقال أحدهم يمدح كريمًا أجازه:

فإن يكُ أربى عفو شكرك عن يدي

أناس فقد أربى نداه على شكري

وقد أجاد أبو نواس في هذا المعنى:

أنت امرؤ جللتني نعمًا
أوهت قوى شكري فقد ضعفا
لا تسدين إليَّ عارفةً
حتى أقوم بشكر ما سلفا

وقد أبدع البحتري في قوله:

أخجلتني بندى يديك وسودت
ما بيننا تلك اليد البيضاء
وقطعتني بالجود حتى إنني
متخوف أن لا يكون لقاء

وقال:

إيهًا أبا الفضل شكري منك في نصب
أقصر فما لي في جدواك من إرب
لا أقبل الدهر نيلًا لا يقوم له
شكري ولو كان مسديه إليَّ أبي

وقال الشمردلي يمدح كريمًا:

أياديك لا تخفى مواقع صوبها
فتعفو إذا ما ضيع الحمد والشكر
وهل تستطيع الأرض من بعدما انطوت
على ريها إنكار ما فعل القطر

وقال آخر:

هب الروض لا يثني على الغيث نشره
أمنظره تخفى مآثره الحسنا

ولغيره:

لا يقبلون الشكر ما لم ينعموا
نعمًا يكون لها الثناء تبيعا

وللسموءل:

تعيرنا أنَّا قليل عديدنا
فقلت لها: إن الكرام قليلُ
وما ضرنا أنَّا قليل وجارنا
عزيز وجار الأكثرين ذليل

ولآخر:

فما بلغت أيدي المنيلين بسطة
من الطول إلا بسطة الشكر أطول
ولا رجحت في الوزن يومًا صنيعة
على المرء إلا منة الشكر أثقل

لما جعل ابن الزيات في التنور قال له خادمه: يا سيدي قد صرت إلى ما صرت وليس لك حامد، قال: وما نفع البرامكة، قال: ذكرك لهم الساعة، فقال: صدقت، وقال أشجع يمدح قومًا كرامًا:

مدحناهم فلم ندرك بمدح
مآثرهم ولم نترك مقالا

وقال ابن الحجاج الشاعر:

هو البحر إن حدثت عن معجزاته
ضعفت عن استغراق تلك العجائب
وإن رام شعري أن يحيط بوصفه
أحاط بشعري العجز من كل جانب

وقال: نصيب الأصغر يمدح الفضل بن يحيى:

ما لقينا من جود فضل بن يحيى
ترك الناس كلهم شعراء

وقيل لذي الرمة: لم خصصت ملالًا بمدحك؟ قال: لأنه وطأ مضجعي وأكرم مجلسي فاستولى بذلك على شكري ومدحي.

وقال أحدهم يمدح كريمًا:

إن جدَّ معني فمن جدواه معتصر
أو جلّ لفظٌ فمن علياه مهتصرُ

ب ربطت له فما تعقد إلا على وده ولا تنطق إلا
، ضرورة إلى مدحك وأن يسلفك حسن الثناء من

ي عليًّا بواحد
، والجود واحد

علوا مجد غيرهم
اق ورق الحمائم

ند الزهر قدمًا
، القلائد جيدك

ا حامدين لخالد
ت إليه صنائعه
أن يحمدوا الفتى
لاقه وطبائعه

ال:

نطقه العطايا
نقطع النوال

حام الناس على بابه وكثرة قصاده وطلابه. وقال

يزدحم الناس على بابه
والمنهل العذب كثير الزحام

وقال أعرابي: قصدت فلانًا فوجدت بابه كعرصة المحشر يهوي إليه كل معشر فداره مجمع العفاة ومربع المكرمات حاضرة الجود والحسب وهب.

دخل رجل على أبان بن الوليد فقال: أصلح الله الأمير أحفيت إليك الركاب وقطعت الهضاب وأخلقت الثياب، فقال أبان: ما دعاك إلى ذلك؟ أقرابة أم جوار أم عشرة متقدمة أم صلة سابقة فقال: لم يكن من ذلك شيء ولكني سمعت الناس ينشدون بيتًا قلته فيك فعلمت فيك خيرًا وهو:

وما شيم لي برق وإن كان نازحًا
فيخلف إذ بعض البوارق خلبُ

فأمر له بجمال ومال.

وأنشد بشار بن برد يمدح كريمًا:

دعاني إلى عمر جوده
وقول العشيرة بحر خضم
ولولا الذي خبروا لم يكن
لأحمد ريحانة قبل شم

وأنشد الموسوي:

دعاني إليك العزُّ حتى أجبته
ومن طلبته جمة الماءِ أوردا

ولآخر:

بلغت مرادي واطمأنت بي النوى
وقال لي الورَّاد أعشبت فانزل

وقال أبو النواس:

تقول التي من بيتها خف مركبي
غزيز علينا أن نراك تسيرُ
أما دون مصر للفتى متطلبٌ
بلى إن أسباب الغنى لكثير
ذريني أكثر حاسديك برحلة

إلى بلد فيه الخصيب أمير
فتى يشتري حسن الثناء بماله
ويعلم أن الدائرت تدور
فما جازه جودٌ ولا حلَّ دونه
ولكن يسير الجود حيث يسير

وقال آخر يمدح أميرًا:

وإذا المطيُّ بنا بلغن محمدًا
فظهورهنَّ على الرجال حرام
قربنا من خير من وطئَ الثرى
فلها علينا حرمة وزمام

وقال المتنبي يمدح كافورًا ويثني على كرمه:

قواصد كافور توارك غيره
ومن ورد البحر استقلَّ السواقيا
فجاءت به إنسان عين زمانه
وخلت بياضًا خلفها وإماقيا

وأنشد ابن الرومي:

أريد مكانًا من كريم يصونني
وإلا فلي رزق بكل مكان

•••

حصلت في عهد هشام مجاعة عظيمة، فدخل إليه وجوه الناس من الأحياء وفي جملتهم درواس بن حبيب العجلي وعليه جبة صوف مشتمل عليها بشملة قد اشتمل بها الصماء، فنظر هشام إلى صاحبه نظرة لائم في دخول درواس إليه وقال: أيدخل علي كل من أراد الدخول، وكان درواس مفوهًا فعلم أنه عناه، فقال درواس: يا أمير المؤمنين ما أخل لك دخولي عليك، ولقد شرفني ورفع قدري تمكني من مجلسك، وقد رأيت الناس دخلوا لأمر أحجموا عنه فإن أذنت في الكلام تكلمت، فقال هشام: لله درك تكلم، فما رأى صاحب القوم غيرك، فقال: يا أمير المؤمنين تتابعت علينا سنون ثلاث — أما الأولى فأذابت الشحم، وأما الثانية فأكلت اللحم، وأما الثالثة فانتقت المخ ومصت العظم ولله في أيديكم أموال فإن تكن لله فاعطفوا بها على عباد الله وإن تكن لهم فعلام تحجبونها عنهم؟! وإن تكن لكم فتصدقوا بها عليهم فإن الله يجزي المتصدقين ولا يضيع أجر المحسنين، فقال هشام: لله أنت ما تركت واحدة من ثلاث، وأمر بمائة ألف دينار فقسمت في الناس، وأمر لدرواس بمائة ألف درهم، فقال: يا أمير المؤمنين ألكل رجل من المسلمين مثلها، قال لا ولا يقوم بذلك بيت المال، فقال: لا

حاجة لي فيما يبعث على ذمك، فلما عاد إلى داره أمر بذلك فبعث إليه فقسم تسعين ألف درهم في تسعة من أحياء العرب وأبقى عشرة آلاف درهم فبلغ ذلك هشامًا فقال: لله دره إن صنيعة مثله تبعث على الاصطناع.

وقال ابن الرومي مفتخرًا:

زِني الناس حتى تعرفي عند وزنهم
إذا رفع الميزان كيف أميل

وأنشد جرير الشاعر:

إذا سركم أن تمسحوا وجه سابقٍ
جوادٍ فمدوا وابسطوا من عنانيا
ألا لا تخافا بنوتي في ملمة
وخافا المنايا أن تفوتكما بيا

قال أعرابي: أشد الأشياء مؤونة إخفاء الفاقة وأشد من ذلك السؤال إلى من يجبرها، وقال خالد بن صفوان: أشد من فوت الحاجة طلبها إلى غير أهلها وقال الأعشى:

حسب الكريم مذلة ونقيصة
أن لا يزال إلى لئيم يرغب

وقال آخر:

وإني لأرثي للكريم إذا غدا
على حاجة عند اللئيم يطالبه

وقيل: السؤال وإن قل ثمرة لكل نوال وإن جل، وقال الشاعر:

ما اعتاض باذل وجهه بسؤاله
عوضًا وإن نال الغنى بسؤال
وإذا السؤال مع النوال قرنته
رجح السؤال وخف كل نوال

وكان يجري على أبي العيناء رزق فتأخر عنه فتقاضاه مرارًا ثم تركه وقال: لا حاجة لي فيه فهو رقٌ لا رزق وبلاءٌ لا عطاء، ومحنة لا منحة.

وقال الشاعر:

وإذا ابتليت ببذل وجهك سائلًا
فابذله للمتكرم المفضال

قال النبي ﷺ: «اعتمد لحوائجك الصباح الوجوه فإن حسن الصورة أول نعمة تلقاك من الرجل».

كلم أعرابي خالد بن عبد الله وتلجلج في كلامه فقال: لا تلمني على الاختلاط فإن معي ذل الحاجة ومعك عز الاستغناء. وقال سعيد بن العاص: موطنان لا أعتذر من العي فيهما إذا سألت حاجة لنفسي وإذا كلمت جاهلًا. وسار الفضيل بن الربيع إلى أبي عباد في نكبة يسأله حاجة فارتج عليه، فقال له: يا أبا العباس بهذا اللسان خدمت خليفتين، فقال: إنا تعودنا أن نُسْأَلَ لا أن نَسأل وأنشد ابن الرومي:

نذكر بالرقاع إذا نسينا
ونذكر حين تمطلنا الكرام
فإن الأم لم ترضع صبيًّا
مع الإشفاق لو سكت الغلام

قال الإمام عمر بن الخطاب: إذا سألتمونا حاجةً فعاودونا فيها فإنما سميت القلوب لتقلبها، وأنشد بشار بن برد:

هززتك لا أنّي وجدتك ناسيًا
لأمري ولا أنّي أردت التقاضيا
ولكن رأيت السيف من بعد سله
إلى الهزِّ محتاجًا وإن كان ماضيًا

تواطأ أبو دلامة مع أم دلامة على أن يأتي هو المهدي فينعيها وتأتي على الخيزران فتنعيه، فأتى أبو دلامة المهدي وهو يبكي وأنشد:

وكنا كزوج من قطافي مفازة
لدى خفض عيشٍ مورقٍ ناضر رغدِ
فأفردنا ريبُ الزمان بطرقه
ولم نرَ شيئًا قط أوحش من فردِ

فقال له: ما بالك؟ فقال: ماتت أم دلامة وإني أحتاج إلى تجهيزها فدفع له مالًا، وأتت أم دلامة الخيزران وقالت: إن أبا دلامة مضى لسبيله، فاغتمت وأمرت لها بمال وأعطتها ثيابًا وطيبًا، ولما دخل المهدي على الخيزران قالت له: يا أمير المؤمنين إن أبا دلامة مضى لسبيله أبقى الله أمير المؤمنين وأم دلامة كانت عندي الساعة فأعطيتها التجهيز لزوجها، فقال المهدي: إن أم دلامة مضت لسبيلها وكان عندي أبو دلامة الساعة وأعطيته نفقة تجهيزها، فعجبًا ولم يصدقا حتى ذهبا إليهما فنظر المهدي فإذا بهما طريحين في أرض الدار فقال: لا بد أن أم دلامة ماتت قبل زوجها، قالت: بل أبو دلامة يا أمير المؤمنين، قال: وكيف ذلك وقد رأيته الساعة، فلما اشتد الخصام قال المهدي: أقسم

بشرفي إنَّ لمن أطلعني على الحقيقة خمسة آلاف درهم، فنهض أبو دلامة، وقال: أم دلامة ماتت قبلي يا أمير المؤمنين، فضحك المهدي ودفع إليه المال.

كان لأبي الأسود جبة خز قد تقطعت، فقال له معاوية: ما تمل لبسها، فقال: رب مملول لا يستطاع فراقه، فأمر له بمال.

قصد أبو الحسن الوراق سيفَ الدولة في جملة الشعراء فناوله درجًا يوهم أنه شعر له، فنشره سيف الدولة، فقال: ليس فيه شيء مكتوب. فقال سيدي يكتب فيه لعبده، فضحك وأمر له بمال.

قسم عبد الله بن عبيد مالًا بين بنيه، فقال له عبد صغير: أعطني أولًا، فقال له ولم؟ قال لأن الله تعالى يقول:الْمَالُ وَالْبَنُونَ زِينَةُ الْحَيَاةِ الدُّنْيَا (الكهف: ٤٦) فبدأ بالمال وأنا مالك، فأعطاه وقدمه.

وسأل أعرابي عبد الملك، فقال له: سل الله، فقال: سألته فأحالني عليك، فضحك منه وأعطاه.

وقال الشاعر:

وإذا طلبت إلى كريم حاجة
فلقاؤه يكفيك والتسليم
وإذا رآك مسلمًا عرف الذي
حملته وكأنه ملزوم

قال شريح: من سأل حاجة فقد عرض نفسه على الرق فإن قضاها المسئول استعبده بها وإن رده رجع حرًّا وهما ذليلان هذا بذل اللؤم وهذا بذل السؤال. وقال سعيد بن العاص: ما رددت أحدًا عن حاجة إلا تبينت العز في قفاه والذل في وجهي. وأدخل ابن السماك رجلًا إلى الفضل بن الربيع فقال: إن هذا بذل لك ماء وجهه فأكرم وجهك عن رده، وأنشد أبو تمام:

ما ماء كفك إن جادت وإن بخلت
من ماء وجهي إذا أفنيته عوض

وقيل: العجب لمن يشتري العبيد بالأموال ولا يشتري الأحرار بالنوال والأفضال، وقيل: ليس للأحرار ثمن إلا الإكرام فأكرمهم تملكهم.

وسئل خالد بن يزيد ما الجود؟، قال أن تعطي من سألك، فقال ابنه: يا أبتِ هذا هو كد المسألة إنما الجود أن تعطي من سألك ومن لم يسألك.

وقال محمد بن أبي عمران:

أجرني من ذلِّ السؤال وأعفِني
فكل عزيز في السؤال ذليل

وقيل: أهنأ المعروف عاجله، وقال أحدهم: إذا أوليتني نعمة فعجلها فإن النفس مولعة بحب العاجل، وقال مروان بن أبي حفصة:

فما نحن نخشى أن يخيب دعاؤنا
لديك ولكن أهنأ الجود عاجله

أقام أحدهم بباب ملك مدةً فلم يحظَ منه بشيء فكتب أربعة أسطر في رقعة، الأول: (الأمل والضرورة أقدماني عليك)، الثاني: (ليس على العدم صبر)، الثالث: (الرجوع بلا فائدة شماتة الأعداء). والرابع: (إما (نعم) مثمرة وأما (لا) ميئسة)، فكتب تحت كل سطر يعطى لكل منها أربعة آلاف درهم.

وأنشد المتنبي:

أبا المسك هل في الكأس فضلٌ أنا له
فإني أغنى منذ حين وتشرب
وهبت على مقدار كفي زماننا
ونفسي على مقدار كفيك تطلبُ
إذا لم تنط بي ضيعة أو ولايةً
فجودك يكسوني وشغلك يسلبُ

ومدح المتنبي كريمًا قد نأى عنه فقال:

فإن فارقتني أمطاره
فأكثر غدرانها قد نضب

وقال ابن الحجاج في كريم سأله:

نفسي تقي نفسك ما تشتكي
لمثل هذا اليوم أعددتكا
فأجرِ على العادة في بر من
يجريَ على العادة في شكركا

وفد أحد الشعراء على أمير من العرب فلم يلتفت إليه فأنشد:

ماذا أقول إذا انصرفت وقيل لي
ماذا أفدت من الجواد المفضل
فاختر لنفسك ما أقول فإنني
لا بد مخبرهم وإن لم أسألِ

فضحك الأمير وأجازه.

قال أعرابي لمعاوية أقمني على البصرة، قال: ما أريد بعاملها بدلًا، قال: أقطعني البحرين، قال ما لي إلى ذلك سبيل، قال: فمر لي بألف درهم، فأمر له، فقيل له: قد بالغت أولًا ثم انحططت، فقال: لولا طلبي كثيرًا ما أعطاني قليلًا.

قال خالد بن عبد الله لأعرابي قال فيه:

أخالد بين الأجر والحمد حاجتي
فأيهما تأتي وأنت جواد

سل ما بدا لك، فقال: مائة ألف درهم، قال: أسرفت، قال: ألف درهم، فقال خالد لا أدري أمن إسرافك أتعجب أم من حطك، فقال: إني سألتك على قدرك فلما أبيت سألت على قدري، فقال: إذًا والله لا تغلبني على معروفي، ودفع إليه ما طلب.

قال عبد الله بن جعفر: لا تستحي من إعطاء القليل فإن المنع أقل منه.

مدح مطيع بن إياس معن بن زائدة، فقال له: إن شئت أجزناك وإن شئت مدحناك، فاستحيا مطيع أن يختار الثواب وكره العدول إلى المدح فقال:

ثناء من أمير خير كسبٍ
لصاحب مغنم وأخي ثراءٍ
ولكن الزمان أطال دائي
وما مثل الدراهم من دواء

فضحك معن وأجازه.

قال بعض الخلفاء لسائل احتكم، فقال: يد أمير المؤمنين أبسط من لساني بالمسألة، فأجزل له العطية.

دخل أشعري على الرشيد وسأله، فقال: احتكم، فقال: أشعري يحتكم بعد أبي موسى، فضحك منه وأجازه.

دخل أعرابي على بائع تمر بالكوفة فقال:

رأيتك في النوم أطعمتني
قواصر من تمرك البارحه
فقلت لصبياننا أبشروا
برؤيا رأيت لكم صالحه
قواصر تأتيكم بكرة

وإلا فتأتيكم رائحه
فقل لي نعم إنها حلوةٌ
ودع عنك لا إنها مالحه

فأعطاه قوصرة تمر، وقال: أحب أن تتركني من هذه الرؤيا فإن رؤيا يوسف صدقت بعد أربعين سنة.

قال رجل لابن عباس أتيتك في حاجة صغيرة، فقال: هاتها فالحر لا يصغر عن كبير أخيه ولا يكبر عن صغيره.

قيل لبعضهم: أي الناس أحب إليك؟، قال: من أولاني معروفًا، قيل: فإن لم يكن، قال: من أوليته معروفًا، قال رجل لهشام: إن الله تعالى جعل العطاء محبة والمنع مبغضة فأعني على حبك، قال النبي ﷺ: «من اتصلت نعم الله عليه كثرت حوائج الناس إليه فمن لم يحتمل تلك المؤن عرّض لزوال النعم». قال خالد بن عبد الله: حوائج الناس إليكم نِعمٌ من الله عليكم فلا تملوا النعم فتتحول نقمًا، وأفضل الأموال ما أكسب أجرًا وأورث ذكرًا، قيل لحاتم: كيف تجد الجود في قلبك، فقال: إني لأجده كما يجده الناس ولكن أحمل نفسي على خطط الكِرام، وقيل: من جاد بماله فقد جاد بنفسه، وإن لم يجد بها فقد جاد بما لا قوام له إلا بها.

وصف رجل خالد بن عبد الله القسري بالشجاعة، فقال بعض من حضره: إن خالدًا لم يلقَ حربًا قط، فقال: الصبر على السخاء أشد من الصبر في الهجاء.

قال ابن أبي خالد: لا تعدَّن نفسك شجاعًا حتى تكون جوادًا فإنك إن لم تقوَ على أن تقاتل نفسك على البخل لم تقدر على عدوك بالقتل، وقيل: السخي شجاع والبخيل شجاع الوجه، وقال أبو تمام:

وإذا رأيت أبا يزيد في الوغى
ويداه تبدي غارة وتعيدا
أيقنت أن من السماح شجاعة
تدمي وإن من الشجاعة جودا

قالت امرأة لابنها: إذا رأيت المال مقبلًا فأنفق فإنه يحتمل، وإذا رأيته مدبرًا فأنفق فإن ذهابه فيما تريد أجدى من ذهابه فيما لا تريد.

قال وهب بن منبه: اتخذوا عند المساكين سيرًا فإن لهم دولة يوم القيامة. كان محمد بن كعب أصاب مالًا فقيل له: ادخره لولدك من بعدك، فقال: لا والله أدخره لنفسي وأدخر ربي لولدي.

وقال بشار بن برد في الجود:

أخالد إن الجود يبقي لأهله

جمالًا ولا تبقى الكنوز على الكد

وقال ابن مقبل:

وأيسر مفقود وأهون هالكٍ
على الحي من لا يبلغ الحي نائلهُ

قال أحدهم: أفضل الناس عيشًا من عاشت الناس في فضله.

قال المتنبي فيمن لا يكفه قول العاذل عن إنفاق المال:

وما ثناك كلام الناس عن كرم
ومن يسد طريق العارض الهطِل

لما مات حاتم الطائي تشبه به أخوه فقالت له أمه: لا تتعبن فيما لا تناله، فقال: وما يمنعني وقد كان شقيقي وأخي من أمي وأبي، فقالت: إني لما ولدته كنت كلما أرضعته أبَى أن يرضع حتى آتيه بمن يشاركه فيرضع الثدي الآخر، وكنت إذا أرضعتك ودخل صبي بكيت حتى يخرج، قال الشاعر:

يلام أبو الفضل في جوده
وهل يملك البحر أن لا يفيضا

كانت أخت حاتم سخية لا تبقي شيئًا، فحظر عليها إخوتها وحبسوها حتى ذاقت طعم الجوع والفقر، فظنوا أنها قد وجدت ألم الضيق والفقر فأطلقوها ودفعوا إليها صرَّة، فأتتها سائلة، فقالت: دونك الصرة فقد نابني من الجوع ما لا أمنع بعده سائلًا أبدًا.

مدح رجل هشام بن عبد الملك، فقال: يا هذا إنه قد نُهي عن مدح الرجل في وجهه، فقال: ما مدحتك ولكن ذكرتك نعم الله عليك لتجدد شكرًا، فقال هشام: هذا أحسن من المدح فوصله وأكرمه.

قال بعض الأعراب: قدم علينا الحكم بن المخزومي ولا مال لنا فأغنانا عن آخرنا، فقلت له: كيف؟ فقال: علمنا مكارم الأخلاق فعاد أغنياؤنا على فقرائنا فصرنا كلنا أجوادًا.

قال مسلم بن قتيبة: إني لأعجز عن مكافأة من رآني لحاجته أهلًا، فقال أبو العطاء: أيها الأمير فاجعل فضلك ابتداءً حتى ترفع عن نفسك ثقل المكافأة.

سُئل بعض الأدباء عن جعفر بن يحيى بعدما قتل، فقال: تركني مقطوع الآمال زاهدًا بعده في طلب الأموال.

قال ابن خارجة: لا أرد سائلًا فإنما هو كريم أسد خلته أو لئيم أشتري عرضي منه.

كان العباس بن محمد يجري على رجل شيئًا فغضب عليه، وكان ابنه كتب إطلاقات رفعت إليه فترك اسم المغضوب عليه، فقال: فأين ذكر رزق فلان، فقال: إنك قد كنت غضبت عليه، فقال: يا بني غضبي لا يسقط هبتي إن أباك لا يغضب في النوال.

قال الحجاج يومًا: قلَّ السائلون؟ فقال رجل: أصلح الله الأمير إنك أكثرت خير البيوت فاستغنى الناس بما يصل إليهم عن الترحال، فسُر الحجاج، وقال: بارك الله فيك وأحسن إليه.

مدح رجل كريمًا فقال: كيسه محلول وماله مبذول يطعمك نفسه إن أكلتها ويسقيك روحه إن شربتها.

قيل للحسن بن سهل وقد كثر عطاؤه على اختلال حاله: ليس في السرف خير، فقال: ليس في الخير سرف.

لما دخل الفضل بن يحيى الرقة قال لوكلائه: أحصوا منزل من يغنيهِ ألف درهم، فأحصوا ثلاثمائة منزل، فوجه إليهم ثلاثمائة ألف درهم، ثم وضع له الطعام فقال ما أكلت طعامًا أهنأ من اليوم وقد علمت أني أغنيت ثلاثمائة ألف بيت.

دخل هشام بن عروة على المنصور فشكا إليه دينًا، فأعطاه عشرة آلاف درهم، فقال: يا أمير المؤمنين روي عن النبي ﷺ أنه قال: «من أعطى عطية وهو طيب النفس بورك للمعطي والمعطى منها» أفنفسك طيبة بها؟ قال: نعم.

فرَّق علي بن موسى الرضي ماله بخراسان كله في يوم عرفة، فقال له الفضل بن سهل: ما هذا المغرم؟ فقال: بل هو المغنم، لا تعدَّن مغرمًا ما ابتعت به أجرًا وكرمًا.

قال الحسن بن علي لرجل سأله شيئًا فلم يمكنه: لو أمكنني لكان الحظ فيه لنا دونك فإنا حرمنا شكرك فلا تحرمنا سعة عذرك.

وإليك بعض أبيات في مدح الجود والأجواد:

لو أن عين زهير أبصرت حسنًا
وكيف يصنع في أمواله الكرم
إذًا لقال زهير حين يبصره
هذا جواد على العلات لا هرم

•••

وإن جاد قبلك قوم مضوا
فإنك في الكرم الأول

•••

لو أن ما فيه من جود يوزعه
على الخلائق عادوا كلهم سمحًا
كأن فيض يديه قبل مسألة
باب السماء إذا ما بالحيا انفتحا

•••

مطرت أنامل راحتيه فوائدًا
هانت علينا بعدها الأمطار
إذا القطر لم يغزر علينا سماؤه
بأرض وثقنا من سمائك بالغزر

•••

قوم إذا مطرت سماء نوالهم
ذم الأنام سحائب الأمطار

•••

يجود فتستحيي السحاب إذا رأت
نداه وتخطيه الغيوث المواطر

•••

إذا انبسطت بالمكرمات أكفهم
رأيت الحيا من صيبهن قد استحيا

•••

أنا الرجل الذي كلتا يديه
يمين في صروف النائبات

•••

فتى شقيت أمواله بسماحةٍ
كما شقيت قيس بأرماح تغلب

•••

كأنَّ لهم دينًا عليه وما لهم
سوى جود كفيه عليه حقوق

•••

ألبستني حلل الغنى فلبستها
وجعلت آمالي لهنَّ ذيولا

•••

بسطت لهم وجهًا طليقًا إلي الندى
وشرُّ الوجوه ما يعبسه البخل

•••

وتأخذه عند المكارم هزَّة
كما اهتز تحت البارح الغصن الرطب

•••

وصنيعة لك قد كتمت جزيلها
فأبى تضوعها الذي لا يكتم

•••

وريق عودهم أبدًا رطيب
إذا ما اغبر عيدان اللئام

•••

الجود يعلم أني منذ عاهدني
ما خفته وقت ميسوري ومعسوري

•••

هانت الدنيا عليه
فهي نهبى في يديه

يصبح الجود ويمشي
عاكفاً في راحتيه

•••

وإن خليليك السماحة والندى
مقيمان بالمعروف حيث تقيم

•••

وإن وجود الجود في كل بلدة
إذا لم يكن يحيا بها لغريب

•••

أعطاك قبل سؤالِه
فكفاك مكروه السؤال

•••

سألتك إغنائي عن الناس كلهم
فأغنيتني عنهم وعنك جميعا

•••

وأحسن وجه في الورى وجه محسنٍ
وأيمن كف في الورى كف منعمِ

•••

لم يدعني وفي يميني فضل
لندى غيره ولا في شمالي

•••

أرى الناس خلان الجواد ولا أرى
بخيلًا له في العالمين خليل

•••

لا فرق في ناطق بالشرك عندهم
وناطق في جواب السائلين بلا

•••

لعمري لنعم الغيث غيث أصابنا
ببغداد من أرض الجزيرة وإبله
ونعم الفتى والبيد بيني وبينه
بعشرين ألفًا حببتنا رسائله
لعمري ما النائي البعيد بنازح
إذا قربت ألطافه ونوائله
وما ضرنا أن السماك مملق
بعيد إذا جادت علينا هواطله

•••

يقول أناس لو جمعت دراهمًا
وكيف لم أخلق لجمع الدراهم
أبى الله إلا أن تكون دراهمي
مدى الدهر نهبى بين عافٍ وغانم

•••

ولو نزل الأضياف ليلة لا قرى
لأطعمتهم لحمي وأنتقيتهم دمي

•••

وحكمني حتى لو أني سألته
شبابي وقد ولى به الشيب رده

•••

ما زال يهذي بالمكارم والعلى
حتى ظننا أنه محمومُ

•••

فتى كملت أخلاقه غير أنه

جواد فلا يبقى من المال باقيا

•••

يعد ما أنفق من مالِه
غنمًا وما أوفره غرما

•••

ليس العطاء من الفضول سماحة
حتى تجود وما لديك قليل

•••

العرض ليس يصونه مال إذا
ما المال عند حقوقه لم يبذل

•••

كريم رأى الإقلال عارًا فلم يزل
أخا طلب للمال حتى تمولا
فلما أفاد المال عاد بفضله
على كل من يرجو جداه مؤملا

الحلم والحلماء

قيل: الحلم تجرع الغيظ ودعامة العقل، وقيل: ليس الحليم من ظلم فحلم حتى إذا قدر انتصر، ولكن الحليم من ظلم فحلم فإذا قدر غفر، وقالت الفلاسفة: الحلم فضيلة النفس يكسبها الطمأنينة ولا يحركها الغضب، وقيل: الحلم والأناة توأمان ينتجهما علو الهمة، وقيل لعمر بن الأهتم: من أشجع الناس؟، فقال: من ردَّ جهلَه حلمُه، وقيل: ليس التاج الذي يفتحر به العلماء والملوك فضة أو ذهبًا لكنه الوقار المكلل بجواهر الحلم.

دفع أزدشير بن بابك ثلاثة كتب إلى رجل يقوم على رأسه، وقال له: إذا رأيتني قد غضبت فادفع إليَّ الأول، وكان فيه «أمسك فلست بإله وإنما أنت جسد يوشك أن يأكل بعضه بعضًا»، فإن لم أندم، فادفع إليَّ الثاني، وكان فيه «ارحم عباد الله يرحمك الله»، وإلا فالثالث وكان فيه: «احمل عباد الله على حقه».

ومر النبي ﷺ بقوم يربعون حجرًا فقال: «إن أشدكم من ملك نفسه عند الغضب»، وقيل: الكظم يدفع محذور الندم كالماء يطفيء حر الضرم. وقال أحدهم: كظم يتردد في حلقي أحب إليَّ من نقص أجده في خلقي، وقال الله تعالى: إِنَّ الَّذِينَ اتَّقَوْا إِذَا مَسَّهُمْ طَائِفٌ مِّنَ الشَّيْطَانِ تَذَكَّرُوا فَإِذَا هُم مُّبْصِرُونَ (الأعراف: ٢٠١)، قيل لحكيم: أي الأحمال أثقل؟ فقال: الغضب. وقيل لأبي عباد: أيٌّ أبعد من الرشاد السكران أم الغضبان؟ فقال: الغضبان لا يعذره أحد في ذنب يجترمه وما أكثر ما يغدر السكران. وقيل: من غضب من غير ذنب رضي من غير عذر. وقيل: من فاته الدين والمروءة فرأس ماله الغضب. وقال حكيم: إياك وعزة الغضب، فإنها تصير بك إلى ذل الاعتذار، وقيل: أسرع الناس رضًى أسرعهم غضبًا كالحطب أسرعه خمودًا أسرعه وقودًا. وشتم حليم سفيهًا وهو ساكت، فقال: إياك أعني، فقال: وعنك أغضي. وقيل: من كرم أصله لان قلبه. وقيل: مِن أمارات الكرم الرحمة، ومن أمارات اللؤم القسوة، وقال الله تعالى في العفو: وَلْيَعْفُوا وَلْيَصْفَحُوا أَلَا تُحِبُّونَ أَن يَغْفِرَ اللَّهُ لَكُمْ (النور: ٢٢)، وقال أيضًا: خُذِ الْعَفْوَ وَأْمُرْ بِالْعُرْفِ وَأَعْرِضْ عَنِ الْجَاهِلِينَ (الأعراف: ١٩٩). وقال الأحنف: إياكم وحمية الأوغاد، قيل: وما حميتهم؟ قال: يرون العفو مغرمًا والبخل مغنمًا، وقيل: من شكر الموهوب العفو عن الذنوب والاحتمال قبر العيوب، وقيل: لذة العفو أطيب من لذة التشفي لأن لذة العفو يتبعها حمد العاقبة ولذة التشفي يتبعها غم الندامة، وقيل للإسكندر: أي شيء أنت به أسرُّ مما ملكت؟ قال: مكافأة من أحسن إليَّ بأكثر من إحسانه وعفوي عمن أساء بعد قدرتي عليه. وقال المأمون: الحلم يحسن بالملوك إلا في ثلاثة قادح — في ملك ومتعرض لحرمة ومذيع لسرٍّ. وقال السفاح: الحلم يحسن إلا ما أوضع الدين وأوهن السلطان. وقال الإمام عمر: لئن يخطئ الإمام في العفو خير له من أن يخطئ في العقوبة. وقال الإمام علي: إذا قدرت على العدو فاجعل العفو شكر قدرتك. ظفر الإسكندر ببعض الملوك فقال له: ما أصنع بك، قال: ما يجمل بالكرام أن يصنعوه إذا ظفروا، فخلى سبيله وردَّه إلى مملكته. ولما ظفر أنوشروان ببزرجمهر، قال: الحمد لله الذي أظفرني بك، فقال: كافئ من أعطاك ما تحب بما يحب.

وقال معاوية: العقوبة ألأم حالات ذي القدرة. وقال حكيم: من شفى غيظه لم يجب شكره. وقيل: التَّشَفِّي طرف من الجزع فمن رضي أن لا يكون بينه وبين الظالم إلا ستر رقيق وحجاب ضعيف فلينصف. وقيل: عفو العزيز أعز له وعفو الذليل أذل له. وقال بعض الملوك: إنما نملك الأجساد دون النيات ونحكم بالعدل لا بالهوى ونفحص عن الأعمال لا عن السرائر، وقال النبي ﷺ: «ألا أخبركم بشركم من أكل وحده وضرب عبده ومنع رفده، ألا أخبركم بشر من ذلك، من لا يقبل معذرة ولا يقبل عثرة». وقيل: لا عيب مع إقرار ولا ذنب مع استعفاء. سمع حكيم رجلًا يقول: ذنب الإصرار أولى بالاغتفار، فقال: صدق والله ليس فضل من عفا عن السهو القليل كمن عفا عن العمد الجليل. وقال ابن المعتز: تجاوز عن مذنب لم يسلك بالإقرار طريقًا حتى اتخذ من رجائك رفيقًا، وقال الفضل بن مروان لرجل عاتبه: بلغني أنك تبغضني، فلم ينكر الرجل وقال: أنت كما قال الشاعر:

فإنك كالدنيا نذم صروفها
ونوسعها ذمًّا ونحن عبيدها

أتي المنصور برجل أذنب فقال: إن الله يأمر بالعدل والإحسان فإن أخذت في غيري بالعدل فخذ فيَّ الإحسان؛ فعفا عنه.

قال الشعبي لابن بسرة وقد كلمه في قوم حبسهم: إن حبستهم بالباطل فالحق يخرجهم وإن حبستهم بحق فالعفو يكفهم، فأمر بإطلاقهم.

قال رجل لمعن: ما على المذنب أكثر من الرجوع فهل على من لم يذنب أكثر من الاعتذار.

وقال الرشيد لمذنب: لأضربنك حتى تقر بالذنب، فقال: هذا خلاف ما أمر الله تعالى به لأنه أمر أن يضرب الناس حتى يقروا بالإيمان وأنت تضربني حتى أقر بالكفر، فخجل الرشيد وعفا عنه.

انقطع عبد الملك عن أصحابه فانتهى إلى أعرابي فقال: أتعرف عبد الملك؟ قال: نعم جائرٌ بائرٌ، قال: ويحك أنا عبد الملك، قال: لا حياك الله ولا بيَّاك ولا قربك، أكلت مال الله وضيعت حرمته، قال: ويحك أنا أضر وأنفع، قال: لا رزقني الله نفعك ولا دفع عني ضرك، فلما وصلت خيله علم صدقه، فقال: يا أمير المؤمنين اكتم ما جرى فالمجالس بالأمانة.

عثر جعفر بن سليمان برجل سرق درة فباعها فلما بصر بالرجل استحيا، فقال له: ألم تكن طلبت هذه الدرة مني فوهبتها لك، فقال: نعم فخلى سبيله.

كان ركن الدولة يومًا في الدار بحيث لا يُرى، فدخل فرَّاش فرأى طاسًا من ذهب ولم يكن بصر به أحد فتناوله وخرج، فرآه ركن الدولة ولم يعلم به، فلما استقصى عليه الخدم قال: دعوه فإن من أخذه لم يأخذه على أن يرده ورائية لا يريد أن يذكره، فبينما كان الفرَّاش يومًا يصب ماء على يده وعليه ثياب فاخرة، قال له ركن الدولة: هذه الثياب من ذلك الطاس، وكان الفراش صبورًا، فقال: نعم أيها الأمير، وغير ذلك من أثر النعم، فعفا عنه.

قال غلام هاشمي أراد عمه أن يجازيه لسهو منه: يا عم إني قد أسأت وليس معي عقلي فلا تسيء ومعك عقلك.

اعتذر رجل إلى المنتصر، فقال: أتراني أتجاوز بك حكم الله؟ حيث يقول: وَلَيْسَ عَلَيْكُمْ جُنَاحٌ فِيمَا أَخْطَأْتُم بِهِ وَلَكِن مَّا تَعَمَّدَتْ قُلُوبُكُمْ وَكَانَ اللهُ غَفُورًا رَّحِيمًا (الأحزاب: ٥).

قال هاشمي للمأمون: من حصل له مثل التي ولبس ثوب حرمتي وأسلف مثل مودتي وغفر له فوق زلتي، فقال: صدقت وعفا عنه.

غضب عبد الملك على رجل فلما أتى به قال: السلام عليك يا أمير المؤمنين فقال: لا سلام الله عليك، فقال: ما هكذا أمر الله، إنما قال تعالى: وَإِذَا حُيِّيتُم بِتَحِيَّةٍ فَحَيُّوا بِأَحْسَنَ مِنْهَا أَوْ رُدُّوهَا (النساء: ٨٦)، وقال: وَإِذَا جَاءَكَ الَّذِينَ يُؤْمِنُونَ بِآيَاتِنَا فَقُلْ سَلَامٌ عَلَيْكُمْ (الأنعام: ٥٤) فعفا عنه.

وكان عمر رضي الله عنه يعس ليلةً فسمع غناء رجل من بيت فتسور عليه فرأه مع امرأة يشربان الخمر، فقال: يا عدو الله أرأيت أن يسترك الله وأنت على معصية، فقال: يا أمير المؤمنين لا تعجل، إن كنت عصيت الله في واحدة فقد عصيت الله في ثلاث فقد قال الله تعالى: وَلَا تَجَسَّسُوا (الحجرات: ١٢) وقد تجسست، وقال: وَأْتُوا الْبُيُوتَ مِنْ أَبْوَابِهَا (البقرة: ١٨٩) وقد تسورت عليّ،وقال: يَا أَيُّهَا الَّذِينَ آمَنُوا لَا تَدْخُلُوا بُيُوتًا غَيْرَ بُيُوتِكُمْ حَتَّىٰ تَسْتَأْنِسُوا وَتُسَلِّمُوا عَلَىٰ أَهْلِهَا (النور: ٢٧) وقد دخلت بغير سلام، فقال عمر: أسأت فهل تعفو؟ فقال: نعم وعلى أن لا تعود.

أتي الحجاج برجل من أصحاب ابن الأشعث فقال له: أفيك خير أن عفوت عنك، فقال: لا، قال: ولم؟ قال: لأني كنت خاملاً فرفعتني وألحقتني بالناس فخرجت مع ابن الأشعث لا لدين ولا لدنيا ومعي الحماقة التي لا تفارقني أبدًا ولا أفلح معها سرمدًا، فضحك منه وخلى سبيله.

أتي معن بن زائدة بأسرى فأمر بضرب أعناقهم، فقام غلام منهم فقال: أنشدك الله أيها الأمير أن لا تقتلنا ونحن عطاش، فقال: اسقوهم، فلما شربوا قال: ناشدتك الله أن قتلت ضيفانك، قال: أحسنت وخلى سبيلهم.

همّ الأزارقة بقتل رجل، فقال: أمهلوني لأركع، فنزع ثوبه واتزر ولبى وأظهر الإحرام، فخلوا سبيله لقوله تعالى: أَيُّهَا الَّذِينَ آمَنُوا لَا تُحِلُّوا شَعَائِرَ اللَّهِ وَلَا الشَّهْرَ الْحَرَامَ (المائدة: ٢).

ولما أتي عمر رضى الله عنه بالهرمزان أراد قتله، فاستسقى ماءً، فأتوه بقدح فأمسكه بيده فاضطرب، وقال: لا تقتلني حتى أشرب هذا الماء، فقال: نعم، فألقى القدح من يده، فأمر عمر بقتله، فقال: أو لم تؤمنني، وقلت: لا أقتلك حتى تشرب هذا الماء، فقال عمر: قاتله الله أخذ أمانًا ولم نشعر به.

غضب رجل على عبده، فقال: أسألك بالله إن علمت أني لأطوع لك منك لله فاعفُ عني عفا الله عنك، فعفا عنه.

وقال رجل لأمير غضب عليه: أسألك بالذي أنت أذل بين يديه غدًا مني بين يديك إلَّا ما عفوت عني، فعفا عنه.

جنى غلام للحسن بن علي فأمر بعقابه، فقال: يا مولاي إن الله تعالى قد مدح قومًا فكن منهم، فإنه يقول: وَالْكَاظِمِينَ الْغَيْظَ فقال: خلوا سبيله، قال: وقد قال: وَالْعَافِينَ عَنِ النَّاسِ قال: قد عفوت عنك، قال: وقد قال: وَاللَّهُ يُحِبُّ الْمُحْسِنِينَ (آل عمران: ١٣٤) قال: أنت حر لوجه الله تعالى ولك من المال كذا.

استعفى رجل من مصعب بن الزبير فعفا عنه، فقال: اجعل ما وهبت لي من حياتي في خفض، فأعطاه مائة ألف، فقال الرجل: إني قد جعلت نصفها لابن قيس الرقيات لقوله:

إنما مصعب شهاب من الله

تجلت عن وجهه الظلماء

فقال له مصعب: هذا لك وعلينا أن نعطيه ذلك.

أُتِيَ عبد الله بن زياد بخارجي فأمر بقتله، فقال: إن رأيت أن تؤخرني إلى غد فأمر بتأخيره، فقال:

عسى فرج يأتي به الله إنه
له كل يومٍ في خليقته أمر

فعفا عنه.

غضب المأمون على عليِّ بن الجهم، فقال: لآخذنَّ مالك ولأقتلنك اقتلوه، فقال أحمد بن أبي داود: إذا قتلته فمن أين تأخذ المال يا أمير المؤمنين، قال: من ورثته، فقال: حينئذٍ تأخذ مال الورثة وأمير المؤمنين يأبى ذلك، فقال: يؤخر حتى يستصفى ماله، وانفض المجلس وسكن غضبه وتوصل إلى خلاصه.

غضب الرشيد على رجل فقال له جعفر: غضبت لله فأطع الله في غضبك بالوقوف إلى حال التبيُّن كما غضبت له.

قيل: ما عفا عن الذنب من قرَّع به، والعفو مع العذل أشد من الضرب على ذي العقل، فرب قول أنفذ من صول وعفو أشد من انتقام، وقال بعض الأدباء: من غرس شجرة الحلم اجتنى ثمرة السلم، وقال أبو الدرداء لرجل أسمعه كلامًا: يا هذا لا تغرقن في سبنا ودع للصلح موضعًا، فإنا لا نكافئ من عصى الله فينا بأكثر من أن نطيع الله عز وجل فيه، وشتم رجل الشعبي، فقال: إن كنت كما قلت فغفر الله لي وإن لم أكن كما قلت فغفر الله لك، وقال النبي ﷺ: «إذا قدرت على عدوك فاجعل العفو شكرًا للقدرة عليه». وقال بعض البلغاء: أحسن المكارم عفو المقتدر وجود المفتقر، وقال بعض الحكماء: احتمال السفيه خير من التحلي بصورته والإغضاء عن الجاهل خير من مشاكلته، وقيل للإسكندر: إن فلانًا وفلانًا ينقصانك ويثلبانك فلو عاقبتهما، فقال: هما بعد العقوبة أعذر في تنقصي وثلبي، فكان هذا تفضلًا منه وتألفًا.

وقال الأحنف: ما عاداني أحد قط إلا أخذت في أمره بإحدى ثلاث خصال إن كان أعلى مني عرضت له قدره، وإن كان دوني رفعت قدري عنه، وإن كان نظيرًا بي تفضلت عليه.

وقيل في منثور الحكم: الحلم حجاب الآفات، وأكرم الشيم أرعاها للذمم، ومن ظهر غضبه قل كيده. وقال بعض الأدباء: غضب الجاهل في قوله وغضب العاقل في فعله. وقال بعض الحكماء: إذا سكت عن الجاهل فقد أوسعته جوابًا وأوجعته عقابًا. وقالت الحكماء: ثلاثة لا يعرفون إلا في ثلاثة مواطن: لا يعرف الجواد إلا في العسرة والشجاع إلا في الحرب والحليم إلا في الغضب. وقال بعض الحكماء: العفو يفسد من اللئيم بقدر إصلاحه من الكريم. وقال عمرو بن العاص: أكرموا سفهاءكم فإنهم يسومونكم العار والشنار. قال سلمان لعلي بن أبي طالب: ما الذي يباعدني عن غضب الله عز

وجل، قال: لا تغضب. وقال بعض البلغاء: من ردَّ غضبه هدَّ من أغضبه. وقال رجل لبعض الحكماء: عظني، قال: لا تغضب فينبغي لذي اللب السوي والحزم القوي أن يتلقى قوة الغضب بحلمه فيصدها ويقابل دواعي شره بحزمه فيردها ليحظى بأجل الخير وليسعد بحميد العاقبة.

شكا رجل إلى النبي ﷺ القسوة، فقال: «اطلع في القبور واعتبر بالنشور». وكان بعض الملوك إذا غضب ألقى عنده مفاتيح ترب الملوك فيزول غضبه. وقال عمر بن الخطاب: من أكثر من ذكر الموت رضي من الدنيا باليسير. وكتب أبرويز إلى ابنه شيرويه: «إن كلمة منك تسفك دمًا وأخرى منك تحقن دمًا وإن نفاذ أمرك مع كلامك فاحترس في غضبك من قولك أن تخطئ ومن لونك أن تتغير ومن جسدك أن يخف فإن الملوك تعاقب قدرة وتعفو حلمًا». وقال بعض الحكماء: الغضب على من لا تملك عجز وعلى من تملك لؤم. وقال النبي ﷺ: «ينادي مناد يوم القيامة من له أجر على الله عز وجل فليقم فيقوم العافون عن الناس، ثم تلا: فَمَنْ عَفَا وَأَصْلَحَ فَأَجْرُهُ عَلَى اللهِ (الشورى: ٤٠). وقال رجاء بن حيوة لعبد الملك بن مروان في أسارى ابن الأشعث: إن الله قد أعطاك ما تحب من الظفر فأعطِ الله ما يحب من العفو. وقال النبي ﷺ: «الخير في ثلاث خصال فمن كن فيه فقد استكمل الإيمان: من إذا رضي لم يدخله رضاه في باطل وإذا غضب لم يخرجه غضبه من حق وإذا قدر عفا». وأسمع رجل عمر بن عبد العزيز كلامًا فقال عمر: أردت أن يستفزني الشيطان لعزَّة السلطان فأنال منك اليوم ما تناله مني غدًا انصرف رحمك الله. قال النبي ﷺ: «ما ازداد أحد بعفو إلا عزًّا فاعفوا يعزكم الله». وقال بعض البلغاء: ليس من عادة الكرام سرعة الانتقام ولا من شرط الكرم إزالة النعم، وقال المأمون لإبراهيم بن المهدي: إني شاورت في أمرك فأشاروا علي بقتلك إلا أني وجدت قدرك فوق ذنبك فكرهت القتل للازم حرمتك، فقال: يا أمير المؤمنين إن المشير أشير بما جرت به العادة في السياسة إلا أنك أبيت أن تطلب النصر إلا من حيث ما عودته من العفو فإن عاقبت فلك نظير وإن عفوت فلا نظير لك وأنشد:

البرّ بي منك وطأ العذر عندك لي
فيما فعلت فلم تعذل ولم تلم
وقام علمك بي فاحتج عندك لي
مقام شاهد عدل غير متهم
لئن جحدتك معروفًا مننت بَه
إني لفي اللؤم أحظى منك بالكرم
تعفو بعدل وتسطو إن سطوت بهَ
فلا عدمناك من عافٍ ومنتقمِ

المروءة وأربابها

قال النبي ﷺ: «من عامل الناس فلم يظلمهم وحدثهم فلم يكذبهم ووعدهم فلم يخلفهم فهو ممن كملت مروءته وظهرت عدالته ووجبت أخوته». وقال بعض البلغاء: من شروط المروءة أن يتعففَ عن

الحرام ويتصلفَ عن الآثام وينصف في الحكم ويكف عن الظلم ولا يطمع فيما لا يستحق ولا يستطيل على من لا يسترقَ ولا يعين قويًا على ضعيف ولا يؤثر دنيًا على شريف ولا يسر ما يعقبه الوزر والإثم ولا يفعل ما يقبح الذكر والاسم. وسُئل بعض الحكماء عن الفرق بين العقل والمروءة، فقال: العقل يأمرك بالأنفع والمروءة تأمرك بالأجمل. وقال النبي ﷺ: «إن الله يحب معالي الأمور وأشرافها ويكره دنيها وسفسافها». وقال عمر بن الخطاب: لا تصغرن هممكم فإني لم أرَ أقعد عن المكرمات من صغر الهمم. وقيل: الهمة راية الجد. وقال بعض البلغاء: علوا الهمم بذر النعم. وقال بعض العلماء: إذا طلب رجلان أمرًا ظفر به أعظمهما مروءة. وقال بعض الأدباء: من طلب التماس المعالي بسوء الرجاء لم ينل جسيمًا. وقال النبي ﷺ: «ما هلك امروٌ عرف قدره». وقيل لبعض الحكماء: من أسوأ الناس حالًا؟ فقال: من بعدت همتهُ واتسعت أمنيته وقصرت آلته وقلت مقدرته. وقال بعض الحكماء: تجنبوا المنى فإنها تذهب ببهجة ما خولتم وتستصغرون بها نعمة الله عليكم. وقيل: الحظوظ كالسحاب الذي يمسك عن منابت الأشجار إلى مغايص البحار وينزل إلى حيث يصادف من خبيث وطيب فإن صادف أرضًا طيبة نفع وإن صادف أرضًا خبيثة ضرَّ كذلك الحظ إن صادف نفسًا شريفة نفع وكان نعمة عامة وإن صادف نفسًا دنية ضرّ وكان نقمة طامة. دعا موسى بن عمران على قوم بالعذاب فأوحى إليه قد ملكت أسفلها على أعلاها، فقال: يا رب كنت أحب لهم عذابًا عاجلًا؛ فأوحى الله تعالى إليه: أو ليس هذا كل العذاب العاجل الأليم، وقيل: شرف النفس مع الهمة أولى من علو الهمة مع دناءة النفس؛ لأن من علت همته مع دناءة نفسه كان متعديًا إلى طلب ما لا يستحقه ومتخطيًا إلى التماس ما لا يستوجبه ومن شرفت نفسه مع صغر همته فهو تارك لما يستحق ومقصر عما يجب له والفضل بينهما ظاهر وإن كان لكليهما من الذم نصيب.

وقيل لبعض الحكماء: ما أصعب شيء على الإنسان؟، قال: أن يعرف نفسه ويكتم الأسرار فإذا اجتمع الأمران واقترنا بشرف النفس وعلو الهمة كان الفضل بهما ظاهرًا وافرًا ومشاق الحمد مسهلة وشروط المروءة بينهما متينة.

وتقسم شروط المروءة إلى قسمين، شروط المروءة في النفس وشروطها في الغير، فأما شروطها في النفس ففي ثلاثة أمور وهي العفة والنزاهة والصيانة، فأما العفة فنوعان أحدهما العفة عن المحارم والثاني العفة عن المآثم وفي ذلك يقول الشاعر:

الموت خيرٌ من ركوب العار
والعار خيرٌ من دخول النار
والله من هذا وهذا جاري

والداعي إلى ذلك شيئان إرسال الطرف وإتباع الشهوة. قال عيسى ابن مريم عليه السلام: إياكم والنظرة بعد النظرة فإنها تزرع في القلب الشهوة وكفى بها لصاحبها فتنة. وقال الإمام علي: العيون مصايد الشيطان، وقال حكيم: من أرسل طرفه استدعى حتفه.

قيل: شرُّ الناس من لا يبالي أن يراه الناس مسيئًا، وقيل: من يزرع خيرًا يحصد زرعه غبطة، وقال بعض الحكماء: إنما هلك الناس بفضول الكلام وفضول المال، وجاء في الحديث: «المؤمن غرٌّ كريم

والفاجر خبٌّ لئيم».

وأما العفة عن المآثم فنوعان أحدهما الكف عن المجاهرة بالظلم، والثاني زجر النفس عن الإسرار بخيانة، فأما المجاهرة بالظلم فعتو مهلك وطغيان متلف، وهو يؤول إن استمر إلى فتنة أو جلاء، فأما الفتنة في الأغلب فتحيط بصاحبها وتنعكس عن البادئ بها فلا تنكشف إلا وهو بها مصروع كما قال الله تعالى: وَلَا يَحِيقُ الْمَكْرُ السَّيِّئُ إِلَّا بِأَهْلِهِ (فاطر: ٤٣)، وجاء في الحديث: «الفتنة نائمة فمن أيقظها صار طعامًا لها». وقال جعفر بن محمد: الفتنة حصاد للظالمين. وقال بعض الحكماء: صاحب الفتنة أقرب شيء أجلًا وأسوأ شيء عملًا، والظالم كالنار إذا وقعت في يابس الشجر فلا تبقي معها مع تمكنها شيئًا حتى إذا أفنت ما وجدت أضمحلت وخمدت فيكون الظالم مهلكًا ثم هالكًا، وجاء في الحديث: «اطلبوا الفضل والمعروف عند الرحماء من أن تعيشوا في أكنافهم فترون آثار الله تعالى في الظالمين فإن له فيهم غيرًا وتتصورن عواقب ظلمهم فإن فيها مزدجرًا». ورد في الحديث: «من أصبح ولم يفِ ظلم أحد غفر الله ما اجترم»، وورد عن النبي ﷺ أنه خاطب عليًّا قائلًا: «يا عليُّ اتق دعوة المظلوم فإنه إنما يسأل الله حقه وإن الله لا يمنع ذا حق حقه». وورد في منثور الحكم: ويل للظالم من يوم المظالم. وقال بعض الحكماء: من جار حكمه أهلكه ظلمه، والاستسرار بالخيانة بذاء مهينة ولو لم يكن من ذم الخيانة إلا ما يجده الخائن في نفسه من المذلة لكفاه زاجرًا، ولو تصور عقبى أمانته وجدوى ثقته لعلم أن ذلك من أربح بضائع جاهه وأقوى شفعاء تقدمه مع ما يجده في نفسه من العز ويقابل عليه من الإعظام، وورد في الحديث: «أد الأمانة إلى من ائتمنك ولا تخن من خانك». وقيل: الأمانة مؤداة إلى البر. وقال بعض الحكماء: من التمس أربعًا بأربع التمس ما لا يكون، من التمس الجزاء بالرياء التمس ما لا يكون، ومن التمس مودة الناس بالغلظة التمس ما لا يكون، ومن التمس وفاء الإخوان بغير وفاء التمس ما لا يكون ومن التمس العلم براحة الجسد التمس ما لا يكون، والداعي إلى الخيانة شيئان المهانة وقلة الأمانة، وإذا حسمها عن نفسه بما ذكر ظهرت مروءته.

وأما النزاهة فنوعان: أحدهما: النزاهة عن المطامع الدنية، والثاني: النزاهة عن مواقف الريبة.

فأما المطامع الدنية فلأن الطمع ذل والدناءة لؤم وهما أدفع شيء للمروءة، والباعث على ذلك شيئان، والشره وقلة الأنفة فلا يقنع بما أوتي وإن كان كثيرًا لأجل شرهه ولا يستنكف مما منع وإن كان حقيرًا لقلة أنفته، وقال أحدهم: يا رسول الله أوصني، قال: عليك باليأس مما في أيدي الناس وإياك والطمع فإنه فقر حاضر وإذا صليت صلاة فصل صلاة مودع وإياك وما يُعتذر منه.

وقال النبي ﷺ: «إن نفسًا لا تموت حتى تستوفي رزقها فاتقوا الله وأجملوا في الطلب ولا يحملنكم إبطاء الرزق على طلبه بالمعاصي فإن الله عز وجل لا يدرك ما عنده إلا بطاعته».

وسئل محمد بن علي عن المروءة فقال: أن لا تعمل في السر عملًا تستحي منه في العلانية، وقف رسول الله ﷺ ليلة مع زوجته صفية على باب مسجد يحادثها وكان معتكفًا فمرَّ به رجلان من الأنصار فلما رأياه أسرعا فقال لهما: على رسلكما إنها صفية بنت حيي، فقالا: سبحان الله أوفيك شك

يا رسول الله، فقال: «رأيت أن الشيطان يجري من أحدكم مجرى لحمه ودمه فخشيت أن يقذف في قلبيكما سوءًا».

وأما الصيانة وهي الثالث من شروط المروءة فنوعان: أحدهما: صيانة النفس كفايتها وتقدير مادتها، والثاني صيانتها عن عمل المنن من الناس، وأما التماس الكفاية وتقدير المادة فلأن المحتاج إلى الناس كَلٌ منهضم ذليل مشتغل وهو لما فطر عليه محتاج إلى ما يستمده ليقيم أود نفسه ويدفع ضرورة وقته.

وقد قالت العرب في أمثالها: كلب جوال خير من أسد رابض، وما يستمده نوعان لازم وندب، فأما اللازم فهو ما أقام بالكافية وأفضى إلى سد الخلة، وعليه في طلبه ثلاثة شروط: أحدها استطابته من الوجوه المباحة وتوقى المحظورة، فإن المواد المحرمة مستخبثة الأصول ممحوقة المحصول إن صرفها في بر لم يؤجر وإن صرفها في مدح لم يشكر، وقد ورد في الحديث: «لا يعجبك رجل كسب مالًا من غير حله فإن أنفق لم يقبل منه وإن أمسكه فهو زاده إلى النار»، وقال بعض الحكماء: شر المال ما لزمك إثم مكسبه وحرمك أجر إنفاقك، ونظر بعض الخوارج إلى رجل من أصحاب السلطان يتصدق على مسكين فقال: انظر إليهم حسناتهم من سيئاتهم، والثاني طلبه من أحسن جهاته التي لا يلحقه فيها غصن ولا يتدنس له بها عرض، فإن المال يراد لصيانة الأعراض لا لابتذالها ولعز النفوس لا لإذلالها. وقال عبد الرحمن بن عوف: يا حبذا المال أصون به عرضي وأرضي به ربي. وقال أبو شبر الضرير:

كفى حزنًا أني أروح وأغتدي
وما لي من مالٍ أصون به عرضي
وأكثر ما ألقى الصديق بمرحبًا
وذلك لا يكفي الصديق ولا يرضي

وجاء في الحديث: «اطلبوا الحوائج من حسان الوجوه».

والثالث أن يتأنى في تقدير مادته وتدبير كفايته بما لا يلحقه خلل ولا يناله زلل فإن يسير المال على حسن التقدير، وإصابه التدبير أجدى نفعًا وأحسن موقفًا من كثيره مع سوء التدبير، وفساد التقدير كالبذر في الأرض إذا روعي يسيره زكا وإن أهمل كثيره اضحمل. وقال محمد بن علي رضي الله عنه: الكمال في ثلاثة، العفة في الدين، والصبر على النوائب، وحسن التدبير في المعيشة. وقيل لبعض الحكماء: فلان غني، فقال: لا أعرف ذلك ما لم أعرف تدبيره في ماله، فإذا استكمل هذه الشروط فيما يستمده من قدر الكفاية فقد أدى حق المروءة في نفسه. وسُئل الأحنف بن قيس عن المروءة فقال: العفة والحرفة، وقيل: لا تأسف لمال كان فذهب، ولا تعجز عن الطلب لوصب ولا نصب.

وأما الندب فهو ما فضل عن الكفاية وزاد على قدر الحاجة فإن الأمر فيه معتبر بحال طالبه، فإن كان ممن تقاعد عن مراتب الرؤساء وتقاصر عن مطاولة النظراء وانقبض عن منافسة الأكفاء فحسبه ما كفاه فليس في الزيادة إلّا شره ولا في الفضول إلا نهم وكلاهما مذموم، وجاء في الحديث:

«خير الرزق ما يكفي وخير الذكر الخفي». وقال عبد الله بن مسعود: المستغني عن الدنيا بالدنيا كمطفئ النار بالتبن. وقال بعض الحكماء: استر ماء وجهك بالقناعة وتسل عن الدنيا لتجافيها عن الكرام فإن كان ممن مُني بعلو الهمم وتحركت فيه أريحية الكرم وآثر أن يكون رأسًا ومقدمًا وأن يرى في النفوس معظمًا ومفخمًا فالكفاية لا تقله حتى يكون ماله فاضلًا ونائله فائضًا. وقيل لبعض العرب: ما المروءة فيكم؟ فقال: طعام مأكول ونائل مبذول وستر مقبول. وقال رجل لعمر بن الخطاب: خدمك بنوك؟ فقال: أغناني الله عنهم. وقال الإمام علي لابنه الحسن في وصية له: يا بني إن استطعت أن لا يكون بينك وبين الله ذو نعمة فافعل ولا تكن عبد غيرك وقد جعلك الله حرًّا فإن اليسير من الله تعالى أكرم وأعظم من الكثير من غيره، وإن كان كل منه كثيرًا، وقال زياد لبعض الدهاقين: ما المروءة فيكم؟ قال: اجتناب الريب فإنه لا ينبل مريب وإصلاح الرجل ماله فإنه من مروءته وقيامه بحوائجه وحوائج أهله فإنه لا ينبل من احتاج إلى أهله ولا من احتاج أهله إلى غيره. وقيل: قدم لحاجتك بعض لجاجتك. وجاء في الحديث: «من أعياه رزق الله تعالى حلالًا فليستدن على الله وعلى رسوله». وقال الإمام علي: من أراد البقاء — ولا بقاء — فليبادر الغداء وليخفف الرداء، قيل: وما في خفة الرداء من البقاء؟ قال: قلة في الدين فإن أعوزه ذلك استسماحًا فهو الرق المذل؛ ولذلك قيل: لا مروءة لمقل. وقال بعض الحكماء: من قَبِل صلتك فقد باعك مروءته وأذل لقدرك عزه وجلالته، والذي يتماسك به الباقي من مروءة الراغبين واليسير التافه من صيانة السائلين وإن لم يبقَ لذي رغبة مروءة ولا لسائل تصون أربعة أمور:

- **أولًا:** جهد المضطر، أحدهما: أن يتجافى ضرع السائلين وأبهة المستقلين فيذل بالضرع ويحرم بالأبهة، وليكن من التحمل على ما يقتضيه حال مثله من ذوي الحاجات، وقد قيل لبعض الحكماء: متى يفحش زوال النعم؟ قال: إذا زال معها التجمل.
- **ثانيًا:** أن يقتصر في السؤال على ما دعته إليه الضرورة وقادته إليه الحاجة ولا يجعل ذلك ذريعة إلى الاغتنام فيحرم باغتنامه ولا يعذر في ضرورته، وقد قال بعض الحكماء: من ألف المسألة ألفه المنع.
- **ثالثًا:** أن يعذر في المنع ويشكر على الإجابة فإنه إن منع فعما لا يملك وإن أجيب فإلى ما لا يستحق.
- **رابعًا:** أن يعتمد على سؤال من كان للمسألة أهلًا وكان أنجح عنده مأمولًا؛ فإن ذوي المكانة كثير والمعين منهم قليل، ولذلك قال النبي ﷺ: «الخير كثير وقليل فاعله»، والمرجو للإجابة

من تكاملت فيه خصالها وهي ثلاث: إحداهن كرم الطبع فإن الكريم مساعد واللئيم معاند، وقد قيل: المخذول من كانت له إلى اللئام حاجة. والثانية: سلامة الصدر فإن العدوّ ألب على نكبتك وحرب على نائبتك. وقد قيل: من أوعز صدره استدعيت شره فإن رق لك بكرم طبعه ورحمك بحسني ظفره فأعظم بها محنة أن يصير عدوك لك راحمًا وقد قال الشاعر:

وحسبك من حادث بامرئ
ترى حاسديه لهف راحمينا

والثالث: ظهور المكنة فإن من سأل ما لا يمكن فقد أحال وكان كمستنهض المسجون ومسعف المديون وكان بالرد خليقًا وبالحرمان حقيقًا، وقد قال الإمام علي: من لا يعرف (لا) حتى يقال له لا فهو أحمق، ووصى عبد الله بن الأهتم ابنه فقال: يا بني لا تطلب الحوائج من غير أهلها

ولا تطلبها في غير حينها ولا تطلب ما لست له مستحقًا فإنك إن فعلت ذلك كنت حقيقًا بالحرمان.

أما شروط المروءة في الغير فثلاثة: المؤازرة، والمباشرة، والإفضال. أما المؤازرة فنوعان: أحدهما الإسعاف بالجاه، والثاني: الإسعاف في النوائب، فأما الإسعاف بالجاه فقد يكون من الأعلى قدرًا والأنفذ أمرًا، فقد قال بعض الحكماء: اصنع الخير عند إمكانه يبقى لك حمده عند زواله، وأحسن والدولة لك يحسَن لك والدولة عليك واجعل زمان رخائك عدة لزمان بلائك. وقال بعض البلغاء: من علامة الإقبال اصطناع الرجال. وقال بعض الأدباء: بذل الجاه أحد الحبائين. وجاء في الحديث: «من عظمت نعمة الله عليه عظمت مؤونة الناس عليه فمن لم يحتمل تلك المؤونة عرض تلك النعمة للزوال». وقيل لحكيم اليونان: من أضيق الناس طريقًا وأملهم صديقًا؟ قال: من عاشر الناس بعبوس وجهه واستطال عليهم بنفسه، وقال عدي بن حاتم:

كفى زاجرًا للمرء أيام دهره
تروح له بالواعظات وتغتدي

وقال النبي ﷺ: «خير من الخير معطيه، وشر من الشر فاعله». وقيل لبعض الحكماء: هل شيء خير من الذهب والفضيلة؟ قال: معطيهما.

والإسعاف في النوائب نوعان واجب ومبدع، فأما الواجب فما اختص بثلاثة أصناف وهم الأهل والإخوان والجيران، سُئل الأحنف بن قيس عن المروءة، فقال: صدق اللسان ومؤاساة الإخوان وذكر الله تعالى في كل مكان. وقال بعض حكماء الفرس صفة الصديق أن يبذل لك مالَه عند الحاجة ونفسه عند النكبة ويحفظك عند المغيب. ورأى بعض الحكماء رجلين مصطحبين لا يفترقان، فسأل عنهما فقيل: هما صديقان، فقال: ما بال أحدهما فقير والآخر غني. وقال الإمام علي: ليس حسن الجوار كف الأذى بل الصبر على الأذى، وقال بعض الحكماء: من أجار جاره أعانه الله وأجاره، وقال بعض الشعراء:

وللجار حق فاحترز من إذائه
وما خير جار لا يزال مؤاذيا

وقال بعض الشعراء:

حق على السيد المرجوّ نائله
والمستجار به في العرب والعجم
أن لا ينيل الأقاصي صوب راحته
حتى يخص به الأدنى من الخدم
إن الفرات إذا جاشت غواربه
روى السواحل ثم امتد في الأمم

وأما التبرع فإن كان بفضل الكرم وفائض المروءة فقد زاد على شروط المروءة وتجاوزها. وقيل لبعض الحكماء: أي شيء من أفعال الناس يشبه أفعال الإله؟ قال: الإحسان إلى الناس. قال بعض الأدباء: ثلاث خصال لا تجتمع في كريم حسن المحضر واحتمال الزلة وقلة الملال. وقال بعض العلماء: من هجر أخاه من غير ذنب كان كمن زرع زرعًا ثم حصده في غير أوانه، وقال أبو العتاهية:

وشر الأخلاء من لم يزل
يعاتب طورًا وطورًا يذم
يريك النصيحة عند اللقاء
ويبريك في السر بري القلم

وقال بعض الحكماء: لا تقطع أخاك إلا بعد عجز الحيلة عن استطلاحه، وقال الأحنف: حق الصديق أن تحتمل له ثلاثًا ظلم — الغضب وظلم الدالة وظلم الهفوة، وقال أبو نواس:

لم أؤاخذك إذ جنيت لأني
واثق منك بالإخاء الصحيح
فجميل العدو غير جميل
وقبيح الصديق غير قبيح

وقال بعض الحكماء: لا يفسدك الظن على صديق أصلحك اليقين له. وقال النبي ﷺ: «إياكم والمشارة فإنها تميت الغيرة وتحيي الغرَّة».

وقال بعض الحكماء: من فعل ما شاء لقي ما لم يشأ. وقال بعض الأدباء: من نالته إساءتك همه مساءتك. وقال بعض البلغاء: من أولع بقبح المعاملة أوجع بقبح المقابلة. وقال بعض الحكماء: من كنت سببًا لبلائه وجب عليك التلطف له في علاجه من دائه. قال لقمان لابنه: يا بني كذب من قال: إن الشر بالشر يُطفأ، فإن كان صادقًا فليوقد نارين ولينظر هل تُطفأ إحداهما الأخرى وإنما يطفئ الخيرُ الشر كما يطفئ الماء النار، وقال البحتري:

وأقسم لا أجزيك بالشر مثله
كفى بالذي جازيتني لك جازيَا

وقال النبي ﷺ: «الناس كشجرة ذات جنى ويوشك أن يعودوا كشجرة ذات شوك إن ناقدتهم ناقدوك وإن هربت منهم طلبوك وإن تركتهم لا يتركوك، قيل: وكيف المخرج يا رسول الله؟ قال: أقرضهم من عرضك ليوم فاقتك».

وقال عبد الله بن العباس: العاقل الكريم صديق كل أحد إلا من ضره، والجاهل اللئيم عدو كل أحد إلا من نفعه، وقال: شر أعدائك داؤك وفي البعد عنهم شفاؤك. وقال بعض الحكماء: شرف الكريم تغافله

عن اللئيم، وقيل: دواء المودة كثرة التعاهد. وقال بعض الحكماء: رغبتك فيمن يزهد فيك ذل نفس، وزهدك فيمن يرغب فيك صغر همة. وقال بزرجمهر: من تغير عليك في مودته فدعه حيث كان قبل معرفته. وقال لقمان لابنه: يا بني لا تترك صديقك الأول فلا يطمئن إليك الثاني، يا بني اتخذ ألف صديق والألف قليل ولا تتخذ عدوًا واحدًا والواحد كثير. وقيل للمهلب بن أبي صفرة: ما تقول في العفو والعقوبة؟ قال: هما بمنزلة الجود والبخل فتمسك بأيهما شئت، وقال الشاعر:

إذا أنت لم تترك أخاك وزلة
إذا زلها أوشكتما أن تفرقا

وقيل في منثور الحكم: لا تأمنن لملول وإن تحلى بالصلة وعلاجه أن يترك على ملله فيمل الجفاء كما مل الإخاء، وإن كان لزلل لوحظت أسبابه، فقد حكي عن خالد بن صفوان أنه مر به صديقان له فعرج عليه أحدهما وطواه الآخر، فقيل له في ذلك، فقال: نعم عرج علينا هذا بفضله وطوانا ذلك بثقته بنا، وقال مسلم بن قتيبة لرجل اعتذر إليه: لا يدعونك أمر تخلصت منه إلى الدخول في أمر لعلك لا تخلص منه. وقال بعض البلغاء: من لم يقبل التوبة عظمت خطيئته ومن لم يحسن إلى التائب قبحت إساءته. وقال بعض الحكماء: الكريم أوسع المغفرة إذا ضاقت بالمذنب المعذرة، وقال بعض الشعراء:

العذر يلحقه التحريف والكذب
وليس في غير ما يرضيك لي إرب
وقد أسأت فبالقمى التي سلفت
إلا مننت بعفو ما له سبب

وقال بعض الحكماء: شافع المذنب خضوعه إلى عذره، وقال بعض الشعراء:

اقبل معاذير من يأتيك معتذرًا
إن برَّ عندك فيما قال أو فجرا
فقد أطاعك من يرضيك ظاهره
وقد أجلك من يعصيك مستترا

وقد قيل: من سل سيف البغي أغمده في رأسه. وقال بعض الحكماء: مَن عاشر إخوانه بالمسامحة دامت له موداتهم.

وقال النبي ﷺ: «أجملوا في طلب الدنيا فإن كلًا ميسر لما كتب له منها» وقال: «ألا أدلكم على شيء يحبه الله تعالى، قالوا: بلى يا رسول الله، قال: التغابن للضعيف».

وحكى ابن عون أن عمر بن عبيد الله اشترى للحسن البصري إزارًا بستة دراهم ونصف فأعطى التاجر سبعة دراهم، فقال: ثمنه ستة دراهم ونصف، فقال: إني اشتريته لرجل لا يقاسم أخاه درهمًا.

حكي أن فتى من بني هاشم تخطى رقاب الناس عند ابن أبي داود، فقال: يا بني إن الآداب ميراث الأشراف ولست أرى من عندك من سلفك إرثًا.

وأما الإفضال فنوعان: إفضال اصطناع، وإفضال استكفاف ودفاع، فأما إفضال الاصطناع فنوعان: أحدهما: ما أسداه جودًا في شكور، والثاني: ما تألف به نبوة نفور، وقال بعض الحكماء: أقل ما يجب للمنعم بحق نعمته أن لا يتوصل بها إلى معصية، وقال إسحاق بن إبراهيم الموصلي:

يبقى الثناء وتذهب الأموال
ولكل دهر دولة ورجال
ما نال محمدة الرجال وشكرهم
إلا الجواد بماله المفضال
لا ترض من رجل حلاوة قوله
حتى يصدق ما يقول فعال

وأما إفضال الاستكفاف فلأن ذا الفضل لا يعدم حاسد نعمة ومعاني فضيلة فإن غفل عن استكفاف السفهاء، وأعرض عن استدفاع أهل البذاء صار عرضه هدفًا للمثالب وحاله عرضة للنوائب، وقال النبي ﷺ: «ما وقى المرء به عرضه فهو صدقة». وامتدح رجل الزهري فأعطاه قميصه، قال رجل: أتعطي على كلام الشيطان؟ فقال: من ابتغى الخير اتقى الشر، وقال النبي ﷺ: «اغتنم خمسًا قبل خمس شبابك قبل هرمك وصحتك قبل سقمك وغناك قبل فقرك وفراغك قبل شغلك وحياتك قبل موتك».

وقال الشاعر:

مولى المكارم يرعاها ويعمرها
إن المكارم قد قلت مواليها

وقال أبو تمام:

قوم تراهم غيارى دون مجدهم
حتى كأن المعالي عندهم حرمُ

وقال الراعي:

ومن يغمر بمكرمة فإنا
سنناها لأيدي الفاعلينا

وإليك بعض أبيات في وصف المروءة وأربابها:

عشق المكارم فهو معتمد لها
والمكرمات قليلة العشاق

•••

تلذ له المروءة وهي تؤذي
ومن يعشق يلذ له الغرام

•••

خدم العلا فخدمته وهي التي
لا تخدم الأقوام ما لم تخدم

•••

ليس له عيب سوى أنه
لا تقع العين على مثله

•••

ما كنت في غاية إلا سبقت ولا
طال المدى بك إلا زدت إحسانا

•••

وحزت بهم لا بل بنفس ابن حرَّة
مآثر يحصى دون إحصائها الرمل

•••

الناس عند عليٍّ حين تذكره
كالشوك يُذكر بين الورد والآس

•••

فما أحسن الدنيا وفي الدار خالدٌ
وأقبحها لما تجهز غازيا

•••

تنافس الناس في أيام دولته
فما يبيعون ساعاتٍ بأعوام

•••

إذا خفي القوم اللئام وجدتني
مقارن شمس في المجرة أو بدر

•••

ونفسك أكرمها فإنك إن تهن
عليك فلن تلقى لها الدهر مكرما

•••

لبست من الحوادث كل ثوب
سوى ثوب المذلة والهوان

•••

نهين النفوس وهون النفوس
يوم الكريهة أوفى لها

•••

أهين لهم نفسي لأكرمها بهم
ولن تكرم النفس التي لا تهينها

•••

قال معاوية لقرشي: ما المروءة؟ قال: إطعام الطعام وضرب الهام، وقيل: المروءة أن تعطي من حرمك وتعفو عمن ظلمك، وجاء في القرآن: إِنَّ اللهَ يَأْمُرُ بِالْعَدْلِ وَالْإِحْسَانِ وَإِيتَاءِ ذِي الْقُرْبَى وَيَنْهَى عَنِ الْفَحْشَاءِ وَالْمُنكَرِ وَالْبَغْيِ يَعِظُكُمْ لَعَلَّكُمْ تَذَكَّرُونَ (النحل: ٩٠)، وقيل: الحسب إحصاء المكارم والنسب إحصاء الآباء. وقال عمرو بن معدي كرب في مدح قوم كرام: نعم القوم عند السيف المسلول والخير المسئول والطعام المأكول.

وقف أعرابي على قبر عامر بن الطفيل، فقال: لقد كنت سريعًا إذا وعدت بطيئًا إذا أوعدت وكانت هدايتك هداية النجم وجرأتك جرأة الشهم، وأخبر بعض الحكماء عن صاحب له، فقال: عظمه في عيني صغر الدنيا في عينه فكان لا يشتهي ما لا يجد ولا يكثر إذا وجد.

وقال رجل للمهدي: إنك ليوسفي العفو إسماعيلي الصدق شعَبي الرفق سليماني المُلك داودي الفضل، وقال الشاعر:

إقدام عمرو في سماحة حاتم
في حلم أحنف في ذكاء إياس

الوعد والإنجاز والمطل

قال المهلب يوصي ابنه: يا بني إياك والسرعة عند المسألة بنعم، فإن مدخلها سهل ومخرجها وعرٌ، واعلم أن (لا) وإن قبحت فربما أفرحت فإذا سئلت ما قدرت عليه فاطمع ولا توجب وإذا علمت معذرة فاعتذر فالإتيان بالعذر الجميل خير من المطلب الطويل.

قيل: مَن كثر وعده ووعيده اجترأ عليه عدوه وصديقه، وقال العتابي:

لحسن اعتذار المرء أوفى لعرضه
من الذم من توكيد وعد يماطله

وقال المتنبي:

وفي اليمين على ما أنت واعده
ما دل أنك في الميعاد متهم

وعد أبو الصفر أبا العيناء بشيء، فتقاضاه، فقال: غدًا، فقال له: إن الدهر كله غد فهل عندك وعد يخلو من المعاريض.

وللخوارزمي في مماطل:

إذا أضحى فموعده مساء
وأذا أمسى فموعده ضحاء

لابن الرومي:

طال المطال متى الوفاء فلا خلو
د فحاجة أو رد يأس ينفعُ
واعلم بأني لا أسرُّ بحاجة
إلا وفي عمري بها متمتع

قيل من بذل لك حلوٌ مقاله ومرٌ نواله فهو عدوك المبين، وقيل لأبي العيناء كيف تركت فلانًا مع قومه؟ قال: يَعِدُهُمْ وَيُمَنِّيهِمْ وَمَا يَعِدُهُمُ الشَّيْطَانُ إِلَّا غُرُورًا (النساء: ١٢٠)، وقال الشاعر:

بذل الوعد للأخلاء سمحًا
وأبى بعد ذاك بذل العطاء
فغدا كالخلاف يورق للعين
ويأبى الإثمار كل الإباء

وقال الصاحب: سأنجز الوعد حتى ترى الطل وابلًا والهلال بدرًا كاملًا.

وقف بعضهم على أبي داود وأنشد:

حتى متى أنا موقوف على وجل
بين السبيلين لا ورد ولا صدر

فقضى حاجته.

وقيل: أورقت نعمك فليثمر كرمك، وقال جحظة البرمكي:

إذا كانت صلاتكم رقاعًا
تخطط بالأنامل والأكفِّ
ولم تكن الرقاع تجرُّ نفعًا
فها خطي خذوه بألف ألف

وللمتنبي:

وإن تأخر عني بعض موعده
فما تأخر آمالي ولا تهنُ
هو الوفي ولكني ذكرت له
مودة فهو يبلوها ويمتحن

وقيل: وعد الكريم نقد وتعجيل، ووعد اللئيم مطل وتعليل.

سأل رجل أبا عمرو بن العلاء حاجة فوعده ثم لم ينجزه، فقال: أخلفت، فقال أبو عمرو: فمن أولى بالغم، قال الرجل: أنا، فقال: بل أنا لأني وعدتك فأبت بفرح الوعد وأنا أبت بهمِّ الإنجاز، ثم عاق القَدَرُ عن بلوغ الإرادة فلقيتني مدلًا ولقيتك محتشمًا.

قيل لبعضهم: كيف حالك مع فلان؟ فقال: لا أحصل منه إلا على دق الصدر والجبهة، فقيل: كيف، قال إذا سألته دق صدره، وقال: (أفعل) وإذا عاودته وتقاضيته دق جبهته، وقال: (لا قوة إلا بالله

نسيت).

الشفاعة والشفعاء

قال الله تعالى: مَّن يَشْفَعْ شَفَاعَةً حَسَنَةً يَكُن لَّهُ نَصِيبٌ مِّنْهَا وَمَن يَشْفَعْ شَفَاعَةً سَيِّئَةً يَكُن لَّهُ كِفْلٌ مِّنْهَا (النساء: ٨٥)، وقال: «الشفاعة زكاة ونصرة اللسان فوق نصرة السنان». وكان زياد يقول لأصحابه: اشفعوا لمن وراءكم فليس كل من أراد السلطان وصل إليه ولا كل من وصل استطاع أن يكلمه، وقال أبو تمام:

وإذا امروٌ أسدى إليَّ صنيعةً
من جاهه فكأنها من ماله

قيل لشعبة: أفنيت مالك وأخلقت جاهك في حوائج الناس، فقال: أصونهما للتراب، وقال أحدهم يصف شفيعًا:

ما تبالي وذا شفيعك لو كن
ت كعادٍ في غيها وثمود
ذاك لو كان في المعاد شفيعًا
رضي الله عن جميع العبيد

وقال آخر:

ولو أن لي في حاجة ألف شافعٍ
لما كان فيهم مثل جودك شافعٌ

وقال جحظة البرمكي:

وما لي حق واجب غير أنني
إليكم بكم في حاجتي أتوسل

نوادر العُشَّاق

نوادر الخلفاء العاشقين

هارون الرشيد والجارية وأبو نواس

أرق الرشيد ليلة فقام يمشي في المقاصير فرأى جارية لطيفة الشكل بديعة المنظر فأيقظها، فقالت وقد علمت به: يا أمين الله ما هذا الخبر؟ فقال:

هو ضيف طارق في حيكم
يرتجي المأوى إلى وقت السحر
فقالت بسرورٍ سيدي أخدمه
إن رضي بي وبسمعي والبصر

فلما أصبح أحضر أبا نواس وقال له: أجز «يا أمين الله ما هذا الخبر» فأنشد:

طال ليلي حين وافاني السهر
فتفكرت فأحسنت الفكر
قمت أمشي في مكاني ساعة
ثم أخرى في مقاصير الحجر
وإذا وجهٌ جميل حسن
زانه الرحمن من بين البشر
فلمست الرجل منها موقظًا
فرنت نحوي ومدت لي البصر
وأشارت وهي لي قائلة
يا أمين الله ما هذا الخبر
قلت ضيف طارق في حيكم
يرتجي المأوى إلى وقت السحر
فأجابت بسرور سيدي
أخدم الضيف بسمعي والبصر

فقال له: أكنت معنا، قال: لا، ولكن ألجأني الشعر إلى ذلك.

الأصمعي وهارون الرشيد والجارية

قال الأصمعي: دخلت على هارون الرشيد وبين يديه جارية حسناء عليها لمة جعدة وذؤابة مسترسلة وهلال بين عينيها مكتوب عليه بالذهب: «هذا ما عمل في طراز الله»، فقال: يا أصمعي صفها، فأنشأت أقول:

كنانية الأطراف سعدية الحشا
هلالية العينين طائية الفم
لها حكم لقمان وصورة يوسفٍ
ونغمة داودٍ وعفة مريمِ

فقال: أحسنت والله يا أصمعي، فهل عرفت اسمها؟ قلت: لا يا أمير المؤمنين، فقال: اسمها دنيا. فأطرقت ساعة ثم قلت:

إن دنيا هي التي
تملك القلب قاهرهْ
ظلموها شطر اسمها
فهي دنيا وآخرهْ

فسُرَّ هارون الرشيد من هذا الوصف سرورًا عظيمًا.

ماردة وهارون الرشيد

عتبت ماردة على هارون الرشيد فكانت تُظهر له الكراهة وتُضمر له المحبة، فقال فيها:

تُبدي صدودًا وتُخفي تحتهُ صلة
فالنفس راضية والطرف غضبانُ
يا من وضعت له خدي فذلله
وليس فوقي سوى الرحمن سلطان

هارون الرشيد والبنت العربية

رُوي أن أمير المؤمنين هارون الرشيد مرَّ في بعض الأيام وبصحبته جعفر البرمكي، وإذا هو بعدة بنات يستقين الماء، فعرج عليهن يريد الشرب وإذا إحداهن التفتت إليهن وأنشدت تقول:

قولي لطيفك ينثني
عن مضجعي وقت المنام
كي أستريح وتنطفي
نارٌ تؤجج في العظام

دنف تقلبهُ الأكفّ
على بساط من سقام
أما أنا فكما علمت
فهل لوصلك من دوام

فأعجب أمير المؤمنين ملاحتها وفصاحتها وقال لها: يا بنت الكرام، أهذا من مقولك أم من منقولك؟ قالت: من مقولي، قال: إذا كان كلامك صحيحًا فأمسكي المعنى وغيّري القافية، فأنشدت تقول:

قولي لطيفك ينثني
عن مضجعي وقت الوسن
كي أستريح وتنطفي
نار تؤجج في البدن
دنفٌ تقلبهُ الأكف
على بساط من شجن
أما أنا فكما علمت
فهل لوصلك من ثمن

فقال لها: والآخر مسروق، قالت: بل كلامي، فقال: إن كان كلامك أيضًا فأمسكي المعنى وغيّري القافية، فجعلت تقول:

قولي لطيفك ينثني
عن مضجعي وقت الرقاد
كي أستريح وتنطفي
نار تؤجج في الفؤاد
دنفٌ تقلبهُ الأكف
على بساط من سهاد
أما أنا فكما علمت
فهل لوصلك من سداد

فقال لها: والآخر مسروق، قالت: بل كلامي، فقال لها: إن كان كذلك فأمسكي المعنى وغيّري القافية، فقالت:

قولي لطيفك ينثني
عن مضجعي وقت الهجوع
كي أستريح وتنطفي
نار تؤَجج في الضلوع
دنفٌ تقلبهُ الأكف
على بساط من دموع

أما أنا فكما علمت
فهل لوصلك من رجوع

فقال لها أمير المؤمنين: من أي هذا الحي؟ قالت: من أوسطه بيتًا وأعلاه عمودًا، فعلم أمير المؤمنين أنها بنت كبير الحي. ثم قالت له: وأنت من أي رعاة الخيل؟ فقال: من أعلاها شجرة وأينعها ثمرة. فقبّلت الأرض وقالت: أيدك الله يا أمير المؤمنين، ودعت له ثم انصرفت مع بنات العرب. فقال الخليفة لجعفر: لا بد من زواجها، فتوجه جعفر إلى أبيها وقال له: إن أمير المؤمنين يريد ابنتك، فقال: حبًّا وكرامة تهدى جارية إلى حضرة مولانا أمير المؤمنين، ثم جهزها وحملها إليهِ فكانت من أعز نسائه.

إبراهيم الموصلي والرشيد والجارية

قال إبراهيم الموصلي: قال لي الرشيد: بكِّر لنصطبح، فقلت: أنا والصبح فرسا رهان نستبق إلى حضرتك، فبكرت فإذا أنا به خالٍ وبين يديه جارية كأنها غصن بان، حلوة المنطق، جميلة الصوت، وهي تنشد شعر أبي نواس:

توهمهُ طرفي فأصبح خده
وفيه مكان الوهم من نظري أثر
ومرَّ بفكري خاطر فجرحتهُ
ولم أرَ جسمًا قط يجرحهُ الفكر
وصافحه كفي فآلم كفهُ
فمن غمز كفي في أنامِله عقر

فذهبت والله بعقلي حتى كدت أُفتضح، فقلت: مَن هذه يا أمير المؤمنين؟ قال: هذه التي قال فيها الشاعر:

بها قلبي الغداة وقلبها لي
فنحن كذاك في جسدين روح

ثم قال لها غنِّي فغنت:

تقول غداة البين إحدى نسائهم
لي الكبد الحرَّى فسر ولك الصبرُ
وقد خنقتها عبرة فدموعها
على خدها بيض وفي نحرها صفرُ

وشرب وسقاها، وقال: غنِّ يا إبراهيم، فغنيت عن غير عمد ولا تحفظ أقول:

تشرَّب قلبي حبها ومشى به
تمشي حميا الكأس في جسم شارب
ودب هواها في عظامي فشفها
كما دبَّ في الملسوع سم العقارب

ففطن لتعريضي وكانت جهلة مني، فأمرني بالانصراف ولم يدعُ بي شهرًا ولا حضرت مجلسه، فلما كان بعد شهر دسَّ إليَّ خادمًا معهُ رقعة مكتوب عليها هذه الأبيات:

قد تخوفت أن أموت من الوجد
ولم يدر من هويت بما بي
يا كتابي اقرأ السلام على من
لا أسمي وقل له يا كتابي
كف صب إليكم كتبتني
فارحموا غربتي وردوا جوابي
إن كفًا إليكم كتبتني
كف صب فؤاده في عذاب

فأتاني الخادم بالرقعة، فقلت: ما هذه؟ قال: رقعة فلانة الجارية التي غنتك بين يدي أمير المؤمنين، فأحسست بالقصة وعجبت من ذاك الأمر.

الرشيد والجارية

دخلت جارية على الرشيد للبيع فتأملها وقال لصاحبها: خذ بيدها وانطلق، ولولا كلف بوجهها وخنس بأنفها لاشتريتها، فأخذها وحينما بلغت الستر، قالت: يا أمير المؤمنين، ردني لأنشدك بيتين خطرَا لي، فردها فأنشدت:

ما سلم الظبي على حسنهِ
كلا ولا البدر الذي يوصفُ
الظبي فيه خنس بيِّن
والبدر فيه كلف يعرف

فسُرَّ الرشيد من فصاحتها واشتراها وقرَّبها إليه.

جارية أمير المؤمنين والشاب

كان لأمير المؤمنين جارية حسناء تُدعى قوت القلوب، فسافر يومًا وتركها في قصره وحيدة فريدة، فوقع نظرها على شاب جميل الهيئة فأحبتهُ كثيرًا وأباحت بما عندها، فصدَّ عنها خوفًا من الخليفة

فزاد حبها بامتناعه، فنظرت إليه نظرة الهائم وأنشدت تقول:

قلب المتيم كاد أن يتفتتا
فإلى متى هذا الصدود إلى متى
يا معرضًا عني بغير جناية
فعوائد الغزلان أن تتلفتا
صدٌّ وهجرٌ زائد وصبابة
ما كل هذا الأمر يحملُه الفتى

فبكى وبكت من لوعة الحب والغرام وأنشدت تقول:

بديع الحسن كم هذا التجني
ومن أغراك بالإعراض عني
حويت من الرشاقة كل معنى
وحزت من الملاحة كل فنٍّ
وأجريت الغرام لكل قلبٍ
ووكلت السهاد بكل جفنٍ
وأعرف قبلك الأغصان تُجْنَى
فيا غصن الأراك أراك تَجني
وعهدي بالظبا صيدًا فما لي
أراك تصيد أرباب المجنِ
وأعجب ما أحدِّث عنك أني
فتنت وأنت لم تعلم بأني
فلا تسمح بوصلك لي فإني
أغار عليك منك فكيف مني
ولست بقائل ما دمت حيًّا
بديع الحسن كم هذا التجني

المأمون وجاريته (١)

قال أبو حمادٍ الموكبي: وصفت للمأمون جارية بكل ما تُوصف امرأة من الكمال والجمال، فبعث في شرائها، فأُتي بها وقت خروجهِ إلى بلاد الروم، فلما همَّ ليلبس درعهُ خطرت بباله فأمر فخرجت إليه، فلما نظر إليها أعجب بها وأعجبت به، فقالت: ما هذا؟ قال: أريد الخروج إلى بلاد الروم، قالت: قتلتني والله يا سيدي، ثم انحدرت الدموع على وجنتيها كنظام اللؤلؤ وأنشأت تقول:

سأدعو دعوة المضطر ربًّا
يُثيب على الدعاء ويستجيبُ

لعل الله أن يكفيك حربًا
ويجمعنا كما تهوى القلوبُ

فضمها المأمون إلى صدره وأنشأ متمثلًا يقول:

فيا حسنها إذ يغسل الدمعُ كحلها
وإذ هي تذري الدمعَ منها الأنامل
صبيحة قالت في العتاب قتلتني
وقتلي بما قالت هناك تحاول

ثم قال لخادمه: يا مسرور، احتفظ بها وأكرم محلها وأصلح لها كل ما تحتاج إليه من المقاصير والخدم والجواري إلى حين رجوعي، ثم خرج، فلم يزل الخادم يتعهدها ويصلح ما أمر به، فاعتلت علة شديدة أشفق عليها منها، ثم ورد نعي المأمون، فلما بلغها ذلك تنفست الصعداء وأنشدت وهي تجود بنفسها:

إن الزمان سقانا من مرارتهِ
بعد الحلاوة أنفاسًا وأروانا
أبدى لنا تارةً منهُ فأضحكنا
ثم انثنى تارة أخرى فأبكانا
إنَّا إلى الله فيما لا يزال لنا
من القضاء ومن تلوين دنيانا
دنيا نراها ترينا من تصرُّفها
ما لا يدوم مصافاة وأحزانا
ونحن فيها كأنَّا لا نزايلها
للعيش أحياؤنا يبكون موتانا

المأمون وجاريته (٢)

غضب المأمون يومًا على جاريته عريب المغنية، وكان كلفًا بها، فأعرض عنها وأعرضت عنهُ، ثم أسلمه الغرام وأقلقه الشوق حتى أرسل إليها يطلب مراجعتها، فلما اجتمعا لم تلتفت إليه، وكلمها فلم ترد عليه، فأنشأ يقول:

تكلم ليس يوجعك الكلامُ
ولا يذري محاسنك السلامُ
أنا المأمون والملك الهمام
ولكني بحبك مستهامُ
يحق عليك ألا تقتليني

فيبقى الناس ليس لهم إمامُ

المأمون ويحيى بن أكثم

أصبح المأمون وعندهُ عبد الله بن طاهر ويحيى بن أكثم، فغمز المأمون الساقي على إسكار يحيى، فسقاه حتى سكر، وبين يديهم هالة من الورد دفنوه فيها ونشروا عليه زهورها، فلما رآه المأمون ضحك كثيرًا وأنشد بيتين أمر إحدى جواريه أن تغنيهما عند رأس يحيى، فغنَّت:

ناديتهُ وهو ميت لا حراك
مكفنٌ في ثيابٍ من رياحين
وقلت قم قال رجلي لا تطاوعني
فقلت خذ قال كفى لا يؤاتيني

وجعلت تردد الصوت، فأفاق يحيى وهو تحت الورد، فأنشأ يقول مجيبًا:

يا سيدي وأمير الناس كلهم
قد جار في حكمه من كان يسقيني
إني غفلت عن الساقي فصيرني
كما تراني سليب العقل والدين
لا أستطيع نهوضًا وقد وهَى بدني
ولا أجيب المنادي حين يدعوني
فاختر لنفسك قاضٍ إنني رجلٌ
الراح تقتلني والعود يحييني

المأمون والجارية

وعد المأمون جارية أن يأتي لزيارتها وأخلفها الوعد فكتبت إليه:

أرقت عيني ونامت
عين من هنتُ عليهِ
إن نفسي فاعذرنها
أصبحت في راحتيهِ
رحم الله رحيمًا
دل عيني عليه

فلما رأى رقعتها ضحك ولم يلبث أن زارها.

المأمون وجاريته والرسول

عتب المأمون على جارية من جواريه وكان كلفًا بها فأعرض عنها وأعرضت عنه، ثم أسلمه الهوى وأقلقهُ الشوق حتى أرسل يطلب مراجعتها، فأبطأ عليه الرسول، فلما رجع أنشأ يقول:

بعثتك مرتادًا ففزت بنظرةٍ
وأغفلتني حتى أسأت بك الظنا
وناجيتَ من أهوى وكنت مبعدًا
فيا ليت شعري عن دنوك ما أغنى
ونزهت طرفًا في محاسن وجهها
ومتعت باستظراف نغمتها أذنا
أرى أثرًا منها بعينيك لم يكن
لقد سرقت عيناك من وجهها حسنا
فيا ليتني كنت الرسول وكنتني
وكنت الذي يقصي وكنت أنا المدني

المأمون وأبو عيسى وقرة العين

بينما كان المأمون عازمًا على الركوب ومبارحة القصر اعترضه علي بن هشام قائلًا: يا أمير المؤمنين، عندي جارية اشتريتها بعشرة آلاف دينار وقد أخذت بمجامع قلبي وأريد أن أعرضها على أمير المؤمنين، فإن أعجبته ورضيها فهي له وإلا فيسمع منها شيئًا من الغناء، فقال الخليفة: عليَّ بها، فخرجت جارية كأنها قضيب بان، لها عينان فتانتان وحاجبان كأنهما قوسان، وعلى رأسها تاج من الذهب تحتهُ عصابة مكتوب عليها:

جنية ولها جن تعلمها
رمى القلوب بقوس ما لهُ وترُ

فلما رآها المأمون تعجَّب من حسنها وجمالها، وكان إلى جانبه فتًى يُدعى أبو موسى فلما شاهد تلك الجارية وما هي عليه من الحسن والجمال وقع حبها في قلبه وبدت عليه علائم الاصفرار، فقال له المأمون: ما لك يا أبا عيسى قد تغيَّر حالك؟ فقال: يا أمير المؤمنين بسبب علة تعترينى في بعض الأوقات، فقال له الخليفة: أتعرف هذه الجارية قبل الآن؟ قال: نعم يا أمير المؤمنين، وهل يخفى القمر، ثم قال لها المأمون: ما اسمك يا جارية؟ قالت: اسمي قرة العين يا أمير المؤمنين، قال لها: غنّي لنا يا قرة العين، فأنشدت تقول:

إذا كنت ترضيهِ ويرضيك صاحبٌ
جهارًا فكن في الغيب أحفظ للودِّ
والغ أحاديثَ الوشاة فقلما

يحاول واشٍ غير هجران ذي ودٌ
وقد زعموا أن المحبَّ إذا دنا
يمل وأن البعد يشفي من الوجد
بكلٍ تداوينا فلم يشفَ ما بنا
على أن قرب الدار خيرٌ من البعدِ
على أن قرب الدار ليس بنافع
إذا كان من تهواه ليس بذي ودِّ

فلما فرغت من شعرها قال أبو عيسى: يا أمير المؤمنين، إذا افتضحنا استرحنا، أتأذن لي في جوابها؟ فقال له الخليفة: نعم، قل لها ما شئت، فكفكف دمع العين وأنشد هذين البيتين:

سكت ولم أقل: إني محبٌّ
وأخفيت المحبة في ضميري
فإن ظهر الهوى في العين مني
فدانية من القمر المنير

فأخذت العود قرة العين وأطربت بالنغمات وأنشدت تقول:

لو كان ما تدعيه حقًّا
لما تعلقت بالأماني
ولا تصبرت عن فتاةٍ
بديعة الحسن والمعاني
لكن دعواك ليس منها
شيءٌ سوى القول باللسان

فلما فرغت من شعرها جعل أبو عيسى يبكي وينتحب ويتوجع ويضطرب، ثم رفع رأسه وأنشد يقول:

تحت ثيابي جسدٌ ناحلُ
وفي فؤادي شغل شاغل
ولي فؤاد داؤه دائمٌ
ومقلة مدمعها هاطل
وكلما سالمني عاقلُ
قام لحيني في الهوى عاذلُ
يارب لا أقوى على كلِ ذا
موت وإلا فرجٌ عاجل

فلما فرغ أبو عيسى من شعره وثب علي بن هشام فقبّله وقال له: يا سيدي قد استجاب الله دعاك وسمع نجواك وأجابك إلى أخذها إن لم يكن لأمير المؤمنين غرض فيها. فقال المأمون: ولو كان لنا غرض فيها لآثرنا أبا عيسى على أنفسنا وساعدناه على قصده، ثم إنه دفعها إليه فعاش معها على ما يُرام.

المأمون والجارية نسيم

كان المأمون مشغوفًا بحب جارية تُدعى نسيم، وكانت ذات عقل وأدب وفضل وكمال لا يفارقها ولا يهوى سواها، ففي ذات يوم نظر إلى جارية حسناء لطيفة اللون رشيقة القد فمال إليها لأنها كانت أحسن منها، وأعرض عن جاريته نسيم، فاغتمت لذلك ولم تجد حيلة لاستعطافه، وكانت لها جارية رومية ذات عقل وأدب ولطف قد كتمت أمرها عن المأمون، فاتفق أن المأمون اعتل جسمه قليلًا ثم شفي فجعل الناس يدخلون عليه بأصناف التحف والهدايا، فأهدت إليه نسيم الجارية المذكورة هدية ومعها جام بللور وغطته بمنديل فاخر مكتوب عليه بالذهب هذه الأبيات:

اشرب بهذا الجام يا سيدي
مستمتعًا بهذه الجارية
واجعل لمن أهداكها زورة
تحظى بها في الليلة الثانية

فأعجب المأمون ما رأى من الجام والجارية وبعث لها بكتاب يسترضيها فيه ثم عاد معها إلى سابق الود.

محمد بن هارون وجلساؤه الثلاثة

تنفس محمد بن هارون الأمين يومًا في مجلسه أيام الحصار فالتفت إلى جليس له يُدعى محمد بن سلام، وقال له: ويحك يا محمد أتراني؟ قال: نعم يا أمير المؤمنين، ذكرت قول الشاعر:

ذكر الهوى فتنفس المشتاقِ
وبدا عليه الذل والإطراق
يا من يصبرني فأصبر بعدهِ
والصبر ليس يطيقه العشاق

فقال: لا والله ما أصبتها، ثم التفت إلى جليس آخر، فقال: ويحك ألا تراني؟ قال: نعم يا أمير المؤمنين، ذكرت قول الأحنف:

تذكرت بالريحان منك شمائلًا
وبالراح عذبًا من مقبلك العذب

فقال: لا والله ما أصبتها، ثم التفت إلى كوثر الخادم، فقال: ويحك ألا تراني؟ فقال: نعم يا أمير المؤمنين، ذكرت قول ابن نفيلة الغساني:

إن كان دهر بني ساسان فرقهم
فإنما الدهر أطوار دهارير
وربما أصبحوا يومًا بمنزلة
تهاب صولتها الأسد المهاصير

فقال: أصبتها والله، ورفع منزلته.

نصيب وعبد العزيز بن مروان

دخل نصيب على عبد العزيز بن مروان، فقال له: هل عشقت يا نصيب؟ قال: نعم — جعلني الله فداءك — ومن العشق أفلتتني إليك البادية، قال: ومَن عشقت؟ قال: جارية لبني مدلج فأحدق بها الواشون فكنت لا أقدر على كلامها إلا بعين أو إشارة فأجلس على الطريق حتى تمر بي فأراها، ففي ذلك أقول:

جلست لها كيما تمر لعلني
أخالسها التسليم إن لم تسلم
فلما رأتني والوشاة تحدرتَ
مدامعها خوفًا ولم تتكلم
مساكين أهل العشق ما كنت أشتري
حياة جميع العاشقين بدرهمِ

العاشق وعبد الملك بن مروان

قال أبو ريحانة: كان عبد الملك يجلس في كل أسبوع يومين جلوسًا عامًّا، فبينما هو جالس في مستشرف له وقد قُدِّمت إليه أوراقًا فيها مطالب بعض المحابيس رأى في ورقة منها مكتوبًا: «إن رأى أمير المؤمنين أن يدع جاريته فلانة تغني ثلاثة أصوات ثم ينفذ فيَّ ما شاء من حكمه»، فاستشاط من ذلك غضبًا وقال لي: عليَّ بصاحب هذه الرقعة، فأحضرته بين يديه وهو غلام جميل الطلعة حسن المحيا، فقال له عبد الملك: أهذه رقعتك يا غلام؟ قال: نعم يا أمير المؤمنين، قال: وما الذي غرك مني؟ والله لأصنعن بك ما يرتدع به نظراؤك من ذوي الخسارة، ثم قال: عليَّ بالجارية. فجيء بها من الخباء بوجه مشرق كالبدر وفي يدها عودٌ لطيف الأوتار، فطرح لها الكرسي فجلست، فقال عبد الملك: مرها يا غلام، فقال لها: غني يا جارية بشعر قيس بن ذريح:

لقد كنت حسب النفس لو دام ودنا
ولكنما الدنيا متاعُ غرورِ

وكنا جميعًا قبل أن يظهر الهوى
بأنعم حالي غبطة وسرور
فما برح الواشون حتى بدتَ لنا
بطون الهوى مقلوبةً لظهورِ

فغنَّت، فخرج الغلام يُمزِّق ثيابه من شدة الوله، فقال له عبد الملك: مرها تغنيك الصوت الثاني، فقال: غنِّي بشعر جميل:

ألا ليت شعري هل أبيتن ليلة
بوادي القرى إني إذًا لسعيدُ
إذا قلت ما بي يا بثينة قاتلي
من الحب قالت: ثابت ويزيدُ
وإن قلت ردي بعض عقلي أعش به
مع الناس قالت: ذاك منك بعيدُ
فلا أنا مردود بما جئت طالبًا
ولا حبها فيما يبيد يبيدُ
يموت الهوى مني إذا ما لقيتها
ويحيا إذا فارقتها فيعودُ

فغنتهُ الجارية، فوقع الغلام مغشيًّا عليه ساعة ثم أفاق، فقال له عبد الملك: مرها فلتغنك الصوت الثالث، فقال: يا جارية، غنِّي بشعر قيس بن الملوح المجنون:

وفي الجيرة الغادين من بطن وجرة
غزال غضيض المقلتين ربيبُ
فلا تحسبي أن الغريب الذي نأى
ولكن من تنأين عنهُ غريبُ

فغنته الجارية، فطرح الغلام نفسهُ من مستشرف، فلم يبلغ الأرض حتى تقطع، فقال عبد الملك: دعيه لقد عجَّل على نفسه، ولقد كنت حسبته على غير ما أرى، ثم أمر فأخرجت الجارية من قصره، وسأل عن الغلام، فقيل: غريب لا يُعرف إلا أنه منذ ثلاثة أيام كان ينادي في الأسواق ويده على رأسه:

غدًا يكثر الباكون منا ومنكم
وتزداد داري من دياركمُ بعدًا

المتوكل وعلي بن الجهم ومظلومة

قال علي بن الجهم: دخلت يومًا على المتوكل، فقال: يا علي، قلت: لبيك يا أمير المؤمنين، قال: دخلت إليَّ الساعة جارية وقد كتبت على خدها بالمسك اسمي، فوالله ما رأيت سوادًا في بياض أحسن منه في ذلك الخد، فقل فيه شعرًا، فقلت: أمظلومة هنا؟ قال: نعم، وكانت مظلومة خلف الستارة فدعت بدواة وبادرتني بأبيات فقالت:

وكاتبة بالمسك في الخد جعفرًا
بنفسي خط المسك من حيث أثرا
لئن أودعت سطرًا من المسك خدها
لقد أودعت قلبي من الحب أسطرا
فيا من لمملوكٍ تملك مالكًا
مطيعًا له فيما أسرَّ وأظهرا
ويا من مناها في السرائر جعفر
سقى الله من صوب الغمامة جعفرا

فأفحمت ولم أنطق وتغلبت على خواطري فما قدرت على حرف أقوله.

جارية المهدي والتفاحة

أهدت جارية من جواري المهدي تفاحة إلى المهدي مطيبة وكتبت فيها:

هدية مني إلى المهدي
تفاحة تقطف من خِدي
محمرة مصفرة طيبت
كأنها من جنة الخلد

فأجابها المهدي:

تفاحة من عند تفاحة
جاءت فماذا صنعت بالفؤاد
والله ما أدري أأبصرتها
يقظان أم أبصرتها في الرقاد

المعتز بالله

كان المعتز بالله رجلًا فاضلًا وعاشقًا عفيفًا، فقال يصف داء الحب في شعر، يقول:

لقد عرفتُ علاج الطب من وجعي

وما عرفتُ علاج الحب والجزع
جزعت للصبر والحمى صبرتُ لها
إني لأعجب من صبري ومن جزعي
وما أمل حبيبي ليتني أبدًا
مع الحبيب ويا ليت الحبيب معي

وقال أيضًا:

الله يعلم يا حبيبي أنني
منذ غبت عنك مولهٌ مكروبُ
يدنو السرور إذا دنا بكِ منزلٌ
ويغيب صفو العيشِ حيثُ تغيبُ

المكتفي بالله

قال المكتفي بالله يصف سطوة الحب وعزه وولاءه:

من لي بأن يعرف ما ألقى
فيعرف الصبوة والعشقا
ما زال لي عبد وحبي له
صيرني عبدًا له رقا
يعتق من رقي ولكنني
من حبه لا أملك العتقا

المستظهر بالله

قال المستظهر بالله يصف وداع الحبيب حبيبهُ:

أذاب حرُّ الهوى في القلب ما جمدا
يومًا مددت على رسم الوداع يدا
فكيف أسلك نهج الصبر حيث أرى
طرائق الهجرِ في مهوى الهوى قددا

المعتضد بن عباد وجاريته العبادية

كان للمعتضد جارية أديبة ظريفة، كاتبة، فصيحة العبارة، لطيفة الإشارة، عارفة بأساليب الغناء، وكان قد أهداها إليه مجاهد العامري، فمال إليها ميلًا شديدًا وشغف بها شغفًا زائدًا حتى إنها ألهتهُ عن بعض أموره، وكانت من توقد قريحتها وحضور بديهتها ترتجل الشعر والأمثال، فبينما كانت يومًا نائمة في بيتها وكان المعتضد سهران دخل عليها وهي نائمة فقال:

تنام ومدنفها يسهر
وتصبر عنه ولا يصبر

فانتبهت من نومها وأجابته بديهة:

لئن دام هذا وهذا له
سيهلك وجدًا ولا يشعرُ

المعتمد بن عباد والرميكية

ركب المعتمد في النهر ومعه ابن عمار وزيره وقد زردت الريح النهر، فقال ابن عباد لوزيره: أجز «صنعَ الريح من الماء زرد»، فأطال الوزير الفكرة، فقالت امرأة من الموجودات على ضفة النهر: «أي درعٍ لقتال لو جمد». فتعجب ابن عباد من حسن ما أتت به مع عجز ابن عمار ونظر إليها فإذا هي غايةٌ في الحسن والجمال، فأعجبته، فسألها: أذات بعل أنت؟ قالت: لا، قال: وما اسمك؟ قالت: الرميكية، فتزوجها وولدت له أولادًا.

حماد الراوية والخليفة يزيد

قال حماد الراوية: كنت محبًّا للوليد بن عبد الملك، فلما ولي أخوه يزيد الخلافة هربت إلى الكوفة، فبينما أنا في المسجد الأعظم إذ أتاني رسول محمد بن يوسف الثقفي، وقال: أجب الأمير، فدخلت عليه، فقال: ورد كتاب أمير المؤمنين عليَّ يحملك إليه، وبالباب نجيبان فركب أحدهما ودفع إليَّ كيسًا فيه ألف دينار، وقال: هذه نفقة لمنزلك، فدخلت دمشق في اليوم الثامن واستأذن لي الرسول فدخلت عليه فإذا هو جالس في دار مبلطة بالرخام الأحمر وفيها سرادق وسط قبة حمراء، وعلى رأسه جاريتان بثياب حمراء بيد إحداهما إبريق وبيد الأخرى نبيذ، فلما قابلته قال لي: ادنُ يا حماد، أتدري فيم بعثت إليك؟ قلت: لا، يا أمير المؤمنين، قال: في بيت شعر ذهب عني أوله، قلت: من أي بحر أو قافية؟ قال: لا أدري إلا أنه بيت فيه (إبريق)، فقلت في نفسي: الآن وقت إجهاد الفكرة، ففكرت ساعة ثم قلت: نعم، يا أمير المؤمنين، لعلهُ قول التبع اليماني:

بكر العاذلون في وضح الصبح
يقولون لي: أما تستفيق
ويلومون فيك يا بن عبيدِ الله
والقلب عنكم مرهوق

لست أدري إذا كثر العذل فيها
أعدو يلومني أو صديق
ودعوا بالصبوح يومًا فجاءت
قينة في يمينها إبريق

فصاح يزيد وقال: هو والله الشعر بعينه وشرب، وقال: يا جارية اسقيه، فسقتني كأسًا أذهب ثلث عقلي، فقال: سل حاجتك قبل أن يذهب الثلث الآخر، فقلت: إحدى هاتين الجاريتين، فقال: هما لك بمالهما وما عليهما ومائة ألف تحسن بها سيرك، ثم ناولتني الجارية كأسًا فشربتها وانصرفت على أحسن حال.

محمد بن عبد الله بن طاهر والجارية والمتوكل

بينما كان محمد بن عبد الله بن طاهر في الحج رأى في الطواف جارية في نهاية الحسن فوقع حبها في قلبه، فعمل على أخذها له وعاد إلى حيث كان، فلما قدم مدينة دار السلام شغف بها شغفًا شديدًا وأخفى أمرها وما يجده خوفًا من أمير المؤمنين المتوكل، وكان من شدة وجده بها يحتبس عندها أيامًا لا يظهر للناس في خلالها، ففطن إليه سويد بن أبي العالية صاحب البريد، وكان بينه وبين محمد منافرة لم يجد لها كيدًا إلا أن كتب إلى المتوكل وهو نازل على أربعة فراسخ من بغداد كتابًا نصه: «بسم الله الرحمن الرحيم، أما بعد يا أمير المؤمنين، فإن محمد بن عبد الله بن طاهر اشترى جارية حسناء لا يفارقها أبدًا وقد اشتغل بها عن النظر في أمور الناس وعن التوقيع في دعاوى المظلومين، ولا يأمن أمير المؤمنين من خراب يصيب بغداد مع كثرة ما فيها من الغوغاء فتكون العائدة سببًا لتعب سره».

ثم ختم الكتاب وسلمه إلى بعض المماليك فأوصله إليه، فلما قرأ المتوكل ذاك الكتاب نظر إلى نرجس الخادم وقال له: امضِ الساعة إلى محمد بن عبد الله بن طاهر وادخل إلى منزله بغتةً من غير إذن وانظر إلى ما يصنع، ثم خذ منه جاريته فلانة وائت بها من غير تأخير، فحضر نرجس من ساعته ودخل على محمد بن طاهر دون أن يطلب الإذن، فلم يشعر محمد إلا وهو واقف أمامه، فتغيَّر وجهه وامتقع لونه وفاضت عيناه وارتعدت فرائصه لعلمه أن نرجسًا ما دخل عليه من غير إذن إلا وقد أضمر له السوء، فقال له: يا نرجس ما الذي أتي بك؟ قال: أمير المؤمنين أمرني أن آخذ جاريتك هذه، قال: يا نرجس هذا اليوم قد حضر شره وغاب خيره وقد ترى ما نحن فيه وأنا لا أخالف ما أمر به أمير المؤمنين، ثم أمر للخادم بكرسي فجلس عليه بعد أن امتنع ساعة، وقال: إن مثلي لا يجلس مع مثلك، ثم إن محمدًا نظر إلى الجارية وبكى بكاءً شديدًا، وقال لها: غنِّي لأتزود منك، فأخذت العود وغنت بصوت حزين:

لله من لمعذَّبَيْنِ رماهما
بشماتة العذال والحسَّادِ
أما الرحيل فحين جدَّ تحملت
مهج النفوس به من الأكبادِ

من لم يبت والبين يصدع شملهُ
لم يدرِ كيف تفتت الأكبادِ

ثم إنهما أعلنا بالبكاء والنحيب والشهيق فرحمهما الخادم ورَقَّ لهما حين عاين ما حلَّ بهما، فقال: أيها الأمير إن رأيت أنِ أمضي وأدعكما على ما أنتما عليه وأتعلل عنكما لأمير المؤمنين فعلت، فقال: يا نرجس، من خُلقه مثل أبي سويد كيف يمكنه التعلل ولكن ارفق بنا. فقالت الجارية: والله يا سيدي لا ملكني غيرك أبدًا، ولئن دفعتني إليه لأقتلن نفسي، فقال لها محمد: لو كان غير أمير المؤمنين لكان في ذلك أوسع حيلة، ولقد وددت أن يأخذ أمير المؤمنين جميع ما أملك ويعزلني عن عملي ويبيعك لي ولكن هذا قضاء الله وقدره، ثم التفت إلى نرجس، وقال: لقد شاهدت مني ومن هذه الجارية ما شهد قلبك علينا بالمحبة والمودة والألفة، وليس يخفى عليك أن عمل المعروف يقي مصارع السوء ومثلك من يصنع المعروف مع مثلي، فخذها وامضِ بها إلى أمير المؤمنين وقل ما شئت مما يليق بمروءتك، ثم التفت إليها وقبّلها وبكى وبكت وبكى نرجس ثم أخذها وخرج وهي تبكي وتخمش وجهها، ثم سار حتى دخل بها على أمير المؤمنين، فلما رآه قال: ما وراءك؟ قال: ورائي يا أمير المؤمنين كل بلية، ثم إنه جلس بين يديه وقص عليه حالهما ولم يخف شيئًا، فقال المتوكل: كل هذا الوجد يجدهُ محمد من هذه الجارية! فقال: يا أمير المؤمنين والذي خفي أكثر مما ظهر وما أظنه يعيش بعدها، فرقَّ له قلب المتوكل، وقال: يا نرجس، ارجع بها إليه الساعة من وقتك هذا وأدركه قبل أن تزهق روحه وقد أمرت له بمائة ألف درهم ولها مع ذلك مثله وجعلت أمر أبي سويد إليه يصنع به ما يشاء، ثم كتب له توقيعًا بذلك دفعه إلى نرجس، فرجع الخادم بالجارية والتوقيع ولم يتمهل حتى دخل عليه فوجده عريانًا يتقلب على الثرى من شدة الكرب والوجد وقد أحدقت به الجواري يروحنه بالمراوحِ، فقال: أبشر يا محمد، إن أمير المؤمنين قد ردَّ جاريتك عليك من غير أن يوقع نظره عليها، وقد حكمك في أبي سويد، ثم ناوله التوقيع بذلك ودخلت الجارية عليه، فوثب إليها وعانقها وقبّلها ساعة ثم خرج فجلس على باب داره وبعث إلى أبي سويد، فلما حضر دفع إليه التوقيع، فلما قرأه قال: أعوذ برضاك من سخطك وبعفوك من عقوبتك، وإن تهدم مني ركنًا أنت شيدته وتصنع معي جميلًا فمثلي من هفا ومثلك من عفا، ثم قام وقبّل الأرض بين يديه، فقال له محمد: لا أبدّل نعمة الله كفرًا ثم أمر له بخمسين ألف درهم، فقالت الجارية: وأنا أيضًا أهب له مثل هذه الهبة مما وهبه لي أمير المؤمنين، ثم ذهب أبو سويد وبقيا بعد ذلك في أطيب عيش وأحسن حال.

عمر بن عبد العزيز وامرأته

كتبت امرأة عمر بن عبد العزيز إلى عمر لما اشتغل عنها بالعبادة:

ألا يأيها الملك الذي قد
سبى عقلي وهام به فؤادي
أراك وسعت كل الناس عدلًا
وجرت عليَّ من بين العباد
وأعطيت الرعية كل فضلٍ

وما أعطيتني غير السهادِ

فلما قرأ الأبيات صرف وجهه إليها.

عبد الله بن الأمين

كان عبد الله بن الأمين جميلًا فاضلًا، فرأى يومًا فتاة لطيفة فأنشد فيها:

جاز على وجنته مدمعه
وزال عمن قد رجا مطمعهُ
في حب ظبي لك من وجههِ
إذا تجلى قمرٌ يطلعهُ
قد أعطي الحسن مليكًا فيما
أصبح عنه أحد يمنعهُ
في خده من صدغه عقرب
تلسع من شاء ولا تلسعهُ

هارون بن المعتصم

قال هارون بن المعتصم في فتاة حسناء كان قد رآها ووقع في حبها وهواها:

وشادن يفضح بدر الدجى
والبدر في ليلته يزهرُ
يجحد أني مستهامٌ به
فهو لقولي أبدًا ينكرُ
وقد كساني سقمي حلةً
تُظهر من وجدي الذي أفكرُ
يكفيك مني شاهدٌ أنني
إليك من دون الورى أنظرُ

أبو يحيى القاضي وأحد الخلفاء

كان أبو يحيى القاضي في زمان أحد الخلفاء، وكان لا يشرب الخمر بل ينهى دائمًا عن شربه حتى إنه نهى الملك نفسهُ، فاغتاظ الملك لهذا الأمر وأضمر ذلك في نفسه، وكان عنده جارية حسناء تُدعى «نصيبين»، لطيفة القد، فتانة الملامح، فدعا بها يومًا وقال: يا نصيبين، اذهبي غدًا إلى البستان واصعدي إلى المقصورة العالية فإنني من الآن أهيئ هناك من المأكول وغيره ما يصلح للمقام،

فادخلي المخدع الذي يقاربها واختبئي فيه حين قدومي مع أبي يحيى القاضي، وبعد الفراغ من الطعام أذهب أنا إلى البستان وأدع لك أبا يحيى وحيدًا في القصر، فاخرجي أنت وأصلحي العود وقدمي بين يديه المدام وزيدي في الغناء له حتى يذهب عن هداه، فقالت: سمعًا وطاعةً أيها الملك، وفي الغد دخلت البستان وفعلت ما أمرها به، ولم يمضِ إلا القليل حتى جاء الملك مع أبي يحيى القاضي فجلسا يتسامران إلى أن حضر الطعام فأكلا، ثم قام الملك، وقال: يا أبا يحيى ابقَ هنا إلى أن أعود إليك، ثم نزل إلى البستان وأشار إلى نصيبين فخرجت للحال وسلمت على أبي يحيى فرد عليها السلام فأخذت العود وأصلحت أوتاره وغنت:

نظري إلى وجه الحبيب نعيم
وفراق من أهوى عليَّ عظيمُ
وأنا الذي ما كنت أرحم عاشقًا
حتى عشقت وها أنا المرحومُ
يا غارس الريحان حول خيامنا
لا تغرس الريحان لست تقيمُ
ما كل من ذاق الهوى عرف الهوى
أو كل من شرب المدام نديمُ
ما لي لسان أن أقول ظلمتني
والله يعلم أنني مظلومُ

فطرب أبو يحيى من غنائها ولاحت عليه علائم الانبساط، فلما آنست منهُ ذلك رمت العود من يدها وأخذت الجام وسكبت المدام وقدمت له كأسًا منها، فامتنع أبو يحيى عن أخذها، فصارت تلاعبهُ تارة وتمازحهُ أخرى إلى أن شرب منها، وما زالت تهيجه بمغناها حتى ترنح من الطرب فصار يطلب منها كأسًا بعد أخرى حتى أخذ منه السكر ومالت به هزة الطرب فاستلقى على ضمة من زهر الرياحين وهو غائب عن وجوده، وإذا بالملك أقبل فرآه على ذي الحال فناداه قائلًا:

ما لي أنادي أبا يحيى فينبيني
سكران مطروح ما بين الرياحين

فأجابه على الفور:

ما أنت ربي على ذنبي تحاسبني
ولا نبيًّا لطرق الحق يهدينا
ما قال ربك ويل للألى سكروا
بل قال ربك ويل للمصلينا
أنعم عليَّ بما أوعدتني كرمًا
واجعل نصيبي من الدنيا نصيبينا

فعجب الملك من ذكائِه ودفع إليهِ تلك الجارية.

يزيد بن عبد الملك وجاريته حبابة

كان ليزيد بن عبد الملك بن مروان الأموي جارية مدنية صبيحة الوجه، مليحة النادرة، لطيفة المحاضرة، خفيفة الروح، غردة الصوت، شجية الغناء، عالمة بصنعة العود، وكان يزيد مغرمًا بها، شديد الهيام بحبها، فخلع العذار وتقطع إليها الليل والنهار، وكانت لديه الأميرة المطلقة تعزل من تشاء وتولي من تشاء، فاشتهر أمره وشاع ذكرها وذكره إلى أن نزل معها ذات يوم بإحدى قرى الشام ونظر إلى غلامه قائلًا: ويحك لا تُمكّن أحدًا من الوقوف ببابي ولا تدع إنسانًا يخرق حجابي، ثم خلا بحبابة وما برح معها في لهو وطرب إلى أن تواسط النهار، فدعا بطبق رمان تناثرت على سطحه الحبوب تناثر اللؤلؤ على الأعناق وقدمهُ إليها، فشرقت حبابة بحبة منهُ ذهبت بروحها إلى عالم العدم، فصاح يزيد صيحة الألم وطارت نفسهُ بأثرها شعاعًا وطفق يعض أنامله جزعًا والتياعًا، وما زال يقبلها وينوح عليها إلى أن أدركها الفساد، فأودعها الثرى حتم أنفه وهو يدمي بثناياه باطن كفه ويردد الأنين والحسرات حتى شرب كأس المنون فدفنوهُ حذاءها ولسان حاله يقول:

أموت على أثر الحبيبة ظاعنًا
ليجتمع الروحان في عالم الخلد

ومما قاله فيها إثر فراق:

أبلغ حبابة أسقى ربعها المطر
ما للفؤاد سوى ذكراكم وطرُ
إن سار صحبي لم أملك تذكرهم
أو عرَّسوا فهموم النفس والسهرُ

ومما قالت له قبل موتها:

إذا أنت لم تعشق ولم تدرِ ما الهوى
فكن حجرًا من يابس الصَخر جلمدا
فما العيش إلا ما يُلذ ويُشتهى
وإن لام فيه ذو الشنان وفندا

علية ابنة المهدي العباسية

كانت ظريفة الوجه، عفيفة النفس، ذات صيانة وأدب بارع، وكانت تهوى غلامًا يُدعى طلًّا، فنهاها عنهُ أخوها الرشيد فلم تنتهِ، فحلف أنها لا تذكره ثم تسمَّع عليها يومًا فوجدها وهي تقرأ القرآن في آخر سورة البقرة حتى بلغت قوله تعالي: فَإِن لَّمْ يُصِبْهَا وَابِلٌ فَطَلٌّ (البقرة: ٢٦٥)، فما نهى عنه أمير المؤمنين، فدخل الرشيد وقبّل رأسها وقال لها: قد وهبتك طلًّا ولا منعتك بعدها عما تريدين.

ولما خرج الرشيد إلى الري أخذها معه، فلما وصلت إلى المرج وبعدت عن الحبيب أنشدت تقول:

كتمت اسم الحبيب عن العباد
ورددت الصبابة في فؤادي
فوا شوقي إلى أيام خلى
لعلي باسم من أهوى أنادي

فلما بلغت الحمى وآنست قرب الحبيب خف عنها بعض الوجد الذي كان عندها، ففي ذات يوم بينما كانت في بيتها وأخوها إلى جانبها جاءتها عريب وجاءها يعقوب وكان أحذق الناس بالمزمار فلح عليها بالغناء، فغنت شعرًا لها:

تحبب فإن الحب داعية الحب
وكم من بعيد الدار مستوجب القربِ
تبصر فإن حُدثت أن أخا الهوى
نجا سالمًا فانج النجاة من الحربِ
إذا لم يكن في الحب سخط ولا رضا
فأين حلاوات الرسائل والكتْبِ
وأطيب أيام الفتى يومهُ الذي
يروَّع بالهجران فيه وبالعتبِ

ثم أنشدت:

لم ينسينك سرور لا ولا حزن
وكيف لا كيف ينسى وجهك الحسنُ
ولا خلا منك لا قلبي ولا جسدي
كلي بكلك مشغولٌ ومرتهنُ
وحيدة الحسن ما لي عنك من كلفٍ
نفسي بحبك إلا الهم والحزنُ
نورٌ تولد من شمس ومن قمر
حتى تكامل فيه الروح والبدنُ

فطرب الجميع من رقتها ورخامة صوتها وعذوبة ألفاظها.

المهدي والرجل

دخل أحدهم إلى مقصورة إحدى جواري المهدي، فلما كان خارجًا اعترضهُ الحاجب وشكاه إلى أمير المؤمنين فأمر بإحضاره وسأله عن دخوله وكيف كان وما شأنه؟ فقال: إن هذه الجارية كانت

لوالدتي وكان بيني وبينها ألفة، فلما بيعت لأمير المؤمنين صرت إلى الباب متعرضًا لها، فآذنته في الدخول، فدخلت على أحد أمرين: إما أن أراها فأشتفي من ألم البعاد أو أقتل فأستريح من هذه الحياة، فأمر المهدي بإحضار سياط ونصبه بينهما، ثم ضربه عشرين سوطًا ورفع عنه الضرب، وقال: ما أصنع بتعذيبك ولست بتاركك حيًّا ولا تاركها، يا غلام، سيف ونطع، فلما أتي بذلك وأجلس الغلام في النطع، قال: يا أمير المؤمنين قبل أن يحل بي الهلاك وهو دون حقي اسمع مني ما أقول، قال: هات، فأنشأ يقول:

ولقد ذكرت والسياط تنوشني
عند الإمام وساعدي مغلول
ولقد ذكرتك والذي أنا عبدهِ
والسيف بين ذوائبي مسلول

فأطرق المهدي وتغرغرت عيناه بالدموع، ثم قال: يا غلام خلِّ السيف جانبًا وحل قيوده وأخرجه مع من يُحبها من هذا المكان.

جارية يزيد بن عبد الملك والشاب

كانت عند يزيد بن عبد الملك جارية حسناء، نحيلة القد، كاملة العقل والأدب،فعظُم حبه لها وأخذت بمجامع قلبه، فقال لها يومًا: ويحك! أما لك قرابة أو أحد تحبين أن أضيفه أو أسدي إليه معروفًا؟ قالت: يا أمير المؤمنين، ليس لي قرابة، ولكن بالمدينة ثلاثة أشخاص كانوا أصدقاء لمولاي أحب أن ينالهم مثل ما نالني من الخير، فكتب إلى عامله بالمدينة في إحضارهم إليه وأن يدفع لكل واحد منهم عشرة آلاف درهم، فلما وصلوا إلى باب يزيد استؤذن لهم في الدخول عليه، فأذن لهم وأكرمهم غاية الإكرام وسألهم عن حوائجهم، فأما اثنان منهم فذكرا حوائجهما فقضاها، وأما الثالث فسأله عن حاجته، فقال: يا أمير المؤمنين، ما لي حاجة، قال: ويحك! أوَلست أقدر على حوائجك؟ قال: بلى، يا أمير المؤمنين، ولكن حاجتي ما أظنك تقضيها، فقال: ويحك! فاسألني فإنك لا تسألني حاجة أقدر عليها إلا قضيتها، قال: فلي الأمان يا أمير المؤمنين؟ قال: نعم، قال: إن رأيت يا أمير المؤمنين أن تأمر جاريتك التي أكرمتنا بسببها أن تغني ثلاثة أصوات بما أقترح عليها من الشعر، فتغيَّر وجه يزيد ونادى بالجارية فحضرت، فقال: سل حاجتك، فقال: يا أمير المؤمنين مُرْها تغني بهذا الشعر:

لا أستطيع سلوًا عن مودتها
أو يصنع الحب بي فوق الذي صنعا
أدعو إلى هجرها قلبي فيسعدني
حتى إذا قلت هذا صادق نزعا

فأمرها فغنت، ثم قال للفتى: سل حاجتك، فقال: مُرْها يا أمير المؤمنين أن تغني بهذا الشعر:

تخيرت من نعمان عود أراكةٍ

لهندٍ ولكن من يبلغهُ هندا
ألا عرجا بي بارك الله فيكما
وإن لم تكن هند لأرضكما قصدا

فأمرها فغنتهُ، ثم قال للفتى: سل حاجتك، فقال: تأمرها يا أمير المؤمنين أن تغني بهذا الشعر:

مني الوصال ومنكم الهجرُ
حتى يُفرِّق بيننا الدهرُ
والله لا أسلوكم أبدًا
ما لاح بدرٌ أو بدا قمرُ

فأمرها فغنَّت، فلم تتم الأبيات حتى خرَّ الفتى مغشيًّا عليه، فقال يزيد للجارية: قومي انظري ما حاله، فقامت إليه فحركته فإذا هو ميت، فقال يزيد: ابكيه، فقالت: لا أبكيه يا أمير المؤمنين وأنت حي، فقال لها: ابكيه، فوالله لو عاش ما انصرف إلا بك، فبكت الجارية وبكى أمير المؤمنين، ثم أمر بالفتى فدُفن، وأما الجارية فلم تلبث أن ماتت على أثره.

إبراهيم بن المهدي وجارية بنت عصمة

اختفى إبراهيم بن المهدي زمن المأمون عند بنت عصمة بنت أبي جعفر حين هربه من المأمون لشدة طلبه له، وكانت تكرمه غاية الإكرام، وتلاطفه بأشهى الطرائق، وتتفقده في أوقاته، ووكلت به جارية يُقال لها: ملك، وكانت قد أدبتها وأنفقت عليها الأموال، وكانت جميلة الصوت، راوية الأشعار، بارعة الجمال، حسنة القد، عاقلة، فكانت تتولى خدمة إبراهيم وتقوم على رأسه تتفقد أموره، فأحبها كثيرًا وكتم ذلك عن ربة البيت، فلما اشتد وجده وغلب حبها على فؤاده أخذ عودًا وغنَّى فيها شعرًا له وهي واقفة أمام عينيه:

يا غزالًا لي إليه
شافع من مقلتيهِ
والذي أجللت خ
ديهِ فقبلت يديهِ
بابي وجهك ما أك
ثر حسادي عليهِ
أنا ضيف وجزاء الض
يف إحسان إليهِ

فسمعت الجارية الشعر وفطنت لمعناه لرقة قلبها وظرف شمائلها، وكانت مولاتها تسألها عن حالها وحاله في كل يوم، فأخبرتها ذلك اليوم بما في قلبه منها وما سمعت من شعره غناء، فقالت لها

مولاتها: اذهبي فقد وهبتك له، فعادت إليه، فلما رآها أعاد الصوت فأكبت عليه الجارية وقبّلت رأسه، فقال لها: كفى، فقالت: قد وهبتني مولاتي لك، فسُرَّ كثيرًا لنيل بغيته.

نوادر بني عذرة

جميل بن معمر العذري وحبيبته بثينة

خرجت بثينة يومًا وكانت النساء إذ ذاك يتزينَّ ويجتمعن ويدنو بعضهن لبعض ويبدون للرجال في كل عيد، فجاء جميل فوقف على بثينة وأختها أم الحسين في نساء من بني الأحب فرأى منهن منظرًا لطيفًا فقعد معهن ثم انصرف وكان معه فتيان من بني الأحب، فعلم أن القوم قد عرفوا في نظره حب بثينة ووجدوا عليه، فراح وهو يقول:

عجل الفراق وليتهُ لم يعجل
وجرت بوادر دمعِك المتهللِ
طربًا وشاقك ما لقيت ولم تخف
بين الحبيب غداة برقة مجولِ
وعرفت أنك حين رحت ولم يكن
بعد اليقين وليس ذاك بمشكلِ
لن تستطيع إلى بثينة رجعةً
بعد التفرق دون عام مقبلِ

ثم قال فيها بيتين من قصيدة يصفها بها:

هي البدر حسنًا والنساء كواكب
وشتان ما بين الكواكب والبدر
لقد فُضِّلت بثنٌ على الناس مثلَ ما
على ألف شهر فُضِّلت ليلة القدرِ

فلما سمعت بثينة بهذه الأبيات حلفت بالله أن لا يأتيها على خلوة إلا خرجت إليه وأنها لن تتوارى منه، فكان يأتيها عند غفلات الرجال فيتحدث معها ومع أخوتها، فنمى إلى رجالها ذلك وكانوا قومًا غيارى فرصدوه وعزموا على قتله، فجاء على ناقته الصهباء إلى بثينة وأم الحسين فأخذا يحدثانه، فنظر إليهما وأنشد:

لقد ظن هذا القلب أن ليس لاقيًا
سليمى ولا أم الحسين لحين
فليت رجالًا فيك قد نذروا دمي
وهموا بقتلي يا بثين لقوني

فبينما هو على تلك الحال إذ وثب عليه القوم فأطلق عنان الناقة فخرجت من بينهم كالسهم ونجا من ظبا سيوفهم.

وعد بثينة لجميل

وعدت بثينة جميلًا يومًا أن يلتقيا في بعض المواقع، فعلم بذلك قومها فحرسوها ومنعوها من الخروج خارجًا، فأتى جميل لوعدها وقعد ينتظر فلم يرَ لها وجهًا، فجعل نساء الحي يقرعنه بذلك ويقلن له: إنما حصلت منها على الباطل والكذب والغدر، وغيرها أولى بك كما أن غيرك قد صار أولى بها، فأنشد:

فلرب عارضة علينا بوصلها
بالجد تخلطهُ بقول الهاذل
فأجبتها في القول بعد تستر
حبي بثينة عن وصالك شاغلي
لو كان في صدري بقدر قلامةٍ
فضلًا وصلتك أو أتتك رسائلي
ويقلن إنك قد رضيت بباطل
منها فهل لك في اجتناب الباطل
ولباطل ممن أحب حديثهُ
أشهى إليَّ من البغيض الباذل
ليزلن عنك هواي ثم يصلنني
وإذا هويت فما هواي بزائل
أبثين إنك قد ملكت فأسجحي
وخذي بحظك من كريم واصل

تأخير بثينة عن وعدها لجميل

وعدت بثينة جميلًا بخلوة يجتمعان بها وتأخرت عن إيفاء الوعد؛ فحزن جميل وأنشد يقول:

يا صاح عن بعض الملامة أقصر
إن المنى للقاء أم المسور
وكأن طارقها على علل الكَرى
والنجم وهنًا قد دنا لتغور
يستاف ريح مدامةٍ معجونة
بذكي مسك أو سحيق العنبر
إني لأحفظ غيبكم ويسرني

إذ تذكرين بصالح أن تذكري
ويكون يوم لا أرى لك مرسلاً
أو نلتقي فيه عليَّ كأشهر
يا ليتني ألقى المنية بغتة
إن كان يوم لقائكم لم يقدر
أو أستطيع تجلدًا عن ذكركم
فيفيق بعض صبابتي وتفكري
لو قد تُجنّ كما أجنُّ من الهوى
لعذرت أو لظلمت إن لم تعذري
والله ما للقلب من علم بها
غير الظنون وغير قول المخبر
لا تحسبي أني هجرتك طائعًا
حدث لعمرك رائع أن تهجري
فلتبكيني الباكيات وإن أبح
يومًا بسرك معلنًا لم أعذر
يهواك ما عشت الفؤاد فإن أمت
يتبع صداي صداك بين الأقبر
إني إليك بما وعدت لناظرٌ
نظر الفقير إلى الغني المكثر
يعد الديون وليس ينجز موعدًا
هذا الغريم لنا وليس بمعسر
ما أنت والوعد الذي تعدينني
إلا كبرق سحابة لم يمطر
قلبي نصحت له فرد نصيحتي
فمتى هجرتيه فمنهُ تكثّري

لقاء جميل وبثينة

قال جميل يومًا لأحد أترابه: هل لك في مساعدتي على لقاء بثينة؟ فمضى معه حتى كمن له في الوادي وأرسل معه خاتمه إلى راعي بثينة ودفعه إليه، فمضى به إليها ثم عاد بموعد منها إليه، فلما جن الليل جاءتهُ فتحدثا طويلًا حتى أصبحا، ثم ودَّعها وركب ناقته وهي باكية، فقالت بثينة: ادنً مني يا جميل، فدنا منها وقال:

إن المنازل هيجت أطرابي
واستعجمت آياتها بجوابي
فترى تلوح بذي اللجين كأنها
أنضاء رسم أو سطور كتابِ

لما وقفت بها القلوص تبادرت
منى الدموع لفرقة الأحبابِ
وذكرت عصرًا يا بثينة شاقني
وذكرت أيامي وشرخ شبابي

جميل وبثينة وكثير عزة

قال كثير: لقيني جميل مرة فقال لي: من أين أقبلت؟ قلت: من عند أبي الحبيبة؛ أعني بثينة، فقال: وإلى أين تمضي؟ قلت: إلى الحبيبة؛ أعني عزة، فقال: لا بد أن ترجع عودك على بدئك فستجد لي موعدًا من بثينة، فقلت: عهدي بها الساعة وأنا أستحيي أن أعود، فقال: لا بد من ذلك، فقلت: فمتى عهدك بها؟ قال: في أول العيد، وقد وقعت سحابة بأسفل وادي الردم فخرجت ومعها جارية لها تغسل ثيابها، فلما أبصرتني أنكرتني وضربت بيدها في الماء، فالتحفت به تسترًا، وعرفتني الجارية فأخبرتها فتركت الثوب في الماء وتحدثنا حتى غابت الشمس وسألتها الموعد، فقالت: أهلي سائرون وما وجدت أحدًا غيرك يا كثير حتى أرسله إليها، فقال له كثير: فهل لك في أن آتي الحي فأنزع بأبيات من الشعر أذكر فيها هذه العلامة إن لم أقدر على الخلوة بها، قال: ذلك الصواب، فأرسله إليها، فذهب وقال: انتظرني حتى أعود، ثم سار حتى أناخ بهم، فقال له أبوها: ما ردك يا كثير، فأنشدته وبثينة تسمع من وراء الخدر:

فقلت لها يا عز أرسل صاحبي
إليك رسولًا والموكل مرسل
بأن تجعلي بيني وبينك موعدًا
وأن تأمريني بالذي فيه أفعلُ
وآخر عهدي منك يوم لقيتني
بأسفل وادي الردم والثوب يغسلُ

فضربت بثينة صدرها وقالت: اخسأ اخسأ، فقال أبوها: مهيم يا بثينة، قالت: مثلهُ يأتينا إذا نام الناس من وراء هذه الرابية، ثم التفتت إلى الجارية وقالت: ابغي من الدومات حطبًا واذبحي لكثير شاة وسويها له، فقال كثير: أنا أعجل من ذلك، وخرج وراح إلى جميل فأخبره، فقال له جميل: الموعد الدومات بعد أن تنام الناس، وكانت بثينة قد قالت لأختها أم الحسين وليلى ونجيا بنات خالتها أني قد رأيت في نحو نشيد كثير أن جميلًا معه، وكانت قد آنست إليهنَّ واطمأنت بهن وكاشفتهن بأسرارها فخرجن معها، وكان جميل وكثير خرجا حتى أتيا الدومات، وجاءت بثينة ومن معها فما برحوا حتى برق الصبح، فكان كثير يقول: ما رأيت عمري مجلسًا قط أحسن من ذلك المجلس ولا مثل علم أحدهما بضمير الآخر ولم أدرِ أيهما كان أفهم.

ندر أهل بثينة دم جميل

لما ندر أهل بثينة دم جميل وأهدره لهم السلطان ضاقت الدنيا بجميل، فكان يصعد بالليل كثيب الرمل ويتنسم الريح من نحو حي بثينة ويقول:

أيا ريح الشمال أما تريني
أهيم وإنني بادي النحولِ
هبي لي نسمة من ريح بثنٍ
ومني بالهبوب إلى جميل
وقولي يا بثينة حسب نفسي
قليلك أو أقل من القليل

فإذا ظهر الصبح انصرف، فكانت بثينة تقول لجوار من الحي عندها: ويحكن! إني لأسمع أنين جميل من بعض الغيران، فيقلن لها: اتقي الله فهذا شيء يُخَيّله لك الشيطان لا حقيقة له.

لقاء جميل وكثير عزة

اجتمع كثير بجميل يومًا فقال له: يا جميل أرى بثينة لم تسمع قولك:

يقيك جميل كل سوء أما لهُ
لديك حديث أو إليك رسولُ
وقد قلت في حبي لكم وصبابتي
محاسن شعر ذكرهنَّ يطولُ
فإن لم يكن قولي رضاك فعلمي
هبوب الصبا يا بثن كيف أقول
فما غاب عن عيني خيالك لحظة
ولا زال عنها والخيال يزول

فقال جميل: أترى عزة يا كثير لم تسمع بقولك:

يقول العدا يا عز قد حال دونكم
شجاع على ظهر الطريق مصممُ
فقلت لها والله لو كان دونكم
جهنم ما راعت فؤادي جهنمُ
وكيف يروع القلب يا عز رائعٌ
ووجهك في الظلماء للسفر معلمُ
وما ظلمتك النفس يا عز في الهوى
فلا تنقمي حبي فما فيهِ منقمُ

فبكيا ليلتهما إلى بزغ الصباح ثم انصرفا.

احتجاب بثينة عن جميل

خرج جميل لزيارة بثينة ذات يوم فنزل قريبًا من الماء يترصد أمةً لبثينة أو راعية يتخذها واسطة لتبليغ رسالته، وإذا بأَمةٍ معها قربة واردة على الغدير لتملأها، وكانت عارفة به، ولما تبيَّنها وتبيَّنته سلمت عليه وجلست معهُ وجعل يحدثها ويسألها عن أخبار بثينة ويخبرها بما يعانيه من ألم الفراق ويُحمّلها رسائله إلى بثينة، ثم أعطاها خاتمه وسألها أن تدفعه لها وأخذ عليها موعدًا ترجع له فيه، ومكث ينتظر رجوعها، فذهبت الجارية إلى أهلها وقد أبطأت عليهم، فلقيها أبو بثينة وزوجها وأخوها فسألوها عمَّا أبطأ بها، فالتوت عليهم ولم تخبرهم بشيء عما حصل لها مع جميل وتعللت عليهم، فضربوها ضربًا مبرحًا ومن ألم الضرب أعلمتهم حالها مع جميل ودفعت إليهم خاتمه، وصادف أنه مرَّ بها في تلك الحالة اثنان من بني عذرة فسمعا القصة جميعًا وعرفا الموضع الذي فيه جميل، فأحبا أن يدرآ عنه هذا الخطر، فقالا للقوم: إنكم إن لقيتم جميلًا وليست بثينة معه ثم قتلتموه لزمكم في ذلك كل مكروه، وكان أهل بثينة أعز بني عذرة، فدعوا الأمَة وأعطوها الخاتم وأمروها أن توصله إلى بثينة وحذروها من أن تخبرها بأنهم علموا القصة، ففعلت، ولم تعلم بثينة بما جرى، ومضى الفتيان فأنذرا جميلًا وقالا: تقيم عندنا في بيوتنا حتى يهدأ الطلب ثم نبعث إليها فتزورك وتقضي من لقائها وطرًا وتنصرف آمنًا سليمًا، فقال: أما الآن فابعثا إليها من ينذرها، فأتياه براعية لهما وقالا له: قل حاجتك. فقال: ادخلي وقولي لها إني أردت اقتناص ظبي فحذره مني جماعة اعتوروه من القناص ففاتني الليلة، فمضت فأعلمتها ما قال لها، فعرفت قصتهُ وبحثت عنها ففهمتها تمامًا فلم تخرج لزيارته تلك الليلة، ورصدوها فلم تبرح من مكانها، ومضوا يقتفون أثره فوجدوا ناقته فعرفوا أنه قد فاتها، أما جميل فإنه زاد شوقًا وحزنًا وفاضت عبراته فأنشد:

أبى القلب إلا حب بثنة لم يرد
سواها وحب القلب بثنة لا يجدي
إذا ما دنت زدت اشتياقًا وإن نأت
جزعت لنأي الدار منها وللبعد
سلي الركب هل عجنا لمغناك مرةً
صدور المطايا وهي موقرة تخدي
وهل فاضت العينِ الشروق بمائها
لأجلك حتى اخضلّ من دمعها بردي
وإني لأستجري لك الطير جاهدًا
لتجري بيمين من لقائك أو سعدِ
وإني لأستبكي إذا الركب غرَّدوا
بذكراك أن يحيا بك الركب إذ تحدي
فهل تجزيني أم عمرو بودها
فإن الذي أخفي بها فوق ما أبدي
وكل محب لم يزد فوق جهده

وقد زدتها في الحب مني على الجهد

ولما ضاقت بأهل بثينة الحيل ائتمنوا عليها عجوزًا منه يثقون بها يُقال لها: أم منظور، فجاءها جميل وقال لها: أريني بثينة، فقالت: لا والله لا أفعل وقد ائتموني عليها، فقال: أما والله لأضرنك، فقالت: المضرة والله في أن أريكها، فخرج من عندها وهو يقول:

ما أنس لا أنس منها نظرة سلفت
بالحجر يوم جلتها أم منظور
ولا انسلابتها خرسًا جبائرها
إليّ من ساقط الأوراق مستور

فما كان إلا القليل حتى انتهى إليهم هذان البيتان فتعلقوا بأم منظور، فحلفت لهم بكل يمين، فلم يقبلوا منها وعاقبوها على ذلك.

زيارة جميل بثينة متنكرًا

جاء جميل إلى بثينة ليلة وقد تزيًا بزي راعٍ لبعض الحي فوجد عندها ضيوفًا، فانتبذ ناحية وجلس فيها، فسألته: من أنت؟ فقال: مسكين، فعشّت ضيفانها وعشّتهُ وحده، ثم جلست هي وجارية لها تجاه النار تصطليان، واضطجع القوم منتحين، فقال جميل:

هل البائس المحزون دانٍ فمصطلٍ
من النار أو مُعطى لحافًا فلابس

فقالت لجاريتها: صوت جميل والله، اذهبي فانظري، فذهبت ثم رجعت وقالت: هو والله جميل، فشهقت شهقة سمعها القوم، فأقبلوا يجرون، وقالوا: ما لك؟ فطرحت بردًا لها في النار عمدًا وقالت: احترق بردي، فرجع القوم وأرسلت جاريتها إلى جميل فجاءتها به، فأبقته عندها ثلاثة أيام ثم ودّعها وخرج.

وشاية الخادم بجميل وبثينة

رصد جميل بثينة في نجع لبني عذرة حتى إذا صادف منها فرصة وهي مارة مع أترابها في ليلة ظلماء ذات رعود وأمطار فحذفها بحصاة فأصابت بعض أترابها، ففزعت وقالت: والله ما حذفني في مثل هذا الوقت إلا الجن، فقالت لها بثينة وقد فطنت: انصرفي إلى منزلك، حتى تذهب إلى النوم، فانصرفت وبقي مع بثينة أم الحسين وأم منظور، فقامت إلى جميل فأخذته إلى الخباء معها وتحدثا طويلًا وما زالا على ذي الحال إلى أن أسفر الصباح، فجاء غلام زوجها بصبوح من اللبن بعث بها إليها زوجها، فلما رآها مع جميل منفردة مضى لوجهه حتى يخبر سيده، فرأته ليلى والصبوح في يده وكانت قد عرفت خبر بثينة وجميل فاستوقفته كأنها تسأله عن حاله وبعثت بجارية لها وقالت: حذري

بثينة وجميلًا، فجاءت الجارية فنبهتهما، فلما تبينت بثينة الصبح قد أضاء والناس متنكرين ارتاعت وقالت: يا جميل نفسك نفسك، فقد جاءني غلام زوجي بصبوحي من اللبن فرآنا سوية، فقال لها وهو غير مكترث: علامَ الخوف؟ وأنشد:

لعمرك ما خوفتني من مخافة
بثين ولا حذرتني موضع الحذر
فأقسم لا يُلفى لي اليوم غرة
وفي الكف مني صارم قاطع ذكر

فأقسمت عليه أن يلقي نفسه تحت النضد، وقالت: إنما أسألك ذلك خوفًا على نفسي من الفضيحة لا خوفًا عليك، ففعل ما أمرته به وأتت بأم الحسين إلى جانبها، ثم ذهبت خادمة ليلى فأخبرتها الخبر، فتركت العبد يمضي إلى سيده، فمضى والصبوح معه وقال: رأيت جميلًا مع بثينة في خباء واحد، فمضى إلى أخيها وأبيها فأخبره الخبر وأخذهما وأتى بهما إلى خباء بثينة، فلما دخلوا إلى الخباء لم يجدوا مع بثينة إلا أم الحسين فخجل زوجها وسب عبده، فقالت ليلى لأخيها وأبيها: قبحكما الله أفي كل يوم تفضحان فتاتكما وتسمعان ما يُقال فيها، أما جميل فإنه أقام عند بثينة حتى جنَّ الليل ثم ودَّعها وانصرف، وخافتْ بثينة مما جرى فتحامت منه مدة، فزادت به لواعج الهوى وأنشد يقول:

لها في سواد القلب بالحب منعة
هي الموت أو كادت على الموت تشرفُ
وما ذكرتك النفس يا بثن مرة
من الدهر إلا كادت النفس تتلف
وإلا اعترتني زفرة واستكانةٌ
وجاد لها مستعجل الدمع يذرف
وما استطرفت نفسي حديثًا لخلة
أسر به إلا حديثك أطرف
ولست بناس أهلها حين أقبلوا
وجالوا علينا بالسيوف وطوفوا
وقالوا جميل بات في الحي عندها
وقد جرَّدوا أسيافهم ثم وقفوا

هرب جميل عن أهله

ولما اشتهر جميل بحب بثينة اعترضهُ عبيد الله بن قطنة أحد بني الأحب وهو من أهلها الأقربين فهجاه، فأجابه جميل وتطاولا، فكف عنه ابن قطنة، ثم اعترضه عمير بن رحل من بني الأحب، فقاومه أيضًا مثل الأول، فشكا أمره إلى عامر بن ربعي الحاكم على بني عذرة وقال: يهجونا ويغشى بيوتنا ويشبب بنسائنا، فأباحهم دمه وطلب فهرب، ولما علمت بثينة أن جميلًا هجا أهلها غضبت كثيرًا وأبدت له كدرها، فأنشد جميل يقول:

وما صائب من نائل قذفتٍ به
يدٌ وممرُّ العقدتين وثيقُ
بأوشك قتلًا منك يوم رميتني
نوافذ لم تظهر لهن خروقُ
تفرق أهلانا بثين فمنهمُ
فريق أقاموا واستمر فريقُ

وبعد ذلك بمدة تصالحا وأخذ منها موعد اللقاء، فعلم به قومها وقد شاهدوه عندها فتوعدوه وكرهوا قتلهُ خوفًا من أن ينشب بينهم وبين قومه حرب بدمه، وكان أقوامه أشد باسًا من قوم بثينة فأعادوا شكواه إلى السلطان، فطلبه طلبًا شديدًا، فهرب إلى اليمن وبقي فيها مدة، فتذكر يومًا حبيبته بثينة فأنشد يقول:

ألمَّ خيال من بثينة طارق
على النأي مشتاق إليَّ وشائق
كأن فتِيت المسك خالط نشرها
تغلّ به أردانها والمرافق
تقوم إذا قامت به عن فراشها
ويغدو به من حضنها من تعانق

ولم يزل في اليمن إلى أن عُزل ذلك الوالي وانتقل أهل بثينة إلى ناحية الشام فرجع إليهم، فشكا أكابر الحي إلى أبيه وكان ذا مال وفضل وقدر في أهله، فناشدوه الله وسألوه كف ابنه عن فتاتهم وعن تشببه بها وما يفضحهم به بين الناس، فوعدهم كفه ومنعه ما استطاع ثم انصرفوا، فدعا به وقال له: يا بني حتى متى أنت راتع في ظلالك؟ ألا تأنف من أن تتعلق في ذات بعل يخلو بها وينكحها وأنت عنها بمعزل تغرك بأقوالها وخداعها وتريك الصفاء والمودة وهي مضمرة لبعلها ما تضمره الحرة لمن ملكها، فيكون قولها لك تعليلًا وغرورًا، فإذا انصرفت عنها عادت إلى بعلها على جري عادتها. إن هذا لذل وخيم، ولا أعرف أُخيب سهمًا ولا أضيع عمرًا منك، فأنشدك الله إلا كففت وتأملت في أمرك، فإنك تعلم أن ما قلته حق، ولو كان إليها سبيل لبذلت ما أملكه فيها، ولكن هذا أمر قد فات واستبد به من قدر له، وفي النساء عوض، فقال له جميل: الرأي ما رأيت، والقول كما قلت، ولكِن هل رأيت قبلي أحدًا قدر أن يدفع هواه عن قلبه، أو ملك أن يسلي نفسه، أو استطاع أن يدفع ما قُضي عليه، والله لو قدرت أن أمحو ذكرها من قلبي أو أزيل شخصها عن عيني لفعلت، ولا سبيل إلى ذلك وإنما هو بلاءٌ بليت به لحين قد أتيح لي، ولكن أنا أمتنع من طروق هذا الحي والإلمام به ولو متّ كمدًا، وهذا جهدي ومبلغ ما أقدر عليه، وقام وهو يبكي فبكى أبوه ومن حضر جزعًا لما رأوا منه من حب بثينة، ثم أنشد:

ألا من لقلب لا يمل فيذهلِ
أفِقْ فالتعزي عن بثينة أجملُ
سلا كل ذي ود علمت مكانهِ
وأنت بها حتى الممات موكلُ

فما هكذا أحببت من كان قبلها
ولا هكذا فيما مضى كنت تفعل
فيا قلب دع ذكرى بثينة إنها
وإن كنت تهواها تَضِنُّ وتبخل
وقد أيأست من نيلها وتجهمت
ولليأس إن لم يقدر النيل أمثل
وإلا فسلها نائلًا قبل بينها
وأبخِل بها مسئولة حين تسأل
وكيف تُرجِّي وصلها بعد بُعدها
وقد جدَّ حبل الوصل ممن تؤمِّل
وإن التي أحببت قد حيل دونها
فكن حازمًا والحازم المتحوّل
ففي اليأس ما يُسلي وفي الناس خلَّةٌ
وفي الأرضِ عمَّن لا يواتيك معزِلُ
بدا كلفٌ مني بها فتثاقلتْ
وما لا يُرَى من غائب الوجد أفضل
هبيني بريئًا نلتهِ بظلامةٍ
عفاها لكم أو مذنبًا يتنصَّلُ

وداع جميل لبثينة قبل سفره

لما ضاقت بجميل الحيل وأراد الخروج إلى الشام هجم ليلًا على بثينة وقد وجد غفلة في الحي، فقالت له: أهلكتني والله وأهلكت نفسك، ويحك! أما تخاف؟! فقال لها: هذا وجهي إلى الشام وإنما جئتك مودعًا، فحادثها طويلًا ثم ودَّعها، وقال: يا بثينة ما أرانا نلتقي بعد هذا، وبكى بكاءً طويلًا وبكت ثم قال وهو يبكي:

ألا لا أُبالي جفوة الناس إن بدا
لنا منك رأي يا بثين جميل
وإني وتكراري الزيارة نحوكم
بثين بذي هجر بثين يطول
وإن صباباتي بكم لكثيرة
بثين ونسيانكم لقليل

وخرج إلى الشام وطال غيابه فيها، ثم قدم من الشام وبلغ بثينة خبره فراسلته مع بعض نساء الحي تشكو شوقها إليه ووجدها به وطلبها للحيلة في لقائه ووعدته لموضع يلتقيان فيه، فسار إليها وحدثها وبثَّ إليها أشواقه وأخبرها خبره بعدها، وقد كان أهلها رصدوها، فلما فقدوها تبعها أبوها وأخوها حتى هجما عليهما، فوثب جميل وانتصل سيفه وشد عليهما، فاتقياه بالهرب، وناشدته بثينة الله أن

ينصرف، وقالت له: إن أقمت فضحتني، ولعل الحي أن يلحقوا بك، فأبى وقال: أنا مقيم وامضي أنت وليصنعوا بي ما أحبوا، فلم تزل تنشده حتى انصرف وقد هجرته وانقطع التلاقي بينهما، فلقي ابن عمه روقًا ومسعدة فشكا إليهما ما به وأنشد:

زورا بثينة فالحبيب مزورُ
إن الزيارة للمحب يسيرُ
إن الترحل إن تلبّس أمرنا
وأعتاقنا قدرٌ أحمَّ بكورُ
إني عشية رحت وهي حزينة
تشكو إليَّ صبابة لصبورُ
وتقول بت عندي فديتك ليلة
أشكو إليك فإن ذاك يسيرُ
غراءُ مبسام كأن حديثها
درٌ تحدَّر نظمهُ منثورُ
لا حسنها حسنٌ ولا كدلالها
دل ولا كوقارها توقيرُ
إن اللسان بذكرها لموكل
والقلب صادٍ والخواطر صُور
ولئن جزيت الودَّ مني مثلهُ
إني بذلك يا بثين جديرُ

فقال له روق: إنك لعاجزٌ ضعيف في استكانتك لهذه المرأة وذلك الاستبداد بها مع كثرة النساء ووجود من هو أجمل منها، وإنك منها بين فجور أرفعك عنهُ وذل لاأحبه لك وكمد يؤديك إلى التلف ومخاطرة بنفسك لقومها، إن تعرضت لهم بعد إعذارهم إليك، وإن صرفت نفسك عنها وغلبت هواك فيها وتجرعت مرارةَ الحزم وصبرت نفسك عليها طائعة أو كارهة ألفت ذلك وسلوت. فبكى جميل وقال: يا أخي لو ملكت اختياري لكان ما قلت صوابًا، ولكني لا أملك لي اختيارًا وما أنا إلا أسير لا يملك لنفسه نفعًا، وقد جئتك لأمر أسألك أن لا تكدر ما رجوته عندك فيه بلوم وأن تحمل على نفسك في مساعدتي، قال: فإن كنت لا بد مهلكًا نفسك فاعمل على زيارتها ليلًا فإنها تخرج مع بنات عم لها إلى ملعب لهنَّ فأجيء معك حينئذ سرًّا، ولي أخ من رهط بثينة من بني الأحب تأوي عنده نهارًا فأسأله مساعدتك على هذا فتقيم عنده نهارًا وتجتمع معها ليلًا إلى أن تقضي إربك، فشكره، ومضى روق إلى الرجل الذي من رهط بثينة فأخبره الخبر واستعهده كتمانهُ وسأله مساعدته فيه، فقال له: لقد جئتني بإحدى العظائم، ويحك إن في هذا معاداتي الحي جميعًا إن فطن به، فقال: أتحرز في أمره من أن يظهر، فواعده في ذلك ومضى إلى جميل فأخبره بالقصد، فأتيا الرجل ليلًا فأقاما عنده وأرسل إلى بثينة بوليدة له بخاتم جميل، فدفعته إليها، فلما رأته عرفت الأمر فتبعتها وجاءته، فتحدثا ليلتهما وأقام بموضعه ثلاثة أيام، ثم ودَّعها وقال لها: عن غير قلى والله ولا ملل يا بثينة كان وداعي لك، ولكني قد تذممت من هذا الرجل الكريم وتعريضه نفسه لقومه، وقد أقمت عنده ثلاثة أيام، ثم انصرف وقد تذكر عذل روق له فأنشد:

لقد لامني فيها أبٌ ذو قرابة
حبيب إليه في ملامتهِ رشدي
وقال أفِقْ حتى متى أنت هائم
ببثنة فيها قد تعيد وقد تبدي
فقلت له فيها قضى الله ما ترى
عليَّ وهل فيما قضى الله من بدٍّ
فإن يكُ رشدًا حبها أو غواية
فقد جئتهُ ما كان مني عن عمد
قد لج ميثاقٌ من الله بيننا
وليس لمن لم يوفِ لله من عهد
فلا وأبيها الخير ما خنت عهدها
ولا لي علم بالذي فعلت بعدي
وما زادها الواشون إلا كرامة
عليَّ وما زالت مودتها عندي
أفي الناس أمثالي أحبَّ فحالهم
كحالي أم أحببت من بينهم وحدي
وهل هكذا يلقى المحبون مثل ما
لقيت بها أم لم يجد أحد وجدي

عزة بثينة وجميل

وقع بين بثينة وجميل هجر في غيرة كان غار عليها من فتى كان يتحدث إليها من بني عمها، فكان جميل يتحدث إلى غيرها فيشق ذلك على بثينة وعلى جميل، وجعل كل واحد منهما يكره أن يُبدي لصاحبه شأنه، فدخل جميل يومًا وقد غلب عليه الأمر إلى البيت الذي كان يجتمع فيه مع بثينة، فلما رأته جاءت إلى البيت ولم تبرز له، فجزع لذلك وجعل كل واحد منهما يطالع صاحبه وقد بلغ الأمر من جميل كل مبلغ، فأنشأ يقول:

لقد خفت أن يغتالني الموت عنوةً
وفي النفس حاجات إليك كما هيا
وإني لتثنيني الحفيظة كلما
لقيتك يومًا أن أبثك ما بيا
ألم تعلمي يا عذبة الريق أنني
أظل إذا لم أسق ريقك صاديًا

فرقت له بثينة وقالت لجارية لها كانت معها: ما أحسن الصدق بأهله، ثم اصطلحا، فقالت له: أنشدني قولك:

تظل وراء الستر ترنو بلحظها
إذا مرَّ من أترابها من يروقها

فأنشدها إياه، فبكت وقالت: كلا يا جميل، ومن تراه يروقني غيرك.

عفاف جميل وبثينة

وشت جارية بجميل وبثينة إلى أبيها، وأنه الليلة عندها، فأتى وأخوها مشتملين معتمدين سيفهما لقتله، فسمعاه يقول لها بعد شكوى شغفه بها: هل لك في طفء ما بي بما يفعل المتحابان، فقالت: قد كنت عندي بعيدًا من هذا، ولو عدت إليه لن ترى وجهي أبدًا، فضحك وقال: والله ما قلته إلا اختيارًا ولو أجبت إليه لضربتك بسيفي هذا إن استطعت وإلا هجرتك، أما سمعت قولي:

وإني لأرضى من بثينة بالذي
لو أبصره الواشي لقرت بلابله
بلا وبأن لا أستطيع وبالمنى
وبالأمل المرجو قد خاب آمله
وبالنظرة العجلى وبالحول ينقضي
أواخره لا نلتقي وأوائله

فلما سمعا ما دار من الكلام بينهما قالا: فلندعهما والله سوية لأن من كانت هذه حالته لا يجوز منع الزيارة عنه أو الاجتماع بها وانصرفا.

موت جميل ونعيه إلى بثينة

دعا جميل يومًا وهو في مصر رجلًا فقال له: هل لك في أخذ كل ما أخلفه على أن تفعل شيئًا أعهده إليك؟ قال: سمعًا وطاعة، قال: إذا أنا مت فخذ حلتي هذه وأبقها جانبًا وخذ ما بقي لك وارحل إلى رهط بني الأحب من عذرة وهم رهط بثينة، فإذا صرت إليهم فاركب ناقتي والبس حلتي واشققها، ثم اعتل قمة عالية وأنشد هذه الأبيات دون خشية لائم وأنشد:

صدع النعيُّ وما كنى بجميل
وثوى بمصر ثواء غير قفول
ولقد أجرُّ الذيل في وادي القرى
نشوان بين مزارع ونخيل
قومي بثينة فاندبي بعويل
وابكي خليلك دون كل خليل

وبعد ذلك قضى نحبه فواراه بالتراب وأتى رهط بثينة وفعل ما أمره به جميل، فما أتم الأبيات حتى برزت إليه امرأة يتبعها نسوة قد فاقت عليهن طولًا وبرزت أمامهن كالبدر في دجنة وهي تختال في بردها فقالت: يا هذا، والله لئن كنت صادقًا لقد قتلتني، ولئن كنت كاذبًا لقد فضحتني، قال: والله ما أنا إلا صادق وأخرج حلته، فلما رأتها صاحت بأعلى صوتها وصكت وجهها واجتمع نساء الحي يبكين معها ويندبنه حتى صعقت، فمكثت مغشيًا عليها ساعة ثم قامت وهي تقول:

وإن سُلوِّي عن جميل لساعة
من الدهر ما حانت ولا حان حينها
سواءٌ علينا يا جميل بن معمر
إذا مت بأساءُ الحياة ولينها

وما زالت تكرر هذين البيتين حتى ماتت بعد ثلاثة أيام من سماعها بموت جميل.

ما حدثته بثينة عن جميل

حدثت بثينة — وكانت صدوقة اللسان، جميلة الوجه، حسنة البيان، عفيفة — قالت: والله ما أرادني جميل — رحمة الله عليه — بريبة قط، ولا حدثت أنا نفسي بذلك منه، وإن الحي انتخبوا موضعًا، وإني لفي هودج لي أسير إذا أنا بهاتف ينشد أبياتًا، فلم أتمالك أن رميت بنفسي وأهل الحي ينظرون، فبقيت أطلب المنشد فلم أقف عليه، فناديت: أيها الهاتف بشعر جميل ما وراءك منه، وإني أحسبه قد قضى نحبه ومضى لسبيله، فلم يجبني مجيب، فناديت ثلاثًا وفي كل ذلك لا يرد عليَّ أحد شيئًا، فقالت صويحباتي: أصابك يا بثينة طائف من الشيطان، فقلت: كلا، لقد سمعت قائلًا يقول، قلن: نحن معك ولم نسمع، فرجعت فركبت مطيتي وأنا حيرى والهة العقل كاسفة البال، ثم سرنا، فلما كان في الليل إذا ذلك الهاتف يهتف بذلك الشعر بعينه، فرميت بنفسي وسعيت إلى الصوت، فلما قربت منه انقطع، فقلت: أيها الهاتف، ارحم حيرتي وسكِّن عبرتي بخبر هذه الأبيات فإن لها شأنًا، فلم يرد عليَّ شيئًا، فرجعت إلى رحلي فركبت وسرت وأنا ذاهبة العقل، وفي كل ذلك لا يخبرني صويحباتي أنهنَّ سمعن شيئًا، فلما كانت الليلة القابلة نزلنا وأخذ الحي مضاجعهم ونامت كل عين فإذا الهاتف يهتف بي ويقول: يا بثينة، أقبلي إليَّ أنبئك عما تريدين، فأقبلت نحو الصوت فإنه شيخ كان من رجال الحي، فسألته عن اسمه وبيته فقال: دعي هذا وخذي فيما هو أهم عليك، فقلت له: وإن هذا لمما يهمني، قال: اقنعي بما قلت لك، فقلت له: أنت منشد الأبيات؟ قال: نعم، قلت: فما خبر جميل؟ قال: فارقته وقد قضى نحبه وصار إلى حفرته — رحمة الله تعالى عليه — فصرخت صرخة آذيت منها الحي وسقطت على وجهي فأغمي عليَّ، فكأن صوتي لم يسمعه أحد وبقيت سائر ليلتي، ثم أفقت عند طلوع الفجر وأهلي يطلبونني فلا يقفون على موضعي، ورفعت صوتي بالعويل والبكاء ورجعت إلى مكاني، فقال لي أهلي: ما خبرك؟ وما شأنك؟ فقصصت عليهم القصة، فقالوا: رحم الله جميلًا، واجتمع نساء الحي وأنشدتهن الأبيات، فأسعدنني بالبكاء، فلم نزل كذلك مدة أيام ثلاث، لم أكتحل بعدها بإثمد ولا فرقت رأسي بمخيط ولا مشط ولا دهنته إلا من صداع خفت على بصري منه، ولا لبست خمارًا مصبوغًا ولا إزارًا، ولا أزال كذلك أبكيه إلى الممات.

قيس بن ذريح العذري ولبنى بنت الحباب

كان قيس بن ذريح العذري ذاهبًا لبعض حاجاته فمرَّ ببني كعب وقد احتدم الحر فاستقى الماء من خيمة منهم، فبزت إليه فتاة مديدة القامة، بهية الطلعة، عذبة الكلام، سهلة المنطق، فناولته إداوة ماء، فلما شرب قالت: ألا تبرد الحر عندنا، وقد تمكنت من فؤاده؟ فقال: نعم، فمهدت له فدخل فجاء أبوها فوجده فرحب به غاية الترحاب ونحر له جزورًا، فأقام عندهم ضياءَ اليوم ثم انصرف وهو أشغف الناس بها، فجعل يكتم ذلك إلى أن غلب عليه فنطق فيها بالأشعار وشاع ذلك عنه، ومر بها ثانيًا فنزل عندهم وشكا إليها حين تخاليا ما نزل به من حبها، فوجد عندها أضعاف ذلك، فانصرف، وقد علم كل واحد ما عند الآخر، فمضى إلى أبيه فشكا إليه ذلك، فقال له: دع هذه وتزوج بإحدى بنات عمك، فغمَّ منه وجاء إلى أمه، فكان منها ما كان من أبيه، فتركها وجاء إلى الحسين بن علي بن أبي طالب وأخبره بالقصة، فرثي له والتزم أن يكفيه هذا الشأن، فمضى معه إلى أبي لبنى فسأله في ذلك فأجاب ثم قال: إنه من اللائق أن يكون ذلك من أبيه شأن العرب في هذه الأحوال، فشكره ومضى إلى أبي قيس حافيًا على حر الرمل، فقام ذريح ومرغ وجهه على أقدامه ومشى مع الحسين إلى أبي لبنى فزوج قيسًا بها، ولما تزوج بها أقام معها على أحسن مراتب الحب والإقبال ولكن لم تلد له ولدًا، فساء ذلك أباه فعرض عليه أن يتخذ غير زوجته وأن ذلك أحفظ لنفسه وأبقى لماله ونسله، فامتنع وقال: لا أسوءها قط، وقام يدافع عنها عدة سنين إلى أن أقسم أبوه أن لا يدخل البيت إلا ولبنى طالق منه، فكان إذا اشتد الحر يستظل بردائه ويصلى بحر الشمس حتى يجيء الفيء فيدخل إلى لبنى فيتعانقان ويتباكيان وهي تقول له: لا تفعل فأهلك، ثم خشي قيس أبيه فأذعن لما أشار به، فلما أزمعت الرحيل بعد العدة جاء وسأل الجارية عن أمرهم فقالت: سل لبنى، فأتى إليها فمنعه أهلها وأخبروه أنها ترتحل الليلة أو غدًا، فسقط مغشيًّا عليه، فلما أفاق أنشد:

وإني لمفنٍ دمع عيني بالبكا
حذار الذي قد كان أو هو كائن
وقالوا غدًا أو بعد ذاك بليلة
فراق حبيب لم يبن وهو بائن
وما كنت أخشى أن تكون منيتي
بكفَّيك إلا أن ما حان حائن

فلما حُملت إلى المدينة يئس قيس واشتد شوقه وزاد غرامه وأفضى به الحال إلى مرض ألزمه الوساد واختلال العقل واشتغال البال، فلام الناس أباه على سوء فعله، فجزع وندم وجعل يتلطف به، فلما أيس منه استشار قومه في دائه، فاتفقت آراؤهم على أن يذهب فيتصفح أحياء العرب علهُ يرى من تُسليه عن حب لبنى، ففعل حتى نزل بحي من فزارة فرأى جارية قد حسرت عن وجهها اللثام وهي كالبدر حُسنًا، فسألها عن اسمها، فقالت: لبنى، فسقط مغشيًّا عليه، فارتاعت وقالت: إن لم تكن قيسًا فمجنون، ونضحت على وجهه الماء، فلما أفاق استنسبته، فإذا هو قيس لبنى، وكان أمرهما اشتهر في العرب، وجاء أخوها فأخبرته فركب حتى استرده وأقسم عليه أن يقيم عنده شهرًا، فأجاب دعوته.

ثم بلغ قيسًا أن لبنى عاتبة عليه وعلى ما صدر منه، فندم قيس وسار وقد اشتد به الغرام حتى وصل محل قومها، فقالت له النساء: ما شأنك وقد رحلَتْ مع زوجها؟ فلم يلتفت حتى أتى محل خبائها فتمرغ به وأنشد:

إلى الله أشكو فَقْد لبنى كما شكا
إلى الله فقد الوالدين يتيمُ
يتيم جفاه الأقربون فجسمه
نحيل وعهد الوالدين قديمُ

ولما عادت رآها فبهت صامتًا ثم عاد، فأرسلت إليه مع امرأة لها تستخبر عنه فأنشد:

إذا طلعت شمس النهار فسلِّمي
فآية تسليمي عليك طلوعها
بعشر تحيات إذا الشمس أشرقت
وعشر إذا اصفرَّت وحان رجوعها
ولو أبلغتها جارة قَوْلي اسلمي
بكت جزعًا وارفضَّ منها دموعها

ثم زاد وجده فمرض وزاد في جسمه الألم، فعاده الطبيب وعرف ما به من الوجد وما يلقاه من حب لبنى فقال له: منذ كم وجدت بهذه المرأة ما وجدت؟ فأنشد:

تعلق روحي روحها قبل خلقنا
ومن بعد ما كنَّا صغيرين في المهدِ
فزاد كما زدنا وأصبح ناميًا
وليس إذا متنا بمنفصم العقد
ولكنه باقٍ على كل حادث
وزائرنا في ظلمة القبر واللحد

وما كاد يهجر الوساد حتى علم بموت لبنى فهاجت منه عوامل الأسى وقصد قبرها فبكى حتى أُغمي عليه ثم عاد إلى بيته مريضًا فأنشد:

عيد قيس من حب لبنى ولبنى
داءُ قيس والحب صعبٌ شديدُ
فإذا عادني العوائد يومًا
قالت العين لا أرى ما أريدُ
ليت لبنى تعودني ثم أقضي
إنها لا تعود فيمن يعودُ
ويح قيس لقد تضمن منها

داء خبل فالقلب منه عميدُ

ثم قضى بعد ذلك بثلاثة أيام.

جعد بن مهجع العذري وأسماء

كان لجعد بن مهجع العذري أخوالٌ حوَّل ماله إليهم خشية التلف، فأقام عندهم ثم خرج يومًا على فرس وقد صحب شرابًا، فاشتد الحر وظهرت له دوحة فقصدها ونزل تحتها، فما لبث أن لاح له شخص عليه درع أصفر وعمامة سوداء يطرد أتانًا شاردًا حتى قتلهُ، ثم قصد الدوحة ونزل بها، فحادثه فوجد في ألفاظه عذوبة لا تقدر وخلب عقلهُ، فدعاه إلى الشراب فشرب، وقام ليصلح من شأن فرسه فتزحزح الدرع عن ثدي كحق العاج، فقال: امرأة أنت؟ فقالت: نعم، ولكن شديدة العفاف، حسنة الأخلاق والمفاكهة، فعلقها من تلك الساعة، وسألها الزيارة، فذكرت أن لها إخوة شرسة وأبًا كذلك ثم مضت، فلما طالت مدة الفراق زاد حزنه وسقامه ولازم الوساد سنة كاملة، ثم شكا إلى أحد أصحابه فأشار عليه أن يخطبها من أبيها ومضى معهُ حتى نزلا بالشيخ، فأحسن ملقاهما ورحب بهما، فقال له: قد أتيتك خاطبًا، قال: فوق الكفاءة، وزوجه بها، فلما كان الغد صادفه صديقه وسأله عن حاله معها، فقال: أبدت لي كثيرًا مما أخفته عني قديمًا وسألتها عن ذلك فأنشدت:

كتمت الهوى أني رأيتك جازعًا
فقلت فتًى بعد الصديق يريد
فإن تطرحني أو تقول فتية
يضر بها برح الهوى فتعود
فورّيت عما بي وفي الكبد والحشا
من الوجد برح فاعلمنَّ شديد

فبارك لهما وانصرف.

أبو مالك بن النضر العذري وابنة عمهِ

قال شبابة بن الوليد: إن فتًى من بني عِذرة يقال لهُ: أبو مالك بن النضر كان عاشقًا لابنة عمه عشقًا شديدًا، فلم يزل على ذلك مدة، ثم إنه فُقِد بضع عشر سنين ولم يُعلم خبره، فضلَّت إبل لي فخرجت في طلبها، فبينا أنا أسير في الرمال إذا بهاتف يهتف بصوت ضعيف وهو يقول:

يا بن الوليد ألا تحمون جاركم
وتحفظون له حق القراباتِ
عهدي إذا جار قوم نابهُ حدث
وقوه من كل أضرار الملماتِ
هذا أبو مالك المسمى ببلقعة

مع الضباع وآساد بغاباتِ
طريح شوق بنار الحب محترق
تعتاده زفرات إثر لوعات
أما النهار فيضنيه تذكره
والليل مرتقب للصبح هل يأتي
يهذي بجارية من عذرة اختلست
فؤاده فهو منها في بليات

فقلت: دلني عليه — رحمك الله — فقال: نعم، اقصد الصوت، فلما قصدت غير بعيد سمعت أنينًا من خباء فأصغيت إليه فإذا قائل يقول:

يا رسيس الهوى أذبت فؤادي
وملأت الحشا عذابًا أليمًا

فدنوت منه فقلت: أبو مالك؟ فقال: نعم، قلت: ما بلغ بك ما أرى؟ قال: حب سعاد ابنة أبي الهيذم العذري، فشكوت يومًا إلى ابن عم لنا من الحي ما أجد من حبها فاحتملني إلى هذا الوادي منذ بضع عشر سنين ويأتيني كل يوم بخبرها ويقوتني — حفظه الله — من عنده، فقلت له: إني أصير إلى أهلها فأخبرهم بما رأيت، قال: أنت وذاك، فانصرفت إلى أهل الجارية فخبرتهم بحال الفتى وما رأيت منه وحدثتهم حديثُه، فرقوا له وعزموا على تزويجه بحضرتي، فعدت إليه لأفرج عنه، فلما أخبرته الخبر حدد النظر إليَّ ثم تأوه تأوهًا شديدًا بلغ من قلبي وأنشأ يقول:

الآن إذ حشرجت نفسي وخامرها
فراق دنيا وناداها مناديها

ثم زفر زفرة فمات، فدفنته في موضعه ثم انصرفت فأعلمتهم الخبر ، فأقامت الجارية ثلاثة أيام دون أكل ولا شرب ثم ماتت على الأثر.

ذرعة بن خالد العذري

كان ذرعة بن خالد العذري غلامًا حسن الوجه، عذب المنطق، سخي الكف، حسن الشمائل، فخرج يومًا للصيد، فلما ورد المشرعة وجد النساء يغترفن الماء ودونهن جارية قد انفردت تمشط شعرها على جانب الغدير وقد أسبلته على وجهها المنير من خلاله كما ينير البدر في غاسق الدجى، فلما أبصرها سقط مغشيًّا عليه، فقامت فرشت عليه الماء، فلما أفاق وأبصرها قال: وهل مقتول يداويه قاتله، قالت: كفيت ما تشكو، وحادثته فثابت نفسه إليه وقد داخلها ما داخله من الحب ثم عاد وهو يقول: خرجنا لنصيد فاصطدنا، ثم أنشد:

خرجت أصيد الوحش صادفت قانصًا

من الريم صادتني سريعًا حبائله
فلما رماني بالنبال مسارعًا
رقاني وهل ميتٌ يداويه قاتله
ألا في سبيل الحب صب قد انقضى
سريعًا ولم يبلغ مرادًا يحاوله

ثم إنه لزم الوساد أيامًا فسألت أمه عن ذلك فأطلعها الخبر فإذا هي ظريفة بنت صفوان بن وائلة فمضت إليها وأعلمتها القصة وتضرعت إليها أن تزور بيتهم علها تشفي ما بابنها، فقالت: إن الوشاة كثيرون، ولكن خذي الشعر إليه فإن أمسكه فإنه يُشفى، فلما ذهبت إليه جعل يتنشفه فعادت إليه نفسه شيئًا فشيئًا فصار يأتي قريبًا من بيتها فيتسارقا النظر إلى أن فطن أهلها فآلوا على قتله فسار إلى اليمن، وكان كلما اشتد شوقه قبَّل الشعر وجعلهُ على وجهه فيستريح لذلك، ففي ذات يوم بعث ولدًا نحو بيتها فسمعها تنشد وتقول:

رعى الله من هام الفؤاد بحبه
ومن كدت من شوقي إليه أطيرُ
لئن كثرت بالقلب أتراح لوعة
فإن الوشاة الحاضرين كثيرُ
فإن لم أزر بالجسم رهبة عاذل
فللقلبُ آتٍ نحوكم فيزورُ

فعاد الصبي وأنشد له الأبيات فأُغمي عليه ساعة ثم أفاق وأنشد:

أظن هوى الخود العزيزة قاتلي
فيا ليت شعري ما بنو العم صُنَّعُ
أراهم وللرحمن در صنيعهم
تراكي دمي هدرًا وخاب المضيعُ

ثم أتاه الخبر بزفاف ظريفة إلى رجل يُقال له: ثعلب، فلما بلغه ذلك اضطرب ساعة ثم أُغمي عليه فحرَّكوه فإذا به ميت.

مالك بن عقيل العذري ومعشوقته سعدى

كان مالك بن عقيل العذري يحب سعدى حبًّا شديدًا، وكانت ذات فصاحة وجمال وأدب ولطف وكمال، وكان في الحي رجل يحبها وهي لا تحبه فغار منهما فوشى به إلى أهلها، فحجبوها عنه فتراسلا بالمحبة، وبلغه فأرسل زوجته عن لسانها إلى مالك بشتم وقطيعة، ولم يعرف أنها زوجة ذلك الرجل، ولم تدر الزوجة تفصيل الأمر، وكان عند مالك أنفة فخرج إلى مكة ناقضًا للعهد، فلما بلغ زوجة ذلك الرجل وجه الحيلة وما أخفاه زوجها أخبرت سعدى بما تمَّ، فخرجت على وجهها إلى

مكة حتى اجتمعت به وكان مالك مع كعب بن مسعدة الغفاري يمشيان في القمر فسمعها كعب تقول إلى نسوة بجانبها: إى والله هو ثم قربن من كعب فقالت إحداهن: قل لصاحبك:

ليست لياليك في حج بعائدة
كما عهدت ولا أيام ذي سلم

فقال كعب لمالك: قد سمعت فأجب، قال: قد انقطعت فأجب أنت، فقال ولم يحضره غيره:

فقلت لها يا عزّ كل مصيبةٍ
إذا وطنت يومًا لها النفس ذلّت

وانصرفا، فما استقر بهما المقام إلا وجارية تقول: أجب المرأة التي كلمتك، فلما جاء كعب إليها قالت: أنت المجيب؟ قال: نعم، قالت: فما أقصر جوابك، قال: لم يحضرني غيره، فقالت: لم يخلق الله أحب إليَّ من الذي معك، فقال: عليَّ أن أحضره إليك، فقالت: هيهات فضمنه الليلة القابلة فرآه في منزله فأخبره بالقصة كالمكاشف وقال: لقد ضمنت لها حضورك الليلة القابلة، فلما كان الوقت مضيا فإذا بالمجلس قد طُيِّب وفُرش فجلس مالك وجلست سعدى أمامه فتعاتبا، فأنشدته أبيات عبد الله بن الدمينة:

وأنت الذي أخلفتني ما وعدتني
وأشمت بي من كان فيك يلومُ
وأبرزتني لِلناس ثم تركتني
لها عرضًا أرمِى وأنت سليمُ
فلو أن قولًا يَكْلُمُ الجسم قد بدا
بجسمي من قول الوشاة كلوم

فأجابها:

غدرتِ ولم أغدر وخنتِ ولم أخن
وفي بعض هذا للمحب عزاء
جزيتك ضعف الودّ ثم حرمتني
فحبك في قلبي إليّ إذاء

فالتفتت إلى كعب وقالت: ألا تسمع؟ فغمزه فكف ثم أنشدت:

تجاهلت وصلي حين لاحت عمايتي
فهلا صرمت الحبل إذ أنا أبصرُ
ولي من قوى الحبل الذي قطعته
نصيب ولي رأي وعقل موفر

ولكنني آذنت بالصوم بغتة
ولست على مثل الذي جئت أقدر

فأجابها:

لقد كنت أنهى النفس عنك لعلها
إذا وعدت بالنأيِ عنك تطيبُ

ثم قبّلها وأنشد:

دمي عليك من الجفون سكوبُ
والقلب منك مروَّع مكروبُ
لا شيء في الدنيا ألذّ من الهوى
إن لم يخن عهد الحبيب حبيب

فأجابته:

خلوتم بأنواع السرور هناكم
وأفردتموني للصبابة والحزنِ
وعذبتموني بالصدود وإنني
لراض بما ترضونه لي من الغبن

ثم افترقا، فقالت لكعب: ما قلت لك أنك لا تفي بضمانتك، ولكن إذا كان السحر فأتني، فجاء كعب فإذا بالصياح فسأل الجارية عن الخبر، فقالت: حين خرجتما جعلت سعدى في عنقها ما خنقت به نفسها فلحقناها فخلصناها، فجلست ساعة تحادثنا وتفتكره فتقول: إنه لقاسي القلب، ثم شهقت فماتت، فلما بلغ الشاب خبر موتها ندم ثم لزم قبرها فجاءته في النوم فقالت: هلا كان هذا من قبل، فمات من وقته.

عروة بن حزام وعفراء العذرية

كان لعروة بن حزام ابنة عم من أعظم مشاهير عصرها حسنًا وجمالًا وأدبًا وظرفًا وفصاحة تُدعى عفراء، فرُبِّيا معًا وله من العمر أربع سنين، فكان يألفها وتألفه ويلعبان معًا غالب الأحيان، فلما بلغا الحُلم سأل عمه تزويجها فوعده ذلك وأخرجه إلى الشام فجاء ابن أخ له يدعى أثالة بن سعيد بن مالك فرأى عفراء خارجة من خدرها حاسرة عن وجهها ومعصميها وعليها إزار خز فوقعت من قلبه بمكانة عظيمة فخطبها من عمه فزَّوجه بها وعادوا إلى الشام، فلما بلغ عروة ذلك بهت لا يحر جوابًا وزادت به لواعج النوى فأنشد:

وإني لتعروني لذكراكِ رعدة

لها بين جلدي والعظام دبيبُ
فما هو إلا أن أراها فجاءة
فأبهت حتى ما أكاد أجيب
فقلت لعراف اليمامة داوني
فإنك إن أبرأتني لطبيب
فما بي من حمى ولا مس جنة
ولكن عمي الحميري كذوب
عشية لا عفراء منك بعيدة
فتسلو ولا عفراء منك قريب
وبي من جوى الأحزان والبعد لوعة
تكاد لها نفس الشفيق تذوب
وما عجب موت المحبين في الهوى
ولكن بقاء العاشقين عجيب

وما بلغ الحي حتى أخذه الهذيان والقلق وأقام أيامًا لا يتناول طعامًا حتى شفت عظامه ولم يخبر بسره أحدًا، ولما أشفي ويئس من الشفاء وعلم الضجر من أهله قال لهم: احتملوني إلى البلقاء فإني أرجو الشفاء، فلما حل بها وجعل يسارق عفراء النظر في مرورها عاودته الصحة فأقام كذلك إلى أن لقيه شخص من عذرة فسلم عليه، فلما أمسى دخل العذري على زوج عفراء وقال له: متى أتى هذا الوغد فقد فضحكم بكثرة تشبيبه، فقال: من تعني؟ قال: عروة، قال: أنت أحق بما وصفت، والله ما علمت بقدومه، وكان زوج عفراء مُتَّصفًا بالسيادة ومحاسن الأخلاق في قومه، فلما أصبح جعل يتصفح الأمكنة حتى لقي عروة فعاتبه وأقسم أن لا ينزل إلا عنده، فوعده ذلك، فذهب مطمئنًا، أما عروة فإنه عزم ألا يبيت الليل وقد علموا به، فخرج فعاوده المرض فتُوفي بوادي القرى دون منازل قومه، فلما بلغ عفراء موته قالت لزوجها: قد تعلم ما بينك وبيني، وبين الرجل من النسابة وما عندي من الوجد وإن ذلك على الحسن الجميل فهل تأذن لي أن أخرج إلى قبره فأندبه فقد بلغني أنه قضى؟ قال: ذلك إليكِ، فخرجت حتى أتت قبره فتمرغت عليه وبكت طويلًا ثم أنشدت:

ألا أيها الركب المجدون ويحكم
بحقٍّ لقيتم عروة بن حزام
فإن كان حقًّا ما تقولون فاعلَموا
بأن قد نعيتم بدر كل ظلام
فلا لقي الفتيان بعدك راحة
ولا رجعوا عن غيبة بسلام
ولا وضعت أنثى تمامًا بمثله
ولا فرحت من بعده بغلامِ

ولما فرغت من الشعر ألقت نفسها على القبر وأنشدت تقول بطرف قد عراه الأفول:

عداني أن أزورك يا خليلي

معاشر كلهم واشٍ حسودُ
أشاعوا ما علمت من الدواهي
وعابونا وما فيهم رشيدُ
فأما إذ ثويت اليوم لحدًا
فدور الناس كلهم اللحودُ
فلا طابت لي الدنيا مذاقًا
فبعدك لا يطيب لي المديد

وما فرغت من شعرها حتى غابت عن الوجود فحُرِّكت فإذا هي ميتة فدُفنت إلى جانب حبيبها.

مصرع عاشق من بني عذرة

قال أحدهم: اجتزت في بعض أسفاري حي بني عذرة فنزلت في بعض بيوته فرأيت جارية قد أُلبست من الجمال حلة الكمال فأعجبني حسنها وكمالها، فخرجت في بعض الأيام أدور في الحي وإذا أنا بشاب حسن الوجه عليه أثر الوجد أضعف من الهلال وأنحل من الخلال وهو يوقد نارًا تحت قدرٍ ويردد أبياتًا ودموعه تجري على خديه فسمعته يقول:

فلا عنك لي صبر ولا فيك حيلة
ولا منك لي بدٌّ ولا عنك مهربُ
ولي ألف باب قد عرفت طريقها
ولكن بلا قلب إلى أين أذهب
فلو كان لي قلبان عشت بواحدٍ
وأفردت قلبًا في هواك يُعذب

فسألت عن الشاب وشأنه فقيل لي: يهوى الجارية التي أنت نازل بيت أبيها وهي محتجبة عنه منذ أعوام، فرجعت إلى البيت وذكرت لها ما رأيت، فقالت: صلاح حاله في أن لا يراني، فحسبت أن امتناعها فتنة فيها فما زلت أقسم حتى أظهرت القبول مكرهة، فلما قَبِلَت ذلك مني قلت: أنجزي الآن وعدك فدتك روحي، فقالت: تقدمني فإني سائرة في إثرك، فأسرعت عند الغلام وقلت: أبشر بحضور من تريد فإنها مقبلة نحوك الآن، فبينا أنا أتكلم معه إذ خرجت من خبائها مقبلة تجر أذيالها وقد أثارت الريح غبار أقدامها حتى ستر الغبار شخصها، فقلت للشاب: ها هي قد أقبلت، فلما نظر إلى الغبار صعق وخر على نار أمامه فما أقعدته إلا وقد أخذت النار من صدره ووجهه، فرجعت الجارية وهي تقول: من لا يطيق غبار نعالنا كيف يطيق مطالعة جمالنا.

كنَّاس بني عذرة

قال الأصمعي: بينا أنا سائر في أحياء بني عذرة إذ سمعت صوتًا يقول:

جنبوني ديار هند وسعدى
ليس مثلي يحل دار الهوان

فالتفتُ يمنة وشمالًا فإذا الصوت خارج من حش، فأقبلت حتى وقفت عليه فإذا بكنّاس يكنس الأرض، فقلت: سبحان الله أنت تكنس في أحياء عذرة وتقول: «ليس مثلي يحل دار الهوان» فأنى ذلك وأي هوان أكثر مما أنت فيه؟! فرفع رأسه إليَّ وقال:

لا تلمني فإنني نشوانُ
أنا في الملك ما سقتني الدنان

نوادر بني عامر

سبب عشق قيس لليلى العامرية

مرَّ قيس يومًا على ناقة لابسًا حلة ملوكية ومعه زمرة من قومه فصادف ليلى مع نسوة من قومها يتحدثن فأعجبهن فاستنزلنه للمنادمة، فنزل وعقر لهن ناقته وأقام معهن بياض اليوم، وكانت ليلى مع مَن حضر، فحين وقع نظره عليها لم يصرف عنها طرفًا وشاغلته فلم يشتغل، فلما نحر الناقة جاءت لتمسك معه اللحم فجعل يجز بالمدية في كفه وهو شاخص فيها حتى أعرق كفه فجذبتها من يده ولم يدر، ثم قال لها: أتأكلين الشواء؟ قالت: نعم، فطرح من اللحم شيئًا على الغضى وأقبل يحادثها، فقالت له: انظر إلى اللحم هل استوى أم لا، فمد يده إلى الحجر وجعل يُقلِّب بها اللحم فاحترقت ولم يشعر، فلما علمت ما داخله صرفته عن ذلك ثم شدت يده بهدب قناعها، فذهب وقد تحكم عشقها من قلبه، فاستدعته بعد ذلك وقد داخلها الحب فقالت له: هل لك في محادثة من لا يصرفه عنك صارف؟ قال: ومن لي بذلك؟ فقالت له: اجلس، فجلس وجعلا يتحادثان حتى مضى الوقت، ولم يزالا على ذلك حتى حجبها أبوها عنه وزوَّجها من غيره.

تجربة ليلى لقيس بن الملوح

صادف قيس بن الملوح يومًا ليلى بنت مهدي وقد صبا إليها قلبه فأخذ يُحدِّثها وتُحدِّثه حتى أمسى فانصرف، فبات في ليلة طالت عليه وجهد أن يغمض فلم يقدر، فأنشأ يقول:

نهاري نهار الناس حتى إذا بدا
لي الليل هزتني إليك المضاجع
أقضي نهاري بالحديث وبالمنى
ويجمعني والهم بالليل جامع

وداوم زيارتها وترك إتيان كل من كان يأتيه غيرها إلى أن تملَّك الحب قلبيهما، فأرادت يومًا أن تُجرِّبه فأخذت تصد عنه وتعرض بوجهها عن نظره، فلما رأى ذلك منها اشتد عليه وجزع حتى عُرِفَ ذلك فيه، فخافت عليه وقالت:

كلانا مُظهر للناس بُغضًا
وكل عند صاحبه مكينُ

فسرى عنه الحزن وعلم ما في قلبها، أما هي فقالت له: إنما أردت امتحانك والذي لك عندي أكثر مما لي عندك، وإني أعاهدك من الآن على حفظ العهد والقيام بالوفاء، ولست مائلة بعد يومي هذا

إلى أحد سواك حتى أذوق الموت، فانصرف في المساء وهو أسر الناس بما سمع منها، فأنشأ يقول:

أظن هواها تاركي بمضلة
من الأرضِ لا مال لدي ولا أهل
ولا أحد أفضي إليه وصيتي
ولا وارث إلا المطية والرحل
محا حبها حب الألى كنَّ قبلها
وحلت مكانًا لم يكن حل من قبل

المجنون وليلى والأمير

سمع أحد أمراء العرب بليلى ومجنونها فأمر بإحضارهما إليه، فلما وقفت ليلى بين يديه رآها فتاة هزيلة سمراء فلم يعبأ بها قط واحتقرها، فتفرَّس المجنون بالأمير وقال: أيها الأمير لو نظِرت إلى ليلى من طاقات أعين المجنون المبتلى لانجلى لك بمحبتها سر مشاهدتها، فسُرَّ الأمير وأعجب من ذلك الجواب.

قيس بن الملوح وأمه وليلى

قال يونس النحوي: لما خلط قيس بن الملوح وزال عقله وامتنع من الأكل والشرب صارت أمه إلى ليلى فقالت لها: إن ابني جُنَّ من أجلك وذهب حبك بعقله، وقد امتنع من الطعام والشراب، فإن رأيتِ أن تصيري معي إليه فلعله إذ رآك يسكن بعض ما يجد، فقالت لها: أما نهارًا فما يمكنني ذلك ولا آمن على نفسي ولكن سأصير إليه في الليل، فلما كان الليل صارت إليه وهو مطرق يهذي، فقالت: يا قيس، إن أمك تزعم أنك جُننت على رأسي وأصابك ما أصابك، فرفع رأسه ونظر إليها وتنفس الصعداء وأنشأ يقول:

قالت لقد جننت على رأسي فقلت لها
الحب أعظم مِما بالمجانين
الحب ليس يفيقُ الدهر صاحبهُ
وإنما يصرع المجنون في الحين

افتضاح أمر قيس وليلى

ذهب قيس يومًا إلى بيت أبي ليلى ليقترض سمنًا يُقري به ضيوف أبيه، فقال أبو ليلى: يا ليلى أخرجي ذلك السمن واقضي حاجة هذا الفتى، فخرجت إليه وسلمت عليه وجعلت تسكب السمن في إنائه وهي تشكو ما لها عنده من الشوق، فلما سمع كلامها طاب قلبه فالتهى معها بالحديث إلى أن فاض الإناء وصار السمن يقطر على الأرض، وما زالا يتحادثان حتى غاصت أرجلهما بالسمن،

فاستبطأها أبوها وناداها فلم تنتبه إليه فخرج ليكشف الخبر وقد أنكر أمرها فوجدها على تلك الحالة، فغضب غضبًا شديدًا ومنعها الزيارة وحجبها عنه خوف الفضيحة، فصار يغتنم غفلة الرقيب فيجتمع بها ويطفي ما بقلبه من الالتياع، فلما بلغه ذلك شكاه إلى الخليفة ابن مروان، فأمر عامله بقتله إذا هو زارها، فلما بلغ قيسًا ذلك تنهد وأنشد:

لئن حُجبت ليلى وآلى أميرها
عليَّ يمينًا جاهدًا لا أزورها
على غير شيء غير أني أحبها
وأن فؤادي عند ليلى سميرها

ولما زاد شوقه ذهب ليسترق النظر من ليلى فرأى الحي خاليًا فسأل عنها فقيل له: إنها سارت وقومها إلى جبل توباد، فقصد ذلك المكان وما زال يبحث عنها حتى لقيها فشكا لها وشكت له وأخذا يتناجيان ثم بكى قيس وأنشد:

أيا ليلى زند البين يقدح في صدري
ونار الأسى ترمي فؤادي بالحجر
فلا تحسبي يا ليلى أني نسيتكم
فإن مدى الأيام ذكرك في فكري
فوالله لا أنساك ما هبت الصبا
وما هطلت عين على واضح النهر

فرقت له ليلى وضمته إلى صدرها، وبعد قليل ودَّعها وسار عائدًا إلى أهله.

ذهاب قيس إلى الكعبة وزواج ليلى بغيره

لما هاجت من قيس علل الحب والغرام أشفق عليه جميع الأهل ورثوا لحاله وعرضوا على أبيه أن يأخذه إلى الكعبة عله يبرأ من علته، فأجابهم إلى ذلك وسار ومعه ابنه قيس، فلما بلغوا الكعبة قال له أبوه: تعلق بأستار الكعبة، ففعل، فقال: قل اللهم يا من احتجبت عن العيون أرحني من حب ليلى وأزل عني هذا الجنون، فقال: أيها الإله الحي إني تائب إليك عن جميع الخطايا إلا من حب ليلى فإنني لا أتوب، ثم أنشد:

يقولون تب عن حب ليلى وذكرها
وتلك لعمري توبة لا أتوبها
يقر بعيني قربها ويزيدني
بها عجبًا من كان عندي يعيبها
فيا نفس صبرًا لست والله فاعلمي
بأول نفس غاب عنها حبيبها

فحزن عليه أبوه وجميع الأهل والأصدقاء، ثم إنه هام في عرض الفلاة، فلحق به أبوه وأراد القوم أن يأتوا به مُكبَّلًا، فقال لهم: مهلًا مهلًا فقلبي عليل لا يقدر على العذاب، فتركوه وبكى أبوه شفقة عليه وقال له: يا ولدي إلى متى وأنت في هذا الشقاء العظيم؟ أما كفاك الجولان في القفار حتى عدمت النشاط وصرت إلى الانحطاط؟! فدع عنك هذه الأوهام وعد إلى العقل والرشاد، وما زال أبوه يشاغله بالأحاديث اللطيفة والعبارات الظريفة إلى أن راق ولان ورجع معه إلى الأوطان، وكانت ليلى قد تزوجت برجل يُدعى سعيد بن حنيف، فلما بلغ قيسًا ذلك الخبر اضطرب وأنشد:

وقد خبروني أن ليلى تزوجت
ولا بد لي من أن ألاقي حليلها
فإن كان مثلي لا ألمها على الهوى
وإن كان دوني بئس ما قد قضى لها

هيام قيس ومكاتبته لليلى

ثم زادت آلامه وهجر الأهل وهام في البراري والقفار وهو يترنم بهذه الأبيات:

أنيري مكان البدر إن أفل البدرُ
وقومي مقام الشمس ما استأخر الفجرُ
ففيك من الشمس المنيرة ضوءها
وليس لها منك التبسم والثغر
بلى لك نور الشمس والبدر كله
وما حملت عيناك شمس ولا بدر
لك النظرة اللألاء والبرق طالع
وليس لها منك الترائب والنحرُ
ومن أين للشمس المنيرة بالضحى
بمكحولة العينين في طرفها فتر

فرآه عن بُعدٍ رجلٌ يُدعى نوفل بن مساحق فسأل عنه فقيل: إنه قيس بن الملوح، وإنه ما وصل إلى ما وصل إلا من حبه ليلى، فقال: وأنى لي وصولًا إليه؟ قالوا: اذكر له ليلى فيدنو منك ويأتي آنسًا فرحًا، فتقدم إليه نوفل وسلَّم عليه وقال له: بحياة ليلى التي هي عندك أعز الناس أن تنشدني من نفائس أشعارك ما تشنف به مسمعي، فأنشده قيس قصيدته التي مطلعها:

تذكرت ليلى والسنين الخواليا
وأيام لم يعد على الناس عاديا

فلما سمع نوفل شعره اهتز طربًا وقال: لله درك على هذه الألفاظ الرشيقة والمعاني البديعة الرقيقة، ولكن خلِّ عنك هذا الحزن واتكل على الله فهو قادر على نجاتك، فقال قيس: كيف أطيق الصبر وقد

اشتعل قلبي بنار الهوى أيما اشتعال؟ فدعني بالله أهيم في وجدي ولا أهتدي إلى هداي، فتركه نوفل وسار وبقي قيس هائمًا ينشد الأشعار.

وكانت ليلى منذ تزوجت لا تنشف لها دمعة ولا تبرد لها لوعة لشدة وجدها وخوفها على قيس حبيبها، فكتبت إليه يومًا تشكو حالها وختمت الرقعة بهذه الأبيات:

سلامٌ عليكم لا سلام ملامة
ولكن سلام للمحب عطورُ
لقد عيل صبري بعدكم وتكاثرت
همومي ولكن المحب صبور
فصبرًا على ريب الزمان وجوره
لعل صروف الدائرات تدور

فلما بلغت قيسًا تلك الرقعة كتب إليها يقول: من قيس بن الملوح الهائم الوامق إلى سيدة الملاح وكوكب الصباح ليلى العامرية، ورد إليَّ كتابك أيتها الحبيبة فقرأته طربًا بعابق شذاك وأنا لم أزل في هذه القفار أهيم مع الوحوش والغزلان وحيدًا ذليلًا أقاسي الضر والأحزان حتى صرت نحيلًا كالخيال من شوقي، وكادت تقضي عليَّ تباريح الهوى والسلام.

فلما بلغ ليلى حال قيس وما يلقاه على النوى حزنت عليه وبكت من شدة الالتياع.

لقاء زوج ليلى بقيس بن الملوح

لما زاد وجد ليلى بقيس بن الملوح وهاجت لذلك آلامها صارت تُبدي لزوجها صدًّا وإعراضًا، فعجب زوجها لذلك وسأل فعلم كنه الأمر وأن قيسًا يهواها وتهواه وهو هائم لأجلها في واسع الفلاة ينشد فيها الأشعار ويأنس بالظباء الساريات في القفار، فاشتاق إلى رؤية قيس ومنادمته ومال إلى معرفته، فخرج يومًا للصيد فلقيه وهو في روضة خضراء ينظر في بعض الغزلان، فتقدم زوج ليلى وسلم عليه وأنشد يقول:

ومن عجب جنونك في فتاة
مزوجة سواك ولن تراها
أيا مجنون كم تهوى بليلى
كأن الله لم يخلق سواها

فعلم قيس أنه بعلها فخر مغشيًا عليه ثم أفاق فأنشد:

بعيشك هل ضممت إليك ليلى
قُبيل الصبح أم قبّلت فاها

وهل دارت يداك بمنكبيها
وهل مالت عليك ذؤابتاها

فرَّق زوج ليلى لحالة قيس وحذَّره من أمير المؤمنين عبد الملك بن مروان ثم عاد إلى الحمى.

كثير عزة ومجنون ليلى

قال المفضل بن الحسن: دخل كثير عزة على عبد الملك بن مروان فجعل ينشد شعره في عزة وعيناه تذرفان، فقال له عبد الملك: قاتلك الله يا كثير هل رأيت أحدًا أعشق منك؟ قال: نعم يا أمير المؤمنين، خرجت مرة أسير في البادية على ناقة لي، فبينا أنا أسير إذ نظر إليَّ شخص فأكدته فإذا رجل قد نصب شركًا للظباء وقعد بعيدًا منه، فسلمت عليه فرد السلام، فقلت: ما أجلسك هاهنا؟ قال: نصبت شركًا للظباء فأنا أرصدها، فقلت: إن قمت له لديك فصدت هل تطعمني؟ قال: إي والله، فنزلت فعلقت ناقتي وجلست أحدثه، فإذا هو أحسن خلق الله حديثًا وأرقه وأغزله، فما لبثنا أن وقعت ظبية في الشرك، فوثب ووثبت معه فخلصها من الحبال ثم نظر في وجهها مليًّا فأطلقها وأنشأ يقول:

أيا شبه ليلى لن تراعي فإنني
لك اليوم من بين الوحوش صديق
ويا شبه ليلى لن تزالي بروضة
عليك سحاب دائم وبروق
فما أنا إذ شبهتها ثم لم تؤب
سليمًا عليها في الحياة شفيق
فديتك من أسر دهاك لحبها
فأنت لليلى ما حييت طليق

ثم أصلح شركه، وغدونا إلى موضعنا، فقلت: والله لا أبرح حتى أعرف أمر هذا الرجل، فأقمنا باقي يومنا فلم يقع شيء، فلما أمسينا قام إلى غار قريب من الموضع الذي كنا فيه وقمت معه فبتنا به، فلما أصبح الصباح غدا فنصب شركه، فلم يلبث أن وقعت ظبية شبيهة بأختها بالأمس فوثب إليها ووثبت معه فاستخرجها من الشرك ونظر في وجهها مليًّا ثم أطلقها فمرَّت، وأنشأ يقول:

اذهبي في كلاءة الرحمن
أنت مني في ذمة وأمان
ترهبيني والجيد منك كليلي
والحشا والنعام والعينان
لا تخافي بأن تُفاجي بسوء
ما تغنى الحمام في الأغصان

ثم عدنا إلى موضعنا فلم يقع يومنا شيء، فلما أمسينا صرنا إلى الغار فبتنا فيه، فلما أصبحنا عدل إلى شركه وغدوت معه فنصبه وقعدنا نتحدث، وقد شغلني يا أمير المؤمنين حسن حديثه عما أنا فيه من الجوع، فبينا نتحدث إذ وقعت في الشرك ظبية فوثب إليها ووثبت معه، فاستخرجها من الشرك ثم نظر في وجهها وأراد أن يطلقها فقبضت على يده وقلت: ماذا تريد أن تعمل؟ أقمت ثلاثة أيام كلما صدت شيئًا أطلقته، فنظر في وجهي وعيناه تذرفان وأنشأ يقول:

أتلحي محبًّا هائم القلب أن رأى
شبيهًا لمن يهواه في الحبل موثقًا
فلما دنا منه تذكر شجوه
وذكَّره من قد نأى فتشوقا

فرحمته يا أمير المؤمنين وبكيت لبكائه، ونسبته فإذا هو قيس بن معاذ المجنون، فذلك والله أعشق مني يا أمير المؤمنين.

مصرع قيس بن الملوح

سمع قيس العامري ليلًا هاتفًا يقول:

أمنعية بالموت ليلى ولم تمت
كأنك عما قد أظلك غافل

فزاد منه لاعج الوجد وغاب عن الأبصار مدة من الزمان، فبينما كان أبو ليلى وبعض الأقرباء يبحثون عن مكانه وجدوه صريعًا بين القبور وإلى رأسه ورقة كتب فيها:

ألا أيها الشيخ الذي ما بنا يرضى
شقيت ولا هنئت من عيشك الخفضا
شقيت كما أشقيتني وتركتني
أهيم مع الهلاك لا أطعم الغمضا
كأن فؤادي في مخاليب طائر
إذا ذكرت ليلى يشد به قبضا
كأن وسيع الأرض حلقة خاتم
عليَّ فما تزداد طولًا ولا عرضا

فجزع أبوها غاية الجزع وقال: والله لو أعلم أن أمره يفضي إلى هذه الحال لاحتملت العار وزوجته بابنتي ليلى.

ثم رأوا مكتوبًا على حجر مُلقى إلى هذين البيتين:

توسد أحجار اليمامة والقفر
ومات جريح القلب مندمل الصدر
فيا ليت هذا الحب يعشق مرة
فيعلم ما يلقى المحب من الهجر

راشد بن صفوان وهيفاء العامرية

كان راشد بن صفوان يغدو على بني عامر لألفة بينه وبين رجل، فلمح جارية منهم يُقال لها: هيفاء بنت عبد الله بن عامر وكانت من أجمل نساء العرب، فغادره من حبها ما كاد أن يأتي على نفسه، ثم إن الجارية تزوجت بشخص من جهينة، فلما حملها إلى حيه وطال على الغلام الشوق وانقطاع الأخبار ذهب عقله فكان يسيح عاريًا، فصادف صيادًا قد اصطاد غزالًا فوقف يُنظر إليه ثم بكى وأنشد:

وذكرني من لا أبوح بذكره
محاجر ظبي في حبالة قانص
فقلت ودمع العين يجري بحرقة
ولحظي إلى عينيه لحظة شاخص
ألا أيهذا القانص الظبي حله
وإن كنت تأباه فعشر قلائص
خف الله لا تحبسه إن شبيهه
حبيبي فقد أرعدت فيه فرائصي

فقال له الصياد: دونك فحله، فتقدم إليه وقبّله وأطلقه وأتبعه النظر حتى غاب، ثم قال للصياد: ائتني غدًا، فأتى فأعطاه عشرًا من الإبل فأبى قبولها، فأقسم عليه أن يأخذها، فقَبِلها وانصرف.

العاشق المفارق

حدَّث بعض العرب قال: مررنا بماء وعليه صبية يتغاطسون وقريب منهم شاب عليه أثر الجمال إلا أنه نحيل من السقام، فسلمت عليه، فقال: ممن الراكب؟ قلت: من الحمى، فقال: كم أقمت به؟ قلت: قليلًا، فتنفس الصعداء وأنشد:

سقى بلدًا أمسى سليمى محله
من المزن ما يروى به ويشيمُ
وإن لم أكن من ساكنيه فإنه
يحل به شخص عليَّ كريم

مالك العامري ومحبوبته

قال أحدهم: انصرفت من الحج فمررت بماوية وكان لي فيها صديق من بني عامر، فصرت إليه مسلمًا فأنزلني، فبينا أنا عنده ونحن قاعدان بفنائه إذا النساء مستبشرات وهن يقلن: تكلم تكلم، فقلن: ما هذا؟ فقالوا: فتى منا كان يعشق ابنة عم له فزُوِّجت وحُملت إلى ناحية الحجاز، فإنه لعلى فراشه منذ حولٍ ما تكلم ولا أكل إلا أن يؤتى بما يأكله ويشربه، فقلت: أحب أن أراه، فقام وقمت معه فمشينا غير بعيد وإذا بفتى مضطجع بفناء بيت من تلك البيوت ولم يبق منه إلا خيال، فأكب الشيخ عليه يسأله وأمه واقفة، فقالت: يا مالك، هذا عمك أبو فلان يعودك، ففتح عينيه وأنشأ يقول:

ليبكني اليوم أهل الود والشفق
لم يبق من مهجتي إلا شفا رمقِ
اليوم آخر عهدي بالحياة فقد
أطلقت من ربقة الأحزان والقلق

ثم تنفس الصعداء فإذا هو ميت، فقام الشيخ، وقمت فانصرفت إلى خبائه فإذا جارية جميلة تبكي وتتفجع، فقال الشيخ: ما يبكيك؟ فأنشأت تقول:

ألست أبكي لصب شفَّ مهجته
طول السقام وأضنى جسمه الكمدُ
يا ليت من خلف القلب المهيم به
عندي فأشكو إليه بعض ما أجد
أنشر تربك أسرى لي النسيم به
أم أنت حيث يناط السحر والكبد

ثم انثنت على كبدها وشهقت فإذا هي ميتة.

مصرع عاشق على قبر عشيقته

قال جبر بن حبيب: أقبلت من مكة أريد اليمامة، فنزلت بحي بني عامر فأكرموا مثواي، فإذا فتى حسن الهيئة قد جاءني فسلَّم عليَّ، وقال: أين يريد الراكب؟ قلت: اليمامة، قال: ومن أين أقبلت؟ قلت: من مكة، فجلس إليَّ فحادثني أحسن الحديث، ثم قال لي: أتأذن في صحبتك إلى اليمامة، فقلت: أحب خير مصحوب، فقام فما لبث أن جاء بناقة بيضاء وعليها أداة حسنة، فأناخها قريبًا من مبيتي وتوسد ذراعها، فلما هممت بالرحيل أيقظته، فكأنه لم يكن نائمًا، فقام وأصلح رحله وركب وركبت، فقصَّر عليَّ يومي بصحبته، وسهلت عليَّ وعوث السفر، فلما رأينا بياض قصور اليمامة أنشد قائلًا:

وأعرضت اليمامة واشمخرت
كأسياف بأيدي مصلتينا

وهو في ذلك كله لا ينشدني إلا أبياتًا معجبة في الهوى، فلما قربنا من اليمامة مال عن الطريق إلى أبيات قريبة منا، فقلت له: لعلك تحاول حاجة في هذه الأبيات؟ قال: أجل، قلت: انطلق راشدًا، فقال: هل أنت موفٍ حق الصحبة؟ قلت: أفعل، قال: مل معي، فملت معهُ، فلما رآه أهل الصرم ابتدروه، وإذا فتيان لهم شارة فأناخوا بنا وعقلوا ناقتينا وأظهروا السرور وأكثروا البر، ورأيتهم أشد شيء له تعظيمًا، ثم قال: قوموا إن شئتم، فقام وقمت لقيامه، حتى إذا صرنا إلى قبر حديث البناء ألقى نفسه عليه وأنشأ يقول:

لئن منعوني في حياتي زيارةً
أحامي بها نفسًا تملكها الحب
فلن يمنعوني أن أجاور لحدها
فيجمع جسمينا التجاور والترب

ثم أنَّ أنة الأسى ووقع ميتًا إلى الأرض، فأقمت مع الفتيان حتى احتفرنا له ودفناه، فسألت عنه فقالوا: ابن سيد هذا الحي، وهذه ابنة عمه وهي إحدى نساء قومه وكان بها مغرمًا فماتت منذ ثلاث سنين، فأقبل إليها وقد رأيت ما آل إليه أمره، فعدت والله وقد انفطرت مرارتي من الحزن عليه.

في نوادر الشعراء

صريع الغواني

دخل مسلم بن الوليد الملقب بصريع الغواني يومًا على الفضل فأقام عنده وشرب معه، وكانت على رأس الفضل وصيفة تسقيه كأنها لؤلؤة، فلمح الفضل مسلمًا ينظر إليها. فقال: قد أعجبتك والله يا أبا الوليد، فقل أبياتًا لأهبها لك، فأنشد:

إن كنت تسقين غير الراح فاسقيني
كأسًا ألذ بها من فيك تشفيني
عيناك راحي وريحاني حديثك لي
ولون خديك لون الورد يكفيني
إذا نهاني عن شرب الطلا حرجٌ
فخمر عينيك يغنيني ويجزيني
لولا علامات شيب لو أتت وعظت
لقد صحوت ولكن سوف تأتيني
أرضى الشباب فإن أهلك ففي قدرٍ
وإن بقيت فإن الشيب يسليني

فقال الفضل: خذها بورك لك فيها.

صريع الغواني والرجل

سأل رجل مسلمًا، لِمَ تُدعى صريع الغواني؟ فأنشأ يقول:

إن ورد الخدود والأعين النجل
وما في الخدود من أقحوانِ
واسوداد الصدغين في واضح الخدِّ
وما في الصدور من رمانِ
تركتني لدى الغواني صريعًا
فلهذا أُدعى صريع الغواني

صريع الغواني والكناس

وقف صريع الغواني بباب محمد بن منصور فاستسقى، فأمر وصيفًا له فأخرج إليه خمرًا في كأس مذهبة، فلما نظر إليها في راحته قال:

ذهب في ذهب راح
بها غصن لجين
وأتت قرة عيني
من يدى قرة عين
قمرًا يحمل شمسًا
مرحبًا بالقمرين
لا جرى بيني ولا بينه
ما طائر بين
وبقينا ما بقينا
أبدًا متفقين
في غبوق وصبوح
لم نبع نقدًا بدين

صريع الغواني يرثي زوجة له

كانت لمسلم بن الوليد زوجة يحبها فماتت، فجزع عليها جزعًا شديدًا وتنسك مدة وعزم على ملازمة ذلك، فأقسم عليه بعض إخوانه ذات يوم أن يزوره، ففعل، فأكلوا وقدموا الشراب فامتنع منه مسلم وأبى وأنشأ يقول:

بكاء وكأس كيف يتفقان
سبيلاهما في القلب مختلفانِ
دعاني وإفراط البكاء فإنني
أرى اليوم فيه غير ما تريان
غدت والثرى أولى بها من وليها
إلى منزل قاصٍ لعينك داني
فلا حزن حتى تنزف العين ماءها
وتعترف الأحشاء للخفقان
وكيف يدفع اليأس والوجد بعدها
وسهماهما في القلب يختلجان

الحسن بن هانئ والجارية

قال الحسن بن هانئ المعروف بأبي نواس: حججت مع الفضل بن الربيع حتى إذا كنا ببلاد فزارة — وذلك إبان الربيع — نزلنا بإزاء ماء لبني تميم، ذا روض أريض، ونبت غريض، تخضع لبهجته أطايب الشذا، فقرت بنضرتها العيون، وارتاحت إلى حسنها القلوب، وانفرجت لبهائها الصدور، فلم نلبث أن أقبلت السماء فانشق غمامها وتدانى من الأرض ركامها، وقد غادرت الغدران مترعة تتدفق، والقيعان تتألق رياض مونقة، ونوافح من ريحها عبقة، فسرحت طرفي راتعًا منها في أحسن منظر، ونشقت من رباها أطيب من المسك الأذفر، فلما انتهينا إلى أوائلها إذا نحن بخباء على بابه جارية مشرقة ترنو بطرف مريض الجفون وسنان النظر، فقلت لزميلي: استنطقها، قال: وكيف السبيل إلى ذلك؟ قلت: اطلب منها شربة ماء، فطلب، فقالت: حبًا وكرامة، ومضت تتمايل كغصن البان بقامة كقضيب الخيزران، فراعني ما رأيت منها، ثم أتت بالماء، فشربت منه وصببت باقيه على يدي، ثم قلت: وصاحبي أيضًا عطشان، فأخذت الإناء فذهبت، فقلت لصاحبي: مَن الذي يقول:

إذا بارك الله في ملبس
فلا بارك الله في البرقعِ
يريك عيون الدمى غرةً
ويكشف عن منظر أشنعِ

فسمعت كلامي، فأتت وقد نزعت البرقع ولبست خمارًا أسود وهي تقول:

ألا حيَّ ربعي معشر قد أراهما
أقاما فما أن يعرفا مبتغاهما
هما استسقيا ماءً على غير ظمأة
ليستمتعا باللحظ ممن سقاهما

فشبهت كلامها بعقد در وهي سلكه فانتثر بنغمة عذبة رقيقة رخيمة، لو خوطب بها صم الصلاب لانبجست مع وجه يظلم من نوره ضياء العقول، وتتلف من روعته مهج النفوس، وتخف في محاسنه رزانة الحليم، ويحار في بهائه طرف البصير، فَهِمْتُ بها أي هيام، وخررت ساجدًا، فأطلت من غير تسبيح فقالت: ارفع رأسك أيها الشاب ولا تذم بعدها برقعًا، فلربما انكشف عما يصرف الكرى، ويحل القوى، ويطيل الوجد والجوى، فبقيت والله معقول اللسان عن الجواب، حيران لا أهتدي لطريق إلى أن آن وقت الرحيل، فانصرفت من عندها وأنا أقول:

يا حسرتا مما يجن فؤادي
أزف الرحيل بعبرتي وبعادي

أبو نواس والجارية جنان

كان أبو النواس يحب جنان حبًّا قاتلًا عظيمًا، وكانت هي فتاة حسناء، أديبة، عاقلة، ظريفة، تعرف الأخبار، وتروي الأشعار، فرآها أبو النواس عند مولاها الوهاب، فاستحلاها ووقع حبها في قلبه إلى

أن صار يردد ذكرها في كل مكان، فقيل له يومًا: إن جنان عازمة على الحج، فقال: إني على إثرها أحج، فلما علم أنها خارجة سبقها وما كان نوى الحج ولا أحدث عزمه إلا خروجها، فصار يسترق منها النظرات ويبغي الفرص فلا يجد لها سبيلًا، فلما عادت عاد معها وأنشد يقول هذه الأبيات:

ألم تر أنني أفنيت عمري
بمطلبها ومطلبها عسيرُ
فلما لم أجد سببًا إليها
يقربني وأعيتني الأمور
حججت وقلت قد حجت جنان
فيجمعني وإياها المسير

ثم كتب إليها يقول:

إلهنا ما أعدلك
مليك كل من ملك
لبيك قد لبيت لك
لبيك إن الحمد لك
والملك لك لا شريك لك
والليل لما أن حَلَكْ
والسابحات في الفلك
على مجاري المنسلك
ما خاب عبد أملك
أنت له حيث سلك
لولاك يا رب هلك
كل نبي وملِك
وكل من أهلَّ لك
سبَّح أو لبَّى فلك
يا مخطئًا ما أغفلك
عجِّل وبادر أجلك
واختم بخير عملَكْ
لبيك إن المُلك لك
والحمد والنعمة لك
والعز لا شريك لك

فلما بلغها الكتاب لم تُجبه عليه، وحدث أنها جاءت يومًا إلى عُرسٍ في جواره، فلما عزمت على الانصراف رآها أبو النواس فأنشد بديهًا:

شهدت جلوة العروس جنان

فاستمالت بحسنها النظارهْ
حسبوها العروس حين رأوها
فإليها دون العروس الإشارهْ

وغضبت يومًا جنان من كلام كلَّمها به، فأرسل يعتذر إليها، فقالت للرسول: قل له: «لا برح الهجران ربعك، ولا بلغت أملك ممن أحببتك»، فرجع الرسول، فسأله عن جوابها، فلم يخبره، فقال:

فديتك فيما عتبك من كلام
نطقت به على وجه جميلِ
وقولك للرسول عليك غيري
فليس إلى التواصل من سبيل
فقد جاء الرسول له انكسارٌ
وحال ما عليه من قبول
ولو ردت جنان مرد خير
تبين ذاك في وجه الرسولً

فلم تزل جنان من أبي النواس في معرض الصد والحنق إلى أن أنشد لها أبياتًا حسان نفت عنها الكدر والشك وهي:

جنان إن جدت يا مناي بما
آمل لم تقطر السماء دما
وإن تمادى ولا تماديت في
منعك أصبح في قفرة رمما
علقت من لو أتى على أنفس
الماضين والغابرين ما ندما
لو نظرت عينه إلى حجر
وشد فيه فتوره سقما

أبو نواس وامرأة من الثقفيين

مرت بأبي النواس امرأة من الثقفيين، فسألها عن جنان، فأخبرته خبرها وقالت: قد سمعتها تقول لصاحبة لها من غير أن تعلم بي: «ويحك قد آذاني هذا الفتى وضيَّق صدري، وسد في وجهي السبل بحدة نظره وتهتكه، فقد لهج قلبي بذكره حتى رحمته لما به»، ثم التفتت فأمسكت عن الكلام، ففرح أبو النواس بذلك، فلما قامت المرأة أنشأ يقول:

يا ذا الذي عن جنانٍ ظل يخبرنا
بالله قل وأعد يا طيب الخبر

قال اشتكتك وقالت ما ابتليت به
أراه من حيثما أقبلت في أثري
ويعمل الطرف نحوي إن مررت به
حتى ليخجلني من حدة النظر
وإن وقفت له كيما يكلمني
في الموضع الخلو لم ينطق من الحصر
ما زال يفعل بي هذا ويدمنه
حتى لقد صار من همي ومن وطري

ما كتبته جنان لأبي نواس

أرسلت جنان لأبي النواس تقول: «قد شهَّرتني فاقطع زيارتك عني أيامًا لينقطع بعض القالة»، ففعل وكتب إليها:

إنا اهتجرنا للناس إذ فطنوا
وبيننا حين نلتقي حسنُ
ندافع الأمر وهو مقتبل
فشب حتى عليه قد مرنوا
فليس يُقذي عينًا معاينة
له وما إن تمجه أذن
ويح ثقيف ماذا يضرهم
لو كان لي في ديارهم سكن
أريب ما بيننا الحديث فإن
زدنا فزيدوا فما لذا ثمن

ولما طال الفراق وضاقت دون لقياها الحيل كتب إليها من بغداد:

كفى حزنًا أن لا أرى وجه حيلة
أزور بها الأحباب في حكمانِ
وأقسم لولا أن تنال معاشر
جنانًا بما لا أشتهي لجنان
لأصبحت فيها داني الدار لاصقًا
ولكن ما أخشى فديت عداني
فواحزنًا حزنًا يؤدي إلى الردى
فأصبح مأثورًا بكل لسان
أراني انقضت أيام وصلي بينكم
وآذن فيكم بالوداع زماني

عتاب أبي نواس وجنان

بلغ أبا نواس أن امرأة ذكرت لجنان عشقه لها، فشتمته جنان وتنقصته وذكرته أقبح الذكر، فأنشد يقول:

وإياء بي من إذا ذُكرت له
وطول وجدي به تنقصني
لو سألوه عن وجه حجته
في سبه لي لقال يعشقني
نعم إلى الحشر والتنادي نعم
أعشقه أو ألقى في كفني
أصبح جهرًا لا أستسر به
عنفني فيه من يعنفني
يا معشر الناس فاسمعوه وعوا
إن جنانًا صديقة الحسن

فبلغها ذلك فهجرته وأطالت هجره، فرآها ليلة في منامه وأنها قد صالحته، فكتب إليها:

إذا التقى في النوم طيفانا
عاد لنا الوصل كما كانا
يا قرة العين فما بالنا
نشقى ويلتذ خيالانا
لو شئت إذا أحسنت لي في الكرى
أتممت إحسانك يقظانا
يا عاشقين اصطلحا في الكرى
وأصبحا غضبى وغضبانا
كذلك الأحلام غدارة
وربما تصدق أحيانا

غضب أبي نواس ورضاؤه عليها

رأى أبو النواس جنانًا في ثقيف، فقابلته بما كره، فغضب وهجرها مدة، فأرسلت إليه رسولًا تصالحه، فرده ولم يصالحها، فرآها في النوم تطلب صلحه، فقال:

دست له طيفها كيما تصالحه
في النوم حين تأبى الصلح يقظانا
فلم يجد عند طيفي طيفها فرجًا

ولا رثى لتشكيه ولا لانا
حسبت أن خيالي لا يكون لما
أكون من أجله غضبان غضبانا
جنان لا تسأليني الصلح سرعة ذا
فلم يكن هينًا منك الذي كانا

وبعد ذلك ورد إليه كتاب منها وفي سطوره بعض المحو، فكتب إليها يقول:

أكثري المحو في كتابك وامحيه
إذا ما محوته باللسانِ
وامرري بالمحاء بين ثناياك
العذاب المفلجات الحسان
إنني كلما مررت بسطر
فيه محوٌ لطعته بلساني
تلك تقبيلة لكم من بعيد
أهديت لي وما برحت مكاني

وصف أبي نواس لمحبوبته جنان

رأى أبو النواس جنانًا في مأتم سيدها تندبه باكية وهي مخضبة، فقال بديهًا:

يا قمرًا أبرزه مأتمُ
يندب شجوًا بين أترابِ
يبكي فيذري الدر من نرجس
ويلطم الورد بعناب
لا تبكِ ميتًا حل في حفرةٍ
وابكِ قتيلًا لك بالباب
أبرزه المأتم لي كارهًا
برغم دايات وحجاب
لا زال موتًا دأب أحبابه
ولا تزل رؤيته دابي

اعتلال أبي نواس لعلة جنان

دخل على أبي نواس بعض أصحابه يعودونه وهو مريض فوجدوا به خفة، فلما رآهم فرح وسُرَّ لقدومهم، ثم قال: من أين جئتم؟ قالوا: من عند جنان، فقال: أوَكانت عليلة؟ قالوا: نعم، وقد عوفيت

الآن، فقال: والله أنكرت علتي هذه ولم أعرف لها سببًا غير أني توهمت أن ذلك لعلة نالت بعض من أحب، ولقد وجدت في يومي هذا راحة ففرحت طمعًا أن يكون الله عافاها منه قبلي، ثم دعا بدواة وكتب إلى جنان:

إني حممت ولم أشعر بحماك
حتى تحدَّث عوادي بشكواكِ
فقلت ما كانت الحمى لتطرقني
من غير ما سبب إلا بحماك
وخصلة قمت فيها غير متهم
عافاني الله منها حين عافاك
حتى إذا ما انقضت نفسي ونفسك في
هذا وذاك وفي هذي وفي ذاك

فضل الشاعرة وزائرها

قال يحيى بن الخصيب: كنت عند فضل الشاعرة إذ استأذن عليها إنسان، فأذنت له وقالت: ما حاجتك؟ قال: تجيزين مصراع بيت من الشعر، قالت: ما هو؟ قال:

من لمحب أحب في صغره

فقالت:

فصار أحدوثة على كبره
من نظر شفه وأرقه
فكان مبدأ هواه من نظره
لولا الأماني لمات من كمد
مر الليالي تزيد في ذكره
ما إن له مسعد فيسعده
بالليل في طوله وفي قصره

محمد بن العباس وفضل الشاعرة

كتب محمد بن العباس اليزيدي يومًا إلى فضل الشاعرة هذه الأبيات:

أصبحت فردًا هائم العقل
إلى غزالٍ حسن الشكلِ
أضنى فؤاديَ طول عهدي به

وبُعده عني وعن وصلي
منية نفسي في هوى فضل
أن يجمع الله بها شملي
أهواك يا فضل هوى خالصًا
فما بقلبي عنك من شغل

فأجابته تقول:

الصبر ينقص والسقام يزيد
والدار دانية وأنت بعيدُ
أشكوك أم أشكو إليك فإنه
لا يستطيع سواهما المجهود
إني أعوذ بحرمتي بك في الهوى
من أن يطاع لديك في حسود

فضل وأحد جلساء الخليفة

كانت فضل تهوى أحد جلساء الخليفة سرًّا، فكتب لها خليلها يومًا رقعة سلَّمها إياها، فأخذتها، فلما فضتها وجدت فيها:

ألا ليت شعري فيك هل تذكرينني
فذكراك في الدنيا إليَّ حبيب
وهل لي نصيب من فؤادك ثانيًا
كما لك عندي في الفؤاد نصيب
ولست بموصول فأحيا بزورةٍ
ولا النفس عند اليأس عنك تطيب

فكتبت إليه:

نعم وإلهي إنني بك صبة
فهل أنت يا من لا عدمت مثيبُ
لمن أنت منه في الفؤاد مصورٌ
وفي العين نصب العين حين تغيب
فثق بودادٍ أنت مظهر مثله
على أن بي سقمًا وأنت طبيب

المتوكل وفضل الشاعرة وبنان

اتكأ المتوكل يومًا على يد فضل الشاعرة وبنان وجعل يمشي في داره، وقال لهما: أجيزا لي قول الشاعر:

تعلمت أسباب الرضا خوف عتبها
وعلمها حبي لها كيف تغضبُ

فقالت فضل:

تصد وأدنو بالمودة جاهدًا
وتبعد عني بالوصال وأقرب

فقال بنان:

وعندي لها العتبى على كل حالة
فما منه لي بد ولا عنه مذهب

فضل الشاعرة وصديق ابن أبي طاهر

ألقى أحد أصحاب أحمد بن أبي طاهر على فضل الشاعرة يومًا هذا البيت:

ومستفتح باب البلاء بنظرة
تزود منها قلبه حسرة الدهر

فقالت بديهة:

فوالله لا يدري أتدري بما جنت
على قلبه أو أهلكته وما تدري

سعيد بن حميد وفضل الشاعرة

كان بين فضل وسعيد بن حميد الشاعر مراسلات ومواصلات أدبية، فحضر مجلسها يومًا ومعه بنان، فأقبلت على بنان وتركته، فذهب مغضبًا، فظهر لها في وجهه ذلك فكتبت إليه:

وعيشك لو صرحت باسمك في الهوى
لأقصرت عن أشياء بالهزل والجدّ
ولكنني أبدي لهذا مودتي
وذاك وأخلو فيك بالبث والوجد

مخافة أن يغري بنا قول كاشح
عدو فيسعى بالوصال إلى الصد

فكتب إليها سعيد:

تنامين عن ليلى وأسهره وحدي
وأنهى جفوني أن تبثك ما عندي
فإن كنت لا تدرين ما قد فعلته
بنا فانظري ماذا على قاتل العمد

المتوكل وفضل الشاعرة

قال المتوكل: كان بيني وبين فضل موعد للقاء، فشربت قبل مجيئها وسكرت فنمت، فجاءت فضل فحركتني فلم أنتبه، فلما يئست من إيقاظي كتبت رقعة ووضعتها على مخدتي وانصرفت، فلما انتبهت وجدتها فإذا مكتوب فيها:

قد بدا شبهك يا مو
لاي يحدو بالظلام
قم بنا نقض لبانا
ت التزام والتثام
قبل أن تفضحنا عو
دة أرواح النيام

سعيد بن حميد وفضل الشاعرة

دخلت فضل يومًا على سعيد بن حميد فوثب إليها وسلم عليها وسألها أن تقيم عنده، فقالت: قد جاءني وحياتك رسول من القصر، فليس يمكنني الجلوس، وكرهت أن أقوم ببابك ولا أراك، فقال سعيد بديهة:

قربت ولا نرجو اللقاء ولا نرى
لنا حيلة يدنيك منا احتيالها
فأصبحت كالشمس المنيرة ضوءها
قريب ولكن أين منا منالها
وظاعنة ضنت بها غربة النوى
علينا ولكن قد يلم خيالها
تقر بها الآمال ثم تعوقها
مماطلة الدنيا بها واعتلالها

ولكنها أمنية فلعلها
يجود بها صرف النوى وانتقالها

وتغاضب سعيد بن حميد وفضل أيامًا فكتب إليها:

تعالي نجدد عهد الرضا
ونصفح في الحب عما مضى
ونجري على سنة العاشقين
ونضمن عني وعنك الرضا
ويبذل هذا لهذا هواه
ويصبر في حبه للقضا
ونخضع ذلًّا خضوع العبيد
لمولى عزيز إذا أعرضا
فإني مذ لجَّ هذا العتاب
كأني أبطنت جمر الغضا

فسارت إليه وصالحته.

تخلف فضل عن سعيد بعد حبها له

بينما كان سعيد يومًا في مجلس الحسن بن مخلد إذ جاءه غلام برقعة من فضل، فقرأها فإذا هي تصف شوقها وتشكو ما تلقاه على البعد، فكتب إليها هذه الأبيات:

يا واصف الشوق عندي من شواهده
قلب يهيم وعين دمعها يكف
والنفس شاهدة بالود عارفة
وأنفس الناس بالأهواء تأتلف
فكن على ثقة مني وبينة
أني على ثقة من كل ما تصف

فلما وصل إليها الجواب طاب قلبها وسارت إليه وأقامت عنده عامة النهار وكرت راجعة، ولما تعشقت بنان بن عمر المغني وعدلت عن سعيد أسف عليها وأظهر تجلدًا ثم قال فيها:

قالوا تعزى وقد بانوا فقلت لهم
بان العزاء على آثار من بانا
وكيف يملك سلوانًا لحبهم
من لم يطق للهوى سترًا وكتمانا

كانت عزائم صبري أستعين بها
وصارت عليَّ بحمد الله أعوانا
لا خير في الحب لا تبدو شواكله
ولا ترى منه في العينين عنوانا

فلما بلغها الأبيات وما يقاسي لأجلها ندمت على ما كان وعادت فقالت له: ها أنا أموت وتستريح مني، فأنشأ يقول:

لا مُتِّ قبلي بل أحيا وأنت معًا
ولا أعيش إلى يوم تموتينا
لكن نعيش بما نهوى ونأمله
ويرغم الله فينا أنف واشينا
حتى إذا قدر الرحمن ميتتنا
وحان من أمرنا ما ليس يعدونا
متنا جميعًا كغصني بانة ذبلا
من بعد ما نضرا واستوثقا حينا

واجتمع بها ذات يوم في مجلس حافل، وبينا هم جالسون إذ دخل عليهم بنان المذكور، فأقبلت عليه فضل بحديثها، فغضب سعيد غضبًا شديدًا، وتبين بنان القصة فانصرف، وأقبل عليها سعيد يعذلها ويؤنبها ساعة ثم أمسك، فقالت منشدة:

يا من أطلت تفرسي
في وجهه وتنفسي
أفديك من متدلل
يزهو بقتل الأنفسِ
هبني أسأت وما أسأت
بلى أقول أنا المسي
أحلفتني أن لا أسارق
نظرة في مجلسي
فنظرت نظرة مخطئ
أتبعتها بتفرس
ونسيت أني قد حلفت
فما عقوبة من نسي

فقام سعيد وقبّل رأسها وقال: لا عقوبة عليه، بل نحتمل هفوته ونتجافى عن إساءته.

العباس بن الأحنف

كان بعض الفتيان مجتمعين في حلقة لهو وطرب، فمر بهم رجل لطيف، حلو الوجه، سري الهيئة، عليه سيماء المجد والنعم، فقال: إني سمعت مجتمعكم وحسن منادمتكم وصحة ألفتكم، فأحببت أن أكون واحدًا منكم، فلا تحتشموني، فقالوا له: أهلًا وسهلًا على الرحب والسعة، فجلس وإياهم يحدثهم بألطف الأحاديث وأعذب الكلام ففتنوا به، ثم قالوا له: ما اسمك الكريم؟ قال: العباس بن الأحنف، قالوا: إن رأيت أن تحدثنا بسبب تشريفك إيانا، قال: السبب في ذلك أني أحب جارية في جواركم، فكنت أترقب مرورها لأنعم نظري بوجهها الحسن، فما زلت على ما أنا به من الشغف والكلف والشوق إلى نور وجهها إلى هذا اليوم، فجلست حينًا أنتظرها فلم تمر فزاد مني لاعج الوجد وصرت كالحائر الولهان، فلما يئست من قدومها والنظر إلى رائق وجهها ورأيتكم على ما أنتم الآن من الأنس والطرب وددت مجالستكم والمؤانسة برقة كلامكم لأخفف عني ما ترون من العشق والصبابة، فقالوا له: ساعدك الله على ما تريد فإنا في قلق عليك، ثم ذهب عنهم ولم يعد إلا بعد عشرين يومًا، فتلقوه جميعًا بكل فرح وسألوه عن طول غيابه، فقال: دعاني أمير المؤمنين لأمر يهمه، فذهبت إلى يحيى بن خالد فقال لي: ويحك يا عباس، إنما اخترناك شاعرًا ظريفًا ونديمًا لطيفًا لقرب مأخذك وحسن تأنيك، فما لك لا تفتكر بنا ولا تأتي إلينا، فإنه حدث بين أمير المؤمنين وإحدى وصائفه التي يحبها عتب وملام وخلاف وكلام، فهي بصفة معشوق تأبى أن تعتذر، وهو بعز الخلافة وشرف الملك يأبى ذلك، وأرى أن تعمل بعض أبيات تكون أهلًا لاستمالة قلبهِ تسهل عليه استعباد الصبابة، ففكرت فلم يخطر لي شيء، فلما لج في لومي كتبت له أربعة أبيات أعقبتها بيتين آخرين، فقلت:

العاشقان كلاهما متغضب
وكلاهما متوجد متعتبُ
صدت مغاضبة وصدّ مغاضبًا
وكلاهما مما يعالج متعب
راجع أحبتك الذين هجرتهم
إن المتيم قلما يتجنب
إن التجنب إن تطاول منكما
دبَّ السلو له وعز المطلب

ثم كتبت تحت ذلك:

لا بد للعاشق من وقفةٍ
تكون بين الهجر والصرم
حتى إذا الهجر تمادى به
راجع من يهوى على رغم

ثم توجهت بالكتاب إلى يحيى بن خالد فدفعه إلى الرشيد فقال: والله ما رأيت شعرًا أشبه بما نحن فيه من هذا، فكأني قُصدت به، فقال له يحيى: وأنت والله يا أمير المؤمنين المقصود به، هذا يقوله العباس بن الأحنف، ولما بلغ أمير المؤمنين قوله: (راجع من يهوى على رغم) استغرب ضحكًا حتى سمعت ضحكته الجارية، ثم دخل إليها بوجه بشوش على غير ما كانت تنتظر وبيده تلك

الورقة، فلما رأته عجبت لذلك وسألت عن سبب رضائه، فقال: هو هذه الأبيات، فاقرئيها بالله، فلما قرأتها سُرَّت كثيرًا وقالت: مَن نظمها؟ قال: العباس بن الأحنف، قالت: لله دره، فكم أعطيته عليها؟ قال: ذهلت عن عطائه لكثرة فرحي واندهاشي، ثم أمرت لي بخلعة سنية، وعادت معه إلى سابق الحب ورائق العيش والوداد.

أبو العباس بن الأحنف

قال الأصمعي: بينا أنا ذات يوم قاعد في مجلس بالبصرة فإذا بغلام أحسن الناس وجهًا ونورًا واقف على رأسي، فقال: إن مولاي يريد أن يوصي إليك، فقمت معه، فأخذ بيدي حتى أخرجني إلى الصحراء، فإذا أنا بالعباس بن الأحنف ملقى وهو يجود بنفسه ويقول:

يا بعيد الدار عن وطنه
مفردًا يبكي على شجنه
كلما جد النحيب به
زادت الأسقام في بدنه

ثم أغمي عليه، فانتبه بصوت طائر على شجرة وهو يقول:

ولقد زاد الفؤاد شجى
هاتف يبكي على فننه
شاقني ما شاقه فبكى
كلنا يبكي على سكنه

ثم أغمي عليه فظننتها مثل الأولى فإذا هو ميت.

عنترة وعبلة

أحب عنترة بن شداد عبلة ابنة عمه وزاد هيامه بها، ففي أحد الأعياد بينما كان سائرًا بين الخيام وقع نظره عليها وهي تخطر في هالة حسناء من ربات المعاطف وغادات الدلال فزاد منه الهيام وأنشد:

رمت الفؤاد مليحة عذراء
بسهام لحظ ما لهن دواء
مرت أوان العيد بين نواهدٍ
مثل الشموس لحاظهن ظباء
فاعتادني سقمي الذي في باطني
أخفيته فأذاعه الإخفاء
خطرت فقلت قضيب بان حركت

أعطافه بعد الجنوب صباء
ودنت فقلت غزالة مذعورة
قد راعها وسط الفلاة بلاء
وبدت فقلت البدر ليلة تمه
قد قلدته نجومها الجوزاء
بسمت فلاحَ ضياء لؤلؤ ثغرها
فيه لداء العاشقين شفاء
سجدت تُعظِّم ربها فتمايلت
لجلالها أربابنا العظماء
يا عبل مثل هواك أو أضعافه
عندي إذا دفع الإياس رجاء
إن كان يسعدني الزمان وإن أبى
فلهمتي في صرفه أدواء

فلما سمعت عبلة هذا الكلام وقع في قلبها مثل ما في قلبه من لاعج الحب والهيام فكتمت ما في نفسها منه، فبينما كان عنترة أحد الأيام يقدم اللبن إلى الإماء والمخدرات لاحت له عبلة فأشغلت فؤاده وكاد يعدم عقله ورشاده فقدم لها اللبن قبل سمية زوجة أبيه شداد، فغضبت سمية لتلك الجسارة وثارت منها عوامل الغيرة، فأخبرت أبيه بما جرى، فأمر بأن يشد وثاقه ويحبس في بعض الخيام، فحُبس، فهجم يومًا قومٌ على حيهم حين غاب شداد عنه فقتلوا العبيد وأخذوا يسبون النساء والأطفال، فلما علم عنترة بما جرى ورأى حبيبته عبلة حيرى بين الخيام عرضة للسبي والتهتك دفعته الشهامة إلى خلاصها وخلاص من معها، فتمطى بالوثاق فقطعه وهجم على القوم فمزقهم طرائق وخلص من أيديهم جميع النساء، فلما أتى شداد ورأى عنترة محلول الوثاق زاد منه الغيظ والغضب ونزل عليه بضرب السياط، فوقفت سمية تظلله وتدفع عنه الضرب الموجع وقد انحدرت من طرفها العبرات، فعجب شداد لذلك الانقلاب وقال لها: يا سمية، قد كنت أنت سبب شده في الوثاق وإثارة غضبي عليه، فما لك الآن تحامينه بنفسك وتصبين إليه شفقة وحنانًا؟ فأعلمته سمية بما جرى وما أبداه عنترة من الشجاعة والمروءة، فرَّق له وعفا عنه، فلما رأى عنترة ما أبدته سمية نحوه من الشفقة وما سكبته لأجله من العبرات أنشد يقول:

أمن سمية دمع العين منحدرُ
أم من لهيب جوى في القلب مستعرُ
قامت تظللني والسوط يأخذني
والدمع من جفنها الفتان منهمر
كأنها حين ما أرخت ذوائبها
بدرٌ بدا وظلام الليل معتكر
المال مالكمُ والعبد عبدكمُ
والروح تفديكمُ والسمع والبصر

مفارقة عنترة لابنة عمه

كان عنترة من شدة حبه لعبلة وشغفه بها ينشد فيها الأشعار ويردد ذكرها دومًا، فلما بلغ عمه ذلك الخبر غضب منه وحقد عليه فأبعده عن الأحياء التي فيها عبلة، فسار كئيبًا كسير الفؤاد إلى جهة بني فزارة فنزل ورجل من قومه يدعى حذيفة على مرج أفيح، وكان الوقت ربيعًا والأرض قد رفلت ببديع زهرها ونشرت حللها الملونات على الصحاري والربوات وفاح بها الزهر من سائر الجهات، فلما رأى حذيفة تقصير عنترة في أكله وشربه قال له مشفقًا: يا عنترة إلى متى يكون هذا الغم والكمد؟ ألا تعلم أن هذا يهدم ما تبنيه من مجدك وعلاك وأن عمك خاسر في هذه الفعال التي سوف يندم عليها؟ فقال عنترة: والله يا حذيفة لا آسف إلا على الجميل الضائع وعدم اعتباري في أعينهم، ثم جالت الدموع في عينيه وتحسر مما جرى له، فقام وأوسع في الفلاة ليسلي نفسه من ذاك البلاء وإذا بسرب حمام تساقطن على أغصان الشجر وتجاوبن بالنوح كما تتجاوب النساء الثاكلات، فأجرين من جفناته العبرات، وتصاعدت من أنفاسه الزفرات، فأنشد:

يا طائر البان قد هيجت أشجاني
وزدتني طربًا يا طائر البان
إن كنت تندب إلفًا قد فجعت به
فقد شجاك الذي بالنأي أشجاني
زدني من النوح وأسعدني على حزني
حتى ترى عجبًا من فيض أجفاني
وانظر إلى نار وجدي لا تكن عجلًا
واحذر على الروح من أنفاس نيراني
وطر لعلك في أرض الحجاز ترى
ركبًا على عالج أو دون نعمان
يسري بجاريةٍ تنهل أدمعها
شوقًا إلى وطن ناءٍ وجيران
ناشدتك الله يا سرب الحمام إذا
رأيت يومًا حمول القوم فانعاني
وقل طريحًا تركناه وقد فنيت
دموعه فهو يبكي بالدم القاني
ويسأل الريح من أي الجهات أتت
عنكم سؤال سليب العقل حيران
أقسمت لو كان فوق الشمس منزلها
أو فوق أعلى السها أو ظهر كيوان
لا بد أشفي غليل القلب من رجل
بغدره عن بلوغ القصد أقصاني

أبو فراس الشاعر

أسر أبا فراس الشاعر جماعة من الروم في بعض وقائعها وكان يحب فتاة رآها قبل الأسر، فبينما هو في أسره طرأ مسمعه شدو حمامة بقربه تنوح على شجرة عالية فهاج منه ساكن الغرام، وأنشد يقول:

أقول وقد ناحت بقربي حمامة
أيا جارةً هل تشعرين بحالي
معاذ الهوى ما ذقت طارقة النوى
ولا خطرت منك الهموم ببالي
أيا جارتا ما أنصف الدهر بيننا
تعالي أقاسمكِ الهموم تعالي
أيضحك مأسور وتبكي طليقة
ويسكت محزون ويندب سالي
لقد كان أولى منك بالدمع مقلة
ولكن دمعي في الحوادث غالي

علي بن زريق البغدادي وابنة عمه

كانت له ابنة عم كلف بها أشد الكلف، ثم ارتحل عنها من بغداد لفاقة علته، فقصد أبا الخيبر عبد الرحمن الأندلسي في الأندلس ومدحه بقصيدة بليغة فأعطاه عطاء قليلًا، فقال ابن زريق: إنا لله وإنا إليه راجعون، سلكت القفار والبحار إلى هذا الرجل فأعطاني هذا العطاء، ثم تذكر فراق ابنة عمه وما بينهما من بُعد المسافة وتحمل المشقة مع ضيق ذات يده فاعتل غمًّا ومات، وأراد عبد الرحمن بذلك أن يختبره، فلما كان بعد أيام سأل عنه، فتفقدوه في الخان الذي كان فيه فوجدوه ميتًا وعند رأسه رقعة مكتوب فيها:

لا تعذليه فإن العذل يولعهُ
قد قلت حقًّا ولكن ليس يسمعهُ
جاوزت في نصحه حدًّا أضر به
من حيث قدرت أن النصح ينفعه
فاستعملي الرفق في تأنيبه بدلًا
من عنفه فهو مضني القلب موجعه
قد كان مضطلعًا بالخطب يحمله
فضلعت بخطوب البين أضلعه
يكفيه من روعة التفنيد أن له
من الجوى كل يوم ما يروعه

ما آب من سفر إلا وأزعجه
عزم إلى سفر بالرغم يزمعه
تأبى المطالب إلا أن تكلفه
للرزق سعيًا ولكن ليس يجمعه

ومنها:

أستودع الله في بغداد لي قمرٌ
بالكرخ من فلك الإزرار مطلعه
ودعته وبودي لَو يودعني
صفو الحياة وأني لا أودعه
وكم تشفع بي أن لا أفارقه
وللضرورات حال لا تشفعه
على الليالي التي أضنت بفرقتنا
جسمي ستجمعنا يومًا وتجمعه
وإن تغل أحدًا منا منيته
لا بد في غده الثاني سيتبعه
وإن يدم أبدًا هذا الفراق لنا
فما الذي بقضاء الله نصنعه

علي بن الجهم وجارية له

كتبت جارية علي بن الجهم له رقعة فأجاب فيها:

ما رقعة جاءتك مختومة
كأنها خد على خد
تبدو سوادًا في بياض كما
ذرَّ فتيت المسك في الورد
ساهمة الأسطر مصروفة
عن جهة الهزل إلى الجد
يا كاتبًا أسلمني عتبه
إليه حسبي منك ما عندي

فلم تمضِ مدة حتى كتبت له:

قلب يمل على لسان ناطق
ويد تخط رسالةً من عاشقِ

مزج المداد بعبرة شهدت له
من كل جارحة بقلب صادق
فيمينه تحت الوساد وخده
ويساره فوق الفؤاد الخافق

علي بن الجهم وجارية المازني

قال علي بن الجهم: دخلتُ على أبي عثمان المازني وعنده جارية كأنها شقة قمر وبيدها تفاحة مقصومة، فقالت: عرفت ما أراد الشاعر بقوله:

خبريني من الرسول إليكِ
واجعليه من لا ينم عليكِ

قلت: ما أعرفه، قالت: هو هذه، ورمت لي بالتفاحة، فوالله ما وجدت لها جوابًا من نظير كلامها.

حب كثير لعزة

كان سبب دخول الهوى في قلبه أن كُثيرًا مر بغنم له ترد الماء على نسوة من صخرة بوادي الخبت، فأرسلت له عزة بدريهمات تشتري بها كبشًا لهن منه، فنظرها نظرة متأمل فداخله منها ما كان، فرد الدراهم وأعطاها الكبش وقال: إن رجعتِ أخذت حقي. فلما عاد سألته ذلك، فقال: لا أقتضي إلا من عزة، فقلن له: ليس فيها كفاءة فاختر إحدانا، فأبى وأنشد:

نظرتُ إليها نظرةً وهي عاتق
على حين أن شبت وبان نهودها
نظرتُ إليها نظرة ما يسرني
بها حمر أنعام البلاد وسودها

فجعلن يبرزنها له كارهة حتى داخلها ما داخله من الحب.

كثير عزة والعجوز

خرج لزيارة عزة يومًا ومعه أدوات ماء، فجفّت من الحر ورفعت له نار وإذا بعجوز تناديه: مَن الرجل؟ فقال: صاحب عزة، فقالت له: أنت القائل:

إذا ما أتينا خلة كي تزيلنا
أبين وقلنا الحاجبية أول

سنوليك عرفًا إن أردت وصالنا
ونحن لتلك الحاجبية أوصل

هلا قلت كما قال جميل:

يا رب عارضة علينا وصلها
بالجد تخلطه بقول الهازل
فأجبتها بالقول بعد تأمل
حبي بثينة عن وصالك شاغلي
لو كان في قلبي قلامة
فضل لغيرك ما أتتك رسائلي

والله لا سقيتك شيئًا. فتركها وانصرف، ولما اشتدت حالته أنشد:

يزهدني في حب عزة معشرٌ
قلوبهم فيها مخالفة قلبي
فقلت دعوا قلبي وما اختار وارتضى
فبالقلب لا بالعين يبصر ذو اللب
وما تبصر العينان في موضع الهوى
ولا تسمع الآذان إلا من القلب

كثير وعزة وغلامه

كان لكثير غلام يتَّجر على العرب فأعطى النساء إلى أجل، فلما اقتضى ماله منهن ماطلته عزة، فقال لها يومًا وقد حضرت في نساء: أما آن أن تفي بما عندك؟ فقالت: حبًّا وكرامة لم يبقَ إلا الوفاء، فقال: صدق مولاي حيث يقول:

قضى كل ذي دين فوفَّى غريمه
وعزة ممطول معنى غريمها

فقلن له: أتدري من هي غريمتك؟ فقال: لا أدري، قلن: هي والله عزة، قال: أشهدكنَّ عليَّ أنها في حل مما عندها، ومضى فأخبر مولاه بالحكاية، فقال: وأنت حر وما عندك لك، وأنشد:

سيهلك في الدنيا شفيق عليكم
إذا غاله من حادث الدهر غائلُهْ
يود بأن يمسي سقيمًا لعلها
إذا سمعت عنه بشكوى تراسلُهْ

ويهتز للمعروف في طلب العلا
لتُحمد يومًا عند عز شمائلهُ

ومما قال فيها:

لا تغدرن بوصل عزة بعد ما
أخذت عليك مواثقًا وعهودا
إن المحب إذا أحب حبيبه
صدق الصفاء وأنجز الموعودا
الله يعلم لو أردت زيارة
في حب عزة ما وجدت مزيدا
رهبان مدين والذين عهدتهم
يبكون من حذر العذاب قعودا
لو يسمعون كما سمعت حديثها
خروا لعزة خاشعين سجودا

أبو العتاهية ومحبوبته عتبة

كان لربطة بنت السفاح جارية حسناء، رقيقة ظريفة، أديبة، بارعة في الجمال والكمال، وكان يعشقها أبو العتاهية، فوجهت سيدتها يومًا إلى عبد الله بن مالك الخزاعي في شراء رقيق للعتق وأمرت عتبة أن تحضر ذلك، فبينما كانت جالسة إذ جاء أبو العتاهية في زي متنسك فقال: جعلني الله فداك، شيخ ضعيف كبير لا يقوى على الخدمة، فإن رأيت — أعزك الله — شرائي وعتقي فعلت أجرًا عظيمًا، فأقبلت على عبد الله فقالت له: إني لأرى هيئة جميلة وضعفًا ظاهرًا ولسانًا فصيحًا ورجلًا أديبًا فاشتره وأعتقه، فقال: نعم، فقال أبو العتاهية: أتأذنين لي — أصلحك الله — في تقبيل يدك، فأذنت له، فقبّل يدها وانصرف، فضحك عبد الله بن مالك وقال: أتدرين من هذا؟ قالت: لا، قال: هذا أبو العتاهية وإنما احتال عليك حتى يُقبّل يدك، وظل أبو العتاهية مغرمًا بها إلى أن مات وجدًا ولم يشف منها غليلًا، ومما قاله فيها:

بالله يا حلوة العينين زوريني
قبل الممات وإلا فاستزيريني
هذان أمران فاختاري أحبهما
إليك أو لا فداعي الموت يدعوني
إن شئت موتًا فأنت الدهر مالكة
روحي وإن شئت أن أحيا فأحييني
إني لأعجب من حب يقربني
ممن يباعدني عنه ويقصيني
يا أهل ودي إني قد لطفت بكم

في الحب جهدي ولكن لا تبالوني
الحمد لله قد كنا نظنكم
من أرحم الناس طرًّا بالمساكين
أما الكثير فلا أرجوه منك ولو
أطعمتني في قليل منك يكفيني

أبو دهبل الشاعر وعائلته

كانت عاتكة بنت معاوية بن أبي سفيان الأموي فتاة ناعسة الطرف جميلة القد تحسن الغناء وتبدع في ضروبه، فاستأذنت يومًا من أبيها في الذهاب إلى الحج، فسمح لها، فتجهزت وسارت مع رفيقاتها على ظهور المطايا، فلما وصلت إلى مكة بذي طوى، مر بها وهب الجمحي المعروف بأبي دهبل، وكان شاعرًا جميلًا، فجعل يسارقها النظر وجمرات الوجد تتأجج بفؤاده قاذفة بالشرر، وكان الوقت هجيرًا والجواري رافعات عنها الأستار ففطنت له فذعرت وشتمته كثيرًا، ثم أمرت بالسجوف فحجبت بظلامها شمس النهار، فقال:

إني دعاني الحين فاقتادني
حتى رأيت الظبي بالباب
يا حسنَه إذ سبني مدبرًا
مستترًا عني بجلباب
سبحان من وقفها حسرة
صبت على القلب بأوصاب
يذود عنها إن تطلبتها
أب لها ليس بوهاب
أحلها قصرًا منيع الذرى
يُحمى بأبواب وحجاب

فشاعت أبياته في مكة واشتهرت وغُنِّي بها حتى سمعتها عاتكة إنشادًا وغناءً فطربت لها وسرت وبعثت إليه تهديه فتراسلا وتحابا، ولما عادت من مكة خرج في ركبها إلى الشام فكانت تتعاهده باللطف والإحسان حتى إذا وردت دمشق ورد معها، فانقطعت عن لقائه فمرض حتى عز شفاء دائه، فقال:

طال ليلي وبت كالمجنون
ومللت الثواء في جيرون
وأطلت المقام بالشام حتى
ظنَّ أهلي مرجحات الظنون
فبكت خشية التفرق جُمْل
كبكاء القرين إثر القرين

وهي زهراء مثل لؤلؤة الغواص
نيرت من جوهر مكنون
وإذا ما نسبتها لم تجدها
في سناء من المكارم دون
ثم خاصرتها إلى القبة الخضراء
تمشي في مرمر مسنون
ليت شعري أمن هوى طال ليلي
أم براني الباري قصير الجفون

ففشا هذا الشعر حتى بلغ معاوية أباها، فصبر حتى إذا كان يوم الجمعة دخل عليه الناس يسلمون وينصرفون وكان فيهم وهب، فلما أزمع الرجوع ناداه معاوية حتى إذا خلا لهما الجو قال: ما كنت أحسب أن في قريش أشعر منك حيث تقول:

ليت شعري أمن هوى طار نومي
أم براني الباري قصير الجفون

غير أنك قلت:

وإذا ما نسبتها لم تجدها
في سناء من المكارم دون

والله إن فتاة أبوها معاوية وجدها أبو سفيان وجدتها هند بنت عتبة لكما ذكرت وأي شيء زدت في قدرها، ولقد أسأت بقولك: «ثم خاصرتها... إلخ»، فقال: والله لم أقل هذا وإنما قيل عن لساني، فقال معاوية: أما مني فليهدأ روعك لأني عليم بعفاف ابنتي وأنه مغتفر لفتيان الشعراء التشبب بمن أرادوا، ولكني أكره لك جوار أخيها يزيد فإن له سورة الشباب وأنفة الملوك، فحذر وهب ورحل إلى مكة، فبينما معاوية في مجلسه يومًا إذا بخصي يقول له: لقد ورد يا أمير المؤمنين إلى عاتكة اليوم كتاب أبكتها تلاوته بما أصارها حتى الساعة حزينة، فقال: عليَّ به بألطف حيلة، فلما أوتيه قرأ فيه:

أعاتك هلا إذ بخلت فلا ترىٍ
لذي صبوة زلفى لديك ولا حقًا
رددت فؤادًا قد تولى به الهوى
وسكنت عينًا لا تمل ولا ترقى
ولكن خلعت القلب بالوعد والمنى
ولم أرَ يومًا منك جودًا ولا صدقا
أتنسين أيامي بربعك مدنفًا
صريعًا بأرض الشام ذا سقم ملقى
وليس صديق يرتضي لوصية
وأدعو لدائي بالشراب فما أسقى

وأكبر همي أن أرى لك مرسلًا
فطول نهاري جالسًا أرقب الطرقا
فواكبدي إذ ليس لي منك مجلس
فأشكو الذي بي من هواك وما ألقى
رأيتك تزدادين للصب غلظة
ويزداد قلبي كل يوم بكم عشقا

فبعث إلى يزيد: فلما جاء وجده مطرقًا كئيبًا، فاستجلاه الأمر، فقال: هو نبأ يقلق فيمرض، إن هذا الوغد القرشي كاتب أختك بهذه الأبيات فلم تزل باكية حتى الساعة، قال يزيد: الخطب دون ما تتوهم، عبدٌ لنا يرصده ويقتله، فقال معاوية: يا يزيد، والله إن تقتل قرشيًا هذا حاله صدَّق الناس مقاله، قال: يا أمير المؤمنين إنه نظم أبياتًا غير هذه تناشدها المكيون فسارت حتى بلغتني فأوجعتني وحملتني على ما أشرت، فقال: وما هي؟ فأنشد:

ألا لا تقل مهلًا فقد ذهب المهلُ
وما كان من يَلْحَى محبًّا له عقل
حمى الملك الجبار عني لقاءها
فمن دونها تُخشى المتالف والقتل
فلا خير في حب يُخاف وباله
ولا في حبيب لا يكون له وصل
فواكبدي إني شُهِّرت بحبها
ولم يك فيما بيننا ساعة بذل
ويا عجبًا إني أكاتم حبها
وقد شاع حتى قطعت دونه السبل

فقال معاوية: والله قد فهمت المعنى لأني أراه يشكو الحرمان فالخطب فيه يسير، ثم حج عامئذٍ للسبب عينه، ولما انقضت المناسك دعا بأشراف قريش وشعرائهم وأجزل لهم الصلات، فلما أزمع وهب الانصراف قال: إيه يا وهبٍ ما لي أرى يزيدًا ساخطًا عليك في أبيات تأتيه عنك وشعر تنطق به، فاعتذر أبو دهبل وأنكر ما أشيع عنه، فقال معاوية: لا بأس عليك وما يضرك ذلك، فأي بنات عمك أحب إليك؟ قال: فلانة، قال: قد زوَّجتك بها وأمهرتك بألفي دينار ووهبتك ألف دينار، فلما استوفاها قال: إن أرى أمير المؤمنين أن يعفو عما مضى، وأما ابنة عمي فهي طالق وحسبي ذكر عاتكة والتمتع منها بالنظر، فوفى بوعده وبقيت عاتكة مغرمة به إلى أن مات.

إبراهيم الموصلي وذات الخال

كان إبراهيم الموصلي يعشق جارية فتانة لابن الخطاب، وكانت تحتجب دومًا في خبائها عند سيدها المذكور، فلما أنس إبراهيم منها ذلك أنشد يقول:

ما بال شمس أبي الخطاب قد حُجبت
يا صاحبي لعل الساعة اقتربت
أو لا فما بال ريح كنت آنسها
عادت عليَّ بضرٍّ بعد ما جنبت
إليك أشكو أبا الخطاب جاريةً
غريرة بفؤادي اليوم قد لعبت
وأنت قيمها فانظر لعاشقها
يا ليتها قربت مني وما بعدت

وقال فيها أيضًا:

جزى الله خيرًا من كلفت بحبه
وليس به إلا المموه من حبي
وقالوا قلوب العاشقين رقيقة
فما بال ذات الخال قاسية القلب
وقالوا لها هذا محبك معرضًا
فقالت أرى إعراضه أيسر الخطب
فما هو إلا نظرة بتبسم
فحب انتهاك النفس في معرض الحب

ولعب إبراهيم الموصلي يومًا بالشطرنج مع ابن زيدان صاحب البرامكة، فدخل عليهما إسحاق، فقال أبوه: ما استفدت اليوم؟ فقال: أعظم فائدة، رجل سألني: ما أفخم كلمة في الفم؟ فقلت: «لا إله إلا الله»، فقال أبوه إبراهيم: أخطأت، فهلا قلت دنيا ودينًا، فغضب ابن زيدان وضرب إبراهيم الموصلي، وقال: ويحك أتكفر بحضرتي؟ فأمر إبراهيم غلمانه فضربوا ابن زيدان ضربًا شديدًا، فانصرف من ساعته إلى جعفر بن يحيى وحدَّثه الخبر، وعلم إبراهيم أنه قد أخطأ وجنى ذنبًا، فركب إلى الفضل بن يحيى فاستجار به، فاستوهبه الفضل بن جعفر، فوهبه له، فانصرف وهو يقول:

إن لم يكن حب ذات الخال عناني
إذًا فحوَّلت في مسك ابن زيدانِ
فإن هذي يمين ما حلفت بها
إلا على الصدق في سري وإعلاني

حمدة بنت زياد الشاعرة

كانت فتاة جميلة شاعرة أديبة، كأن الأدب نقطة في حوضها، وزهرة من روضها، لها المنطق العذب، والكلام الحلو، والثغر الساطع الفتان، وكانت ذات مطارحة وأخلاق تحدث عن لطفها الزهر غب الأديم، ونم بمرآها على الحدائق ريح الصبا وساريات النسيم، ومما قالت في الغزل:

ولما أبى الواشون إلا افتراقنا
وما لهم عندي وعندك من ثار
وشنوا على أسماعنا كل غارةٍ
وقل حماتي عند ذاك وأنصاري
غزوتهم من مقلتيك وأدمعي
ومن نفسي بالسيف والسيل والنار

وخرجت مرة للوادي مع حبيبة لها فرأت الأزهار في جوانبه تتلألأ كأنها النجوم تساقطت من كبد السماء، والماء في النهر يتماوج كأنه قطع من لجين ترمقه عيون ذكاء، فأعجبها ذلك المنظر البهيج، وأحبت أن تخوض بذلك النهر إتمامًا لترويح النفس في تلك الخلوة، فنضت عنها الثياب وعامت ثم أنشدت تقول:

أباح الدمع أسراري بوادي
له للحسن آثار بوادي
فمن نهرٍ يطوف بكل أرضٍ
ومن روضٍ يروق بكل وادي
ومن بين الظباء مهاة أنسٍ
سبت لبي وقد ملكت فؤادي
لها لحظ ترقده لأمر
وذاك الامر يمنعني رقادي
إذا سدلت ذوائبها عليها
رأيت البدر في أفق السواد
كأن الصبح مات له شقيقٌ
فمن حزنٍ تسربل بالحداد

أبو الشيص الشاعر

قال أبو الشيص شعرًا لطيفًا في حادثة غرام جرت له:

وقف الهوى بي حيث أنت
فليس لي متأخر عنه ولا متقدمُ
أجد الملامة في هواك لذيذة
حبًا لذكرك فليلمني اللوم
أشبهت أعدائي فصرت أحبهم
إذ كان حظي منك حظي منهم
وأهنتني فأهنت نفسي عامدًا
ما من يهون عليك ممن يكرم

أسماء ومجيد

كان لسيد بني بشر ابنة بديعة الجمال، لطيفة القد والاعتدال يقال لها: أسماء، فسمعت ذات يوم بذكر فتى شاعر حسن الوجه، رائق الجمال يقال له: مجيد، فتشوقت إلى لقياه لتسمع كلامه وتختبر شعره ونظامه، فخرجت يومًا مع بنات عمها إلى غدير قريب منه، فبينما هي بالانتظار إذا بمجيد مقبلًا إليها بوجه يفضح البدر ويزهو على النجوم الحسان، فلما رأينه البنات هممن إليه وسلمن عليه وقلن له: أهلًا وسهلًا، فنحن بانتظارك مع سيدتنا، وكانت أسماء تزهو عليهنَّ حسنًا وجمالًا، وقد تمايلت بغصنها الذابل بين أترابها العذارى فلاحت كالبدر بين الكواكب، فلما رآها عرفها ومال قلبه إليها طوعًا لسحر أجفانها وعينيها، فسلم عليها وأنشد:

سلامٌ على من جاورونا فأشرقت
بهم أرضنا حتى انجلى ليلها عنا
وأهلًا ببدر زار من غير موعدٍ
ولم يتعب الصب المعنى ولا عنا

فأجابته تقول:

يا من تولع قلبه بجمالنا
اصبر لعلك في الهوى تحظي بنا
فلقد علمنا أن حبك صادق
وأصاب قلبك ما أصاب فؤادنا

وما زالا يبثان نار الوجد والغرام إلى آخر النهار ثم افترقا عن بعضهما بقلب كاد أن يفارق الجسد، ولما علم بذلك أعمامه وأقرباؤه نهوهُ عن حب تلك الفتاة فلم ينتهِ، بل هام فيها أكثر من الأول وسار كالعادة نحو الغدير عله يرى وجه أسماء، فلما وصل لم ير أحدًا فهاج منه لاعج الغرام وأنشد يقول:

رحل الصبرُ والغرام أقاما
في فؤادٍ ما ذاق قط مناما
كنت غرًّا بحادثات الليالي
ليتني ما عرفت له أعماما
يا جفوني جودي على فقد أسما
لا سقى الغيث بعدها الأياما
فكأن السنام صار سمومًا
في مطاوي قلوبنا أو جساما
هل ترى بات قلبها مثل قلبي
هائمًا يشتكي الضنا والسقاما
يا ظباء الصريم قد أصبح اليوم

حلال الغدير عندي حراما
وكذا نبته على جانبيه
بات مثلي متيمًا مستهاما
يشتكي للضنا فينهل دمعًا
ويروي بهارها والخزاما

وما زال على تلك الحال يأتي فيناجي الخيال في ذاك الغدير المنفرد إلى ذات يوم بينما كان جالسًا يفتكر في أسماء أتاه رسول من قِبَلها يُعلمه عن مكانها وما هي فيه من العشق والصبابة وأنها قريبًا تأتي للغدير لأجل الإقامة، فلما علم بذلك الخبر رقص قلبه من الفرح وسار توًّا إلى الغدير فرآها بانتظاره على مثل نار الغضا، فسلّم عليها وأنشد:

أهلًا وسهلًا ببدر غاب عن نظري
وبدل النوم بالأفكار والسهر
غبتم فأظلمت الدنيا لغيبتكم
حتى توهمتها ليلًا بلا قمر

فأجابته أسماء تقول:

يا نور عيني وحق البيت والحجر
ما غاب شخصك عن قلبي ولا نظري
ولا وردت غديرًا إذ مررت به
إلا وجدت خيالًا منك بالنهر

فلما سمع كلامها كاد يذوب من الهيام، ودام معها على حديث وشكوى مدة من الزمان ثم اعتذرت رغمًا عنها وسارت إلى أهلها، ولما رأى أبو الفتاة علائم الضعف لائحة في وجهها سألها عن السبب فأبت إفشاءه، فألح فأطلعته عليه، وكان يحبها حبًّا شديدًا ولا يريد إلا راحتها، فأرسل إليه فقدم فزوّجه بها ودفعها إليه.

متفرقات من نوادر العشاق

نصيب وزينب

قال الضحاك بن عثمان الخزامي: خرجت آخر الحج فنزلت بخيمة الإيواء على امرأة فأعجبني ما رأيت من حسنها، فتمثلت بقول نصيب:

بزينب ألمم قبل أن يرحل الركبُ
وقل إن تملينا فما ملك القلبُ
وقل في تجنيها لك الذنب إنما
عتابك من عاتبت فيما له ذنب
خليليَّ من كعب ألما هديتما
بزينب لا يفقدكما أبدًا كعب
وقولا لها ما في البعاد لدى الهوى
بعادٌ وما فيه لصدع النوى شعب
فمن شاء رام الصرم أو قال ظالمًا
لصاحبه ذنب وليس له ذنب

فلما سمعت هذه الأبيات قالت: يا فتى، أتعرف قائل هذا الشعر؟ قلت: نعم، ذاك نصيب، قالت: نعم هو ذاك، أفتعرف زينب؟ قلت: لا، قالت: أنا والله زينب، قلت: فحياك الله. قالت: قد خرج نصيب إلى أمير المؤمنين منذ عام أول ووعدني بالمجيء هذا اليوم ولعلك لا تبرح حتى تراه، فما لبثت أن رأيت من بعيد قادمًا يخب به الحصان خبًّا، فقالت: أرى ذلك الفارس أني أحسبه إياه، ثم أقبل الراكب من جهة الخيمة فإذا هو نصيب، فنزل وسلم عليَّ وجلس إلى ناحية وسلم عليها وساءلها وساءلته، فجعل ينشدها من حديث شعره ولطيف نظمه، فقلت في نفسي: عاشقان أطالا التنائي فلا بد لهما من خلوة يرتاحان إليها، فقمت إلى راحلتي أشد عليها، فقال لي: على رسلك أنا معك، فجلست حتى نهض ونهضت معه، فتسايرنا ساعة ثم التفت إليَّ فقال: قلت في نفسك محبان التقيا بعد طول تناءٍ فلا بد لأحدهما من حاجة إلى صاحبه؟ قلت: نعم هو ذاك، قال: لا ورب الورى ما جلست منها مجلسًا قط أقرب من مجلسي الذي رأيت، ولم يك بيننا غير الشرف والعفاف.

ابنة والي مصر وأحد عمال أبيها

قال الحسين بن زيد: ولي بديار مصر والٍ فوجد على بعض عماله فحبسه وقيده، فأشرفت عليه ابنة الوالي فهويته، فكتبت إليه وقد كان نظر إليها:

أيها الرامي بعيني
ه وفي الطرف الحتوف
إن ترد وصلًا فقد أم
كنك الظبي الألوف

فأجابها الفتى:

إن تريني زاني العين
نين فالقلب عفيف
ليس إلا النظر الفا
تر والشعر الظريف

فكتبت إليه:

قد أردناك على عش
قك إنسانًا عفيفًا
فتأبيت فلا زل
ت لقيديك حليفًا

فأجابها الفتى:

غير أني خفت ربًّا
كان بي برًّا لطيفا

فذاع الشعر وبلغ الخبر الوالي، فدعا به فزوَّجه إياها ودفعها إليه.

غورك المجنون وإسحاق بن إبراهيم

قال إسحاق بن إبراهيم: رأيت غورك يومًا خارجًا من الحمام والصبيان يؤذونه، فقلت: ما خبرك يا أبا محمد؟ قال: قد آذاني هؤلاء الصبيان، أما يكفيني ما أنا فيه من العشق والجنون، قلت: هل قلت في عشقك وجنونك شيئًا؟ قال: نعم، وأنشد:

جنون وعشق ذا يروح وذا يغدو
فهذا له حدٌّ وهذا له حدُّ
هما استوطنا جسمي وقلبي كلاهما
فلم يبق لي قلب صحيح ولا جلد
وقد سكنا تحت الحشا وتحالفا
على مهجتي ألَّا يفارقها الجهد

فأي طبيب يستطيع بحيلةٍ
يعالج من داءين ما منهما بد

عزة الميلاء والناسك عند أبي جعفر

بلغ عبد الله بن جعفر خبر جارية بديعة الصوت مع نخاس في المدينة فبعث إليه وابتاعها منه، فجاءه يومًا ناسك من المدينة كان يتردد إليه غالبًا فسمع الجارية تُغني: «بانت سعاد وأمسى حبلها انقطعا»، فما كاد يسمع صوتها حتى خرَّ مغشيًّا عليه، فأمر ابن جعفر فنضح على وجهه، فلما أفاق قال له: أكلّ هذا بلغ بك عشقها؟ قال: وما خفي عليك أكثر، قال: أفتعرف لمن هذا الصوت؟ قال: لا، قال: هو لعزة الميلاء، أوَتحب أن تسمعه منها؟ قال: قد رأيت ما نالني حين سمعته من غيرها وأنا لا أعرفها، فكيف يكون حالي إذا سمعته منها وأنا لا أقدر على ملكها، قال: أفتعرفها إن رأيتها؟ قال: أوَأعرف غيرها؟ فأمر بها فخرجت، وقال: خذها فهي لك والله، فقبّل الرجل يديه، وقال: أنمت عيني، وأحييت نفسي، وتركتني أعيش بين قومي، ورددت إليَّ عقلي أيها الأمير.

شهاب الدين وفاطمة ابنة الخشاب

كتب شهاب الدين بن فضل الله قاضي القضاة يومًا إلى فاطمة ابنة الخشاب يقول:

هل ينفع المشتاق قرب الدار
والوصل ممتنعٌ مع الزوارِ
يا نازلين بمهجتي وديارهم
من ناظريَّ بمطمح الأنظار
هيَّجتم شجني فعدت إلى الصبا
من بعد ما وخط المشيب عذاري

فأجابته فاطمة بهذين البيتين:

إن كان غركم جمال إزار
فالقبح في تلك المحاسن وار
لا تحسبوا أني أماثل شعركَم
أنى يقاس جداول ببحار

فلما بلغا شهاب الدين وجدهما ألفاظًا درية بمعانٍ عبقرية فاعتبرها وأجلها وصار يكاتبها مكاتبة العلماء.

ابن دائب وجارية أخته

عشق ابن دائب جارية كانت عند أخته، وكان سبب عشقه إياها أنه رآها في منامه فأصبح مستطارًا عقله ساهيًا قلبه، فلم يزل كذلك حينًا لا يزداد إلا حبًّا ووجدًا حتى أنكر ذلك أهله وأعلموا عمه عما كان له، فسأله عن حاله، فلم يقر له بشيء، وقال: علة أجدها في جسمي، فدعا له أطباء الروم، فعالجوه بضروب من العلاج، فلم يزده علاجهم له إلا شرًّا وامتنع عن الطعام والكلام، فلما رأوا ذلك منه أجمعوا على أن يوكلوا به امرأة فتسقيه الخمر حتى يبلغ منه دون السكر، فإن ذلك يدعوه إلى الكلام والكشف عما في نفسه، فقر رأيهم على ذلك، وأعلموا عمه ما اتفقوا عليه، فبعث إليه بقينة يُقال لها: حمامة، ووكل به حاضنة كانت له، فلما أن شرب الفتى غنت الجارية أمامه، فأنشأ يقول:

دعوني لما بي وانهضوا لكلاءةٍ
من الله أيقنت أن لست باقيا
وأن قد دنا موتي وحانت منيتي
وقد جلبت عيني عليَّ الدواهيا
أموت بشوق في فؤادي مبرح
فيا ويح نفسي من به مثل ما بيا

فسارت القينة والحاضنة إلى عمه فأخبرتاه الخبر، فاشتدت له رحمته فتلطف في دس جارية من جواريه إليه، وكانت ذات أدب وعقل، فلم تزل تستخرج ما في قلبه، حتى باح لها بالذي في نفسه، فصارت السفير فيما بينه وبين الجارية، وكثرت ما بينهما الكتب، وعلمت أخته بذلك فانتشر الخبر فوهبتها له فبرأ من علته وأقام على أحسن حال.

أبو ريحانة وحاملة القربة

قال الأصمعي: مررت بالبصرة بدار الزبير بن العوام فإذا أنا بشيخ من ولد الزبير يُكَنَّى أبا ريحانة ما عليه إلا شملة تستره، فسلمت عليه وجلست إليه أحدِّثه، فبينا أنا كذلك إذ طلعت علينا جارية حسناء تحمل قربة، فلما نظرها لم يتمالك أن قام إليها ثم قال: أيتها الفتاة غنِّي لي صوتًا، فقالت: إن مواليَّ أعجلوني، قال: لا بد من ذلك، قالت: أما والقربة على رأسي فلا، قال: فأنا أحملها، فأخذ القربة وحملها على عنقه، واندفعت الجارية فغنت:

فؤادي أسير لا يفك ومهجتي
تقضَّى وأحزاني عليك تطول
ولي مهجة قَرحى لطول اشتياقها
إليك وأجفاني عليك همول
كفى حزنًا أني أموت صبابة
بدائي وأنصاري عليك قليل
وكنت إذا ما جئت جئت بعلةٍ
فأغنيت علاتي فكيف أقول

فطرب الرجل وصرخ صرخة وضرب بالقربة الأرض فشقها، فقامت الجارية تبكي وقالت: ما هذا جزائي منك يا أبا ريحانة، أسعفتك بحاجتك وعرضتني لما أكره من مواليَّ، قال: لا تغتمي فإن المصيبة عليَّ دخلت دونك، وأخذ بيدها فتبعته إلى سوق فنزع عنه الشملة مستترًا بيديه وباعها واشترى بثمنها قربة دفعها إليها، فاجتاز به رجل من الطالبية، فلما نظر إليه وإلى حالته عرف قصته فقال: يا أبا ريحانة أحسبك من الذين قال الله — تعالى — فيهم: فَمَا رَبِحَت تِّجَارَتُهُمْ وَمَا كَانُوا مُهْتَدِينَ (البقرة: ١٦)، فقال: لا يا صاحبي، ولكني من الذين قال الله — تعالى — فيهم: فَبَشِّرْ عِبَادِ * الَّذِينَ يَسْتَمِعُونَ الْقَوْلَ فَيَتَّبِعُونَ أَحْسَنَهُ (الزمر: ١٧، ١٨)، فضحك منه العلوي وأمر له بألف درهم وخلعة.

عريب واليزيدي

قال اليزيدي: خرجنا مع المأمون إلى بلاد الروم فرأيت عريب في هودج، فلما رأتني قالت: يا يزيدي، أنشدني شعرًا، فقلت: نعم حتى أسمع فيه لحنًا، فأنشدتها:

ماذا بقلبي من دوام الخفقِ
إذا رأيت لمعان البرقِ
من قبل الأردن أو دمشق
لأن من أهوى بذاك الأفق

فتنفست تنفسًا ظننت أن ضلوعها قد تقصفت منه، فقلت لها: هذا والله تنفس عاشق، فقالت: اسكت يا عاجز، أنا عاشق بل أنا معشوقة في كل نادٍ، والله لقد نظرت نظرة مريبة في ذا المجلس.

عريب ومحمد بن حامد

وقع بين عريب ومحمد بن حامد خصام وكان يجد بها وجدًا مفرطًا كادا يخرجان من شرهما إلى القطيعة، وكان في قلبها منه كما لها عنده من الحب، فلقيته يومًا فقالت له: كيف قلبك يا محمد؟ قال: أشقى والله مما كان وأشد لوعة، فقالت: استبدل بديلًا، فقال لها: لو كانت البلوى بالخيال لفعلت، فقالت: لقد طال إذن تعبك، فقال: وما يكون أصبر مكرهًا، أما سمعت قول العباس بن الأحنف:

تعب يكون مع الرجاء بذي الهوى
خير له من راحةٍ في الياسِ
لولا كرامتكم لما عاتبتكم
ولكنتم عندي كبعض الناس

فلما سمعت ذلك ذرفت عيناها واعتذرت وعاتبته واصطلحا وعادا إلى ما كانا عليه من صدق المودة وحسن المعاشرة.

وكتبت عريب يومًا إلى ابن عامر تستزيره، فأرسل إليها يقول: إني أخاف على نفسي، فكتبت إليه:

إذا كنت تحذر ما تحذرُ
وتزعم أنك لا تجسر
فما لي أقيم على صبوتي
ويوم لقائك لا يقدر

فلما قرأ الرقعة سار إليها من وقته وأرسل إليها يعاتبها في شيء، فكتبت إليه تعتذر، فلم يقبل، فكتبت إليه هذين البيتين:

تبينت عذري وما تعذُر
وأبليت جسمي وما تشعرُ
ألفت السرور وخليتني
ودمعي من العين لا يفتر

فلما اطلع على البيتين ذرفت عيناه وسعى إليها مستسمحًا ومستجديًا عفوها عما وقع منه.

سر عاشقة

قال أحدهم: دعاني فتى من أهل المدينة إلى غادة حسناء، فلما دخلنا عليها إذا هي أحسن الناس وجهًا، وإذا بها انخراط وجه وسهو وسكوت، فجعلنا نبسطها بالمزاح والكلام ويمنعها من ذلك ما تكتمه، فقلت في نفسي: والله إن بها لهيامًا وطائفًا من الحب، فأقبلت عليها فقلت: بالله تصدقيني ما الذي بك؟ فقالت: برح الذكر، ودوام الفكر، وخلو النهار، وتشوق إلى من سار، والذي يرى ما وصفت لك، فإن كنت ذا أدب صرمت العتب عن ذي الكرب، واجتهدت في الطلب لدواء من قد أشرف على العطب، كما قال الشاعر:

سيوردني التذكار حوض المهالكِ
فلست لتذكار الحبيب بتاركِ
أبى الله إلا أن أموت صبابةً
ولست لما يقضي الإله بمالك
كأن بقلبي حين شطت بي النوى
وخلفني فردًا صدور النيازك
تقطعت الأخبار بيني وبينه
لبعد النوى واستد سبل المسالك

قال: فوالله لقد خفت على عقلي أن تسلبه بلفظها الحسن، فقلت: جعلني الله فداءك، وهو الذي صيرك إلى ما أرى يستحق هذا منك، فوالله إن الناس لكثير، فلو تسليت بغيره فلعل ما بك يسكن أو يخف،

فقد قال أحدهم:

صبرت على اللذات لما تولت
وألزمت نفسي صبرها فاستمرت
وما النفس إلا حين يجعلها الفتى
فإن أطمعت تاقت وإلا تسلت

فأقبلت عليَّ فقالت: والله لقد رمت ذلك، فكنت كما قال قيس بن الملوح:

ولما أبى إلا جماحًا فؤاده
ولم يسل عن ليلى بمالٍ ولا أهلِ
تسلى بأخرى غيرها فإذا التي
تسلى بها تغري بليلي ولا تسلي

فأسكتتني والله بتواتر حججها عن محاورتها، وما رأيت كمنطقها ولا كشكلها وأدبها وكمال خلقها.

بشار بن برد ومحبوبته عبدة

بينما كان بشار بن برد في مجلسه ذات يوم وكان النساء يحضرنه إذ سمع كلام امرأة أشجاه نغمها وحسن ألفاظها، فدعا بغلامه فقال: إني قد علقت امرأة فإذا تكلمت فانظر مَن هي واعرفها، فإذا انقضى المجلس وانصرف أهله فاتبعها وأعلمها أني لها محب، وأنشدها هذه الأبيات وعرفها أني قلتها فيها:

قالوا بمن لا ترى تهذي فقلت لهم
الأذن كالعين توفي القلب ما كانا
ما كنت أول مشغوف بجارية
يلقى بلقيانها روحًا وريحانا
يا قوم أذني لبعض الحي عاشقة
والأذن تعشق قبل العين أحيانا

فأبلغها الغلام الأبيات فهشت لها وكانت تزوره مع نسوة يصحبنها فيأكلن عنده ويشربن وينصرفن بعد أن يحدثها وينشدها ولا تطمعه في نفسها، فقال فيها:

قالت عقيل بن كعب إذ تعلقها
قلبي فأضحى به من حبها أثرُ
أنَّى ولم ترها تهذي فقلت لهم
إن الفؤاد يرى ما لم يرَ البصر

أصبحت كالحائم الحرّان مجتنبًا
لم يقض وِردًا ولا يُرجى له صدر

فصار بعض الأصدقاء يلومونه في حبها، فأنشد يقول:

يزهدني في حب عبدة معشر
قلوبهم فيها مخالفة قلبي
فقلت دعوا قلبي وما اختار وارتضى
فبالقلب لا بالعين يبصر ذو الحب
فما تبصر العينان في موضع الهوى
ولا تسمع الأذنان إلا من القلب
وما الحسن إلا كل حسن دعا الصبا
وألّف بين العشق والعاشق الصب

ما سمعه ابن عثام

قال حبيب الواسطي: دخلت يومًا على علي بن عثام فوجدته باكيًا حزينًا ذاهب النفس، فأنكرت ذلك وسألته عما دهاه، فقال: اعلم أني مررت بالخربية فرأيت مجنونًا مصفدًا في الحديد يتمرغ في التراب ويقول:

ألا ليت أنَّ الحب يعشق مرة
فيعرف ماذا كان بالناس يصنعُ
يقولون فز بالصبر إنك هالك
وللصبر مني إن أحاوله أجزع

غورك المجنون

قال أبو بكر محمد بنِ فرحان: لقيت غورك المجنون وفي عنقه حبل قصير والصبيان يقودونه، فقال لي: يا أبا بكر بمَ يُعذب الله أهل جهنم؟ قلت: بأشد العذاب، قال: صف لي، قلت: ومَن يصف عذاب رب العالمين؟ قال: أنا في أشد من عذابه، ثم رفع ثوبه فإذا هو ناحل الجسم دقيق العظام، فقال لي:

انظر إلى ما فعل الحب
لم يبق لي جسم ولا قلب
أنحل جسمي حب من لم يزل
من شأنها الهجران والعتب
ما كان أغناني عن حب من
من دونها الأستار والحجب

أبو الأسدي والشاب

قال أبو الأسدي: دخلت دير هرقل فوجدت شابًّا حسن الهيئة مكبلًا بالحديد، فسألته عن أمره، فأنشد:

نظرت إليها فاستحلت بنظرتي
دمي ودمي غالٍ فأرخصه الحبُ
وغاليت في حبي لها ورأيت دمي
رخيصًا فمن هذين داخلها العجب

أبو الغصن الأعرابي وذات الوجه الصقيل

قال أبو الغصن الأعرابي: خرجت حاجًا، فلما مررت بقباء سمعت قومًا ينادون: الصقيل الصقيل، فنظرت فإذا جارية كأن وجهها سيف صقيل، فلما رميناها بالحدق ألقت البرقع عن وجهها وتبسمت، فوالله ما رأيت أحسن منها، ثم أنشأت تقول:

وكنت متى أرسلت طرفك رائدًا
لقلبك يومًا أتعبتك المناظرُ
رأيت الذي لا كله أنت قادرٌ
عليه ولا عن بعضه أنت صابرُ

ابن أبي داود والجارية

قال سلم بن ربيع: اعترض ابن أبي داود جارية فأعجبته فقال:

ماذا تقولين في من شَفَّهُ سقمٌ
من طول حُبِّك حتى صار حيرانا

فأجابته:

إذا رأينا محبًّا قد أضرَّ به
جهد الصبابة أوليناه إحسانا

الحارث بن زهير ولبنى

خرج ذات يوم الحارث بن زهير مع خلان له إلى الصيد والقنص فأوسع بهم في عرض الفلاة حتى وصلوا إلى اليعمودية، فلاحت له غزالة في ذلك البر فجدَّ في أثرها، فانتهى به المسير إلى غدير

كبير على شاطئه جماعة من البنات الحسان وبينهنّ جارية بديعة الجمال كأنها هلال، جمعت بين لطاقة القد وحسن الجيد والاعتدال، وكانت تُدعى لبنى بنت المعتمد، فلما رآها الحارث غلب عليه العشق والجوى واستولى عليه سلطان الهوى، وكانت الغزالة قد دخلت بين البنات فانثنى نحوهنّ وسلّم، ثم قال بصوت لطيف: دعي صيدي يا بنت الكرام حتى آخذه وأذهب، فقالت له: خلي عنك أيها الشاب فقد استجار بنا وأعطيناه عهدنا وزمامنا، وكانت لبنى تتكلم بقلب يخفق غرامًا وصوت يتقطع لوعة وهيامًا، ثم قالت له: ما اسمك الكريم؟ قال: الحارث بن زهير سيد بني عبس، فقالت: نِعْمَ الفتى، وبعد ساعة من الزمان ودعهنّ وسار وقد اشتعل فؤاده من فرط الحب بلهيب النار، ولما زاد به الشوق باح لسانه بالشعر فأنشد:

سلامي على الوادي ومن حلّ دونه
فقد حملوني فوق ما أنا حامله
مررت به أبغي من الصيد ظبية
فعدت وقد صادت فؤادي حبائله
وأبقيت قلبي عند سكان أرضه
وجسمي على نار الهوى ومراجله
فإن يك جسمي قد مضى نحو أهله
فإن فؤادي عندكم وبلابله

وما زال يقطع البيداء حتى وصل البيت مساءً، فبات ليله أرقًا بين السهاد وتباريح الغرام، ولما أصبح الصباح أخبر خادمته بما جرى وما أصبح فيه من قاتل الحب ووكل إليها تدبير الأمر، فقالت: سمعًا وطاعة، وذهبت إلى أحيائها فسألت عنها فدلوها عليها، فلما رأتها هدأ بالها وحدثتها سرًّا بحديث الحارث وما هو فيه من الحب والغرام، فلما سمعت لبنى كلامها أعلمتها بوجدها وغرامها وقالت لها: إن رأيت أن تجمعيني به الليلة على شاطئ الغدير، فقالت: حبًّا وكرامة، وذهبت فأعلمت الحارث فكاد يطير من الفرح، ولما أمسى المساء سار من فوره إلى الغدير، فلما رآها زاد حبه وهاجت أشجانه فأنشد:

أصبحت يا لبنى أسير هواكِ
والقلب يخفق والمتيم باكِ
قد بت أسهى من هواك ساهرًا
أرعى النجوم مراقب الأفلاكِ
أصبحت يا لبنى نحيلًا مغرمًا
من فرط حبك فامنني بلقاكِ
لولاك يا لبنى لما أمسى الهوى
بي حاكمًا متصرفًا لولاكِ
قد جئت أصطاد الظبا في أرضكم
فاصطاد قلبي الكحل من عيناكِ
فارعيْ عهودي واحفظي شرع

الهوى وتيقني أني قتيل هواكِ
مني السلام عليك يا شمس الضحى
فلقد رماني الحب بالإشراكِ
وابقي ودومي واسلمي وتعطفي
وارعي العهود فمهجتي ترعاكِ

فما زال بين شكوى ونجوى إلى أن أصبح الصباح فافترقا متعاهدين على الحب والولاء، وداما على هذه الحال من الاجتماع وبث الأشواق في ذاك المكان إلى ذات يوم ذهب الحارث فلم ير أحدًا فذهل غاية الانذهال وارتاب في أمر لبنى، فسأل عن السبب فقيل له: إنهم ساروا إلى بلدة قريبة، فأرسل يسأل عنها ليعلم ما عندها وما يكنه فؤادها، فكتبت له: إن ذلك ما كان إلا رغمًا عنها وأنها قريبًا تعود إليه، فلما بلغ الحارث ذاك الكتاب وقرأ ما به هدأ باله وصار ينتظر لقاء الحبيب، فلما اجتمعت به لبنى خفق فؤادها وتنهدت وباحت بما عندها فأنشدت:

لو علمنا مجيئكم لفرشنا
مهج القلب مع سواد العيونِ
وبسطنا خدودنا للقاكم
ليكون المسير فوق الجفون

وداما على هذا الحب إلى آخر حياتهما.

ذو الرمة وعصمة بن عبد الملك

قال عصمة بن عبد الملك: ركبت مع ذي الرمة وسرنا حتى أشرفنا على بيوت الحي وإذا ببيت مية ناحية فعزمت ذا الرمة فعرضن النساء إلى مية، وجئنا فدنونا وسلمنا ثم قعدنا نتحدث، فإذا هي جارية أملود، واردة الشعر، بيضاء يغمرها صفرة، وعليها ثوب أصفر وطاق أخضر، فقلن: أنشدنا يا ذا الرمة، فقال: أنشدهن يا عصمة، فأنشدتهنَّ:

نظرت إلى أظعان مي كأنها
ذرى النخل أو أثل تميل ذوائبه
فأعربت العينان والصدر كاتمٌ
بمغرورق نمت عليه سواكبه
بكى وامق حال الفراق ولم يحل
حوائلها أسرارها ومعائبه

فقالت ظريفة منهنَّ: لكن الآن فليحل، فنظرت إليَّ مية متكرهة، ثم مضيت في القصيدة حتى انتهيت إلى قوله:

إذا سرحت من حب مي سوارح
على القلب وافته جميعًا غرائبه

فقالت الظريفة: قتلته قاتلك الله، قالت مية: ما أصحبه وهنيئًا له. فتنفس ذو الرمة تنفسًا ظننت معه أن فؤاده قد انصدع، ومضيت فيها حتى انتهيت إلى قوله:

وقد حلفت بالله مية ما الذي
أقول لها إلا الذي أنا كاذبه
إذن فرماني الله من حيث لا أرى
ولا زال في أرضي عدوٌّ أحاربه

فالتفتت إليه، فقالت: خف عواقب الله، ومضيت في القصيدة حتى انتهيت إلى قوله:

إذا راجعتك القول مية أو بدا
لك الوجه منها أو نضا الثوب سالبه
فيا لك من خدٍّ أثيلٍ ومنطقٍ
رخيمٍ ومن خلقٍ تعلل جاذبه

فقالت الظريفة: أما هذه فقد راجعتك وقد بدا لك الوجه منها، فمن لك بأن ينصف الدرع سالبه؟ فالتفتت ميَّة إليها فقالت: قاتلك الله ما أنكر ما تجيبين به، ثم تحدثن ساعة، فقالت الظريفة للنساء: إن لهذين شأنًا. ثم سارت بنا، فلما وصلنا الأبيات دخلت بذي الرمة، فلبثت أنتظر فإذا به قادمًا ومعه قلائد لطيفة حلى بها نصل سيفه، فسألته عنها، فقال: هي منها والله.

أبو عثيرة الخياط وأبو محمد الدمشقي

قال أبو محمد الدمشقي: مررت ذات ليلة أيام فتنة المستعين والقمر يزهر بأحياء الشام، فإذا أنا بشيخ جليل موشح في إزار أحمر، فقلت له: ما اسمك الكريم؟ قال: أبو عثيرة الخياط، شهدت حروب ابن زبيدة كلها وحاربت الفتيان في غاية كل ميدان، واعترف لي كل فاتك، وأذعن لي كل شاطر، ونزلت تلك الدار عشرين سنة وأومأ إلى سجن بغداد. ثم تنفس الصعداء وأنشد:

لي فؤادٌ مستهام
وجفون لا تنامُ
ودموع آخر الدهر
على عيني سجامُ
وحبيب كلما خاطبته
قال سلامُ
فإذا ما قلت زرني

قال لي ذاك حرامُ

ثم بكى، فلما أفاق قلت: ما يبكيك؟ قال: وكيف لا أبكي ولي حبيب بالبصرة علقته وهو ابن سبع عشرة سنة، ثم غبت عنه ثلاثًا وثلاثين سنة، فلما عيل صبري خرجت إلى البصرة فطفت شوارعها حتى رأيته، فما رأيت وجهًا أحسن منظرًا ولا أزهى منه، ثم أنشأ يقول:

مردد في كمده
معذب في سهده
خلا به السقم فما
أسرعه في جسده
يرحمه لما بدا
من ضره ذو حسده

ثم ودَّعني ومضى.

أبو الفضل والجارية

قال أبو الفضل: بينما كنت بالطواف أمام الحجر إذ سمعت حنينًا يخرج من بين الأستار وقائلًا يقول:

عفا الله عمن يحفظ الود جهده
ولا كان عهد الله للناقض العهد
وضعت على الأستار خدي ليلةً
ليجمعني مع من وضعت له خدي

فرفعت الأستار فإذا جارية منفردة كأنها الشمس تجلت عنها غمامة، فقلت: يا هذه، لو سألت الله الجنة مع هذا التصدع والبكاء ما حرمك إياها. فسترت وجهها وقالت: سبحان من خلق فسوَّى ولم يهتك الولاية والنجوى، أما والله إني فقيرة إلى رحمة ربي، وقد سألته أكبر الأمرين عندي رجاء فضله واتكالًا على عفوه. ثم ولت عني فعجبت من فصيح منطقها.

مسلم بن جندب وجارية

قال مسلم بن جندب: خرجت مع صديق لي إلى العقيق فلقينا نسوة نازلات من العقيق لهن جمال وشارة وفيهنَّ جارية خضابية العينين، فلما رآها صديقي قال لي: يا بن الكرام، دم أبيك والله في ثيابها، فلا تطلب أثرًا بعد عين، وأنشد قول أبي مسلم بن جندب:

ألا يا عباد الله هذا أخوكم
قتيل فهل منكم له اليوم ثائر

خذوا بدمي إن مت كل مليحة
مريضة جفن العين والطرف ساحر

فقالت لي الجارية: أنت ابن جندب؟ قلت: نعم. قالت: فاغتنم نفسك واحتسب أباك، فإن قتيلنا لا يُودى وأسيرنا لا يُفدى.

أبو المهلهل الخزامي ومي

قال أبو مهلهل الخزامي: ارتحلت إلى الدهناء فسألت عن مي صاحبة ذي الرمة، فدُفعت إلى خيمة فيها عجوز هيفاء فسلمت عليها وقلت: أين منزل مي؟ فقالت: ها أنا مي. فقلت: عجبًا من ذي الرمة وكثرة قوله فيك. قالت: لا تعجب، فإني سأقوم بعذره. ثم نادت فخرجت من الخيمة جارية ناهدة عليها برقع. فقالت لها: أسفري، فلما أسفرت تحيرت لما رأيت من حسنها وجمالها. فقالت: علقني ذو الرمة وأنا في سن هذه، وكل جديد إلى البلاء، قلت: عذرته والله، وانصرفت.

بكر بن النطاح والفتاة

قال بكر بن النطاح في غادة حسناء ألفت الصد والهجران:

ما ضرها لو كتبت بالرضا
فجف جفن العين أو أغمضا
شفاعة مردودة عندها
في عاشق يندم لو قد قضى
يا نفس صبرًا فاعلمي أنها
تمل منها مثل ما قد مضى
لم تمرضِ الأجفان من قاتلي
بلحظةَ إلا لأن أمرضا

ابن الجوزي وزوجته

كان لابن الجوزي زوجة تسمى نسيم الصبا، وكان يحبها حبًّا شديدًا، فاتفق أن طلقها فحصل له قلق وهيام كاد يشرف به على التلف، فحضرت في بعض الأيام مجلسًا كان فيه فسُرَّ بها واستبشر، فحدث أن جاءت امرأتان وجلستا أمامه فحالتا بينه وبينها فأنشد:

أيا جبلي نعمان بالله خليا
نسيم الصبا يخلص إليَّ نسيمها

أنس الوجود ومحبوبته ورد

حُكي أنه كان لأحد الوزراء ابنة بديعة في الحسن والجمال، فائقة في البهجة والكمال، ذات عقل وافر وأدب كامل، وكانت تهوى المنادمة وسماع رقائق الأشعار لرقة فؤادها ولطف أخلاقها وظرفها، فبينما كانت يومًا تنظر من شباك قصرها وقع نظرها على شاب نير الوجه، ضاحك السن، بهي الطلعة، حسن الشمائل، فوقع حبه في قلبها وعدمت صبرها في هواه، فرمته للحال بتفاحة كانت في يدها، فرفع رأسه فرآها في شباك القصر كأنها البدر، فلم يرنُ إليها طرفه إلا وهو بعشقها مشغول الخاطر.

فلما بَعُدَ عن القصر سألت جاريتها عن اسمه وكانت تعرفه، فقالت لها: إن اسمه أنس الوجود، وإنها تعرف مكانه. فكتبت له رقعة شرحت فيها حالها وما عراها من حبه وغرامه، فأخذت الجارية الرقعة وسارت بها إليه فأعطتها له، فلما قرأها كتب في أسفلها هذه الأبيات:

أعلل قلبي في الغرام وأكتمُ
ولكن حالي عن هواي يترجمُ
فلو فاض دمعي قلت جرح بمقلتي
لئلا يرى حالي العزول فيفهم
وكنت خليًّا لست أعرف ما الهوى
فأصبحت صبًا والفؤاد متيم
رفعت إليكم قصتي أشتكي بها
غرامي ووجدي كي ترقوا وترحموا
وسطرتها من دمع عيني لعلها
بما حل بي منكم إليكم تترجم
رعى الله وجهًا بالجمال مبرقعًا
له البدر عبد والكواكب تخدم
على حسن ذات ما رأيت مثيلها
ومن ميلها الأغصان عطفًا تعلم
وأسألكم من غير حمل مشقة
زيارتنا إن الوصال معظم
وهبت لكم روحي عسى تقبلونها
فلي الوصل مني والصدود جهم

فأخذت الجارية الكتاب وأعطته إلى سيدتها، فلما قرأت ذاك الكتاب هاج منها الوجد والغرام وكتبت له تقول:

يا من تعلق قلبه بجمالنا
اصبر لعلك في الهوى تحظى بنا

لما علمنا أن حبك صادقٌ
وأصاب قلبك ما أصاب فؤادنا
زدناك فوق الوصل وصلًا مثله
لكن منع الوصل من حجابنا
وإذا تجلى الليل من فرط الهوى
تتوقد النيران في أحشائنا
وجفت مضاجعنا الجنوب وربما
قد برح التبريح في أجسامنا
الفرض في شرع الهوى كتم الهوى
لا ترفعوا المسبول من أستارنا

فلما فرغت من شعرها طوت الكتاب وأعطته إلى الخادمة، فأخذته وخرجت من عندها، فصادفها الحاجب وقال لها: أين تذهبين؟ فقالت: إلى الحمام، وقد انزعجت منه فوقعت منها الورقة دون انتباه، فبينما كان بعض الخدم يمشي من تلك الجهة وقع نظره على الورقة فأخذها وقدمها إلى الوزير، فلما قرأها وفهم فحواها هاج منه الغيظ والغضب وجاء إلى بنته ورد لائمًا منددًا، ثم أمر بعض الخدم بإبعادها وأخذ مكان لها يكون بعيدًا في البرية، فلما علمت بذلك زاد منها القلق وكتبت قبل ذهابها هذه الأبيات على باب حجرتها:

بالله يا دار إن مرَّ الحبيب ضحى
مسلمًا بإشاراتٍ يحيينا
أهديه منا سلامًا زاكيًا عطرًا
لأنه ليس يدري أين أمسينا
ولست أدري إلى أين الرحيل بنا
لما مضوا بي سريعًا مستخفينا
في جنح ليل وطير الأيك قد عكفت
على الغصون تباكينا وتنعينا
وقال عنها لسان الحال وأحربا
من التفرق ما بين المحبينا
لما رأيت كؤوس البعد قد ملئت
والدهر من صرفها بالقهر يسقينا
مزجتها بجميل الصبر معتذرًا
وعنكم الآن ليس الصبر يسلينا

فلما فرغت من شعرها ركبت وساروا بها يقطعون القفار حتى وصلوا إلى مكان منفرد أمام شاطئ نهر، فنصبوا لها خيمة هناك ووكلوا بها بعض الخدم، فلما أظلم الظلام تذكرت حالها وكيف فارقت أطلال الحبيب، فسكبت العبرات وأنشدت تقول:

جن الظلام وهاج الوجد بالسقم

والشوق حرَّك ما عندي من الألم
ولوعة البين في الأحشاء قد سكنتَ
والفكر صيرني في حالة العدم
والوجد أقلقني والشوق أحرقني
والدمع باح بسر أي مكتتم
وليس لي حالة في العشق أعرفها
من رق عودي ومن سقمي ومن ألمي
جحيم قلبي من النيران قد سعرت
ومن لظى حرها الأكباد في نقم
ما كنت أملك نفسي أن أودعهم
يوم الفراق فيا قهري ويا ندمي
يا من يبلغهم ما حل بي وكفى
أني صبرت على ما خط بالقلم
أقسمت لا حلت عنهم في الهوى أبدًا
يمين شرع الهوى مبرورة القسم
يا ليل سلم على الأحباب مخبرهم
واشهد بعلمك أني فيك لم أنم

أما أنس الوجود فإنه بعد كتابة الأبيات وإرسالها إلى محبوبته ورد صبر إلى ثاني الأيام فقام وقصد أبياتها، فسأل عنها الخادمة فأعلمته بالخبر وأطلعته على ما كتبت من أبيات على الباب، فلما قرأ تلك الأبيات زاد منه الوجد والقلق وسار في عرض القفار لا يرتاح إلى سمير ولا يلذ له كلام، إلى أن رأى رجلًا أهداه إلى مكانها، فبينما هو سائر إلى حبيبته وقع نظره على حمام الأيك فهاج منه لاعج الغرام وأنشد:

يا حمام الأيك أقريك السلام
يا أخا العشاق من أهل الغرام
إنني أهوى غزالًا أهيفًا
لحظه أقطع من حد الحسام
في الهوى أحرق قلبي والحشا
وعلا جسمي نحول وسقام
ولذيذ الزاد قد حرمتهُ
مثل ما حرمت من طيب المنام
واصطباري وسلوي رحلا
والهوى بالوجد عندي قد أقام
كيف يهنا العيش لي من بعدهم
وهم روحي وقصدي والمرام

أما حبيبته ورد فإنها بينما كانت تخطر حول خيامها إذ رأت موكبًا حافلًا من بُعد فدنت منه فإذا في وسطه أمير خطير، فلما وقع نظره عليها عجب من رائق جمالها وهاله ما رأى فيها من شدة الضعف والهزال، فسألها عن حالها وما ألمَّ بها، فأعلمته القصة على التمام وما جرى لها أولًا وآخرًا، فرق لها قلبه وبعث فاسترضى أباها وأرسل من يأتي بأنس الوجود، فما مضى إلا القليل حتى صادفوه قريبًا من خيام محبوبته، فلما جاءوا به إليها مالت إليه كغصن البان فضمها إلى صدره وأنشد:

ما أحيلاها ليلات الوفا
حيث أمسى لي حبيبي منصفا
نصب السعد لنا أعلامه
وشربنا منه كأسًا قد صفا
واجتمعنا وتشاكينا الأسى
وليلاتٍ تقضت بالجفا
ونسينا ما مضى يا سادتي
وعفا الرحمن عما سلفا

وعاشا معًا في ألذِّ عيش وأهنأ بال.

دعبل الخزاعي والجارية

قال دعبل الخزاعي: كنت جالسًا بباب الكرخ إذ مرت بي جارية لم أرَ أحسن منها، ولا أعدل قدًّا، وهي تنثني في مشيتها وتسبي الناظرين بتثنيها، فلما وقع بصري عليها افتتنت بها وارتجف فؤادي وآنست من قلبي ارتحالًا، فأنشدت معرضًا بهذا البيت:

دموع عيني بها انقضاضُ
ونوم جفني به انقباض

فنظرت إليَّ واستدارت بوجهها وأجابتني بسرعة بهذا البيت:

وذا قليل لمن دعته
بلحظها الأعين المراضُ

فأدهشتني بسرعة جوابها وحسن منطقها فأنشدتها ثانيًا هذا البيت:

فهل لمولاتي عطف قلبٍ
على الذي دمعه مغاضُ

فأجابتني بسرعة من غير توقف بهذا البيت:

إن كنت تهوى الوداد منا
فالود ما بيننا قراضُ

فما دخل أذني قط أحلى من كلامها، ولا رأيت أبهج من وجهها، فعدلت بالشعر عن القافية امتحانًا لها وعجبًا بكلامها، فقلت لها هذا البيت:

أترى الزمانِ يسرنا بتلاق
ويضم مشتاقًا إلى مشتاقِ

فتبسمت، فما رأيت أحسن من فمها ولا أحلى من ثغرها، وأجابتني بسرعة من غير توقف بهذا البيت:

ما للزمان وللتحكم بيننا
أنت الزمان فسُرَّنا بتلاقِ

بدور بنت الجوهري وجبير الشيباني

قال علي بن منصور الخليعي: بينما كنت سائرًا في البصرة إذا بباب كبير له حلقتان من النحاس فوقفت أتفرج على هذا المكان، فبينما أنا واقف إذ سمعت صوت أنين ناشئ عن قلب حزين، فرفعت الستر قليلًا قليلًا وإذا أنا بجارية بيضاء كأنها البدر إذ بدر في ليلة أربعة عشر، بحاجبين مقرونين، وجفنين ناعسين، وشفتين رقيقتين وفم كأنه خاتم سليمان، وقد حازت أنواع الجمال بما يفتن النساء والرجال، فلما رأتني ناظرًا إليها من خلال الستارة مالت إلى جارية لها، وقالت: انظري من الباب. فقامت الجارية وأتت إليَّ وقالت: ما سبب وقوفك هنا. قلت: عطش ألم بي فأمرت سيدتها فجاءت بكوز من الماء، فجعلت أشرب وأطيل في شربي وأنا أسارق النظر إليها حتى طال وقوفي. ثم رددت إليها الكوز ودمت صامتًا لا أتكلم، فقالت سيدتها: وما سبب هذا الوقوف؟ قلت: إنني أتفكر بصحاب هذا الدار كيف تقلبت عليه الأيام، وقد كان ذا مال جزيل، فهل خلف أولادًا؟ قالت: نعم. قلت: فإني أرى تغيرًا في وجهك، فأخبريني بسببه فقالت: إن كنت من أهل الأسرار كشفنا لك سرنا فأخبرني ما هو اسمك؟ فقلت لها: أنا علي بن منصور الخليعي نديم أمير المؤمنين هارون الرشيد. فلما سمعت باسمي نزلت من على كرسيها وسلمت عليَّ وقالت: مرحبا بك يا ابن منصور الآن أخبرك بحالي، وأستأمنك على سري، أنا عاشقة مفارقة. فقلت لها: يا سيدتي أنت مليحة، وما تعشقين إلا كل مليح، فمن الذي تعشقينه؟ قالت: أعشق جبير بن عمير الشيباني أمير بني شيبان، وقد وصفت لي شابًا لم يكن بالبصرة أحسن منه. فقلت لها: يا سيدتي، هل جرى بينكما مواصلة أو مراسلة؟ قالت: نعم. إلا أنه عشقنا باللسان لا بالقلب والجنان. فقلت لها: يا سيدتي، وما سبب الفراق بينكما؟ قالت: سببه أني كنت يومًا جالسة وجاريتي هذه تسرح شعري، فلما فرغت جدلت ذوائبي فأعجبها حسني وجمالي فطأطأت عليّ وقبلت خديّ. وكان في ذلك الوقت داخلًا عليّ غفلة، فرأى ذلك وعاد من وقته مغضبًا عازمًا على دوام البين وأنشد هذين البيتين:

إذا كان لي فيمن أحب مشارك
تركت الذي أهوى وعشت وحيدًا
فلا خير في المعشوق إن كان في الهوى
لغير الذي يرضى المحب مريدًا

ومن حين ولى معرضًا إلى الآن لم يأتنا منه كتاب يا ابن منصور، فقلت لها: فما تريدين؟ قالت: أريد أن أرسل إليه معك كتابًا. فقلت لها: افعلي ما بدا لك. فكتبت إليه هذه الأبيات:

حبيبي ما هذا التباعد والقِلى
فأين التغاضي بيننا والتعطف
وما لك بالهجران عني معرضًا
فما وجهك الوجه الذي كنت أعرف
نعم نقلَ الواشون عني باطلًا
فملتَ لما قالوا فزادوا وأسرفوا
فإن تك قد صدقتهم في حديثهم
فحاشاك من هذا ورأيك أعرف
بعيشك قل لي ما الذي قد سمعته
فإنك تدري ما يقال وتنصف
فإن كان قولًا صح أني قلته
فللقول تأويلٌ وللقول أحرف
وهب أنه قولٌ من الله منزلٌ
فقد بدَّل التوراة قومٌ وحرَّفوا
وبالزور كم قد قيل في الناس قبلنا
فها عند يعقوب تلوَّم يوسف
وها أنا والواشي وأنت جميعنا
يكون لنا يومٌ عظيمٌ وموقف

ثم ختمت الكتاب وناولتني إياه، فأخذته ومضيت إلى دار جبير الشيباني فوجدته في الصيد، فجلست أنتظره، فبينما أنا جالس وإذا به قد أقبل من الصيد، فلما رأيته على فرسه ذهل عقلي من حسنه وجماله، فالتفت فرآني جالسًا بباب داره، فنزل عن جواده وعانقني وسلَّم عليَّ، ثم دخل بي إلى داره وسألني عن حاجتي، فأخرجت إليه الكتاب.

فلما قرأ ما فيه مزَّقه ورماه في الأرض وقال لي: يا بن منصور، مهما كان لك من الحوائج قضيناه إلا هذه الحاجة التي أتيت من أجلها، فذهبت حزينًا إلى كاتبة السطور وأعلمتها بما جرى أولًا وآخرًا، فزاد منها الحزن والقلق ورفعت طرفها إلى السماء وقالت: يا إلهي، كما أبليتني بمحبة جبير بن عمير تبليه بمحبتي وتنقل إليه ما يلقاه فؤادي. ثم إني عدت إلى حبيبها جبير فوجدت داره قد تهدمت بأسرها ولم أجد على بابه غلامًا، فظننته مات فحزنت عليه، وبينما أنا أبكي إذا بعبد أسود خرج إليَّ من الدار وسألني عن هذا البكاء، فقلت له السبب، فقال: إن الذي ذكرته حي بحمد الله

ولكنه قد بُلي بحب غادة حسناء تَدعى بدور وهو من أجلها كطيف الخيال، فقلت: استأذن لي عليه. فدخل الدار مستأذنًا ثم عاد إليَّ آذنًا، فدخلت عليه فوجدته كالحجر الطريح، فناديت مرارًا حتى انتبه فقال لي: مرحبًا يا أبا منصور. فقلت له: يا سيدي ألك بي حاجة؟ قال: نعم، أريد أن أكتب لها ورقة وأرسلها معك إليها، ثم كتب هذه الأبيات:

سألتكم بالله يا سادتي مهلًا
عليَّ فإن الحب لم يُبقِ لي عقلا
تمكن مني حبكم وهواكم
فألبسني سقمًا وأورثني ذلّا
لقد كنت قبل اليوم أستصغر الهوى
وأحسبه يا سادتي هينًا سهلا
فلما أراني الحب أمواج بحره
رجعت لحكم الله أعذر من يُبلى
فإن شئتم أن ترحموني بوصلكم
وإن شئتم قتلي فلا تنسوا الفضلا

فأخذتُ الكتاب ومضيت به إلى دار السيدة بدور، فلما رأتني سلمت عليَّ وأخذت الكتاب فاطلعت عليه ثم تغرغرت عيناها بالدموع وكتبت إليه هذه الأبيات:

إلى كم ذا الدلال وذا التجني
شفيت وحقك الحساد مني
لعلي قد أسأت ولست أدري
فقل لي ما الذي بلغت عني
مرادي لو وضعتك يا حبيبي
مكان النوم من عيني وجفني
شربت كؤوس حبك مترعات
فإن ترني سكرت فلا تلمني

فأخذتُ منها تلك الأبيات وقلت لها: يا سيدتي، إنها لرقعة تداوي العليل وتشفي الغليل. ثم أخذت الكتاب وخرجت، فنادتني بعد الخروج وقالت لي: يا بن منصور، قل له: إنها في هذه الليلة ضيفك. ففرحت أنا بذلك فرحًا شديدًا ومضيت بالكتاب إلى جبير بن عمير، فلما دخلت عليه وجدت عينه شاخصة إلى الباب ينتظر الجواب، فلما ناولته الورقة فتحها وقرأها وفهم معناها فصاح صيحة عظيمة ووقع مغشيًّا عليه، فلما أفاق قال: يا بن منصور، هل كتبت هذه الرقعة بيدها ولمستها أناملها؟ قلت: يا سيدي، وهل يكتب الناس بغير الأنامل؟! فما كدت أتم الكلام إلا وقد سمعنا وقع أقدام في الدهليز، فقام على أقدامه كمن لم يكن به ألمٌ قط واعتنقا معًا مدة طويلة وعادا إلى سابق الوداد.

الوزير والجارية

رأى وزير من الوزراء جارية حسناء تخطر في خفيف الثياب فهاج منه لاعج الغرام وأنشد:

تبدت فهذا البدر من كلف بها
وحقك مثلي في دجى الليلِ حائرُ
وماست فشق الغصن غيظًا ثيابه
ألست ترى أوراقه تتناثر

فسمعه أحد الأدباء فقال:

وفاحت فألقى العود في النار نفسه
كذا نقلت عنه الحديث المجامرُ
وقالت فغار الدرُّ واصفر لونه
كذلك ما زالت تغار الضرائر

في مصارع العُشّاق

المبرد وأصحابه والمجنون

قال المبرد: خرجت أنا وجماعة من أصحابي مع المأمون، فلما قربنا من نحو الرقة فإذا نحن بدير كبير، فأقبل إليَّ بعض أصحابي فقال: مل بنا إلى هذا الدير ننظر مَن فيه ونحمد الباري على ما رزقنا من السلامة. فلما دخلنا إلى الدير رأينا مجانين مغلولين وهم في نهاية القذارة، فإذا منهم شاب عليه بقية ثياب ناعمة، فلما بصر بنا قال: من أين أنتم يا فتيان حياكم الله؟ فقلنا: نحن من العراق. فقال: يا أهل العراق، أنشدوني بالله أو أنشدكم. فقال المبرد: والله إن الشعر من هذا لطريف، فقلنا: أنشدنا، فأنشأ يقول:

الله يعلم أنني كمد
لا أستطيع أبث ما أجد
روحان لي روحٌ تضمنها
بلدٌ وأخرى حازها بلد
وأرى المقيمة ليس ينفعها
صبر ولا يقوى بها جلد
وأظن غائبتي كشاهدتي
بمكانها تجد الذي أجد

قال المبرد: إن هذا لطريف والله، زدنا. فأنشأ يقول:

لما أناخوا قبيل الصبح عيرهم
ورحلوها فسارت بالهوى الإبلُ
وأبرزت من خلال السجف ناظرها
ترنو إليَّ ودمع العين منهمل
وودعت ببنان عقدها عَنمُ
ناديت لا حملت رجلاك يا جمل
ويلي من البين ماذا حل بي وبها
من نازل البين حان الحين وارتحلوا
يا راحل العيس عجل كي نودعها
يا راحل العيس في ترحالك الأجل
إني على العهد لم أنقض مودتهم
فليت شعري لطول العهد ما فعلوا

فقال رجل من البغضاء الذين معي: ماتوا. قال: إذن فأموت. فقال له: إن شئت. فتمطى واستند إلى السارية التي كان مشدودًا فيها فما برحنا حتى دفناه.

الأصمعي وأحد العُشَّاق

قال الأصمعي: بينما كنت سائرًا في البادية مررت بحجرٍ مكتوب عليه هذا البيت:

أيا معشرِ العُشَّاق بالله خبروا
إذا حلَّ عشق بالفتى كيف يصنعُ

فكتبت تحته:

يداري هواه ثم يكتم سره
ويخشع في كل الأمور ويخضع

ثم عدت في اليوم الثاني فوجدت مكتوبًا تحته:

فكيف يُداري والهوى قاتل الفتى
وفي كل يومٍ قلبه يتقطعُ

فكتبت تحته:

إذا لم يجد صبرًا لكتمان سره
فليس له شيءٌ سوى الموت أنفع

ثم عدت في اليوم الثالث فوجدت شابًّا ملقى تحت ذلك الحجر ميتًا وقد كتب قبل موته:

سمعنا أطعنا ثم متنا فبلغوا
سلامي إلى من كان للوصل يمنع

موت الفتاة بموت حبيبها

قال الأصمعي: بينما كنت نائمًا بقرب مقابر البصرة رأيت فتاة على قبرٍ تندب وتقول:

بروحي فتى أوفى البرية كلها
وأقواهم في الحب صبرًا على الحب

فقلت: أيتها الفتاة، بمَ كان أوفي البرية وبمَ كان أقواها؟ فقالت: يا هذا، إنه ابن عمي هويني فهويته، فكان إن باح عنَّفوه وإن كتم لاموه، فأنشد بيتين شعر وما زال يكررهما إلى أن مات، فوالله لأندبنه إلى أن أصير مثله في قبر إلى جانبه. فقلت لها: أيتها الفتاة، فما البيتان؟ فقالت:

يقولون لي إن بحت قد غرك الهوى
وإن لم أبح بالحب قالوا تصبرا
فما لامرئ يهوى ويكتم أمره
من الحب إلا أن يموت فيعذرا

ثم إنها شهقت شهقة فارقت روحها الدنيا، فأسفتُ عليها ودفنتها قرب حبيبها.

الحارث وعفراء بنت الأحمر

نشأ الحارث بن الفرند مع ابنة عمه عفراء بنت الأحمر الخزاعية ممتزجين بالألفة والوداد إلى أن بلغا سن الرشد، فتزوج بها وأقام معها مدة ينمو الهوى في قلبيهما، فعزمت يومًا على زيادة أبيها فجهزها إليه، فأقامت مدة وكل من أبويهما يأبى أن يجيء بنفسه خشية أن تزري به العرب، فمرض الحارث وكتب إليها:

صبرت على كتمان حبك برهة
ولي منك في الأحشاء أصدق شاهد
هو الموت إن لم تأتني منك رفعة
تقوم بقلبي في مقام العوائد

فأجابته تقول:

كفيت الذي تخشى وصرت إلى المنى
ونلت الذي تهوى برغم الحواسد
ووالله لولا أن يقال تظننا
بي السوء ما جنبت فعل العوائد

فلما قرأ ما في الرقعة وتنشق عاطر شذاها غشي عليه فجاؤوه، فإذا هو ميت، فقالوا لها ما كان عليك لو اجبته زورة. قالت: خشيت أن يقال صبت إليه، ولكني قاتلة نفسي ولاحقة به قريبًا. فلم يشعروا بها إلا وهي ميتة إلى جانبه.

عبد الله بن عجلان وهند

خرج عبد الله بن عجلان إلى شعب من نجد ينشد ضالة فشارف ماء يقال له: نهر غسان. وكانت بنات العرب تقصده فتخلع ثيابها وتغتسل فيه. فلما علا ربوة تشرف على النهر المذكور رآهن على

تلك الحالة فمكث يسترق النظر إليهن، فصعدن وبقيت هند وكانت طويلة الشعر. فأخذت تمشطه وتسبله على بدنها، وهو يتأمل شفوف بياض جسمها في خلال سواد الشعر، ونهض ليركب الناقة فلم يقدر وقعد ساعة. وكان قبل تلك النظرة تصف له العرب ثلاثة رواحل قائمة فيحلقها ويركب الرابعة، فعند ذلك داخله من الحب ما أعجزه وأوهن قواه، فأنشد:

لقد كنت ذا بأس شديد وهمة
إذا شئت لمسًا للثريا لمستها
أتتني سهام من لحاظ فأرشقت
بقلبي ولو أستطيع ردًّا رددتها

ثم عاد وقد تمكّن الهوى منه فأخبر صديقًا له، فقال: اكتم ما بك واخطبها إلى أبيها فإنه يزوجك بها، وإن أشهرت عشقها حرمتها. ففعل وخطبها، فأجيب، فتزوج بها وأقاما على أحسن حال وأنعم بال لا يزداد فيها إلا غرامًا، فمضى عليهما ثمان سنين ولم تحمل، وكان أبوه ذا ثروة وليس له غيره، فأقسم عليه أن يتزوج غيرها ليولد له ولد يحفظ له النسب والمال، فعرض عليها ذلك فأبت أن تكون مع أخرى. فعاود أباه، فأمره بطلاقها فأبى، فألح عليه، فلم يجب وأصر على البقاء معها، فبلغ أباه يومًا أنه في حالة السكر فعدها فرصة وأرسل إليه يدعوه، فمنعته هند وقالت: والله لا يدعوك لخير وما أظنه إلا عرف أنك سكران فأراد أن يعرض عليك الطلاق، فأبى عبد الله إلا الخروج، فجاذبته، فلم يذعن لها، ثم سار إلى أبيه وعنده أكابر العرب فجعلوا يعنفونه ويتناشدونه من كل مكان حتى استحيا فطلقها، فلما سمعت بذلك احتجبت عنه، فوجد بها وجدًا قاتلًا وأنشد يقول:

طلقت هندًا طائعًا
فندمت بعد فراقها
فالعين تذرف دمعها
كالدرّ من آماقها
متحلبًا فوق الردى
فتجول في رقراقها
خودٌ رداحٌ طفلةٌ
ما الفحش من أخلاقها
ولقد ألذّ حديثَها
فأسرّ عند عناقها

ولم يزل عبد الله دنفًا سقيمًا يقول فيها الشعر ويبكيها إلى أن بلغه أنها تزوجت برجل من بني نمير، فزاد حزنه ومات أسفًا عليها.

عمرو بن كعب وعقيلة ابنة أبي النجاد

كان عمرو بن كعب يهوى ابنة عم له تَدعى عقيلة، وكانت من أجمل نساء العرب وأوسعهن علمًا وأدبًا، فشغف بها وزاد غرامًا والتياعًا فخطبها إلى عمه، فطلب منه مهرًا يعجز عنه، فأشار عليه بعض أصحابه بالخروج إلى أبرويز بن كسرى لما كان بين جدودهما من الوصلة، فلما ذهب في الطريق مرَّ بعراف فاستعلم منه الأمر، فأخبره أنه ساع فيما لا يُدرك، فعاد فوجد عمه قد زوج العقيلة لرجل من فزارة، فهام على وجهه إلى اليمامة. أما عقيلة فإنها بعد عقد الزواج أخذت تبدي لزوجها صدًّا وحقدًا فخرج سائرًا إلى حيث لا يدري، وأقامت العقيلة ببيت أبيها لا تتناول إلا الأقل من الطعام بقدر ما يمسك الرمق ودأبها البكاء على عمرو. أما عمرو فإنه ما زال هائمًا تائهًا من وجده شاخصًا طرفه إلى السماء أيامًا، فوقف ذات يوم وقد أظلم الدجى وخلا المكان من الرقيب فتذكر عقيلة وما جرى، فأنشد:

إذا جن ليلي فاضت العين أدمعا
على الخد كالغدران أو كالسحائب
أود طلوع الفجر والليل قائلٌ
لقد شدت الأفلاك بعد الكواكب
فما أسفي إلا على ذوب مهجتي
ولم أدرِ يومًا كيف حال الحبائبِ

فدخل عليه يومًا صديق له فوجده غاصًا بالضحك مستبشرًا، فسأله، فقال:

لقد حدثتني النفس أن سوف نلتقي
ويبدل بعدٌ بيننا بتدانِ
فقد آن للدهر الخؤون بأنه
لتأليف ما قد كان يلتمسانِ

ثم شهق شهقة فاضت نفسه. فبلغ حبيبته ذلك فحزنت عليه غاية الحزن وسئمت العيش بعده، فبينما كان الفرزدق خارجًا ذات يوم في طلب غلام له إذ مرَّ بقرب ماء لبنى، فأمطرت السماء فلجأ إلى بيت هناك، فلاحت له جارية كأنها القمر، فحيَّت ثم قالت: ممن الرجل؟ قال: تميمي. قالت: من أيها قبيلة؟ فقال: من نهشل بن غالب. قالت: أين تَؤُمُّ؟ قال: اليمامة. فتنفست الصعداء ثم قالت:

تذكرت اليمامة إن ذكري
بها أهل المروءة والكرامة

فآنس بها بهاءً ولطفًا فقال: أذات خدرٍ أم بعل؟ فقالت:

إذا رقد النيام فإن عمرًا
تؤرقه الهموم إلى الصباح
فتقطع قلبه الذكرى وقلبي
فلا هو بالخلي ولا بصاح

سقى الله اليمامة دار قوم
بها عمرو يحن إلى الرواحِ

فقال لها: من هو؟ فأنشدت تقول:

إذا رقد النيام فإن عمرًا
هو القمر المنير المستنيرُ
وما لي في التبعل من براحٍ
وإن رد التبعل لي أسيرُ

ثم شهقت شهقة فماتت، فسأل عنها فإذا هي العقيلة حبيبة عمرو بن كعب.

عامر بن غالب وجميلة بنت إميل

قال الأصمعي: رأيت بالبادية رجلًا قد دق عظمه، وضؤل جسمه، ورق جلده، فتعجبت فدنوت منه أسأله عن حاله، فلم يرد جوابًا، فسألت جماعة حوله عن حاله فقالوا: اذكر له شيئًا من الشعر يُكلِّمك. فقلت:

سبق القضاء بأنني لك عاشق
حتى الممات فأين منك مذاهبي

فشهق شهقة ظننت أن روحه قد فارقته، ثم أنشأ يقول:

أخلو بذكرك لا أريد محدثًا
وكفى بذلك نعمة وسرورا
أبكي فيطربني البكاء وتارة
يأبى فيأتي من أحب أسيرا
فإذا أنا سمحٌ بفرقة بيننا
أعقبت منه حسرة وزفيرا

قلت: أخبرني عن حالك. قال: إن كنت تريد علم ذلك فاحملني وألقني على باب تلك الخيمة. ففعلت، فأنشأ يقول بصوت ضعيف يرفعه جهده:

ألا ما للمليحة لا تجود
أبخل ذاك منها أم صدودُ
فلو كنت المريضة جئت اسعى
إليك ولا ينهنهني الوعيد

فإذا جارية مثل القمر خرجت فألقت نفسها عليه فاعتنقا مدة طويلة، فجئت أفرق بينهما خشية أن يراهما الناس، فإذا هما ميتان، فما برحت حتى صليت عليهما ودفنا، فسألت عنهما فقيل لي: هما عامر بن غالب وجميلة بنت إميل.

عويمر العقيلي وابنة عمه

قال خلاد بن يزيد: كان عويمر العقيلي مشغوفًا بابنة عم له يقال لها: ريا. فزُوِّجت برجل فحملها إلى بلاده، فاشتد وجده واعتل علة أخذه الهلاس بها، فدعوا له طبيبًا لينظر إليه، فقال له: أخبرني بالذي تجد. فقال منشدًا:

كذبت على نفسي فحدثت أنني
سلوت لكيما ينظروا حين أصدقُ
وما عن قلى مني وعلى عن مِلالةٍ
ولكنني أبقي عليك وأشفق
وما الهجر إلا جنة لي لبستها
لتدفع عني ما يخاف ويفرق
عطفت على أسراركم فكسوتها
قميصًا من الكتمان لا يتخرق
ولي عبرتان ما تفيقان عبرةٍ
تفيض وأخرى للصبابة تخفق
ويومان يومٌ فيه جسم معذبٍ
عليل ويوم للتفرق مطرقُ
وأكثر حظي منك أني إذا سرت
لي الريح من تلقائكم أتنشق

ثم ذهب عقله. فقال الطبيب لأهله ومن حضره: ارفقوا به. ثم انصرف فما مكث إلا ليالٍ يسيرة حتى قضي عليه.

العاشق وعشيقته هلال

قال ابن الأشدق: كنت أطوف بالبيت فرأيت شابًا تحت الميزاب قد أدخل رأسه في كسائه وهو يئن كالمحموم، فسلمت، فرد السلام ثم قال: من أين؟ قلت: من البصرة. قال: أترجع إليها؟ قلت: نعم. قال: فإذا دخلت النباج فاخرج إلى الحي ثم نادِ: يا هلال يا هلال، تخرج إليك جارية فتنشدها هذا البيت:

لقد كنت أهوى أن تكون منيتي
بعينيك حتى تنظري ميت الحب

ومات مكانه. فلما دخلت النباج أتيت الحي فناديت: يا هلال، يا هلال، فخرجت إليَّ جارية لم أرَ أحسن منها وقالت: ما وراءك؟ قلت: شاب بمكة أنشدني هذا البيت. قالت: وما صنع؟ قلت: مات. فخرَّت مكانها ميتة.

ابن عبد الرحمن بن عوف وابنة عمه

قال هشام الكلبي: كان بالمدينة رجل من ولد عبد لرحمن بن عوف وكان شاعرًا، وكانت عنده ابنة عم له كان لها عاشقًا وبها مستهترًا، فضاق ضيقة شديدة وأراد المسير إلى هشام إلى الرصافة، فمنعه من ذلك ما كان يجد بها وكره فراقها. فقالت له يومًا وقد بلغ منها الضيق: يا بن عمي، ألا تأتي الخليفة لعل الله — تعالى — أن يقسم لك منه رزقًا فتكشف به عن بعض ما نحن فيه، فلما سمع ذلك منها نشط للخروج فتجهز ومضى حتى إذا كان من الرصافة على أميال خطر ذكرها بقلبه وتمثلت له، فلبث ساعة مغمى عليه ثم أفاق فقال للجمَّال: قف بنا، فوقف، فأنشد يقول:

بينما نحن في بلاكث فالقا
ع سراعًا والعيس تهوي هُويًا
خطرت خطرة على القلب من ذك
راك وهنًا فما أطلقت مُضِيًا
قلت لبيك إذ دعاني لك الشو
ق وللحادين رُدّا المطيّا
فكررنا صدور عيس عتاق
مضمرات طوين بالسير طيّا
ذاك مما لقينا من دلج السير
وقول الحداة بالليل هيّا

ثم قال للجمال: ارجع بنا، فقال: سبحان الله! قد بلغت طيتك، هذه أبيات الرصافة، فقال: والله لا تخطو خطوة إلا راجعة، فرجع، حتى إذا كان من المدينة على قدر ميل لقيه بعض بني عمه فأخبره أن امرأته قد تُوفيت، فشهق شهقة وسقط عن ظهر الجمل ميتًا.

ابن العاص وجارية أحبها

عشق رجل من ولد سعيد بن العاص جارية بديعة الصوت شهيرة بالغناء، فهام بها دهرًا وهو لا يُعلمها بذلك، ثم إنه ضجر فقال: والله لأبوحنَّ لها. فأتاها عشية، فلما خرجت إليه قال لها: أخبريني بالله هل أنشدتِ:

أتجزون بالود المضاعف مثله
فإن الكريم من جزى الود بالود؟

قالت: نعم، وأنشدت أحسن منه فقالت:

للذي ودنا المودة بالضعف
وفضل البادي به لا يجازى
لو بدا ما بنا لكم ملأ الأرض
وأقطارَ شامها والحجازا

فاتصل خبر هذين البيتين بعمر بن عبد العزيز وهو أمير المدينة فابتاعها له وأهداها إليه، فمكثت عنده سنة ثم ماتت، فلم يلبث من حزنه عليها أن تبعها إلى دار البقاء.

اجتماع محبين بعد الموت

قال أبو الخطاب الأخفش: خرجت في سفر فنزلت على ماء لطيء، فبصرت بخيمة من بعيد، فقصدت نحوها فإذا فيها شاب على فراشٍ كأنه الخيال، فأنشأ يقول:

ألا مال الحبيبة لا تعود
أبخل بالحبيبة أم صدودُ
مرضت فعادني عواد قومي
فما لك لم تُرَيْ فيمن يعودُ
فلو كنت المريض ولا تكوني
لعدتكم ولو كثر الوعيدُ
ولا استبطأت غيرك فاعلميه
وحولي من ذوي رحمي عديد

ثم أُغمي عليه فمات. فوقعت الصيحة في الحي فخرج من آخر الماء جارية كأنها فلقة قمر، فتخطت رقاب الناس حتى وقفت عليه فقبّلته وأنشأت تقول:

عداني أن أعودك يا حبيبي
معاشر فيهم الواشي الحسود
أذاعوا ما علمت من الدواهي
وعابونا وما فيهم رشيد
فأما إذ حللت ببطن أرض
وقصر الناس كلهم اللحود
فلا بقيت لي الدنيا فواقًا
ولا لهم ولا أثري عديد

ثم شهقت شهقة فخرت ميتة منها. فخرج من بعض الأخبية شيخ فوقف عليهما وقال: والله لئن فرقتُ بينكما حيين لأجمعن بينكما ميتين، ثم ضم كلًا إلى الآخر ودفنهما في قبر واحد. فسألته فقال: هذه ابنتي وهذا ابن أخي.

سهلان القاضي وأحد العُشَّاق

قال سهلان القاضي: بينا أنا مارٌّ في طرقات جبل شورى، وقد مرت بي قافلة عظيمة، إذ نحن بشاب على الطريق ذاهب العقل مدهوش عريان، وبين يديه ثياب ممزقة. فقال لي: أين رأيت القافلة؟ قلت: في موضع كذا. قال: آه من البين، آه من البين، آه من دواعي الحين... فقلت: وما دهاك؟ فقال:

شيعتهم من حيث لم يعلموا
ورحت والقلب بهم مغرمُ
سألتهم تسليمة منهم
عليَّ إذ بانوا فما سلموا
ساروا ولم يرثوا لمستهتر
ولم يبالوا قلب من تيموا
واستحسنوا ظلمي فمن أجلهم
أحب قلبي كل من يظلم

شجاع والفتاة العفيفة

أحب أحد الشبان فتاة جميلة شهيرة بالورع والتقوى، ومن شدة حبه بها علاه السقام وزادت منه الأوجاع والآلام، فتقاطرت عليه الأطباء دون أن يروا جدوى، ولما أعيت الحيلة استكشفوه الأهل عن أمره فأبى إلا الكتمان، ولما اشتد عليه حاله اختلى بامرأة من أنسبائه كبيرة السن من أهل الوفاء والمعروف فأطلعها جلية الأمر. فسارت توًّا إلى الفتاة وخاطبتها سرًّا بما في نفسه لأجلها وطلبت منها أن تعطف عليه وتجبر خاطره الكسير. فقالت لها: أبلغيه مني السلام وقولي: أي أخاه إني والله قد وهبت نفسي لمليك يكافئ من أقرضه بالعطايا الجزيلة، ويعين من انقطع إليه وخدمه بالهمم الرفيعة، وليس إلى الرجوع بعد الهبة سبيل، فتوسلي إلى مولاك ومولاي أن يسبل عليَّ ذيل المعذرة ويعاملني على ذنبي بجميل المغفرة والسلام. فقامت المرأة من عندها وأخبرته بمقالتها، فبكى بكاء شديدًا. فقالت له العجوز: والله يا بني ما رأيت فتاة أشد تقاوة وطهارة منها، فاعمل بما أمرتك به ولا تلقِ نفسك بالتهلكة، ولو قدرت على عمل حيلة أنفذ بها لعملتها، ولكني رأيت أنها جعلت الله نصب عينيها، ومن جعل الله — تعالى — نصب عينيه لها عن زينة الحياة. فجعل يبكي ويقول: أنَّى لي بلوغ ما دعت إليه ومتى يكون الملتقى؟ واشتد وجده حتى أفضى إلى الجنون، فصار يجول في الطرقات بحالة يُرثى لها فيجتمع عليه الأولاد قائلين ومستهزئين: مت عشقًا مت عشقًا، فكان يقول:

أأفشي إليكم بعض ما قد يهيجني

أم الصبر أولى بالفتى عندما يلقى
ألوعد وعدًا ما له الدهر آخرٌ
وأؤمر بالتقوى ومن لي بالتقوى
سلامٌ على من لا أسميه باسمه
ولو صرت مثل الطير في قفصٍ يلقى
ألا أيها الصبيان لو ذقتم الهوى
لأيقنتم أني محدثكم حقًا
أحبكم من حبها وأراكم
تقولون لي مت يا شجاع بها عشقا
فلم تنصفوني لا ولا هي أنصفت
فرفقًا رويدًا ويحكم بالفتى رفقا

فلما اتضح لأهله حقيقة حبه وغرامه جعلوا يسألونه عن أمره فلا يجيبهم، وكتمت العجوز حقيقة أمره، فأخذوه وحبسوه في بيت لهم، فلم يزل فيه حتى مات.

مصرع عاشق سمع آية الكتاب

قال عبد الرحمن الصوفي: كنتُ ببغداد بسوق النخاسين فرأيت قومًا مجتمعين فدنوت منهم، فرأيت شابًا مصروعًا مغشيًا عليه، فقلت لواحد منهم: ما الذي أصابه؟ فقال: سمع آية من كتاب الله عز وجل. فقلت: وأية آية هي؟

فقال: قوله عزَّ وجلَّ: أَلَمْ يَأْنِ لِلَّذِينَ آمَنُوا أَن تَخْشَعَ قُلُوبُهُمْ لِذِكْرِ اللهِ (الحديد: ١٦)، فلما سمع أفاق وأنشد:

ألم يأن للهجران أن يتصرما
وللغصن غصن البان أن يتبسما
وللعاشق الصب الذي ذاب وانحنى
أما آن أن يُبكى عليه ويُرحما
كتبت بماء الشوق بين جوانحي
كتابًا حكى نفس الوشاة منمنما

ثم صاح صيحة خرَّ مغشيًا عليه، فحركناه فإذا هو ميت.

محمد بن داود وإبراهيم بن نفطويه

قال إبراهيم بن نفطوية النحوي: دخلت على محمد بن داود الأصفهاني في مرضه الذي مات فيه، فقلت: ماذا ألمَّ بك؟ قال: حب مَن تعلم أورثني ما ترى. قلت: ما منعك منه مع القدرة عليه؟ قال:

الاستمتاع على وجهين؛ النظر المباح واللذة المحظورة، فقد منعني منها ما بلغني عن النبي ﷺ قوله: «من عشق وكتم وعفَّ؛ غفر الله له وأدخله الجنة»، ثم أنشد أبياتًا لنفسه. فلما انتهى إلى قوله:

إن يكن عيب خده من عذارٍ
فعيوب العيون شعر الجفونِ

قلت له: أنت تنفي القياس في الفقه وتُثبته في الشعر. فقال: غلبة الهوى وملكة النفس دعوا إليه. فما كدت أفارقه حتى سمعت نعيه، فأسفت عليه كثيرًا.

جارية عبد الله بن جعفر وأحد الفتيان

قال عبد الله بن جعفر: اشتريت جارية مولدة بعشرة آلاف درهم، وكانت حاذقة مطبوعة، فهمت في حبها غاية الهيام. ففي ذات يوم قدمت إليَّ عجوز فذكرت لي أن بعض أعراب المدينة يحبها وتحبه ويراها وتراه، وأنه يجيء كل ليلة فيقف بالباب ليسمع غناءها ويبكي شغفًا وحبًّا. فعزمت على كشف الأمر، فلما كان الوقت المذكور نظرت فإذا به قد دنا مقبلًا، فلبث محدقًا بهما مصغيًا إلى ما يقولان، فإذا بها تكلمه ويكلمها ويشكو كل إلى رفيقه ما يلاقي من ألم البعد. فلما أشرق الصباح دعوت بها فحضرت، فأخذتها بيدها وملت نحو الرجل فحركته فانتبه مذعورًا، فقلت: لا بأس عليك ولا خوف، هي هبة مني إليك. فذُهش الفتى ولم يجبني، فدنوت منه وقلت همسًا في أذنه: قد أظفرك الله بما تريد، فقم وانصرف بها إلى منزلك. فلم يرد جوابًا، فحركته فإذا هو ميت.

امرأة مات حبيبها

أحبت امرأة رجلًا وكان متمنعًا عنها زمانًا فراسلته أن يتزوج بها ففعل، وكانت بينهما ألفة شديدة فمكثا على ذلك مدة فمرض فمات، فجعلت المرأة تتردد إلى قبره ولزمته يومًا تبكي وتنشد:

كفى حزنًا أني أموت بحسرةٍ
وأغدو على قبر ومن فيه لا يدري
فيا نفس شقي جيب عمرك عنده
ولا تبخلي بالله يا نفس بالعمر
فما كان يأبى أن يجود بنفسه
لينقذني لو كنت صاحبة القبر

ثم زادت في النحيب وانكبت على القبر تبكي فإذا هي ميتة.

الشريف البياضي والجارية

عشق الشريف البياضي جارية لبنت فخر الملك فوجِد بها وجدًا عظيمًا، وزاد أمره حتى شاع بين الناس، ولم يزل حتى مرضت فمرض هو أيضًا، فلما ماتت طاش عقله وذهب لبُّه فلحق بها وهو ينشد قائلًا:

دع الوقوف على الأطلال والدمن
فليس ينفع مسكون بلا سكنِ
أما تراني لا أثني على طللٍ
بعد الفراق ولا آوي إلى وطنِ
وكيف يأنس قلبي بالديار وقد
أصاب فيها الردى من كان يؤنسني
إن الذي أذاقوني فراقهم
أفنيت بعدهم دمعي من الحزنِ
لله من لعبت أيدي المنون به
ضنًّا بما فيه أن يبقى على الزمنِ
جعلت روحي له من روحه عوضًا
مقيمةً معه في ذلك الكفنِ
فصار كَالحي إذ روحي تحلّ به
وصرت كالميت إذ لا روح في بدني
وكيف تصحب روحي بعده جسدي
وكان إن غاب تأبى أن تصاحبني

عبيد النعالي وأحد العُشَّاق

قال عبيد النعالي: انصرفت من جنازة من مسجد الرضا في وقت الهاجرة، فلما دخلت سكك البصرة اشتد عليَّ الحر، فتوخيت سكة ظليلة واضطجعت على باب دار فسمعت ترنمًا يجذب الفؤاد، فطرقت الباب واستقيت ماءً، فإذا فتى بديع الجمال نحيل من شدة السقام أدخلني إلى غرفة نظيفة له، فلما هدأ بالي وراقت أحوالي خرج الفتى ومعه وصيفة تحمل طستًا وماء ومنديلًا، فغسلت يدي وشربت وأخذت ردائي، وجلست فلبثت يسيرًا وإذا بالفتى قد أقبل ضاحكًا ليؤنسني والعبرة تنحدر من عينيه، ثم جيء بالطعام فأقبل يأكل كأنه نغص بما يأكله، وهو في ذلك يبسطني، فلما انقضى أكلنا أتتنا بشراب فشرب قدحًا وشربت آخر، ثم زفر زفرة ظننت أن أعضاءه قد انقضت وقال لي: يا أخي، إن لي نديمًا فقم بنا إليه، فقمت وتقدمني ودخل مجلسًا فإذا قبر عليه ثوب أخضر وفي البيت رمل مصبوب، فقعد على الرمل وطرح لي رداءه فقلت: والله لا قعدت إلا كما تقعد، وأقبل يردد العبرات ثم شرب كأسًا وشربت وأنشأ يقول:

أطأ التراب وأنت رهن حفيرة
هالت يداي على صداك ترابها
إني لأعذر من مشى إن لم أطأ

بجفون عيني ما حييت جنابها
لو أن جمر جوانحي متلبس
بالنار أطفأ حرها وأذابها

ثم أكبَّ على القبر مغشيًا عليه، فجاءه غلام بماء فصبه على وجهه فأفاق، فشرب ثم أنشأ يقول:

اليوم آب لي السرور لأنني
أيقنت أني عاجلًا بك لاحق
فغدًا أقاسمك البِلى ويسوقني
طوعًا إليك من المنية سائق

ثم قال لي: قد وجب حقي عليك فاحضر غدًا جنازتي، قلت: يطيل الله عمرك، قال: إني ميت لا محالة، فدعوت له بالبقاء، فقال: إن طاوعتني فأنت قائل:

جاور خليلك مسعدًا في رمسه
كيما ينالك في البلى ما ناله

فانصرفت وقد طال ليلي ونفذ صبري، وغدوت إليه فإذا هو قد مات.

المرقش وأسماء

كان المرقش من حبه لأسماء يألف البراري ويلزم الخلاء، ففي ذات يوم مرَّ به راعٍ يرعى غنمه فرآه مطروحًا على الأرض، فقال له: مَن أنت؟ قال له المرقش: أنا رجل من مرادٍ، فراعي من أنت؟ فأعلمه باسم سيده فإذا هو زوج أسماء، فقال له: تُكلِّم مولاتك؟ قال: لا، ولكن تأتيني جارية من عندها لأخذ اللبن، فنزع المرقش خاتمه وقال للراعي: ألقه في القدح فتصيب به خيرًا، ففعل، فلما رأته أسماء دعت بالجارية وسألتها عن الخبر، فقالت: لا أعلم، فسألت زوجها عنه فأحضر الراعي فأعلمه الحقيقة، فأشفق عليه وركب وأركب زوجته فأدركوا عمرًا على آخر رمق، فحملوه إليهم، فلم يلبث قليلًا حتى مات، فوجدوا أمامه رقعة فيها:

سما نحوي خيالٌ من سليمى
فأرَّقني وأصحابي هجودُ
حواليها مها بيض التراقي
وآرامٌ وغزلانٌ رقودُ
نواعم لا تعالج بؤس عيشٍ
أوانس لا تروح ولا ترود
سكنَّ ببلدة وسكنت أخرى
فقطعت المواثق والعهود

فما بالي رقيق القلب حبًّا
وما بالي أصاد ولا أصيد
أناس كلما أخلقت وصلًا
عناني منهم وصلٌ جديدُ

مسعدة بن وائلة ورملة بنت أثيلة

صادف مسعدة بن وائلة الصادمي فتاة حسناء قادمة لتملأ جرة من الماء، فقالت له: هل لك أن تكفيني كلفة التعب؟ قال: وما تطلبين؟ قالت: ملء هذه الجرة، وأعطته إياها، فلما ملأها وهمت أن تتناولها منه شمرت عن زندين كالبللور حسنًا ونورًا، ثم تناولت القربة فانكشف البرقع عن وجهها كأنما تعير الشمس منه ضياء، فوقع في قلبه حب مكين لها، فشكا إلى صديق له وسأله عن اسم الجارية، فقال: هي رملة بنت أثيلة، وأعلمه بمكانها، فكان يمضي في كل يوم فيقف حتى يراها فيشكو إليها ما عنده من الحب حتى داخلها من العشق ما داخله، فعلم أهلها بذلك فحجبوها عنه، فخرج حزينًا خائفًا، فرأى حمامات على أراكة ينُحن، فهاجت بلابله وأنشد:

دعت فوق أغصان من الأيك موهنًا
مطوقة ورقاء في إثر آلف
فهاجت مفاعيل الهوى إذ ترنمت
وشبت ضرام الشوق بين المعاطف

ثم أظلم الظلام فسمع قائلًا يقول:

ولا شيء بعد اليوم إلا تعلة
من الطيف أو تلقى بها منزلًا قفرا

فهاج قلقه وسار، فإذا براعٍ يقول:

كفى بالليالي مخلقات لجدة
وبالموت قطاعًا حبال القرائنِ

فلما سمع هذا البيت خرَّ مغشيًّا عليه، فحملوه إلى بيته، فلما أفاق أنشد يقول:

يا راعي الضان قد ألقيت لي كمدًا
يبقى ويقلقني يا راعي الضانِ
نعيت نفسي إلى روحي فكيف إذا
أبقى ونفسي في أثناء أكفاني
لو كنت تعلم ما أسررت في كبدي

بكيت مما تراه اليوم أبكاني

فلم يزل يردده حتى مات.

الفتى العاشق

قال عبد الملك بن محمد: خرجت من البصرة أريد الحج فإذا أنا بفتى نضو قد نهكه السقام يقف ناظرًا في كل محل وهودج يمر من هناك، فعجبت منه ومن فعله، فقال:

أحجاج بيت الله في أي هودج
وفي أي خدر من خدوركم قلبي
أأبقى أسير الحب في دار غربة
وحاديكم يحدو بقلبي في الركب

فلم أزل أقف عليه حتى جاء إلى المنزل، فاستند إلى جدار ثم قال:

خلِّ فيض الدمع ينهملُ
بانَ من تهواه فارتحلوا
كل دمعٍ صانه كلف
فهو يومَ البين مبتذل

ثم تنفس الصعداء وشهق شهقة فحرَّكته فإذا هو ميت.

الأعرابي ومحبوبته

قال ابن الزهري: خرجت في نشدان ضالة لي فآواني المبيت إلى خيمة أعرابي، فقلت: هل مَن قرى؟ فقال لي: انزل، فنزلت، فثنى لي وسادة وأقبل عليَّ يحدثني ثم أتاني بقرى فأكلت، فبينا أنا بين النائم واليقظان إذا بفتاة قد أقبلت لم أرَ مثلها جمالًا وحسنًا، فجلستْ وجعلتْ تُحدِّث الأعرابي ويُحدثها إلى أن طلع الفجر ثم انصرفت، فقلت: والله لا أبرح موضعي هذا حتى أعرف خبر الجارية والأعرابي، فمضيت في طلب ضالتي يومًا ثم أتيته عند الليل، فأتى بقرى، فبينا أنا بين النائم واليقظان وقد أبطأت الجارية عن وقتها قلق الأعرابي فكان يذهب ويجيء وهو يقول:

ما بال مية لا تأتي لعادتها
أعاجها طرب أم صدها شغلُ
لكن قلبي عنكم ليس يشغله
حتى الممات وما لي غيركم أمل
لو تعلمين الذي بي من فراقكم

لما اعتذرت ولا طابت لك العلل
نفسي فداؤك قد أحللت بي سقمًا
تكاد من حره الأعضاء تنفصل
لو أن عادية منه على جبل
لماد وانهد من أركانه الجبل

ثم أتاني ونبهني وقال لي: إن خلتي التي رأيت بالأمس قد أبطأت عليَّ وبيني وبينها مسافة طويلة لا آمن عليها من سبع مفترس فابقَ هنا لأبحث عنها، ثم مضى فأبطأ قليلًا، ثم جاء بها يحملها بين يديه وقد فتك بها أحد السباع فوضعها بين يدي، ثم أخذ السيف ومضى، فلم أشعر إلا وقد جاء بالأسد مقتولًا، ثم أنشأ يقول:

ألا أيها الليث المضرُّ بنفسه
ضللت لقد جرَّت يداك لك الشرا
أخلفتني فردًا وحيدًا مولهًا
وصيرت آفاق البلاد بها قبرا
أأصحب دهرًا خانني بفراقها
معاذ إلهي أن أخون بها دهرا

ثم قال لي: هذه ابنة عمي كانت عزيزة عليَّ فمنعني أبوها أن أتزوجها، فزوجها رجلًا من أهل هذه البيوت، فخرجت من مالي كله ورضيت بالمقام هنا على ما ترى، فكانت إذا وجدت خلوة أو غفلة من زوجها أتتني فحدثتني وحدثتها كما رأيت من سلامة النية وطهارة الفؤاد، وقد آليت على نفسي ألا أعيش بعدها، فأسألك بالحرمة بيننا إذا أنا مت فالففني وإياها بهذا الثوب وادفنا في مكاننا هنا، واكتب على قبرنا هذا الشعر:

كنا على ظهرها والدهر في مهلٍ
والعيش يجمعنا والدار والوطنُ
ففرّق الدهر بالتصريف فرقتنا
فاليوم يجمعنا في بطنها الكفن

ثم اتكأ على سيفه فخرج من ظهره فسقط ميتًا، فلففتهما في الثوب وحفرت لهما فدفنتهما في قبر واحد وكتبتُ عليه كما أمرني.

عبد الله بن المعمر وعتبة وريًا بنت الغطريف

قال عبد الله بن معمر: حججت سنة إلى بيت الله الحرام، فلما قضيت حجي عدت إلى زيارة قبر النبي، فبينما أنا ذات ليلة جالس في الروضة بين القبر والمنبر إذ سمعت أنينًا رقيقًا بصوت رخيم، فأنصت إليه وإذا هو يقول:

أشجاك نوح حمائم السدر
فأثار منك بلابل الصدر
أم ساء حالك ذكر غانيةٍ
أهدت إليك وساوس الفكر
يا ليلة طالت على دنفٍ
يشكو الغرام وقلة الصبر
أسهرت من يصلى بحر جوى
متوقدٍ كتوقد الجمر
فالبدر يشهد أنني كلفٌ
صب بحب شبيهة البدر
ما كنت أحسب أنني كلفٌ
حتى بليت وكنت لا أدري

ثم انقطع صوته ولم أدرِ من أين جاءني، فبقيت حائرًا، وإذا به أعاد الأنين وأنشد يقول:

أشجاك من ريا خيالٌ زائرُ
والليل مسود الذوائب عاكر
واعتاد مقلتك الهوى بسهاده
وأهاج مهجتك الخيال الزائر
ناديت ليلي والظلام كأنه
بحر تلاطم فيه موج زاخر
يا ليل طلت على محبٍّ ما له
إلا الصباح مساعد وموازر
فأجابني لا تشكونَّ إطالتي
إن الهوى لهو الهوان الحاضر

فنهضت إليه عند ذلك أقصد جهة الصوت، فرأيته غلامًا في غاية الجمال لم ينبت له عذار بعد، فقلت له: نعمت غلامًا، فقال: ومن أنت؟ قلت: عبد الله بن معمر القسيس، قال: أفلك حاجة؟ قلت له: كنت جالسًا في الروضة فما راعني هذه الليلة إلا صوتك، فبنفسي أفديك ما الذي تجده؟ قال: اجلس، فجلست، قال: أنا عتبة بن الحباب بن المنذر الأنصاري غدوت إلى مسجد الأحزاب فبقيت راكعًا وساجدًا، ثم اعتزلت أتعبد وإذا بنسوة يتهادين كالأقمار وفي وسطهن جارية بديعة الجمال كاملة الملاحة فوقفت عليَّ وقالت: يا عتبة، ما تقول في وصل من يطلب وصلك؟ ثم تركتني وذهبت، فلم أسمع لها خبرًا ولا وقفت لها على أثر، وها أنا حيران أنتقل من مكان إلى مكان، وصرخ وانكبَّ على الأرض مغشيًّا عليه، ثم أفاق كأنما صبغت ديباجة خديه وأنشأ يقول:

أراكم بقلبي من بلادٍ بعيدةٍ
تراكم تروني بالقلوب على بعدِ
فؤادي وطرفي يأسفان عليكم

وعنكم روحي وذكركم عندي
ولست ألذ العيش حتى أراكم
ولو كنت في الفردوس أو جنة الخلد

فقلت له: يا عتبة، يا بن أخي تب إلى ربك واستغفر من ذنبك، فإن بين يديك هول الموقف، فقال: هيهات! ما أنا سالٍ حتى يئوب القارظان، ولم أزل معه حتى طلع الفجر، فقلت له: قم بنا إلى المسجد، فقام فجلسنا فيه حتى صلينا وإذا بالنسوة قد أقبلن، وأما الجارية فليست فيهن، فقلن: ما ظنك بطالبة وصلك، قال: وما بالها؟ قلن: أخذها أبوها وارتحل إلى السماوة، فسألتهن عن اسم الجارية فقلن: ريَّا بنت الغطريف السليمي، فرفع رأسه وأنشد:

خليليّ ريا قد أجد بكورها
وسارت إلى الأرض السماوة عيرها
خليليّ إني قد غشيت من البكا
فهل عند غيري عبرة أستعيرها

فقلت له: يا عتبة، إني وردت بمال جزيل أريد به ستر أهل المروءة، لأبذلنَّه أمامك حتى تبلغ رضاك وفوق الرضا، فقم بنا إلى مجلس الأنصار، فقمنا حتى أشرفنا على ملئهم، فسلمت عليهم، فأحسنوا الرد، ثم قلت: أيها الملأ، ما تقولون في عتبة وأبيه؟ قالوا: من سادات العرب، قلت: اعلموا أنه رُمِي بداهية الهوى، فأريد منكم المساعدة إلى السماوة، فقالوا: سمعًا وطاعة، فركبنا وركب القوم معنا حتى أشرفنا على مكان بني سليم، فعلم الغطريف بمكاننا فخرج مبادرًا واستقبلنا وقال: حييتم يا كرام، فقلنا له: وأنت حييت، إنا لك أضياف، فقال: نزلتم بأكرم منزل رحب، فنزل ثم نادى: يا معشر العبيد انزلوا، فنزلت العبيد وفرشت الأنطاع والنمارق وذبحت النعم والغنم، فقلنا: نحن لا نذوق طعامك حتى تقضي لنا حاجتنا، قال: وما حاجتكم؟ قلنا: نخطب ابنتك الكريمة لعتبة بن الحباب بن المنذر العالي الفخر الطيب العنصر، فقال: يا إخواني، إن التي تخطبونها أمرها لنفسها وأنا أدخل وأخبرها، ثم نهض مغضبًا ودخل إلى ريا، فقالت: يا أبتِ، ما لي أرى الغضب بائنًا عليك، فقال: ورد عليَّ قوم من الأنصار يخطبونك مني، فقالت: سادات كرام استغفر لهم النبي عليه السلام، فلمن الخطبة فيهم؟ فقال لها: لفتى يُعرف بعتبة بن الحباب، قالت: سمعت عن عتبة هذا أنه يفي بما وعد ويدرك ما طلب، فقال: أقسمت لا أزوجك به أبدًا، فقد نمى إليَّ بعض حديثك معه، قالت: ما كان ذلك، ولكن أقسمت أن الأنصار لا يردون مردًا قبيحًا فأحسن لهم الرد، قال: بأي شيء؟ قالت: أغلظ عليهم المهر فإنهم يرجعون، قال: ما أحسن ما قلتِ، ثم خرج مبادرًا فقال: إن فتاة الحي قد أجابت ولكن تريد لها مهرًا لائقًا بها، فمن القائم به؟ فقلت: أنا، قال: أريد لها مهرًا ألف أسوار من الذهب الأحمر وخمسة آلاف درهم من ضرب هجر ومائة ثوب من الأبراد وخمسة أكرسة من العنبر، فهل أجبت؟ فقلت: أجبت، وأنفذت نفرًا من الأنصار إلى المدينة المنورة فأتوا بجميع ما ضمنه، وذبحت النعم والغنم واجتمع الناس لأكل الطعام، فأقمنا على هذه الحال أربعين يومًا، ثم قال: خذوا فتاتكم فحملناها على هودج وجهزها بثلاثين راحلة من التحف، ثم ودَّعنا وانصرف، وسرنا حتى بقي بيننا وبين المدينة المنورة مرحلة ثم خرجت علينا خيل تريد الغارة فحمل عليها عتبة بن الحباب فقتل عدة رجال وانحرف وبه طعنة ثم سقط إلى الأرض، وأتتنا النصرة من سكان تلك الأرض فطردوا عنا

الخيل وقد قضى عتبة نحبه، فقلنا: واعتباه، فسمعت الجارية ذلك فألقت نفسها على الناقة وانكبت عليه صائحة نائحة وأنشدت تقول هذه الأبيات:

تصبرت لا أني صبرت وإنما
أعلل نفسي أنها بك لاحقهْ
ولو أنصفت روحي لكانت إلى الردى
أمامك من دون البرية سابقهْ
فما أحد بعدي وبعدك منصف
خليلًا ولا نفسٌ لنفسي موافقهْ

ثم شهقت شهقة واحدة وأسلمت الروح، فحفرنا لهما قبرًا واحدًا وواريناهما التراب، ورجعت إلى ديار قومي وأقمت فيها سبع سنين، ثم عدت إلى الحجاز ودخلت المدينة المنورة للزيارة، فقلت: لأعودنَّ إلى قبر عتبة، فأتيت إليه فإذا عليه شجرة عالية عليها عصائب لطيفة الألوان، فقلت لأرباب المنزل: ما يُقال لهذه الشجرة؟ فقالوا: شجرة العروسين، فأقمت عند القبر يومًا وليلة وانصرفت.

مصرع ثلاثة عُشَّاق في يوم واحد

كانت فتاة جميلة تهوى شابًّا لطيفًا للغاية، وكان الشاب يهوى قينة بديعة الصوت فتانة الملامح لها معرفة بتلك الفتاة، فبينما كانت تلك القينة في مجلس مع الشاب أنشدت له هذين البيتين:

علامات ذل الهوى
على العاشقين البكا
ولا سيما عاشقٌ
إذا لم يجد مشتكى

فقال لها الشاب: أحسنت يا سيدتي، أفتأذنين لي أن أموت؟ فقالت له القينة: نعم، إن كنت عاشقًا فمت، فوضع الشاب رأسه على وسادة وأغمض عينيه، فحرَّكوه فإذا به ميت، ولما سمعت الفتاة التي تهواه بخبر موت حبيبها توسدت على منواله فحرَّكوها فإذا بها ميتة، فجهزوها مع الشاب وساروا في جنازتهما، فبينما هم في الطريق رأوا جنازة ثالثة فسألوا عنها فإذا هي جنازة القينة، فدفنوا الثلاثة في يوم واحد.

غسان بن جهضم وزوجته أم عقبة

كان غسان بن جهضم مفتونًا بحب ابنة عمه أم عقبة، وكانت من أجمل النساء وأحسنهن وأفضلهن خصالًا، فلما حضرته الوفاة جعل ينظر إليها ويبكي، ثم قال لها: إني منشدك أبياتًا أسألك فيها عما تصنعين بعدي وأرجوك أن تصدقيني، فقالت: قل فوالله لا أكذبك أمرًا، فأنشد:

أخبري بالذي تريدين بعدي
ما الذي تضمرين يا أم عقبهْ
تحفظيني من بعد موتي لما قد
كان مني من حسن خلقٍ وصحبهْ
أم تريدين ذا جمال ومالٍ
وأنا في التراب رهن سجنٍ وغربهْ

فأجابته:

قد سمعنا الذي تقول وما قد
خفته يا خليل من أم عقبهْ
سوف أبكيك ما حييت شجوًا
بمراثٍ أقولها وبندبهْ

فقال:

أنا والله واثقٌ بك لكن
ربما خفت منك غدر النساء
بعد موت الأزواج يا خير من عو
شر فارعي حقي بحسن وفاء
إنني قد رجوت أن تحفظي العهد
فكوني إذا مت عند رجائي

فلما مات توافد عليها الخُطَّاب، فقالت:

سأحفظ غسانًا على بعد داره
وأرعاه حتى نلتقي يوم نحشرُ
وإني لفي شغل عن الناس كلهم
فكفوا فما مثلي من الناس يغدرُ
سأبكي عليه ما حييت بعبرةٍ
تسيل على الخدين مني فيكثرُ

فلما طالت الأيام وكثر إلحاح الناس أجابت الخاطب، فلما كانت الليلة التي زُفَّت بها جاءها غسان في النوم فأنشد:

غدرت ولم ترعي لبعلك حرمةً
ولم تعرفي حقًا ولم تحفظي عهدا
ولم تصبري حولًا حفاظًا لصاحبٍ

حلفت له يومًا ولم تتجزي وعدًا
غدرت به لما ثوّي في ضريحه
كذلك يُنسى كل من سكن اللحدا

فانتبهت مرعوبة كأنما كان معها، فقالت لها النساء: ما دهاك؟ قالت: ما ترك غسان لي في الحياة إربًا ولا في السرور رغبة، أتاني في المنام فأنشدني هذه الأبيات، ثم جعلت ترددها وتبكي، فشاغلنها بالحديث، فلما غفلنَّ عنها أخذت شفرة فذبحت نفسها ووفت لزوجها.

شهيدة الوفاء

اتهمت الحكومة امرأة بقتل زوجها لعدم معرفتها أين مقرّه فدُفعت للتعذيب وكانت بريئة، فأذعنت إلى ذاك الحكم دون أن تُبرِّئ نفسها لأنها قد سئمت حياتها بعده، فشنقوها، وبعد يومين عاد زوجها وطالب بحقوق امرأته فكذبوه، فبرهن على أنه زوجها، فلم ينظروا إلى كلامه، فسار هائمًا على وجهه يائسًا من الحياة.

شهيدة الحب

منظومة بقلم جامع الكتاب
لله موقف غادةٍ
عبثت بمهجتها الشجون
لعب الهوى بفؤادها
غصنًا تتيه على الغصون
فتقصفت أوراقها
حتى علا منها الأنين
ما إن تلك أوراق جنتها
قط أيدي الغارسين
حتى تعود فتنجلي
للعين زهراء الجبين
تلك الجوارح إنما
رقت لتكسير الجفون
فجنى عليها الوجد ما
لم تجنهِ نبل العيون
من نظرة قد غادرت
في قلبها السهم المكين
سهم بدا عن قوس حا
جب أهيف يرمي الفتون

فغدت تقول بلوعة
أماه هلا تعلمين
قد جاءني وحي الخفا
أني سأقضي بعد حين
فحنت عليها أمها
تبكي بكاء الخائفين
بيدٍ تضم فؤادها
كالطير ضمته الغصون
وغدت تقول بلهفة
لله ما هذي الظنون
ما أنت إلا وردةٌ
حجبت فأنى تقطفين
تحيين ما بكت السحا
ئب أو جرت ماء العيون
فبكت بنيتها بدمع
هاجه الداء الدفين
وثنت غصين قوامها
تشكو ولكن لا معين
وتقول من وله إل
هي ارحم قلوب العاشقين
واغفر لهم زلَّاتهم
فلأنت خير الغافرين
حتى إذا بسم الصبا
حُ وفتحت منه الجفون
نظرت فخالج طرفها
شبحٌ رأته منذ حين
فدنت بجاذب شوقها
حتى إذا التقت العيون
ورأت حبيب فؤادها
يدنو وتحجبه الغصون
قالت وقد نشر الحيا
ءُ لواءه فوق الجبين
أهلًا بمن ملك الفؤا
دَ هواه دون العالمين
فأجابها ذاك الفتى
فرحًا بلقياها حزين...
يا من حَوَتْ وَرْدَ الرِّيَا

ض بخدها الباهي المصون
من لي بأن يبني الهوى
منا على عهد متين
فتعاهدا حتى إذا
وافى حماها بعد حين
نظر الفتى في وجهها
دمعًا فهاجته الشجون
وارتاب في حب الفتا
ة لهُ وراعته الظنون
ورنا إليها قائلًا
بالله ماذا تشتكين
قالت وقد بسط المما
ت جناحه فوق الجبين
أشكو شرابًا صبه
الرحمن في كأس المنون
وأتت به الأقدار تس
عى نحو ذا القلب الحزين
فبكى الفتى جزعًا وصا
ح بلهفة أنى يكون...
أبيقظة يا أذن أم
في الحلم ما قد تسمعين
فأجابه من عالم النج
وى لسان العاشقين
هيهات قد حكم القضا
ء وذاك أقوى الحاكمين
بجنى غصين قد حلا
منه الجنى دون الغصون
فاصبر على بلواكِ إن
الله يجزي الصابرين
فجثا الفتى جزعًا وصا
ح حبيبتي هل تسمعين
لا لا فذاك يروع قل
بك ذكره لو تعلمين
ما زلت في مهد الصبا
من روض حسنك ترتعين
فبكت حبيبته وقا
لت تلك يا قلبي ظنون

فادنُ حبيبي للوداعِ
قبيل أن يدنو المنونَ
ويروع قلبينا بنأي
لا لقاء له يكون
فبكى وقال حبيبتي
بالله ماذا تكتمين
وأراد تخفيف الجوى
منها وإبداء الحنين
وإذا بها سقطت تجل
لل ورد خديها الغصون
فدنا ينازعها الفنا
ندمًا ولكن لات حين...
ويقول يا عذراء رف
قًا بي وبالقلب الحزين
حتى إذا هدأ الظلا
م وعم في الأرض السكون
سمع الفتى من نحوها
صوتًا يخامره الأنين
وهتاف وحي قائلٍ
وا رحمتا للعاشقين

متفرقات النوادر - الجزء الأول

النوادر الأدبية

الأذكياء في مجلس عمر

كان زياد جالسًا بمجلس عمر، فأملى عمر على كاتبه كتابًا سرًّا، فكتب الكاتب خطأ، فقال زياد: يا أمير المؤمنين، إنه كتب غير ما أمليته، فتناول عمر الكتاب فوجد الأمر كما قال زياد، فقال عمر لزياد: من أين علمت هذا؟ قال زياد: سمعت كلامك ورأيت حركة قلمه فلم أرَ بينهما اتفاقًا.

ذكاء بهلول

مرَّ بهلول بقوم في أصل شجرة يستظلون بفيئها، فقال بعضهم لبعض: تعالوا حتى نسخر على بهلول، فلما اجتمعوا به قال أحدهم: يا بهلول، تصعد هذه الشجرة وتأخذ من الدراهم عشرة، قال: نعم، فأعطوه الدراهم، فصرَّها في كمه ثم قال: هاتوا سلمًا، فقالوا: لم يكن في شرطنا سلم، قال: إن شرطي هو دون شرطكم.

عندك كام سنة؟

قال رجل لهاشم بن القرطي: كم تعد؟ قال: من واحد إلى ألف ألف وأكثر، قال: لم أرد هذا، قال: فما أردت؟ فقال: كم تعد من السن؟ قال: اثنين وثلاثين سنًّا من أعلى وستة عشر من أسفل، قال: لم أرد هذا؟ قال: فما أردت؟ قال: كم لك من السنة؟ قال: ما لي منها شيء، كلها لله عز وجل، قال: فما سنُّك؟ قال: عَظْم، قال: فابن كم أنت؟ قال: ابن اثنين، أب وأم، قال: فكم أتى عليك؟ قال: لو أتى عليَّ شيء لقتلني، قال: فكيف أقول؟ قال: قل «كم مضى من عمرك».

الكرماء يد بيضاء

أتى روح ابن حاتم برجل كان متلصصًا في الطريق، فأمر بقتله فقال: أصلح الله الأمير، لي عندك يد بيضاء، قال: وما هي؟ قال: إنك جئت يومًا إلى مجمع موالينا «بني نهشل» والمجلس حافل، فلم يتحفَّز لك أحد، فقمت من مكاني، ثم جلست فيه، قال ابن حاتم: صدق، وأمر بإطلاقه، وولَّاه تلك الناحية وضمَّنه إياها.

هبة يزيد بن مزيد

قال بعضهم: كنا مع يزيد بن مزيد، فإذا نحن بصارخ في الليل ينادي قائلًا: يا يزيد بن مزيد، فقال يزيد: عليَّ بالصارخ، فلما جيء به قال له: ما حملك على النداء بهذا الاسم؟ فقال: نقبت دابتي ونفدت

نفقتي وسمعت قول الشاعر فتمنيت به، فقال له: وما قال الشاعر؟ فأنشده:

إِذَا قِيلَ مَن لِلْمَجْدِ وَالجُودِ وَالنَّدَى
فَنَادِ بِصَوْتٍ يَا يَزِيدُ بْنُ مَزِيدِ

فلما سمع مقاله هشَّ له وقال: أتعرف يزيد بن مزيد؟ قال: لا...

قال: أنا هو يزيد، وأمر له بفرس أبلق كان مُعجبًا به وبألف درهم وصرفهُ.

أكرم الأمة

دخل جعيفران — واسمه جعفر بن علي كركزي — على أبي دلف فأنشده:

يَا أكرَمَ الأُمَّةَ مَوْجُودًا
وَيَا أعَزَّ النَّاسِ مَفْقُودَا
لمَّا سَألتُ النَّاسَ عنْ سيِّد
أصبح بين النَّاس محمُودا
قالوا جَميعًا إنَّه قَاسِم
أشْبه آباء لهُ صيدَا
لَوْ عَبَدَ النَّاسُ سِوى رَبُّهمُ
لكنتَ فِي العَالَمِ مَعْبُودَا

فقال له: أحسنت يا غلام، أعطه ألف درهم، فقال: أيها الأمير، وما أصنع بها؟ مر الغلام يأخذها ويعطيني منها كل يوم عشرة دنانير إلى أن تنفد، قال أبو دلف: أعطوه الألف، ومتى جاء أعطوه ما سأل، فأكب جعيفران على يديه يقبلهما وخرج شاكرًا حامدًا.

مروءة ابن جعفر

كان عبد الله بن جعفر من الأجواد الذين يعمون بجودهم طوائف العباد، فانتهى به إلى الإفلاس وضيق عليه، إلى أن سأله رجل فقال له: إن حالتي متغيرة بجفوة السلطان وحوادث الزمان، ولكنني أعطيك ما أمكنني، فأعطاه رداء كان عليه، ثم دخل منزله وقال: اللهم استرني بالموت، فما مر بعد دعوته إلا أيام حتى مرض ومات.

لله در بني سليم

وفد عمرو بن معدي كرب الزبيدي على مجاشع بن مسعود السلمي، وكان بين عمرو وبني سليم حروب في الجاهلية، فقدم عليه في البصرة يسأله الصلة، فقال له: اذكر حاجتك، فقال له: حاجتي

صلة مثلي، فأعطاه عشر آلاف درهم وفرسًا من بنات الغبراء وسيفًا جرارًا ودرعًا حصينة وغلامًا خبازًا، فلما خرج من عنده قال له أهل المجلس: كيف وجدت حاجتك؟ قال: لله در بني سليم، ما أشد في الهجاء لقاءها وأكثر في الأواء عطاءها وأثبت في المكرمات بناها.

الكريم والعاشق

رجع أسماء بن خارجة يومًا إلى داره فرأى فتى بالباب جالسًا فقال: ما أجلسك هاهنا؟ قال: خير، قال: والله لتخبرني، قال: جئت سائلًا أهل هذه الدار ما آكل، فخرجت إليَّ جارية اختطفت قلبي وسلبت عقلي، فأنا جالس لعلها تخرج ثانية فأنظر إليها، قال: أتعرفها إذا رأيتها؟ قال: نعم فدعا كل من في الدار من الجواري وجعل يعرضهم عليه واحدة بعد أخرى حتى مرَّت الجارية، فقال: هذه فقال: قف مكانك حتى أخرج إليك، ثم دخل وخرج والجارية معه فقال للفتى: إنما أبطأت عليك لأنها لم تكن لي إنما كانت لإحدى بناتي، ولم أزل بها حتى ابتعتها منها، خذ بيدها فإني قد وهبتها لك، وهذه الألف أصلح بها من شأنك.

إكرام النفس

قال الأصمعي: اجتزت في بعض سكك الكوفة، فإذا برجل قد خرج من الحي وعلى كتفه جرة وهو ينشد ويقول:

وَأَكْرِمِ نَفْسِي إنَّنِي إنِ أهنتُها
وَحَقِّكَ لَم تكرم عَلَى أَحَدٍ بَعْدِي

فقلت له: تكرمها بمثل هذا، فقال: نعم، وأستغني عن سفيه مثلك إذا سألته يقول صفح الله لك، فقلت: تراه عرفني، فأسرعت فصاح بي يا أصمعي، فالتفت إليه فقال:

لنَقلُ الصَّخرِ من قلل الجبَالِ
أَحبُّ إليَّ مِن منَنِ الرِّجَالِ
يَقولُ النَّاسُ كَسبٌ فِيهِ عَارٌ
وَكُلُّ العَارِ فِي ذُلِّ السُّؤَالِ

الثقلاء

الثقيل والدواء

قيل لمحمد بن زكريا الرازي: أيهما أمر؟ الثقيل المبرم أم شرب الدواء الكريه الرائحة المر الطعم؟ فقال: ما أكسب الدواء إن أعقبه الشفاء، فإن مجالسة الثقيل تُجلب الإسقام وتحل الأجسام وتورث

الأحزان وتؤلم الأبدان وتهد الأركان، وشرب الدواء يجلو الأجسام ويحلل الإسقام ويدفع الأحزان وينشط الكسلان ويقوي الأبدان.

الضيف الثقيل

دخل ثقيل على الصاحب بن عباد فأطال الجلوس وأبرم في المحادثة، فكتب الصاحب رقعة وأعطاه إياها فقرأها فإذا فيها:

إنْ كُنتَ تَزعمُ أنَّ الدَّارَ تَملِكُهَا
حَتَّى نَقُوم فَنَبغِي غَيرَهَا دَارَا
أوْ كُنْتَ تَعْلَمُ الدَّارَ أملِكُهَا
فقُمْ لكي تذهبَ الأشجَانَ وَالعَارَا

وثقيل آخر

قصد حماد الراوية دار مطيع إياس، فكتب إليه يسأله الدخول عليه:

هَل لذِي حَاجَةٍ إلَيكَ سَبيلُ
لَا يُطِيلُ الْجُلُوسَ فِيمَن يُطِيلُ

فلما قرأها أجابه:

أنتَ يَا صَاحِبَ الْكِتَابِ ثَقِيلُ
وَكَثِيرٌ مِنَ الثَّقِيلِ الْقَلِيلُ

آباء وأبناء

عدي بن حاتم وابنه

حُكي أن عدي بن حاتم الطائي أقام مأدبة فقال لولده —وكان صغيرًا—: يا ولدي، أقم على الباب، وأذن لمن تعرف وامنع من لا تعرف، فقال: والله لا يكون أول شيء وليته من أمر الدنيا منع أحد عن طعام، فقال عدي: والله يا ولدي أنت أكرم مني وأفطن، افتحوا الباب لمن شاء فليدخل.

أعرابي يرثي ولده

إذَا مَا دَعَوتُ الصَّبرَ بَعدَك وَالبُكا

أجَابَ البُكا طوعًا وَلم يُجِبِ الصَبرُ
فَإن تَقطَعي مِنك الرَجاءَ فَإنَّهُ
سَيَبقَى عَلَيكِ الحُزنُ ما بَقِيَ الَدَّهرُ

وقال آخر:

بُنَيَّ لئن ضنَّت جُفونٌ بمائها
لقد قَرِحَتْ منّي عليك جُفُونُ
دفنتُ بكفِّي بَعْضَ نفسِي فأصبحت
وللنَّفسِ منهَا دافِنٌ ودَفِينُ

وأعرابي آخر يرثي ابنه

مات ابن الأعرابي فاشتد حزنه عليه، وكان الأعرابي يُكنَّى به فقيل له: لو صبرت لكان عظم ثوابك، فقال:

بأبي وأُمّي مَن عَبأتُ حَنُوطَهُ
بيدي وَوَدَّعَني بمساءِ شَبابه
كَيفَ السُلُوُّ وكيفَ صبري بَعدَهُ
وإذا دُعيتُ فإنَّما أُكنَّى بهِ

الأم الثكلى

قيل لأعرابية مات ولدها: ما أحسن عزائك؟ قالت: إنَّ فقدي إياه أمنتي فقد كلِّ سواه، وإن مصيبتي به هونت عليَّ المصائب بعده، ثم أنشدت تقول:

كُنتَ السَّوَادَ لِنَاظِري
فَعَميَ عَلَيْكَ النَّاظِرُ
مَنْ شَاءَ بَعْدَكَ فَلْيَمُتْ
فَعَلَيْكَ كُنتُ أُحَاذِرُ
لَيْتَ المَنَازِلَ وَالدِّيَا
رَ حَفَائِرٌ وَمَقَابِرُ
إنِّي وَغيري لاَ مَحَا
لَةَ حَيثُ صِرْتُ لصَائِرُ

مع الحكماء

كاتب ونديم

فاخر كاتب نديمًا فقال: أنا للجد وأنت للهزل، أنا للحرب وأنت للسلم، أنا للشدة وأنت للذة، فقال له نديم: أنا للنعمة وأنت للخدمة، أنا للحضرة وأنت للمهنة، تقوم وأنا جالس، وتحتشم وأنا مؤانس، تذوب لراحتي وتشقى لما فيه سعادتي، وأنا شريك وأنت معين، كما أنك تابع وأنا قرين.

مُعلِّم المُعلِّم

قال عمر بن عتبة لمعلم ولده: ليكن أول إصلاحك لولدي إصلاحك لنفسك؛ فإن عيونهم معقودة بعينيك، فالحسن عندهم ما أحببت والقبيح عندهم ما تركت، علمهم كتاب الله ولا تُملهم منه فيتركوه ولا تتركهم فيه فيهجروه، روِّهم من الحديث أشرفه ومن الشعر أعفه، ولا تنقلهم من عِلم إلى علم حتى يُحكموه؛ فإن ازدحام الكلام في القلب مشغل للفهم، وعلمهم سنن الحكماء وجنبهم محادثة السفهاء، ولا تتكل على عذر مني لك، فقد اتكلت على كفاية منك.

معافًى ومبتلى

مرض عمر بن العلاء فدخل عليه رجل من أصحابه فقال له: أريد أن أساهرك الليلة قال له: أنت معافى وأنا مبتلى، فالعافية لا تدعك تسهر والبلاء لا يدعني أن أنام، وأسأل الله أن يهب لأهل العافية الشكر، ولأهل البلاء الصبر.

الراهب

قال عمر البناني: مررت براهب في مقبرة وفي كفه اليمنى حصى أبيض وفي اليسرى حصى أسود، فقلت: يا راهب، ماذا تصنع هاهنا؟ فقال: إذا فقدت قلبي أتيت المقابر فاعتبرت بمن فيها، قال: وما هذه الحصى التي في كفك؟ قال: أما الحصى الأبيض فإذا عملت حسنة ألقيت واحدة منها في الأسود، وإذا عملت سيئة ألقيت من هذا الأسود واحدة في الأبيض، فإذا كان الليل نظرت، فإن زادت الحسنات على السيئات أفطرت وقمت إلى وردي، وإن زادت السيئات على الحسنات لم آكل طعامًا ولم أشرب شرابًا في تلك الليلة، هذه هي حالتي والسلام.

الزاهد

قال محمد بن رافع: أقبلت من بلاد الشام، فبينما أنا في بعض الطريق رأيت فتى عليه جبة من صوف وبيده ركوة فقلت: أين تريد؟ قال: لا أدري، قلت: من أين جئت؟ قال: لا أدري، فظننته موسوسًا، فقلت: مَن خلقك؟ فاصفر لونه حتى خُيِّل كفه قد صُبغ بالزعفران، ثم قال: خلقني من لا يغيب عنه مثقال ذرة مما في الأرض والسماء، فقلت: رحمك الله، أنا من إخوانك، وممن يأنس إلى

أمثالك فلا تقبض مني، فقال: إني والله أود لو جاز لي نزل القفار حتى أنفرد في وادٍ سحيق صعب المنال أو في غابة لعلّي أجد قلبي ساعة يسلو عن الدنيا وأهلها.

فقلت: وما جنت عليك الدنيا حتى استحقّت منك هذا البغض؟ فقال: جناياتها العمى عن جناياتها، فقلت: هل من دواء تُعالَج به من هذا العمى؟ فقال: ما أراك على هذا العلاج، فاستعمل الدواء أصبره.

فقلت: صف دواء لطيفًا، قال: فما دوائك؟ قلت: حِبُ الدنيا، فتبسم وقال: أي داء أعظم من هذا، ولكن أشرب السموم الطرية والمكاره الصعبة، قلت: ثم ماذا؟ قال: ثم الوحشة التي لا أنس فيها والفرقة التي لا اجتماع معها.

قلت: ثم ماذا؟ قال: السلوى عما تريد والصبر عما تحب، فإن أردت فاستعمل هذا وإلا فتأخر واحذر الغش؛ فإنه كقطع الليل المظلم، قلت له: دلني على عمل يقربني إلى الله عز وجل، فقال: يا أخي، قد نظرت في جميع العبادات فلم أر أفضل من البر والإحسان، ثم غاب عني ولم أرَه.

نعم الصديق

يُحكى أن رجلًا أراد صحبة إنسان فسأل بعض أصدقائه عنه فأنشده:

كَرِيمٌ يُمِيتُ السِرَّ حَتَّى كَأَنَّهُ
إِذا استَخْبَرِوهُ عَن حَديثِك جاهِلُه
وَيُبدِي لَكُم حُبًّا شَدِيدًا وَهَيبَةً
وَلَلنَّاسِ أَشْغَالٌ وَحُبُّكَ شَاغِلُه

قال مثل هذا ينبغي أن تناط بمحبته القلوب ويطلع على خفايا السرائر والغيوب.

ذل المعصية وعز الطاعة

قال أبو علي الدقاق: ظهرت علة ليعقوب بن الليث أعيت الأطباء فقالوا له: في ولايتك رجل صالح يسمى سهيل بن عبد الله، لو دعا لك لعل الله سبحانه يستجيب له، فاستحضره وقال له: ادعُ الله سبحانه وتعالى لي، فقال سهيل: كيف يستجيب الله دعائي فيك وفي حبسك مظلوم؟ فأطلق كل من كان في حبسه، فقال سهيل عندئذ: اللهم كما أريته ذل المعصية فأره عز الطاعة، وخرج عنه فعوفي بعد مدة، واستدعى سهيل وعرض عليه مالًا فأبى أخذه.

الراهب وحب الدنيا

قال عبد الواحد بن زيد: مررت بصومعة راهب من رهبان الصين، فناديته: يا راهب، فلم يجبني، فناديته ثانية فلم يجبني، فناديته ثالثة فأشرف عليَّ وقال: يا هذا، ما أنا براهب، إنما الراهب من رهب

الله عز وجل في سمائه وعظمه في كبريائه ورضي بقضائه وحمده على آلائه وشكره على نعمائه وتواضع لعظمته وذل لعزته واستسلم لقدرته وخضع لهيبته وفكر في حسابه وعقابه، فنهاره صائم وليله قائم، قد أسهره ذكر النار ومسألة الجبار، فذلك هو الراهب، أما أنا فكلب عقور، حبست نفسي بهذه الصومعة لأبعد عن الناس لئلا أعقرهم بلساني، فقلت: يا راهب، ما الذي قطع الخلق عن الله عز وجل بعد أن عرفوه؟ فقال: يا أخي، لم يقطع الخلق عن الله عز وجل بعد أن عرفوه إلا حب الدنيا وزينتها لأنها محل الذنوب والمعاصي، والعاقل من رمى بها عن قلبه وتاب إلى الله من ذنبه وأقبل على ما يُقربه من ربه.

عبد الله بن طاهر والرجل

وقف رجل لعبد الله بن طاهر في طريقه فناشده أن يقف له حتى ينشده ثلاثة أبيات، فوقف وقال له: قل فأنشد:

إذا قيلَ أيُّ فتًى تَعلَمونَ
أَهَشَّ إلى الضَربِ بالذابلِ
وَأَضْرَبَ للقِرنِ يَومَ الوغَى
وَأَطعَمَ في الزَمَنِ الماحِلِ
أَشارَت إليكَ أكفُ الأنام
إِشارَةَ غَرقَى إلى ساحِلِ

فأمر له بخمسين ألف درهم وانصرف.

سحنون والخصال الأربع

قال أحد الصالحين: رأيت سحنون بالطواف وهو يتمائل، فقبضت على يده وقلت: يا شيخ، بحق موقفك بين يديه، ألا أخبرتني بالأمر الذي أوصلك إليه؟ فلما سمع بذكر الموقف بين يديه سقط مغشيًّا عليه، فلما أفاق أنشد:

وَمُكْتَئِبٌ لح السَّقَامُ بجِسمِهِ
كَذَا قَلبُهُ بَيْنَ القُلوبِ سَقِيمُ
يَحِقُّ لَهُ لَوْ مَاتَ خَوْفًا وَلَوْعَةً
فَمَوْقِفُهُ يَوْمَ الْحِسَابِ عَظِيمُ

ثم قال: يا أخي، أخذت نفسي بأربع خصال أحكمتها، فأما الخصلة الأولى أني أمتُّ مني ما كان حيًّا وهو هوى النفس، وأحييت مني ما كان ميتًا وهو القلب.

وأما الثانية: فإني أحضرت ما كان غائبًا عني وهو حظي من دار الآخرة، وغيبت عني ما كان عندي حاضرًا وهو نصيبي من الدنيا.

وأما الثالثة: فإني أبقيت ما كان فانيًا عندي وهو النفي وأفنيت ما كان باقيًا عندي وهو الهوى.

وأما الرابعة: فإني آمنت بالأمر الذي منه تستوحشون وفررت من الأمر الذي إليه تشتكون، ثم ولَّى عني يقول:

رُوحِي إِلَيكَ بِكُلِّهَا قَدْ أَقْبَلَتْ
لَوْ كَانَ فِيكَ هَلاكُهَا مَا أَقْلَعَتْ
تَبْكِي عَلَيْكَ تَخَوُّفًا وَتَلَهُّفًا
حَتَّى يُقَالَ مِنَ الْبُكَاءِ تَقَطَّعَتْ

زاهد في الطريق

قال بعضهم رأيت في طريق مكة فتى يتبختر في مشيته كأنه صحن داره، فقلت له: ما هذه المشية يا فتى؟ فقال: هذه مشية الفتيان خُدَّام الرحمن، ثم أنشد:

أَتِيهُ بِكَ افْتِخَارًا غَيْرَ أَنِّي
أَذُوبُ مِنَ الْمَهَابَةِ عِنْدَ ذِكْرِك
وَلَوْ أَنِّي قَدَرْتُ لَمِتُّ شَوْقًا
وَإِجْلالًا لأَجْلِ عَظِيمِ قَدْرِك

فقلت له: وأين زادك وراحلتك؟ فنظر إليَّ منكرًا قولي ثم قال: أرأيت عبدًا ضعيفًا قاصدًا مولى كريمًا حمل إلى بيته طعامًا وشرابًا؟ فلو فعل ذلك لأمر الخُدام بطرده عن بابه، إن المولى جلَّت قدرته لما دعاني إلى القصد إليه أورثني حسن التوكل عليه، ثم غاب عني وما رأيته بعد.

خير الدواء

مر أمير المؤمنين علي بن أبي طالب في أحد شوارع البصرة، فإذا هو بحلة كبيرة والناس حولها يمدون إليها الأعناق ويشخصون إليها الأحداق، فمضى إليهم ينظر ما سبب اجتماعهم، فإذا فيهم شاب حسن الشباب نقي الثياب عليه هيئة الوقار وسكينة الأخيار وهو جالس على كرسي والناس يأتون بقوارير من الماء وهو يداوي المرضى ويصف لكل واحد منهم ما يوافقه من أنواع الدواء، فتقدَّم إليه وقال: عليك السلام أيها الطبيب ورحمة الله وبركاته، هل عندك شيء من أدوية الذنوب فقد أعيا الناس دواؤها؟ فرفع الطبيب رأسه بعدما رد السلام وقال: أتعرف أدوية الذنوب بارك الله فيك؟ قال: نعم، قال: صف وبالله التوفيق، قال: تذهب إلى بستان الإيمان فتأخذ من «عروق» حسن النية ومن «حَبِّ» الندامة و«ورق» التدبير و«بذر» الورع و«ثمر» العفة و«أغصان» اليقين و«لب»

الإخلاص و«قشور» الاجتهاد و«عروق» التوكل و«أكمام» الاعتبار و«ترياق» التواضع، تأخذ هذه الأدوية بقلب حاضر وافركها بأنامل من التصديق وكف من التوفيق، ثم نضعها في «طبق» التحقيق، ثم نغسلها بماء الدموع، ونضعها في «قدر» الرجاء، ثم توقد عليها بنار الشوق حتى ترغي زبد الحكمة، ثم نفرغها في «صحاف» الرضا، وتروَّح عليها بمراوح الاستغفار ينعقد لك من ذلك «شَربة» جيدة تشربها في مكان لا يراك فيه أحد غير الله، فإن ذلك يزيل عنك الذنوب حتى لا يبقى عليك ذنب، ثم أنشأ الطبيب يقول:

يَا خَاطِبَ الْحَوْرَاءِ فِي خِدْرِهَا
شَمِّرْ فَتَقْوَى اللهِ مِن نَهْرِهَا
وَكُن مُجِدًّا وَلَا تَكُن وَانِيًا
وَجَاهِدِ النَّفْسَ عَلَى سَيْرِهَا

ثم شهق شهقة فارق بها الحياة الدنيا: فقال والله إنك لطبيب الدنيا وطبيب الآخرة، ثم أمر بتجهيزه ودفنه.

داء ودواء

قال أبو القاسم الجنيد: أُرِّقت ليلة فقمت إلى وردي فلم أجد ما كنت أجد من الحلاوة، فأردت أن أنام فلم أرقد، فقعدت فلم أطق القعود، ففتحت الباب وخرجت، فإذا برجل مغطى بعباءة مطروح على الطريق، فلما أحس بي رفع رأسه وقال: يا أبا القاسم، إلى الساعة؟ فقلت: قمت يا سيدي من غير موعد، فقال: بلى، سألت مُحرِّك القلوب أن يحرك إليَّ قلبك، قلت: قد فعل، فما حاجتك؟ قال: متى يصير داء النفس دواءها؟ قلت: إذا خالفت النفس هواها صار دواؤها، فأقبل على نفسه فقال لها: اسمعي، لقد أجبتك بهذا الجواب سبع مرات، فأبيتِ إلا أن تسمعيه من الجنيد، فقد سمعت، وانصرف عني ولم أعرفه ولم أقف عليه.

سعدون المجنون

قال مالك بن دينار: دخلت جبَّانة بالبصرة، فإذا أنا بسعدون المجنون فقلت له: كيف حالك؟ قال: يا مالك، كيف يكون حال من أصبح وأمسى يريد سفرًا بعيدًا بلا أهبة ولا زاد، ويقدم على رب عدل حاكم بين العباد؟ ثم بكى بكاء شديدًا، فقلت: ما يُبكيك؟ فقال: والله ما بكيت حرصًا على الدنيا ولا جزعًا من الموت والبلاء، ولكن بكيت ليوم مضى من عمري لم يحسن فيه عملي، أبكاني والله قلة الزاد وبُعد المفازة والعقبة الكئود، ولا أدري بعد ذلك أأصير إلى الجنة أم إلى النار؟

فسمعت منه كلام حكمة فقلت له: إن الناس يزعمون أنك مجنون، فقال: وأنت اغتررت بما اغتر به بنو الدنيا؟ زعم الناس أني مجنون وما بي جُنة، ولكن حب مولاي قد خالط قلبي وأحشائي وجرى بين لحمي وعظمي، فأنا والله من حبِّه هائم مشغوف، فقلت: يا سعدون لِمَ لا تجلس الناس وتخالطهم؟ فأنشد يقول:

كُنْ عَنِ النَّاسِ جَانِبًا
وَارْضَ بِاللهِ صَاحِبًا
قَلِّبِ النَّاسَ كَيْفَ شِئْتَ
تَجِدْهُمْ عَقَارِبَا

خذوا الحكمة

قال ذو النون المصري: وُصف لي رجل من أهل المعرفة في جبل «أكام» فقصدته، فسمعته يقول بصوت حزين وبكاء وأنين:

يَا ذَا الَّذِي أَنَسَ الفُؤَادُ بِذِكْرِهِ
أَنْتَ الَّذِي مَا سِوَاكَ أُرِيدُ
تَفْنَى اللَّيَالِي وَالزَّمَانُ بِأَسْرِهِ
وَهَوَاكَ غُصْنٌ فِي الفُؤَادِ وَحِيدُ

قال ذو النون: فتبعت الصوت، فإذا بفتى حسن الوجه جميل الصوت، وقد ذهبت تلك المحاسن وبقيت رسومها، نحيل قد اصفر واحترق، وهو يشبه الولد الحيران، فسلمت عليه فرد عليَّ السلام وبقي شاخصًا يقول:

أَعْمَيْتَ عَيْنَيَّ فِي الدُّنْيَا وَزِينَتِهَا
فَأَنْتَ وَالرُّوحُ مِنِّي غَيْرُ مُفْتَرِقِ
إِذَا ذَكَرْتُكَ وَافَى مُقْلَتِي أَرَقٌ
مِنْ أَوَّلِ اللَّيْلِ حَتَّى مَطْلَعِ الفَلَقِ
وَمَا تَطَايَرَتِ الأَحْدَاقُ عَنْ سِنَةٍ
إِلَّا رَأَيْتُكَ بَيْنَ الجَفْنِ وَالحَدَقِ

قال: يا ذا النون، ما حداك إلى طلب المجانين؟ قلت: أو مجنون أنت؟ قال: نعم، وماذا تريد؟ قال: مسألة، قال: سَلْ، قلت: أخبرني ما الذي حبَّب إليك الانفراد وقطعك عن المؤانسين وهيَّمك في الأدوية والجبال؟ فقال: حبي له هيمني وشوقي إليه هيجني، قال: يا ذا النون، هل أعجبك كلام المجانين؟ قلت: أي والله أشجاني، ثم غاب عني فلم أدرِ إلى أين ذهب.

الزاهدة

قال ذو النون المصري: رأيت امرأةً تسبح على طريق النيل وعليها مدرعة من شعر ومقنعة من صوف، فقلت لها: يرحمك الله، ليس السباحة للنساء، فقالت: إليك يا مغرور، ألست تقرأ كتاب الله؟ قلت: بلى، قالت: اقرأ.

قَالُوا أَلَمْ تَكُنْ أَرْضُ اللهِ وَاسِعَةً فَتُهَاجِرُوا فِيهَا.[1]

فقلت: إنها مُلمَّة بالعلم، فقلت لها: وبأي شيء عرفت الله؟ قالت: عرفت الله بالله، وعرفت ما دون الله بنور الله، فقلت لها: وما اسم الله؟ قالت: إن اسم الله هو الأعظم.

المسافر الحزين

قال عبد الواحد بن زيد: رأيت راهبًا وعليه مدرعة شعر سوداء، فقلت: ما الذي حملك لبس السواد؟ قال: هو لباس المحزونين وأنا من أكبرهم، فقلت له: ومن أي شيء محزون؟ قال: إني أصبت في نفسي، وذلك أني مت لها في معركة الذنوب، فأنا حزين عليها، ثم أسبل دمعة، قلت: وما الذي أبكاك الآن؟ قال: ذكرت ما مضى من أجلي ولم يحسن فيه عملي، فبكائي لقلة الزاد وبُعد المفازة وعقبة لا بدَّ لي من صعودها، ثم لا أدري أين تهبط بي على الجنة أم إلى النار؟ ثم أنشد:

يَا رَاكِبًا يَطْوِي مَسَافَةَ عُمْرِهِ
بِاللهِ هَلْ تَدْرِي مَكَانَ نِزُولِكَا
شَمِّرْ وَقُمِ مِنْ قَبْلِ حَطِّكَ فِي الثَّرَى
فِي حُفْرَةٍ تُبْلَى بطُولِ حُلُولِكَا

ثم أستأذنني وذهب لأنه صار وقت الصلاة فرجعت من حيث أتيت.

السيدة العجوز

قال صالح: رأيت في محراب داود عجوزًا عليها مدرعة شعر، وقد كُفَّ بصرها وهي تصلي وتبكي، فتركت صلاتي ووقفت أنظر إليها، فلما فرغت من صلاتها رفعت وجهها إلى السماء وأنشدت:

أَنتَ سُؤْلِي وَعِصْمَتِي فِي حَيَاتِي
أَنتَ ذُخرِي وَعُدَّتِي فِي مَمَاتِي
يَا عَلِيمًا بِمَا أُكِنُّ وَأُخْفِي
وَبِمَا فِي بَوَاطِنِ الْخَطَرَاتِ
لَيْسَ لِي مَالِكٌ سِوَاكَ فَأَرْجُو
لِدَفْعِ الْعَظَائِمِ الْمُوبِقَاتِ

فسلمت عليها وقلت لها: ما الذي أوجب ذهاب عينيك؟ قالت: بكائي على ما فرط مني في مخالفتي الله ومعصيته، وما كان من تقصيري عن ذكره في خدمته، فإن عفاني سيدي عوضني في الآخرة خيرًا منها، وإن لم يعف عني فما حاجتي بعين تُحرق في النار؟ فبكيت رحمة لها، فقالت: يا سيدي، هل لك في أن تقرأ عليَّ شيئًا من كتاب مولاي؛ لأنه قد طال شوقي إليه؟ فقرأت لها هذه الآية: وَمَا

قَدَرُوا اللهَ حَقَّ قَدْرِهِ- قالت: يا صالح ومن خَدَمَة حق الخدمة؟ ثم صرخت صرخة يتصدع قلب من سمعها وسقطت عَليَّ، فأردت إنهاضها فإذا بها قد فارقت دنياها.

الطريق إلى الله

قال السري السقطي: قعدت يومًا أتكلم بجامع المدينة، فوقف عليَّ شاب حسن الشباب فاخر الثياب ومعه أصحابه، فوعظت فسمعني أقول في وعظي: «عجبًا لضعيف كيف يعصي قويًّا؟!» فتغير لونه وانصرف، فلما كان الغد جلست في مجلسي، وإذا به قد أقبل فسلَّم وصلَّى ركعتين وقال: يا سري؟ سمعتك بالأمس تقول: «عجبًا لضعيف كيف يعصي قويًّا» فما معناه؟ فقلت: لا أقوى من المولى ولا أضعف من العبد وهو يعصاه، فنهض وخرج، ثم أقبل في الغد وعليه ثوبان أبيضان وليس معه أحد وقال: يا سري، كيف الطريق إلى الله تعالى؟ فقلت: إن أردت العبادة فعليك بصيام النهار وقيام الليل، وإن أردت الله عز وجل فاترك كل شيء سواه تصل إليه، ولا تسكن إلا المساجد والخرائب والمقابر، فقام وهو يقول: والله لا سلكت إلا أصعب المسالك والطرق، وولَّى خارجًا.

فلما كان بعد أيام أقبل إليَّ غلمان كثيرة فقالوا: ما فعل أحمد بن يزيد الكاتب؟ فقلت: لا أعرفه، إلا أن رجلًا جاء بصفة «كذا وكذا» فجرى معه «كذا وكذا» ولا أعلم حاله، فقالوا: بالله عليك، متى عرفت حاله عرفنا ودلنا على داره، فبقيت سنة لا أعرف خبرًا، فبينما أنا ذات ليلة بعد العشاء جالس في البيت، وإذا بطارق فأذنت له بالدخول، فإذا أنا بالفتى وعليه قطعة من كساء في وسطه وأخرى على عنقه وبيده زنبيل فيه نوى، فقبَّل بين عيني وقال: يا سري، أعتقك الله من النار كما أعتقتني من رق الدنيا، فنظرت فأومأت إلى صاحبي أن أمضي إلى أهله فأخبرهم، فمضى، فإذا بزوجته قد أقبلت ومعها ولده وغلمانه، فدخلت وألقت الولد في حجره وعليه حُلي وحُلل وقالت له: يا سيدي، أرملتني وأنت حي، وأيتمت ولدك وأنت حي.

قال السري: فنظر إليَّ وقال: يا سري: ما هذا وفاء؟ ثم أقبل عليهما وقال: والله إنكما لثمرة فؤادي وحَبَّة قلبي، وإن هذا ولدي وأعز الخلق عليَّ، إلا أن هذا السري أخبرني أن من أراد رضا الله انقطع عما سواه، ثم نزع ما على الصبي وأراد أخذ ما معه فقال المرأة، والله لا أقدر أن أرى ولدي في هذه الحالة، وانتزعته منه، فحين رآها قد اشتغلت به نهض وقال: قد ضيَّعتم عليَّ ليلتي، بيني وبينكم الله، وولى خارجًا، فضج أهل الدار بالبكاء فقالت المرأة: إن عاد يا سري أو سمعت عنه خبرًا فأعلمني إن شاء الله.

فلما كان بعد أيام أتتني عجوز، وقالت: يا سري، في جهة كذا غلام يسألك الحضور، فمضيت، فإذا أنا به مطروح على الأرض وتحت رأسه لبنة، فسلمت عليه ففتح عينيه وقال: يا سري، ترى يغفر لي الله تلك الجنايات؟ فقلت: نعم، قال: أيغفر للذين مثلي؟ قلت: نعم، قال: أنا غريق، قلت: هو ملجأ الغرقى، قال: يا سري يوجد معي دراهم من لقط النوى، إذا أنا مت فاشتر أنت ما أحتاج إليه وكَفِّني ولا تُعلم أهلي لئلا يُغيِّروا كفني بحرام، فجلست عنه قليلًا، ففتح عينيه، وقَال: لمثل هذا فليعمل العاملون، ثم مات.

فأخذت الدراهم واشتريت مما يحتاج إليه وسرت نحوه، فإذا الناس يدعون فقلت: ما الخبر؟ فقيل: مات ولي من أولياء الله، نريد أن نصلي عليه، فجئت وغسَّلته وصلينا عليه ودفناه، فلما كان بعد مدة وفد أهله يسألون خبره، فأخبرتهم بموته، ورأيت امرأته فأخبرتها بحاله، فسألتني أن أريها قبره، فقلت: أخاف أن تغيروا أكفانه، فقالت: لا والله، فأريتها القبر وبكت وأمرت بإحضار شاهدين فحضرا فأعتقت جواريها وأوقفت عقارها وتصدَّقت بمالها ولزمت قبره حتى ماتت.

أصحاب القبور

قال صدفة بن مرداس البكري: نظرت إلى ثلاثة قبور على مشرف من الأرض مما يلي بلاد طرابلس، وعلى كل واحد منها شيء مكتوب، وإذا هي قبور مُسنَّمة على قدر واحد مصطفة بعضها إلى جنب بعض ليس عندها غيرها، فعجبت منها ونزلت إلى القرية القريبة منها، فقلت لشيخ جلست إليه: لقد رأيت في قريتكم عجبًا، قال: وما رأيت؟ فقصصت عليه قصة القبور، قال: فحديثهم أعجب مما رأيت، فقلت: حدثني بأمره، قال: كانوا ثلاثة إخوة، أحدهم أميرًا كان يصحب السلطان ويأمر على المدائن والجيوش، والثاني تاجرًا موسرًا مطاعًا في ناحيته، والثالث زاهدًا قد تخلى بنفسه وتفرد لعبادة ربه، فحضرت المنية أخاهم العابد، فاجتمع عند أخواه، وكان الذي يصحب السلطان قد وُلِّي بلادنا هنا، وكان قد أمره عليها عبد الملك بن مروان وكان في إمرته ظالمًا غشومًا، فلما حضرا عند أخيهما قالا له: ألا توصي؟ قال: والله ما لي مال أوصي به، ولا لي على أحد دين فأوصي به، ولا أخلف من الدنيا شيئًا فأسلبه، فقال له أخوه الأمير: يا أخي، قل ما بدا لك وما تشتهيه أن يُفعل، فهذا مالي بين يديك فأوصِ منه بما أحببت واعهد إليَّ بما شئت لأفعله، فسكت عنه ولم يجبه، فقال أخوه التاجر: يا أخي، قد عرفت مكسبي وكثرة مالي، فلعل في قلبك حاجة من الخير لم تبلغها إلا بالاتفاق، فهذا مالي بين يديك فاحكم فيه بما أحببت لأنفذه لك، فأقبل عليهما وقال: لا حاجة لي في مالكما، ولكن أعهد إليكما عهدًا فلا يخالفني فيه أحد، قالا: اعهد، قال: إذا مت فغسّلاني وادفناني على مشرف من الأرض واكتبا على قبري هذا الشعر:

وَكَيْفَ يَلِذُّ الْعَيْشَ مَنْ هُوَ عَالِمٌ
بِأَنَّ إِلَهَ الْخَلْقِ لَا بُدَّ سَائِلَه
فَيَأْخُذُ مِنْه ظُلْمَهُ لِعِبَادِهِ
وَيَجْزِيهِ بِالْخَيْرِ الذِي هُوَ فَاعِلُه

ثم قال: فإذا فعلتما ذلك فأتياني كل يوم مرة على ثلاثة أيام متوالية لعلكما تتعظان بي.

فلما مات فعلا ذلك، فكان أخوه الأمير يركب كل يوم في جنده حتى يقف على القبر فيقرأ ما تيسر ويبكي، فلما كان في اليوم الثالث جاء كما كان يجيء مع جنده فنزل وبكى، ولما أراد الانصراف سمع أنَّةً من داخل القبر كاد يتصدع لها قلبه، فقام مذعورًا فزعًا، فلما كان في الليل رأى أخاه في منامه فقال: يا أخي، ما الذي سمعته من داخل قبرك؟ فأجاب: أخبرت أنك رأيت مظلومًا فلم تنصره ولكن استعد لملاقاتي، قال فأصبح مهمومًا، ودعا أخاه وخاصته وقال: ما أرى أن أخي أراد بما أوصانا أن نكتبه على قبره غيري، وإني أشهدكم أني لا أقيم بين أظهركم، وترك الإمارة ولزم

العبادة، فكتب أصحاب عبد الملك بن مروان إليه في ذلك فكتب أن خلوه وما أراد، فصار يأوي الجبال إلى أن حضرته الوفاة في الجبل وهو مع الرُّعاة، فبلغ ذلك أخاه، فأتاه وقال: يا أخي، ألا توصي؟ فقال: مالي من مال فأوصي به، ولكن أعهد إليك عهدًا: إذا أنا مت وجهزتني فادفنني بجانب أخي واكتب على قبري هذين البيتين:

وَكَيفَ يَلذُّ الْعَيْشَ مَنْ كَانَ مُوقِنًا
بِأَنَّ الْمَنَايَا بغْتَةً سَتُعَاجِلُه
فَتَسْلِبُهُ مُلْكًا عَظِيمًا وَنِعْمَةً
وَتُسْكِنُهُ الْقَبْرَ الذِي هُوَ أَهْلُه

قال: ثم توافيني ثلاثة أيام بعد موتي فادعُ لي لعل الله يرحمني.

فلما مات فعل به أخوه ذلك، فلما كان اليوم الثالث من إتيانه جاء على حسب عادته وبكى عند قبره، فلما أراد الانصراف سمع رجَّةً في القبر كادت تذهب بعقله، فرجع مقلقلًا، فلما كان في الليل إذا بأخيه قد أتاه في منامه، قال: فحينما رأيته وثبت إليه وقلت: يا أخي، أأتيتنا زائرًا؟ قال: هيهات يا أخي، بعُد المزار فلا مزار وقد اطمأنت بنا الدار، فقلت: كيف يا أخي؟ قال: ذاك مع أئمة الأبرار، قلت: وما أمرنا عندكم؟ قال: من قدَّم شيئًا من الدنيا وجده، فاغتنم وجودك قبل فقدك.

قال: فأصبح أخوه معتزلًا من الدنيا متخلفًا عنها، ففرَّق أمواله وقسَّم أرزاقه وأقبل على طاعة الله عز وجل، ونشأ له ابنٌ حسن الشباب والهيئة، فاشتغل بالتجارة، فحضرت أباه الوفاة فقال له: يا أبتِ، ألا توصي؟ قال: يا بني ما بقي لي مال لأوصي به، ولكن إذا أنا مت فادفنني إلى جنب عمومتك واكتب على قبري هذين البيتين:

وَكَيْفَ يَلذُّ الْعَيْشَ مَنْ هُو صَائِرُ
إِلَى جَدثٍ تُبْلِي الشَّبَابَ مَنَازِله
وَيَذْهَبُ حُسْنُ الْوَجْهِ مِن بَعْدِ مَوْتِهِ
سَرِيعًا وَيَبْلَى جِسْمُهُ وقَائِلهْ

وإذا فعلت ذلك فقاعدني بنفسك ثلاثًا وادعُ لي، ففعل الفتى، فلما كان في اليوم الثالث سمع من القبر صوتًا اقشعر له جلده وتغيَّر لونه ورجع مصفرًّا إلى أهله، فلما أتاه الليل أتاه أبوه في منامه وقال له: يا بني، أنت عندنا عن قريب، والأمر ناجز، والموت أقرب من ذلك، فاستعد لسفرك وتأهب لرحلتك، وحوّل جهازك من المنزل الذي أنت عنه ظاعن إلى المنزل الذي أنت فيه مقيم، ولا تغتر بما اغتَّر به قبلك الغافلون من طول آمالهم فقصَّروا عن أمر ميعادهم، فندموا عند الموت أشد الندامة، وأسفوا على تضييع العمر أشد الأسف، فلا الندامة عند الموت تنفعهم ولا الأسف على التقصير ينقذهم من شر ما يلقاه المغبونون يوم الحشر، فبادر ثم بادر ثم بادر.

فدخلت على الفتى ثاني يوم فقصها عليَّ وقال: ما أرى الأمر إلا وقد قرب، فجعل يوزع ماله ويتصدق ويقضي ديونه ويستحل من خلطائه ومعامليه ويرتد عنهم، كهيئة رجل قد أُنْذِر بشيء فهو

يتوقعه ويقول: قال أبي: «بادر ثم بادر ثم بادر» فهي ثلاث ساعات، وقد مضت أو ثلاثة أيام وأنّى لي بها وما أراني أدركها، أو ثلاث سنين وهو أكثر ذلك، فلم يزل يقسم أمواله ويتصدق حتى إذا كان في اليوم الثالث من ليلة هذه الرؤيا دعا أهله فودَّعهم ثم أغمض عينيه ومات.

[1] النساء: ٩٧.

[2] الأنعام: ٩١.

نوادر منوعة

الأعرابي والبخلاء

وقف أعرابي بقوم فقال: يا قوم، أشكوا إليكم زمنًا كلح بوجهه وأناخ عليَّ بكلكله بعد نعمة من المال وثروة من المال وغبطة من الحال، اعتورني بنبال عن قسي نوائيه، فما ترك لي شيئًا ارتجي به نفعًا، فهل فيكم من معين على صرفه أو مساعد على حنفه؟ فردوا عليه ولم ينيلوه شيئًا، فولى عنهم وهو يقول:

قَد ضاعَ مَنْ يَأْمَل مِنْ أَمْثَالِكُمْ جُودًا
وَلَيْسَ الْجُودُ مِنْ فِعَالِكُمْ
لَا بَارَكَ الله لَكُمْ فِي مَالِكُمْ
وَلَا أَزَاحَ السُّوءَ عَنْ عِيَالِكُمْ
فَالْفَقْرُ خَيْرٌ مِنْ صَلاح حَالِكُمْ

أشعب مطربًا

قال الأصمعي قدم جرير المدينة فأتاه الشعراء وغيرهم، وأتاه أشعب بينهم، فسلموا عليه وحادثوه ساعة وخرجوا وبقي أشعب فقال له جرير: أراك قبيحًا لئيمًا، ففيم قعودك وقد خرج الناس؟ فقال له: أصلحك الله، إنه لم يدخل عليك اليوم أحد أنفع مني، قال: وكيف ذلك؟ قال: لأني آخذ رقيق شِعرك فأزينه بحسن صوتي، فقال له جرير: أسمعني، فاندفع جرير يغني:

يَا أُمَّ نَاجِيَة السَّلامُ عَلَيْكُمُ
قَبلَ الرَواحِ وَقَبلَ لَوم العُزَّلِ
لَو كُنتُ أَعلَمُ أَنَّ آخِرَ عَهدِكم
يَومُ الرَحيلِ فَعلتُ مَا لَم أفعَلِ

قال: فاستخف جرير الطرب لغنائه بشعره فزحف إليه وأعنقه وقبله بين عينه وسأله عن حاجته فقضاها له.

الضَّراير

تزوَّج رجل من الأعراب امرأة جديدة على امرأة قديمة وكانت الجديدة على باب القديمة فتقول:

وَمَا تَسْتوي الرِّجلان رِجْلٌ صحيحة

وَرِجْلٍ رَمى فيها الزّمانُ فَشلتِ

ثم مرت بعد أيام فقالت:

وَما يَستَوِي الثَّوْبان ثَوْبٌ به البِلَى
وَثَوْبٌ بأَيْدِي البائعين جَدِيدُ

فخرجت إليها القديمة فقالت:

نَقّل فؤادَكَ حَيثُ شِئتَ مِنَ الْهَوَى
مَا الحُبُّ إلا لِلحَبيبِ الأوَّلِ
كَم مَنزِلٍ في الأرضِ يألَفُهُ الفتَى
وَحَنينُهُ أبَدًا لأوَّلِ مَنزِلِ

السائل بمسجد الكوفة

قال أبو زيد: سأل سائل بمسجد الكوفة وقت الظهر فلم يعطَ شيئًا، فذهب الرجل، وفي العشاء عاد، وبعد أن قضيت الصلاة توجَّه للقبلة، وسمعوه يدعو الله: «اللهم إني أسألك صبرًا جميلًا وفرجًا قريبًا وبصرًا بالهدى وقوَّةً فيما تُحِبُّ وترضى، اللهم إن كان رزقي الذي كتبت لي أجريته على أيدي هؤلاء القوم فإني أسألك أن تكفلنيه» فتبادروا إليه يعطونه فقال: والله لا أخذت الليلة شيئًا منكم، مالي سوف يأتيني، ثم خرج وهو يقول:

مَا نَالَ بَاذِلُ وَجْهَهُ لسُؤالِهِ
عِوَضًا وَلَوْ نَالَ الغِنَى بسُؤَالِ
وَإذا السُّؤَالُ مَعَ السُّؤَالِ وَزَنْتَهُ
رَجَحَ السُّؤالُ كَفَّةَ كُلِّ نَوَالِ

الحُسَّاد الثلاثة

حُكي أن ثلاثة من الحساد اجتمعوا، فتساءلوا عما بلغوه من الحسد، قال أولهم: ما اشتهيت أن أفعل بأحد خيرًا قط لئلا أرى أثر ذلك عليه، وقال الثاني: أنت رجل صالح، أمَّا أنا فما اشتهيت أن يُفعل بأحد خيرًا قط لئلا تشير الأصابع بالشكر إليه، وقال الثالث: ما في الأرض خير منكما، لكني ما اشتهيت أن يفعل بي خيرًا أحدٌ قط، فقالوا: ولِمَ؟ قال: لأني أحسد نفسي على ذلك، فقالا له: أنت ألأمنا جسدًا وأكثرنا حسدًا.

ما خاب من استشار

قال الأسلي: ركبني دَيْن أثقل كاهلي، وطالبني به مستحقوه، واشتدت حاجتي، فضاقت بي الأرض ولم أهتدِ إلى ما أصنع، فشاورت من أثق به من ذوي المودة والرأي، فأشار عليَّ بقصد المهلب بن أبي حفرة بالعراق، فقلت له: يمنعني بُعد المسافة، ثم أني عدلت عن ذلك المشير إلى استشارة غيره، فلا والله ما زادني عمَّا ذكره لي الصديق الأول، فرأيت أن قبول المشورة خيرٌ من مخالفتها، فركبت ناقتي وصحبت رفقة في الطريق وقصدت العراق، فلما وصلت دخلت على المهلب فسلمت عليه وقلت له: أصلح الله الأمير، إني قطعت إليك الهناء وضربت بأكباد الإبل من يثرب، فقد أشار عليَّ ذوو الحجى والرأي بقصدك لقضاء حاجتي، فقال: هل أتيتنا بوسيلة أو قرابة وعشيرة؟ فقلت: لا، ولكني رأيتك أهلًا لحاجتي، فإن قمت بها فأنت أهل لذلك، وإن يحل دونها حائل لم أذمهم يومك ولم أيئس عندك، فقال المهلب لحاجبه: اذهب وادفع إليه ما في خزانة مالنا، فأخذني معه فوجد ثمانين ألف درهم فدفعها إليَّ، فلما رأيت ذلك لم أملك نفسي فرحًا وسرورًا وأعادني إليه مسرعًا فقال: هل وصلك ما يقوم بسد حاجتك؟ فقلت: نعم أيها الأمير وبزيادة، فقال: الحمد لله على نجاح سعيك، واجتنائك جني مشورتك، وتصديق ظن من أشار عليك بقصدنا.

قال الأسلمي فلما سمعت كلامه وقد أحرزت صلته أنشدته وأنا واقف بين يديه:

يا مَن عَلَى الْجُودِ صَاغَ الله راحتهُ
فلَيسَ يحسِنُ غير البذلِ والجُودِ
عَمَّت عطاياك مَن بالشرقِ قَاطبةً
وأنت والجُود منحوتانِ مِن عُودِ
مَن استشَارَ فبَابُ النجَح مُنفَتحٌ
لَديهِ مَا ابتغَاه غَيرُ مَسدودِ

ثم عدت إلى المدينة ووفيت ديني ووسعت على أهلي وجازيت المشيرين عليَّ، وعاهدت الله تعالى أني لا أترك الاستشارة في جميع أمري ما عشت.

ليتهم علموني كيف أبتسم

قال أبو العباس بن حماه الكاتب: قصدت أبا الجيش خمارويه بن أحمد بمصر ممتدحًا له ببابه زمنًا لا أصل إليه، فرثى لي كل من عرف حالي، وأرشدتُ إلى كثير المغني، فسرت إليه وسألته أن يشفع لي فقال: ما جرت العادة أن أكلمه في أحد، ولكن إن قدرت أن تعمل شعرًا أقدمه أمام حضرته، فإن سألني عن قائله عرَّفته عن حالك ما يكون فيه عائد صلاح عليك، فعملت شِعرًا على البديهة ودفعه إليه وهو:

كتمتُ حُبَّهُمُ صَونًا وتَكرِمَةً
فما درِى غيرُ إضمارِي به وهُمُ
هم علموني البُكا لا ذقتُ فقدَهمُ
يا لَيتهم علموني كيف أبتسِمُ

فسرت إلى أبي الجيش وأنشدته إياها، فطرب وقال: لمن هذا الشَعر؟ فقلت: لأبي العباس، فدعا به وأحسن جائزته.

عين الحسود

قيل لعبد الله: كيف لزمت البدو وتركت قومك؟ قال: وهل بقي في الناس إلا من إذا رأى نعمة بُهت وإذا رأى عثرة شمت، ثم أنشد:

عَينُ الحَسُودِ إِلَيكَ الدَّهْرُ نَاظِرَةٌ
تُبْدِي المَسَاوِئَ وَالإِحسَانُ تُخْفِيه
يَلقَاكَ بِالبِشرِ يُبدِيهِ مُكَابَرَةً
وَالقَلبُ مُلْتَئِمٌ فِيهِ الذِي فِيه

الزرقاء ومعاوية

قيل: إن معاوية بن أبي سفيان ولي الخلافة وانتظمت إليه الأمور وامتلأت منه الصدور وأذعن لأمره الجمهور، وعاونه على أمره القدر المقدور، فاستحضر ليلة خواص أصحابه وذاكرهم وقائع أيام صفين ومن كان يتولى يوم الكريهة من المعروفين، فانهمكوا في القول الصحيح، وآل حديثهم إلى ما كان يجتهد في إيقاد نار الحرب عليهم بزيادة التحريض فقالوا: امرأة من أهل الكوفة تسمى الزرقاء بنت عدي، كانت تعتمد الوقوف بين الصفوف وترفع صوتها صارخة بأصحاب علي تسمعهم كلامًا كالصوارم، مستحثة لهم بقول لو سمعه الجبان لقاتَل والمدبِر لأقبل والمسالم لحارب والفارُّ لكر والمزلزَل لاستقر، فقال لهم معاوية: أيكم يحفظ كلامها؟ فقالوا: كلنا نحفظه، فقال: فما تُشيرون عليَّ بها، قالوا: نشير بقتلها؛ فإنها أهل لذلك، فقال لهم معاوية: بئسما أشرتم به، أيحسن أن يشتهر عني أنني بعد ما ظفرت وقدرت أقتل امرأة قد وفت لصاحبها؟ إني إذن للئيم، لا والله لا فعلت ذلك.

ثم دعا بكاتبه وكتب كتابًا إلى والِيه بالكوفة أن أوفِد عليَّ الزرقاء بنت عدي مع نفر من عشيرتها وفرسان من قومها، ومهِّد لها وطاء لينًا ومَركبًا ذلولًا.

فلما ورد عليه الكتاب ركب إليها وأقرأها إياه، فقالت: ما أنا بزائغة عن الطاعة، فحملها في هودج وجعل غشاءه خزًّا مبطنًا، ثم أحسن صحبتها، فلما قدمت على معاوية قال لها: مرحبًا وأهلًا خير مقدم قدمه وافد، كيف حالك يا خالة؟ وكيف رأيتِ سيرك؟

قالت: خير مسيرة، قال: هل تعلمين لِمَ بعثت إليك؟ قالت: لا يعلم الغيب إلا الله، قال: ألست أنت راكبة الجمل الأحمر يوم صفين وأنت بين الصفين توقدين نار الحرب وتحضين علي القتال؟ قالت: نعم، قال: فما حملك على ذلك؟ قالت: يا أمير المؤمنين، إنه قد مات الرأس وكثر الذنَب والدهر ذو عبر، ومن تفكَّر أبصر، والأمر يحدث بعد الأمر، فقال: صدقتِ، فهل تحفظين كلامك؟ قالت: لا

والله، قال: لله أبوك، لقد سمعتك تقولين: «أيها الناس، إن المصباح لا يضيء في الشمس، والكوكب لا يضيء مع القمر، وإن البغل لا يسبق الفرس، ولا يقطع الحديد إلا الحديد، من استرشدنا أرشدناه ومن ساءلناه جاوبناه أن الحق كان يطلب ضالة فاطلبوها، يا معاشر المهاجرين والأنصار مكانكم، وقد التأم شمل الشتات وظهرت كلمة العدل وغلب الحق الباطل؛ فإنه لا يستوي المحق والمبطل، أفمن كان مؤمنًا كمن كان فاسقًا؟ فالنزال النزال، والصبر الصبر، ألا وأنه خِضاب النساء الحناء وخضاب الرجال الدم، والصبر خير الأمور عاقبة، هيا إلى الحرب، هيا يا رجال».

أليس هذا القول قولك وتحريضك؟ قالت: لقد كان ذلك، قال: لقد شاركت عليًّا في كل دم سفكه، فقالت: أحسن الله بشارتك يا أمير المؤمنين وأدام سلامتك، مثلك من بُشر بخير ويسر جليسه، فقال: أوقد سرَّك ذلك؟ قالت: نعم والله لقد سرني قولك، وإني له لصدِّيقة، فقال معاوية: والله لوفائك له بعد موته أعجب إليَّ من حبّك له في حياته، فاذكري حوائجك تُقضَى، قالت: يا أمير المؤمنين إني آليت على نفسي لا أسأل أحدًا حاجة، فقال: قد أشار عليَّ بعض من عرفك بقتلك، قالت: لؤمٌ من المشير، ولو أطعته لشاركته، قال: كلا، بل نعفو عنك ونُحسن إليك ونرعاك، قالت: كرم منك يا أمير المؤمنين، ومثلك من قدر وعفا وتجاوز عمن أساء وأعطى من غير مسألة، قال: فأعطاها كسوة ودراهم وأقطعها ضيعة تغل لها في كل سنة عشرة آلاف درهم وأعادها إلى وطنها، وكتب على والي الكوفة بالوصاية بها وبعشيرتها.

المنصور والرَّجل

قال الرَّبيع (مولى الخليفة المنصور): ما رأيتَ رجلًا أربط جأشًا وأثبت جِنانًا من رجل سُعِيَ به إلى المنصور أن عنده ودائع وأموالًا لبني أمية فأمرني بإحضاره، فأحضرته إليه، فقال له المنصور: قد رُفع إلينا خبر الودائع والأموال التي عندك، فقال الرجل: أأنت وارث بني أمية؟ قال: لا، قال: أَوُصِّي لك في أموالهم ورعاياهم؟ قال: لا، قال: فما مسألتك عما في يدي من ذلك؟

قال: فأطرق المنصور ثم تفكَّر ساعة ورفع رأسه وقال: إن بني أمية ظلموا المسلمين فيه، فاجعله في بيت أموالهم، قال: يا أمير المؤمنين، فتحتاج إلى بيِّنة عادلة أنَّ ما في يدي لبني أمية فما خانوا به ولا ظلموا، فإن بني أمية كانت لهم أموال غير أموال المسلمين، قال: فأطرق المنصور ساعة ثم رفع رأسه وقال: يا ربيع، ما أرى الشيخ إلَّا قد صدق، وما يجب عليه شيء، وما يسعنا ألا أن نعفو عما قيل عنه، ثم قال: هل لك من حاجة؟ قال: أن تجمع بيني وبين من سعى بي إليك، فوالله يا أمير المؤمنين ما لبني أمية عندي مال ولا سلاح، وإنما أحضرت بين يديك وعلمت ما أنت فيه من العدل والإنصاف واتباع الحق واجتناب المظالم، فأيقنت أن الكلام الذي صدر مني هو أنجح وأصلح لما سألتني عنه، فقال المنصور: يا ربيع، اجمع بينه وبين الذي سعى به، فجمع بينهما، فقال: يا أمير المؤمنين، هذا أخذ لي خمسمائة دينار وهرب، ولي عليه مسطور شرعي، فسأل المنصور الرجل فأقرَّ بالمال، قال: فما حملك على السعي كاذبًا؟ قال: أردت قتله ليخلص لي المال، فقال الرجل: قد وهبتها له يا أمير المؤمنين لأجل وقوفي بين يديك وحضوري مجلسك، ووهبته خمسمائة دينار أخرى لكلامك لي، فاستحسن المنصور فعله وأكرمه وأعاده إلى بلده مُكرمًا، وكان المنصور كل

وقت يقول: ما رأيت مثل هذا الشيخ قط ولا أثبت من جِنانه ولا من حُجته، ولا رأيت مثل حِلمه ومروءته.

وعد الأمير

قال مالك بن عمارة اللخمي: كنت أجالس في ظل الكعبة أيام المواسم عبد الملك بن مروان وقبيصة بن ذؤيب وعروة بن الزبير، وكنا نخوض في الفقه مرة وفي المذاكرة مرة وفي أشعار العرب وأمثال الناس مرَّة، فكنت لا أجد عند أحد ما أجده عند عبد الملك بن مروان من الاتساع في المعرفة والتصرف في فنون العلم وحسن استماعه إذا تحدَّثت وحلاوة لفظه إذا حدَّث، فخلوت معه في ليلة فقلت: والله إني لمسرور بك لما شاهدته من كثرة تصرفك وحسن حديثك وإقبالك على جليسك، فقال: إن تعش قليلًا ترَ العيون طامحة إليَّ والأعناق نحوي متطاولة، فإذا صار الأمر إليَّ فلعلك أن تنقل إليَّ ركابك فلأملأنَّ يديك، فلما أفضت إليه الخلافة توجهت إليه فوافيته يوم الجمعة وهو يخطب على المنبر، فلمَّا رآني أعرَض عني فقلت: لم يعرفني أو عرفني وأظهر نكره، فلما قُضيت الصلاة ودخل لم ألبث أن صرخ الحاجب فقال: أين مالك بن عمارة؟ فقمت، فأخذ بيدي وأدخلني عليه، فمد إليَّ يده وقال: إنك تراءيت لي في موضع لا يجوز فيه إلا ما رأيت، فأما الآن فمرحبًا وأهلًا، كيف كنت بعدي؟ فأخبرته فقال: أتذكر ما قلت لك؟ قال: نعم، فقال: والله ما هو بميراث ادَّعيناه ولا إرثٍ ورثناه، ولكن أخبرك مني بخصالٍ سمت لها نفسي إلى موضع ما تراه، حيث إنني ما شمتُّ بمصيبة عدوٍّ قط، ولا أعرضت عن محدِّثٍ حتى ينتهي، ولا قصدت كبيرةً من محارم الله متلذذًا بها، فكنت آمل بهذه أن يرفع الله منزلتي، وقد فعل.

يا غلام، بوِّئه منزلًا في الدار، فأخذ الغلام بيدي وأفرد لي منزلًا حسنًا، فكنت في ألذ حال وأنعم بال، وكان يسمع كلامي وأسمع كلامه، ثم دخل عليه في وقت عشائه وغذائه فيرفع منزلتي ويقبل عليَّ ويحادثني ويسألني مرَّة عن العراق ومرَّة عن الحجاز حتى مضت لي عشرون ليلة، فتغذيت مرة عنده، فلمَّا تفرَّق الناس نهضتُ فقال: على رسلك فقعدت، فقال: أي الأمرين أحبُّ إليك؟ المقام عندنا مع المناصفة لك في المعاشرة أو الرجوع ولك الكرامة، فقلت: يا أمير المؤمنين، فارقت أهلي وولدي على أن أزور أمير المؤمنين وأعود إليهم، فإن أمرني اخترت رؤيته على الأهل والولد، فقال: لا، بل أرى لك الرجوع إليهم والخيار لك بعد في زيارتنا، وقد أمرنا لك بعشرين ألف دينار وكسوناك وحملناك، أتراني ملأت يديك؟ فلا خير في من ينسى إذا وعد، ودِّع إذا شئت صحبتك.

إذ جاءه الأعمى

قال ابن سوار: انصرفت يومًا من دار الخليفة المهدي، فلما دخلت منزلي دعيت بالطعام فلم تقبله نفسي، فدخل وقت القائلة فلم يأخذني النوم، فنهضت وأمرت ببغلة لي فأسرجت وأحضِرت فركبتها، فلما خرجت استقبلني وكيل لي ومعه مال فقلت: ما هذا؟ فقال: ألفا درهم جئت بها من مستغلك الجديد، قلت:امسكها معك واتبعني.

فأطلقت رأس البغلة حتى عبرت الجسر، ثم مضيت في شارع دار الرقيق حتى انتهيت إلى الصحراء، ثم رجعت إلى باب الأنهار وانتهيت إلى باب دار نظيف عليه شجرة وعلى الباب خادم، فعطشت، فقلت للخادم: أعندك ماء تسقينه؟ قال: نعم، ثم دخل وأحضر قُلَّةً نظيفة طيبة الرائحة عليها منديل، فناولني فشربت، وحضر وقت العصر فدخلت مسجدًا على الباب فصليت فيه، فلما قضيت صلاتي إذا أنا بأعمى يتلمَّس فقلت: ما تريد يا هذا؟ قال: إياك أريد، قلت: فما حاجتك؟ فجاء حتى جلس إلى جانبي وقال: شممت منك رائحة طيبة فظننت أنك من أهل النعيم فأردت أن أحدثك بشيء، فقلت: قل، فقال: ألا ترى إلى باب القصر؟ قلت: نعم، قال: هذا قصر كان لأبي فباعه وخرج إلى خراسان وخرجت معه، ثم زالت عنا النعم التي كنا فيها وعمِيتُ، فقدمت هذه المدينة فأتيت صاحب الدار لأسأله شيئًا يصلني به فأتوصَّل إلى سوار، فإنه كان صديقًا لأبي.

فقلت: ومن أبوك؟ قال: فلان بن فلان، فعرفته، فإذا هو كان أصدق الناس إليَّ، فقلت له: يا هذا، إن الله تبارك وتعالى قد أتاك بسوار ومنعه من الطعام والنوم والقرار حتى جاء به فأقعده بين يديك، ثم دعوت الوكيل فأخذت الدراهم منه فدفعتها إليه وقلت: إذا كان الغد فاحضر إلى منزلي.

ثم مضيت وقلت ما أُحدِّث أمير المؤمنين بشيء أظرف من هذا، فأتيت فاستأذنت عليه فأذن لي، فلما دخلت عليه قال: ادفعها إلى الأعمى، فنهضت فقال: اجلس فجلست، فقال: أعليك دَيْن؟ قلت: نعم، قال: كم دَيْنُك؟ قلت: خمسون ألفًا، فحدَّثني ساعة، وقال: امضِ إلى منزلك، فمضيت إلى منزلي، فإذا بخادم معه خمسون ألفًا، وقال: يقول لك أمير المؤمنين أقضِ بها دينك، قال: فقضيت منه، فلما كان الغد أبطأ عليَّ الأعمى وأتاني رسول المهدي يدعوني فجئت فقال: قد فكرت البارحة في أمرك فقلت: يقضي دينه ثم يحتاج إلى القرض أيضًا؟ وقد أمرت لك بخمسة آلاف أخرى، قال: فقبضتها وانصرفت، فجاءني الأعمى فدفعت إليه ألفي دينًا، وقلت: قد رزقك الله تعالى بكرمه وكافأك على إحسان أبيك وكافأني على إسداء المعروف إليك، ثم أعطيته شيئًا آخر من مالي فأخذه وانصرف.

في وصف المحبوب

قال الحكم بن أبي فنن:

لَوْ قَسَمَ اللهُ جُزْءًا مِن محَاسِنِهِ
فِي النَّاسِ طَرًّا لَتَمَّ الْحُسْنُ فِي النَّاسِ

قال الحكم بن قنبر:

كَأَنَّمَا البَدرُ مِن أَزْرَارِهِ طَلَعَا

وقال البحتري:

أَضَرَّت بِضَوءِ البَدرِ وَالبَدرُ طالِعٌ
وَقَامَت مَقامَ البَدرِ لَمَّا تَغَيَّبا

وقال ابن الرومي:

يَا شَبيهَ البَدرِ فَي الحُسْ
نِ وَفِي بُعدِ المَنَالِ

من هو كالشمس الطالعة أو الجانحة

قال قيس بن الحطيم:

فَرَأَيتُ مِثلَ الشَّمسِ عِندَ طُلوعِها
في الحُسنِ أَو كَدُنُوِّها لِغُروبِ

وقال البحتري يصف مرتحله:

دَنَت عِندَ الوَداعِ لِوَشْكِ بُعدٍ
دُنُوَّ الشَمسِ تَجنَحُ لِلأَصيلِ

وقال علي بن الأصفهاني:

وَقَدْ خَجِلتْ شَمْسُ الضُّحَي مِنك غدْوَةً
فَكَانَتْ كَمَا جَاءَتْ إِلى الشَّرقِ تَرجِعُ

ولكثير:

لَو أَنَّ عَزَّةَ خَاصَمَت شَمسَ الضُحى
في الحُسنِ عِندَ مُوَفَّقٍ لَقَضى لَها

ولجميل:

لَها النَّظرَةُ الأولى عَلَيهِم وَبَسطَةٌ
وَإِن كَرَّتِ الأَبصارُ كانَ لَهَا العُقَبُ

من قيد النواظر لجماله

قال أبو فراس:

وَإذا بَدَا اقتَادَتْ مَحَاسِنُهُ
قَسْرًا إلَيْهِ أَعِنَّةَ الحدَقِ

ولابن المعتز:

مَنْظَرٌ قَيَّدَ عُيُونَ الْوَرَى
فَلَيْسَ خَلْقٌ يَتَعَدَّاهُ

من أعطى الحسن مشتهاه

قال المتنبي:

حَبيبٌ كَأَنَّ الحُسنَ كانَ يُحِبُّهُ
فَآثَرَهُ أَو جارَ في الحُسنِ قاسِمُه

وقال محمد بن وهب:

قد خَلَعَ الحُسنُ على وجهِهِ
سِربالَ محمود ومَحسود

حسن السافرة

قال الشماخ:

أطارَت مِنَ الحُسنِ الرداءَ المُحَبَّرا

وقال يزيد بن التترية:

فألقتْ قناعًا دُونهُ الشَّمسُ واتقتْ
بأحْسن مَوْصولين كفٍّ ومِعصمِ

وقال بعضهم:

لَهَا حَاجِبَانِ الحُسنُ والقُبحُ منهُمَا
كَأنَّهما لَونَانِ مِن كَفِّ عَاشِق

العين المكسرة

ويستحسن في صفتها قول بشار:

حَوْرَاء إِنْ نَظَرَتْ إِلَيْكَ
سَقَتْكَ بِالْعَيْنَينِ خَمْرَا
وَكَأَنَّ تَحْتَ لِسَانِهَا
هَارُوتُ ينفثُ فِيهِ سِحْرَا

وسمع ذو الرمة إنسانًا ينشد قوله:

وَعَيْنَانِ قَالَ اللهُ كُونَا فَكَانَتَا
فعُولانِ بِالألْبَابِ مَا تَفْعَلُ الْخَمْرُ

فقال ذو الرمة «فعولان» كأنه تورَّع أن يقول: «فعولين» فيكون ذلك بأمر الله تعالى.

العين الفاترة

قال البحتري:

وَكَأَنَّ في جِسمي الذي
في ناظِرَيهِ مِنَ السقَم

وله:

ما بِعَيني هَذا الغَزالِ الغَريرِ

مِن فتونٍ مُستَجْلبٍ مِن فتورِ

ولهارون الرشيد:

وَتنالُ مِنْكَ بِحَدِّ مُقْلَتِها
مَا لا يَنالُ بِحَدِّهِ النَّصْلُ

ولأبي تمام:

إنَّ للهِ فِي العِبادِ مَنايا
سَلَّطَتها عَلى القُلوبِ العُيونُ

وقال جعفر المصري:

نَظَرْتُ إلَيْهَا نَظْرَةً فَكَأَنَّمَا
نَظَرَتْ بتِلْكَ الْعَيْنِ سِكِّينًا شَاطِرَا

العين الساحرة

قال كشاجم:

باللهِ يا مُتَفَرِّدًا في حُسنِهِ
ومُقَلِّبًا هارُوتَ بين مَحَاجِرِه

وقال الصاحب:

وَلَوْ أَنَّ هَارُوتًا رَأَى فَتْرَ عَينِهِ
تَعَلَّمَ كَيفَ السِّحْرُ فِي حَدِّ جِفْنِهِ

العين الكحلاء

قال صالح بن عبد القدوس:

كَحَّل الجَمال جفون أعيُنِها
فَغَنَينَ مِن كحلٍ بِلا كَحْل

وقال:

كَأنَهُمَا مكحُولتان بأثمدٍ
وَمَا بِهِمَا غيرُ الملاحَةِ مِن كُحلِ

الثغر

قيل: الثغر الحسن يُحلِّي الوجه القبيح.

قال البحتري:

كَأنَّمَا يَبسِمُ عَن لُؤلُؤٍ
مُنضَّدٍ أو بَرَدٍ أو أقَاح

وله:

لَكَ مِن ثغرِهِ وَمِنْ خَدِّهِ مَا
شِئتَ مِن أقحُوَان أوْ جُلنَار

الجيد

وفي الجيد قال أبو علي:

إذَا مَا اجتَلَى الرَّانِي إليهَا بِطَرفِهِ
غُروبُ ثنَايَاهَا أضَاءَ وَأظلَمَا

الأسنان

قال البحتري:

لَهَا مَبسَمٌ كَالبَدرِ يضحَكُ عَنْ دُرٍّ

وقال الزاهر:

نوناتُ دُرٍّ عَلَى دَالاتِ مُرْجَان

طيب الفم

قال المتنبي:

وَأَشْنَبٍ مَعسُولَ بردِّ الثَنَايَا
لَذِيذُ المقبَلِ وَالمُبتَسمِ

ويقال:

فمها أعذب من برد الشراب وجسمها أعجب من برد الشباب.

من ذكر طيب فم رغم أنه لم يذقه

أول من ذكر النابغة قال:

زَعَمَ الهمَام وَلَمْ أذقْهُ أَنَّهُ
يَشفِي بَرِيقَتِهِا مِنَ العَطَشِ الصدى

ولبشار:

يَا أطيبَ الناسِ ريقًا غَير مُختَبَرٍ
إلا شَهادَةَ أَطرافِ المَساويكِ

طيب الفم وحسن المبتسم معًا

قال ابن الرومي:

وقبّلتُ أفواهًا عِذابًا كَأنَّهَا
يَنَابيعُ خَمرٍ حصَّبت لؤلؤَ البَحْرِ

وقال:

أُحَاذِرُ فِي الظُّلُمَاتِ أنْ تَسْتَشِفَّنِي
عُيونُ الغَيارَى فِي وَمِيضِ المَضَاحِكِ

وقال:

كَأَنَّ ابتسَامَ البَرْقِ بَيني وَبَينهَا
إذَا لاحَ فِي بَعضِ البُيُوتِ ابتِسَامُهَا

ولمسلم:

تَبسَّمَ عن مِثْلِ الأَقَاحِي تبسَّمَت
لَهُ مزْنةٌ صَيفِيَّةٌ فَتَبَسَّمَا

وقال:

كَأَنَّ دُرًّا إِذَا هِيَ تَبَسَّمَت
مِن ثغرِهَا فِي الحَدِيثِ يَنتشِرُ

الحسن الحديث والكلام

قال البحتري:

وَلَمَّا التَقَينا وَالنقا مَوعِدٌ لَنا
تَعَجَّبَ رائي الدُرُّ حُسنًا وَلاقِطُه
فَمِن لُؤلُؤٍ تَجلوهُ عِندَ ابتِسامِها
وَمِن لُؤلُؤٍ عِندَ الحَديثِ تُساقِطُه

وقال بشار بن برد: كأن حديثها سُكرُ الشَّرابِ.

وقال ابن الرومي:

إنْ طال لم يُملَلِ وإن هي أوجزت
ودَّ المحدَّثُ أنها لم توجز

أحسن النساء

قيل لأعرابي: أي النساء أحسن؟

فقال: الحسنة المفترة عن الثغر الوافرة الشعر، فمها بارد وشعرها وارد.

وصف الشعر والوجه معًا

قال بكر بن النطاح:

بَيْضَاءُ تَسْحَبُ مِن قِيامٍ فَرْعَهَا
وَتَغِيبُ فِيهِ وَهُوَ لَيْلٌ أَسحَمُ
وَكَأَنَّهَا فِيهِ نَهَارٌ سَاطِعٌ

وَكَأنَّهُ لَيْلٌ عَلَيْهَا مُظْلِمُ

وقال ماني الموسوس:

نَشَرَت غَدَائِرَ شَعرها لِتُظِلَّني
خَوفَ العُيونِ مِنَ الوُشاةِ الرُّمَّقِ
فَكَأنَّهُ وَكَأنَّهَا وَكَأنَّني
صُبحانِ باتا تَحتَ لَيلٍ مُطبَقِ

وقال منصور النمري:

وَدَنَتْ عَنَاقِيدُ الْكُرُو
مِ عَلَى الأَهِلَّةِ وَالْبُدُور

السوالف

قال ابن الرومي:

أَسَاءَنِي إِعْرَاضُهُ
عَنِّي وَلَكِنْ سَرَّنِي
سَالِفَتَاهُ عِوَضٌ
مِن كُلِّ شَيءٍ حَسَنِ

وللصنوبري:

للغُصنِ أَعْطَافُهَا وَقَامَتُهَا
وَللرَّشَا جِيدُهَا وَعَيْنَاهَا

الصَّدغ

قال ابن المعتز:

أَلَمْ تَرَنِي بُلِيتُ بِذِي دَلَالٍ
خَلِيٍّ مَا يَرِقُّ وَمَا يُبَالي
غِلالَةُ خَدِّهِ وَرْدٌ جَنِيٌّ
وَنُونُ الصَّدْغِ مُعْجَمَةٌ بِخَال

وقال ديك الجن:

كَأَنَّ قَافًا أُدِيرَتْ فَوْقَ وجْنَتِهِ
وَاخْتَطَّ كَاتِبُهَا مِن بَعْدِهَا أَلِفَا

وللصنوبري:

عقربُ الصدغ لِماذَا
سَالَمتُه وَهُو وَحدُه
تلدَغُ النَّاسَ جميعًا
ثم لَا تَلدَغ خَدَّه

العذار

قال أبو الفضل بن العميد:

مِنْ عُذَيْرِيٌّ مِن عَذَارَى قَمَر
عَرَّضَ القَلبَ لأسبَاب التَّلَف
عَلِمَ الشَّعْرُ الذِي عَاجَلَهُ
أَنَّهُ جَارَ عَلَيْهِ فَوَقَفْ

وقال بعضهم:

رَأيتُ وَقَد لَاحَ العِذَارُ بخَدِّه
عَلَى وَجْهِهِ نَمْلًا يَدبُّ عَلَى عَاجٍ

حسن الكف والأنامل

قال النابغة:

بِمُخَضَّبٍ رَخصٍ كَأَنَّ بَنَانَهُ
عَنَمٌ يَكَادُ مِنَ اللَّطافَةِ يُعقَدِ

ولابن المغتز:

أثمَرَت أَغصانُ رَاحَتِهِ
لِجُناةِ الحُسنِ عُنَّابا

وقال آخر: أطرَافُها تعقِدُ من لينها.

البنان المخضبة

قال ابن الرومي:

وَكَفٌّ كَأَنَّ الشَّمسَ أَبدَتْ بَنَانَهَا
عَلَى اللَّيلِ مَخْضُوبًا فَقَمعَهَا اللّيلُ

طول القامة

قال بشار:

وَحَوْرَاءُ المَدَامِعُ مِن معدٍ
كَأَنَّ حَدِيثَهَا قِطَعُ الجِمَانِ
إِذا قامَت لِمَشيَتِها تَثَنَّت
كَأَنَّ عِظامَها مِن خَيزُرانِ

ولآخر:

كَأَنَّهُ فِي اعْتِدَالِهِ أَلِفٌ
لَيسَ لَهُ فِي الْكِتَابِ تَحْرِيفُ

دقة الخصر

قال ابن الرومي:

ظَبيٌ كَأَنَّ بِخَصْرِهِ
مِن ضَمرِهِ ظَمَأً وَجُوعَا

وقال آخر:

مُخَصَّرُ الخَصْرِ هَضِيمُ الحَشَى
صَغِيرٌ أثناءَ الوِشَاحَينِ

وقال السري الرفاء:

ضَعُفَتْ معاقِدُ خصرِه وعهودُه
فكأنَّ عَقْدَ الخصرِ عَقْدُ وَفَائِه

وللمتنبي:

وَخَصرٌ تَثبُتُ الأبصارُ فيهِ
كَأَنَّ عَلَيهِ مِن حَدَقٍ نِطاقا

وللسري الرفاء:

أحاطَتْ عيونُ العاشقينَ بِخَصْرِه
فَهُنَّ له دُونَ النِّطَاقِ نِطاقُ

وقال عباس:

بَكى وشاحاها وَلَم يُشكَيا
وإِنَّما أَبكاهُما الجوعُ

وقال المتنبي:

كَأَنَّمَا قِدُّهَا إِذَا انفَلَتت
سَكرانُ مِن خَمرِ طَرفِهَا ثَمِلُ

طيب الرائحة

وصَفَ رجل امرأة فقال:

إنها كنور يبتسم في الأسحار ونور يبتسم في الأشجار.

قال امرؤ القيس:

أَلَمْ تَرَيَانِي كُلَّمَا جِئتُ طَارِقًا
وَجدَتُ طِيبًا وَإن لم تَطيبَ

وقال العباس:

فَكَيفَ أَصْنَعُ بِالوَاشِينَ لَا سَلِمُوا
وَالعَنبَرُ الوَرْدُ يَأتِيهُم بِأَخبَارِي

وللنوبجي:

إِذَا كتَمِتْ زِيَارَتَهَا

أذاعَ الطيبُ مَا كَتَمَتْ
فَأنطَقَ ألسُنَ الوَاشِينَ
لَا كَانَتْ وَلَا نَطَقَتْ

الثني في المشي

قال ابن مقبل:

يَهْزُزْنَ لِلْمَشْي أوصالًا مُنَعَّمَةً
هَزَّ الجَنُوبِ ضُحًى عِيدَانَ يَبْرِينَا
يَمْشِينَ هَيْلَ النَّقَا مَالَتْ جَوَانِبُهُ
يِنْهَال حِينًا وَيَنْهَاهُ الثَّرَى حِينَا

البحتري:

لَمَّا مَشَينَ بِذِي الأراكِ تَشَابَهَت
أعطافُ قضبانٍ بِهِ وَقُدودِ

تفضيل السُّود

إنَّ سَعْدِي وَاللهِ يَكلأُ سَعْدِي
مَلكتْ بِالسَّوَادِ رقَّ سَوَادِي
أَشْبَهَتْ مُقْلَتِي وَحَبَّةَ قَلْبِي
وَبِهَا فَهِيَ نَاظِرِي وَفؤَادِي

وقال ابن الرومي في سوداء:

كَأَنَّهَا وَالمزَاحُ يُضْحِكُهَا
لَيْلٌ تَفَرَّى دُجَاهُ عَن فَلَقِ

وذكرت قصيدة ابن الرومي في وصف السوداء وأبو الحسن الموسوي حاضر فأسرف بعضهم في مدحها فقال أبو الحسن بديهة:

سَكَنتَ سَوَادَ العَينِ إذْ كُنتَ شَبِهُهُ
فَلَمْ أدرِ مَنْ عَزَّ مِن الْقَلْبِ مِنكمَا
أحِبُّكِ يَا لَونَ السَّوَادِ لأنَّنِي
رَأيتُكمَا فِي العَينِ وَالقَلبِ تَوْأمَا

أوصاف مجموعة من الجمال

قيل لأعرابي: أي امرأة أحسن فقال: التي لطفت كفَّاها ونهد ثدياها وسال خدَّاها.

ويقال: كأن وجهه البدر ليلة سعده وتمامه قد رُكِّب في غصن بان وقضيب ريحان أهيف القد أدعج العينين مقرون الحاجبين أسيل الخدين مسبل الذراعين أرق من الهواء والماء وأحسن من الدمى وأضوأ من النهار إذا استنار، وأبهى من سرابيل الأنوار، لا يجري بوصفه الوهم ولا يبلغ نعته الفهم، كأن أنفه قصبة در وحد حسام، وكأن فمه حلقة خاتم، وكأن جيده جيد ظبي قد أتلع لرؤية قانص، سبط الأنامل لين القلب دقيق الخصر حلو الشمائل، كأنما خُلِق من كل قلب، فكل حسن له فيه حظ ولكل قلب إليه ميل.

وفي وصف جارية: وجهها كضوء البدر وخدها كجني الورد ولسانها ساحر وطرفها فاتر ضمها يهيج اللوعة ونطقها ينقع الغلة، ثغرها كاللؤلؤ النظيم يجلو دجى الليل البهيم، ريحها كالراح المعتق ختامه كالمسك المفتق، يستجمع صنوف النعيم مجالسها ولا يأسى على ما فاته مالكها، صبيحة الحدقة مريضة الجفون كأن ساعدها طلعة ومعصمها جمار وأصابعها مداري فضة، وكأن نحرها من ساج وبشرتها من زجاج.

وقال أعرابي في وصف امرأة: عذب ثناياها وسهل خداها ونهد ثدياها ولطف كفاها ونعم ساعداها هي النفس ومناها.

وللمتنبي:

سُهَادٌ لأجْفَانٍ وَشَمْسٌ لِنَاظِرٍ
وَسُقمٌ لأبْدَانٍ وَمِسكٌ لِنَاشِقِ

ما يحب أن تكون عليه الحسان.

رباعيات

يجب أن يكون في المرأة أربعة أشياء سود: شعر الرأس والحاجبان وأشفار العين والحدقة.

وأربعة بيض: اللون وبياض العين والأسنان والساق.

وأربعة حمر: اللسان والشفتان والوجنتان واللثة.

وأربعة مدورة: الرأس والعنق والساعد والعرقوب.

وأربعة طوال: الظهر والأصابع والذراعان والساقان.

وأربعة واسعة: الجبهة والعين والصدر والوركان.

وأربعة دقيقة: الحاجبان والأنف والشفتان والأصابع.

في وصف الشَّعر

قال الشريف الرضي:

رَأَت شَعراتٍ في عِذاريَ طلقَةً
كَمَا افتَرَّ طِفلُ الرَّوضِ عَن أَوَّلِ الوَسمي
فَقُلتُ لَها ما الشَّعرُ سالَ بِعارِضي
وَلَكِنَّهُ نَبتُ السِّيادَةِ وَالحِلمِ
يَزِيدُ بِهِ وَجهي ضِياءً وَبَهجَةً
وَمَا تَنقُصُ الظَّلماءُ مِن بَهجَةِ النَّجمِ

ظهور الشيب واختلاط البياض

قال الفرزدق:

وَالشَّيبُ يَنهَضُ في السَّوادِ كَأَنَّهُ
لَيلٌ يَصيحُ بِجانِبَيهِ نَهارُ

وقال الطائي: كالصبح أحدث للظلام أفولا.

وقال ابن الرومي:

شَعراتٌ في الرَّأسِ بِيضٌ ودُعجٌ
حَلَّ رَأسي جِيلانِ رومٌ وزَنجُ

من شاب قبل أوانه

قال أبو نواس:

وَإِذا عَدَدتُ سِنِيَّ كَم هِيَ لَم أَجِد
لِلشَّيبِ عُذرًا في النُّزولِ بِرَأسي

كشاجم:

إِذا فَكَّرتُ في شَيبي وَسِنِّي
عَتَبتُ عَلَيهِ فيما نالَ مِنّي

وقال:

لَوْ كَانَ يُمكِنُنِي سفرتُ عَن الصِّبا
فَالشَّيبُ مِن قَبلِ الأوَانِ يَلثمُ
وَلَقَد رَأيتُ الحَادِثَاتِ فَلَا أرَى
شَيبًا يُميتُ وَلَا سَوادًا يَعصِمُ

وقال:

قد رأيناه بالعشيُّ غلامًا
فعدونا نعده في الكهول

وقال الموسوي:

وَعَارَضَنِي فِي عَارِضِي مِنهُ أَنجُمُ
ظَلَمنَ شَبَابِي وهيَ فِي القَلبِ أَسْهُمُ

من شاب من الوقائع والشدائد

قال الحسن بن رجاء:

أَن يشب رَأسِي فَمِن كَرَم
لَا يَشِيبُ المرْءُ من كبرهِ

وقال الشريف الرضي:

وَمَا شِبتُ مِنْ طُولِ السِّنِينِ وَإِنَّمَا
غُبَارُ حُرُوبِ الدَّهرِ غطَّى سَوَادِيَا

المتذمم لتعاطي ما تعاطاه في أيام الصبا

قال الواسطي: حان حصادي ولم يصلح فسادي.

وقال البحتري:

وَأَضلَلتُ حِلمي فَالتَفَتُّ إِلى الصِبا
سَفاهًا وَقَد جُزتُ الشَبابَ مَراحِلا

ولأبي سعيد الرستمي:

قَبِيحٌ بِذِي الشَّيبِ أن يَطرِبَا
وَمَا لِلمَشِيبِ وَمَا للصِّبَا
أَمِن بَعدِ خَمْسِينَ ضَاعَتْ سُدَى
وَأَوْدَى بِهَا اللَّهْوُ أَيدِي سبَا
تَشِيمُ برُوقَ الدّمَا دَائِمًا
وَقَدْ شَامَتْ العَارِضُ الأَشيَبَا
وَأَقبِح بِذِي عَارِضٍ أَشْيَبِ
إِذَا قَابَلَ العَارِضَ الأَشنَبَا
وَأَهْلَك واللَّيلُ بَادر بِهِ
فَقَد كَادَت الشَّمسُ أن تَغْرُبَا

قال كثير: أتيت جميلًا أستنصحه هل أظهر الشعر فأنشدته:

وَكانَ الصِبا خِدنَ الشَبابِ فَأَصبَحا
وَقَد تَرَكاني في مَغانيمِها وَحدي

فقال: حسبك، أنت أشعر الناس.

وقال أحمد بن طيفور:

رَكِبتُ الصِّبا حَتَّى إِذَا ما وَنَى الصبا
نَزَلتُ مِنَ التقوى بِأَكرَمِ مَنزِلِ
وَدينُ الفَتى بَينَ التَنَسُّكِ وَالنُّهى
وَدُنيا الفَتى بَينَ الصِّبا وَالتَغَزُّلِ

فيمن زعم أنه ترك التصابي لغير ملالة

قال البحتري:

إِنّي وَإِن جانَبتُ بَعضُ بَطالَتي
وَتَوَهَّمَ الواشونَ أَنّي مُقصِرُ
لَيَشوقُني سِحرُ العُيونِ المُجتَلى
وَيَروقُني وَردُ الخُدودِ الأَحمَرُ

تارك الصبا قبل هجوم شيبه

قال البحتري:

لا أَجمَعُ الحِلمَ وَالصَهباءَ قَد سَكَنَت
نَفسي إِلى الماءِ عَن ماءِ العَناقيدِ
لَم يَنَهَني فَنَدٌ عَنها وَلا كِبَرٌ
لَكِن صَحَوتُ وَغُصني غَيرَ مَخضودِ

مدح الشيب بالوقار والعفة

تأمل حكيم شيبه فقال: مرحبًا بزهرة الحنكة وثمرة الهدى ومقدمة العفة ولباس التقوى.

وروي أن إبراهيم (عليه السلام) لما بدأ الشيب بعارضيه قال: يا رب، ما هذا؟

قال: وقار.

قال: يا رب زدني وقارًا.

وعُيِّر حكيم بالشيب فقال: الشيب نور يورثه تعاقب الليالي والأيام، وحلم يفيده مر الشهور والأعوام، ووقار تلبسه مدة العمر ومضي الدهر، قال دعبل:

أَهلًا وسهلًا بِالمَشيبِ فَإِنَّهُ
سِمَةُ العَفيفِ وَحِليَةُ المُتَحَرِّجِ
ضَيفٌ أَحَلَّ بِيَ النُهى فَقَرَيتُهُ
رَفضَ الغَوايَةِ وَاِقتِصادَ المَنهَجِ

ازورار النساء عن المشيب

قال: ابن الرومي:

أَعِرْ طَرْفَكَ المرْآةَ وَانظُرْ فَإِن نَبا
بعينَيكَ عنكَ الشيبُ فَالبيضُ أعذَرُ
إذا شَنِئَت عينُ الفَتَى وجهَ نَفْسهِ
فَعَينُ سواهُ بِالشَّنَاءةِ أَجْدَرُ

وقال ابن المعتز:

لَقَدْ أَبغَضتُ نَفسِي فِي مَشِيبِي
فَكَيفَ يُحِبُّنِي البيضُ الكَوَاعِبُ

وقال الصاحب: قد سبق ابن المعتز كل من قال في رغبة النساء عن المشيب بقوله:

فَظَلِلتُ أطلُبُ وَصْلَهَا بتَذَلُّلٍ
وَالشَيبُ يَغمِزُها بألا تَفْعَلِي

ذم الشباب بقلة الوفاء والبقاء

قال بعضهم:

لَمْ أَقُل لَلشَّبَابِ فِي دِعَّةِ اللهِ
وَفِي حفظِهِ غَدَاة تَوَلَّى
زَائِرٌ زَارَنِي أَقَامَ قَلِيلاً
سَوَّدَ الصُّحُفَ بِالذُّنُوبِ وَوَلَّى

وقال منصور الفقيه:

مَا كَانَ أقصَرَ أَيَّام الشَّبَاب وَمَا
أبقَى حَلاوَةَ ذِكْرَاهُ التي يَدَعُ

تمني عوده والدعاء له

قال أبو العتاهية:

أَلَا لَيْتَ الشَّبَابَ يَعُودُ يَوْمًا
فَأُخْبِرهُ بِمَا فَعَلَ المَشِيبُ

وقال النميري:

واللهِ لَوْ أُعطَى المُنَى
لَوَددتُ أَيَّامَ الصبَا
وَمُعَاتِبَاتٍ كُنَّ لي
وَمُدَاعَبَاتٍ لِلدُّمَى

في الغزل

قال المتنبي:

أَزورُهُم وَسَوادُ اللَيلِ يَشفَعُ لي
وَأَنثَني وَبَياضُ الصُبحِ يُغري بي

وقال ابن المعتز:

وَجاءَني في قَميصِ اللَيلِ مُستَتِرًا
يَستَعجِلُ الخَطوَ مِن خَوفٍ وَمِن حَذَرِ
فَقُمتُ أَفرِشُ خَدّي في الطَريقِ لَهُ
ذُلًّا وَأَسحَبُ أَذيالي عَلى الأَثَرِ
وَلاحَ ضَوءُ هِلالٍ كادَ يَفضَحُنا
مِثلَ القُلامَةِ قَد قُدَّت مِنَ الظُفُرِ
فَكانَ ما كانَ مِمّا لَستُ أَذكُرُهُ
فَظُنَّ خَيرًا وَلا تَسأَل عَنِ الخَبَرِ

وقال سعيد النصراني:

وَعَدَ البَدرُ بِالزِّيارَةِ لَيْلًا
فَإِذَا مَا وَفَى قَضَيتُ نذُورِي
قُلْتُ يَا سَيِّدِي وَلِمَ تُؤْثِرُ اللَّيلَ
عَلَى بَهْجَةِ النَّهَارِ المُنِيرِ
قَالَ لَا أَسْتَطِيعُ تَغْيِيرَ رَسْمِي
هَكَذَا الرَّسْمُ فِي طُلُوعِ البدُورِ

من صار الطيب والحلي واشيًا عند زورته

قال البحتري:

وَزارَت عَلى عَجَلٍ فَاكتَسى
لِزَورَتِها أَبرَقُ الحَزنِ طيبَا
فَكانَ العَبيرُ بِها وَاشِيًا
وَجَرسُ الحُليِّ عَلَيها رَقيبَا

وقال العباس:

قَامَت تَثَنّى وَهيَ مَرعوبَةٌ
تَوَدُّ أَنّ الشَّملَ مَجموعُ
بَكَى وُشاحاها وَلَم يُشكيا
وَإِنَّما أَبكاهُما الجوعُ
فَانتَبَهَ الهادونَ مِن أَهلِها
وَصارَ لِلمَوعِدِ مَرجوعُ

امتناع المحبوب

قال أبو أدهم:

لَمَّا رَأَيتُ مُعَذِّبِي
أَلْفَيْتُهُ كَالْمُحْتَشِمِ
طَلَبْتُ مِنهُ زَوْرَةً
تَشْفِي السَّقِيمَ مِنَ السُّقمِ
فَأَبَى عَلَيَّ وَقَالَ لِي
فِي بَيتِهِ يُؤْتَى الحِكَمِ

من سأل رفيقه أن يزور به صديقه

قال عوف بن سعد:

خَليليَّ عوجا بَاركَ اللهُ فيكُمَا
وإن لم تَكُنْ هندٌ لأرضِكما قَصْدا
وقولا لها لَيسَ الضَّلال أجازَنا
ولكنَّنا جُزنا لنلقَاكُم عَمدًا

وقال نصيب:

بِزَيْنَبَ أَلْمِمْ قَبْلَ أَن يَظْعَنَ الرَّكْبُ
وَقُل إنْ تمليِنا فَمَا مَلكَ القَلْبُ

النهي عن كثرة النظر وذمه

قال الله تعالى: قُل لِّلْمُؤْمِنِينَ يَغُضُّوا مِنْ أَبْصَارِهِمْ.

وقال النبي ﷺ: «لا تتبع النظرة النظرة، فإنما لك الأولى وليست الآخرة».

وقيل: «من كثرت لحظاته دامت حسراته».

«فضول المناظرة من فضول الخواطر»

قال أبو الفيض: خرجت حاجًا، فمررت بحي، فرأيت جارية كأنها فلقة قمر، فغطت وجهها، فقلت: يرحمك الله، أنا سفر وفينا أجر فمتعينا برؤية وجهك، فقالت:

وَكُنْتَ مَتَى أَرْسَلْتَ طَرْفَكَ رَائِدًا
لِقَلْبِكَ يَوْمًا أَتْعَبَتْكَ الْمَنَاظِرُ
رَأَيْتَ الَّذِي لَا كُلَّهُ أَنْتَ قَادِرٌ
عَلَيْهِ وَلَا عَنْ بَعْضِهِ أَنْتَ صَابِرُ

ومرت أعرابية بجماعة من بني نمير، فأداموا لها النظر، فقالت: يا بني نمير، ما فعلتم بقول الله: قُل لِّلْمُؤْمِنِينَ يَغُضُّوا مِنْ أَبْصَارِهِمْ ولا بقول الشاعر:

فَغُضَّ الطَّرْفَ إِنَّكَ مِنْ نُمَيْرٍ
فَلَا سَعْدًا بَلَغْتَ وَلَا كِلَابَا

فأطرقوا حياء.

وقال أبو العباس بن الأحنف:

وَمُسْتَفْتِحٍ بَابَ الْبَلَاءِ بِنَظْرَةٍ
تَزَوَّدَ مِنْهَا شُغْلَهُ آخِرَ الدَّهْرِ

وقال أبو تمام:

إِنَّ لِلَّهِ فِي الْعِبَادِ مَنَايَا
سَلَّطَتْهَا عَلَى الْقُلُوبِ الْعُيُونُ

النهي عن تمكين المرأة من النظر إلى الرجل

قال بعضهم: لأن يرى رجل امرأتي أسهل عندي من أن ترى امرأتي رجلًا.

قال ذو الرمة:

لَا تَأْمَنَنَّ عَلى النِّسَاءِ وَلَوْ أَخًا
مَا فِي الرِّجَالِ عَلَى النِّسَاءِ أَمِين
إِنَّ الأَمِينَ وَإِنْ تَحَفَّظَ جَهْدَهُ
لَا بُدَّ أَنَّ بِنَظَرِهِ سَيَخُونُ

الرخصة في النظر

قال الحسن: «النظر على الوجه الحسن عبادة».

معناه أن الرائي يقول: سبحان الله.

ورؤي شريح بقارعة الطريق، فقيل له: ما وقوفك؟ قال: عسى أن أنظر إلى وجه حسن أتقوَّى به على العبادة.

قال ابن الدمية:

يَقُولُونَ لَا تَنْظُرْ وَتِلْكَ بَلِيَّةٌ
أَلَا كُلّ ذِي عَيْنَيْنِ لَا بُدَّ نَاظِرُ
وَلَيْسَ اكْتِحَالُ الْعَيْنِ بِالْعَيْنِ رِيبَةٌ
إِذَا عَفَّ فِيمَا بَيْنَهُنَّ الضَّمَائِرُ

وقال مصعب بن الزبير — وكان جميلًا — لصوفي رآه يحد النظر إليه: لم تحدُّ النظر إليَّ؟

فقال: لا تنكر نظري، فإنك من زينة الله في بلاده، أما سمعت قول ابن العلاف:

مَا لِمَنْ نَمَّتْ مَحَاسِنُهُ
أَنْ يُعَادِيَ طَرْفَ مَن رَّمَقَا
لَكَ أَنْ تُبْدِيَ لَنَا حُسْنًا
وَلَنَا أَن نُعْمِلَ الْحَدَقَا

وقال آخر:

أَبْرَزُوا وَجْهَهُ الْجَمِيل
وَلَامُوا مَنْ افْتَتَنْ
لَو أَرَادُوا عَفَافَةً
نَقَّبُوا وَجْهَهُ الْحَسَنْ

وقال تمار:

لَا تَمْنَعِنِي إِنْ نَظَرْ
تُ فَلَا أَقَلَّ مِنَ النَّظَرْ
دَعْ مُقْلَتَيَّ تَنْظُرُ إِلَيْكَ
فَقَدْ أَضَرَّ بِهَا السَّهَرْ

من تمنى النظر إلى محبوبه والاستشفاء بلقائه

قال الخبزارزي:

مِفْتَاحُ كُلِّ لَذَاذَةٍ
نَظَرُ الْمُحِبِّ إِلَى الْحَبِيبِ
طُوبَى لِعَيْنٍ أَبْصَرَتْ
وَجْهَ الْحَبِيبِ بِلَا رَقِيبِ

وقال ابن قنبر:

رَمِدَتْ فِي الْحُبِّ عَيْنِي
فَاكْحُلُوهَا بِالْحَبِيبِ

وقال العباس:

إِذَا مَا الْتَقَيْنَا كَانَ أَكْثَرَ حَظِّنَا
وَغَايَةُ مَا نَرْضَى بِهِ النَّظَرُ الشَّزْرُ

ازدياد الوجد بالنظر

قال وهب الهمذاني:

زَوَّدْتُ الْعَيْنَ مِنْ لَوَاحِظِهَا
زَادًا فَكَانَ الْحِمَامُ فِي النَّظَرِ

وقال إبراهيم الموصلي:

وَلَوْ أَنِّي نَظَرْتُ بِكُلِّ عَيْنٍ
لَمَا اسْتَقْصَتْ مَحَاسِنَهُ الْعُيُونُ

ترك الذنب على العين والقلب

قال الصولي:

فَمَنْ كَانَ يُؤْتَى مِنْ عَدُوٍّ وَصَاحِبٍ
فَإِنِّي مِنْ عَيْنِي أُوتِيتُ وَمِنْ قَلْبِي
هُمَا اعتَوَرَانِي نَظْرَةً ثُمَّ فِكْرَةً
فَمَا أَبْقَيَا لِي مِن رُقَادٍ وَمِن لبِّ

وقال:

إِذَا لُمْتُ عَيْنَيَّ التَّين أَضَرَّتَا
بجِسْمِي يَوْمًا قَالَتَا لِي لِمَ القَلْبَا
فَإِن لمْتُ قَلْبِي قَالَ عَيْنَاك قَادتَا
إِلَيْكَ الْبَلَايَا ثُمَّ تَجْعَلُ لِيَ الذَّنْبَا

وقال أبو القاسم المصري:

أَلُومُ قَلبِي وَناظِرِي فَهُمَا
تَعَاوَنَا وَالنَّوَى عَلَى قَلْبِي

ترك الذنب على العين دون القلب

قال أبو تمام:

لَأُعَذِّبَنَّ جُفُونَ عَيْنَيَّ إِنَّمَا
بِجُفُونِ عَيْنَيَّ جَلُّ مَا أَتَعَذَّبُ

وقال العطوي:

فَلَا عَجَبٌ وَلا أَمْرٌ بَدِيع
جِنَايَاتُ العُيونُ عَلَى القُلوب

تركه على القلب دون العين

كفى بكون القلب مذنبًا وداعيًا إلى فعل الشر أن النفس لأمارة بالسوء.

وقال الشاعر: ألا إنما العينانِ للقَلْبِ رَائِدُ.

وقال الشريف الرضي:

النَفسُ أدنى عَدوٍّ أنتَ حَاذِرُهُ
وَالقَلبُ أعظَمُ مَا يُبلى بِهِ الرَّجُلُ

قلة شبع العين من النظر

قيل: لا تشبع عين من نظر ولا أذن من خبر ولا أرض من مطر.

وقال أبو العباس:

لَيْتَنِي إِذْ أَرَاهُ كُلِّي عُيُونُ
فَبِعَيْنَيْنِ لَسْتُ أَشْبَعُ مِنْه

اختلاس النظر خشية الرقباء

قال أبو الشيص:

وَنَظرَةُ عَينٍ تَعللتُها
حذارًا كَما نَظَرَ الأحوَلُ
تَقَسَّمتُها بَينَ وَجه الحَبيبِ
وَطَرف الرَقيب مَتى يَغفَلُ

ونحوه:

إذا ما التَقَينا وَالوُشاة بِمَجلِسٍ
فَليسَ لَنَا رُسلٌ سِوى الطَّرفِ بِالطَرفِ
فَإِن غَفَلَ الواشونَ فُزتُ بِنَظرَةٍ
وَإِن نَظَروا نَحوي نَظَرتُ إِلى السَّقفِ

وقال أبو العيناء:

حَمِدْتُ إِلهي إِذْ بِلاني بِحُبِّها
عَلى حَوَلٍ يُغْني عَنِ النَّظَرِ الشَّذْرِ
نَظَرْتُ إِلَيْهَا وَالرَّقِيبُ يَظُنُّنِي
نَظَرْتُ إِلَيْهِ فَاسْتَرَحْتُ مِنَ العُذْرِ

التخاطب بالنظر

قال علي بن هشام:

فَسَلَّمَتْ إيمَاءً وَوَدَّعَتْ خِفْيَةً
فَكَانَ جَوَابِي كَسْرُ عَيْنٍ وَحَاجِبِ

وقال ابن أبي طاهر:

وَفِي غَمْزِ الْحَوَاجِبِ مُسْتَرَاحٌ
لِحَاجَاتِ الْمُحِبِّ عَلَى الْحَبِيبِ

وقال:

وَمَجلِسِ لَذَّةٍ لَمْ نَقْوَ فيه
عَلَى شَكْوَى وَلَا عَدِّ الذُّنُوبِ
فَلَمَّا لَمْ نُطِقْ فيه كَلَامًا
تَكَلَّمَتِ العُيُونُ عَنِ القُلُوبِ

وقال الهند: اللحظ ترجمان القلب واللسان ترجمان البدن.

كون نظر المحبوب إلى محبه قاتلًا

قال ابن الرومي:

نَظَرَتْ فَأَقْصَدَتِ الْفُؤَادَ بِسَهْمِهَا
ثُمَّ انْثَنَتْ عَنْهُ فَكَادَ يَهِيمُ
وَيْلَاهُ إِنْ نَظَرَتْ وَإِنْ هِيَ أَعْرَضَتْ
وَقْعُ السِّهَامِ وَنَزْعُهُنَّ أَلِيمُ

تحير العاشق بالنظر إلى معشوقه

قال أحمد بن أبي طاهر:

عِتَابًا كَأَيَّامِ الحَيَاةِ أَعُدُّهُ
لِأَلْقَى بِهِ بَدْرَ السَّمَاءِ إِذَا حَضَرْ
فَإِنْ أَخَذَتْ عَيْنِي مَحَاسِنَ وَجْهِهِ
دُهِشْتُ لِمَا أَلْقَى فَيَمْلِكُنِي الحَصَرْ

السهل اللقاء الصعب المنال

قال أبو عيينة:

فقُلتُ لأصحَابِي هِيَ الشّمسُ ضوؤهَا
قَريبٌ وَلَكن فِي تَنَاوُلِهَا بُعدُ

وقال أبو نواس:

مَبذولَةٌ لِلعُيونِ زَهرَتُهُ
مَمنوعَةٌ مِن أَنامِلِ الجاني
وَلَستُ أَحظى بِهِ سِوى نَظَرٍ
يشركُني فيهِ كُلُّ إِنسانِ

وقال العباس:

هي الشمسُ مسكنُها في السَّماء
فعزِّ الفؤادَ عَزاء جَميلَا
فَلَن تَستَطيعَ إِلَيها الصُعودَ
وَلَن تَستَطيعَ إِلَيكَ النُزولَا

من سهل بالكلام وصعب بالمنازل

قال إبراهيم بن المهدي:

وَقَد يَلِينُ ببَعضِ القَولِ يَبذُلُه
وَالوَصلُ فِي وزرِ صَعبٌ مراقيه
فَالخيزَرانُ مَنيعٌ مِنكَ مَكسَرُه
وَقَد يُرَى لينًا فِي كَفِّ لَاوِيه

استحسان التقاء المتحابين

قال مسلم العنبري:

لَا شَيءَ أَحسَنَ فِي الدُّنيَا وَسَاكِنِهَا
مِن وَامِقٍ قَد خَلَا فردًا بمَومُوق

المعانقة

وقال إبراهيم الصولي:

سَاعَدَنا الدَّهرُ فَبتنا مَعا
نَحمِلِ ما نَجني عَلى السُّكر
فَكُنتُ كَالماءِ له قارعا
وَكانَ في الرِّقَّة كَالخَمر

وقال علي بن الجهم:

سَقى اللهُ لَيلًا ضَمَّنا بَعدَ فُرقَةٍ
وَأدنى فؤادًا مِن فؤادٍ مُعَذَّبِ
فَبتنَا جَميعًا لَو تُرَاقُ زُجَاجةٌ
منَ الرَّاحِ فِيما بَيننا لَم تَسَرَّبِ

وقال:

فَبِتْنَا عَلَى رَغم الحَسُودِ كأننَا
مَزِيجَان مِن ماءِ الغَمَامَةِ وَالخَمرِ

وقال ابن المعتز:

كَأنَّني عَانقْتُ رَيحَانةً
تَنفَّسَت فِي لَيلِهَا البَارِدِ
فَلَو تَرَانَا فِي قَمِيصِ الدُّجَا
حَسبتَنَا مِن جَسَدٍ وَاحِدِ

من ذكر تمكنه من محبوبه

قال جحظة:

حَبيبٌ جَادَ لي بِالرِّي
قِ وَالظَّلماءُ معتكفه
وَسَامحنِي بِمَا أَهْوَا
هُ بَعدَ التِّيهِ وَالأنَفَة
سَتشْكُرُ فِعْلَهُ نَفْسٌ
بعَجز الشُّكرِ مُعتَرفه

وقال المأمون:

يَا لَيلَةً فُزنَا بِهَا خُلوَةً
جَامِعَةً فِي ظِلِّهَا الشَّملُ
شَرَابُنَا الرِّيقُ وَكَأسُنَا
شِفَاهُنَا وَالقُبَلُ النَّقلُ

تمني تقبيل الحبيب والاقتصار منه عليه

قال الصنوبري:

نَويتُ تَقْبِيلَ نَارٍ وجنَتِهِ
فَخِفتُ أَدْنُو مِنهُ فَأَحْتَرِقُ

تقبيل الحبيب اعتراضًا

قال ابن المعتز:

وَكَمْ عِنَاقٍ لَنَا وَكَمْ قُبَلٍ
مُختَلَسَاتٍ حَذَارَ مُرتَقِبِ
نَقرُ العَصَافِيرِ وَهِيَ خَائِفَةٌ
مِنَ النَّوَاطِيرِ يَانِعُ الرُّطَبِ

وقال أبو نواس:

وَعَاشِقَينِ التَفَّ خَدَّاهُمَا
عِندَ التِثَامِ الحَجَرِ الأسوَدِ
فَاشْتَفَيَا مِنْ غَيْرِ أَنْ يَأثَمَا
كَأَنَّمَا كَانَا عَلَى مَوْعِدِ
لَوْلَا دِفَاعُ النَّاسِ إِيَّاهُمَا
لَمَا اسْتَفَاقَا آخِرَ المسنَدِ
نَفْعَلُ فِي المَسجِدَ مَا لَم يَكُن
يَفعَلُهُ الأبرَارُ فِي المَسجِدِ

استطابة تقبيله اختلاسًا واختفاء:

قال ابن سكرة:

سَألتَهُ فِي صَحوِهِ قبلة
فَرَدَّنِي وَالمَوْتُ فِي رَدِّهِ
حَتَّى إِذَا السُّكرُ ثَنَى جِيدَهُ
قَبَّلْتُهُ ألفًا بِلَا حَمْدِهِ

وقال الحسن بن وهب: قبّلتها فوجدت بين شفتيها ريحًا لو نام فيها المخمور لصحا.

وقال الصابئ:

أَقبلتُ ثُمَّ قَبَّلتُ ظَهر كفِّي
قُبلَةً تَنقَعُ الغَلِيلَ وَتَشفِي
فَتَلظَّى فَمِي عَلَيهَا وَوَدَّتْ
شَفَتِي أَنَّها هُنَالِكَ كَفِّي
فَعَضَضتُ اليَدَ التِي قَبَّلتُهَا
بِفَمٍ حَاسِدٍ يُرِيدُ التَّشَفِّي

وقال الموسوي:

ومُقبَّلٌ كَفِّي وَودَتُّ بأنَّهُ
أومَا إلى شَفَتَيَّ بِالتَّقبيلِ

موضع التقبيل

قيل: قُبلة المؤمن المؤمن المصافحة، وقبلة الرجل زوجته الفم، وقبلة الوالد الولد الرأس، وقبلة الأم الابن الخد.

قال أمير المؤمنين (رضي الله عنه): قبلة الولد الرحمة، وقبلة الوالدين عبادة، وقبلة الأخ الأخ رقة، وقبلة الإمام العادل طاعة.

من سأل محبوبه الوصل

قال الدمشقي:

تَعَالَ بِنَا نَعْصِي الوُشَاةَ وَنَشتَفِي
مِنَ الْوَصْلِ قَبلَ المَوتِ ثُمَّ نَتُوبُ

سؤاله عودة النائل

قال بشار:

قَد زُرتِنا مَرَّةً في الدَّهرِ واحِدَةً
عودي وَلا تَجعَليها بَيضَةَ الديكِ
يا رَحمةَ اللهِ حُلّي في مَنازِلِنا
حَسبي بِرائِحَةِ الفِردَوسِ مِن فيكِ

المستكثر قليل الوصل من حبيبه

قال بعضهم:

بِحُرمَةِ ما قَد كانَ بَيني وَبَينَكُم
مِنَ الوَصْلِ إلا عُدتُمُ بِجَميلِ
وَأَبى لِيُرضيني قَليلُ نَوالِكم
وإن كُنتُ لا أرضَى بِقَليلِ

وقال آخر:

قِفِي وَدِّعِينَا يَا مَلِيحُ بِنَظْرَةٍ
فَقَدْ حَانَ مِنَّا يَا مَلِيحُ رَحِيلُ
أَلَيسَ قَلِيلًا نَظْرَةٌ إِنْ نَظَرتُهَا
إِلَيكَ وَكَانَ لَيسَ مِنكَ قَلِيلُ

وقال ابن المعتز:

قُل لِمَن حَيًّا فَأَحيا
مَيِّتًا يُحسَبُ حَيَّا
مَا الذي ضَرَّكَ لَو أَبْ
قَيتَ فِي الكَأسِ بَقِيَّا
أَتَراني مِثلَ أَو لا
كَيفَما قَد قِيلَ فِيَّا

الرِّضا بأن حبيبه يخطر في قلبه

قال ابن الدمينة:

لَئِن سَاءَنِي أَن نِلْتَنِي بِمَسَاءَةٍ

لَقَدْ سَرَّنِي أنِّي خَطرتُ بِبَالِكَ

وقال:

رَضِيتُ بِسَعْيِ الوَهْمِ بَيْنِي وَبَينَهُ
وَإِن لَم يَكُنْ فِي الوَصْلِ مِنهُ نَصِيب

الرضا بأن ينظر أرض حبيبه

يَقِرُّ بعَينِيَ أنْ أرَى مِن مكَانِهَا
ذرَى عقْدَاتِ الأبرَقِ المُتَقَاوِدِ
وإنْ أرَادَ المَاءِ الذِي شَرِبَتْ بِهِ
سُلَيْمَى وَقَدْ مَلَّ السَّرَى كُلُّ وَاحِدِ
وَألصِقْ أَحْشَائِي بِبُرْدِ تُرَابِهِ
وإن كَانَ مَمزُوجًا بسُمِّ الأسَاوِدِ

الرِّضا بكونه مع الحبيب في الدنيا

قال الشاعر:

قال أبو نواس: أرضى الناس قيس بن ذريح في قوله:

ألَيسَ اللَّيلُ يَجمَعُنِي وَلَيلَى
ألَا يُكتَفَى بذَلِكَ مِنْ تَدَانِ
تَرَى وَضْحَ النَّهَارِ كَمَا أرَاهُ
وَيَعْلوهَا الظَلَامُ كَمَا عَلَانِي

من حبيبه مناه

قال الشاعر:

وَلما نَزلنا منزِلًا طلَّه النَّدَى
أنيقًا وبستانًا من النُّورِ حاليًا
أجدَّ لنا طيبُ المكانِ وَحسنه
منًى فتمنينا فكنتَ الأمانيَا

تمني مجاورته

قال الشاعر:

تمنَّيتُ فِي عَرضِ الأَمَانِي وَرُبَّمَا
تمنَّى الفتى أمنيَةً ثمَّ نَالَهَا
أَلَا لَيْتَ سَعدِي جَاوَرَتْنِي حَيَاتُها
فتَعْلَمُ مَا حَالِي وَأَعْلَمُ حَالَهَا

من أحب أن يجتمع بحبيبه وإن كان في شقاء

قال ديك الجن:

أَلَا لَيتنا كُنَّا جَميعَيْنِ في الهَوَى
تُضَمُّ علينا جَنَّةٌ أَوْ جَهَنَّمُ

الرضا من حبيبه بالأماني

قال كُثير:

وَإِنِّي لَأَرضى مِن نَوالِكِ بِالذي
لَوَ أَبصَرَهُ الواشي لَقَرَّت بَلابِلُه

وقال كشاجم:

ضَنَّتْ بموعدِهَا فقلتُ لها
يا هذه فعِدي بأنْ تَعِدي

انتظار وعد الكاذب

قال جحظة:

يَا كاذِبًا فِي وَعدِهِ بِلِسانِهِ
مَن لي بِمَصِّ لِسانِكَ الكَذّابِ
ما زِلتُ مُنتَظِرًا لِوَعدِكَ مُفرَدًا
بِالَبيتِ مُرتَقِبًا لِقَرعِ البابِ

قطع الأوقات بالأماني

قال ابن المعتز:

يَا مانِعَ الْعَينِ طِيبَ رَقْدَتِهَا
وَمَانِحَ الْجِسْمِ كَثْرَةَ الْعِلَلِ
عَلَّمَنِي حُبُّكَ الْمُقَامَ عَلَى
الضَّيمِ وَقَطْعَ الأيَّامَ بِالأمَلِ

من يسمح بخياله ويضن بوصاله

قال البحتري:

أهلًا بِزائِرِنا المُلِمِّ لَوَ أنَّهُ
عَرَفَ الذي يَعتادُ مِن إلمامِهِ
جَذلانَ يَسمَحُ في الكَرى بِعِناقِهِ
وَيَضُنُّ في غَيرِ الكَرى بِسَلامِهِ

وقال أحمد بن أبي طاهر:

فَبتُّ بِها ضَيفًا مُقيمًا بِرَحلِهِ
وَباتَت بِنا طَيفًا يُثيبُ وَما يَدري
فَزارَت وَما زارَت وَجادَت وَلَم تَجُد
وَواصَلَ عَنها الطيفُ وَهيَ عَلى هَجرِ

وقال ابن المعتز:

شَفاني الخَيالُ بِلا حَمدِهِ
وَأبدَلَني الوَصلَ مِن صَدِّهِ
وَكَمْ نَوْمَةٍ لِيَ قَوَّادَة
أتَتْ بِالْحَبِيبِ عَلَى بُعْدِهِ

وقال كشاجم:

ضَنَّتْ بِمَوْعِدِهَا فَقُلْتُ لَهَا
يَا هَذِهِ فَعِدِي بِأنْ تَعِدِي

من منع خياله بتسليط السهاد على محبه

قال الشاعر:

فَكَانَ يَزُورُنَا مِنهُ خَيَالٌ
فَلَمَّا أنْ جَفَا مَنعَ الخَيَالَا

قال ابن يحيى المنجم:

بِأَبِي أَنتَ لِمَ جَفَانِي خَيَالٌ
لَكَ قَد كُنتُ أَسْتَرِيحُ إِلَيهِ
أَرشَدَنِي إِلَى خَيَالِكَ كَيما
أَتَقَاضَاهُ مَوعِدًا لِي عَليه

قال أبو فراس الحمداني:

كَيفَ السَبيلُ إِلى طَيفٍ يُزاوِرُهُ
وَالنَومُ فِي جُملَةِ الأَحْبَابِ هاجِرُهُ

بغض طيف ذي هجران

قال المتنبي:

إِنّي لأُبغِضُ طَيفَ مَن أَحبَبتُهُ
إِذ كانَ يَهجُرُنا زَمانَ وِصالِهِ

قال المهلبي:

إِنَّمَا الطَّيفُ المُلِمُّ
فَرَحٌ يَتلُوه هَمُّ
قَلَّمَا يُحْمَدُ أمْرٌ
لَيسَ فِيهِ مَا يُذَمُّ

قالت عابدة المهلبية:

خَطَبْتُ خَيَالَهُ فَإِذَا خَيَالٌ
مُطَوِّلٌ مِثْلُ صَاحِبِهِ بَخِيل
فَإِنَّ تَوَقُّعِي طَيْفًا جَوَادًا
وَصَاحِبُهُ بَخِيلٌ مُسْتَحِيل

من زار الخيال بالفكر

قال أبو تمام:

نِمْ فَمَا زَارَكَ الْخَيَالُ وَلَكِنَّ
كَ بِالْفِكْرِ زُرْتَ طَيْفَ الْخَيَالِ

قال المتنبي:

لَا الْحُلْمُ جَاءَ بِهِ وَلَا بِمِثالِهِ
لَوْلَا ادِّكَارُ وَدَاعِهِ وَزِيَالِهِ
إِنَّ المُعِيدَ لَنَا المَنَامُ خَيَالَهُ
كَانت إعادتُه خيال خيالِه
بِتْنَا يُنَاوِلُنَا المُدَامَ بِكَفِّهِ
مَن لَيسَ يَخطُرُ أَن نَرَاهُ بِبَالِهِ
فَدَنَوْتُم وَدُنُوُّكُمْ مِنْ عِنْدِهِ
وَسَمَحْتُمْ وَسَمَاحُكُم منْ مَالِهِ

من أسهر خيال حبيبه

قال علي بن يحيى:

زَارَنِي طَيْفُ الخَيَالِ فَمَا
زَادَ أَنْ أَغْرَى بِيَ الأَرَقَا

قال الفرزدق:

شَبَتْ لِعَيْنِكِ سَلْمَى عِنْدَ مَقْفَاهَا
فَبِتُّ مُنْزَعِجًا مِن بَعْدِ مَرْآهَا
وَقُلْتُ أَهْلًا وَسَهْلًا مَا هَدَاكِ لَنَا
إِنْ كُنْتِ تِمْثَالَهَا أَوْ كُنْتِ إِيَّاهَا

من تمنى المنام لأجل لقاء الخيال

قال قيس بن ذريح:

وإنِّي لَأَهْوَى النَّوْمَ مِنْ غَيْرِ نَفسِهِ

لعَل لِقَاءً فِي المَنَام يَكونُ
تُخْبِرُنِي الأَحْلَامُ أَنِّي أَرَاكمُ
فَيَا لَيْتَ أَحْلَامَ المَنَام يَقِينُ

المخافة من تهدد الطيف

قال الشاعر:

رَجَا رَاحَةً فِي النَّوْم حَتَّى إِذَا غَفَا
أَتَى طَيْفُ مَنْ يَهْوَى يُهَدِّدُ بِالْهَجْرِ
فَقَامَ يُنَادِي وَالدُّمُوعُ بَوَادِرُ
أَيَا طَيْفَ مَنْ أَهْوَى قَتَلْتَ وَلَا تَدْرِي

من ذكر تسلِّيه عن محبوبه بما لا يسلى به

قال كثير:

وَلَمَّا أَبَى إلا جِمَاحًا فُؤَادُهُ
وَلَمْ يَسْلُ عَنْ لَيْلَى بِمَالٍ وَلَا أَهْلِ
تَسَلَّى بِأُخْرَى غَيْرِهَا فَإِذَا التِي
تَسَلَّى بِهَا تُغْرِي بِلَيْلَى وَلَا تُسْلِي

قال البحتري:

وَقَالُوا تَجَنَّبْهَا تَفِقْ فَاجْتَنَبْتُهَا
زَمَانًا فَمَا أَسْلَى فُؤَادِيَ التَّجَنُّبُ
وَقَالُوا تَقَرَّبْ يُخْلِقُ الْحُبُّ أَوْ تَجِدْ
عَلَالَةَ قَلْبٍ فَاخْتَلَانِي التَّقَرُّبُ

امتناع النفس من الرجوع إلى من أبغضه

قال العباس:

رَدُّ الجِبَالِ الرَّوَاسِيَ عَنْ أَمَاكِنِهَا
أَخَفُّ مِن رَدِّ نَفْسِي حِينَ تَنْصَرِفُ

قال الشاعر:

إِنَّ قَلْبِيَ أَعَزُّ مِنْ أَنْ تَرَاهُ
فِي مَحَلِّ الْهَوَى لِقَلْبِكَ عَبْدَا

الراغب في محبوبته

كتب أبو نواس لما خرج من بغداد:

أَلَا قُلْ لِأَخِلَّائِي
وَمَنْ هِمْتُ بِهِمْ وَجْدَا
شَرِبْنَا مَاءَ بَغْدَادَ
فَأَنْسَانَاكُم جِدًّا
خُذُوا مِنَّا فَإِنَّا قَدْ
وَجَدْنَا مِنْكُمْ بُدَّا
وَلَا تَرْعَوْا لَنَا عَهْدًا
فَمَا نَرْعَى لَكُمْ عَهْدَا

قال كثير:

فَإِنْ سَأَلَ الْوَاشُونَ فِيمَ هَجَرْتُهُمْ
فَقُلْ نَفْسُ حُرٍّ سُلِّيَتْ فَتَسَلَّتْ

التسلي عمن رغب في غيرك

قال الخبزارزي:

اذْهَبْ وَهَبْتُكَ لِلَّذِينَ اخْتَرْتَهُمْ
هِبَةَ الْكَرِيمِ فَإِنَّهُ لَا يَرْجِعُ

وقال أبو الشيص:

إِذَا لَمْ تَكُنْ طُرُقُ الْهَوَى لِي ذَلِيلَةً
تَنَكَّبْتُهَا وَانْحَزْتُ لِلْجَانِبِ السَّهْلِ
وَمَا لِيَ أَرْضَى مِنْهُ بِالْجَوْرِ فِي الْهَوَى
وَلِي مِثْلُهُ أَلْفٌ وَلَيْسَ لَهُ مِثْلِي

استدعاء القلب إلى التسلي

قال بشار:

وَقَدْ رَابَنِي قَلبٌ يُكَلِّفُني الصبا
وَما كُلَّ حينٍ يَتبَعُ القَلبَ صَاحِبُه

قال شاعر:

إِذَا اجْتَمَعَ الْجُوعُ الْمُبَرِّحُ وَالْهَوَى
عَلَى الرَّجُلِ الْمِسْكِينِ كَادَ يَمُوتُ

قال جميل:

أَتَوْنِي وَقَالُوا يَا جَمِيلُ تَبَدَّلَتْ
بُثَيْنَةُ أَبْدَالًا فَقُلْتُ لَعَلَّهَا
وَعَلَّ حِبَالًا كُنْتُ أَحْكَمْتُ عَقْدَهَا
أُتِيحَ لَهَا وَاشٍ رَفِيقٍ فَحَلَّهَا

قال شاعر:

طَلَبْنَا دَوَاءَ الْحُبِّ يَوْمًا فَلَمْ نَجِدْ
مِنَ الْحُبِّ إِلَّا مَنْ يُرِيدُ مُدَاوِيَا

قال عبد الله بن طاهر:

وَكُلُّ مُحْبٍّ جَفَا مَن يُحِبُّ
جَفَتْهُ السَّلَامَةَ وَالْعَافِيَة

قال الخبزارزي:

ظَبْيٌ تَفَلَّتَ مِنْ حَبْلِي فَأَوْقَعَنِي
فِي حَبْلِهِ أَنَّ فِي عَيْنَيْهِ لِي شَرْكَا

استفتاء فقيه في الهوى

قال أبو العالية:

سَلْ الْفَتَي المَكِّيَّ هَلْ فِي تَزَاوُرٍ
وَضَمَّةِ مُشْتَاقِ الْفُؤَادِ جَنَاحُ

فَقَال مَعَاذ الله يُذْهِبُ التّقَى
تَلَاصُقُ أَحْشَاءٍ بِهِنَّ جِرَاحُ

ومما قيل في كثرة العتاب

لَوْلَا كَرَاهِيَةُ الْعِتَاب وَأَنَّنِي
أَخْشَى الْقَطِيعَةَ إِنْ ذَكَرْتُ عِتَابَا
لَذَكَرْتُ مِنْ عَثَرَاتِكُمْ وَذُنُوبكُمْ
مَا لَوْ يَمُرُّ عَلَى الْفَطِيمِ لَشَابَا

في بعض منظومات إبراهيم زيدان

قال في صباه:

رَعَى اللهُ أَيَّامَ الصِّبَا مَا أَلَذَّهَا
وَأَلْطَفَ ذِكرَاهَا عَلَى مَسْمَعِ الصَّبِّ
تَقَضَّتْ وَأَغْصَانُ الحَيَاةِ جَنِيَّةٌ
فَمَا كَانَ لِيَ مِنْهَا سِوَى ثَمَرُ الْحُبِّ
ثِمَارٌ لَعَمْرِي لَمْ يَذُقْهَا آخِرَ الْهَوَى
عَلَى البُعْدِ إِلا هَامَ شَوْقًا إِلَى القُرْبِ
هُوَ الْحُبُّ لَا لَفْظٌ يُقَالُ وَإِنَّمَا
عَوَاطِفٌ يَهدِيهَا العَفَافُ عَلَى القَلْبِ
وَيَنقُلُ مَعْنَاهَا إِلَى صُحُفِ الْهَوَى
لِحَاظِ تَعَوَّدْنَ الكتَابَةَ بِالهدْبِ
فَمَنْ لَّمْ يَذُقْ طَعْمَ الغَرَامِ وَمَا عَسَى
يُلَاقِيهِ أَهْلُ العِشْقِ مِنْ أَلَمِ الكَرْبِ
وَرَاجِعْ مَا قَدْ خُطَّ فِي صَفَحَاتِهِ
إِذن لَبَكَى الْعُشَّاقُ بِالمَدْمَعِ الصَّبِّ

وقال:

زُرتُهَا وَالفُؤَادُ بِالحُبِّ طَافِحُ
فَأَفَاضَتْ مِنِّي الدُّمُوعُ الفَوَاضِحُ
ظَبيَةٌ بَينَ لَحظِهَا وَفُؤَادِي
كَمْ مِحِبٌّ غَدَا لَعَمرِي يُكَافِحُ
وَهُوَ كَالغُصنِ بَينَ بِيضِ الصَّفَائِحِ
حَيثُمَا يَنثَنِي يُصَادِفُ جَارِحُ
لَيسِ بِدعٌ فَلَحظُهَا ذُو نِبَالٍ
وَفُؤَادِي مُدرَّعٌ بِالجَوَارِحِ

وقال يصف ليالي العمر:

أَمَا وَلَيَالِي الْبَدْرِ فِي الْخَمْسِ وَالعَشْرِ
تَمِيسُ بِهَا الغَادَاتُ خِصْرًا عَلَى خِصْرِ
وَعِفَّةٌ بُثْنَ إِذْ تَتَاجَى جَمِيلَهَا
بِرَائِقِ لَفْظٍ دُونَهُ رِقُّ الخَمْرِ

وَلَيلٍ سَرَى العُشَّاقُ فِي ظُلمَاتِهِ
وَقَدْ ثَمِلُوا مِنْ عَذْبِ مبسَمِهَا الدُّرِي
وَصَوْلَةَ نَابِلْيُونَ فِي حَوْمَةِ الْوَغَى
وَحِكْمَةُ لُقْمَانَ وَأَيْدِي ذِي البَرِّ
وَمَثْوَى كِرَام أَيْنَعَتْ فِي ظِلَالِهِمُ
ثِمَارُ النَّدَى إِنَّ اللَّيلَ فِي مِصْرِ
لأَزْهَى مِنَ الزَّهْرِ المُنِيرَةُ أَنَّمَا
بِمَا فَوقَ تِلْكَ القُبَّعَاتِ مِنَ الزَّهْرِ
أَزَاهِرُ تَحْكِي وَهِيَ بَيْنَ غُصُونِهَا
خُدُودُ ظِبَاءَ لُحْنٍ فِي الحُلَلِ الخُضْرِ
أَجَلَّتْ بِهِنَّ الطَّرْفَ لَيلًا فَخَلَّتِنِي
وَأَسْتَغْفِرُ الرَّحْمَنَ فِي لَيلَةِ القَدْرِ
لَيَالٍ حَوَتْ مِن كُلِ غَادٍ لِغَادَةٍ
هِيَ الشَّمسُ لَولَا هَالَةٌ مِنْ دُجَى الشَّعْرِ
إِذَا مَا أَرَتْنَا السِّحرَ مِنْ لَحَظَاتِهَا
سُقِتْنَا حِميَا الحُبُّ مِنْ ذَلِكَ السِّحْرِ
وَإِنْ هِيَ مَالَتْ فَالْقُلُوبِ لِحُسنِهَا
تَمِيلَ وَإِنْ لَامَتْ فَمَا لَكَ مِنْ عُذْرِ
وَمِن كُلِ حَسْنَاءَ انثَنَتْ لِحَبِيبِهَا
فَكَانَتْ وَإِيَّاهُ كَحَرْفَينِ فِي سَطْرِ
وَكَانَتْ وَكَانَتْ مَا لَنَا وَلَعَذْلِهَا
فَمَا هِيَ إِلَّا لُعبَةٌ فِي يَدِ الْفَقْرِ
تَنَاجِي فَتَاهَا لَا لِمَيلٍ وَأَنَّمَا
لِمَالٍ بِهِ تَنْجُو مِنَ الْعُسْرِ
وَتُنَظِّمُ مِنْ آيِ الغَرَام بِقَدْرِ مَا
سَتَنْثُرُ كَفَّاهُ مِنَ البِيضِ وَالصُّفرِ
وَتَبسِمُ حَتَّى لَا تَرَى غَيرَ بَاسِمِ
وَتَبْكِي وَلَكِنْ دَمْعُهَا فِي الحَشَا يَجْرِي
لَقَد لَامَكَ الفِتْيَانُ جَهْرًا وَحَبَّذَا
هُوَ اللَّومُ لَولَا مَيلُهُمْ لَكَ فِي السِّرِّ
فَهُمْ أَفْسَدُوا بِالْمَالِ قَلْبَكَ إِذْ غَدَوْا
وَقَدْ عُوِّضُوا مِنكَ الفُؤادُ وَلَمْ تَدرِ
وَلَمْ يَكْتَفُوا حَتَّى أَنْثَوا وَطِلَابُهُمْ
لَعَمرُ الهَوَى مَا لَيسَ يجمُلُ بِالحُرِّ
فَكُنتُ لَهُمْ طَوْعَ البَنَانِ وَمَن يَذُقْ
مِنَ الدَّهْرِ كَأسَ الفَقْرِ يَخشَ رَدَى الدَّهْرِ
عَلَى أَنَّهُمْ لَو أَنْصَفُوا أَجْزَلُوا لَكَ

مُ العَطاءَ وَلَا دِينٌ عَليك سِوَى الشكرِ
وَسُرُّوا بِأَنْ زَانُوا بيضَ أكفهِمْ
بَيَاضَ التُّقَى لَا سَوَّدُوا جَبهَةَ الطهْرِ
وَكُنتُ وَكَانُوا فِي ائتِلَافِ يُزِينُهُ
عَفَافٌ كَثَغْرٍ زَانَهُ مَا عَلَى الثَّغْرِ
وَرُحْتُ إِذَا مَا لُحتُ يَومًا لِعَاشِقٍ
صَفَا وُدُّهُ نَادَاكِ يَا رَبَّةَ الخِدْرِ
وَلَو أَنَّ لُقيَا القَبرِ دُونَ لُقَا ثَرَى
حِمَاكِ أَنثَنِي شَوقًا إِلَى ذَلِكَ القَبْرِ
فَحَسْبُكَ بَلْ حَسْبُ الْمُحِبِّينَ أَنَّهُمْ
إِذَا عَشِقُوا مَاتُوا أسَى فِي الْهَوَى الْعُذْرِي

وقال مرتجلًا في وداع صديق:

وَدَاعُكُمْ وَاللهِ أَوْدَعَ مُهْجَتِي
ضِرَامًا حَكَتْ نَارَ المَجُوسِ فَأَضْنَتِ
وَمَاذَا عَسَى يُجْدِي الْوَدَاعُ وَنِصْفُهُ
بُكَاءٌ وَشَكْوَى وَازْدِيَادُ تَعِلَّةِ
فَبَلِّغْ سَلَامِي جِيرَةً قَدْ عَرَفْتُهَا
عَلِيلًا وَكَانَتْ فِي الهَوَى أَصْلَ عِلَّتِي

وقال في حادثة واقعية تحت عنوان «غدر الحبيب»:

غَدَرَتْ فَغَادَرَتِ الفُؤَادَ عَلِيلًا
هَيْفَاءُ أَبدَتْ لَحْظَهَا المَسْلُولَا
وَرَمَتْ شِبَاكَ لِحَاظِهَا وَإِذَا بِهَا
صَدَّتْ فَتًى دَنِفَ الفُؤَادِ نَحِيلَا
يَحْكِي مُعَاطِفَهَا بِرِقَّةِ قَلْبِهِ
وَبِلُطْفِهِ يَحْكِي النَّسِيمُ عَلِيلَا
مَا ضَلَّ بَيْنَ دُجَى غَدَائِرِ شَعْرِهَا
حَتَّى رَأَى بِسَنَا العُيُونِ دَلِيلَا
فَأَتَى حِمَاهَا زَائِرًا مُتَسَتِّرًا
بِذَوِيهِ يَخْشَى فِي الْغَرَامِ عَذُولَا
حَتَّى إِذَا حَانَ الرَّحِيلُ وَصَافَحَتْ
تِلْكَ الْفَتَاةُ مُحِبَّهَا الْمَجْهُولَ
شَعَرَتْ بِضَمِّ أَنَامِلٍ مَا ضَمَّنَتْ
غَيرَ الغَرَامِ وَحَسْبُهَا تَعْلِيلَا
فَدَرَتْ بِمَا فِي قَلْبِهِ وَهَوَتْ بِيُسْ

رِهَا عَلَيْهِ وَقَدْ حَكَتْ إِكْلِيلَا
قَالَتْ حَبِيبِي قَدْ أَثَرْتَ بِمُهْجَتِي
نَارًا وَهَاكَ يَدِي تَمِيلُ ذُبُولَا
فَأَخْمَدَ لِظَاهَا مِن فُؤَادِي قَالَ لَوْ
أَخْمَدتُّهَا بِدَمِي لَكَانَ قَلِيلَا
وَغَدَا يَبُثُّ لَهَا الْغَرَامَ بُعَيْدَ مَا
ضَاقَ الْمُقَامُ بِهِ وَخَافَ الْقِيلَا
بِرُوَايَةٍ وَرَدَتْ لَهَا مِنْهُ وَقَدْ
كَانَتْ بِهَا جُمَلُ الْغَرَامِ ذُبُولَا
وَأَتَى حَبِيبَتَهُ وَقَدْ عَبَسَ الدُّجَى
إِذْ خَالَ فِي بَدْرِ السَّمَاءِ أُفُولَا
وَكَأَنَّ ذَاكَ الْبَدْرَ وَلَّى مُذْ بَدَتْ
شَمْسُ الْحَبِيبَةِ خَاشِعًا مَخْذُولَا
وَغَدَا وَقَدْ نَثَرَ الدُّمُوعَ كَوَاكِبًا
تَذْرَى بِدَمْعِ السُّحْبِ فَاضَ سُيُولَا
حَتَّى إِذَا اَجْتَمَعَا وَسَاءَلَهَا الذِي
تَهْوَاهُ كَانَ جَوَابُهَا التَّقْبِيلَا
وَلَكَمْ وَدَدْتُ بِأَنْ أَرَانِي سَائِلًا
يَوْمًا وَأَلْتَقِي ذَلِكَ الْمَسْئُولَا
أَوْ أَنْ تَكُونَ طَبِيبَتِي فِي عِلَّةٍ
أَغْدُو بِهَا طُولَ الْحَيَاةِ عَلِيلَا
أَوْ أَنْ أُبَارِزُهَا فَتَلْقِينِي بِنَبْلِ
لِحَاظِهَا فَوْقَ عَزَائِمِهِمْ عَلَى مَا قِيلَا
وَغَدَوْا إِلَى أَهْلِ الْفَتَى فَوَشَوْا بِهِ
لَكِنَّهُمْ لَمْ يُصَدِّقُوا التَّفْصِيلَا
قَالُوا رَأَيْنَاهُ وَإِيَّاهَا عَلَى
دَرَجَاتِ سُلَّمِهَا يَهَابُ دُخُولَا
حَتَّى إِذَا بَلَغَتْ مَسَامِعَ أَهْلِهِ
تِلْكَ الْوِشَايَةَ أَكْثَرُوا التَّأْوِيلَا
وَتَبَدَّلَتْ تِلْكَ الْمَوَدَّةُ بَيْنَهُمْ
بِالْحِقْدِ أَنَّ الْمَرْءَ كَانَ عَجُولَا
وَرَأَى الْمُحِبُّ أُهَيْلَهُ فِي عَذْلِهِ
لَجُّوا وَمَا عَذَرُوا فَرَامَ رَحِيلَا
هَذَا وَجَاذِبُ قَلْبِهِ يَقْتَادُهُ
حِينًا فَيَدْفَعُهُ الْآبَاءُ ذَلِيلَا
وَدَرَتْ حَبِيبَتُهُ فَهَاجَ كُلُومَهَا
هَجْرٌ رَأَتْهُ لِلشَّقَاءِ سَبِيلَا

لكنّهَا كَتَبَتْ كِتَابًا لِلْحبيبِ
وَأَوْدَعَتْهُ منَ الغرَام فُصُولَا
فَرَأى بِذَيَّاكَ الكِتَابَ حَبِيبُهَا
مَارقَ أَلْفَاظِهَا وَرَاقَ أُصُولَا
وَغَدَا إِلَيهَا فِي الغَدَاةِ وَقَلْبُهُ
أمسَى بِقَيدِ غَرَامِهَا مَغْلولَا
وَإِذَا بِهَا تَبْكِي فَقَالَ حَبِيبَتِي
رِفْقًا بِطَرْفِكِ لَا يَزَالُ كَلِيلَا
قَالَتْ وَكَيفَ يَطِيبُ لِيَ بَعدَ النَّوَى
عَيشٌ وَلَمْ أَلْقَ سِوَاكَ خَلِيلَا
فَأَجَابَهَا وَالْقَلْبُ مِنِ لَحْظَاتِهَا
مُدْمًى كَفَاكِ مِنِّي الْفُؤَادُ عَوِيلَا
قَالَتْ وَأَنَّى لِي وَآيُ مَدَامِعِي
فِي صُحُفِ خَدَّيَّ نُزِّلَتْ تَنْزِيلَا
وَقَضَى الْغَرَامُ عَلَيْهِمَا فَتَعَاهَدَا
مُسْتَشْهِدَيْنِ مُعَاهِدًا وَطُلُولَا
وَتَبَادَلَا خُصُلَاتِ شَعْرٍ عَلَّهَا
يَوْمًا تَكُونُ مِنَ الْقُلُوبِ بَدِيلَا
وَلَكِنَّهُ لَمْ يَمْضِ أسْبُوعٌ عَلَى
سَفَرِ الْمُحِبِّ وَكَانَ ذَاكَ طَوِيلَا
حَتَّى أَتَتْهُ مِنَ الْحَبِيبِ رِسَالَةٌ
فِيهَا نَسِيمُ الْحُبِّ فَاحَ قَبُولَا
فَتَلَا بِهَا مَا لَوْ تُلِيَ يَوْمًا عَلَى
غُصْنٍ ذَوَى لِهَذَا الغُصَينُ بَلِيلَا
أَوْ لَوْ تُلِيَ مَا بَينَ أَرْبَابِ الْهَوَى
لَغَدَتْ مَدَامِعُهُمْ تُحَاكِي النِّيلَا
وَأَضَاعَ خُصْلَةَ شَعْرِهَا يَوْمًا فَرَا
حَ عَلَى حِمَاهَا ذَاهِلًا مَتْبُولَا
قَالَت تَضِيعُ إِذَنْ فُؤَادِي مِثْلَهَا
فَعَلَامَ تَطْمَعُ أَنْ تَكُونَ حَلِيلَا
فَأَجَابَ كَلَّا مَا ذَكَرْتُكِ مَرَّةً
وَلَثَمْتُهَا إلا شُفِيتُ غَلِيلَا
فَرَمَتْ إِلَيهِ بِخُصْلَةٍ أُخْرَى وَقَا
لَتْ مَا عَهِدتُّ أَخَا الغَرَام بَخِيلَا
وَتَفَارَقَا حِينًا وَإِذْ هُوَ جَالِسٌ
يَوْمًا بِغُرْفَتِهِ وَكَانَ أَصِيلَا
وَإِذَا بِوَاسٍ قَالَ تَزْهِيدًا لَهُ

لِلْغَيْرِ قَدْ مَالَتْ فَصَاحَ ذهُولَا
بِئْسَ الْمَحَبَّةُ لَا يَكُونُ حَلِيفَهَا
صِدْقًا بِهِ يَغْدُو الْمُحِبُّ جَمِيلَا
وَبَدَا بِقَطْعِ رَسَائِلٍ كَانَتْ دَوَاءً
إلَّا لِدَاءِ العَاذِلِينَ مُزِيلَا
أَمَّا حَبِيبَتُهُ فَلَمَّا آنَسَتْ
ذَا الصَّدِّ رَامَ فُؤَادُهَا التَّحْوِيلَا
وَصَبَتْ إِلَى صَبٍّ سِوَاهُ وَهَكَذَا
حُبُّ النَّوَاعِسِ لَا يَدُومُ طَوِيلَا
وَدَرَى الْمُحِبُّ بِأَمْرِهَا هذَا وَمَا
كَادَ الوُشَاةُ لَهُ فَعَافَ مَقِيلَا
وَغَدَا إِلَيْهَا يَرْتَجِي عَفْوًا عَنِ
الْمَاضِي بِأَلْفَاظٍ تَطِيبُ شُمُولَا
فِي مَجْلِسٍ كَانَتْ رَسَائِلُهُ الْهَوَى
الْعُذْرِيُّ وَكَانَ اللَّحْظُ فِيهِ رَسُولَا
لَكِنَّهُ لَمْ يَجْنِ مِنْ غُصْنِ الْهَوَى
ثَمَرًا سِوَى الإِعِرَاضِ حَتَّى عِيلَا
وَثَنَي مَعَاطِفَهُ وَلَكِن مِثْلَمَا
يَنِيَ الذبُولُ الغُصْنَ ذَابَ نُحُولَا
يَشْكُو الْحَبِيبَ وَلَيْسَ يَشْكُو غَدْرَهُ
حَذِرًا عَلَيْهِ بِأَنِ يَعُدُّهُ خَذُولَا
فَأَتَى إِلَيهِ جَمَاعَةٌ مِنْ أَهْلِهِ
لَمَّا رَأَوْهُ بِحُبِّهَا مَشْغُولَا
قَالُوا اثْنِ عَنْهَا الْقَلْبَ إِنَّكَ وَاجِدٌ
أَلَا لِنَفْسِكَ أَن فَقَدتَّ مَثِيلَا
فَأَجَابَهُمْ وَالحُبُّ يِنظُمُ نَثْرَ مَدْ
مَعِهِ بَيْتًا قَالَهُ تَرْتِيلَا
مَنِ كَانَ لَا يُهِينُهُ إِلَّا مَرْيَمُ
أَنَّى يَطِيبُ لَهُ لِقَاءَ أَدِيلَا

وقال يصف ظلمة البدر:

رَاحَ طَيْفُ الْحَبِيبِ يَسْعَى إِلَيَّ
شِبْهَ مَحْيَاهُ سَابِحًا فِي الفَضَاءِ
فَرَآهُ بَيْنَ الْكَوَاكِبِ فَرْدًا
مِثْلُهُ بَيْنَ عَالَمِ الأَحْيَاءِ
فَانْثَنَى نَحْوَهُ وَغَادَرَ أَهْلَ

الْوِدِّ صَرْعَى جَوَى عَلَى الْغَبْرَاءِ
لَوْ دَرَى الْبَدْرُ بِالَّذِي حَلَّ فِيهِ
لَتَوَارَى عَنْ أَعْيُنِ الرُّقَبَاءِ
مَا كَفَى الْغِيدُ أَنَّهُنَّ بُدُورُ
الأَرْضِ حَتَّى حَلَلْنَ بَدْرَ السَّمَاءِ

واقترح عليه بعضهم نظم بنبال اللحظ فقال على البديهة:

رَسَمْتُ فُؤَادِي خِشْيَةً أَنْ يُذِيبُهُ
جَمَالُ مَحْيَاكُمْ فَأَغْدُو بِلَا قَلْبِ
وَلَا تَعْجَبُوا مِنْ طَعْنَةٍ يَخْرِقُ الْحَشَا
بِلَا طَاعِنٍ جَانٍ فَذِي طَعْنَةُ الْحُبِّ
وَمَا رَسَمَتْ هَذَا الفُؤَادُ أَنَامِلِي
وَلَكِن نِبَالَ اللَّحْظِ قَدْ رَسَمَتْ لُبِّي

وقال في مثل ذلك:

طَعَنْتُمْ فُؤَادِي قَبْلَ طَعْنِي فُؤَادَكُمْ
وَلَمْ أَدْرِ مَاذَا جَلَّ مُرَادُكُمْ
فَإِنْ كَانَ هَذَا لَا طَعْنَ يَفِي بِعَادِكُمْ
فَيَا حَبَّذَا طَعْنٌ بَدَا مِن لِحَاظِكُمْ
فَأَدْمَى فُؤَادًا كَادَ يَقْضِي أَسَى بِكُمْ

وفي قصيدة عنوانها: «صريع الكأس»

هَيْفَاءُ مَا أَنَ عَادَهَا طَيْفُ الْهَوَى
حَتَّى غَدَتْ طَيْفًا أَرَقَّ مِنَ الْهَوَا
عَبَثَتْ بِهَا أَيْدِي النُّحُولِ فَشَابَهَتْ
بَحَوْلِهَا قَلْبِي وَبِاللُّطْفِ الدُّمَى
لَمْ يَجْنِ ذَاكَ سِوَى زِيَارَةِ جِيرَةٍ
زَارَتْ بِهَا الأَشْجَانَ مِنْ لَحْظِي فَتَى
شَجَنٌ تَضَمَّنَهُ الْغَرَامُ فَلَمْ يَعُدْ
عَنْ كَشْفِهِ بُدٌّ وَفِي الْكَتْمِ الضَّنَى
وَكَأَنَّ ذَيَّاكَ الْفَتَى لَمَّا رَأَى
مِنْهَا الشُّجُونَ عَرَاهُ مِنْهَا مَا عَرَا
فَأَتَى مُطِيعًا لِلْغَرَامِ وَإِنَّهُ
قَاضٍ لَهُ الأَقْدَارُ تَعْنُو وَالْقَضَا
وَأَبَاحَهَا الْوَجْدُ الْحَدِيثُ وَمَا دَرَى

أنَّ الْفَتَاةَ تَحِبُّهُ فِيمَا مَضَى
فَدَنَتْ وَقَدْ صَبَغَ الْحَيَاءُ جَمَالَهَا
وَرْدًا وَقَالَتْ مَا عَسَانِيَ أَنْ أَرَى
أَمْلِيكَ قَلْبِي إِنَّهُ... فَقَالَ مُقَاطِعًا
لَا بَلْ أَسِيرُ جَمَالِكِ الْبَاهِي السَّنَا
فَالْحُبُّ لَا يَحْلُو لِأَرْبَابِ الْهَوَى
حَتَّى يُرَافِقَهُ التَّذَلُّلُ وَالْعَنَا
وَمَضَى وَإِذَا شَاءَ الْغَرَامُ تَعَاهَدَا
حِفْظًا لِأَسْرَارِ الصَّبَابَةِ وَالْوَلَا
وَغَدَتْ تَضُمُّهَا الزِّيَارَةَ حَيْثُ لَا
وَاشٍ يَلُومُهَا عَلَي نَشْرِ الْهَوَى
وَأَتَتْ حَبِيبَتُهُ الْغَدَاةَ فَرَاقَهَا
مَا آنَسَتْ فِي وَجْهِ ذَيَّاكَ الْفَتَى
نَظَرَتْ بِخَدَّيْهِ إِحْمِرَارًا وَهِيَ مِن
نَارِ الْهَوَى صَفْرَاءُ لَا تَدْرِي الْكَرَى
فَتَبَسَّمَتْ فَرَحًا وَخَالَتْ نَفْسُهَا
طَيْفًا لَدَيْهِ فَهَاجَ طَرْفَيهَا الْبُكَا
قَالَت تسَائِلُهُ بِدَمْعٍ لَمْ تَكُنْ
تخفَى خَفَايَاه عَلَى أَهْلِ النُّهَى
فَرَنَا إِلَيْهَا قَائِلًا كُفِّي الْبُكَا
بِاللهِ وَأَبْدِي لِي حَقِيقَةَ مَا اخْتَفَى
قَالَتْ حَبِيبِي مُنْذ رَأَيْتُكَ بَادِئًا
تَزْهُو دِيكَ أَزْهَارِ الصِّبَا
وَرَأَيْتَنِي وَأَنَا حَبِيبَتُكَ الَّتِي
شَجْوَى أَكَادُ أَذُوبُ حَرَّ الْجَوَى
أَصْبَحْتُ بَيْنَ الابْتِهَاجِ لِغُصْنِكَ
الزَّاهِي وَبَيْنَ الانْزِعَاجِ مِنَ الضَّنَى
فَدَنَا فَتَاهَا قَائِلًا لَا تَجْزَعِي
مَا دَامَ هَذَا الدَّاءُ يَنْفِيهِ الدَّوَا
دَاءٌ كَبَحْتُ جِمَاحَهُ بِتَرَشُّفِي
رِيقَ الْمُدَامَةِ دَائِمًا قَبْلَ الْغَدَا
هَذَا وَرَاحَ حَبِيبُهَا ثُمَّ أَتْتَي
تَغْشَى أَنَامِلَ كَفِّهِ كَاسُ الطِّلَا
وَدَنَا إِلَيْهَا بَاسِمًا فَتَبَسَّمَتْ
عَنْ دُرِّ مَبْسَمِهَا الْمُوَرَّدِ بِالْحَيَا
ثُمَّ انْثَنَتْ نَحْوَ الْمُدَامِ كَذِي ضَنَى
أَشْفَى فَصَارَ يَهِيمُ فِي طَلَبِ الشِّفَا

وَتَرَشفَتْ مِنْهَا القَلِيل فرَاقِهَا
مَا شَاقَهَا مِنْ عَذْبِ ذَيَّاكِ اللّمَى
وَرَأَتْ بِأَنْ الرَّاحَ تَعقُبُ رَاحَةً
لِلْقَلْبِ فَارْتَاحَتْ عَلَى دَفْعِ الأَذَى
وَصَبَتْ إِلَى لَثْم الْكُئُوسِ وَقَدْ كَسَا
رِيقَ المُدَامَةِ خَدُّهَا لَوْنَ الدِّمَا
هَذَا وَقَلْبُ حَبِيبِهَا مِنْ فَرْحَةٍ
أَضْحَى يُرَفْرِفُ رَاقِصًا بَيْنَ الْحَشَا
حَتَّى إِذَا أَزَفَّ الرَّحِيلُ وَأَظْلَمَتْ
شَمْسُ اَللقَا صَرْعَى بِأَسْيَافِ النَّوَى
رَاحَت تُوَدِّعُهُ فَأَوْدَعَ قَلْبَهَا
مَا أَوْدَعَتْ قَلْبَيْهِ مِن نَارِ الهَوَى
وَثَنَتْ مَعَاطِفَهَا إِلَى حَيْثُ الْحِمَى
تَرْنُو وَلَكِن مِثْلَمَا تَرْنُو المَهَى
وَسَرَى النَّسِيمُ مُصَافِحًا صَفَحَاتِ خَدَّ
يْهَا وَقَدْ نُدِّيَتْ بِأَنْفَاسِ النَّدَى
فَعَرَا سَنَاهَا الاصْفِرَارَ وَصَدْغَهَا
دَاءُ الدَّوَارِ وَقَلْبَهَا الدَّامِي الضَّنَى
وَغَدَتْ عَلَى مَهْدِ السُّقَامِ عَلِيلَةً
مَا بَينَ دَاءِ الْوَجْدِ أَوْ دَاءِ الطِّلَا
وَإِذْ انْقَضَى دَاءُ الْمُدَامَةِ وَانْتَضَى
سَيْفُ البُعَادِ بِكَفِّهِ دَاعِيَ الشَّقَا
جَاءَ الْحَبِيبُ مُوَدِّعًا لَا يُرْتَجَي
بُعْدُ النَّوَى عَنْهَا سِوَى قُرْبُ اللقَا
مَدَّتْ يَدَ الصَّبَابَةِ وَالنَّوَى
قَالَتْ وَقَالَ بَكَتْ وَمَا يُجْدِي الْبُكَا
حَتَّى إِذَا طَالَ الْفِرَاقُ وَشَاقَهَا
حُلْوُ التَّلَاقِ وَرَاعَ أَحْشَاءهَا الأَسَى
وَافَى كِتَابُ حَبِيبِهَا فَجَرَتْ لِتَأْخُذَهُ
وَلَكِنْ لَيْسَ تَدْرِي مَا جَرَى
وَتَلَتْ وَلَكِنْ مَا يُرَوِّعُ فؤادَهَا
لَا مَا يُسَاعِدُهُ عَلَى دَفْعِ الْبَلَا
عَلِمَتْ بِأَنَّ حَبِيبَهَا أَضْحَى عَلَى
مَهْدِ الضَّنَا تَتَنَابُهُ أَيْدِي الفَنَا
فَدَنَتْ إِلَيْهِ بِمُقْلَةٍ مِنْ غِمْدِهَا
صَرْعَى وَقَلْبٍ خَافِقٍ خَفْقَ اللَّوَا
هَذَا وَلَمْ تَدْرِ بِأَنَّ حَبِيبَهَا

يَقْضِي صَرِيعَ الكَأسِ فِي ذَاكَ المِسَا
كَأسٌ حَدَتْهُ إِلَى كُئُوسٍ حَيْثُ لَمْ
يَرْدَعْ هَوَاهُ وَكَمْ فَتَى أَرْدَى الْهَوَى
فَرَأَتْ مَلِيكَ فُؤَادِهَا يَحْكِي الهَوَا
رَسْمًا وَلَا يُبْدِي حِرَاكًا كَالْهَوَا
فَدَنَتْ مِنَ الأَسَى وَقَدْ غَلَبَ الأَسَى
تَرْجُو شِفَاهُ حَيْثُ لَا يُرْجَى الشِّفَا
وَإذَا بِهَا سَمِعَتْ نِدَاءَ حَبِيبِهَا
فَاتَتْهُ وَهِيَ تَظُنُّهُ رَجْعَ الصَّدَى
وَحَنَتْ عَلَيْهِ كَطَائِرٍ يَحْنُو عَلَى
غُصْنٍ ذَوَى كَيْمَا تُشَاطِرُهُ الرَّدَى
فَبَكَى فَقَالَتْ وَهِيَ تَمْسَحُ طَرْفَهُ
بِبَنَانِهَا مَا الدَّاءُ يَا رُوحَ الْمُنَى
فَأَجَابَهَا نَدَمًا يَجُودُ بِنَفْسِهِ
وَيْلَاهُ هَذَا الدَّاءُ مِنْ ذَاكَ الدَّوَا

وقال في زفاف صديق يدعى «يعقوب» على فتاة تُدعى «مريم»:

أَفُؤَادِي عَلَى لِسَانِيَ أَمْلَى
مَا يَكُنْ الْفُؤَادُ نَحْوَكَ أَمْ لَا
بَلْ رُوَيْدًا فَإِنَّمَا مَرْيَمُ الْعَذْرَاءُ
خَطَّتْ بِأَحْرُفٍ لَكَ قَوْلَا
حَيْثُ قَالَتْ يَعْقُوبُ إِنَّكَ مِنْ عَيْنِي
مَكَانَ السَّوَادِ مِنْهَا وَأَحْلَى
فَهَنِيئًا لَكُمْ وَمَنْ لَمْ يُهَنِّئْكُمْ
لَعَمْرِي فَلَيْسَ وَاللهِ خِلَّا

وقال في قصيدة عنوانها «ليلة في المسرح»:

إِلَى قَاعَةِ التَّمْثِيلِ جَاذَبَنِي قَلْبِي
دُجَى وَقِنَاعُ اللَّيْلِ أَسْتَرَ لِلصَّبِّ
فَسِرْتُ كَأَنِّي رَاكِبٌ فِي سَفِينَةٍ
مِنَ الشَّوْقِ يُجْرِيهَا بُخَارُ لَظَى الْقَلْبِ
فَآنَسَ طَرْفِي مُذْ دَخَلْتُ أَوَانِسًا
تَحَجَّبْنَ إِلا عَنْ عُيُونِ ذَوِي اللُّبِّ
نَظَرْنَ إِلَى الْفِتْيَانِ فِتْيَانِ عَصْرِنَا
وَقَدْ أَسْكَرَتْهُمْ فِي الْهَوَى خَمْرُ الْحُبِّ
فَنَابُوا عَنْ الْجُوقِ الْمُمَثِّلِ أَنَّمَا

رِوَايَاتَهُم مَا سُطِرَتْ قَط فِي كُتَبٍ
عَلَى أَنَّهَا قَدْ سُطِّرَتْ فِي صَحِيفَةٍ
مِنَ الْجَهْلِ يَغْشَاهَا مِدَادٌ مِنَ الْعَتَبِ
وَأَوْحَى بِهَا لِلْقَلْبِ لَحْظُ أَخِي النُّهَى
وَلَمْ يَمْحُهَا إلا بِمَدْمَعِهِ الصَّبِّ
مَدَامِعُ يُجْرِيهَا الأَسَى وَخِضَابُهَا
هُوَ الْوَرْدُ لَكِنْ مَنْ لَهُ بِنَدَى السُّحُبِ
وَقَدْ صَوَّبُوا الْمِنْظَارَ كَالْعَسْكَرِ الَّذِي
يُحَاوِلُ تَصْوِيبَ الْبَنَادِقِ فِي الْحَرْبِ
وَأَرْسَلَ كل سَهْم لَحْظَيْهِ رَائِدًا
رِيَاضَ خُدُودِ الآنِسَاتِ مِنَ الْحُجُبِ
أَوَانِسٌ إلا أَنَّهُنَّ نَوَافِرُ
إذَا مَا الْتَقَى يَوْمًا اللِّقَا الهُدْبُ بِالهُدْبِ
نَوَاعِسُ حَتَّى يُصْبِحَ الطَّرْفُ لِلْكَرَى
قَرًى وَيُنَاغِي الطَّيْرَ فِي الْغُصْنِ الرَّطِبِ
فَكَانُوا وَمَا مِنْ سَامِعٍ لِلْمُثَّلٍ
وَلَا نَاظِرٍ مَا كَانَ فِي مَرْسَحٍ اللَّعِبِ
إِذَا مَا شَدَا شَادٍ فَرَاقَ نَشِيدُهُ
سَمِعْتَ صَدَى مَصِّ الشِّفَاهِ مِنَ الْعَجَبِ
وَإِن رَّاقَهُم مِنَ التَّفَنُّنِ قَاطَعُوا
بِتَصْفِيقِهِمْ ذَاكَ التَّفَنُّنِ وَالضَّرْبِ
وَإِنْ هُوَ أَوْمَأَ بِالْبَنَانِ لِغَادَةٍ
وَكَانَتْ وَإِيَّاهُ تُمَثِّل مَا يُصْبِي
رَنُوا وَانْثَنُوا لَا لارْتِيَاحٍ وَإِنَّمَا
لِرَاحٍ تُحَاكِي رِيقَ مَبْسَمِهَا الْعَذْبِ
وَأَعْجَبَ مِنْهُ ضَحْكُهُمْ سَاعَةَ الْبُكَا
وَيُقْبَحُ ضَحكُ الْمَرْءِ فِي مَشْهَدِ النَّدْبِ
وَلَوْ رُمْتَ تعْدَادَ الْبَوَاقِي لَمَا بَقَى
مِدَادٌ بِأَطْرَافِ الْيَرَاعِ فَمَا ذَنْبِي
عَلَى أَنَّنِي اسْتَوْقَفْتُ آخِرَ قَطْرَةٍ
كَتَبْتُ بِهَا ذَا الْبَيْتِ مُسْتَغْفِرًا رَبِّي

ورأى غادة تقرأ في كتاب فقال مرتجلًا:

يَا لَيْتَنِي كُنتُ سَطْرًا
تَحْتَ اللِّحَاظِ فَأُقْرَا
أَوْ كُنتُ ضَيْفًا لَدَيْهَا

مِنَ الْجَمَالِ فَأَقْرَى

وقال في حادثة «شهيدة الحب»:

لله مَوْقِفُ غَادَةٍ
عَبَثَتْ بِمُهْجَتِهَا الشُّجُون
لَعِبَ الْهَوَى بِفُؤَادِهَا
غُصْنًا تَثَنِيهِ بِمُهْجَتِهَا الشُّجُون
فَتَقَصَّفَتْ أَوْرَاقُهَا
حَتَّى عَلَا مِنْهَا الأَنِين
مَا تِلْكَ أَوْرَاقُ جَنَّتِهَا
قَطُّ أَيْدِي الْغَارِسِين
حَتَّى تَعُودَ فَتَجْلَى
لِلْعَيْنِ زَهْرَاءُ الْجَبِين
تِلْكَ الْجَوَارِحُ إِنَّمَا
رَقَّتْ لِتَكْسِيرِ الْجُفُون
فَجَنَى عَلَيْهَا الْوَجْدَ مَا
لَمْ تَجْنِهِ نبلُ الْعُيُون
مِن نَظْرَةٍ قَدْ غَادَرَتْ
فِي قَلْبِهَا السَّهْمُ الْمَكِين
سَهْمٌ بَدَا عَن قَوْسِ حَاجِبٍ
أَهْيَفٍ يَرْمِي الْفُتُون
فَغَدَت تَقُول بِلَوْعَةٍ
أَمَّاهُ هَلَا تَعْلَمِين
قَدْ جَاءَنِي وَحْيُ الْخَفا
إِنِّي سَأَقْضِي بَعْدَ حِين
فَحَنَتْ عَلَيْهَا أُمُّهَا
تَبْكِي بُكَاءَ الْخَائِفِين
بِيَدٍ تَضُمُّ فُؤَادَهَا
كَالطَّيْرِ ضَمَّتْهُ الْغُصُون
وَغَدَت تقُولُ بِلَهْفَةٍ
لله مَا هَذِي الظُّنُون
مَا أَنْتِ إِلَّا وَرْدَةٌ
حُجِبَتْ فَأَنَّى تُقْطَفِين
تَحْيِينَ مَا بَكَتْ السَّحَائِبُ
أَوْ جَرَتْ مَاءُ الْعُيُون
فَبَكَتْ بُنَيَّتُهَا بِدَمْعٍ

هَاجَهُ الدَّاءُ الدَّفِين
وَثَنَتْ غُصَيْنَ قَوَامِهَا
تَشْكُو وَلَكِن لَا مُعِين
وَتَقُولُ مِنْ وَلَهٍ إلهي
ارْحَمْ قُلُوبَ العَاشِقِين
وَاغْفِرْ لَهُمْ ذِلَّاتَهِمْ
فَلأنْتَ خَيْرُ الغَافِرِين
حَتَّى إذَا بَسَمَ الصَّبَاحُ
وَفَتَّحَتْ مِنْهُ الْجُفُون
نَظَرَتْ فَخَالَجَ طَرْفَهَا
شَبَحٌ رَأَتْهُ مُنْذ حِين
فَدَنَتْ بِجَاذِب شَوْقِهَا
حَتَّى إذَا الْتَقَتْ العُيُون
وَرَأَتْ حَبِيبَ فُؤَادِهَا
يَدْنُو وَتُحْجِبُهُ الْغُصُون
قَالَتْ وَقَدْ نَشَرَ الحَيَاءُ
لِوَاءَهُ فَوْقَ الْجَبِين
أَهْلًا بِمَنْ مَلَكَ الْفُؤَادَ
هَوَاهُ دُونَ العَالَمِين
فَأَجَابَهَا ذَاكَ الْفَتَى
فَرِحًا بِلُقْيَاهَا حَزِين
يَا مَنْ حَوَتْ وَرْدَ الرِّيَاضِ
بِخَدِّهَا الْبَاهِي المَصُون
مَنْ لِي بِأَنِّي وَأَنتِ والهوى
نُمْسِي عَلَى عَهْدٍ مَتِين
فَتَعَاهَدَا حَتَّى إذَا
وَافَى حِمَاهَا بَعْدَ حِين
نَظَرَ الْفَتَى فِي وَجْهِهَا
دَمْعًا فَهَاجَتْهُ الشُّجُون
وَارْتَابَ فِي حُبِّ الْفَتَاةِ
لَهُ وَرَاعَتْهُ الظُّنُون
وَرَنَا إلَيْهَا قَائِلًا
بِاللهِ مَاذَا تَشْتَكِين
قَالَتْ وَقَدْ بَسَطَ الْمَمَاتُ
جَنَاحَهُ فَوْقَ الْجَبِين
أَشْكُو شَرَابًا صَبَّهُ
الرَّحْمَنُ فِي كَأْسِ المَنُون

وَأَتَتْ بِهَ الأَقْدَارُ تَسْعَى
نَحْوَ ذَا الْقَلْبِ الْحَزِين
فَبَكَى الفَتَى جَزَعًا وَصَاحَ
بِلَهْفَةٍ أَنَّى يَكُونِ
أَبِيَقَظَةٍ يَا أُذُنُ أَمْ
فِي الْحُلْم مَا قَد تَسْمَعِين
فَأَجَابَهُ مِنْ عَالَمِ النَّجْوَى
لِسَانُ العَاشِقِين
هَيْهَاتَ قَدْ حَكَمَ الْقَضَاءُ
وَذَاكَ أَقْوَى الْحَاكِمِين
يَجْنِي غُصَيْنَ قَدْ حَلَا
مِنْهُ الْجَنْي دُونَ الغُصُون
فَأَصْبِرْ عَلَى بَلْوَاكِ إِنَّ
اللهَ يَجْزِي الصَّابِرِينَ
فَجَثَا الْفَتَى جَزَعًا وَصَاحَ
حَبِيبَتِي هَلْ تَسْمَعِين
لَا لًا فَذَاكَ يُرَوِّعُ قَلْبَكِ
ذِكْرُهُ لَوْ تَعْلَمِين
مَا زَالَتْ حَبِيبَتُهُ وَقَالَتْ
تِلْكَ يَا قَلْبِي ظُنُون
فَادْنُو حَبِيبِي لِلْوَدَاع
قُبَيْلَ أَنْ يَدْنُو المَنُونَ
وَيُرَوِّعُ قَلْبَيْنَا بِنَأْيٍ
لَا لِقَاءَ لَهُ يَكُون
فَبَكَى وَقَالَ حَبِيبَتِي
بِاللهِ مَاذَا تَكْتُمِين
وَأَرَادَ تَخْفِيفَ الْجَوَى
مِنْهَا وَإِبْدَاءَ الْحَنِين
وَإِذَا بِهَا سَقَطَتْ تُجَلِّلُ
وَرْدَ خَدَّيْهَا الغُصُون
فَدَنَا يُنَازِعُهَا الْفَنَا
نَدَمًا وَلَكِنْ لَاتَ حِين
وَيَقُول يَا عَذْرَاءُ رِفْقًا
بِي وَبِالقَلْبِ الْحَزِين
حَتَّى إِذَا هَدَأَ الظَّلَامُ
وَعَمَّ فِي الأَرْضِ السُّكُون
سَمِعَ الفَتَى مِن نَحْوِهَا

صَوْتًا يُخَامِرُهُ الأنِين
وهتاف وحيٍ قائلٌ
وا رحمتا للعاشقين

وقال في فتاة تدعى «مريم»:

مَنْ لِي مَرْيَمُ حَتَّى
أكُونُ عِيسَى لَدَيْهَا
كَيْمَا تُقَبِّلَ خَدِّي
يَوْمًا وَأَحْنُو عَلَيْهَا

وقال فيها:

أمَرْيَمُ لَوْ تَدْرِي بِأَنَّ أَخَا الْهَوَى
عَلَي الْبُعْدِ أَضْحَى كَالْخَيَالِ نَحِيلَا
لَكُنتِ مَنَحْتِ الْقَلْبَ مِنْهُ تَعَطُّفًا
وَنَحتْ عَلَيْهِ بُكْرَةً وَأَصِيلَا

وقال عن لسان صديق اقترح عليه نظم بيتين:

أتَيْتُ إِلَيْكَ الآنَ لَا لِزِيَارَة
وَلَكْنِ لأروِيَ الْقَلْبَ بِالمَبْسَمِ العَذْبِ
وَأُلْقِيَ إِلَيْكُمْ ذِي الْبِشَارَةِ أَنَّنِي
نَقَلْتُ إِلَى مِصْرَ بِهَا مَرْتَعَ القَلْبِ

وقال يرثي ملكة الإنجليز:

عَزِيزٌ عَلَيْنَا أَنْ أَقُولَ صَفْحَةً
مِنَ الْجِيلِ تَغْشَاهَا سُطُورُ الْمَنِيَّة
وَأَنَّ جَنَانَ الْغَيْبِ يُمْلِي وَدُونَهُ
بَنَانَ الْقَضَا يَسْرِي بِرَقْمِ الرَّزِيئَة
هُوَ الْمَوْتُ حَتَّى لَوْ دَنَتْ سَاعَةَ النَّوَى
هَوَى فَوَهَتْ مِنْ هَوْلِهِ كُلُّ هِمَّة
أَ□يكْتورْيَا إِنْ كَانَ قَوْمُكِ رَعَوْا
مِنَ الدَّاءِ خَوْفًا مِنْ وُقوعِ الأذِيَّة
فَكَيْفَ بِهِمْ وَالْمَوْتُ فَوْقَكِ بَاسِطٌ
جَنَاحَ الرَّدَى يُنْبِي بِعِظَمِ الْمُصِيبَة
أَ□يكْتورْيَا كَم مِن مُحِبٍّ وَقَدْ غَدَا

يُعَلِل نَفسًا بِالتِي وَبِالتِي
وَكَم مِنْ صَفِيٍّ بَاتَ بَعْدَكِ دَامِيَ الْفُؤَ
ادِ عَدِيمَ الرُّشْدِ وَهْنَ الْعَزِيمَةِ
أ يكْتُورْيَا مَا إِنْ نَأَيْتِ وَفِي الْوَرَى
سِوَى رَمَقٍ بَاقٍ وَقَلْبٍ مُفَتَّتِ
مَلَكْتِ وَثَغْرُ الْقَوْمِ بِالبِشْرِ بَاسِمٌ
لَمَّا آنسُوهُ مِنْ صَفَاءِ الْمَوَدَّةِ
على أَنَّهُم لَمْ يَبْسُمُوا لملمة
أَلَمَّتْ وَلَا لِلخَصْمِ يَوْمَ الْكَرِيهَة
عَلَيكِ سلامُ الله ما حَيَّتْ الصَّبَا
فَأَحْيَتْ زُهُورًا فَوْقَ تُرْبِكِ حَنَّتِ

وقال يصف الكهرباء والحب:

كَيْفَ لَا يَصْبَغُ الْخُدُودَ الْحَيَاءُ
فِي زَمَانٍ سَادَتْ بِهِ الْكَهْرُبَاءُ
آلَةٌ تُوهِنُ الْقُوَى كُلَّمَا
احْتَكَّتْ وَتُلْقِي الآسَادَ وَهِيَ ظِبَاءُ
كُلَّمَا هَاجَ قَلْبَهَا حَرَكَاتٌ
جَذَبَتْنَا فَكَانَ مَا لَا نَشَاءُ
كَفَتَاةٍ رَأَتْ فَتَاهَا فَتَاهتْ
إِذْ رَآهَا فَرَاعَهُ الإِغْمَاءُ
ضَمَّهَا وَالْفُؤَادُ يُضْرَمُ مِنْهَا
قَبَسًا فِي الْفُؤَادِ مِنْهُ صِلاءُ
وَاخْتِلَافُ الأَجْسَامِ يَنْشَأُ عَنْهُ
جَاذِبٌ لَا تَحِلُّهُ الْكِيمْيَاءُ
فَأَطَاعَ الْهَوَى فَرَاحَ صَرِيعًا
حَيْثُ قَادَتْ فُؤَادَهُ الأَهْوَاءُ
زَارَتْ الْكَهْرُبَاءُ قَلْبَ مُحِبٍّ
زَارَهُ الْوَجْدُ وَالْوَلَا وَالإِخَاءُ
لَمْ تَرَ مُوصِلًا إِلَيْهِ فَتَسْرِي
عَنْهُ بَلْ كَانَ مِنْ مُنَاهَا الْبَقَاءُ
لَيْسَ لِلقَلْبِ مُوصِلٌ فَهُوَ كَالطَّيرِ
يَرِفُّ وَالْجِسمُ مِنْهُ هَوَاءُ
لَيْتَ ذِي الْكَهْرُبَاءُ تَطْرُقُ قَلْبِي
حِينَ يَبْدُو مِنَ الْحَبِيبِ الْجَفَاءُ
عَلَّهَا تَجْذِبُ الْحَبِيبَ فَيَرْوِي

كَبِدِي عَذْبُ ثَغْرِهِ وَالطِّلَاءُ
وَعَجِيبٌ أَنْ تَلَاشَى قُوَاهَا
وَهِيَ وَاللهِ آلَةٌ صَمَّاءُ
وَلِحَاظُ الْحَبِيبِ لَمَّا رَآنِي
كَانَ فِيهَا مِنَ الْهَوَى كَهْرُبَاءُ

واقترح عليه مغنٍّ بيتين ينشدهما في غادة:

أَطَلَّتْ مِنَ الشُّبَّاكِ مَحْلُولَةَ الشَّعْرِ
مَهَاةٌ حَكَتْ فِي حُسْنِهَا طَلْعَةَ الْبَدْرِ
وَمُذْ سَمِعَتْ صَوْتِي تَثَنَّتْ كَأَنَّهَا
غُصَيْنٌ أَمَالَتْهُ النَّسَائِمُ فِي الْفَجْرِ

واقترح عليه بعضهم تكملة معنى هذا البيت:

هِيَ الْبَدْرُ إِلَّا أَنَّهَا ذَاتُ بُرْقُعٍ
تَتُوقُ لِمَرْآهَا النُّفُوسُ وَتَعْشَقُ

فأردف قائلًا:

وَمَا اللَّيْلُ يُرْخِي الظَّلَامُ سُدُولَهُ
وَلَا الصُّبْحُ مَا تَحْكِي سَنَاهُ الْبَوَارِقُ
وَلَكِن لَيْلُ الْعَاشِقِينَ احْتِجَابُهَا
وَصُبْحُهُمْ فِي وَجْهِهَا حِينَ يُشْرِقُ

وقال في الحنين إلى الوطن:

يَا بَنِي الْأَوْطَانِ مَا أَحْلَى اللُّقَا
وَأَلَذَّ الْعِزِّ مِنْ بَعْدِ الشَّقَا
فَمَتَى نَحْظَى بِغِزْلَانِ النَّقَا
وَنُرِيحُ الْقَلْبَ مِنْ هَذَا الْعَنَا
حَكَمَ الدَّهْرُ عَلَيْنَا بِالْفِرَاقِ
حِينَ لَا نَقْوَى عَلَى مُرِّ الطَّلَاقِ
آهِ وَا شَوْقِي إِلَى حُلْوِ التَّلَاقِ
حَيْثُ أَحْظَى مِنْ حَبِيبِي بِالْمُنَى
آهِ وَا شَوْقِي إِلَى ذَاكَ الْحِمَى
حَيْثُ أَضْحَى الْقَلْبُ صَبًّا مُغْرَمَا
يَا إِلَهَ الْعَرْشِ كُنْ لِي رَاحِمًا

وَاشْفِ قَلْبِي مِنْ تَبَارِيحِ الضَّنَى
تِلْكَ أَوْطَانٌ لَهَا قَلْبِي صَبًّا
إِذْ قَضَى فِيهَا أُوَيْقَاتُ الصِّبَا
فَاحْمِلِي بِاللهِ يَا رِيحَ الصَّبَا
عَنِّي الشَّوْقَ إِلَى ذَاكَ الْحِمَى
كُنْتُ قَبْلَ بُعْدٍ لَا أَدْرِي الْعَذَابِ
لَا وَلَا أَعْرِفُ مَعْنَى الاحْتِجَاب
غَيْرَ أَنَّ الْقَلْبَ بَعْدَ الْبُعْدِ ذَاب
فَارْحَمُوا قَلْبِي وَدَاوُوا الْبَدَنَا
قَرَّبَ اللهُ أُوَيقاتِ الْهَنَا
وَأَرَاحَ الْقَلْبَ مِن بَعْدِ الْعَنَا
وَإِذَا لَمْ تُدْنِنَا دَارُ الْفَنَا
فَلَقَدْ تَجْمَعُنَا دَارُ البَقَا

وبعث إليه صديق يطلب حاجة فأجابه بهذين البيتين:

قَدْ طَلَبْتَ الْقَلِيلَ مِنِّي وَمَا كَانَ
فُؤَادِي مِنَ الْوِدَادِ مُقِلًّا
لَكَ مَا شِئْتَ يَا خَلِيلِي فَإِنِّي
فِي حَيَاتِي لِسَائِلِي لَمْ أَقُلْ لَا

وقال يصف عيد الجلوس الخديوي:

لَا غَرْوَ أَن لَّاحَتْ كَوَاكِبُ سَعْدِهِ
فِي مِصْرَ مُحَدِّقَةً بِمرْهَفِ قَدِّهِ
وَالْعِيدُ أَقْبَلَ بَاسِمًا بِجُلُوسِهِ
كَالسَّيْفِ يَبْدُو ضَاحِكًا مِنْ غِمْدِهِ
عِيدٌ بِهِ رَقَصَتْ أُولِي الْهَوَى
ثَمْلَى كَأَنَّ شَرَابَهَا مِنْ وِدِّهِ
وَافَى فَلَمْ يَبْقَ فُؤَادٌ سَاكِنٌ
حَتَّى حَسِبَتْ قُلُوبُنَا مِنْ وَفْدِهِ
لَا بِدْعَ أَنْ تَزْهُو رِيَاضُ الأَزْبَكِيَّةِ
وَهُوَ رَائِدُهَا بِرَوْضَةِ خَدِّهِ
أَوْ تَتَجَلَّى بِبِيضِ الأَزَاهِرِ وَهِيَ تَحْكِي
الزُّهُورَ لَكِنْ فِي أَعَالِي مَجْدِهِ
وَقُلُوبُ آلِ وَلَائِهِ قَدْ أَشْرَقَتْ
بِلَظَى الْوِدَادِ عَلَى صَفَائِحِ جُنْدِهِ
عَبَّاسُ لَوْ عَجَزَ الْوَرَى عَن مَدْحِهِ

نَطقَتْ شَمَائِلُهُ بِرَائِقِ حَمْدِهِ
فَلْيَهْنَأ بِالْعِيدِ الذِي هَتَفَتْ بِهِ
أَبْنَاءُ مِصْرَ وَالْعِرَاقِ وَنَجْدِهِ
فَلْيَحْيَ عَبَّاسُ عَلى الْعَرْشِ الذِي
نَهْوَى لَوْ انَّ قُلُوبَنَا مِنْ مَهْدِهِ

وقال يرثي المرحوم الشيخ نجيب الحداد:

أَدَمْعٌ جَرَى مَدْمَعَ الصَّبِّ أَمْ مُزْنٌ
عَلَى فَقْدِ مَنْ فِي فَقْدِهِ دَاهِمِ الْحُزْنُ
ذَوَى غُصْنُهُ رَطِبًا وَقَلْبِيَ حَائِمٌ
عَلَيْهِ فَذَاقَ الْقَلْبُ مَا ذَاقَهُ الْغُصْنُ
خَلِيلِي مَا لِلطَّرْفِ يَعْنُو لِدَمْعِهِ
حَزِينًا وَمَا أَنِ كَانَ قَبْلَ النَّوَى يَعْنُو
تَرَاءَى لِنَظْمِي مَا كَنَّ خَاطِرِي
فَأَضْحَى مَلِيكَ الشِّعْرِ وَالْخَادِمُ الْوَزْنُ
كَأَن صَدى مِنْ صَيْدِ قَلْبِي يَفْقِدُهُ
وَلَوْ صَدَّ عَنِّي فَهُوَ نَظْمُهُ عَوْنُ
يَقُولُونَ لِي صَبْرًا فَمَا الدَّمْعُ فِي الأَسَى
بِمَجْدٍ فَقُلْتُ الصَّبْرُ أَنْ تَصْبِرَ الْعَيْنُ
نَعَمْ فَكِلانَا يَا نَجِيبُ عَلَى الْوَفَا
مُقِيمٌ إِذَا دَاعِيَ الصَّفَا صَابَهُ الْوَهْنُ
أَلَيسَ عَجِيبٌ بَعْدَ حَبِيبِكَ أَنَّنِي
أَرَاكَ ضَجِيعَ التُّرْبِ لَيْلًا وَلا ظَنُّ
عَلَيْكَ سَلامُ اللهِ مَا سَالَ مَدْمَعِي
وَمَا هَاجَ مِنْ ذِكْرَاكَ فِي كَبِدِي حُزْنُ

وقال في قصيدة عنوانها «العلم والمال»:

لَبَسُوا الْبُرْدَ وَانْثَنُوا رَافِلِينَا
بَاخْتِيَالٍ يَسْتَجْذِبُونَ الْعُيُونَا
وَتَحَلَّوْا وَلَيْتَهُم مَّا تَحَلَّوْا
أَنَّهُمْ عَنْ حُلَى الْعُلَا غَافِلُونَا
حِلْيَةُ النَّفْسِ شِيمَةٌ لَمْ يَشُمُّهَا
غَيْرُ لُطْفٍ يَعْنُو لَهُ السَّاحِرُونَا
لَيْسَ بِاللِّبْسِ وَالْحُلَى خَلَّدَ التَّارِيخُ
ذِكْرَ الْفَطَاحِلِ الْغَابِرِينَا
إِنَّمَا بِالْعُلُومِ نَالُوا فِخَارًا

لَمْ يَنَلْهُ الْمُلوكُ وَالْمُكثِرُونَا
أَيْنَ كِسْرَى مِنْ ابْنِ خَلْدُونَ هَذَا
عَاشَ قُرُونًا وَذَاكَ عَاشَ قُرُونَا
مَاتَ كِسْرَى بِمَوْتِهِ وَابْنُ خَلْدُونُ
لَعَمْرِي بِالذِّكْرِ يَحْيَى دَفِينَا
كَمْ غَنِيٍّ قَضِيَ وَلَمْ يَقْضِ سُؤْلاَ
وَذَكِيٍّ هُدَى فَكَانَ مُعِينَا
إِنَّمَا الْجُودُ أَنْ تَجُودَ بِمَا عِنْدِكَ
لَا أَنْ يَعُودَكَ السَّائِلُونَا
يَفْرَغُ الْمَالُ إِنْ يَدٌ أَنْفَقَتْهُ
وَتَزِيدُ الْعُلُومُ حِينًا فَحِينَا
فَاجْنِ مَا لَا يَفْنَى وَإِنْ فَنِيَ الْمَرْءُ
وَدَعْ مَا تُفْنِي يَدُ الْمُنْفِقِينَا
فَقَلِيلٌ مِمَّا يَدُومُ لَخَيْرٌ
مِن كَثِيرٍ يُفْنِيهِ مَرُّ السِّنِينَا
فَإِن كَانَ طَرْفِي قَدْ غَذَانِي بِحُسْنِهِ
وَلَمْ أَغْتَذِ مِن لَحْمِهِ النَّضْرُ الْغَضِينَا

وقال في حكاية «الغراب والثعلب»:

رَأَى الْغُرَابُ جِبْنَةً فِي دَارِ
لِبَعْضِ قَوْمٍ مِنْ ذَوِي الْيَسَارِ
فَسَلَّ مِنْهَا قِطْعَةً وَطَارَا
كَأَنَّهُ قَدْ مَلَكَ الإِمَارَةَ
وَحِينَمَا حَطَّ عَلَى إِحْدَى الشَّجَر
رَآهُ ثَعْلَبٌ فَأَحْدَقَ النَّظَرَ
فَلَمَحَ الْجِبْنَةَ فَاحْتَالَ عَلَى
اخْتِطَافِهَا مِنْهُ بِهَاتِيكَ الْفَلا
قَالَ لَهُ يَا مُحْسِنَ الْغِنَاءِ
وَمُخْجِلَ الطُّيُورِ وَالظِّبَاءِ
لِي سَنَةٌ أَطْلُبُ أَنْ أَرَاكَا
لأَسْمَعَ الرَّائِقَ مِنْ غُنَاكَا
فَهَلْ تَجُودُ بِالْغُنَا يَا سَيِّدِي
فَتَرْوِي الْقَلْبَ بِطِيبِ الْمَوْرِدِ
فَامْتَثَلَ الْغُرَابُ قَوْلَ الثَّعْلَبِ
وَصَارَ يَشْدُو بِالْغِنَاءِ الْمُطْرِبِ
فَأَوْقَعَ الْجِبْنَةَ مِنْ مِنْقَارِهِ

غَنِيمَةً بَارِدَةً لِجَارِهِ
فَفَرِحَ الثَّعْلَبُ وَانْتَشَلَهَا
بِفَمِهِ وَبَعْدَ أَنْ أَكَلَهَا
نَادَاهُ يَا غُرَابُ مَا ظَلَمْتُكَا
بِمِثْلِ مَا عَامَلْتَ قَدْ عَامَلْتُكَا
سَلَبْتَ إِنْسَانًا عَلَيْكَ اعْتَدَى
وَمَا فَعَلْتَ الآنَ تَلْقَاهُ غَدَا
وَالْمَالُ لَا يَخْرُجُ مِنْ كَفِّ الْفَتَى
إِلَّا مِنَ الْبَابِ الَّذِي أَتَى

وقال في مقتل ملك السرب:

طَرَقَ الْحُبُّ قَلْبَهُ فَاسْتَمَالَه
لَيْتَهُ لَمْ يَكُنْ أَطَاعَ غَزَالَه
مَلِكٌ تَمْرَحُ الظِّبَا فِي حِمَاهُ
وَهُوَ فِي أَسْرِهَا فَأَيْنَ الْعَدَالَه
يَا بَنِي السِّرْبِ تِلْكُمْ سُنَّةُ اللهِ
فَهَلَّا تَلَوْتُم أَقْوَالَه
وَمَنْ اضطُرَّ غَيْرَ بَاغٍ وَلَا عَادٍ
فَلَا إِثْمَ يَقْتَرِي أَوْ ضَلَالَه
لَوْ نَظَرْتُم بِعَيْنِهِ أَوْ لَمَسْتُمْ
بِيَدَيْهِ بَنَانَ تِلْكَ الْغَزَالَه
لَعَرَفْتُمْ قَدْرَ الْهَوَى وَعَلِمْتُمْ
أَيَّ شَيْءٍ عَنْ الْهُدَى قَدْ أَمَالَه
قَدْ جَنَيْتُمْ عَلَيْهِمَا قَبْلَ أَنْ يَقْطَعَ
كُلٌّ مِنْ خِلِّهِ آمَالَه
كَانَ أَوْلَى عَزْلُ الْمَلِيكِ عَنِ الْعَرْشِ
فَعَرْشُ الْهَوَى غَدَا أَحْلَى لَه
مِن مَمَاتٍ تُشَارِكُ اللَّحْظَ فِيهِ
وَالْيَمَانِيُّ فَقَطَعَا أَوْصَالَه
وَهُوَ لَمْ يَرْوِ مِنْ دِرَاعَا غَلِيلًا
وَهِيَ بِاللَّحْظِ كَمْ رَوَتْ مِن مَقَالَه
يَا لَهُ مَوْقِفًا بِهِ انْتَفَضَتْ أَعْظُمُ
صَرْعَى الْهَوَى أَمَامَ الْجَلَالَه
صَائِحَاتٌ مِنْ عَالَمِ الْغَيْبِ تَرْجُو
لِلْفَقِيدَيْنِ عَفْوَهُ وَنَوَالَه

وقال يصف زيارة الحبيب:

رَكِبْتُ الْقِطَارَ إِلَى مَنْ أُحِبُّ
وَمَا غَيْرُ قَلْبِي لَهُ سَائِقُ
فَسَارَ وَلَكِنْ بِنِيرَانِهِ
كَأَنِّي بِهِ فِي الْوَلَا صَادِقُ
يُرَاعِي النَّظِيرُ فَيَجْرِي سِرَاعًا
وَلَحْظِي دَلِيلٌ لَهُ سَابِقُ
يُنِيرُ لَهُ ظُلُمَاتِ الْبُعَادِ
بِنُورِ اللِّقَاءِ وَلَا بَارِقُ
فَيَسْتَرِقُ الأَرْضَ فِي سَيْرِهِ
وَمَا هُوَ لَوْلَا الْهَوَى سَارِقُ
فَلَمَّا بَلَغْتُ دِيَارَ الْحَبِيبِ
طَرَقْتُ فَقِيلَ مَنْ الطَّارِقُ
فَقُلْتُ مُحِبٌّ دَعَاهُ الْهَوَى
لِيَنْظُرَ مَا أَبْدَعَ الْخَالِقُ
فَرَاشَقَتْهُ بِسِهَام اللِّحَاظِ
بِقَلْبِي فَلْيَفْتَدِي الرَّاشِقُ
فَخَدُّكِ وَرْدٌ وَثَغْرُكِ وِرْدٌ
يَحُومُ عَلَى مِثْلِهِ الْوَامِقُ
أَسِيرُ السُّهَادِ طَلِيقُ الرُّقَادِ
فَقَالَتْ فَدَيْتُكَ يَا عَاشِقُ
وَهَا هِيَ مُهْجَتِي عُرْبُونُ الْوَفَا
لَهَيْنَا بِهَا قَلْبُكَ الرَّائِقُ
فَعُدتُّ وَلَكِن رَغْمَ الْفُؤَادِ
يُجَّاذِبُنِي حُسْنُهَا الْفَائِقُ
بِبَاخِرَةٍ فِي بِحَارِ دُمُوعِي
وَمِجْدَافُهَا قَلْبِيَ الْخَافِقُ
أُرَدِّدُ ذِكْرَى لَيَالٍ تَسَامَرَ
فِيهَا الْمَشُوقُ وَالشَّائِقُ

وقال في محاورة عاشقين:

لَعَمْرُ الْهَوَى لَوْلَا الْعُيُونُ الذَّوَابِلُ
وَهُدْبٌ لِحَاظٌ فِي فُؤَادِي ذَوَابِل
لَمَا صَرَعَتْ أُخْتُ الْمَهَا مُهْجَتِي وَلَا
سِلَاحٌ سِوَى الْعَيْنَيْنِ حِينَ تُقَاتِل

رَأتْنِي لدَيْهَا نَاحِل الْجسْمِ فَانْثَنَتْ
إلَيَّ وَقَالَتْ مَا لِجسْمِكَ نَاحْل
فَقُلْتُ وَهَلْ يَحْيَا غُصَيْنٌ بِلَا نَدَى
فَقَالَتْ فَفِي كَفَّيْك مَا أَنْتَ سِائِل
فَقُلْتُ وَلَكِن قَدْ ذَوَى مِن لَظَى الْهَوَى
فَقَالَتْ وَهَلْ يَذْوَى وَدَمْعُك وَابِل
فَقُلْتُ لَعَلَّ الشَّمْسَ عَنْهُ تَحَجَّبَتْ
فَقَالَتْ فَفِي خَدَّيَّ شَمْسٌ تُمَاثِل
فَقُلْتُ أتَبْدُو الشَّمْسُ وَالْبَدْرُ طَالِعٌ
لَعَمْرُكِ قَدْ قَلَّتْ لَدَيَّ الْوَسَائِل
فَقَالَتْ عَجِيبٌ مَا ذَكَرْتَ وَإِنَّنِي
وَإِيَّاكَ دَوْمًا نُورُنَا مُتَكَامِلَ
وَمِلْتُ بِهَا نَحْوَ الرِّيَاضِ فَآنَسْتُ
أزَاهِرَ وَرْدٍ غُصْنِهَا يَتَمَايَل
فَقَالَتْ أرَى غُصْنًا يَمِيل وَلَا هَوًا
أبِينَ هَوَانَا وَالْهَوَاء تَبَادُل
فَقُلْتُ وَلَا بِدْعٌ فَإِنَّ شُمُولَهُ
سَرَتْ فَحَكَتْهَا مِنك تِلْكَ الشَّمَائِلُ
وَإِنَّ احْمِرَارَ الْوَرْدِ بَيْنَ غُصُونِهِ
كَخَدَّيْكِ لَمَا دَاهَمَتْنَا الْعَوَاذِل
فَلَوْلَا الْحَيَا مَا رَاقَ وَرْدٌ لِنَاظِرٍ
وَلَا حُبِّبَتْ لِلْوَرْدَيْنِ الْخَمَائِلَ
وَلَوْلَا الْهَوَى مَا مَاسَ غُصْنٌ بِلَا هَوًا
وَلَا أَحْدَقَتْ بِالْقَلْبِ تِلْكَ السَّلَاسِلِ
فَأَنْتَ مَنَحْتَ الْوَرْدَ نُورَ مَلَاحَةٍ
وَنَارَ التَّيَاعِ فَهُوَ زَاهٍ وَذَابِلُ
وَعَلَّمْتِنِي وَصْفَ الْجَمَالِ وَلَمْ أَكُنْ
جَهِلْتُ وَلَكِنْ كَانَ لِي عَنْهُ شَاغِل
إِلَى أَنْ تَرَاءَى لِي هَوَاكَ وَأَنَّهُ
وَعَيْنَيْك ذَا سِحْرٍ وَهَذِي قَنَابِل
فَأَشْغَلَنِي إِلَّا عَنِ الْغَزَلِ الذِي
يُمَثِّلُ لِي الْغِزْلَانَ وَهِيَ تُغَازِل
وَإِنْ غِبْتَ نَاجِي الْبَدْرَ عَنِّي فَإِنَّنِي
إِذَا لَمْ أَسَلْهُ عَنكِ فَالطَّرْفِ سَائِل

وقال في مطلع رواية:

للهِ مَوْقِفَ عُشَاقِ الْجَمَالِ إذا
أُوتُوا الْعَفَافَ فَمَاتُوا مِنْ ظَبْيِ الْحَدَقِ
إذَا قَضُوا فِي الْهَوَى صَرْعَى فَشَافِعُهُمْ
لَدَى الْمَهِينِ مَا عَانُوا مِنَ الأرَقِ

وقال في سياق رواية:

رَعَى اللهُ رَبْعًا لَاحَ فِي وَكْنَاتِهِ
طُيُورَ تُنَاجِي الصَّبَّ وَهُوَ عَلِيل
قَضَيْتُ بِهِ دَهْرًا أَمِيلُ إلَى الْعُلا
بِقَلْبٍ إِلَى حُبِّ الصَّفَاءِ يَمِيلُ
وَسِرْتُ عَلَى وَجْهِ الْبَسِيطَةِ طَالِبًا
عِلاءً وَمَجْدًا وَالْفِخَارُ جَمِيلُ
أُرَاعِي اللَّيْلَ وَهِيَ بَوَاسِمٌ
فَعِيرُو سَنَاهَا مِن لَظَايَ أُفُولُ
وَأَسْعَى عَلَى الرَّمْضَاءِ طَوْعَ مَطَالِبٍ
غَدَت تَحْتَهَا الرَّمْضَاءُ وَهِيَ تَمِيل
نِلْتُ مَنَالًا قَدْ فَقَدتُ بِنَيْلِهِ
أَبًا فَضْلُهُ بَيْنَ الأنَامِ جَزِيلُ
لَقَدْ كَانَ لِي عَوْنًا إذَا الصَّحْبُ أَدْبَرَتْ
وَإِنْ مُدَّ لِي بَاعُ السَّخَاءِ يَطُول
قَضَى دُونَ تَوْدِيعِ فَأَوْدَعَ مُهْجَتِي
لَهِيبًا مَدَى الأيَّامِ لَيْسَ يَزُول
عَلَى مِثْلِهِ فَلْتَمْزِجِ الْعَيْنُ دَمْعَهَا
دِمَاءَ وَيَعْرُو الْجِفْنَ مِنْهَا ذُبُولُ

وقال على لسان عاشقة:

هَوَى بِقَلْبِي هَوَاكُمْ فَانْثَنَتْ كَبِدِي
وَأَنَّ صَدْرِي مِنَ الأشْوَاقِ وَالْكَمَدِ
وَأبْرَقَتْ مِنْ صِدَامِ كُلِّ جَارِحَةٍ
فَأبْرَئْتُ مِنْ سُقَامِ قَدْ بَرَى جَسَدِي
وَهَمْهَمَ الرَّعْدُ أثْرَ الْبَرْقِ فَارْتَعَدَتْ
فَرَائِصِي حَذَرًا مِنِّي عَلَى كَبِدِي
دَعِ الْعَذَابَ لِمَنْ قَدْ ذَابَ مِنْ حَسَدٍ
وَاخْلَعْ أَخَا الْغِيدِ ثَوْبَ النَّأْيِ وَالْحَرْدِ
وَارْحَمْ حَلِيفَ سِقَاهِم سَاقَهُ قَدَرٌ
إِلَى الهَوَى فَهَوَى عَمْدًا وَلَمْ يَعُدِ

رَامَ الغَرَامَ وَلَمْ يَعْلَمْ عَوَاقِبَهُ
فَهَامَ تِيهًا وَمَا فِي النَّفْسِ مِنْ جَلَدِ
عَنِ المَلاحَةِ قَدْ زَاحَ اللِّثَامَ فَمَا
لَاحَتْ لِعَيْنَيْهِ حَتَّى صَاحَ وَا كَبِدِي
تِلْكَ السِّهَامُ سِهَامُ اللَّحْظِ لَوْ نَشِبَتْ
فِي قَلْبِ أُسْدٍ لَمَا أَبْقَتْ عَلَى أَسَدِ
فَكَيْفَ فِيمَنْ غَدَا مِنْ نَارِ لَوْعَتِهِ
تَرَاهُ وَهُوَ قَرِيبٌ مِثْلَ مُبْتَعِدِ
وَهَكَذَا الْحُبُّ لَا تَحْيَى مَعَالِمُهُ
حَتَّى يُمِيتَ فَلَا يَبْقَى عَلَى أَحَدِ

وقال على لسان عاشق يخاطب طيرًا:

مَهْلًا فَقَلْبِي لَا يَقْوَى عَلَى الْكَمَدِ
طَيْرَ الأَرَاكِ كَفَى مَا هِجتَ مِن كَبِدِي
يَحِنُّ قَلْبِي إِلَى نَجْوَاكَ مَا سَمِعَتْ
أُذْنِي صَدَاكَ فَقِفْ مَهْلًا وَلَا تَزِدِ
أَرَاكَ تَبْكِي عَلَى إِلْفٍ فَيُوحِشُنِي
ذِكْرُ الحَبِيبِ بِلَيْلٍ زَائِدِ السُّهْدِ
تَبْكِي كَأَنَّا فِي الْهَوَى شَرَعٌ
وَيَهْجِمُ الدَّمْعُ فَوْقَ الْخَدِّ مِنْ حَسَدِ
هُوَ الْغَرَامُ بِقَلْبِيَ لَا يَزَالُ وَهَلْ
يَنْأَى الْهَوَى عَنْ فُؤَادِ الشَيِقِ الكَمِدِ

وقال:

إِلَى كَمْ أُدَاوِي الْقَلْبَ مِنْ أَلَمِ الْبَلْوَى
وَأَشْكُو الدَّهْرَ لَا يَرِقُ لِذِي شَكْوَى
وَمَن كَانَ ذَا قَلْبٍ يَطِيرُ مَعَ الْهَوَا
فَأَنِّي لَهُ أَنْ يَتَّقِي مَضَضَ الْبَلْوَى
خَلِيلَيِ هَذِي مُهْجَتِي لَوْ عَلِمْتُمَا
غَدَتْ كَبِدِي مِن نَّارِ لَوْعَتِهَا تُشْوَى
فَرِفْقًا بِهَا بِاللهِ غَدا بِهَا
عَسَاهَا وَقَلْبِي يَجْنَحَانِ إِلَى النَّجْوَى
فَأَسْمَعُ مَا لَا يَسْمَعُ الْغَيْرُ أَوْ أَرَى
بِنَجْوَاهِمَا بَعْضَ ارْتِيَاحٍ إِلَى السَّلْوَى
وَيَذْهَبُ عَنِّي مَا كَتَمْتُ مِنَ الْجَوَى
خَلِيلَيَّ إِنِّي بَعْدَهُم أَرْتَجِي صَفْوا

وقال في وصف الجمال:

مَا رَقِيقُ الْفُؤَادِ رَبُّ الشَّمَائِلِ
غَيْرُ صَبٍّ نحوَ المَحَاسِنِ مَائِلِ
مَا تَرَى الْحُسْنَ سُلَّمًا يَرْتَقِيهِ
مِن رِفِيعٍ وَمِنْ وَضِيعِ الشَّمَائِل
سُلَّمٌ يُبَلِّغ الأَدِيبَ إِلَى أَرْفَعِ
قَدْرٍ وَيَنْثَنِي بِالْجَاهِلِ
أَوْدع الذَّوْقَ فِي الْحِسَانِ فَظَلَّتْ
تَبْتَغِيهِ النُّسَّاكِ مِنْ غَيْرِ طَائِلِ
وَتَبَدَّتْ عَنْهُ الْمَحَاسِنُ تَحْكِي
فِي سَمَاءِ الآدَابِ بَدْرًا كَامِلِ
صَاحَ هَلَّا خَلَا فُؤَادُك مِن رَشْقِ
سِهَامٍ مِنَ اللِّحاظ الْقواتل
خَلِّ عَنْكَ الوَقَارَ وَاجْنَحْ إِلَى
خَلْعِ عَذَارٍ مَعَ الهَوَاءِ مُتَمَايِلِ
فَلَعَمْرِي مَا ذَاقَ قَلْبُ مُحِبٍّ
مِثْلَ ذَاكَ القَلَى بِتِلْكَ الْمَجَاهِلِ
يَوْمَ كُنَّا مِنَ الشَّبَابِ سَكَارَى
يَومَ كَانَ المَشِيبُ عَنَّا غَافِلِ

وقال:

أَهْوَى الظِّبَا وَيَحُولُ دُونَ مَرَامِي
شَرَفٌ صَبَوتُ إِلَيهِ مُنذ فِطَامِي
وَيُشَوِّقُنِي ذِكْرُ الْحَبِيبُ فَلَا أَرَى
لِي مُؤْنِسًا غَيرَ الفُؤَادِ الدَّامِي
قَلْبٌ إِذَا هَاجَ الغَرَامُ كَلُومَةٌ
عَكَسَ اللَّظَى عَنْهَا كَلِيمُ غَرَامِي
فَيَلُوحُ لِي أَنَّ الْحَبِيبَ مُجَالِسِي
وَهْمًا وَلَيْسَ سِوَى الْخَيَال أَمَامِي
يَبْدُو الْخَيَال كَأَنَّهُ بِي شَافِعٌ
عِنْدَ الحَبِيبِ فَتُشْفَى آلَامِي
غَلَبَ الصَّفَا جَفَاءَهُ فَغَدَا وَقَدْ
رَسَمَتْ مَحَاسِنُهُ بِطَرْفِيِ الهَامِي
آيَاتِ دَمْعٍ مَا تَلَوْتُ سُطُورَهَا
إِلَّا انجَلَى وَجْدِي وَخَفَّ سقَامِي

فَأبِيتَ لَا أشَكو لِقَاءِ جَمِيلَةٍ
وَيَبِيتُ يُشجِينِي نُحُولُ عِظَامِي

وقال:

تَرَاءَتْ وَرَاءَ السُّتُرِ مَكْشُوفَةَ السَتْرِ
فَشَقَّتْ بِلَحْظِهَا الْحِجَابَ عَنِ السِّرِّ
وَسَارَتْ فَصَارَ العَاشِقُونَ لِحُسْنِهَا
أَسَارَى وَأَضْحَى الْحُرُّ يُرَحِّبُ بالأَسْرِ
وَمَا خَطَرَتْ إلا لِكَسْرِ خَوَاطِرٍ
وَنَشَرَ خُزَامَى حُبَّهَا فِي الْهَوَى الْعُذْرِي
وَدَارَتْ أَحَادِيثٌ عَنْ الَتِي
بِهَا قَدْ صبتُ شَوْقًا إِلَيْهَا وَلَمْ تَدْرِ
فَمَا سَمِعَتْ إِلَّا صَدَاهَا وَمَا رَأَتْ
سِوَاهَا فَهَامَتْ فِي الْمَهَامَةِ وَالقَفْرِ
وَنَادَتْ وَمَا مِنْ مُسْتَجِيبٍ لِسُؤْلِهَا
سِوَى طَلَلٍ حَطتْ عَلَيْهِ يَدُ الدَّهْرِ
فَجَادَتْ بِدَمْعٍ هَاجَهُ الشَّوْقُ وَالأَسَى
وَلَمْ تَدْرِ أَنَّ الحُبَّ يَذْهَبُ بِالعُمْرِ
فَحَنَتْ لَشَكْوَاهَا الْحَمَامُ وَسَاءَلَتْ
بِتَغْرِيدِهَا تِلْكَ القُلُوبَ عَنْ الأَمْرِ
فَقَالَتْ أَلا تَدْرُنَّ أَنَّ مَسَاكِنًا
أَقَمْنَا بِهَا مِن قَبْلِ صَارَتْ إِلَى الْقَبْرِ
أُنَاسٌ نَبلَ اللَّحَاظُ فَرَاغَهُمْ
ظِبَاهَا وَلَمْ يَخْشَوْا مِنَ البِيضِ وَالسُّمْرِ
أَلَا فَانْدُبِي يَا طَيْرُ قَوْمًا تَوَلَّهُوا
فَمَاتُوا وَقَلْبًا ذَابَ عَنْ عِلَّةِ الْهَجْرِ

وقال:

أَطَائِرُ الْبَينِ مَا لِلْقَلْبِ وَالْمُهْجِ
بَعْدَ الأَحِبَّةِ تَشْكُو لَوْعَةَ الوَهَجِ
وَمَا لِطَرْفِي بَعْدَ الْبُعْدِ مُنْزَعَجٌ
يَذْرِي الدُّمُوعَ وَلَكِنْ غَيْرَ مُنْزَعِجِ
يَلُوحُ فِي هَالَةٍ حَمْرَاءَ مَا سَطَعَتْ
لَوْلَا لَظًى عَنْ دِمَاءِ الْقَلْبِ وَالْمُهْجِ
وَيَنْثَنِي نَاثِرًا دَمْعِي فَأَحْسَبُهُ
قِلَادَةً رَصَعتْهَا فِتْنَةُ الدَّعْجِ

كَفَى بِرِقَةِ قَلْبِي شَافِعًا وَبِمَا
أَرَاقَ طَرْفِي وَمَا أَلْقَاهُ مِنْ حَرَجِ
يَا زَهْرَةً صَادَهَا مُرُّ النَّسِيمِ ضُحًى
فَغَادَرَتْ بَعْدَهَا الأَغْصَانَ فِي عِوَجِ
مُنِّي عَلَيْنَا بِنَشْرِ شَذَاكِ عَسَى
يَحْيَى الْفُؤَادُ فَيَرْضَى مِنْكِ بِالأَرَجِ
وَسَائِلِي السُّحُبَ عَنْ دَمْعِي وَعَنْ كَبَدِي
سَلِي غُصَينَ الرُّبَى بِاللهِ إِنْ تَعِجِي
يُجِيبُ عَنِّي بِأَنِّي وَالْهَوَا شَرْعٌ
مِنَ الْهَوَى غَيْرَ رَاجٍ مِنْحَةَ الفَرَجِ
وَإِن يَدُمْ أَبَدًا هَذَا الْفِرَاقُ لَنَا
فَمَا عَلَى الرُّوحِ بَعْدَ الصَّدِّ مِنْ حَرَجِ

وقال:

خُذِي فُؤَادِي فِدَاءَ الْعَاشِقِ الْبَاكِي
عَلَى زَمَانٍ تَقَضَّى بَيْنَ نُعْمَاكِ
وَأَيْقَنَنِي أَنَّنِي مَا جُدتُّ مُفْتَدِيًا
بِالْقَلْبِ إِلَّا لأَنَّ الْقَلْبَ يَهْوَاكِ
نَأَيْتِ تِيهًا فَتَاهَ الْعَقْلُ وَا أَسَفِي
وَاشْتَدَّ مِنِّي الْهَوَى شَوْقًا لِرُؤْيَاكِ
لَمْ يَكْفِ أَنَّ بُعَادًا عَنْكِ تَيَّمَنِي
حَتَّى جَذَبْتَ فُؤَادِي بَيْنَ أَحْشَاكِ
رِفْقًا بِحَالِ فَتًى فَاضَتْ مَدَامِعُهُ
فَمَا أَهَاجَ لَظَاهَا قَلْبًا سَفَّاكِ
سَأَلْتُ عَنْ عِلَّتِي أَسَى الغَرَامِ ضُحًى
فَقَالَ إِنَّ شِفَائِي مِنْ لَمْيَاكِ
نَعَمْ، فَمَا كَانَ أَحْلَى مَا أَشَارَ بِهِ
لَو لَمْ يَكُنْ مُجْتَنِيهِ ثَغْرٌ فَنَاكِ
فَكَمْ بِلَحْظَيْكِ ذَاتَ الْحُسْنِ قَدْ قُتِلَتْ
فِي الْحُبِّ نَفْسٌ وَكَمْ رَاقَتْ حُمَيَّاكَ
كُفِّي بِرَبِّكِ كَفِّي عَنْ قَتِيلِ جَوًى
يَكْفِيهِ مَا فَعَلَتْ بِالْقَلْبِ عَيْنَاكِ
إِنْ شِئْتِ صَفْحًا فَقَلْبِي قَدْ صَفَا طَرَبًا
أَوْ رُمتِ قَتْلِي فَعَبْدٌ مِن رَعَايَاكِ

وقال:

سِلِي لَاعِجَ الأَشْوَاقِ عَنْ هَائِجِ الوَجْدِ
وَعَنْ مَدْمَعِي إِلْهَامِي سَلِي طَلْعَةَ الْوَرْدِ
يُجِيبُ فؤادِي عَنهُمَا أن ما هَمِّي
مِنَ الطَرْفِ بَعدَ البُعدِ بَعضَ الذِي عِندِي
نَأَيتُ وَقَلبِي لَا يَزَالُ مِنَ الهَوَى
كَلِيمًا فَلَمْ يَقْوَ عَنْ أَلَمِ البُعْدِ
كَأَنَّ فُؤادِي فَوقَ نَارٍ مِنَ الهَوَى
يَزِيدُ لَظَاهَا كُلَّمَا زِيدً مِنْ وَجدِي
كَفَاكِ سُلَيمَى مَا تَرَيقِينَ مِنْ دَمِي
دَوْمًا وَمِنْ دَمْعِي السَّخِينِ عَلَى خَدِّي
أَيَجمُلُ فِي شَرْعِ الصَّبَابَةِ أَنَّهُ
يُجَازِي أَسِيرَ الوُدِّ بِالنَّأْيِ وَالصَّدِّ

متفرقات

القسم الأول

في الشجاعة

قال أبو مسلم لأحد قواده: إذا عرض لك أمر نازعك فيه منازعان أحدهما يبعث على الإقدام والآخر على الإحجام فأقدم؛ فإنه إدراك للثأر وأنفى للعار.

الحث على استعمال الخدعة والحيلة والتحرز في الحرب

قال النبي ﷺ: «الحرب خدعة».

وقال أحدهم: «كن بحيلتك أوثق منك بشدتك، وبحذرك أفرح منك بنجدتك، فإن الحرب حرب للمتهور غنيمة للمنحدر».

وقيل: «المكر أبلغ من النجدة».

وقيل: «حازم في الحرب خير من ألف فارس؛ لأن الفارس يقتل عشرة وعشرين والحازم قد يقتل جيشًا بحزمه وتدبيره».

حثّ من دُعِي إلى المبارزة على الإجابة

قال أمير المؤمنين لأحد أبنائه: «لا تدعون أحدًا إلى البراز ولا يدعونك أحدٌ إلا أجبته، فالداعي باغٍ والباغي مصروع».

المنازل وقت المنازلة

قال المهلل:

لَمْ يُطِيقُوا أن يَنْزِلُوا فَنَزَلْنَا
وَأَخُو الْحَرْبِ مَنْ يُطِيقُ النُّزُولا

وقال:

جَعَلْتَ يَدِي وِشَاحًا لهُ
وَبَعْضُ الْفَوَارِسِ لَا يُعْتَنَقُ

الحث على الثبات والنهي عن الإحجام والتفكر في العواقب

السلامة في الإقدام والحِمام في الإحجام، قال الكلبي:

إِذَا الْمَرْءُ لم يَغْشَ الْكَرِيهَةَ أَوْشَكَتْ
حِبَالُ الْهُوَيْنَا بِالْفَتَى أَنْ تُقَطَّعَا

وقال أبو بكر لخالد بن الوليد لما أخرجه لقتال أهل الردة: «احرص على الموت تُوهَب لك الحياة».

وقيل: «من تفكَّر في العواقب لم يشجع».

الحث على التفكر قبل التقدم

قيل: «من قاتل بغير نجدة وخاصم بغير حجة وصارع بغير قوة فقد أعظم الخطر وأكبر الغرور».

المتبجِّح بثباته

قيل لعباد بن الحصين: إن جالت الخيل فأين نطلبك، قال: حيث تركتموني، وقيل لبعض بني المهلب: بمَ نلتم ما نلتم؟ قال: بصبر ساعة، وقال هدبة:

قَوْمٌ إِذَا نَزَلُوا الْوَغَى لَمْ يَسْأَلُوا
حَذَرَ الْمَنِيَّةِ عَنْ طَرِيقِ الْهَارِبِ

المبادرة إلى الحرب غير مبالٍ بها

وصف أعرابي قومًا فقال: ما سألوا قط كم القوم، وإنما يسألون أين هم. وسأل رجل يزيد بن المهلب فقال: صف لي نفسك، فقال: ما بارزت أحدًا إلا ظننت أن روحه في يدي.

ولما بلغ قُتيبة حد الصين قيل له: قد أوغلت في بلاد الترك، والحوادث بين أجنحة الدهر تقبل وتدبر، فقال: بثقتي بنصر الله توغلت، وإذا انقضت المدة لم تنفع العدة، فقال الرجل: حيث شئت فهذا عزم الله لا يفله إلا الله.

وقيل لعبد الملك: مَن أشجع العرب في شعره؟ فقال: عباس بن مرداس حيث يقول:

أَشُدُّ عَلى الْكَتِيبَةِ لَا أُبَالِي
أَحَتْفِي كَانَ فِيهَا أَمْ سِوَاهُ

وقيس بن الحطيم حيث يقول:

وَإِنِّي فِي الْحَرْبِ الْعَوانِ مُوكَلٌ
بِإِقْدَامِ نَفْسٍ لَا أُرِيدُ بَقَاءَهَا

والمزيني حيث يقول:

دَعَوْتُ بَنِي قُحَافَةَ فَاسْتَجَابُوا
فَقُلْتُ رِدُوا فَقَدْ طَابَ الْوُرُودُ

وأم الهيثم التميمية:

تَمْشِي إِلَى أَسَلِ الرِّمَاحِ وَقَد تَرَى
سَبَبَ المَنِيَّةِ مَشْيَةَ الْمُخْتَالِ

وقال البحتري:

تُسْرِعُ حَتَّى قَالَ مِنْ شَهِدَ الْوَغَى
لِقَاءُ أَعَادٍ أَمْ لِقَاءُ حَبَائِبَ

المتوصل إلى الشِّدة بالرَّخاء

قيل: نيل المعالي هول العوالي، ودرك الأحوال في ركوب الأهوال، بالصبر على لبس الحديد تتنعم في الثوب الجديد، وفي الصبر على النوائب إدراك الرغائب.

وقال يزيد بن المهلب يومًا لجلسائه: أراكم تعنفونني في الإقدام، فقالوا: أي والله، إنك لترمي نفسك، فقال: إليكم عني، فوالله لم آتِ الموت من حبه، ولكنني آتيه من بغضه ثم تمثل:

تَأَخَّرْتُ أَسْتَبْقِي الْحَيَاةَ فَلَمْ أَجِدْ
لِنَفْسِي حَيَاةً قَبْلَ أَنْ أَتَقَدَّمَا

الخوف منه

قيل: كانت قريش إذا رأت أمير المؤمنين علي بن أبي طالب في كتيبة توارت خوفًا منه.

ونظر إليه رجل وقد شق العسكر فقال: قد علمت أن ملك الموت في الجانب الذي فيه علي.

تأثير الجيش

بعث أمير في طلب قوم رجلًا، فما لبث أن جاء برجل أطول ما يكون، فقال: كيف تمكنت منه؟ فقال: وقع في قلبي أن آخذه، ووقع في قلبه أنه مأخوذ، فنصرني عليه خوفه وجراءتي.

وقيل لأمير المؤمنين: بم غلبت الأقران؟ قال: بتمكن هيبتي في قلوبهم.

الموفي على جماعة والغالب لهم

قيل للإسكندر: إن في عسكر دار ألف مقاتل فقال: إن القصَّاب الحاذق وإن كان واحدًا لا يهوله كثرة الغنم.

وقال أبو تمام:

قَلُّوا وَلَكنَّهُمْ طَابُوا فَأَنْجَزَهُمْ
جَيْشٌ مِنَ الصَّبْرِ لَا يُحْصَى لَهُ عَدَدُ

المشبَّه بالأسد

ووصف أعرابي آخر فقال: هو أشد صولة من أسد، وأبلغ منعة من الحصن الحصين.

ووصف آخر صاحبه فقال: هو أشد إقدامًا من أسد، وتوثبًا من فهد.

المُتحمِّل للشدائد الصابر لها

وصف رجل آخر فقال: كان ركوبًا للأهوال غير ألوف للظلال.

فرسان العرب

قال أبو عبيدة: فرسان العرب المجمع عليهم دريد بن الصمة وعنترة العبسي وعمرو بن معدي كرب، وقد عُدَّ من أكابرهم عامر بن الطفيل وعتيبة وعنبسة بن الحارث وزيد الفوارس والحارث بن ظالم وعباس بن مرداس وعروة بن الورد، ومن فتاك الجاهلية الحارث بن ظالم والبراض بن قيس وتأبط شرًّا وحنظلة بن فاتك الأسدي، ومن رجالاتهم أوفى بن مطر المازني وسليك بن السلكة والمنتشر بن وهب الباهلي، وكل واحد منهم كان أشد عدوًا من الظبي، وربما جاع أحدهم فيعدو إلى

الظبي فيأخذ بقرنه، ولا يحملون زادًا، وكان أحدهم يأخذ بيض النعام في الربيع فيجعل فيه ماء ويدفنه في الفلاة حيث يغزو حتى يكون له في الصيف إذا سلك ذلك الطريق ومنهم الشنفرى.

من لا يخضع في شدَّة

قيل لأعرابي اشتد به المرض: لو تبت، قال: لست أعطي على الذل، إن عافاني تبت وإلا أموت.

وسأل عمرو بن عبد العزيز ابن أبي مليكة عن عبد الله بن الزبير فقال: ما رأيت نفسًا أثبت من نفسه، مر حجر من المنجنيق وهو قائم يصلي بين جنبه وصدره فما خشع له بصره ولا قطع قراءته ولا ركع دون الركوع.

وعن أمه أنها دخلت عليه في بيته وهو قائم يصلي فسقطت حية فتطوَّقت بابنه هاشم فتصايح أهل البيت بها حتى قتلوها وعبد الله قائم يصلي فما التفت ولا عجل، فلما فرغ قال: ما بالكم؟

المؤثر الموت في العز على الحياة في الذل

لما وقعت الهزيمة على مروان بن محمد آخر خلفاء بني أمية أهاب بالناس ليرجعوا فلم يلووا، فانتضى سيفه وقاتل مستقتل فقيل له: لا تهلك نفسك ولك الأمان، فتمثل بأبيات قالها الحسين يوم قُتل وهي:

أَذُلُّ الْحَيَاةِ وَذُلُّ الْمَمَاتِ
وَكُلًّا أَرَاهُ طَعَامًا وَبِيلا
فَإِنْ كَانَ لَا بُدَّ إِحدَاهُمَا
فَسَيْرِي إِلَى الْمَوْتِ سَيْرًا جَمِيلَا

وقال المتنبي:

فَاطْلُبِ الْعِزَّ فِي لَظَى وَذَرِ الذُّلَّ
وَلَوْ كَانَ فِي جِنَانِ الْخُلُودِ

النهي عن مخافة القتل والحث على تصور الموت

قيل لعلي: أتقاتل أهل الشام بالغداة وتظهر في العشي في ثوب ورداء؟ فقال: أبالموت أخاف؟ والله ما أبالي أسقطت على الموت أم سقط الموت عليَّ.

قال أبو فراس:

تَهُونُ عَلَيْنَا فِي الْمَعَالِي نُفُوسُنَا
وَمَنْ خَطَبَ الْعَلْيَاءُ لَمْ يُغْلِهِ الْمَهْرُ

قوم تسلط عليهم القتل فلم يفنهم

قال الحجاج لامرأة من الخوارج: والله لأحصدنكم حصدًا، فقالت: أنت تحصد والله يزرع، فانظر أين قدرة المخلوق مع قدرة الخالق، ولم يظهر من عدد القتلى ما ظهر في آل أبي طالب وآل المهلب وفيهم من الكثرة ما ترى.

من لم يُبالِ بأن يقتل

قال عبد الله بن مسعود: عثرت بأبي جهل في الجرحى وقد قطعت يده ورجله، فقلت: يا عدو الله، فقال: سيفك كهام، فهاك سيفي فخز رأسي من عرشي؛ فإنه أهون عند من يراه.

وأسرَّت أم علقمة الخارجية وأُتي بها إلى الحجاج فقيل لها: وافقيه في المذهب، فقد يظهر الشرك بالمكر، فقالت: قد ضللت إذًا وما أنا من المهتدين، فقال لها: قد خبطت الناس بسيفك يا عدوة الله خبط العشواء، فقالت: لقد خفت الله خوفًا صيرك في عيني أصغر من ذباب، وكانت منكسة فقال: ارفعي رأسك وانظري إليَّ، فقالت: أكره أن أنظر إلى من لا ينظر الله إليه، فقال: أهل الشام، ما تقولون في دم هذه؟ قالوا: حلال، فقالت: لقد كان جلساء أخيك فرعون أرحم من جلسائك، حيث استشارهم في أمر موسى، فقالوا: أرجئه وأخاه فقتلها.

وكان حكيم بن حنبل قد قُطعت رجله يوم الجمل فأخذها وزحف بها على قاطعها فقتله، وقال:

يَا نَفْسُ لَا تُرَاعِي
إنْ قُطِعَتْ كرَاعِي
إِنَّ مَعِي ذِرَاعِي

وقال أعرابي لابنه وقد قُدِّم للقتل: يا بني أصفف رجليك وأصرر أذنيك ودع ذكر الله تعالى في هذا الموضع فإنه فشل.

الجواد بنفسه في الحرب المستعد للموت

قالت الخنساء:

تَهِينُ النُّفُوسَ وَهَوْنُ النُّفُوسِ
يَوْمَ الْكَرِيهَةِ أَوْفَى لَهَا

وقال آخر:

رَخِيصٌ عِنْدَهُ المُهْجُ الغَوَالِي
كَأَنَّ المَوْتَ فِي فَكَيْهِ شَهْدُ

قال أبو تمام:

يَسْتَعْذِبُونَ مَنَايَاهُمْ كَأَنَّهُمْ
لَا يَخْرُجُونَ مِنَ الدُّنْيَا إِذَا قُتِلُوا

قال عبد الله بن أبي عيينة:

وَأَنِّي مِن قَوْمٍ كَأَنَّ نُفُوسَهُمْ
بِهَا أَنفٌ إِنْ تَسْكُنَ اللَّحْمَ وَالدَّمَا

تصبر النفس في الحرب

قال الفرزدق وقد لقيه أسد:

لَمَّا سَمِعْتُ لَهُ هَمَاهِمَ أَجْهَشَتْ
نَفْسِي إِلَيَّ تَقُولُ أَيْنَ فِرَارِي
فَرَبطتُ نَفْرَتَهَا وَقُلْتُ لَهَا اصْبِرِي
وَشَدَّتْ فِي ضَنْكِ المُقَامِ إِزَارِي

وقال أبو تمام:

وَحَنَّ لِلمَوْتِ حَتَّى ظَنَّ مُبْصِرُهُ
بِأَنَّهُ حَنَّ مُشْتَاقًا إِلَى وَطَنِ
لَوْ لَمْ يَمُتْ تَحْتَ أَسْيَافِ الْعِدَا كَرَمًا
لَمَاتَ إِذَا لَمْ يَمُتْ مِنْ شِدَّةِ الْحُزْنِ

المستأنف من موته حتف أنفه

قال عبد الملك الحارثي وأجاد:

وَمَا مَاتَ مِنَّا سَيِّدٌ حَتفَ أَنفِهِ
وَلَا طَلَّ مِنَّا حَيْثُ كَانَ قَتِيلُ
تَسِيلُ عَلَى حَدِّ السَّيْفِ نُفُوسُنَا

وَلَيْسَتْ عَلى غَيْرِ السُّيُوفِ تَسِيل
وَيَسْتَحْسِنُونَ الْمَوْتَ وَالْمَوْتُ رَاحَةٌ
وَأَتْعَبَ مَيِّتٍ مَنْ يَمُوتُ بِدَاءِ

مخاوض الحرب مقتول لا محالة

قال تأبط شرًّا:

وَمَنْ يُغْرِ بِالأَعْدَاءِ لَا بُدَّ فِي جُندِ خَالِدٍ
سَيُلْقِي بِهِم من مصْرَعِ الْمَوْتِ مصْرَعًا

وقال آخر:

وَمَن يُكْثِرُ التطوَافَ فِي جُندِ خَالِدِ
لَدَى الرُّوم مَصْبُوبًا عَلَيْهِ دُرُوعُهَا
فَلَا بُدَّ يَوْمًا أَنْ تُحَدِّثَ عُرْسَهُ
إِذَا حَدَّثَتْ يومًا حَدِيثًا يُرَوِّعُهَا

قصد العدا مجاهرةً

أشار على الإسكندر أصحابه أن يبغت الفرس فقال: ليس من الإنصاف أن أجعل غلبتي سرقة.

قال السري:

وَيَجْعَلُ بِشْرَهُ نَذْرَ الأَعَادِي
فَيَبْعَثُهَا يَمِينًا أَوْ شِمَالًا
وَلَمْ يُنْذِرْهُم مقةً وَلَكِنْ
ترفعُ أَنْ يَنَالَهُم اغْتِيَالًا

الضاحك في الحرب والعابس فيها

توصف الحرب تارة ببشاشة الوجه وطلاقته نحو قول النميري:

يَفْتَرُّ عِنْدَ لِقَاءِ الْحَرْبِ مُبْتَسِمًا
إِذَا تَغَيَّرَ وَجْهُ الْفَارِسِ الْبَطَلِ

وتوصف تارة بالعبوس، قال أبو تمام:

قَدْ قَلَصَتْ شَفَتَاهُ مِنْ حَفِيظَتِهِ
فَخُيِّلَ مِنْ شِدَّةِ التَّعْبِيسِ مُبْتَسِمَا

المقاتل عن حريمه

ليم الإسكندر في مباشرته الحرب بنفسه فقال: ليس من الإنصاف أن يُقتل قومي عني وأترك المقاتلة عنهم وعن أهلي ونفسي.

قال عنترة:

وَمَرْقَصَةٌ رَدَدتُ الخَيْلَ عَنْهَا
وَقَدْ هَمَّتْ بِإِلْقَاءِ الزِّمَام

قصد الغارات

كان العرب إذا قصدوا غارة ركبوا الإبل وجنبوا الخيل، فإذا انتهوا إلى المعركة ركبوا الخيل.

المستكف من السلب

قال أعشى همدان:

وَأَرَى مَغَانِمَ لَوْ أَشَاءُ حَوَيْتُهَا
فَيَصُدُّنِي عَنْهَا حَيَا وَتَعَفُّفُ

وقتل أمير المؤمنين رجلًا، فأراد قنبر أن يأخذ سلبه فقال: يا غلام، لا تعر فرائسي.

وقال أبو تمام:

إِنَّ الأُسُودَ أُسُودُ الغَابِ هِمَّتُهَا
يَوْمَ الْكَرِيهَةِ فِي المَسْلُوبِ لَا السَّلْبِ

وصف الشبان والكهول في الحرب

قال رجل لرجل: لأغزونك بمرد على جرد، فقال: لألقينك بكهول على فحول.

تفضيل الشبان في الحرب

قال طاهر بن الحسين:

هَيبٌ إِذَا لَمْ يَكُنْ حَرْبٌ بِمُكْتهِلٍ
مُجرّبٍ قَوْله يَكْفِي مِنَ الْعَمَلِ
وَأَغْشَ اللقَاءَ إِذْ كَانَ اللِّقَاءُ بِهِ
سَفكُ الدِّمَا بِحَدِيثِ السِّنِّ مُقْتَبلِ
فإِذا ذَا السِّنُّ يُلقِي حَتفَهُ أَبَدًا
مُمَثَّلًا بينَ عَيْنَيْهِ مِنَ الوَجَلِ
وَذُو الشَّبَابِ لَهُ شَأْوٌ يُمَاطِلُهُ
فَلَا يزَال بَعِيدَ الهَمِّ وَالوَجَلِ

الخيول السريعة في الحرب

صُقُورٌ عَلَى أَثْبَاجِ جُرْدٌ قَوَابِسُ
وَأُسْدٌ إِذَا مَا كَانَ يَوْمَ نُزُولِهَا

تعويد الفرس على حبسه في المعركة

قال النابغة:

وَنَحْنُ أناسٌ لَا نَعُودُ خَيْلَنَا
إِذَا مَا التَقَينَا أَنْ تَحِيدَ وَتَنفرَا

وقال أبو تمام:

إِذَا خَرَجْتَ مِنَ الْغَمَرَاتِ قُلْنَا
خَرَجْتَ حَبَائِسًا إِنْ لَمْ تَعُودِي

كثرة الجيش

قيل: كجنح الليل أردف بالغيوم.

وقال المتنبي:

بِجَيْشٍ لِهَام يُشْغِلُ الأَرْضَ جَمْعَهُ
عَنْ الطَّيْرِ حَتَّى مَا يَجِدْنَ مَنَازِلَا

القسم الثاني

في التهديد

من هدده السلطان فاستعان بالله

لقي الحجاج محمد بن الحنفية فقال له: نفسك فلأريقن دمك، فقال محمد: إن لله في كل يوم كذا كذا ألف نظرة يقضي في كل كذا كذا ألف، فعسى أن يشغلك بأمره.

تهديد سلطان شديد الوطأة

خطب الحجاج فقال: أيها الناس، من أعياه داؤه ومن استعجل أجله فعليَّ أن أعجله، إن الحزم والجد ألبساني سوء ظني وجعلا سيفي سوطي فنجاده في عنقي وقائمه في يدي.

وأُحضر عبد الملك بن صالح للرشيد من حبسه، فلما مثل بين يديه أنشد الرشيد:

أُرِيدُ حَيَاتَهُ وَيُرِيدُ قَتْلِي
عُذَيْرَكَ مِنْ خَلِيلِكَ مِنْ مُرَادِ

والله لكأني أنظر إلى شبوبها وقد همع، وإلى عارضها وقد لمع، وكأني بالوعيد وقد أورى نارًا فأقلع عن براجم بلا معاصم ورعوس بلا غلاصم! مهلًا بني هاشم، فبي سَهُلَ الوعر وصفا الكدر، وألقت إليكم الأمور أنفًا أزِمَّتَهَا فحذار من حلول داهية خبوط باليد لبوط بالرجل، فقال عبد الملك: اتَّقِ الله فيما ولاك وراقبه فيما استرعاك، ولا تجعل الكفر موضع الشكر والعقاب موضع الثواب، ولا تقطع رحمك بعد صلتها، وقد جمعت القلوب على محبتك وأذللت همم الرجال لطاعتك، وكنت كما قال الشاعر:

وَمُقَامٌ ضَيِّقٌ فَرَّجْتُهُ
بِلِسَانٍ وَبَيَانٍ وَجَدَلٍ
لَوْ يَقُومُ الْفِيلُ أَوْ فَيَّالُهُ
زَلَّ عَنْ مِثْلِ مُقَامِي وَزَحِلِ

حث من تعرَّض لك أن يجرِّبك

قال ابن أبي عيينة:

سَيَعْلَمُ إِسْمَاعِيلُ أَنَّ دَعْوَتِي
لَهُ رِيقُ أَفْعَى لَا يُصَابُ دَوَاؤُهَا

من أوعد وقدم الإنذار

كتب إبراهيم بن العباس الصولي إلى أهل حمص: أمَّا بعد، فإن أمير المؤمنين يرى من حق الله تعالى استعمال ثلاث تقدم بعضهن على بعض، الأولى تقديم تنبيه وتوقيف، ثم ما يستظهر به من تحذير وتخويف، ثم التي لا ينفع لحسم الداء غيرها.

أَنَاةٌ فَإِن لَمْ تُغْنِ أَعْقَب بَعْدَهَا
وَعِيدًا فَإِن لَمْ يَجِدْ أَغْنَتْ عَزَائِمُه

قال الشاعر:

ذَرُونِي ذَرُونِي مَا كَفَفْتُ فَإِنَّنِي
مَتَى مَا تُهَيِّجُونِي تَمِيدُ بِكُمْ أَرْضِي
وَأَنْهِضُ فِي سَرْدِ الْحَدِيدِ عَلَيْكُمُ
كَتَائِبَ سُودًا طَالَمَا انتَظَرَتْ نَهْضِي

من يناوبه من لا يبالي به

أبرق رجل لآخر وأرعد فلما زاد أنشد:

قَدْ هَبَّتْ الرِّيحُ طُولَ الدَّهْرِ وَاخْتَلَفَتْ
عَلَى الجِبَالِ فَمَا نَالَتْ رَوَاسِيه

تهدد من لا يُبالي بتهديده

قال مقاتل بن مسمع لعباد بن الحصين: لولا شيء لأخذت رأسك، فقال: أجل ذلك الشيء سيفي، وقال:

تُوَاعِدُنِي لِتَقْتُلَنِي نُمَيْرٌ
مَتَى قَتَلَتْ نُمَيْرٌ مَنْ هَجَاهَا

قلة غناء الوعيد

قيل: الصدق ينبئ عنك لا الوعيد.

وقال الشاعر:

مَهْلًا وَعْيدِي مَهْلًا لَا أَبَالَكُمْ
إِنَّ الْوَعِيدَ سِلَاحُ الْعَاجِزِ الحُمْقِ

وقيل: من علامات العاقل ترك التهدد قبل إمكان الفرص، وعند إمكانها الوثوب مع الثقة بالظفر.

القسم الثالث

في فضل الأسلحة

قال النبي ﷺ: «اعلموا أن الجنة تحت ظلال السيوف».

وقيل: السيف حرز إذا جُرد وهيبة إذا أغمد.

وقيل: الشرف مع السيف.

وقال جعفر بن محمد: السيف مفتاح الجنة والنار.

ووصفه بعضهم فقال: رئيس لهوه قطف الرءوس، ضحوك عبوس، وهزله خطف النفوس.

قال المتنبي:

وَالمَشْرَفِيَّةُ لا زالَت مُشَرَّفَةً
دَواءُ كُلِّ كَرِيمٍ أو هِيَ الوَجَعُ

تفضيل السيف على القلم

قال المتنبي:

حَتَّى رَجعْتُ وَأَسْيَافِي قَوَائِلُ لِي
الْمَجْدُ لِلسَّيْفِ لَيْسَ الْمَجْدُ لِلْقَلَم
اكْتُبْ بِنَا أَبَدًا بَعْدَ الْكِتَابِ بِهِ
فَإِنَّمَا نَحْنُ لِلأَسْيَافِ كَالْخَدَمِ

وقال أبو تمام:

السَّيفُ أَصْدَقُ أَنبَاءً مِنَ الْكُتُبِ
فِي حَدِّهِ الحَدُّ بَينَ الْجِدِّ وَاللَّعِبِ

وفي ضده:

قيل للكاتب: إلام تدل بهذه القصبة؟ فقال: هو قصب، ولكنه يقطع العصب، إن القلم يقطع قضاء السيف ويفسخ حكم الحيف ويؤمن مسالك الخوف.

من في سيفه ورمحه الموت

قال ابن الحاجب:

لَوْ قِيلَ لِلْمَوْتِ انتَسِبْ لَمْ يَنْتَسِبْ
يَوْمَ الوَغَى إلَّا إلَى صِمْصَامِهِ

وقال شاعر آخر:

سُيُوفُهُمْ يَوْمَ الْوَغَى
يَلْعَبْنَ بِالأَرْوَاحِ

وقال ابن المعتز:

لَنَا صَارِمٌ فِيهِ المَنَايَا كَوَامِنٌ
فَمَا يُنْتَضَى إلا لِسَفْكِ دِمَاءُ

السيوف الماضية

قيل: كيف وجدت سيفه؟ فقال: هو على الأرواح كالأَجَلِ المُتَاح.

وقال إسحاق بن خلف:

أَلْقَى بِجَانِبِ أَخْضَرِ
أَمْضَى مِنَ الأَجَلِ الْمُتَاح
وَكَأَنَّمَا ذَرَّ الْهَبَا
ءَ عَلَيْهِ أَنْفَاسُ الرِّيَاح

وقال البحتري:

يَغْشَى الْوَغَى وَالتِّرْسُ لَيْسَ بِجَنَّةٍ
مِنْ حَدِّهِ وَالدِّرْعُ لَيْسَ بِمَعْقَلِ
مُصْغٍ إِلَى حُكْمِ الرَّدَى فَإِذَا أَمْضَى

لَمْ يَلْتَفِت وَإِذا قَضَى لَمْ يَعْدِلِ

السيوف المصقولة

قال أبو الحيري:

وَإِذَا مَا سَلَلْتَهُ بَهَرَ الشَّمْسَ
شُعَاعًا فَلَمْ تَكَدْ تَسْتَبِين
وَكَأَنَّ الفِرِندَ وَالرَّوْنَقَ البَا
دِي عَلَى صَفْحَتَيْهِ مَاءَ مَعِين

قال ابن المعتز:

فِي كَفِّهِ عَضْبٌ إِذَا هَزَّهُ
حَسِبْتَهُ مِنْ خَوْفِهِ يَرْتَعِدُ

السيوف المتفللة من الضرب

وَلَا عَيْبَ فِيهِمْ غَيْرَ أَنَّ سُيُوفَهُم
بِهِنَّ فُلُولٌ مِن قِرَاعِ الْكَتَائِبِ

وقال دعبل:

إِذَا النَّاسُ حَلُّوا بِاللجينِ سُيُوفَهُم
رَددتُّ سُيُوفِي بِالدِّمَاءِ حَوَالِيَا

وبضده هجاء عمارة بن عقيل:

وَلَا عَيْبَ فِيهِ غَيْرَ أَنَّ جِيَادَهُ
مُسَلَّمَةٌ لَيْسَتْ بِهِنَّ كُلُومُ

السيوف المتضرجة بدم المحارب

قال ابن الرفاء:

يَكْسُوهُ مِنْ دَمِهِ ثَوْبًا وَيُلْبِسُهُ
ثِيَابَهُ فَهُوَ كَاسِيهِ وَسَالِيه

الكتابة بالطعن والضرب

قال أحد الكتَّاب: جبينه طرسٌ بالصفاح منمَّق وبالرِّماح محبَّر.

وقال آخر: خط ينمقه الحسام على جبينه.

تناول الرءوس بالرماح

قال البحتري:

قَوْمٌ إِذَا شَهِدُوا الكَرِيهَةَ صَيَّرُوا
ضَمَّ الرِّمَاحُ جَمَاجِمَ الفُرْسَانِ

أخذه من مسلم:

يَكْسُو السُّيُوفَ رُءُوسَ النَّاسِكِينَ بِهِ
وَيَجْعَلُ الْهَامَ تِيجَانَ القَنَا الذبلِ

وقال جرير:

كَأَنَّ رُءُوسَ الْقَوْمِ فَوْقَ رِمَاحِنَا
غَدَاةَ الوَغَى تِيجَانُ كِسْرَى وَقَيْصَرَ

طعن الأحداق والفؤاد

قال أبو تمام: سنان بحبَّاتِ القلوبِ مُمتَّع.

وأجاد المتنبي بقوله:

كَأَنَّ الهَامَ فِي الهَيجَا عُيُونٌ
وَقَدْ طَبَعَتْ سُيُوفَكَ مِن رقَادِ
وَقَدْ صُغْتُ مِنَ الأَسِنَّةِ مِنْ هُمُومٍ
فَمَا يَخْطُرنَ إِلَّا فِي الفُؤادِ

وقال الشريف أبو الحسين علي بن الحسين الحسني:

فَأَصْبَحَ أَغْمَادُ السُّيُوفِ عُيُونَهم
وَأَكْبَادَهُم حُلِي الرِّمَاحِ الذوَابِلِ

ضرب وطعن تبين منهما الرأس

قال الجزلي:

نَثَرْتُ عَلَى الْخَلِيجِ الْهَامَ حَتَّى
كَأنَ حَصَى الخَلِيجُ طلِيَ وَهَام

وقال الموسوي:

خَطَبْنَا بِالظِّبَا مُهْجَ الأعَادِي
فزُقَّتْ وَالرُّءُوسُ لَهَا نثَارُ

وقال الحارثي:

إذَا مَا عَصَينَا بِأسْيَافِنَا
جَعَلْنَا الْجَمَاجِمَ أَغْمَادَهَا

الحاذق بالطعن والضرب

قال الموسوي:

وَأسْمَرَ يَهْتَزُّ فِي رَاحَتِي
كَمَا هَزَّتْ القَلَمَ الإصْبعُ

سقي الرماح والصفاح دم الأعداء

قال دعبل:

فَأَصْبَحَتْ تَسْتَحْيِي القَنَا أَنْ تَرُدَّهَا
وَقَدْ وَرَدَتْ حَوْضَ المَنَايَا صَوَادِيَا

وقال السري:

إذَا الحُسَامُ غَدَا سَكْرَانَ مُنْتَشِيًا
مِنَ الدِّمَاءِ سَقَوْهُ أنفسًا فَصَحَا

الجاعل قواضيه بدل المعاتبة

قال عمرو بن إبراهيم:

لَيسَ بَينِي وَبَينَ قَيسٍ عِتَابٌ
غَيرُ طَعْنِ الكِلى وَضَرْبِ أرقَابِ

وقال آخر:

دَنَوْتُ لَهُ بِأَبْيَضَ مُشْرفي
كَمَا يَدْنُو المُصَافِحُ لِلسَّلَامِ

وصل السيوف

يُروى أن فتى من الأزد دفع إلى المهلب بن أبي صفرة سيفًا له وقال: كيف ترى سيفي يا عم؟ فقال المهلب: سيفك جيد إلا أنه قصير، فقال: أصله بخطوة، فقال: يا ابن عمي المشي إلى الصين على أنياب الأفاعي أسهل من تلك الخطوة، ولم يقل المهلب هذا جبنًا، وإنما أراد توجيه الصورة.

قال الشاعر:

نَصِلُ السُّيُوفِ إِذَا قَصرنَ بِخَطْوِنَا
قِدَمًا وَنُلْحِقُهَا إِذَا لَمْ تُلْحَقِ

وقال آخر:

إِذَا قَصُرَتْ أَسْيَافُنَا كَانَ وَصْلُهَا
خُطَانَا إِلَى أَعْدَائِنَا فَنُضَارِبُ

وصف شجاع ذي رماح

سئل أعرابي عن قوم فقال: أسود الغاب تحمل غابها.

قال البحتري:

إِذَا بَدَوا فِي حَرَجَاتِ القَنَا
تَرَى أُسُودَ الأَرْضِ فِي غَابِهَا

من جعل معاقلة الأسلحة والخيول

قال أبو الغمر:

إِذَا لَاذَ مِنْهُ بِالحُصُونِ عَدُوُّهُ
فَلَيْسَ لَهُ إِلَّا السُّيُوفُ حُصُونُ

وقال آخر: إن الخيول معاقل الأشراف.

وقال غيره: وليس لنا إلا الأسِنَّة معقل.

من لاذ بالقواضب واستعان بها

أَبَى قَوْمُنَا أَنْ يَنْصِفُونَا فَأَنْصَفَتْ
قَوَاضِبُ فِي إِيمَانِنَا تَقْطُرُ الدِّمَا

قال الموسوي:

أَلِفَ الْحُسَامُ فَلَو دَعَاهُ لِغَارَةٍ
عَجْلَانَ لَبَاهُ بِغَيْرِ نَجادِ

وقال طاهر بن الحسين:

سَيْفِي رَفِيقِي وَمُسْعَدِي فَرَسِي
وَالْكَأسُ أُنْسِي وَقَنِينَتِي خَدِّي

من استطاب تناول الأسلحة

قال البحتري:

مُلُوكُ الرِّمَاحِ خَوَاطِرًا
إِذَا زَعْزَعُوهَا وَالدُّرُوعُ مخَاصِرًا

قال سلم بن قحفان:

فَطِيبُ الصَّدَأِ المَسوَّدِ أَطْيَبُ عِنْدَنَا
مِنَ المِسْكِ ذافَتْهُ أَكُفٍّ ذَوَائِفُ

النابي سيفه عن الضريبة

قال ورقاء بن زهير وقد ضرب فنبا سيفه:

رَأيتُ زُهَيرًا تَحْتَ كَلْكَلِ خَالِدٍ
فَأَقْبَلْتُ أَسْعَى كَالْعَجُولِ أُبَادِرُ
فَشُلَّتْ يَمِينِي يَوْمَ أَضْرِبُ خَالِدًا
وَيُحَصِّنُهُ مِنَ الْحَدِيدِ الْمَظَاهِرُ

وكان الفرزدق قد دُفع له سيف بحضرة سليمان بن عبد الملك ليقتل به روميًّا، فضربه فلم يعمل فيه، فقال جرير:

بِسَيْفِ أَبِي رَغْوَانَ سَيْفٌ مجَاشِعُ
ضَرَبْتَ وَلَمْ تَضْرِبْ بِسَيْفِ ابْنِ ظَالِمِ
فَهَلْ ضَرْبَةُ الرُّومِيِّ جَاعِلَةٌ لَكُمْ
أَبًا كَكُلَيْبَ أَوْ أَخًا مِثْلَ دَارِمِ

فأجابه:

فَسَيْفُ بَنِي عَبْسٍ وَقَدْ ضَرَبُوا بِهِ
نَبَا بِيَدِي وَرْقَاءَ عَنْ رَأْسِ خَالِدِ
كَذَاكَ سُيُوفُ الْهِنْدِ تَنْبُو ظِبَاتُهَا
وَتَقْطَعُ أَحْيَانًا مَنَاطَ الْقَلَائِدِ

عذر من يُكثر لبس الدرع في الحرب

روى الجراح بن عبد الله وقد لبس درعين في بعض الحروب فأكثر ناظره النظر إليه فقال له: والله يا هذا ما أقي بدني وإنما أقي صبري، فأخبر بذلك سعيد بن عمرو وكان من فرسان الشام فقال: صدق؛ لأن لامة الإنسان حظيرة نفسه.

عوتب يزيد بن يزيد في إحكامه الدرع فقال: إن الله تعالى مع قضائه الأمور المحتمة أَمَرَ بالحذر وذكر ما في صنعه اللبوس.

قلة غناء الدرع عند حضور الأجل

سُئل ابن الحسين: في أي الجنن تحت أن تلقى عدوك؟ قال: في أجل مستأخر.

وقيل لأحدهم: أي الجنن أوقى؟ قال: العافية.

وقيل لآخر: لو استرحت؟ فقال: كفى بالأجل حارسًا.

وصف الدروع

قال المتنبي:

يَخُطُّ فيهَا الْعَوَالِي لَيْسَ يَنْفُذُهَا
كَأنَ كُلُ سِنَانٍ فَوْقَهَا قَلَمُ

ويستحسن لابن المعتز:

كَأَنَّهَا مَاءٌ عَلَيهِ جَرَى
حَتَّى إذَا مَا غَابَ فِيهِ جَمُدْ

المستغني بجلادته عن التدرع والتقنع

قال أبو تمام:

إِذَا رَأَوْا لِلْمَنَايَا عَارِضًا لَبِسُوا
مِنَ الْيَقِينِ دُرُوعًا مَا لَهَا زَرْدُ

وقال مُسلَّمة:

عَلَيَّ دِرْعٌ تَلِينُ الْمُرْهَفَاتُ لَهُ
مِنَ الشَّجَاعَةِ لَا مِن نسْجِ دَاوُدِ
إنَّ الَّذِي صَوَّرَ الأشْيَاءَ صَوَّرَنِي
نَارًا مِنَ الْبَأسِ فِي بَحْرٍ مِنَ الْجُودِ

المجيد من الرماة

قال إسماعيل بن علي:

إِذَا تَمَطَّى قَائِمًا ثُمَّ انْثَنَى
وَمَدَّها أَحْسَنَ مَدٍّ وانثَنَى
أَرْسَلَ مِنْهَا نَافِذًا مُسَنَّنًا
سِيَانِ مِنْهُ مَا نَأَى وَمَا دَنَا
يَسُوقُ أَسْبَابَ النُّحُوسِ وَالفَنَا

الرديء الرمي

نظر فليسوف إلى رامٍ سهامه تذهب يمينًا وشمالًا، فقعد في موضع الهدف وقال: لم أرَ موضعًا أسلم من هذا.

ورمى المتوكل عصفورًا فأخطأه فقال له ابن حمدون: أحسنت.

فقال: تهزأ بي؟ فقال: أحسنت على العصفور.

وصف جماعة الأسلحة

سأل عمر بن الخطاب عمر بن معدي كرب فقال: ما تقول في الرمح؟ قال: أخوك وربما خانك، قال: فالنبل؟ قال: مَنايا تخطئ وتصيب.

قال: فالدرع؟ قال: مشغلة للفارس متعبة للراجل، وإنها لحصن حصين.

قال: فالترس؟ قال: مجن، وعليه تدور الدوائر.

قال: فالسيف؟ قال: عنده ثكلتك أمك، قال عمر: بل أنت.

المحاربة بالحجر

أوصى أحد الأعراب ابنه وقد أرسله إلى محارة بعض أقرانه فقال: يا بني، كن بذا لأصحابك على ما فاتك، وإياك والسيف فإنه ظلة الموت، وألق الرمح، فإنه رسول المنية، ولا تقرب السهام؛ فإنها لا تؤامر مرسلها، قال: فبم أقاتل؟ قال: بما قال الشاعر:

جَلَامِيدُ إمْلَاءِ الأكُفِّ كَأنَّهَا
رُءوُس رِجَالٍ حَلَقَتْ فِي الْمَوَاسِمِ

أصوات الأسلحة

قال الحارث بن حلزة:

وَحَسِبْتُ سُيُوفَنَا بِرُءُوسِهِم
وَقْعَ السَّحَابَ عَلَى الطرَافِ الْمُشَرَّجِ

وقال هلال:

تَصِيحُ الرُّدينيَّاتِ فِينَا وَفِيهِم
صِيَاحُ بَنَاتِ الْمَاءِ أَصْبَحْنَ جَوْعَا

وقال آخر: تَنُقُّ عَوَاليهِم نَقِيقَ الضَّفَادِعِ.

إيجاب المحاربة على المتسلح وتبكيته لتقصيره فيها:

قال ابن مرداس:

فَعَلَامَ إِنْ لَمْ أَشْفِ نَفْسًا حُرَّةً
يَا صَاحِبِيَّ أُجِيدُ حَمْلَ سِلَاحِي

قال المتنبي:

إِذَا كُنتَ تَرْضَى أَنْ أَعِيشَ بذِلَّةٍ
فَلَا تَسْتَعِدَّنَّ الحُسَامَ الْيَمَانِيَا
وَلَا تَسْتَطِيلَنَّ الرِّمَاحَ لِغَارَةٍ
وَلَا تَسْتَجِيدَنَّ العِتَاقَ المُذَاكِيَا

الاستظلال بالأسلحة

قال أعرابي من بني أسد:

وَفِتيَانٍ ثَنَيْتُ لَهُمْ رِدَائِي
عَلَى أَسْيَافِنَا وَعَلَى القِسِيِّ

وقال:

وَمَا اتَّخَذُوا إِلَّا الرِّمَاحَ سرَادِقَا
وَمَا اسْتَتَرُوا إِلَّا بِضَوْءِ الهَازِمِ

ذل العذل في الحرب

قال الشاعر:

فَمَنْ يَكُ مِعْزَالَ الْيَدَيْنِ فَإِنَّهُ
إِذَا كَشَّرَتْ عَنْ نَابِهَا الْحَرْبُ حَامِلُ

من صَاحَبَتْه الطيور والسباع

أول من وصف ذلك النابغة الذبياني فقال:

إِذَا مَا غَزُوا بِالْجَيْشِ حَاقَ فَوْقَهُم
عَصَائِبُ طَيْرٍ تَهْتَدِي بِعَصَائِبَ

وقال أبو تمام:

وَقَدْ ظَلَّتْ عِقْبَانُ أَعْلَامِهُ ضُحَى
بِعِقْبَانِ طَيْرٍ فِي الدِّمَاءِ نَوَاهِلِ
أَقَامَتْ مَعَ الرَّايَاتِ حَتَّى كَأَنَّهَا
مِنَ الْجَيْشِ إِلَّا أَنَّهَا لَمْ تُقَاتِلْ

وقال بشار:

إِذَا مَا غَزَا بُشِّرَتْ طَيْرُهُ
بِفَتْحٍ وَبُشِّرْنَا بِالنِّعَمِ

المتزين بالجراحات

قال يعقوب بن يوسف:

وَخَيْلٌ تَعْجِزُ الإِرْسَالِ عَنْهَا
مَزَيَّنَةٌ بِأَنْوَاعِ الْجِرَاحِ

قال سلم الخاسر:

وَلَا خَيْرَ فِي الْغَازِي إِذَا آبَ سَالِمًا
إِلَى الْحِمَى وَلَمْ يَتْحَدَّدِ

المتضرِّج بالدم

قال البحتري:

سُلِبُوا وَأَشْرَقَتْ الدِّمَاءُ عَلَيْهِمْ
مُحْمَرَةً فَكَأَنَّهُم لَمْ يُسْلَبُوا

وقال آخر:

تَضَرَّجَ مِنْهُمْ كُلُّ خَدٍّ مُعَفَّرُ
وَعَفَرَ مِنْهُمْ كُلَ خَدٍ مُضَرَّجُ

القسم الرابع

في طلب الثأر والدية والرخصة في الاقتصاص
قال الله تعالى: فَمَنِ اعْتَدَىٰ عَلَيْكُمْ فَاعْتَدُوا عَلَيْهِ بِمِثْلِ مَا اعْتَدَىٰ عَلَيْكُمْ.[1]

والجروح قصاص فقد جعلنا لوليّه سلطانًا فلا يُسرف في القتل.

قال الجاحظ: كانت الديَّة والصدقة مما عند الرجل إن تمرًا فتمرُ، وإن شاء فشاءُ، وكانوا يعيرون من ديته التمر، قال الشاعر:

أَلا أَبْلِغْ بَنِي وَهْبٍ رَسُولًا
بِأَنَّ التَّمْرَ حُلْوٌ فِي الشِّتَاءِ

فعُيِّر في هذا بشيئين: بأخذ الدية وبأن ديتهم التمر.

التعيير بترك الثأر والحث على أخذه

رُوي أن أعرابيين أصابهما قحط، فانحدروا إلى العراق جائعين، فوطئت رجل أحدهما فرس لفارس فأدمتها، وكان يسمَّى «حيدان» فتعلقا به وأخذا الدية، وكانا جائعين، فقصدا السوق وابتاعا طعامًا، فأكلا فقال الآخر:

فَلَا حِيرَةَ مَا دَامَ فِي النَّاسِ سُوقُهُمْ
وَمَا بَقِيَتْ فِي رِجْلِ حِيدَانَ إِصْبَعُ

تحريم الملاهي على المحارب وطالب الثأر

رُوي أن أحد عمال عبد الملك بعث إليه بجارية اشتراها بعشرة آلاف دينار، فلما استحضرها وأنس بها دخل إليه رسول الحجاج بن عبد الرحمن بن الأشعث فأجاب عن كتابه وجعل يقلب كفيه وقال لها: ما دونك مُنية المتمني، فقالت: وما يمنعك؟ قال: بيت الأخطل:

قَوْمٌ إِذَا حَارَبُوا شَدُّوا مَآزِرَهُمْ
دُونَ النِّسَاءِ وَلَوْ بَاتَتْ بِأَطْهَارِ

فمكث ثلاث سنين وخمسة أشهر لا يقرب امرأة حتى أتاه خبر قتل ابن الأشعث فكانت أول امرأة تمتع بها.

وقال معاوية: ما ذقت أيام صفين لحمًا ولا حلواء، بل اقتصرت على الخبز حتى فرغت.

قال قيس بن الحطيم: حرام علينا الخمر إن لم نقاتل.

من حَلَّت لَهُ الطَّيبَاتُ لِإدْرَاكِهِ الثَّأر

قال الشاعر:

اليومَ حَلَّ لِي الشَّرَابُ وَمَا
كَانَ الشَّرَابُ يَحِلُ لِي قَبْلُ

من نزع ثوب العار وانطلق لسانه

قال أخو إساف بن عباد اليشكري:

أَلَمْ يَأْتِهَا أَنيّ صَحَوْتُ وَأَنَّنِي
شَفَانِي مِنْ دَائِي المُخَامِرِ شَافِ
فَأَصْبَحْتُ ظَبيًا مُطْلَقًا مِنْ أَدِيمِهِ
صَحِيحَ الأَدِيمِ بَعْدَ دَاءِ إِسَافِ
وَكُنتُ مُغَطًى فِي قِنَاعِي خَفْيَةً
كَشَفْتَ قِنَاعِي وَاعْتَطَفْتُ عِطَافِي

وقال قاتل غالب:

وَقَدْ كُنتُ مَحْرُورَ اللِّسَانِ وَمُفْحَمًا
فَأَصْبَحْتُ أَدْرِي الْيَوْمَ كَيفَ أَقُولُ

من لا يفوته الثأر

قال البحتري:

تذُمُّ الفَتَاةُ الرودُ شيمَةَ بَعلِها
إِذَا باتَ دِونَ الثَّأرِ وَهوَ ضَجيعُها
حَمِيَّةُ شَعْبٍ جَاهِلِيٍّ وَعِزَّةٍ

كُلَيبيَّةٍ أعيا الرِجال خُضوعُها

من قتل بعض ذويه اقتصاصًا

قال قيس بن زهير:

شَفَيتُ النَّفسَ مِن حَمَلِ بنِ بَدرٍ
وَسَيفِي مِن حُذَيفَةَ قَد شَفاني
فَإِن أَكُ قَد بَرَدتُ بِهِم غَليلي
فَلَم أَقطَع بِهِم إِلّا بَناني

قال أعرابي:

أَقُولُ لِلنَّفْسِ تِعْزَاءً وَتَسْلِيَةً
إِحْدَى يَدَيَّ أَصَابَتْنِي وَلَم تُرِدِ
كِلاهُمَا خَلَفٌ مِن فَقْدِ صَاحِبِهِ
هَذَا أَخِي حِينَ أَدْعُوهُ وَذَا وَلَدِي

[1]البقرة، آية ١٩٤.

القسم الخامس

في التحذير من الحرب وطلب الصلح

التحذير من تهييج الحرب والحث على الصلح

خطب سويد بن متحرق خطبة طويلة لصلح أمة فقال له رجل: أنت مذ اليوم ترعى في غير مرعاك، أفلا أدلك على المقال؟ فقال: نعم، فقال: أما بعد، فإن الصلح بقاء الآجال وحفظ الأموال والسلام، فلما سمع القوم ذلك تعانقوا وتوهبوا الديات.

وقيل: الحرب صعبة والصلح أمن ومسرَّة.

وقال عبد الله بن الحسين: إياك والمعادة؛ فإنك لن تعدم مكر حكيم أو مفاجأة لئيم.

وقال زيد بن حارثة: لا تستثيروا السِّباع من مرابضها فتندموا، وداروا الناس في جميع الأحوال تسلموا.

وقيل: الفتنة نائمة فمن أيقظها فهو طعامها.

وقال كثير:

رَمَيتُ بأطرافِ الزجاجِ فَلَم يُفِق
عَنِ الجَهلِ حَتّى حَكَّمتهُ نِصالُها

التحذير من صغير يفضي إلى كبير

من أقوالهم: رب خطوة يسيرة عادت همة كبيرة.

وكتب نصر بن سيار إلى مروان بن محمد في أمر أبي مسلم صاحب الدولة أبيات أبي مهيم:

أَرَى خَلَلَ الرَّمَادِ وَمِيضَ جَمْرٍ
ويُوشِكُ أَنْ يَكُونَ لَهَا ضِرَامُ
فَإِنَّ النَّارَ بِالزَّنْدَيْنِ تُرْوَى
وَإِنَّ الْحَرْبَ أَوَّلُهَا كَلَامُ
أَقُولُ مِنَ التَّعَجُّبِ لَيْتَ شِعْرِي
أَأَيْقَاظٌ أُمَيَّةُ أَمْ نِيَامُ
فَإِنْ يكُ قَوْمُنَا أَمَنُوا رُقُودًا
فَقُلْ هُبُّوا فَقَدْ آنَ الْقِيَامُ

ورأى أبو مسلم بن بحر في منشأ دولة الديلم هذه الأبيات مكتوبة على ظهر كتاب فكتب تحتها:

أَرَى نَارًا تَشِبُّ بكُلِّ وَادٍ
لَهَا فِي كُلِّ مَنْزِلَةٍ شُعَاعُ
وَقَدْ رَقَدَتْ بَنُو الْعَبَّاسِ عَنْهَا
فَأَضْحَتْ وَهِيَ آمِنَةٌ تُرَاعُ
كَمَا رَقَدَتْ أُمَيَّةُ ثُمَّ هَبَّتْ
لِتَدْفَعَ حِينَ لَيْسَ بِهَا دِفَاعُ

وقال آخر: أول الغيث قطر ثم ينسكب.

من الحبة تنبت الشجرة العميمة ومن الجمرة تكون النار عظيمة.

قال صالح:

قَدْ يُحَقِّرُ المَرْءُ مَا يَهْوَى فَيَرْكَبُهُ
حَتَّى يَكُونَ إِلَى تَوْرِيطِهِ سَبَبَا

وصف الحرب بشدة

قال عمر بن الخطاب لعمر بن معدي كرب: أخبرني عن الحرب، فقال: هي مُرَّةُ المذاق إذا شمرت عن الساق، من صبر فيها عرف، ومن ضعف عنها تلف.

وقيل: موطنان تذهب فيهما العقول: المباشرة والمسابقة.

ووصف رجلٌ الحرب فقال: أولها شكوى وآخرها بلوى وأوسطها نجوى.

قال أبو تمام:

وَمَشْهَدِين بَينَ حُكْم الذُّلِّ مُنقطِعٌ
حِبالُهُ بِحِبَالِ الْمَوْتِ تَتَّصِلُ
ضَنْكٌ إذَا خَرَسَتْ أَبْطَالُهُ نَطَقَتْ
فِيهِ الصَّوَارِمُ وَالْخَطِيَّةُ الذبلُ

إصابة الحرب جانيها وغير جانيها

العرب تقول: الحرب غشوم لأنها قد تنال غير جانيها.

وقال الشاعر:

لَمْ أَكُنْ مِنْ جَنَّاتِهَا عَلِمَ اللهُ
وَإِنِّي لِحَرِّهَا اليَومَ صَالِ

وقال ابن الرومي:

رَأَيتُ جُنَاةَ الْحَرْبِ غَيْرَ كَفَّاتِهَا
إذَا اخْتَلَفَ فِيهَا الرِّمَاحُ الشَّوَاجِرُ

التفادي من محاربة الأنذال

قصد الإسكندر موضعًا، فحاربته النساء، فكف عنهن، فقيل له في ذلك فقال: «هذا جيش إذا غلبناه فما لنا به فخر وإن غلبنا فتلك فضيحة الدهر».

وقال الشاعر:

قُبيل لئَام إنْ ظَفَرنَا عَلَيهِمْ

وَإِن يَغْلِبُونَا يُوجِدُوا شَرًّا غَالِبَ

وقال عمرو بن الأهيم:

لَيسَ بَيْنِي وَبَيْنَ قَيْسٍ عِتَابُ
غَيْرَ طَعْنِ الْكِلي وَضَرْبِ الرِّقَابِ

وقال الزبرقان:

فَلَنْ أُصَالِحُهُم مَا دُمْتُ ذَا فَرَسٍ
وَأَشَدُّ قَبْضًا عَلَى الأَسْيَافِ إِبهَامِي

تبكيت من عُرض عليه صلح فلم يقبله

قال ابن قيس:

ومولًى دَعَاهُ الغِيُّ وَالغِيُّ كَاسْمِهِ
وَلِلْجُبْنِ أَسْبَابٌ تَصُدُّ عَنْ الْحَزْمِ
أَتَانِي يَشُبُ الْحَرْبَ بَيْنِي وَبَيْنَهُ
فَقُلْتُ لَهُ لَا بَلْ هَلُمَّ إِلَى السِّلْمِ
وَلَمَّا أَبَى أَرْسَلْتُ فَضْلَةَ ثَوْبِهِ
إِلَيْهِ فَلَمْ يَرْجِعْ بِحَزْمٍ وَلَا عَزْمِ
فَكَانَ صَرِيعَ الْجَهْلِ أَوَّلَ مَرَّةٍ
فَيَا لَكَ مِنْ مُخْتَارِ جَهْلٍ عَلَى عِلْمِ

القسم السادس

في الهزيمة والخوف وأن الفرار لا يقي من الموت

قال الله تعالى: قُل لَّن يَنفَعَكُمُ الْفِرَارُ إِن فَرَرْتُم مِّنَ الْمَوْتِ.

وقال أمير المؤمنين يوم الجمل: إن الموت طالب حثيث لا يعجزه المقيم ولا يفوته الهرب، وإن لم تُقتلوا تموتوا، وإن أشرف الموت القتل.

تفضيل القتل على الهرب

قال سقراط لرجل هرب من الحرب: فضيحة، فقال الرجل: شر من الفضيحة الموت.

وقال سقراط: الحياة إذا كانت صالحة، وإذا كانت رديئة فالموت أفضل منها.

ولما قتل الإسكندر ملك الهند قال لحكمائه: لِمَ منعتم الملك من الطاعة؟ قالوا: ليموت كريمًا ولا يعيش تحت الذل.

الممتنع من الفرار

قالت امرأة من عبد القيس:

أَبَوْا أَنْ يَفِرُّوا وَالقَنَا فِي نُحُورِهِم
وَلَمْ يَرْتَقُوا مِنْ خِشْيَةِ الْمَوْتِ سَلَمَا
وَلَوْ أَنَّهُمْ فَرُّوا لَكَانُوا أَعِزَّةً
وَلَكِن رَأَوْا صَبْرًا عَلَى الْمَوْتِ أحزَمَا

تعيير من آثار الحرب فهرب

قال الحصيفي:

جَنَيْتُمْ عَلَيْنَا الْحَرْبَ ثُمَّ ضَجَعْتُم
إلى السِّلم لَمَّا أَصْبَحَ الأَمْرُ مُبْهَمَا

المُعيَّر بانهزامه

قال الحجاج في كلامه: وليتم كالإبل الشوارد إلى أوطانها لا يلوي الشيخ على بنيه ولا يسأل المرء عن أخيه.

وقال المنصور لأحد الخوارج: عرفني من أشد أصحابي إقدامًا فقال: لا أعرفهم بوجوههم؛ فإني لم أرَ إلا أقفائهم.

وقال قيس بن عطية: منحناهم الهزيمة ونفضنا عليهم العزيمة.

وقال الموسوي:

إِذَا مَا لَقِيتُ الْجَيْشَ أَفْنَيْتُ جُلَّهُ
رَدى وَرَدَدتُّ الفَاصِلِينَ نَوَاعِيَا

وقال شاعر:

إذا حَارَبُوا لمْ يَنْظرُوا عَنْ شِمَالِهِمْ
وَلَمْ يَمْسِكُوا فَوْقَ الْقُلُوبِ الْخَوَافِقِ

ترك أتباع المنهزم

أوصى الإسكندر صاحب جيش له فقال: حبب إلى أعدائك الهرب، قال: كيف أصنع؟ قال: إذا ثبتوا جدَّ في قتالهم أو انهزموا لا تتبعهم.

وقيل لأمير المؤمنين: أنت رجل مجُرِّب وتركب بغلة، فلو اتخذت الخيل، فقال: أنا لا أفر ممن كر ولا أكر ممن فرَّ.

المتأسف على نجا ولم يؤسر

قال عوف بن عطية:

وَلَوْلَا عُلَالَةُ أَفْرَاسِنَا
لَزَادَكُمْ الْقَوْمُ خِزْيًا وعَارَا

وقال أبو تمام:

لَوْلَا الظَّلَامُ وَعِلَّةٌ عَلَقُوا بِهَا
بَاتَتْ رِقَابُهُمْ بِغَيْرِ قِلَالِ
فَلْيَشْكُرُوا جُنْحَ الظَّلَامِ ودرودًا
فَهُمْ لِدَرُودِ وَالظَّلَامِ مَوَالِ

الفارُّ في وقت الفرار والثابت في وقت الثبات

قال النحاسي: أنا شجاع إذا ما أمكنتني فرصة، وإن لم تكن لي فرصة فجبان.

وقيل: الهرب في وقته خير من الصبر في غير وقته.

وقيل: من هرب من معركة فعرف مصيره إلى مستقرّه فهو شجاع.

تفضيل الإحجام كونه أوفق على الأقدام

قال المهلب: الإقدام على الهلكة تضييع، كما أن الإحجام عن الفرصة عجز.

وقال المتوكل لأبي العيناء: إني لأخاف من لسانك، فقال: يا أمير المؤمنين الكريمُ ذو خوف وإحجام، واللئيمُ ذو وقاحة وإقدام.

وقال مالك الأنصاري:

أُقَاتِلُ حَتَّى لَا أَرَى لِيَ مُقَاتِلًا
وَأَنْجُو إِذَا غَمَّ الْجَبَانُ مِنَ الْكَرْبِ

اعتذار هارب زعم أن هربه نبوة أو قدر

قال الشاعر:

أَيَذْهَبُ يَومٌ واحدٌ إن أَسَأْتُهُ
بصالح أيامي وحُسنِ بَلائيا
وَلَمْ تَرَ مِنِّي نَبوةٌ قَبلَ هذه
فِراري وتَرْكِي صَاحِبَيَّ وَرَائيا

وقال عبد الله بن غلفاء:

وليس الفرار اليوم عار على الفتى
إذا عرفت منه الشجاعة بالأمس

المتفادي من حضور الحرب

قيل لأحدهم لِمَ لا تغزو؟ فقال: إني أكره الموت على فراشي، فكيف أسعى إليه برجلي؟

ورأى المعتصم في بعض منتزهاته أسدًا، فنظر إلى رجل أعجبه زيه وقوامه وسلاحه، فقال له: أفيك خير؟ فعلم الرجل مراده، فقال: لا، فقال: لا؟! قبَّح الله سواك وضحك.

واجتاز كسرى في بعض حروبه برجل قد استظل بشجرة وألقى سلاحه وربط دابته فقال له: يا نذل، نحن في الحرب، وأنت بهذه الحالة؟ فقال: أيها الملك، إنما بلغت هذا السن بالتوقي.

وصف المحتج لانهزامه بخوفه من القتل

قيل لرجل إنك انهزمت فقال: غضب الأمير عليَّ وأنا حي خير من أن يرضى وأنا ميت.

وقال الشاعر:

يَقولُ لِيَ الأَميرُ بِغَيرِ نُصْحٍ
تَقَدَّم حِينَ جَدَّ بِنَا المَرَاسُ
وَمَا لِي إنْ أَطَعْتُكَ مِنْ حَيَاةٍ
وَمَا لِيَ بَعْدَ هَذَا الرَّأسِ رَاسُ

وقال آخر:

بَاتَتْ تُشَجّعُنِي هِند وَمَا عَلِمَت
أَنَّ الشَّجَاعَةَ مَقْرُونٌ بِهَا العَطَبُ
لَا والَّذِي مَنَعَ الأَبْصَارَ رُؤْيَتَهُ
مَا يَشْتَهِي المَوتَ عِندِي مَن لَهُ أَرَبُ
لِلحَربِ قومٌ أَضَلَّ الله سَعْيَهُمُ
إذَا دَعَتهُم إِلَى نِيرَانِها وَثَبُوا
وَلَستُ مِنهُمْ وَلَا أبغِي فِعَالَهُمُ
لَا القَتْلُ يُعْجِبُنِي مِنهُمْ وَلَا السَّلَبُ

الهارب عن قومه

قيل: الشجاع يقاتل من لا يعرفه، والجبان يفر من عرسه، والجواد يعطي من لا يسأله، والبخيل يمنع من نفسه.

قال الشاعر:

يَفِرُّ جَبَانُ الْقَوْمِ عَنْ أُمِّ نَفْسِهِ
وَيَحْمِي شَجَاعُ الْقَومِ مِنْ لَا يُنَاسِبُه

من نجا وقد استولى عليه الخوف

قال الشاعر:

فَإنْ يَنْجُ مِنْهَا الْبَاهِلِيُّ فَإنَّهُ
قَطِيعُ نِيَاطِ الْقَلْبِ دَامِيَ المَقَاتِلِ

قالت عابدة المهلبية:

فَإنْ ثَبَتُوا فَعُمْرُهُمْ قَصِيرُ
وَإنْ هَرَبُوا فَوَيلُهُمْ طَوِيل

تسلية المنهزم

لما انهزم أمية بن عبد الله لم يدر الناس كيف يهنئونه أو يعزُّونه، فدخل عبد الله بن الأهتم فقال: الحمد لله الذي نظر لنا عليك ولم ينظر لك علينا، فقد تقدمت للشهادة بجهدك ولكن علم الله حاجة الإسلام إليك فأبقاك له.

وقال شاعر:

لَقَدْ خِفْتَ حَتَّى لَوْ تَمُرُّ حَمَامَةٌ
لَقُلْتُ عَدُوٌّ أَوْ طَلِيعَةُ مَعْشَرِ

وقال آخر:

عَوَى الذِّئبُ فَاسْتَأْنَسْتُ بِالذِّئبِ إذْ عَوَى
وَصَوَّتَ إنْسَانٌ فَكِدتُ أَطِيرُ

من زاد به الخوف

قال دعبل:

كأنما نفسه من طول حيرتها
منها على نفسه يوم الوغى رصد

المغلوب

كتب مروان إلى أحد الخوارج:

إني وإياك كالحجر للزُّجاجة، فالحجر إن وقع عليها رضَّها وإن وقعت عليه قضها.

استضعف ابن شبرمة رجلًا فقال: أنت حجة خصمك وسلاح عدوك وفريسة قرنك.

شيوع المخافة

قال حسَّان:

تَشِيبُ النَّاهِدُ العَذْرَاءُ مِنْهَا
وَيَسْقُطُ مِن مَّخَافَتِهَا الْجَنِينُ

متفرقات النوادر - الجزء الثاني

نوادر

آجر أو صابون؟

حكي أبو محمَّد عبد الله بن علي بن خشَّاب النحوي أن رجلًا اشترى من عطار قطعة صابون، ومضى إلى النهر لغسل ثيابه، فلما وصل أخرجها فإذا هي قطعة آجر، فصعب الأمر عليه، وقال: هذا يبيع الناس آجرًا أو صابونًا؟! فمضى إليه ليردها، فلما وصل قال: ويحك، أتبيع الناس آجرًا أو صابونًا؟ قال: كيف أبيع آجرًا؟ فأخرجها من كمه فإذا هي قطعة صابون، فاستحى ورجع إلى النهر، فأخرجها فإذا هي آجر، فعاد إليه وَوَبَّخَه، وأخرجها فإذا هي قطعة صابون. فعاد مرةً أخرى كذلك حتى ضجر، فقال له العطار: لا يضيقن صدرك، فإن لنا ولدًا قد أخرجناه على الاحتيال فاعتاده، وإنك كلما مضيت فعل هذا، فإذا رآك قد عُدت لردها أعادها في كُمِّكَ، وأنت لا تعلم.

الأعرابي وهارون الرشيد

قال الرشيد لجعفر بن يحيى في سفرةٍ لهُ إلى الرقة: اعدل بنا عن غبار العسكر. فمالا عنه، فأصاب الرشيدَ جوعٌ شديد، فعدل إلى خيمة أعرابي فاستطعم، فأتاه بكُسَيْرَاتِ خبز يابس، فقال جعفر: لقد تبذل الأعرابي فيما قدم. فقال الأعرابي: مهلًا ويحك، فإن الجود بذل الموجود، أما سمعت قول الشاعر:

ألم ترَ أن المرء من ضيق عيشه
يلام على معروفه وهو محسن
وما ذاك من بخل ولا من ضراعة
ولكن كما يزمر له الدهر يزفن

فقال الرشيد: صدق الأعرابي وأحسن. ثم أمر له بعشرة آلاف درهم.

صبيان المكتب

حُكِيَ عن الربيع بن خيثم، أنه مر على صبيان في المكتب يبكون، فقال: ما بالكم يا معشر الصبيان؟ قالوا: إن هذا اليوم الخميس يوم عرض الكِتَاب على المعلم، فنخشى أن يضربنا. فبكى الربيع، وقال: يا نفسي، كيف بيوم عرض الكتاب على الجبار؟

الأعمى المستقي والسراج

قال بعضهم: خرجت في الليل لحاجة، فإذا أعمى على عاتقه جرة، وفي يده سراج، فلم يَزَلْ يمشي حتى أتي النهر، وملأ جرته وانصرف راجعًا، فقلت: يا هذا، أنت أعمى، والليل والنهار عندك سواء، فَلِمَ حملت السراج؟! فقال: يا فضولي، حملتُه لأعمى القلب مثلك، يستضيء به فلا يعثر بي في الظلمة، فيقع عليَّ فيكسر جرتي. فكأنه ألقمني الحجر.

الثناء الباقي والعطاء البالي

امتدح نصيب الشاعر، وكان أسود عبد الله بن جعفر، فأمر له بخيل وأثاث ودنانير ودراهم، فقال له رجل: أمثل هذا الأسود يُعْطَى مثلَ هذا المال؟! فقال عبد الله بن جعفر: إن كان أسودَ فإن شعره أبيض، وإن ثناءه لمَرْوِي، وقد استحق بما قال أكثر مما نال، وهل أعطيناه إلا ثيابًا تبلى، ومالًا لا يُغني ومطايا تنضى، وأعطانا مدحًا يُرْوَى وثناء يَبْقَى؟!

القاضي النبيه

كان بواسط قاضٍ مشهور بالدين والذكاء، فجاءه رجل استودع بعض الشهود كيسًا مختومًا، ذكر أن فيه ألف دينار. فلما حصل الكيس عنده وطالت غيبة المُودِع ظن أنه قد مات، فهمَّ بإنفاق المال، وخَشِيَ من مجيء صاحبه ففتق الكيس من أسفله، وأخذ الدنانير، وجعل مكانها دراهم، وأعاد الخياطة كما كانت، فَقُدِّرَ أن الرجل حضر إلى واسط، وطلب الشاهد بوديعته، فأعطاه الكيس بختمه، فلما حصل في منزله فض ختمه، فإذا في الكيس دراهم، فرجع إلى الشاهد وقال له: اردد عليَّ مالي، فإني أودعتك دنانير، والذي وجدت دراهم، فأنكر. فاستدعى عليه القاضي المتقدم ذكره، فلما حضرا بين يديه قال القاضي للمستودَع: منذ كم أودعك الكيس؟ قال: منذ خمس عشرة سنة. فقال الرجل لصاحب الكيس: أحضر لي الدراهم، فأحضرها. فقال الرجل للشهود: اعتبروا تواريخ الدراهم. فقرأوا سككها، فإذا منها ما له سنتان وثلاث سنين ونحو ذلك، فأمره أن يدفع له الدنانير فدفعها، وأطاف القاضي به البلد وأسقطه.

الحائك المتطبب

وروى أبو محمد الخشَّاب النحوي قال: جاز بعض الحاكة على طبيب، فرآه يصف لهذا النقوع ولهذا التمر الهندي، فقال: مَن لا يُحسن مثل هذا؟! فرجع إلى زوجته فقال: اجعلي عمامتي كبيرة. فقالت: ويحك، أي شيء طرأ لك؟ قال: أريد أن أكون طبيبًا. قالت: لا تفعل؛ إنك تقتل الناس فيقتلونك. قال: لا بُد. فخرج أول يوم، فقعد يصف للناس، فحصَّل قراريط. فجاء وقال لزوجته: أنا كنت أعمل كل يوم بحبَّة، فانظري ما حصل لي! فقالت: لا تفعل. قال: لا بد. فلما كان في اليوم الثاني اجتازت جارية فرأته، فقالت لسيدتها — وكانت شديدة المرض: اشتهيتُ هذا الطبيب الجديد يداويكِ. قالت: ابعثي إليه. فجاء، وكانت المريضة قد انتهى مرضها ومعها ضعف، فقال: عليَّ بدجاجة مطبوخة. فأكلت وقويت ثم استقامت، فبلغ هذا إلى صاحب البلد، فجاء به فشكى إليه مرضًا يشتكيه، فاتفق أنه وصف له شيئًا صلح به، فاجتمع إلى حاكم البلد جماعة يعرفون ذاك الحائك، فقالوا له: هذا رجل

حائك لا يدري شيئًا! فقال الحاكم: هذا قد صلحتْ على يديه وصلحت الجارية؛ فلا أقبل قولكم. قالوا: فنجربه بمسائل. قال: افعلوا.

فوضعوا له مسائل وسألوه عنها، فقال: إن أجبتكم عن هذه المسائل لم تعلموا جوابها؛ لأن الجواب لهذه المسائل لا يعرفه إلا طبيب، ولكن أليس عندكم مارستان؟ قالوا: بلى، فجاء إلى باب المارستان، وقال: اقعدوا، لا يدخل معي أحد. ثم دخل وحده ليس معه إلا قَيِّم المارستان، فقال للقيم: إنك والله إن تحدثت بما أعمل صلبتك، وإن سكتَّ أغنيتك. قال: ما أنطق. فأحلفه يمينًا محرجة، ثم قال: عندك في هذا المارستان زيت؟ قال: نعم، قال: هاته. فجاء منه بشيء كثير، فَصَبَّهُ في قدر كبير ثم أوقد تحته، فلما اشتد غليانه صاح بجماعة المرضى، فقال لأحدهم: إنه لا يصلح لمرضك إلا أن تنزل في هذا القدر فتقعد في هذا الزيت. فقال المريض: الله الله في أمري. قال: لابد. قال: أنا قد شفيت وإنما كان بي قليل من الصداع. قال: أيش يقعدك في المارستان وأنت معافى؟ قال: دعني أخرج. قال: فاخرج وأخبرهم. فخرج يعدو ويقول: شفيتُ بإقبال هذا الحكيم، ثم جاء إلى آخر فقال: لا يصلح لمرضك إلا أن تقعد في هذا الزيت. فقال: الله الله، أنا في عافية. قال: لا بد. قال: لا تفعل، فإني من أمس أردت أن أخرج. قال: فإن كنت في عافية فاخرج وأخبر الناس بأنك في عافية. فخرج يعدو ويقول: شُفيتُ ببركة الحكيم. وما زال على هذا الوصف حتى أخرج الكل شاكرين له.

السراج الوراق وزيت الاستصباح

حُكِيَ أن السراج الوراق جهز غلامًا له؛ ليبتاع زيتًا طيبًا ليأكل به لفتًا، فأحضره وقلبه فوجده زيتًا حارًّا، فأنكر على الغلام ذلك، وأخذه وجاء إلى البياع، وقال له: لِمَ تفعل مثل هذا؟ فقال له: والله يا سيدي ما لي ذنب؛ لأن غلامك قال: أعطني زيتًا للسراج.

سوَّار صاحب الرحبة والأعمى

من غرائب الاتفاق والمكافأة عن الجميل ما أورده محمد بن القاسم الأنباري؛ قال: أخبر سوَّار صاحب «رحبة سوار» وهو من المشهورين؛ قال: انصرفت يومًا من دار أمير المؤمنين المهدي، فلمَّا دخلتُ منزلي دعوت بالطعام فلم تقبله نفسي، فأمرت به فرُفِع، ثم دعوت جارية أحدثها فلم تَطِبْ نفسي، فدخل وقت القائلة فلم يأخذني النوم، فنهضت وأمرت ببغلة لي فأُسْرِجَتْ وأحضرت فركبتها، فلما خرجت استقبلني وكيل لي ومعه مال، فقلت: ما هذا؟ فقال: ألفا درهم، جئت بها من مستغلك الجديد. فقلت: أمسكها معك واتبعني. فأطلقت رأس البغلة حتى عبرت الجسر، ثم مضيت في شارع دار الرقيق حتى انتهيت إلى الصحراء، ثم رجعت إلى باب الأنبار وانتهيت إلى باب دار نظيف عليه شجرة، وعلى الباب خادم، فعطشت، فقلت للخادم: أعندك ماء تسقينيه؟ قال: نعم. ثم دخل وأحضر قلة نظيفة طيبة الرائحة عليها منديل، فناولني فشربت، وحضر وقت العصر، فدخلت مسجدًا على الباب فصليت فيه، فلما قضيت صلاتي إذا أنا بأعمى يتلمس، فقلت: ما تريد يا هذا؟ قال: إياك أريد. قلت: فما حاجتك؟ فجاء حتى جلس إلى جانبي وقال: شممت منك رائحةً طيبة، فظننت أنك من أهل النعيم، فأردت أن أحدثك بشيء. فقلت: قل. قال: ألا ترى إلى باب هذا القصر؟ قلت: نعم. قال: هذا قصر كان لأبي، فباعه وخرج إلى خراسان، وخرجت معه فزالت عنا النعم التي كنا فيها وعميت،

فقدمت هذه المدينة فأتيت صاحب هذه الدار؛ لأسأله شيئًا يصلني به فأتوصل إلى سوَّار، فإنه كان صديقًا لأبي. فقلت: ومن أبوك؟ قال: فلان بن فلان. فعرفته وإذا هو كان أصدق الناس إلي، فقلت له: يا هذا، إن الله — تبارك وتعالى — قد أتاك بسوَّار، ومنعه من الطعام والنوم والقرار حتى جاء به فأقعده بين يديك. ثم دعوت الوكيل فأخذت الدراهم منه فدفعتها إليه، وقلت: إذا كان غدٌ فَسِرْ إلى منزلي. ثم مضيت وقلت: ما أحدِّث أمير المؤمنين بشيء أظرف من هذا، فأتيته فاستأذنت عليه فأذن لي، فلما دخلت إليه حدثته بما جرى فأعجبه ذلك، وأمر لي بألفي دينار فأُحْضِرَتْ، فقال: ادفعها إلى الأعمى. فنهضت، فقال: اجلس. فجلست، فقال: أعليك دين؟ قلت: نعم. قال: كم دينك؟ قلت: خمسون ألفًا. فحدثني ساعةً، وقال: امضِ إلى منزلك. فمضيت إلى منزلي، فإذا بخادم معه خمسون ألفًا، وقال: يقول لك أمير المؤمنين: اقضِ بها دينك. قال: فقبضت ذلك منه، فلما كان من الغد أبطأ علي الأعمى، وأتاني رسول المهدي يدعوني فجئته، فقال: قد فكرت البارحة في أمرك فقلت: يقضي دينه ثم يحتاج إلى القرض أيضًا، وقد أمرت لك بخمسين ألفًا أخرى. (قال): فقبضتها وانصرفت. فجاءني الأعمى فدفعت إليه الألفي دينار، وقلت له: قد رزق الله — تعالى — بكرمه، وكافأك على إحسان أبيك، وكافأني على إسداء المعروف إليك. ثم أعطيته شيئًا من مالي، فأخذه وانصرف.

قاضي الحاجتين بوقت واحد

رُوِيَ في ربيع الأبرار أنه كان لرجل غلام من أكسل الناس، فأمره بشراء عنب وتين فأبطأ، ثم جاءه بأحدهما فضربه، وقال: ينبغي لك إذا ما استقضيناك حاجةً أن تقضي حاجتين. ثم مرض فأمره بأن يأتي بطبيب فأتى به وبرجل آخر. فقال: من هذا الآخر؟ قال: حفَّار، وأنت أمرتني أن أقضي حاجتين بوقت واحد، فإن طبت فحسن، وإلا فيكون الحفار حاضر.

الأسف على الشباب

من ظريف ما جاء في النواعير قول أبي نواس يصف الدواليب التي تُعمل في مدينة تُسْتَر ترفع الماء من قراره إلى البساتين المرتفعة:

ودولاب روضٍ بعدما كان أغصُنًا
تميسُ فلمَّا مزَّقته يد الدهرِ
فذكر عهدًا بالرياض فكلها
عيونٌ على أيام عصر الصبا تجري

الشفيع غير المردود

كتب رجلٌ إلى يحيى بن خالد البرمكي رقعةً فيها:

شفيعي إليك الله لا شيء غيره

وليس إلى رد الشفيع سبيل

فأمره بلزوم الدهليز، فكان يعطيه كل صباح ألف درهم، فلما استوفى ثلاثين ألف درهم ذهب الرجل إلى حال سبيله، فقال يحيى: والله لو أقام إلى آخر عمره ما قطعتها عنه.

كثرة السُّؤَّال

اشترى رجل من البخلاء دارًا وانتقل إليها، فوقف ببابه سائل، فقال: فتح الله عليك. ثم وقف ثانٍ وثالث فقال لهما مثل ذلك، ثم التفت إلى ابنته فقال لها: ما أكثر السُّؤَّال في هذا المكان! فقالت: يا أبتِ، ما دمت متمسكًا لهم بهذه الكلمة ما نبالي أكثروا أم قلّوا!

الفرسان والرجَّالة

قال الأصمعي: مررت بأعرابي في البادية، فرأيته يفلي ثوبه، فيلتقط البراغيث ويدع القمل، فقلتُ له في ذلك. فقال: أبدأ بالفرسان ثم أثني بالرجَّالة.

معلم الصبيان وعدته

أخبر الجاحظ قال: مررت بمعلم وعنده عصاة طويلة وصولجان وكرة وطبل وبوق، فقلتُ لهُ: ما هذه العدة؟ قال: عندي صغار في المكتب، فأقول لأحدهم: «اقرأ لوحك» فيصفر لي فأضربه بالعصا القصيرة، فيتأخر فأضربه بالعصا الطويلة، فيفر من بين يدي فأضع الكرة في الصولجان وأضربه فأشجه، فتقوم إليَّ الصغار كلهم بالألواح فأعلق الطبل في عنقي والبوق في فمي، فأضرب الطبل وأنفخ في البوق، فيسمع أهل الدرب ذلك فيسارعون إليَّ ويخلصوني منهم.

الفادي والديه بحياته

من ظريف ما قِيلَ في موت صغير قول شهاب الدين الفزاري يرثي ولدًا لبعض العظام:

عجبًا لمولود قضى من قبل أن
يقضي لأيام الصبا ميقاتا
هجر الحياة وطلق الدنيا وقد
وافت بزخرفها إليه بتاتا
فكأنه من نسكهِ وصلاحهِ
وهب الحياة لوالديه وماتا

ذكاء ابن الزبير

مرَّ عمر بن الخطاب بابن الزبير وهو صبيٌّ يلعب مع الصبيان ففروا ووقف، فقال له: ما لك لم تفر مع أصحابك؟ قال: يا أمير المؤمنين، لم أجرم فأخاف، ولم تكن الطريق ضيقة فأوسع لك. فسُرَّ عمر من جوابه وألطفه.

اللصوص والحلوى

قال عبد الواحد بن نصر المخزومي؛ قال: أخبرني من أثق به أنه خرج في طريق الشام مسافرًا، يمشي وعليه مرقعة، وهو في جماعة نحو الثلاثين رجلًا كلهم على هذه الصفة، فصحبنا في بعض الطريق رجل مسن حسن الهيئة، معه حمار فاره يركبه، ومعه بغلان عليهما رحل وقماش ومتاع فاخر، فقلنا له: يا هذا، إنك لا تفكر في خروج اللصوص علينا، فإنه لا شيء معنا يؤخذ، وأنت لا تصلح لك صحبتنا مع ما معك. فقال: يكفينا الله. ثم سار ولم يقبل منا، وكان إذا نزل استدعى أكثرنا فأطعمه وسقاه، وإذا عيَّ الواحد منا أركبه على أحد بغليه. وكانت جماعة تخدمه وتكرمه، ونتدبر برأيه، إلى أن بلغنا موضعًا، فخرج علينا نحو ثلاثين فارسًا من اللصوص فتفرقنا عليهم ومانعناهم. فقال الرجل: لا تفعلوا. فتركناهم، ونزل فجلس وبين يديه سفرته ففرشها، وجلس يأكل، وأظلتنا الخيل، فلما رأوا الطعام دعاهم إليه، فجلسوا يأكلون، ثم حلَّ رحله، وأخرج منه حلوى كثيرة، فتركها بين أيدي اللصوص، فلما أكلوا وشبعوا جمدت أيديهم وخدرت أرجلهم ولم يتحركوا، فقال لنا: إن الحلوى مبنَّجة، أعددتها لمثل هذا، وقد تمكنا منهم وتمت الحيلة، ولكن لا يُفك البنج إلا أن تصفعوهم فافعلوا، فإنهم لا يقدرون لكم على ضرر حتى نسير. ففعلوا فما قدروا على الامتناع، فعلمنا صدق قوله، وأخذنا أسلحتهم، وركبنا دوابهم، وسرنا حواليه في موكب ورماحهم على أكتافنا وسلاحهم علينا، فما نجتاز بقوم إلا يظنونا من أهل البادية، فيطلبون النجاء منا حتى بلغنا مأمننا.

روايات من كتاب الفرج بعد الشدة

الناجي من الجب والأفعى (٢: ٨٣–٨٥)

حدثني عبيد الله بن محمد بن الصروي (؟) قال: كنت أتصرف مع المختار بن الغيث بن حمران أحد قواد بني عقيل، فسار وأنا في جملته مع دُكَيْن الشيرازي لمَّا تغلب على الموضع يطلب ناصر الدولة، وصار العسكر منتشرًا سائرًا بعجلة، وكان تحتي حجرة، فصرت في أخريات الناس، ثم انقطعت عن العسكر حتى صرت وحدي، ثم وردت الدابة ماءً كان في الطريق وحَمِرَ ولم يمكنه أن يسير خطوةً واحدة؛ فخفتُ أن يدركني من يأسرني، فنزلت عنها أمشي وفي عنقي سيف بحمائل والمقرعة في يدي، فسرت فراسخ حتى صعدت جبل سنجار، وكنت أحتاج أن أمشي فيه نحو الفرسخ، ثم أنزل إلى سنجار. فاحتبسني الليل، واستنفد المشي جلدي، فخفتُ الوحوش في الجبل، فطلبت موضعًا أسكن فيه ليلتي فلم أجد، ورأيت جبابًا منقورة في الجبل فطلبت أقربها قعرًا ورميت فيه بحجر، فظننت أن قعره قامة أو نحوها، فرميت بنفسي فيه، وكان البرد شديدًا، فنمت ليلتي لا أعقل من التعب والجوع.

فلما كان من الغد انتبهت وعندي أن الجب محفور كالآبار، وأني أضع رجليَّ في جوانبه فأتسلق وأطلع، فتأملت، فإذا هو محفور كالتنور رأسه ضيق وأسفله شديد السعة وجوانبه منقوشة، فقمت في وسط الجب، فإذا هو أعلى من قامتي، فتحيرت في أمري، ولم أدرِ كيف السبيل إلى الصعود، وطلعت الشمس وأضاء الجب، وإذا فيه أفعى مدوَّر كالطبق بين حجرين، وقد سدر من شدة البرد فليس ينتشر، ولم يتحرك من مكانه. وهممت أن أجرد السيف وأقطعه به، ثم قلت: أتعجَّل شرًّا لا أدري عاقبته ولا منفعة لي في قتله؛ لأني سأتلف في هذه البئر، وهي قبري، فما معنى قتل الأفعى؟ أدعه فلعله أن يبتدئ بالنهش فأتعجل التلف، ولا أرى نفسي تخرج بالجوع والعطش، فأقمت يومي كله على ذلك، والأفعى لم تتحرك، وأنا أبكي وأنوح على نفسي، وقد يئست من الحياة. فلما كان من الغد أصبحت وقد ضعفت، فحملني حب الحياة على الفكر في الخلاص، فقمت وجمعت من الحجارة الرقيقة شيئًا كثيرًا، ووضعتها في وسط الجب وعلوتها؛ لتنال يدي طرف البئر، فأحمل نفسي إلى رأسها، فحين وضعت رجلي على الحجارة انهالت لرقتها وملاستها، فلم أعد عملها، وأمضيت يومي كله وأنا مشتغل البال، وجاء الليل، فلم يمكني أن أقوم من الجوع والضعف، ثم غلبني النوم.

فلمَّا كان من الغد فكرت في حيلة أخرى، ووقع لي أن شددتُ المقرعة التي معي بعلاقتها في حمائل السيف، ودليت المقرعة إلى داخل البئر، وقد أمسكت بإحدى يدي فحصل جفن السيف فوق الجب معترضًا لرأسه وهي مدلاة إليَّ، ثم سللت السيف. ولم أزل أقلع من أرض البئر ما يمكن نحته وقلعه من تراب قليل، ثم غيبت ذلك الرضراض، وتعلقت على السيف المعترض، وظفرت وصار السيف معترضًا في جفنه تحت صدري، وظهرت يداي فوق البئر فحصل جوانبها تحت إبطي، واستللت نفسي، فإذا أنا قد خرجت منها، بعد أن اعوج السيف وكاد يندق ويدخل في بطني لثقلي عليه، فوقعت خارج البئر مغشيًّا عليَّ من هول ما نالني، ووجدت أسناني قد اصطكت، وقوَّتي قد بطلت عن المشي، فما زلت أحبو، وأطلب المحجة، حتى وقفت عليها، ورآني قوم مجتازون فأخذوا بيدي وقوي

قلبي، فمشيت حتى دخلت سنجار آخر النهار وقد بلغت روحي إلى حد التلف، فدخلت مسجدًا فطرحت نفسي فيه وأنا لا أشك في الموت. وحضرت صلاة المغرب، واجتمع أهل المسجد فيه، وسألوني عن خبري، فلم يكن فيَّ مقدرة على الكلام، فحملوني إلى بيت أحدهم، ولم يزالوا يصبون على حلقي الماء ثم المرق والثريد إلى أن فتحت عيني بعد العتمة، فتكلمت وبتُّ ليلتي بحال عظيم من الألم.

فلما كان من الغد، دخلت الحمام، وأقمت عندهم أيامًا حتى برئت، وأخرجت نفقةً كانت في وسطي، فاستأجرت منها مركوبًا، ولحقت بأصحابي. وسلَّم الله — عز وجل.

إبراهيم الخواص والفيل (٢: ٧٣-٧٤)

عن إبراهيم الخواص، قال: ركبت البحر مع جماعة من الصوفية، فكُسر المركب بنا، فنجا منا قوم على خشب من خشب المركب، فوقعنا إلى مكان لا ندري أي مكان هو، فأقمنا فيه أيامًا لا نجد ما نقتاته، فأحسسنا بالموت، فقال بعضنا لبعض: تعالوا، حتى نجعل الله على أنفسنا أن ندع له شيئًا، فلعله يرحمنا فيخلصنا من هذه الشدة. فقال بعضنا: لا أفطر الدهر. وقال بعضنا: أصلي كل يوم كذا وكذا ركعةً. وقال بعضنا: أدع اللذات. إلى أن قال كل منا شيئًا، وأنا ساكت، فقالوا لي: قل شيئًا. فلم يجئ على لساني إلا أن قلت: لا آكل لحم فيل أبدًا. فقالوا: الهزل في مثل هذا الحال! فقلت: والله ما تعمدت الهزل، ولكني منذ بدأتم وأنا أعرض على نفسي شيئًا أدعه لله — عز وجل — فلا تطاوعني، ولا يخطر على قلبي غير الذي لفظت به، وما أجري هذا على لساني ولا أُلهِمَهُ قلبي إلا لأمر.

فلما كان بعد ساعة قال بعضنا: لِمَ لا نطوف في هذه الأرض متفرقين فنطلب قوتًا، فمن وجد شيئًا أنذر به الباقين، والموعد هذه الشجرة. قال: فتفرقنا في الطرق، فرجع أحدنا بولد فيل صغير، فلوَّح بعضنا لبعض فاجتمعنا، فأخذه أصحابنا واحتالوا فيه حتى شووه، وقعدوا يأكلون، وقالوا: تقدم.
فقلت: أنت تعلمون أنني منذ ساعة تركته لله — عز وجل — وما كنت لأرجع في شيء تركته له؛ لعله جرى ذلك على لساني لأجل موتي من بينكم؛ لأني ما أكلت شيئًا منذ أيام، وما أطمع في شيء آخر، وما يراني الله أنقض عهده ولو مت، واعتزلتهم، وأكل أصحابي، وأقبل الليل، وتفرَّقنا إلى مواضعنا التي كنا فيها نبيت، وأويت إلى أصل شجرة كنت أبيت عندها، فلم يكن إلا لحظة، فإذا بفيل عظيم قد أقبل وهو ينعر، والصحراء تتدكدك بنعيره وشدة شغبه، وهو يطلبنا، فقال بعضهم: قد حضر الأجل فاستسلموا وتشهدوا. وأخذنا في الاستغفار والتسبيح، وطرح القوم نفوسهم على وجوههم، فجعل الفيل يقصد واحدًا واحدًا فيشمه من أول جسده إلى آخره، فإذا لم يَبْقَ فيه موضع إلا شمه شال إحدى قوائمه فوضعها عليه وفسخه، فإذا علم أنه قد أتلفه قصد آخر ففعل به مثل فعله في الأول، إلى أن لم يَبْقَ غيري، وأنا جالس منتصب أشاهد ما جرى، وأستغفر الله وأسبحه.

فقصدني الفيل، فحين قرب مني رميت نفسي على ظهري، ففعل بي من الشم كما فعل بأصحابي، ثم أعاد شمي مرتين أو ثلاثًا، ولم يكن فعل بأحد منهم ذلك، وروحي في خلال ذلك تكاد تخرج فزعًا، ثم لفَّ خرطومه علي فشالني في الهواء، فظننته يريد قتلي بقتلة أخرى، فجهرت بالاستغفار، فما نحَّى

خرطومه حتى جعلني فوق ظهره، فانتصبت جالسًا واجتهدت في حفظ نفسي بموضعي. وانطلق الفيل يهرول تارة، ويسعى أخرى، وأنا تارة أحمد الله — عز وجل — على تأخير الفيل وأطمع في الحياة، وتارة أتوقع أن يثور بي فيقتلني فأعاود الاستغفار، وأنا أقاسي في ذلك وأتجرع من الألم الشديد لسرعة سير الفيل أمرًا عظيمًا، فلم أزل على ذلك إلى أن طلع الفجر واشتد ضوؤه، فإذا به قد لف خرطومه علي، فقلت: قد حضر الأجل. فاستكثرت من الاستغفار، فإذا به قد أنزلني من ظهره وتركني على الأرض، ورجع إلى الطريق التي جاء منها وأنا لا أصدق، فلما غاب عن عيني ولم أسمع له حسًّا خررت ساجدًا لله — سبحانه — فما رفعت رأسي حتى أحسست بالشمس، فإذا أنا على ظهر محجة عظيمة، فمشيت عليها نحوًا من فرسخين، فانتهيت إلى بلد كبير، فدخلته فعجب أهله مني وسألوني عن حالي، فأخبرتهم بالقصة، فزعموا أن الفيل سار في هذه الليلة مسيرة أيام واستظرفوا سلامتي، وأقمت عندهم حتى صلحت من تلك الشدائد التي قاسيتها، وتندَّى بَدَني، ثمَّ سرت مع التجار إلى بلد على شاطئ البحر، فركبته ورزقني الله السلامة إلى أن عدت إلى بلدي.

الأصمعي وتقربه من الخلفاء (٢: ١٩-٢٠)

وجدتُ في بعض الكتب عن الأصمعي قال: كنتُ بالبصرة أطلب العلم وأنا مُقِل، وكان على بابنا بقَّال إذا خرجت بكرةً يقول لي: إلى أين؟ فأقول: إلى فلان المحدِّث. وإذا عدت المساء يقول لي: من أين؟ فأقول: من عند فلان الإخباري واللغوي. فيقول: «يا هذا، اقبل وصيتي؛ أنت شاب، فلا تُضَيِّعْ نفسك، واطلب معاشًا يعود عليك نفعه، وأعطني جميع ما عندك من الكتب واطرحها في هذا الدن، وأصب عليها من الماء للعشرة أربعة وانبذه وانظر ما يكون منه، والله لو طلبت مني بجميع ما لديك من الكتب جوزةً ما أعطيتك.» فيضيق صدري بمداومة الكلام، حتى كنت أخرج من بيتي ليلًا وأدخله ليلًا، وحالي في خلال ذلك يزداد ضيقًا حتى أفضيت إلى بيع آجر أساسات داري، وبقيت لا أهتدي إلى نفقة يوم، وطال شعري وأخلق ثوبي واتسخ بدني، وأنا كذلك متحير في أمري، إذ جاءني خادم للأمير محمد بن سليمان، قال: أجب الأمير. فقلت: ما يصنع الأمير برجل قد بلغ الفقر إلى ما ترى؟!

فلما رأى سوء حالي وقبيح منظري رجع فأخبر الأمير بخبري، وعاد إلي ومعه تخوت ثياب ودَرْج فيه بخور وكيس فيه دنانير، وقال: قد أمرني الأمير أن أدخلك الحمام، وألبسك من هذه الثياب، وأدع باقيها عليك، وأطعمك من هذا الطعام، (وإذا بخوان كبير فيه صنوف الأطعمة)، وأبخرك؛ لترجع إليك روحك ثم أطلعك عليه، فسُررت بذلك سرورًا شديدًا، ودعوت له، ففقمت وعملت ما قال.
ومضيت معه حتى دخلت على محمد بن سليمان، فسلمت عليه، فقربني ورفعني، ثم قال: يا عبد الملك، قد اخترتك لتأديب ولدي أمير المؤمنين، فاعمل على الخروج إلى بابه، وانظر كيف يكون، فشكرته ودعوت له، وقلت: سمعًا وطاعة، سأخرج شيئًا من كتبي وأتوجه. فقال: ودِّعني وكن على الطريق. فقبَّلت يده، وأخذت جميع ما احتجت إليه من كتبي، وجعلت باقيها في بيت، وسددت بابه، وأقعدت على الدار عجوزًا من أهلنا تحفظها، وباكرني رسول محمد بن سليمان، وأخذني إلى زلال (؟) قد اتُّخِذَ لي، وفيه ما أحتاج إليه، وجلس معي ينفق علي حتى وصلت إلى بغداد، ودخلت على أمير المؤمنين فسلمت عليه فردَّ عليَّ السلام، وقال: أنت عبد الملك بن قريب الأصمعي؟ قلت: نعم، أنا عبد أمير المؤمنين ابن قريب الأصمعي. قال: اعلم أن ولد الرجل مهجة قلبه وثمرة فؤاده، وهو ذا

أسلم إليك ابني محمدًا بأمانة الله، فلا تعلمه ما يُفسد عليه دينه؛ فلعل أن يكون للمسلمين إمامًا. قلت: السمع والطاعة.

وأخرجه إلي، وتحولت معه إلى دار قد أُخْلِيَتْ لنا لتأديبه فيها، وبها من أصناف الخدم والفرش ما يسر، وأجرى عليَّ في كل شهر عشرة آلاف درهم، وأمر بأن يُخرج إلي في كل يوم مائدة، فلزمته وكنت مع ذلك أقضي حوائج الناس، وآخذ عليها الرغائب، وأنفذ جميع ما يجتمع أولًا فأولًا إلى البصرة، فأبني داري وأشتري ضياعًا وعقارًا، فأقمت معه حتى قرأ القرآن، وتفقه في الدين، وروى الشعر واللغة، وروى أيام الناس وأخبارهم، واستعرضه الرشيد فأُعْجِبَ به، وقال: يا عبد الملك، أريد أن يصلي بالناس إمامًا في يوم جمعة، فَاخْتَرْ له خطبة وحفظه إياها. فحفظته عشرًا، فخرج وصلى بالناس وأنا معه، فَأُعْجِبَ الرشيد به، وأخذه نثار الدراهم والدنانير من الخاصة والعامة، وأَسْنِيَتْ الجوائز والصلات علي من كل ناحية، فجمعت مالًا عظيمًا، ثم استدعاني الرشيد فقال: يا عبد الملك، قد أحسنت الخدمة فتمن. فقلت: ما عسيت أن أتمنى وقد حزت آمالي! فأمر لي بمال عظيم وكسوة كثيرة، وطيب فاخر وعبيد وإماء، وظهر وفرش وآلة. فقلت: إن رأى أمير المؤمنين أن يأذن لي بالإلمام (؟) إلى البصرة، والكتابة إلى عامله بها أن يخاطب الناس الخاصة والعامة بالسلام عليَّ ثلاثة أيام وإكرامي بعد ذلك، فكتب لي عنه بما أردت.

وانحدرت إلى البصرة وداري قد عُمِّرَت، وضِيَعِي قد كَثُرت، ونعمتي قد فشت، فما تأخر عني أحد، فلما كان في اليوم الثالث تأملت أصاغر من جاءني، فإذا البقال وعليه عمامة وسخة ورداء نظيف وجبة قصيرة وقميص طويل في رجله جرموقان، وهو بلا سراويل، فقال لي: كيف أنت يا عبد الملك؟ فاستضحكت من حماقته وخطابه لي بما كان يخاطبني الرشيد، فقلت: «بخير، وقد قبلت وصيتك، وجمعت ما عندي من كتب العلم وطرحتها في الدنّ كما أمرت، وصببت عليه من الماء للعشرة أربعة، فخرج ما ترى.» ثم أحسنت إليه بعد ذلك، وجعلته وكيلي.

الهميان الضائع (٢: ١١–١٣)

حدثني عبد الله بن محمد بن عبد الله العبقسي، قال: حدثني بعض تجار أهل الكرخ ببغداد، عن صديق له قال: كنتُ أعامل رجلًا من الخراسانية أبيع له في كل سنة متاعًا يقدم به، فأنتفع من سمسرته بألوف كثيرة، فلما كان سنة من السنين تأخر عن الحج، فأثر ذلك في حالي، ثم توالت عليَّ محنٌ، فأغلقت دكاني، وجلست في بيتي مستترًا من دين ركبني ثلاثًا أو أربع سنين، فلما كان في وقت ورود الحجاج، تَتَبَّعَتْ نفسي لأعرف خبر الخراساني طمعًا لإصلاح حالي بوروده، فمضيت إلى سوق يحيى فلم أُعطَ له خبرًا. ورجعت فنزلت إلى الجزيرة وأنا تعب مغموم، وكان يومًا حارًّا، ونزلت إلى دجلة فسبحت وصعدت وأنا رطب فابتل موضع قدمي، وخطوت فعلقت برجلي قطعة رمل، فانكشف سَيْر، فلبست ثيابي، وغسلت رجلي وجلست مفكرًا، أولع بالسَّير فانجر، فلم أزَلْ أجره حتى بان لي هِمْيان من جلد فأخرجته، فإذا هو مملوء، فأخفيته تحت ثيابي، وجئت إلى منزلي ففتحته فإذا فيه ألف دينار عينًا، فقويت نفسي به قوةً شديدة، وقلت: اللهم لك عليَّ أني متى صلحت حالي بهذه الدنانير وعادت أن أتحرى خبر هذا الهميان، فمن علمت أنه له رددته عليه بقيمة ما فيه من الدنانير، واحتفظت بالهميان، وأصلحت أمري مع غرمائي، وفتحت دكاني وعدت إلى رسمي

في التجارة والسمسرة، فما مضت عليَّ إلا ثلاث سنين حتى صار في ملكي عين وورق بألوف دنانير، وجاء الحجاج فتبعتهم لأعرف خبر الهميان، فلم يُعْطِنِي أحد خبره.

فصرت إلى دكاني، فأنا جالس وإذا برجل قائم حيال دكاني أشعث أغبر، وافي السّبَال في خلقة سؤَّال الخراسانية وزيهم، فظننته سائلاً فأومأت إلى دريهمات لأعطيه فأسرع الانصراف، فارتبت به وقمت فلحقته فتأملته، فإذا هو صاحبي الذي كنت أنتفع من سمسرته في كل سنة، فقلت له: ما الذي أصابك؟ وبكيت رحمة له فبكى، وقال: حديثي طويل. فقلت: البيتَ البيتَ. فحملته فأدخلته الحمام، وألبسته ثيابًا نظافًا، وأطعمته ثم سألته عن خبره، فقال: أنت تعرف حالي ونعمتي، وإني أردت الخروج إلى الحج بعد آخر سنة جئت إلى بغداد، فقال لي أمير بلدي: عندي قطعة ياقوت أحمر كالكف لا قيمة لها عظمًا وجلالةً ولا تصلح إلا للخليفة، فخذها معك وبعها لي ببغداد، واشتر لي بها متاعًا طلبه من عطر وظرف بكذا وكذا، واحمل الباقي مالاً. فأخذت القطعة وهي كما قال، فجعلتها في هميان من صفته كيت وكيت (قال: ووصف الهميان الذي عندي)، وجعلتُ في الهميان ألف دينار عينًا من مالي، وجعلته على وسطي، فلما جئت إلى بغداد نزلت أسبح في الجزيرة بسوق يحيى، وتركت الهميان وثيابي بحيث ألاحظهما، فلما صعدت من دجلة لبست ثيابي وقد غربت الشمس وأُنْسِيتُ الهميان فلم أذكره إلا من غد، فغدوت لطلبه وكأن الأرض قد ابتلعته، فهوَّنْتُ على نفسي المصيبة، وقلت: لعل قيمة الحجر خمسة آلاف دينار أغرمها. فخرجت إلى الحج، وقضيت حجي، ورجعت إلى بلدي فأنفذت إلى الأمير ما حمَّلته به، وأخبرته بخبري، وقلت له: خذ مني تمام الخمسة آلاف دينار. فطمع وقال: قيمة الحجر خمسون ألف دينار. وقبض على جميع ما أملكه من مال ومتاع، وأنزل صنوف المكاره بي، وحبسني سبع سنين كنت أتردد فيها في العذاب، فلما كان في هذه السنة، سأله الناس في أمري فأطلقني، فلم يمكنني المقام في بلدي وتحمُّل شماتة الأعداء، فخرجت على وجهي أعالج الفقر بحيث لا أعرف، وجئت مع الخراسانية أمشي أكثر الطريق، ولا أدري ما أعمل؛ فجئت لأشاورك في معاش أتعلق به.

فقلت: يا هذا، قد رد الله — عز وجل — عليك ضالتك، هذا الهميان الذي وصفته عندي، وقد كان فيه ألف دينار أخذتها، وعاهدت الله — عزَّ ذكره — أني ضامنها لمن يعطيني صفة الهميان، وقد أعطيتني صفته، وعلمت أنه لك. وقمت فجئت بكيس فيه ألف دينار. فقلت: خذها وتعيَّش بها ببغداد، فإنك لا تعدم خيرًا إن شاء الله — تعالى. فقال لي: يا سيدي، الهميان بعينه عندك لم يخرج عن يدك؟ قلت: نعم. فشهق شهقةً، ظننت أنه قد تلف منها، وخرَّ ساجدًا فما أفاق إلا بعد ساعة، ثم قال: ائتني بالهميان. فجئته به، فقال: سكين. فأعطيته، فخرق أسفله واستخرج منه حجر ياقوت أحمر كالكف، فأشرق البيت منه، وكاد أن يأخذ بصري شعاعه، وأقبل يشكرني ويدعو لي، فقلت: خذ دنانيرك. فحلف بكل يمين أنه لا يأخذ منها شيئًا إلا ثمن ناقة ومحمل ونفقة تبلغه خراسان، فاجتهدت به، فبعد جهد أخذ ثلاثمائة دينار، وأحلني من الباقي.

فلما كان في العام الماضي جاءني بقريب مما كان يجيئني به سالفًا، فقلت: خبرك؟ فقال: مضيت، وشرحت لأهل البلد خبري، وأريتهم الحجر، فجاء معي وجوههم إلى الأمير، وأعلموه القصة وخاطبوه في إنصافي، فأخذ الحجر ورد عليَّ جميع ما كان أخذه مني من مال وعقار وضياع وغير ذلك، ووهب لي مالاً من عنده وقال: اجعلني في حل مما عذبتك به. فأحللته، وعادت نعمتي على ما

كانت عليه، وعدت إلى تجارتي ومعاشي، وكل هذا بفضل الله — عز وجل — وبركتك، فعل الله بك وصنع. (قال): وكان يجيئني في كل سنة إلى أن مات.

الدراهم المنتثرة (١: ٦٠-٦١)

لما خرج طاهر بن الحسين إلى محاربة علي بن موسى بن ماهان جعل ذات يوم في كمه دراهم يفرقها على الفقراء، ثم أسبل كمه ناسيًا، فانتفضت الدراهم فتطير من ذلك واغتم، فانتصب له شاعر فقال:

هذا تفرق جمعهم لا غيرُهُ
وذهابُهُ منه ذهاب الهم
شيء يكون الهمُّ نصف خروفه
لا خير في إمساكه في الكم

فسلا همه وما به، وأمر له بثلاثين ألف درهم.

راكب الأسد (٢: ٧٥–٨٨)

حدثني أبو جعفر أصبغ بن أحمد بن شبح، وكان يحجب أبا محمد المهلبي — رحمة الله عليه — قبل وزارته، فلما ولي الوزارة كان يصرفه في الاستحثاث على العمال وفي الأعمال التي يتصرف فيها العمال الصغار، (قال): كنتُ بشيراز مع أبي الحسن علي بن خلف بن طبات (؟) وهو يتولى عمالتها يومئذ، فجاء مستحثًا من الوزير يطالبه بحمل الأموال، وكان أحد الغلمان الأكابر قد كوتِبَ بإكرامه، فأحضره أول يوم طعامه وشرابه فامتنع من مؤاكلته، وذكر أن له عذرًا. فقال: لا بد أن تأكل. فأكل بأطراف أصابعه، ولم يخرج يده من كمه، وكاد كمه يدخل في الغضائر، وينالهُ الغَمر.

فلما كان من غد، قال علي بن خلف: لِيَدْعُهُ كل يوم واحد منكم. فكانوا يدعونه ويدعون بعضهم بعضًا، فتكون صورته في الأكل واحدة، فنقول: لعل به برصًا أو جذامًا. إلى أن بلغت النوبة إليَّ، فدعوته ودعوت الحاشية، وجلسنا نأكل وهو يأكل معنا على هذه الصورة، فسألته إخراج يده والانبساط في الأكل، فامتنع من إخراج يده، فقلت له: يلحقك تنغيص بالأكل هكذا، فأخرجها على أي شيء كان بها، فإنا نرضى به. (قال): فإذا فيها وفي ذراعه ضربات بعضها فيه بقيه أدوية يابسة، وهي على أقبح ما يكون من المنظر، فأكل معنا غير محتشم، وقدِّم الشراب فشربنا، فلما أخذ منا الشراب سألته عن سبب تلك الضربات، فقال: هو أمر ظريف أخاف أن لا أصدَّق فيه، ولا يجمل بي الحديث به. فقلت: لا بد أن تتفضل.

قال: كنتُ عام أول بقريب من هذا الوقت قائمًا بحضرة الوزير، فسلم إليَّ كتابًا إلى عامل دمشق ومنشورًا، وأمرني بالتوجه إليه وإزهاقه بالمطالبة بحمل المال، ورسم أن أخرج على طريقِ السماوة لأتعجل، وكتب إلى عامل هيت بإنفاذي مع خفارة، فلما حصلتُ هيت استدعى العامل جماعةً من

أحياء العرب، وضمني إليهم، وأعطاهم مالًا على ذلك، وأشهد عليهم بتسلمي، واحتاط في أمري. وكانت هناك قافلة تريد الخروج منذ مدة وتتوقى البرية، فأنِسوا بي، وسألوني أن آخذ لنفسي مالًا وللأعراب مالًا وأوصلهم في الخفارة ويسيرون معي، ففعلت ذلك، فصرنا قافلة عظيمة، وكان معي من غلماني من يحمل السلاح، وهم يقربون من العشرين غلامًا، وفي حمَّالي القافلة والتجار جماعة يحملون السلاح أيضًا، فرحلنا عن هيت، ودخلنا في البرية ثلاثة أيام بلياليها.

فبينما نحن نسير، إذ لاحت لنا خيل، فقلنا للأعراب: ما هذه الخيل؟ فتسرع منهم قوم ثم عادوا كالمنهزمين، وقالوا: قوم من بني فلان بيننا وبينهم دم، ونحن طلبتهم ولا ثبات لنا معهم، ولا يمكننا خفارتكم منهم. وركضوا متفرقين، وبقينا نحن متحيرين، ولم نشك أنهم كانوا بعض أهلهم، وأن ذلك فُعِلَ على مواطأة، فجمعتُ القافلة وطفتُ بها أنا وغلماني ومن كان منهم يحمل السلاح متساندين كالدائرة، وقلتُ لمن كان معي: لو كان هؤلاء يأخذون أموالنا ويدعون جمالنا لننجو عليها كان هذا أسهل، ولكن الجمال والدواب أول ما تُؤخَذ، ونتلف في البرية ضعفًا وعطشًا فاعملوا على أن نقاتل، فإن هزمناهم سلِمنا، وإن قتلنا كان أسهل. فقالوا: نفعل. وقدم القوم، فقتلنا لهم عدة خيل، وجرحنا منهم غير جريح، وما ظفروا منا بعود، فباتوا قريبًا منا حنقين علينا، وتفرق الناس للأكل والصلاة، فاجتهدت بهم أن يجتمعوا ويبيتوا تحت السلاح، فخالفوني وكانوا قد أمنوا ونام بعضهم، فغشينا الخيل، فلم يكن عندنا ممانعة، فوضعوا فينا السيوف، وكنتُ أنا المطلوب خاصةً؛ لما شاهدوه من تدبير القوم برأيي، وعلموه من أني رئيس القافلة، فقطَّعوني بالسيوف ولحقتني هذه الجراحات، وفي بدني أضعاف أضعافها. (قال): وكشف لنا عن أكثر جسده فإذا به أمر عظيم لم يُرَ مثله في بشر قط. (قال): وكان في أجلي تأخير، فرميت نفسي بين القتلى لا أشك في تلفي.

قال: فلما كان بعد ساعة أفقتُ، فوجدت في نفسي قوة والعطش بي شديد، فلم أَزَلْ أتحايل حتى قمت أطلب من القافلة قدح ماء لأشرب منها، فلم أجد أحدًا، ورأيت من القتلى والمجروحين الذين هم في آخر رمق، وسمعت من أنينهم ما أضعف نفسي وأيقنت بالتلف، وقلت: غاية ما أعيش إلى أن تطلع الشمس. فملت أطلب شجرة أو محلًّا؛ لأجعله ظلًّا لي من الشمس إذا طلعت، فإذا بي قد عثرتُ بشيء عظيم لا أدري ما هو من الظلمة، وإذا أنا منبطح عليه بطولي وطوله، فثار من تحتي، فحسستُ عليه، وكنت قدرته رجلًا من الأعراب، فإذا هو أسد، فحين علمت ذلك طار عقلي، وقلت: إن استرخيت افترسني؛ فعانقت رقبته بيدي، ونمت على ظهره، وألقيتُ بطني بظهره، وجَعَلْتُ رجْلَيَّ تحت بطنه، وكانت دمائي تجري. فحين دخلني ذلك الفزع الشديد رقأ دمي وعلق شعر الأسد بأفواه الجروحات، فصار سدادًا لها وعونًا على أن أمسك نفسي فوقه، وورد على الأسد مني أظرف مما ورد عليَّ منه؛ فأقبل يجري كما تجري الفرس على طريق واحد، وأنا أحس بروحي وأعضائي تتقصف من شدة جريه، فلم أشك في أنه يقصد أجمته فيلقيني إلى لبؤته فتفترسني، إلا أني ضبطت نفسي وأنا أؤمل الفرج وأدافع الموت، وكلما هم الأسد أن يربض ضربت بطنه برجلي فيطير، وأنا أعجب من نفسي ومطيتي وأدعو الله — عز وجل — وأرجوه.

وما زلت على ذلك إلى أن ضربني نسيم السحر فقويت نفسي، وأقبل الفجر يضيء، فتذكرت طلوع الشمس فجزعت، ودعوت الله — عز وجل — فما كان أسرع من أن سمعت صوتًا ضعيفًا لا أدري ما هو، ثم قوي فشبهته بناعورة. (قال): والأسد يجري، وقوي الصوت فلم أشك في أنه ناعورة، ثم

صعد بي الأسد إلى تل، فرأيت منه بياض ماء الفرات وهو جار، وناعورة تدور، والأسد يمشي على شاطئ الفرات برفق إلى أن وجد شريعةً، فنزل منها إلى الماء وأقبل يسبح ليعبر، فقلت في نفسي: ما قعودي؟ لئن لم أتخلص هنا ما تخلصت أبدًا، فما زلت أرفق حتى خلصت شعره من أفواه جراحاتي، وسقطت وسبحت منحدرًا، وأقبل الأسد يشق الماء عرضًا.

فبينما أنا أسبح نظرت جزيرة فقصدتها، وحصلت فيها، وقد بطلت قوتي، وذهب عقلي، وطرحت نفسي عليها كالتالف، فلم أحس إلا بحرارة الشمس قد نبهتني، فرجعت أطلب شجرةً رأيتها في الجزيرة؛ لأستظل بها، فرأيت السبع مُقعيًا على ذنبه بشاطئ الفرات، فقلّ فزعي منه، وأقمت مستظلًا بالشجرة أشرب من ذلك الماء إلى العصر، فإذا أنا بزورق منحدر، فصحت به، وحلفت لهم أن ما بالجزيرة أحد سواي، وأومأت لهم إلى الأسد، وقلت لهم: قصتي ظريفة طويلة وإن تجاوزتموني كنتم أنتم قد قتلتموني، فالله الله فيَّ. فرقوا لي، ودخلوا إلي يحملوني، فلما صرت في الزورق ذهب عقلي، فما أفقت إلا في اليوم الثاني فإذا علي ثياب نظاف، وقد غُسلت جراحاتي، وجُعل فيها الزيت والأدوية، وأنا بصورة الأحياء، فسألني أهل الزورق عن حالي فحدثتهم.

وبلغنا إلى هيت، فأنفذت إلى العامل من عرفه خبري، فبعث لي من يحملني إليه، فتوجع لي، وقال: ما أظن أنك أفلتَّ فالحمد لله. فحدَّثته كيف نُجّيت، فعجب وقال: بين الموضع الذي حملك أهل الزورق منه مشاق أربعين فرسخًا على غير محجة. فأقمت عنده أيامًا، ثم أعطاني نفقةً وثيابًا وزورقًا، فجئت إلى بغداد، فكنت أتعالج عشرة أشهر، حتى صرت هكذا، ثم خرجت وقد افتقرت وأنفقت جميع ما كان في بيتي، فلما أقمت بين يدي الوزير رق لي، وأطلق لي مالًا، وأخرجني إليكم.

الطفل المقمط (٢: ٨٥)

عن ديسم بن إبراهيم بن شاذلويه المتغلب، كان بأذربيجان لما ورد حضرة سيف الدولة يستنجده على المرزبان محمد بن مسافر السلار لما هربه عنها، قال: إن بناحية أذربيجان واديًا يقال له الرأس، شديد جرية الماء جدًّا، وفي أرضه حجارة كثيرة بعضها ظاهر من الماء، وبعضها مغطًّى بالماء، وليس للسفن فيه مسلك، وله أجراف هائلة، وبه قنطرة يجتاز عليها المارة، قال: كنت مجتازًا عليها في عسكري، فلما صرت في وسط القنطرة رأيت امرأة تمشي وتحمل ولدًا طفلًا في القماط، فزاحمها بغل محمل، فطرحت نفسها على القنطرة فزعًا، فسقط الطفل من يدها إلى النهر، فوصل إلى الماء بعد ساعة؛ لبُعد ما بين القنطرة وصفحة الماء، ثم غاص، وارتفعت الضجة في العسكر.

ثم رأينا الصبي قد طفا على وجه الماء، وقد سلم من تلك الحجارة، وكان الموضع كثير العقبان، ولها أوكار في أجراف ذلك النهر، ومنها يُصاد أفراخها، (قال): فحين ظهر الطفل في قماطه صادف ذلك عقابًا طائرًا، فرآه فظنه طعمةً، وانقض عليه وشبك مخالبه في القماط وطار به، وخرج إلى الصحراء، فطمعتُ في تخليص الطفل، فأمرت جماعةً أن يركضوا وراء العقاب ففعلوا، وتبعتهم بنفسي لمشاهدة الحال، فإذا العقاب قد نزل إلى الأرض، وابتدأ يمزق قماط الصبي ليفترسه، فحين رأوه صاحوا بأجمعهم، وقصدوه ومنعوه عن الصبي فطار، وتركه على الأرض، فلحقنا الصبي فإذا هو سالم ما وصل إليه جرح، وهو يبكي، فقيأناه حتى خرج الماء من جوفه، وحملناه سالمًا إلى أمه.

نجاة ابن أبي قبيصة من الأسر والقتل (١: ١١١-١١٣)

حدثني جماعة من ثقات أهل الموصل أن فاطمة بنت أحمد بن علي الكردي زوجة ناصر الدولة أم أبي تغلب اتهمت عاملًا كان لها يُقال له ابن أبي قبيصة من أهل الموصل بخيانة في مالها، فقبضت عليه وحبسته في قلعتها، ثم رأت أن تقتله، فكتبت إلى المتوكل بالقلعة بقتله، فورد عليه الكتاب، وكان لا يُحسن أن يقرأ ولا يكتب، وليس عنده من يقرأ ويكتب إلا ابن أبي قبيصة، فدفع الموكل بالقلعة الكتاب إليه، وقال له: اقرأ. فلما رأى فيه الأمر بقتله قرأ الكتاب بأسره إلا حديث القتل، ورد الكتاب عليه. وقال ابن أبي قبيصة: ففكرتُ وقلت: أنا مقتول ولا آمن أن يردَ كتاب آخر في هذا المعنى، ويتفق حضور من يقرأه غيري فينفذ الأمر فيَّ، وسبيلي أن أحتالَ عليه بحيلة، فإن تمت سلمت، وإن لم تتم فليس يلحقني أكثر من القتل الذي أنا حاصل فيه.

فتأملتُ القلعة فإذا فيها موضع يمكن أن أطرح نفسي منه إلى أسفل، إلا أن بينه وبين الأرض أكثر من ثلاثة آلاف ذراع، وفيه صخر لا يجوز أن يسلم معه من يقع عليه. (قال): فلم أجسر. ثم ولد لي الفكر أني تأملت الثلج قد سقط عدة ليال قطعًا فغطى تلك الصخور، فصار فوقها أمر عظيم يجوز إن سقطت عليه وفي أجلي تأخير أن ينكسر بعض بدني وأسلم. (قال): وكنت مقيدًا، فقمت لما نام الناس فطرحت نفسي من الموضع قائمًا على رجلي، فحينما حصلت في الهواء ندمت، وأقبلت أستغفر الله وأتشهد، وغمضت عيني حتى لا أرى كيف أموت، وجمعتُ رجلي بعض الجمع؛ لأني كنت سمعت قديمًا، أن من اتفق عليه أن يسقط قائمًا من مكان عالٍ إذا جمع رجليه ثم أرسلها إذا بقي بينه وبين الأرض قدر ذراع أو أكثر؛ أمكنه أن يسلم، وينكسر حد السقطة، ويصير كأنه بمنزلة من سقط من ذراعين، (قال): ففعلت ذلك.

فلما سقطتُ إلى الأرض ذهب عني أمري، وزال عقلي ثم آب إلي، فلم أجد ما كان ينبغي أن يلحقني من ألم السقوط من ذلك الموضع، فأقبلت أجس أعضائي شيئًا فشيئًا فأجدها سالمةً، وقمت وقعدت وحركت يدي ورجلي، فوجدت ذلك كله سالمًا، فحمدتُ الله — تعالى — على تلك الحال، وأخذت صخرة، وكان الحديد الذي قد صار في رجلي كالزجاج لشدة البرد. (قال): فضربته ضربًا شديدًا فانكسر، فطنَّ حتى ظننت أنه سيسمعه مَن في القلعة لعظمه فينتبهون إلي، فسلم الله — عز وجل — من هذا أيضًا، وقطعت تكتي، وشددت ببعضها القيد على ساقي، وقمت أمشي في الثلج، فمشيت طويلًا ثم خفتُ أن يروا آثاري من غد في الثلج على المحجة فيتبعوني فلا أفوتهم؛ فعدلت عن المحجة إلى نهر يُقال له الخابور، فلما وصلت إليه وصرت إلى شاطئه نزلت في الماء إلى ركبتي، وأقبلت أمشي كذلك فرسخًا حتى انقطع أثري، ثم خرجت لما كادت أطرافي تسقط من البرد فمضيت على شاطئه، ثم عدلت أمشي فيه وربما حصلت في موضع لا أقدر على المشي فيه؛ لأنه يكون جرفًا فأسبح، واستمريت على ذلك أربعة فراسخ حتى حصلت في خيم فيها أقوام، فأنكروني وهموا بي، فإذا هم أكراد، فقصصت عليهم قصتي، واستجرت بهم فرحموني، وأوقدوا بين يدي وأطعموني وستروني، وانتهى الطلب من غد إليهم، فما أعطوا خبري أحدًا. فلما انقطع الطلب سيَّروني حتى دخلت الموصل مستترًا، وكان ناصر الدولة ببغداد إذ ذاك، فانحدرت إليه، وأخبرته بخبري كله، فعصمني من زوجته، وأحسن إليَّ وصرفني.

ابن جصاص وأعدال الخيش (١: ١١٣-١١٤)

حدثني أبو علي بن عبيد الله الحسين بن عبد الله الجصاص الجوهري قال: سمعت أبي يحدث قال: لما نكبني المقتدر، وأخذ مني تلك الأموال العظيمة، أصبحت آيسًا من الفرج، فجاءني خادم فقال: البشرى. فقلت: ما الخبر؟ قال: قم قد أطلِقتَ، فقمت معه فاجتاز بي في بعض طرق دور الخليفة، يريد إخراجي إلى دار السيدة؛ لتكون هي التي تطلقني؛ لأنها هي التي شفعت فيَّ، فوقعت عيني في اجتيازي على أعدال خيش لي أعرفها كان مبلغها مائة عدل، فقلت للخادم: أليس هذا من الخيش الذي حُمل من داري؟ فقال: بلى. فتأملته فإذا هو بشده وعلاماته، وكانت هذه أعدالًا قد حُمِلَتْ إليَّ من مصر، كل عدل منها فيه ألف دينار من مال كان لي هناك، كتبت بحمله فخافوا عليه من الطريق، فجعلوه في أعدال الخيش؛ لأنها مما لا تكاد أن ينهبه اللصوص، وإن وقعوا به لا يفطنون لما فيه؛ فوصلت سالمةً، ولاستغنائي عنها وعن المال لم أخرجه من الأعدال، وتركته بحاله في بيت في داري، وأقفلت عليه، وتوخيت بذلك أيضًا سر حديثه فتركته شهورًا على حاله؛ لأنقله كما أريد في أي وقت أرى.

ولما حُبِسْتُ أُخذ الخيش في جملة ما أُخِذَ من داري، ولِخِسَّتِهِ عندهم تهاونوا به، ولم يعرف أحد ما فيه؛ فطرح في تلك الدار، فلما رأيته عندهم طمعت في خلاصه والحيلة في ارتجاعه فسكت، فلما كان بعد أيام من خروجي، راسلت السيدة وشكوت حالي إليها، وسألتها أن تدفع لي ذلك الخيش؛ لأنه لا قدر له عندهم وأنا أنتفع بثمنه. (قال): فاستحمقتني وقال: وأي قدر لهذا الخيش؟ ردوه عليه، فسُلِّم إلي بأسره. ففتحته وأخذت منه المائة ألف دينار ما ضاع منها دينار واحد، وأخذت من الخيش ما احتجت إليه، وبعت باقيه بجملة وافرة، وقلت في نفسي: إنه قد بقيت لي بقية إقبال جيدة.

نوادر من كتاب نوادر مخطوط

أكل السم والحيات

إن الحمَل الشاعر كان صاحب نادرة، فرآه صديق له يأكل سمنًا فقال له: يا ابن عبد الله، لا تأكل السمن؛ فإنه سم زِيدَتْ فيه نون. فقال له: وينبغي لك أن تأكل الحية؛ لأنها حياة سقط منها الألف.

الفضولي المخذول

ويُحْكَى أن رجلًا صادف جاريةً ومعها طبق مغطى، فقال لها: يا جارية، ما في هذا الطبق؟ فقالت: والله يا سيدي، ما غطيناه إلا حتى لا يعرف فضولي مثلك ما فيه!

الأسماء الحصينة

من نوادر الأعراب ما أُخبر عن رجل منهم، أنه وقف على قوم فسأل عن أسمائهم، فقال أحدهم: اسمي مُحرز. وقال آخر: اسمي وثيق. وقال آخر: اسمي منيع. وقال آخر: اسمي ثابت. فقال الأعرابي: ويحكم، والله ما أظن الأقفال عُمِلَتْ إلا من أسمائكم.

اللص المُسْتَخْدَمُ

دخل لص إلى دار وصاحبها منتبه، فلم يجد في البيت شيئًا، فلما خرج قال له صاحب الدار: رد الباب من البرد. فقال اللص: إي والله، من كثرة ما أخذتُ لك تستخدمني.

اللص السكران

وقيل إن صاحب الشرطة أُتي بلص، وقالوا: هذا وجدناه سرق جملًا. فقلت له: فعلتَ ذلك؟ فقال: كنت سكران وقد حملني عليه. فقال له: لمَ لا سرقتَ كلبًا؟ قال: خشيت أن يعضني. فضحك منه وتركه.

الصبي المتأنق في أكله

قال بعضهم: رأيت بالكوفة صبيًّا ومعه قرصة، وهو يكسر لقمةً، ويدخلها إلى شق في حائط يخرج منه دخان ويأكلها، (قال): فبقيت أتعجب منه إذ وقف عليه أبوه يسأله عن خبره. فقال الصبي: هؤلاء (وأشار إلى أصحابِ الحائط) قد طبخوا سكباجة حامضة كثيرة التوابل فأنا أتأدم برائحتها، (قال):

فصفعه أبوه صفعة كاد يقلع بها رأسه، وقال له: ويحك! أتريد أن تعود نفسك من اليوم أن لا تأكل الخبز إلا بأدم.

الدعاء الصالح

قيل لرجل اشتكى عينيه: بماذا تداويهما؟ قال: بدعاء الوالدة — أبقاها الله — الكثيرة الصوم والعبادة. فقيل له: منذ كم تشتكي عينيك؟ قال: منذ سنة. فقال له صديق: أحب أن تخلط مع دعاء الوالدة قليلًا من العنزروت، فإنه أسرع للإجابة.

الصوفي المجاب الدعوة

حُكِيَ أن بعض الصوفيين حمل يومًا على رأسه حنطةً، وأتى بها طحانًا ليطحنها لعياله، فقال له الطحان: أنا مشغول. فقال: اطحنها وإلا دعوتُ عليك وعلى حمارك ورحالك فيبطل. قال: أوَأنت مُجاب الدعوة؟ قال: نعم. قال: فادعُ الله أن يصيِّر حنطتك دقيقًا، فهو أنفع لك وأسلم لدينك.

المغفل واللصوص

اجتاز بهلول بسوق البزازين، فرأى الناس اجتمعوا على باب ينظرون إلى نُقب قد نُقب على بعضهم، فاطلع على النقب ثم قال: ويحكم! ألا تعلمون ذا عمل من؟ قالوا: لا. قال: فإني أعلم من هو. فقال الناس: هذا بهلول يرى اللصوص بالليل ولا يتحاشونه، فأنعموا له القول لعله يخبر بذلك. فسألوه أن يُخبر فقال: إني جائع، فهاتوا أربعة أرطال رقاق ورأسين. فأحضروا له ذلك وأكل، فلما استوفاه قال: أشتهي فالوذجًا. فأحضروا له رطلي فالوذج فأكله وفرغ منه، وقام وتأمل النقب ثم قال: أوَصحيح أنكم لا تعلمون؟ قالوا: لا. قال: هو من عمل اللصوص، وعدا.

المتنبئ النازل عن رتبته

وقيل ادعى رجل النبوة، فأمر الحاكم بضرب عنقه، فلما حضر السياف ولم يَبْقَ إلا أن يُضرب قال: لِمَ تقتلوني؟ قيل له: لأنك تدَّعي النبوة. فقال: لستُ مدَّعيها. قيل له: فأي شيء أنت؟ قال: صِدِّيق. قال الحاكم: اضربوه بالسياط، فلما أحضروا السياط ليضربوه قال: لأي شيء تضربوني؟ قيل له: لأنك تدعي أنك صدِّيق. قال: لا أدعي ذلك. قيل له: فمن أنت؟ قال: من التابعين. فقال الحاكم: اضربوه بالدرة وعزروه. فلما أرادوا ذلك قال: ولِمَ؟ قيل له: لادعائك ما ليس لك. فقال: ويحكم! من ساعة كنتُ نبيًّا، أتريدون أن تجعلوني في ساعة واحدة من آحاد الناس، وتحطوني من النبوة إلى منزلة العوام؟! أمهلوني إلى الغد أصير معكم إلى ما شئتم، فضحكوا وأطلقوا سبيله.

الدينار المفرِّخ

ومن نوادر أشعب أن جارية أودعت عنده دينارًا، فقال لها: دعيه تحت الفراش. فلما مضت وضع معه درهمًا، ثم جاءته بعد ذلك، وطلبت منه الدينار، فقال لها: خذيه بيدك من موضع وضعتِيه — وضَعتِهِ. فمدت يدها لتأخذه فوجدت معه الدرهم فقالت: ما هذا؟ قال: «يا جارية، لا أستحل لك شيئًا، هو دينارك ولد عندنا درهمًا، فخذيه وولده، وإن تركته فهو قد استأنس بالمكان، ويلد كل يوم درهمًا.» فتركته وذهبت، فأخذه، فجاءت له بعد ذلك تطلبه، فتلقاها بالبكاء، فقالت له: ما القضية؟ قال: مات دينارك في النفاس. قالت: ويحك! الدينار يموت؟! قال: ويحكِ! تصدقين بالولادة ولا تصدقين بالموت؟!

السائل الثقيل

ويُحْكَى أن بعضهم وقع من دابة فانصدعت رجله، فجعل الناس يدخلون عليه للسلام، ويسألونه: كيف وقعتَ؟ فلما أكثروا عليه وضجر كتب قصته في رقعة، وطرحها بين يديه، فكان إذا دخل عليه عابر وسأله عن سبب وقوعه دفع إليه القصة المكتوبة، فدخل عليه فيمن دخل بعد ذلك رجل، فسأله عن حاله فأعطاه القصة، فشرع يسأله، فقال: إنما كتبناها لأجل ترك الكلام. فجعل يلومه على عدم تحرزه عن الوقوع. فقال: حتى نستريح ها نحن نجيب عن هذه الأسئلة على الحاشية، ودعنا من إلحاحك.

العطف بعد التصغير

عمل بعض النحويين كتابًا في التصغير، وأهداه إلى رئيس كان يختلف إليه، فنقَّص عطيته، فصنف كتابًا في العطف وأهداه إليه، وكتب معه: رأيت باب التصغير وأهديته إلى الرئيس فصغرني، وأرجو أن يعطفه عليَّ بابُ العطف.

القالي وكتاب الجمهرة

حدَّث يحيى بن علي السريري قال: كان للقالي اللغوي نسخة من الجمهرة بخط حسن، فدعته الحاجة إلى بيعها، فاشتراها الشريف المرتضي بستين دينارًا، وتصفحها فوجد في أثنائها مكتوبًا بخط القالي:

أنستُ بها عشرين حولًا وبعتُها
فقد طال وجدي بعدها وحنيني
وما كان عندي أنني سأبيعها
ولو خلدتني في السجون ديوني
ولكن لضعفٍ وافتقارٍ وصبيةٍ
صغار عليهم تستهلُ عيوني
فقلتُ ولم أملك سوى فيض عبرة
مقالة مكويٍّ الفؤاد حزين

وقد تحوج الحاجات يا أم مالك
كرائم من ربٍّ بهن مثين (كذا)

(قال): فأمر الشريف المرتضي وكيله بحمل النسخة إلى القالي وإبقاء الثمن له.

أثرٌ بعد عين

وحكى إبراهيم بن المهدي قال: قدم المأمون مدينة السلام من خراسان فأمن الناس غيري، فتواريت واختليت اختلاءً شديدًا، فقالت لي عجوز من الأزد وكانت تخدمني: سأحتال لك في أن يصل إليك مال. فركبت زورقًا فلما جاءت المأمون في قصره صاحت: صاحبة نصيحة. فأمر بها فأُدخلت عليه، فقالت له: إن دللتك يا أمير المؤمنين على إبراهيم المهدي فما تجعل لي؟ قال: مائة ألف درهم. قالت: وجه معي رسولًا، وادفع إليه ألف دينار، ومُرهُ أن يدفعها إليَّ عندما أريه وجه إبراهيم، فوجه المأمون حسين الخادم ودفع إليه الدنانير، وأمره بما قالت، فجاءت مع حسين الخادم حتى دخلت مسجدًا فيه صندوق فاتت بحمال فحمله، فجعلت تطوف به في الأسواق والشطوط فمرةً يسمع صوت الباعة ومرة صوت الملاحين، فلما أظلم الليل أدخلته دارًا، وفتحت عنه فإذا بمجلس عظيم في صدره إبراهيم بن المهدي يشرب، وبين يديه جوار يغنّين، فانكب حسين على رجل إبراهيم يقبلها، فسأله إبراهيم عن المأمون، وتناولت منه المرأة الدنانير. قال له إبراهيم: كل عندي لقمةً، واشرب عندي قدحًا، وتحمل عني رسالةً، وامض محفوظًا. قال: أفعل. فقدم إليه طعامًا فأكل ثم سُقي شرابًا فيه بنج فشربه فسكر، وأُدخل الصندوق وأُقفل عليه، وحُمل حتى أتِيَ باب العامة، فلما أصبح الناس رأوا الصندوق ليس معه أحد، فأنهوا خبره إلى صاحب الحرس، فكتب الخبر إلى المأمون، فأحضر وفتح فإذا حسين الخادم مسبوت، فعولج حتى أفاق. فقال له المأمون: رأيت إبراهيم؟ قال: إي والله. قال: أين هو؟ قال: لا أدري. وحدثه بالقصة، فقال المأمون: خُدِعنا والله وذهب المال. قال إبراهيم: فتفرجت بالألف دينار مُديدةً.

نوادر من كتاب المختار في كشف الأسرار

القرد المسحور

«قال الجوبري»: رأيت بخراسان — ويُروى: بحرَّان — سنة (٦١٣هـ/١٢١٧م) رجلًا من بني ساسان أخذ قردًا وعلمه السلام على الناس والتسبيح والسواك والبكاء، ثم رأيت من هذا القرد من الناموس ما لا يقدر عليه أحد من الناس، فإذا كان يوم الجمعة جاء عبد هندي لطيف الملبوس حسن الشمائل إلى الجامع ومعه سجادة حسنة فيفرشها عند المحراب، فإذا كانت الساعة الرابعة جاء القرد بملبوس عظيم من ملابس الملوك وفي وسطه حياصة ذهب مرصعة بأنواع الجواهر، وقد طيبه بأنواع الطيب، وأركبه بغلةً بقماش فاخر وركابات محلاة بالذهب، ثم يمشي في خدمته ثلاثة عبيد هنود بأفخر ما يكون من الملبوس، الواحد يحمل وطاءه، والثاني تاسومتَهُ — ويُروى: سرموزته — والثالث يمشي قدامه كالحاجب له. وهذا القرد لا يمر على أحد إلا سلم عليه طول الطريق.

فإذا وصل إلى باب الجامع نزل، فيقدمون له التاسومة — السرموزة — فيلبسها ثم يعضده العبد إلى أن يصل إلى الموضع الذي فيه السجادة، وهو مطرق بالهيبة والسكون، وكل من سأل عنه يقال له: هذا ابن الملك الفلاني من أكبر ملوك الهند وهو مسحور، ثم يفرش له العبد الوطاء فوق السجَّادة، ويحط له مسبحة وسواكًا، فيقلع القرد بيده منديلًا من وسطه من الحياصة ويضعه قدامه، ثم يتناول المسواك فيستاك به، ويصلي ركعتين تحية المسجد، ثم يأخذ المسبحة ويسبح.

فإذا فعل ذلك قام العبد الكبير وسلم على الناس، وقال: يا أصحابنا، من أصبح معافًى فليشكر الله على ما أنعم عليه، واعلموا أن بني آدم هدف للبلايا، فمن ابتُلي فليصبر ومن عوفي فليشكر، واعلموا أن هذا القرد الذي ترونه بينكم لم يكن والله في زمانه أحسن منه شبابًا، وهو ابن الملك الفلاني صاحب الجزيرة الفلانية، فسبحان من سلب منه الحسن والملك، ومع ذلك فإنه لم يُرَ في الناس أرحم منه قلبًا ولا أروع منه، وإنما هذه الدنيا كثيرة المحن، فكان من القضاء المقدور أن أباه زوجه بابنة الملك الفلاني، فأقامت معه كذا وكذا سنةً، ثم نقلوا إليها أنه عشق غيرها، فهربت إلى بيت أهلها، ولما حصلت عند أمها سحرته أمها، فصار قردًا كما ترون. فلما علم والده بذلك أمر السحرة والأطباء والحكماء أن يردوه إلى صورته، فعجزوا عن ذلك فأمر بإخراجه من الإقليم لما لحقه من العار بين الملوك، وقد سألنا زوجته فيه غير مرة أن تعيده إلى حالته الأولى فامتنعت، وقالت إنها تركت عنده أثاثًا قيمته مائة ألف دينار، وحلفت لا ترده إلى صورته إلا بها، وقد درنا به البلاد، وتعصبت له الملوك والتجار، فجمعنا له تسعين ألف دينار وبقي عشرة آلاف دينار، فمن يساعده بشيء من ذلك ويعينه على ما قُضي عليه ويرحم هذا الذي عدم شبابه وملكه وأهله ووطنه؟ فإذا سمع القرد ذلك وضع المنديل على وجهه وبكى أمرَّ بكاء بدموع كالمطر، فترق له القلوب، وما من الحاضرين إلا ومن يردفه بشيء، فما يخرج من الجامع إلا بشيء كثير، وهم يدورون به البلاد على هذه الصفة، فاعلم ذلك.

المكدي المحتال

«قال الجوبري»: ومن ذلك أني كنت في قونية من بلاد الروم سنة (٦١٦هـ/١٢٢٠م)، فمررت في بعض الشوارع، فرأيت إنسانًا عليه ثياب خلقة، وهو ملقًى على جنبه، ورأسه معصب بخرقة، وهو يئن أنين الضعيف، ويقول: من يقضي شهوتي برمانة؟ فلما نظرت إليه قلت: وعزة الله، من بني ساسان، ولا بد ما أبصر ماذا ينتهي إليه أمره. فجلست قريبًا منه بحيث أراه ولا يراني، فصارت الدراهم تتساقط عليه مع القطع والفلوس والخبز وغيره، فلم يزل كذلك إلى وقت القائلة حتى خفت الناس عنه الرائح والجائي، فلما رأى ذلك التفت يمينًا وشمالاً فلم يَرَ أحدًا، فوثب مثل البعير المنشط إذا فُكَّ من عقاله، وجعل يخترق الأزقة والشوارع وأنا خلفه، إلى أن انتهى إلى زقاق غير نافذ أمام باب دار حسنة البنيان بمساطب وفانوس معلق، فرقي العتب وطرق الباب، ففتح له وهمَّ بالعبور فأدركته وقلت: السلام عليك. فقال: وعليك السلام، من تكون؟ فقلت: ضيف. فقال: مرحبًا بالضيف. ثم أخذ بيدي وقال: خير مُقدم، ادخل. فدخلت قاعة واسعة فيها من البسط والفرش والمساند واللحف ما لا يوجد إلا عند الأكابر من أبناء الدنيا، فقال لي: اصعد. فصعدت على طراحة حسنة، وأما صاحبي فإنه رمى من رقبته مزودًا فيه مقدار عشرة أرطال خبز، وفيه دراهم وفلوس شيء كثير، ثم شد وسطه بفوطة تساوي دينارين، وخلع ذلك الخلق، فقدمت له الجارية ماء سخينًا وطشتًا ليتغسل، ثم لبس بدلة قماش فاخرة، وشم ماء ورد ممسَّكًا وتطيب، فرأيت له شعرًا طويلًا، وطلع فجلس إلى جانبي، وقال لي: والله هذا نهار مبارك برؤيتك. فقلت: بارك الله فيك وأعانك على ما أنت بصدده. ثم قال: يا حرير — وهو اسم جاريته — هاتي ما عندك برسم ضيفنا. فما أدري إلا والجارية قد أحضرت مائدة عليها أربع زبادي صيني، في كل واحدة لون فاخر طعام خاص وخبز خاص وبقل من جميع البقول، ثم أحضرت سكُردانًا عليه حرِّيف ومالح وحامض، فصار يأكل ويلقمني ويؤانسني بالحديث، وأنا أعمل باليدين، إلى أن اكتفينا، وغسلنا أيدينا، فقال لي: إليك المعذرة، جئتنا على غير وعد، لكن الكريم يسامح. ثم تحدثنا ساعة، ونادى: يا حرير، هاتي لنا ما نتحلى به، فأحضرت أنواعًا من الحلوى لم تحصل إلا عند الأغنياء الكبار، فأكلنا منها حسب الكفاية.

هذا وأنا في غاية التعجب ثم قلت له: لو فتحت لك دكان بزلكان — ويُروى: بزاركان — لكان خيرًا لك من هذه الحرفة التي تعانيها، فتبسم ثم قال لي: كم يكون مكسب التاجر كل يوم لو كان رأس ماله خمسة آلاف دينار؟ قلت: لعله يكسب نصف دينار. فقال: أنا يقع لي كل يوم خمسة عشر درهمًا وأكثر وأقل فائدة بغير رأس مال، فماذا أصنع بالدكان؟! مع أن التاجر لا يخلو من الخسارة في بعض الأوقات، وعليه كلَف، أما أنا فربح بلا خسارة. فقلت له: ماذا تصنع بالخبز الذي يصل لك كل يوم؟ قال: نُيَبِّسهُ ونعمله فتيتًا، فتجيء تجار أنطاكية يشترونه لسفر المراكب في البحر المالح، فيحصل لنا منه كل سنة مئونة أهل البيت وكسوتهم. فتعجبت من ذلك.

ثم قال لي بعد ذلك: وما تقول في الخمر؟ أتستعمل شيئًا منها؟ قلت: أرضى بها وبكل ما ينتهي إليها. فنادى الجارية بإحضار المدام، فأحضرت سفرته وآنيته وأحضرت شرابًا عتيقًا لم أشرب منه إلا عند الأكابر والرؤساء، فشربنا ثم قال: يا حرير، خلي أختكِ تنزل فتطيب عيشنا. فنزلت جارية من أحسن ما يكون من الجواري ومعها عود، فلعبت به ساعة ثم ألقته وأخذت الجنك، فضربت عليه ساعة، ولم تَزَلْ تبدِّل الملاهي حتى انتصف الليل، فلما أردنا النوم قال: والك يا فلانة، افرشي

لسيدك في المخدع الفلاني، وأوقدي له قنديلًا، ثم أتتني بطشت ومنشفة فاغتسلت ثم نمت، ولم أزل نائمًا إلى بكرة النهار، فانتبهت، فإذا به قد دخل علي وقال لي: يا سيدي، الضيافة ثلاثة أيام، فلا تبرح من مكانك حتى أعود إليك، ثم قال للجارية: هاتي العدة. فأتته بذلك الخلق والمزود والعصابة فعصب رأسه، وخبأ شعره ولبس ذلك الخلق، ثم أتته بمخلاة فيها تراب، فجعل ينفض عليه حتى غبَّر وجهه وثيابه، ثم إنه ودعني وخرج.

ولم تزل الجارية تتفقدني بالشراب الطيب والطيبات من المآكل إلى وقت الظهر، فإذا به قد جاء وفعل كما فعل بالأمس، فأقمت عنده إلى يوم الجمعة، فقال للجارية: خذي سيدك إلى الحمام وقولي لفلان البلّان: سيدي يسلم عليك ويقول لك: اخدم هذا الرجل. ثم قال لي: أريد منك أن لا تصلي اليوم إلا عند المنبر فإن لي في ذلك غرضًا، ثم تعود بعد الصلاة إلى ها هنا. ثم لبس آلته وخرج.

فقامت الجارية وأخذت بساطًا اقصرابيًّا (كذا) وطاسات نحاس وكُفتًا ومئزرًا ملطيًّا ومناشف رومية في نهاية الحسن، مبخَّرة مطبقة، وعبت آلة الحمام كما ينبغي، وراحت بها إلى الحمام، ثم عادت إليَّ وقالت لي: بسم الله، يا سيدي، أسرع فإن البلان في انتظارك. فقمت إلى الحمام وخلعت قماشي، ودخلت والبلان قدامي إلى المقصورة، فخدمني أحسن خدمة، ثم جاءني بالمناشف فتنشفت، وخرج خلفي بالطاسة، فصعدت وجلست، وصب الماء على رجلي، ثم جاءتني الجارية بقدح شراب فشربته، ورجعت إلى الدار والجارية قدامي، ثم جاءتني بمسلوق فأكلت.

فلما جاء وقت الصلاة قالت لي الجارية: بسم الله إلى الجامع. ثم حملت معي سجادتي، وخرجنا إلى الجامع، فبسطتُ سجادتي تحت المنبر كما قال لي صاحبي، وفي أثناء ذلك أذّن المؤذن وخرج الخطيب ورقي المنبر، فلم أشعر إلا وصاحبي قد أقبل يخرق الصفوف، وهو بذلك الخلق، ثم صعد إلى الخطيب على المنبر وأخرج من عُبِّه كيسًا من الحرير الأطلس المعدني، فقال للخطيب: يا سيدي، أنا رجل فقير ولي عائلة، ووالله، لنا يومان ما أكلنا شيئًا وقد مضَّنا الفقر. فلما كان اليوم قالت لي العائلة: اليوم يوم الجمعة، قم إلى الجامع لعل الله يفتح لك بشيء فقد هلكنا من الجوع. فخرجت طالبًا الجامع وأنا في الشارع الفلاني وقد تضورت من الجوع إذ عثرت رجلي بهذا الكيس ولا أعلم ما فيه، فسولت لي نفسي أن آخذه وأرجع إلى منزلي فقلت: يا نفس، يا ملعونة، تريدين أن تجرّئيني على أكل الحرام، والله لا وافقتك في ذلك أبدًا ولو مت جوعًا، وما عند الله خير وأبقى، وقد حملته إليك فافعل به ما ترى.

ثم دفع الكيس للخطيب ففتحه، وإذا فيه حلي تساوي خمسمائة دينار، فتعجب الخطيب من أمانته مع ما هو فيه من الفقر والحاجة، ثم أشار إلى الناس وقال: يا قوم، هل يكون في الوجود مثل هذا في دينه وأمانته وعفته مع فقره! فكيف يكون لو كان غنيًّا غير محتاج، فوالله مثل هذا لا يصلح أن يكون فقيرًا بين ظهور المسلمين، فالواجب على كل مسلم إعانته وبره، فليعطه كل واحد منكم شيئًا، وأغنوا فقره، كلٌ على قدره، فصارت الدراهم وقطع الذهب تنهال عليه من كل جهة إلى أن قدرت أنه حصل له مائتا دينار. هذا وأنا ألومه في نفسي وأقول: قد حصل له شيء يساوي ألف دينار فباعه بهذا القدر!

فلما انقضت الصلاة ونحن في السنّة سمعت الضجة قد قامت في الجامع، فنظرتُ وإذا بامرأة عجوز، وهي تصيح وتقول: يا مسلمون، والله ما أملك قوتي في هذا اليوم، وقد ضاع لي حلي حملته من ناس إلى ناس فوقع مني. فبلغني أنه وصل إلى الخطيب، وأنا مستجيرة بالله — تعالى — وبه، فجعل الناس يقولون لها: طيبي خاطرك، فقد رده الله إليك. ولم تزل تخترق الصفوف حتى وصلت إلى الخطيب، فخرَّت مغشيًّا عليها، ثم أفاقت فقالت: يا مولاي، العفو لا تؤاخذني، وارحمني لله — تعالى. فقال لها الخطيب: على مهلك، ما الذي عُدم منك؟ فقالت: كيس صفته كذا، وشرابته كذا، وفيه كيت وكيت من الحلي، وكذا قطعة بلخش، وأسورة كذا، وخواتم كذا. ولم تَزَلْ تعدد الأعيان التي ضمنه بحضور الملأ وقدام جماعة من العدول، وكلما ذكرت شيئًا أخرجه الخطيب، إلى أن وصفت جميع ما فيه، وصح ما قالت، فسلم إليها الكيس، فأخذته وانصرفت، والخلق يدعون لصاحبي ويتعجبون من دينه وأمانته.

ثم إني جئت إلى الدار كما أوصاني، فوجدته جالسًا يزن ما تحصل له، وإذا به مقدار ما قدرته في خاطري، فلما دخلت وجلست قال لي: هل رأيت ما فعلت اليوم؟ قلت: نعم، وأنا ألومك على ذلك. قال: لمَ؟ قلت: لأنه كان قد حصل لك شيء يساوي خمسمائة دينار فبدلته بهذا القدر. فقال: هل تعرف الكيس والمرأة التي أخذته؟ قلت: إذا أبصرتهما عرفتهما. فقال: يا حرير، خلي العجوز تجيء بالكيس. فنزلت والكيس في يدها. فقال: هذا الكيس، وهذه العجوز حماتي، والحلي لابنتها، وأنا الذي سيَّرتها بهذه الحيلة، فلو أقمت طول النهار كم كان يحصل لي؟ فلما أن وعيت ذلك تعجبتُ منه كل العجب، ثم انصرفت من عنده، وأنا ألعن صنعة المحتالين ومكايدهم.

الدمشقي المغفل

(قال): ومن ذلك أني رأيتُ بمدينة دمشق رجلًا نصرانيًّا يُعرف بابن ميسرة صائغًا، فبينما هو يومًا في الدكان إذ أتى إليه رجل وناوله سبيكة فضة مقدارها ثلاثمائة درهم وقال له: ادفع هذه السبيكة للدلالين ليبيعوها لي. فقال الصائغ: على الحِمى تبيع؟ قال: وعلى الروباص. فأعطاها لمنادٍ فباعها المائة بمائة وعشرة. هذا وقد أقعده الصائغ على الدكان إلى جانبه، فلما قبض الثمن دفع للمنادي أجرةً وافرة، ثم رمى بخمسة دراهم وقال للصائغ: أرسل أحد صبيانك؛ ليشتري لنا شيئًا نتملح به. وحلف بالحرم إنه لا بد أن يفعل ذلك. فأرسل من اشترى، وأكلوا، ثم جلسا ساعة يتحدثان، ثم قام ونزل من الدكان وقد وضع تحت نطع الصائغ عشرة دراهم.

ثم إنه عاد بعد مدة، وصعد فجلس على دكان الصائغ ففرح به وتحدثا ساعة، ثم أطلع سبيكة أكبر من الأولى، فدفعها للمنادي، فجاءت المائة بمائة وخمسة عشر، فالتفت إلى الصائغ وقال له: إن كان لك بها حاجة فخذها وزنًا بوزن. فأخذها ثم عمل كالمرة الأولى فمنعه عن ذلك وقال: يا فلان، أيش تخاف علي؟ هذه المائة تقوم عليَّ بدرهم أو درهم ونصف فما عسى أن يروح منها؟ فلما سمع الصائغ عظم الشيخ في نفسه. ثم انصرف وغاب أيامًا، ثم جاء ولم يصحب معه سبيكة، فسلم وصعد وجلسا يتحدثان، وصار كلما مر شيء من الحلوى أو من المآكل قال: حط، زنْ. فيشتري ويأكل هو والصائغ وكل من في الدكان والجيران، وأقام أيامًا يتردد، ولم يصحب معه شَيئًا من السبائك، فسأله الصائغ عن سبب تأخير السبائك، فقال: والله، كنت قد عملت إكسيرًا ففرغ. فلما سمع الصائغ ارتبط

ثم تحدث معه ساعة، فقال له الصائغ: أشتهي أن تأكل معي في بيتي خبزًا وملحًا لتجبر قلبي. فقال: أنا ما أريد أن أكلفك. فأقسم عليه، فقال: إن كان لا بد منه فهذه عشرون درهمًا، اعمل لنا بها شيئًا نأكله، والتزم بالحرام إنه لا بد من ذلك. ثم تواعدا إلى يوم معلوم.

فلما كان ذلك اليوم، جاء الرجل إلى الدكان فوجد ابن الصائغ ينتظره فأخذه وتوجه به إلى الدار، فلما استقر بهما الجلوس قدم الصائغ شيئًا فأكلاه، ثم أحضر حلوى فتحليا، ثم جلسا يتحدثان، فقال الصائغ: لِمَ لا تعمل الإكسير؟ فقال: يا ولدي، إن عندي الساعة ما أنفقه فلست أنا محتاجًا إلى عمله. ثم لم أجد في هذه البلدة مكانًا ولا صاحبًا أركن إليه، وأنا وحدي لا أقدر أن أدبر شيئًا. فقال له الصائغ: يا سيدي هذه القاعة ملكي، وما لي فيها أهل، وإنما هي برسم صاحب أو صديق، فأخليها لك، وأنا أخدمك وابني يكون في الدكان، ومهما احتجت إليه أنا أحضره لك. فقال: «أما الإكسير فما نصرف عليه أكثر من عشرة دراهم، وإذا صار الإكسير نعمل منه قناطير إلا أنه يريد تعبًا كثيرًا وطول روح، وأنا اليوم ما لي همة للعمل، وعندي ما أنفقه عشرين سنة.» وصار يمتنع وصاحب البيت يسأله ويتضرع إليه ويحلف عليه أن يبيت عنده تلك الليلة، ولم يزل ملحًا عليه حتى رضي وتقرر الحال معه، ثم تحالفا على وفاء العهد، وزاد الصائغ أنه يقنع من الإكسير باليسير، فقال له الشيخ: بل إنما أقنع منه بمثقال، وخذ أنت الباقي. ففرح الصائغ بكلامه، وطمع أن يتعلم الإكسير، ثم توافقا على يوم معلوم وتفرقا.

ولما كان اليوم الموعود، اشترى الشيخ الحوائج، ولم يكلف الصائغ بشيء، فلما سحق من الحوائج ما يمكن سحقه منها ونقع ما يُنقع، قال للصائغ: أتريد أن تعمل إكسير ذهب أو فضة؟ قال: من هذا شيئًا ومن هذا شيئًا. فقال: اقسم هذه الحوائج نصفين، ثم هات ما أمكنك من الفضة والذهب حتى ننقعهما في الماء أسبوعًا ثم نسقي بهما هذه الأدوية. فأحضر له الصائغ ستمائة دينار ذهبًا وألفًا وخمسمائة درهم فضة، ووضع ذلك بين يديه، فصرَّ ذلك في صرتين ووضعهما في إنائين وسكب عليهما ماءً، ثم أقاموا سبعة أيام يخدمون تلك الحوائج، ثم قال للنصراني: اطلع إلى جبل المزة، اجمع لنا من الحصا الذي يُعرف ببزاق القمر مقدار رطل واحد، فقام الصائغ وتوجه إلى الجبل، وعمد الرجل إلى الصرتين، فأخذ ما كان فيهما ووضع في إحداهما فلوسًا ونحاسًا وفي الأخرى رصاصًا، فلما جاء الصائغ بالذي طُلِبَ منه قال له: هذا يريد يتكلس في أتون الزجاج ليلة كاملة ثم يُخدم نصفه بماء الذهب ونصفه بماء الفضة، فإذا تكلس اقسمه ثم اخدمه، وخرج لصلاة الجمعة فاستقبل الدرب ولم يطلع له خبر.

فأقام الصائغ ينتظره مدة ولم يفتح صرة الذهب ولا الفضة، فقال له ابنه: لا يكون أخذ الذهب والفضة وراح. فقال الصائغ: ما أجهلك وحق المسيح، إنه يقدر أن يجمع خزائن أموال فكيف هو محتاج إلى ذهبنا! فقال له ابنه: كن عاقلًا وافتقد الذهب وخلِّ عنك الطمع. فلم يفعل، وقال: أنت قصدك أن تفسد علينا الشغل. فعاوده ابنه في ذلك فلم يفعل، فقام ابنه خفية وفتح صرة الذهب فوجدها فلوسًا وكذلك الفضة رصاصًا، فلطما الرءوس حتى ذهبت منهما النفوس. فانظر إلى هذا الدهاء والمكر.

العجمي والملك العادل نور الدين

ومن أعظم ما وقفتُ عليه، وأظرف ما جرى للسلطان الملك العادل نور الدين بن زنكي — رحمه الله — وهو حديث يصلح أن يُكْتَبَ بماء الذهب، وذلك أن بعض الأعاجم جاء إلى دمشق، فأخذ ألف دينار مصرية فبردها برادةً ناعمة، ثم أخذ دق الفحم وأضاف إليه عقاقير مجمعة، وطحن الجميع وعجنه بغراء السمك، ثم جعله بنادق وجففها تجفيفًا ناعمًا، ثم لبس دلقًا وتزيًّا بزي الفقراء، وجعل تلك البنادق في مخلاة، ثم أتى إلى بعض العطارين فقال له: أتشتري مني هذا؟ فقال له العطار: ولأي شيء ينفع هذا؟، قال: ينفع من السموم القاتلة، ويدخل بجميع الأدوية التي تنفع للأخلاط، وله نفع عظيم غير هذا، ولولا أني قد أدركني الحج وما أقدر على حمله ما بعته، فإنه يساوي الذهب وزنًا بوزن عند من يعرفه، فقال العطار: وبكم هو؟ فقال: بعشرة دراهم. فاتفقا على خمسة دراهم، فأخذ العجمي الدراهم، وجعل العطار الطبرمك الخراساني في علبة عتيقة. فانظر إلى هذا الرجل ما أجسره؛ باع ألف دينار بخمسة دراهم، لقد قالوا في المثل: من خاطر بنفيس ظفر بنفيس.

فلما انفصل من عند العطار جاء إلى منزله، ولبس أحسن ما يكون من ملابس الوزراء والملوك، وجعل خلفه مملوكًا، واكترى دارًا حسنة تصلح للوزراء، وصار يخرج إلى الجامع، ويتعرف بالأكابر من أهل البلد، ويعمل السماعات ويصرف جملةً في كل ليلة، ويدعي الوصول في علم الصناعة — أي الكيميا — وأنه يقدر يعمل في يوم واحد جملةً من المال.

وشاع ذلك عنه في دمشق، فسأله الكبراء أن يعمل عندهم فامتنع، وقال: «ما أنا محتاج إلى أحد؛ فإني في يوم واحد أعمل بمقدار نعمة من يريد أن أعمل عنده، فإن كان لأجل مُلك أو بستان فأنا أقدر أشتري عشرة بساتين ومثلها دورًا، وإن كان لأجل جاه فأنا ما أعمل شيئًا عليَّ دركُهُ فإن الذي أعمله ما فيه غش ولا زغل حتى أطلب فيه جاه أحد، هذه صنعة إلهية، وقد آليت على نفسي أن لا أعمل بها إلا لملك بعد أن يعاهدني أنه لا ينفق منه شيئًا إلا في سبيل الله، فإن حصل هذا الشرط عملت، وإلا فلا سبيل لعمل شيء على غير هذا الوجه.»

فلما سمع الوزير ذلك قال: والله، هذه سعادة للمسلمين وللسلطان، والآن هذه البلاد كلها للفرنج إلى بانياس، وكل يوم تصل الغارات إلى ديارنا — ويُروى: إلى داريًّا — فإذا عمل شيئًا نفتح به البلاد فهذه نعمة عظيمة. ثم قال للرجل: أعرِّف السلطان بالأمر؟ قال: نعم، لكني أريد أن لا تجمع بيني وبينه إلا بعد أن تستوثق منه باليمين، فقال: نعم.

ثم ركب الوزير من الغد إلى الخدمة فخلا بالسلطان، وعرفه بأمر العجمي، فقال: والله، إن لي أيامًا أفكر في شيء يكون فيه قَلْع هؤلاء الملاعين من هذه البلاد، ثم رسم للوزير بإحضاره في غاية الكرامة، فأحضر له بغلة خاصة، ثم دخل على السلطان وقبَّل الأرض لدى الحضرة الشريفة، فأجلسه السلطان وأكرمه وحادثه، ثم قال له: أصحيح ما قال الوزير عنك؟ فقال: نعم يا مولانا السلطان، لكن على الشرط الذي تقرر مع الوزير. فقال السلطان: قبلنا بالشرط. ثم قال العجمي: يا مولانا، إن جميع من يدَّعون الصناعة كذابون دكاكون، وأنا شرطي معكم أني لا أمس شيئًا بيدي بل أكون بعيدًا وأقول: افعلوا كذا وكذا، ومولانا السلطان يفعل بيده أو يأمر من يفعل بحضوره. فقال السلطان: رضينا أيضًا بهذا الشرط.

فأخذ العجمي ورقة، وكتب فيها أسماء الحوائج، وذكر أجزاء من عقاقير شتى، ثم قال: ومن الطبرمك الخراساني مائة مثقال. ثم دفع الورقة إلى استدار السلطان، فقال السلطان للوزير: أحضر هذه الحوائج. فأحضر الوزير جميع الحوائج وعجز عن الطبرمك الخراساني فلم يجده، فقال: إنه ما يوجد إلا في البيمارستان. فقال السلطان: اطلبوه من البيمارستان والحكماء. فطلبوه فلم يجدوه، فقال السلطان للعجمي: أليس شيء يغني عن الطبرمك؟ قال: لا، ولكن ما أظن أن دمشق تخلو من هذا العقار، والذي أراه أن مولانا يرسم للمحتسب أن يركب في الغد والمملوك في خدمته ومعنا شاهدان من العدول وندور على دكاكين العطارين الذين بالمدينة فنفتشها دكانًا دكانًا، فلعلنا نجد عند أحد شيئًا منه. فقال: الوزير: رأي مليح حسن. وكان المحتسب يقال له القائد، فأرسلوا إلى القائد أن يفعل ذلك.

فلما كان الغد ركب الوزير والعجمي والقائد والعدول، وسبروا الدكاكين دكانًا دكانًا حتى انتهوا إلى دكان العطار الذي باعه العجمي الطبرمك، فجعل صاحب الدكان يقدم لهم برنية بعد برنية حتى أتاهم بالبرنية التي فيها الدكة التي باعها من العجمي وسماه بالطبرمك الخراساني، فلما رآها العجمي تهلل وجهه بالفرح، واشتراها منه بشيء يسير، ثم قال العجمي: اختموا على هذه البرنية بختمكم، وابعثوا بها إلى السلطان. ثم جاءوا إلى السلطان، فقال الأعجمي: أريد من الآلات كذا وكذا. فأحضر له جميع ما أراد من الآلات، ثم جلس السلطان وحده في صفّة، وجلس العجمي ناحية ثم قال: يا مولانا السلطان، زِنْ من العقار الفلاني كذا وكذا، ومن الشيء الفلاني كذا. ثم قال: ومن الطبرمك مائة مثقال. ولا زَال يقول افعلوا كذا واصنعوا كذا مدة أيام إلى أن قال للسلطان: إن الإكسير قد انتهى شغله، فأحضروا لنا بودقة وفحمًا ومنفاخًا. فأحضروا له ذلك، ثم قال للسلطان: حط بيدك هذه الحوائج، فأخذ السلطان يعبي في البودقة من ذلك الدواء، وصار العجمي ينفخ النار إلى أن دار الذهب، فقال للسلطان: اقلب على بركة الله — تعالى. فقلب، فنزلت سبيكة ذهب مصري لا يكون أحسن منها شيء، ولا زال يقلب سبيكةً بعد سبيكة حتى فرغ الدواء، ثم اعتبروا ذلك فوجدوه ألف دينار، ففرح السلطان بذلك فرحًا شديدًا، وأكرم العجمي إكرامًا زائدًا.

ثم قال السلطان: أما تعمل لنا من هذا شيئًا آخر؟ فقال: السمع والطاعة، أحضر لي من هذه العقاقير، وأنا أعمل ما أراد مولانا السلطان. فطلبوا الطبرمك فلم يجدوه، فسأل السلطان عنه العجمي فقال: «إنه نبات ينبت بأراضي خراسان — ويُروى أنه معدن في الجبل في مغارة — وهو رخيص الثمن جدًّا، فإذا رسم مولانا السلطان أن يُحمل له ألف حمل وُجد ذلك، وأنا دخلت إليها وحملتُ من ذلك شيئًا كثيرًا، وعندي في داري نحو قنطار.» فلما سمع السلطان قال: والله ما نجد من يروح يحضر لنا من هذا العقار أخبر منك، وإن تعذر تحصيل ذلك من منابته ومظانه حضرت لنا الذي عندك، وأنا أكتب معك إلى سلطان خراسان بمساعدتك، ومنع من يتعرض إليك. فتمنع العجمي، وقال: إن رأى مولانا السلطان أن يبعث غيري فليفعل؛ فإن نفسي قد طابت في دمشق وفي خدمة الحضرة الشريفة. فقال: لا بد من رواحك فإن لك في ذلك أجرًا عظيمًا. ولم يزل يسأله حتى أنعم بالسفر، فجهزه بستين حمل قماش منها شرَب — أي كتان — عمل تنيس ودمياط، ومنها عمل الإسكندرية، وغير ذلك، وأعطاه خيمًا ومطبخًا وفراشين ونفقة إلى بغداد، وأوصاه إذا وصل إليها أن يبيع ما معه ويتسفر إلى العجم، وكتب معه كتبًا إلى سائر البلاد بالكرامة والخدمة، وراح في نهاية ما يكون من التعظيم، وخرج معه السلطان وجميع أرباب الدولة فودعوه، وسافر وقد ظفر بالإكسير الأعظم، ولم يطلع من

بعدها له خبر. فانظر إلى مكر هؤلاء القوم، وكيف يتوصلون إلى أخذ أموال الناس بالحيل. أبعدنا الله وإياكم عنهم وعن هذه الأفعال، وأجارنا الله وإياكم من الفتن والأحوال.

ومن أظرف ما في هذه القصة، أنه كان بمدينة دمشق رجل يكتب أسماء المغفلين والمُحارَفين، فسمع بهذه القضية وعلم باطنها، فلما تحققها كتب على رأس جريدته: «نور الدين محمود بن زنكي رأس المُحارَفين.» فشاع ذلك في دمشق، ولم يعلم أحد باطن الأمر إلا أنهم يقولون إن فلانًا كتب عن السلطان كيت وكيت، فاتصل خبره بالسلطان فقال: وما حمله على أن يكتب اسمي مع المغفلين؟! هاتوه. فنزلت الجنادرة وقالوا له: كلم مولانا السلطان. فأخذ الجريدة في كمه ومشى معهم، فلما وقف قدام السلطان قال له: أنت فلان؟ قال: نعم. قال: وأنت تكتب أسماء المحارَفين؟ قال: نعم. قال: وكتبتني في جريدتك؟ قال: نعم وهذا اسمك. ثم أخرج الجريدة فأراه اسمه فيها، فقال السلطان: وما الذي رأيت من حِرافي حتى كتبتني؟ فقال: كيف لا أكتبك وقد جاء رجل نصاب، غشك ودك عليك ألف دينار أخذ بها أموال المسلمين، وراح ليجيء لك بالطبرمك؛ فهل يكون حراف أبلغ من ذلك. فلما سمع السلطان كلامه قال له: كأنًا به وقد جاء ومعه الطبرمك فيعمل منه أموالًا لا تُحصَى. فقال: يا مولانا السلطان، إن جاء محوتُ اسمك وكتبت اسمه. فضحك السلطان ورسم له بنفقة وراح، فكان كلما أفلس أخذ الجريدة ووقف على باب القلعة، فإذا ركب السلطان فتح الجريدة، فيقول: ما جاء العجمي وهذا اسم مولانا السلطان. فيضحك السلطان ويرسم له بشيء، فيأخذه ويروح، وأقام على ذلك مدة حياة السلطان، وما جاء الطبرمك!

قصة الصيرفي الهندي المحتال

ومن أعجب ما جرى لي في البلاد الهندية، أني رأيت هناك رجلًا صيرفيًّا يُدْعَى عفيف الدين، كان عليه من الحشمة أمر عظيم، وجميع التجار ترد عليه، وتودعه أموالها وتستدين منه، فترقبت حركاته وسكناته، فرأيت أنه صنع شيئًا لم يُسبق إليه، وذلك أنه اتخذ خاتمًا بفص عليه نقش، فداومت الجلوس عنده، وأطلت النظر إلى ذلك الخاتم، فرأيته إذا قبض الذهب من التاجر جعل فص الخاتم من وراء لسان الميزان من جهة الصنج، وإذا دفع إلى التاجر ذهبه حول الخاتم إلى قدام اللسان، واللسان يلعب لعبًا زائدًا كلما قرب الخاتم إليه، فعلمت أن في الخاتم شيئًا من الدك، ولم أزل أذكر ذلك وأتعجب منه وأفكر فيه، فلم يظهر لي وجه الحق، حتى كان يوم من الأيام وأنا عنده إذ تطاير شيء من فص الخاتم، فنظرته فإذا هو من حجر المغناطيس، فقلت: هذا دك لم يُسبق إليه. فإن الصيرفي كان إذا قبض الذهب أدار الخاتم إلى ناحية الصنج؛ فيأخذ لسان الميزان إليه ويمنعه من الزوال بمقدار ما يحب من جذب الحجر، فيكون في الوزنة زيادة مثقال وأكثر، فلما علمتُ ذلك خلوتُ بالرجل وقلت له: «والله قد درت البلاد وكشفتُ أسرار الناس فلم أجد أحدًا سبقك إلى هذا يا عفيف الدين، ولكن بئس العفيف أنت.» فلما علم أني كشفت سره خجل وخاف، وقال لي: سيدي، الحر من ستر عيوب الناس، ومن شيم الكرام كتمان السر، وإن لهذا الخاتم في يدي منذ خمس وعشرين سنة وما علم سره غيرك، فها هو مني هبة إليك. فقلت: لا أُطلع عليه أحدًا في هذا الإقليم. وتمثلت بقول الحريري (في مقامته السمرقندية): «فنزَّلته منزلة الفُضَيل، وسدلتُ الذيل على مخازي الليل.» فعند ذلك تهلل وجهه فرحًا، ومال إلى صندوق فأخرج منه صرةً، وقال لي: يا سيدي، أشتهي أن تقبل مني هذه النفقة تستعين بها في هذا الوقت، وقسم بالله أن لا بد من ذلك، فأخذتها على وجه

الهدية. ولما رجعتُ إلى منزلي فحصتُ الصرة فإذا فيها خمسون مثقالًا — ويُروى: خمسونٍ دينارًا مسعوديًّا — وصرت أتردد إليه، وبقيت عنده أعز من أصحابه، وعرَّفني بكبار البلد، فصرتُ كواحد منهم.

نوادر من كتاب فضائل الكلاب

لأبي بكر علي بن المرزبان المتوفى سنة (٣٦٩هـ/٩٧٩م)

بئر الكلب

أنشد أبو عبيدة لبعض الشعراء:

يُعرِّج عنه جارُهُ وشقيقُهُ
وينبش عنهُ كلبهُ وهو ضاربُه

قال أبو عبيدة: قيل هذا الشعر في رجل من أهل البصرة خرج إلى الجبَّان ينظر ركابه، فتبعه كلب له فضربه وطرده وكره أن يتبعه فرماه بحجر فأدماه، فأبى الكلب إلا أن يتبعه، فلما صار إلى الموضع وثب به قوم كانت له عندهم طائلة، وكان معه جارٌ له وأخٌ فهربا عنه وتركاه وأسلماه، فجُرح جراحات كثيرة ورمياه في بئر وحُثي عليه التراب حتى وارَوْهُ، ولم يشكوا في قلوبهم أنه قد مات، والكلب مع هذا يهر عليهم وهم يرجمونه، فلما انصرفوا أتى الكلب إلى رأس البئر، فلم يزل يعوي، ويبحث في التراب بمخالبه حتى ظهر رأسه، وفيه نفس يتردد، وقد كان أشرف على التلف، ولم يَبْقَ فيه إلا حشاشة نفسه ووصل إليه. فبينما هو كذلك إذ مر أناس فأنكروا مكان الكلب، ورأوه كأنه يحفر قبرًا، فجاءوا، وإذا هم بالرجل على تلك الحال فاستخرجوه حيًّا، وحملوه إلى أهله، فزعم أبو عبيدة أن ذلك الموضع يُدعى بئر الكلب، وهذا الأمر يدل على وفاء طبيعي وإلف غريزي ومحاماة شديدة، وعلى معرفة وصبر وكرم وغناء عجيب ومنفعة تفوق المنافع.

الكلب والسلطان

حدث عبيد الله بن محمد الكاتب؛ قال: مر رجل على بعض السلاطين، وكان معه عامل أرمينية منصرفًا إلى منزله، فمر في طريقه بمقبرة، وإذا قبر عليه قبة مبنية مكتوب عليها: هذا قبر الكلب، فمن أحب أن يعلم خبره فَلْيَمْضِ إلى قرية كذا وكذا؛ فإن فيها من يخبره. فسأل الرجل عن القرية، فدلوه عليها، فقصدها، وسأل أهلها فدلوه على شيخ، فبعث إليه وأحضره، وإذا شيخ قد جاز المائة سنة فسأله، فقال: نعم، كان في الناحية ملك عظيم الشأن، وكان مشتهرًا بالنزهة والصيد والسفر، وكان له كلب قد رباه وسماه باسم، لا يفارقه حيث كان، فإذا كان في وقت غدائه وعشائه أطعمه مما يأكل، فخرج يومًا إلى بعض متنزهاته، وقال لبعض غلمانه: قل للطباخ يطبخ لنا ثردة لبن فقد اشتهيتها فأصلِحوها، فمضى إلى متنزهه، فوجه الطباخ، فجاء بلبن وصنع له ثردةً عظيمة، ونسي أن يغطيها بشيء، واشتغل بطبيخ أشياء أخر، فخرج من بعض شقوق الحيطان أفعى فكرع في ذلك اللبن، ومجَّ في الثردة من سمه، والكلب رابض يرى ذلك كله، ولو كان له في الأفعى حيلة لمنعه، ولكن لا حيلة للكلب في الأفعى، وكان عند الملك جارية خرساء زمنة قد رأت ما صنع الأفعى،

وأوفى الملك من الصيد في آخر النهار، فقال: يا غلمان، أول ما تقدمون لي الثردة. فلما وُضِعت بين يديه أومأت الخرساء إليه، فلم يفهم ما تقول، ونبح الكلب وصاح، فلم يلتفت إليه، ولج في الصياح، فلم يعلم مراده، ثم رمى إليه بما كان يُرمى إليه في كل يوم، فلم يقتربه ولجَّ في الصياح، فقال للغلمان: نحُّوه عنا فإن له قصة. ومد يده إلى اللبن، فلما رآه الكلب يريد أن يأكل طفر إلى وسط المائدة، وأدخل فمه في الغضارة، وكرع من اللبن فسقط ميتًا وتناثر لحمه، وبقي الملك متعجبًا منه ومن فعله، فأومأت الخرساء إليهم فعرفوا مرادها بما صنع الكلب، فقال الملك لندمائه وحاشيته: إن شيئًا فداني بنفسه لحقيق بالمكافأة، وما يحمله ويدفنه غيري. ودفنه بين أبيه وأمه، وبنى عليه قبة، وكتب عليها ما قرأت. فهذا ما كان من خبره.

الطفل الرضيع وخلاصه على يد كلبة

ذكر أبو عبد الله بن أبي عبيدة النحوي وهو حديث مشهور: أن الطاعون الجارف أتى على أهل دار، فلم يشك أحد من أهل المحلة أنه لم يبق فيها صغير ولا كبير. وقد كان بقي في الدار صبي يرضع، يحبو ولا يقوم، فعمد من بقي من أهل تلك المحلة إلى باب الدار فسدوه، فلما كان بعد ذلك بأشهر تحول إليها بعض ورثة القوم، ففتح الباب، فلما أفضى إلى عرصة الدار إذا هو بصبي يلعب مع جُرَي كلبة كانت لأصحاب الدار، فلما رآها الصبي حبا إليها فأمكنته من لبنها، فعلموا أن الصبي بقي في الدار وصار منسيًّا، واشتد جوعه ورأى جراء الكلبة ترضع فعطف عليها، فلما سقته مرةً أدامت له، وأدام هو الطلب.

الأسير والكلب

حدَّث محمد بن حسين الشداد قال: ولَّاني القسمُ خلافة أحمد بن ميمون بشايَرْزان، فقصدت علي بن أحمد الراسبي إلى دور الراسبي، فنزلت في بعض منازلها، فوجدت في جواري جنديًّا من أصحابه يُعرف بنسيم كان برسم لطيف غلامه، وإذا كلب يخرج بخروجه ويدخل بدخوله، وإذا جلس على باب قرَّبه وغطاه بدوَّاج كان عليه، فسألت الراسبي عن محل الغلام، وكيف يقنع الأمير منه بدخول الكلب عليه، ويرضى منه بذلك، وليس بكلب صيد زئتي، قال الوليد: سَلْهُ عن حديثه، فإنه يخبرك بشأنه. فأحضرتُ الغلام فسألته عن السبب الذي استحق هذه المنزلة منه، فقال: هذا خلصني بعد الله — عز وجل — من أمر عظيم. فاستبشعتُ هذا القول وأنكرته عليه، فقال لي: اسمع حديثه فإنك تعذرني: كان يصحبني رجل من أهل البصرة يُقال له محمد بن بكر لا يفارقني، ويؤاكلني ويعاشرني على النبيذ وغيره منذ سنين، فخرجنا نقاتل أهل الدينور، فلما رجعنا وقربنا من منزلنا كان في وسطي هِميان فيه جملة دنانير، ومعي متاع كثير أفَدْته من الغنيمة قد وقف عليه بأسره، فنزلنا في موضع فأكلنا وشربنا، فلما عمل الشراب فيَّ عمد إليَّ فشدَّ يديَّ إلى رجليَّ، وأوثقني كتافًا ورمى بي في وادٍ، وأخذ كل ما كان معي، وتركني ومضى، وأيست من الحياة، وقعد هذا الكلب معي، ثم تركني ومضى، فما كان بأسرع من أن وافاني ومعه رغيف فطرحه بين يدي فأكلته، ولم أزل أحبو إلى موضع فيه فشربت، ولم يزل الكلب معي باقي ليلتي يعوِّي إلى أن أصبحتُ فحملتني عيني، وفقدت الكلب، فما كان أسرع من أن وافاني ومعه رغيف أكلته، وفعلتُ فعلي في اليوم الأول. فلما

كان في اليوم الثالث غاب عني، فقلت: مضى يجيئني بالرغيف. فلم ألبث أن جاء ومعه الرغيف، فرمى به إليَّ فلم أستتم أكله إلا وابني على رأسي يبكي، وقال: ما تصنع ها هنا، وأيش قصتك؟ ونزل فحل كتافي وأخرجني، فقلت له: من أين علمت بمكاني، ومن دلك عليَّ؟ قال: كان الكلب يأتينا في كل يوم فنطرح له رغيفًا على رسمه فلا يأكله، وقد كان معك فأنكرنا رجوعه وليس أنت معه، فكان يحمل الرغيف في فيهِ ولا يذوقه ويخرج يعدو، فأنكرنا أمره، فاتبعته حتى وقفت عليك. فهذا ما كان من خبري وخبر الكلب، فهو عندي أعظم مقدارًا من الأهل والقرابة. قال: ورأيت أثر الكتاف في يديه قد أثر أثرًا قبيحًا.

حديث اللص التائب مع كلب العجوز

وحدثني لصٌّ تائب قال: دخلتُ مدينةً (قد ذكرها لي)، فجعلتُ أطلب شيئًا أسرقه فلم أُصب، فوقعت عيني على صيرفي موسر، فما زلت أحتال حتى سرقت كيسًا له، وانسللتُ فما جزت غير بعيد، وإذا بعجوز معها كلب قد وقعت في صدري تبوسني وتلزمني، وتقول: يا بني، فديتك. والكلب يُبصبص بي ويلوذ بي، ووقف الناس ينظرون إلينا، وجعلت المرأة تقول: بالله، انظروا إلى الكلب كيف قد عرفه! فعجب الناس من ذلك، وتشككت أنا في نفسي، وقلت: لعلها أرضعتني وأنا لا أعرفها. وقالت: «هلم» معي إلى البيت أقم عندي. فلم تفارقني حتى مضيت معها إلى بيتها، وإذا عندها جماعة أحداث يشربون، وبين أيديهم من جميع الفواكه والرياحين، فرحبوا بي وقربوني وأجلسوني معهم، ورأيت لهم بزة حسنة وضعتُ عيني عليها، فجعلت أسقيهم ويشربون وأرفق بنفسي إلى أن ناموا ونام كل من في الدار، فقمتُ وكورت ما عندهم وذهبت أخرج، فوثب علي الكلب وثبة الأسد، وصاح وجعل يتراجع وينبح إلى أن أنبه كل نائم، فخجلتُ واستحييت، ولما كان النهار فعلوا مثل فعلهم أمس، وفعلت أيضًا أنا بهم مثل ذلك، وجعلت أوقع الحيلة في أمر الكلب إلى الليل فما أمكنتني فيه حيلة، فلما ناموا رُمت الذي رمته، فإذا الكلب قد عارضني بمثل ما عارضني به، فجعلت أحتال ثلاث ليالي، فلما أيست طلبت الخلاص منهم بإذنهم وقلت: أتأذنون — أعزكم الله — فإني على وفاء؟ فقالوا: الأمر إلى العجوز. فاستأذنت، فقالت: هاتِ ما معك الذي أخذته من الصيرفي وامضِ حيث شئت، ولا تُقم في هذه المدينة، فإنه لا يتهيأ لأحد يعمل فيها لأحد معي عملًا. فأخذت الكيس وأخرجتني، ووجدت أنا أيضًا مُناي أن أسلم من يدها، فكان قُصاراي أن أطلب منها نفقة فدفعت إليَّ، وخرجت معي حتى أخرجتني عن المدينة، والكلب معها، حتى جزت حدود المدينة ووقفت ومضيتُ والكلب يتبعني حتى بعدت، ثم تراجع ينظر إلي وأنا أنظر إليه حتى غاب عني.

الكلب والأسود (الأفعى)

حدثني بعض أصدقائي قال: خرجت ليلة وأنا سكران، فقصدت بعض البساتين لأمر من الأمور ومعي كلبان لي كنت ربيتهما، ومعي عصا، فحملتني عيني، فإذا الكلبان ينبحان ويصيحان، فانتبهتُ بصياحهما فلم أرَ شيئًا أنكره، فضربتهما وطردتهما ونمت، ثم عاودا الصياح والنباح فأنبهاني، فوثبت وطردتهما، فما حسستُ إلا وقد سقطا عليَّ يحركاني بأيديهما وأرجلهما كما يحرك اليقظانُ

النائمَ لأمر هائل، فوثبت فإذا بأسود سالخ قد قرُب مني فوثبت إليه وقتلته، ثم انصرفت إلى منزلي؛ فكان الكلبان — بعد الله عز وجل — سبب خلاصي.

قتيل أمانته

وحدثني صديق لي أنه كان له صديق ماتت امرأته وخلفت صبيًّا، وكان له كلب قد رباه، فترك يومًا ولده في الدار مع الكلب، وخرج لبعض الحوائج، وعاد بعد ساعة، فرأى الكلب في الدهليز وهو ملوث بالدم ووجهه وبوزه كله، فقدَّر الرجل أنه قد قتل ابنه وأكله، فحمل إلى الكلب فقتله قبل أن يدخل الدار، ثم دخل الدار فوجد الصبي نائمًا في مهده وإلى جانبه بقية من أفعى قد قتله الكلب وأكل بعضه، فندم الرجل على قتله أشد ندامة ودفن الكلب.

الكلب شاكر المعروف

أخبر أبو العلاء بن يوسف القاضي، قال: حدثني شيخ كان مسنًّا صدوقًا أنه حج سنة من السنين، (قال): برَّزنا أحمالنا إلى الياسرية، وجلسنا على قداح نتغدى، وكلب رابض حذاءنا، فرمينا إليه من بعض ما نأكل، ثم إنا ارتحلنا ونزلنا بنهر الملك، فلما قدمنا السفرة إذا الكلب بعينه رابض كاليوم الأول، فقلت للغلمان: قد تبعنا هذا الكلب، وقد وجب حقه علينا، فتعاهدوه. فنفض الغلمان السفرة بين يديه فأكل، ولم يَزَلْ تابعًا لنا من منزل إلى منزلٍ على تلك الحال، لا يقدر أحد أن يقترب من جمالنا ولا محاملنا إلا صاح ونفح، فكنا قد أمِنَّا من سلَّال وغيره إلى مكة، وعزمنا على الخروج في عمل إلى اليمن فكان معنا إلى أرض قباء، ورجعنا إلى مدينة السلام وهو معنا.

الكلب الساعي

حدث أبو عبد الله قال: حدثني أبو الحسن محمد بن الحسين بن شداد قال: قصدت دير مخارِق إلى عبد الله بن الطبري النصراني، الذي كان يتقلد النُّزْل للمعتضد بالله، فسألته إحضاري وكيلًا له يُقال له إبراهيم بن داران، وطالبته بإحضار الأدلَّاء لمساحة قرية تُعرف بباصري السفلى، فقال لي: يا سيدي، قد وجهت في ذلك. فقلت له: أنا على الطريق جالس، وما اجتاز بي أحد. فقال لي: أما رأيتَ الكلب الذي كان بين أيدينا؟ قد وجَّهتُ به. فغلظ ذلك علي من قوله، وأمرتُ به، ونلته بما أنا أستغفر الله — جل وعز — منه. فقال: إن لم يحضر القوم الساعة فإن دمي في حل. فما مكث بعد هذا القول إلا ساعة حتى وافى القوم مقبلين والكلب معهم، فسألته كيف يحمِّله الرسالة، فقال: أشد في عنقه رقعة بما أحتاج إليه وأطرحه على المحجة، فيقصد القوم وقد عرفوا الخبر، فيقرأون الرقعة فيمتثلون ما فيها.

الكلب النبيه

أخبر بعض الفيوج من أهل الجبل قال: كنت أنا مع جماعة خارجين إلى أصبهان، فلما صرنا إلى بعض الطريق مررنا بخان خراب ليس فيه أحد، وإذا صوت كلب ينبح، وإذا حركة شديدة فدخلنا بأجمعنا الخان، فإذا بصاحب نعرفه من الفيوج كان معه كلب لا يفارقه حيث كان، وإذا بعض المبنِّجين قد وقع عليه، وكان الفيج فطنًا، فلما رأى المبنِّج أن حيلته ليس تنفذ له عليه طرح في حلقة وترًا ليخنقه به، فلما رأى الكلب ذلك صار إلى المبنج فخمَّش وجهه وعض قفاه وطرح منه قطعة لحم، فسقط المبنج مغشيًّا عليه، فلخصنا من حلق صاحبنا الوتر، وكان قد أشرف على التلف، وقبضنا على المبنج، وكتفناه بوتره ودفعناه إلى السلطان.

وهذا بعض ما قيل في وصف الكلاب؛ قال بعض الشعراء:

أيها الشانئ الكلاب أصخ لي
منك سمعًا ولا تكونن حِبسا
إن في الكلب فاعلمن خصالًا
من شريف الخصال يُعْدَدْنَ خمسا
حفظ من كان محسنًا ووفاء
للذي تتخذه حربًا وحَرْسا
واتباعُ لرحله وإذا ما
صار نُطق الشجاع للخوف همسا
فهو عون لنابح من بعيد
مستخير بقربه حين أمسى

وقال آخر:

إن قومًا رأوك شبهًا لكلب
لا رأوا للظلام صبحًا مضيًّا
أنت لا تحفظ الذمام لخلق
وهو يرعى الذمام رعيًا وفيًّا
يشكر النَّزْر من كريم فعال
آخرَ الدهر لا تراه نسيًّا
ويناديه محسنًا من بعيد
ويرى منه طائعًا مستحيًّا
إن سؤلي وبغيتي ومنائي
أن أراك الغداة كلبًا سويًّا

قال الحسن بن عبد الوهاب لرجل يذم صديقًا له، ويمدح كلبًا:

تخَيَّرتَ من الأخلا
قِ ما يُنْفى عن الكلب

فإن الكلب مجبولٍ
على النَّصرة والذّب
وفيٌّ يحفظ العهد
ويحمي عرصة الدرب
ويعطيك على اللين
ولا يُعطي على الضرب
ويشفيك من الغيظ
ويُنجيك من الكرب
فلو اشبهته لم تَ
كُ كانونًا على القلب

وقال آخر:

شيمة الكلب حفظه لولي
وعن الحي في دجى الليل ذَبُّ
يحفظ الجار للجوار ويمشي
ساهر المقلتين يحنوه سَغْبُ
يرقد النائمون أمنًا ويمسي
خائفًا هُلكهم يخاليه صبُّ
وترى الكلب في المهامه عونًا
ويُجيب اللهيفَ والنار تخبو
وتراه ينابحُ القوم خوفًا
وإلى الصوت في دُجيِ الليل يصبو
فلماذا بخسته الحظ قل لي
ولِما شَتْمُهُ وما فيه سبُّ

قصص قبائل الطاط

انتقاها الأديب ر. بيليون

في القفقاز قبائل متفرقة من المسلمين، منها إيرانية، ومنا ترترية، ومنها منغولية أو تركمانية، ولكل هذه القبائل لغات شتى، يسعى في يومنا علماء الروس في درسها وتعريف خواصها، فمما درسوه آخرًا لغة قبيلة تُدْعَى الطاط، يسكن ذووها في جهات باقو، ولغتهم من فروع اللغة الإيرانية، ومن مميزاتها أنها حافظة كثيرًا من خواص الفارسية القديمة، والدكتور ميلر قد ألف في هذه اللغة كتابًا، جمع فيه نصوصًا متعددة نقلها عن لسان أصحابها ورتب مفرداتها على شكل معجم، ونشرها في جملة مطبوعات مكتب لازاريف في القسم ٢٤ منها. وليس في فكرنا أن نشرح هنا خواص تلك اللغة الطاطيَّة، وإنما ننقل عن كتاب الدكتور ميلر بعض الأقاصيص التي رواها؛ ليرى القراء العلاقة بينها وبين الحكايات الدارجة في هذه البلاد.

الحكاية الأولى

كان بهلول رجلًا حكيمًا يقصده العلماء لحكمته وعلمه، وكان يسكن في بيت شاهق ذي أربع طبقات، فكان لا يصعد إلى سطحه الأعلى إلا بعد شق النفس، فيومًا ما نزل المطر وتوكَّف السطح فعلاه بهلول؛ ليصلحه بالمُحالة — المحدلة — وإذا بفقير في أسفل الدار يصرخ إلى بهلول: هلمَّ انزل فإن لي إليك كلامًا. فظن بهلول أن لمستدعيه سرًّا يطلعه عليه، فنزل كاسف البال، وتقدم إلى الفقير، فلما رآه هذا قال: أرجوك حبًّا بالله أن تكرم علي بدانق لأبتاع لي خبزًا؛ فإني جائع، وليس في يدي ما أسد به رمقي هذه الليلة. فسكت بهلول ثم كر راجعًا على عقبه، وصعد إلى السطح فلما بلغه أدخل يده في جيبه كأنه يطلب ما يتصدق به على الفقير، ثم دعاه قائلًا: هلم ارْتَقِ إلى السطح. فصعد الفقير متثاقلًا، حتى إذا قرب من بهلول قال له: ما الأمر؟ فأجاب بهلول: لا شيء معي، فالله يعطيك. فلما سمع الفقير هذا القول غضب، ثم التفت إلى بهلول قائلًا: ويلك! أما كان يمكنك أن تقول لي من السطح «الله يعطيك» ولا تحوجني إلى هذه الطلعة المتعبة؟ أجاب بهلول: وأنت، أما كنت تستطيع أن تطلب حاجتك من أسفل الدار دون أن تضطرني إلى النزول؟ فاذكر المثل «ما يزرعه المرء يحصده». فخجل الفقير، وذهب إلى سبيله.

بهلول ويحيى البرمكي

خرج الوزير يحيى البرمكي يومًا إلى أرباض البلد لترويح البال، فسار حتى بلغ مكانًا قفرًا فرأى وإذا بهلول جالس وحده على الرمل وأمامه ثلاث جُثًى من التراب، فسأله يحيى: ما هذا؟ وما معنى هذه الأكوام؟ قال بهلول: هذه كوَم من الرمل عبأتها.

– ولأي سبب؟

– لي فيها حاجة.

– وما حاجتك؟

– هذا سر لا أقوله.

– ناشدتك الله إلا قلته.

– كل كومة حكمة لا أبوح بها إلا بمائة دينار، فإن شئت أدِّني حقها.

وكان الوزير يحيى يعلم بأن حِكم بهلول نافعة، قد اختبر مفعولها غير مرة، فقال له: دونك مائة دينار واذكر الحكمة الأولى. فخرب بهلول إحدى الكوم وقال: لا تكشفن سرك إلى امرأة. ثم دفع له الوزير مائة دينار أخرى وقال له: خذ هذه أيضًا وأفدني الحكمة الثانية. فأخذ بهلول الدراهم وقال: لا تثق بمالك البتة. ثم أعطاه الوزير ثالثةً مائة دينار وطلب الحكمة الثالثة، فقال بهلول: إياك إياك أن تركن إلى خدمة الملوك. قال هذا ثم أخذ الدراهم وألقاها في الماء. أما الوزير فإنه عاد إلى بيته، وبقي مدة، حتى إذا كان أحد الأيام وهو في حديقة الملك رأى بين ماشيته تيسًا كبيرًا، فأخذه وأتى به بيته وأخبر امرأته بما فعل، ثم ذهب سرًّا وابتاع له جديًا، ولم يخبر امرأته به، فبعد أيام عمد الوزير إلى الجدي فذبحه وألقى برأسه وأطرافه في النهر، وأتى بلحمه إلى البيت، وأوهم امرأته أنه التيس، فطلب منها أن تصلحه وتشويه؛ لأنه قرم إلى لحم التيس، ففعلت المرأة، وأكلا اللحم وشبعا، وفي أثر ذلك بأيام حصل بين الوزير وامرأته نفور فتخاصما، فصرخت المرأة: بئس الرجل أنت، وقد سرقت تيس الملك. فسمع الجيران كلامها، وأخبروا الشرط الذين كان الملك أمرهم بطلب تيسه، وأعلم الشرط الملك بسارق التيس، فاستدعى الملك وزيره وبكَّتهُ على فعله، وأمر الجلاد بقطع رأسه، فجعل يحيى يبكي، ويستغفر الملك إلى أن قال له: أبقني أبقاك الله، وها إني أترك لك كل مالي وثروتي بدلًا من التيس. لكن الملك لم يرضَ بذلك، وصمم نيته بقتله إن لم يرجع ما سرقه. فقال الوزير: أيها الملك، إن كان قلبك تغير علي فاطردني من خدمتك، ولكن لا تقتلني في حق تيس واحد. فقال الملك: كلا، إما التيس وإما رأسك، لا مناصَ من أحد الأمرين. فقام الوزير حينئذ وقال: أبقى الله رأس الملك، إن التيس لا يزال حيًّا فأرسلْ من يأخذه، وأنا أشكر الله الذي أثبت لي صحة ما قاله لي بهلول الحكيم: إياك أن تسلِّم بسرك إلى امرأة، ولا تثقن بمال، ولا تركن إلى خدمة الملك.

بهلول والتاجران

قدم يومًا أحد التجار على بهلول فقال له: أيها الحكيم، هبني مشورةً صالحة أنتفع بها. فقال له بهلول: اذهب وابتع لك ملحًا تنل به ربحًا. فجرى التاجر على مشورته وما لبث ثمن الملح أن تصاعد حتى إن التاجر باع ملحه بأربعة أضعاف ثمنه واغتنى به، فعرف بالأمر تاجر آخر، فجاء إلى بهلول — وهو يعدُّه كمجنون — فقال له: يا بهلول الأحمق، أعطني أنا أيضًا مشورةً صالحة تجديني نفعًا. فأجابه بهلول: اذهب وابتع لك بصلًا، واحفظه إلى الربيع فتبيعه. ففعل الرجل وأودع البصل في دهليز وأقفل بابه إلى أن جاء الربيع، فنزل الدهليز، وإذا ببصله قد أنبت ولم يعد يصلح لشيء، فذهب

من ساعته إلى بهلول وشكا إليه حاله قائلًا: ما لك أشرت على رفيقي بمشورة صالحة نال منها ربحًا طائلًا، وأنا بئس النصيحة أعطيتنيها خسرتُ بسببها مالي؟ فقال له: استجهلتني وعيرتني حمقي فوزنت لك بوزنك، اعلم بذلك أن المرء بالكيل الذي يكيل لغيره يُكال له.

بهلول والسارق

تعدى يومًا أحد الأشقياء على بهلول، فأخذ منه قبعته، وهرب منحدرًا إلى جهة النهر، فسكت بهلول، وسار في وجهه إلى أعلى التل حيث كانت المقبرة فجلس على بابها. وفيما هو هناك رآه قوم فقالوا له: ويحك! إن الذي سلب قبعتك هرب إلى أقصى البلد منحدرًا، وأنت صعدتَ إلى هنا! فاذهب في أثره واسترد مالك. فقال بهلول: كلا، بل أنتظره في باب المقبرة؛ إذ لا بد له عاجلًا أو آجلًا يُنقل إليها، فأسترجع منه مالي.

لص الليل

جاء لصٌّ إلى بيت بهلول ليلًا، وكان بيته خاويًا خاليًا لا شيء فيه، فلما دخل البيت وهو يؤمل غنيمةً واسعة، مد بساطًا كان معه؛ ليضم فيه ما ينهبه، فسمعه بهلول وهو راقد على الحضيض فتناوم، ثم اندس رويدًا رويدًا إلى البساط فاتخذه له فراشًا، أما اللص فكان يفتش في البيت عما يسرقه، ولم يجد شيئًا حتى أسرج سراجًا، فرأى أن البيت أنقى من راحة، وأجرد من صخرة، ونظر إلى البساط وإذا صاحب البيت نائم عليه، فخاف أن يوقظه فيعلم الناس بأمره، وهمَّ أن يخرج فالتفت إليه بهلول قائلًا: ما لك لا تحمل حملك؟ قال اللص: ويلك! ما أصنع بك وأنت أفقر من العريان! قال بهلول: أرجوك إذن إن أتيت بيتي مرةً أخرى أن تكرم علي بغطاء كما وهبتني هذه المرة بساطًا، فيكمل بذلك معروفك.

قلنسوة نصر الدين

تقلنس نصر الدين بقلنسوة جديدة ابتاعها بثلاثين درهمًا، وخرج إلى شغله، فرآه رجل واستظرف قلنسوته وقال: بالله عليك يا مولاي، كم اشتريت هذه القلنسوة؟ فأجابه على سؤاله، ثم سار بضع خطوات، وإذا بثانٍ ثم ثالث ثم رابع، وكلٌ يسأله عن ثمن القلنسوة، فاستثقل الأمر وأخذ قلنسوته بيده، ثم سار إلى السوق وجعل يصرخ بأعلى صوته: يا قوم، هلموا إلى ساحة المدينة، فإن لنائب الملك كلامًا يريد تبليغه إلى مسامعكم. فتقاطر الناس وتزاحموا في الساحة، فجاء نصر الدين وصعد على صقالة، ثم كشف قلنسوته عن رأسه وقال: يا ناس، اعلموا وتحققوا أن القلنسوة التي ترونها في يدي يساوي ثمنها ثلاثين درهمًا. فاستغرق السامعون من الضحك وعادوا إلى شغلهم، وتخلص نصر الدين من لجاج السائلين.

نصر الدين والقِدْر الميّتة

دخل نصر الدين على أحد جيرانه، فاستقرض منه قدرًا يطبخ فيها طعامه، فأعطاه الجار بعد العنت قدرًا وسطًا، فلما انتهى نصر الدين من عمله أخذ قدرًا صغيرة وجعلها في بطن القدر المستعارة فأعادها إلى صاحبها، فقال هذا: ويلك! أقرضتك قدرًا واحدة فما هذه القدر الصغرى؟ قال نصر الدين: اعلم يا صاح أن قدرك قد خلفت فأتيتك بها وبصغيرها. ففرح الرجل وأخذ القدرين، وبعدها بأيام جاء نصر الدين إلى جاره وطلب منه قدرًا كبيرة، فأسرع إلى قضاء حاجته بكل فرح، وهو يؤمل أن يكون مولودها أكبر، ثم بقي ينتظر يومًا ويومين، فلم يَعُدْ نصر الدين، فذهب إلى بيته يطلب قدره فقال نصر الدين: وا أسفاه على قدرك، فإنها ماتت. قال الرجل: ويلك! أتموت القدر؟! قال نصر الدين: وما لها لا تموت؟ ألم تصدق بولادتها لمَّا خلفت، فكيف لا تصدق بموتها؟

حمق الذئب

أصاب الجوع ذئبًا فسار في غابة يطلب قوته، وإذا هناك حمار يرعى، فقال له الذئب: أبشر أيها الحمار، فإني إلى لحمك قرم. قال الحمار: نعمًّا، ولكن كيف تجهل أن لحم الحمار يضر آكله إلا إذا أكل عند الصباح بعد النوم والحِمْيَة؛ فهذا قول الأطباء قد أيده الاختبار مرارًا. قال الذئب: صدقتَ، واذهب وائتني بفراش حتى أنام إلى الصباح ثم آكلك فيهنأ لي طعامي. قال الحمار: لبيك سيدي. ثم فرَّ من بين يديه شاكرًا ربه على خلاصه من ذلك الوحش الضاري. أما الذئب فانتظر ساعات عود الحمار إلى أن تحقق بأنه خدعه وأفلت من يده، فامتعض من صنعه، وسار في طريقه يطلب رزقه من وجه آخر، وكاد الجوع يقتله، فرأى في طريقه جديًا، فصرخ به عن بُعد: هلم أيها الجدي، فإني في حاجة إلى لحمك.

قال الجدي: إنك تشرفني بأكلك لي، ولكن تذكَّر أن لحم الجدي أطيب ما يكون أن يؤكل ببقول ومخللات، فدعني آتيك بشيء منها، فيصبح طعامك مريئًا.

قال الذئب: نعم هذا صحيح، وقد سمعت به غير مرة، فاذهب وائتني بشيء من الخضر فتكون كأُدم أئتدم به مع لحمك، ولكن إياك أن تتأخر عن المعاد، وإلَّا دعوتُ عليك كل دعوة سوء. قال الجدي: هيهات سيدي أن يطول انتظارك وأفرغ صبرك. قال هذا ثم عاد مسرعًا إلى حظيرة الغنم تحت رعية الرعاة وفي حراسة الكلاب، فبقي الذئب ينتظر، وهو يبصر تارة إلى اليمين وتارة إلى الشمال حتى عيل صبره وعرف بخدعة الجدي، فقال في نفسه: ما أسوأ حظي، وها إني قد خُدعتُ مرتين؛ أفلت الحمار من يدي وها أنذا بالجدي قد ضحك مني ومكر بي، فماذا يقول عني رفقتي؟ والله لا أدع مرةً أخرى وحشًا يخاتلني ويغشني. ثم جرى في طريقه وهو ساغب غرثان يضمر السوء لمن يلقاه من إنس أو جان حتى وصل إلى شط البحر، وإذا هناك جاموس في مقصبة غائص في الحمأة، فصرخ الذئب صرخةً ارتعدت منها فرائص الجاموس، فعلم أنه ميت لا محاله إن لم يجد حيلةً للخلاص، فقال له الذئب: ائتني مسرعًا فآكلك، وإلا هجمت عليك فقطعتك شذر مذر. قال الجاموس: إن عبدك بين يديك، فها أنذا مطاوع لأمرك، ولكن تبصَّر سيدي بثوبي كيف هو متسخ بالحمأة والأقذار، أفتأكلني هكذا وتضر نفسك بوخامة المآكل؟ فإن كنت عاقلًا تركتني أدخل البحر فأغسل بدني، ثم أعود إليك نظيفًا، فتأكلني هنيئًا مريئًا.

– نعم الرأي رأيك، فاغتسل واخرج سريعًا. فطفر الجاموس في البحر، وجعل الذئب ينتظره، فبعد ساعة صرخ إليه: ويلك متى تنتهي من الاستحمام؟ قال الجاموس: إن اغتسالي طويل فتمهل. فبعد ساعة أخرى صاح وضج بالصياح، لكن الجاموس لم يُبْدِ حراكًا، فأراد الذئب أن ينزل إليه في الماء فقلبته موجة على وجهه فخاف من الغرق، ونكص على أعقابه، ولعن الجاموس، وارتحل متنمرًا من الغيظ متضورًا كاد الجوع يصرعه، فانتهى إلى مرج وانطرح عليه ليأخذ نصيبًا من الراحة، وإذا بفرس قدم إلى ذلك المكان، فاستبشر به الذئب وعده الطعام المُرْسَل له من الله لسد جوعه، فقال للفرس: وحق السماء لن تنجو من يدي. ثم همَّ بالوثوب على غنيمته، لكن الفرس سبقه وخر على قدميه قائلًا: أنا أطعمك، ولن أرضى بغير بطنك لي قبرًا، ولكن أرجوك قبل أن تتهنأ بأكلي أن تقرأ لي ما كتبه أبواي على حافري، فإنهما جعلا وصيتهما لي عليهما يوم وفاتهما، وأنت تعلم حرمة وصية الوالدين. قال الذئب: أما هذا فصواب، فأرني حافرك. فدار الذئب خلف الفرس؛ ليطّلع على ما كتِب تحت حافره، فرفع الفرس قائمتيه، وبكل قوته ضربهما في وجه الذئب، فسقط صريعًا ميتًا، وسار الفرس إلى صاحبه سالمًا.

نوادر الفتية التوابون

نقلًا عن أحد مخطوطات المكتبة الشرقية

ذكر عيسى بن داب أن هؤلاء الفتية كانوا عشرة نفر، وهم: سليمان بن عمرو القرشي، وأخوه يحيى بن عمرو، وهارون بن الحصين التميمي، وأخوه أحمد بن الحصين، ومحمد بن زرعة العبدي، وأحمد بن محمد اليشكري، وبشر بن مطر الأزدي، وسعيد بن إسماعيل الأسدي، ويعقوب بن عبد الكريم الطائي، وعبد الله الأنصاري. قال عيسى بن داب: وكان السبب في توبة هؤلاء القوم أنهم كانوا في مدينة على أمر من الأمور التي لا يُحبها الله — تعالى. وكان هؤلاء الفتية العشرة في كل نعمة سابغة لا يأتي عليهم يوم من الأيام إلّا وهم أشد سرورًا وأطول حبورًا من يومهم الذي مضى، إلى أن أراد الله — عز وجل — هدايتهم إلى الخير، وأن ينقذهم من ظلمة المعاصي إلى نور الطاعة.

فأول من ارتدع منهم ودعته نفسه إلى التوبة والإنابة إلى الله يحيى بن عمرو القرشي، فعزم على ذلك وجعل يُسرُّه في نفسه، ولا يذكر لإخوانه شيئًا مما عزم عليه، وهو مع ذلك يجالسهم ويحادثهم، فبينما هم ذات يوم في شرابهم ولهوهم، إذ أخذوا شيئًا من نشائد الأشعار التي قد أحدثوها بينهم، فجعل كل واحد منهم يقول شيئًا، ويحيى بن عمرو القرشي ساكت لا ينطق بشيء، حتى فرغوا من نشيدهم، فأحب أن يلقي إليهم شيئًا مما عزم عليه من أمر التوبة ونزوعه عما هو عليه، فأنشد يقول:

قالت سلوتَ فقلت لستُ بجاحدٍ
أيَ المهيمن ذي الجلال الواحد
وسلختُ ودك من فؤادي مثلما
سُلِخَ النهار من الظلام الراكد
قالت أعِدْ فالعود عندي أحمدٌ
فأجبتها هيهات لستُ بعائدٍ
إني أخاف عذاب ربٍّ سرمدٍ
تبدو نصائحه فلستُ ببائدٍ

(قال): فلما سمع القوم من يحيى بن عمرو هذه الأبيات أنكروا ذلك منه إنكارًا شديدًا، ثم إنهم عذلوهُ، وأكثروا من عذله ولومه، ثم قالوا: يا هذا، لقد سمعنا منك شيئًا نخاف أن يكون فيه تفريق جماعتنا وتشتيت ألفتنا، وإنا نناشدك الله في ذلك. فتبسم يحيى بن عمرو وحرك رأسه، وقال هذه الأبيات:

إن في اللهو ما علمتُ سرورًا
لم يوقَ حوادث الأقدار
غير أني تركت ذلك خوفًا
وحذارًا من شر عارٍ ونارِ
فأنيبوا إلى الإله وتُوبوا

كم إلى كم نقيمُ في الإصرار

(قال): فلما سمع القوم ذلك أقبل إليه أخوه سليمان بن عمرو، وقال له: والله يا أخي، ما عدا جميعُ ما تكلمتَ به سويداء قلبي، ولقد أخذ بمجامع عقلي ولبي، حتى لقد غلب على سمعي وبصري، وأحال بيني وبين لذاتي، ولقد علمت أن الأمر كما ذكرت، وأن الرغبة فيما رغبت. ثم أنشأ سليمان بن عمرو يقول هذه الأبيات:

يا من يلوم موفقًا
يدعو إلى إسعادهِ
إن النِصيح إذا دعا
لم يَأل في إجهادهِ
لا تنكروا ما قاله
من بذلهِ لرشادهِ
فلقد أتى بنصيحة
موصولةٍ بسدادهِ

(قال): فلما سمع القوم كلام سليمان بن عمرو ورأوا ميله إلى أخيه، جعل بعضهم يقول لبعض: هذا ما كنا نحذر منه: تفريق الألفة وتكدير صفو العيش، فعند الله نحتسب ما فجِعنا به منكما.

(قال): ثم انصرف القوم عن مجلسهم ذلك، وهم مغمومون بأمر يحيى وأخيه سليمان، فلما كان في الليلة المقبلة اجتمعوا أيضًا وجلسوا، فلما اطمأن بهم المجلس أقبل عليهم يحيى بن عمرو فقال لهم: يا إخوتي، وأخلاني، ومن تقر عيني بصلاحهم، واجتماع كلمتهم، إنه قد ينبغي للراقد أن يستيقظ من رقدته، ويتخلى عن غشوته، ومهما شككتم في شيء فلا تشكوا في الموت أنه نازل بي وبكم، وأسأل الله العصمة والتوفيق والتسديد لي ولكم، ثم أنشأ يقول هذه الأبيات:

دعوتكم للرشد والنصح جاهدًا
وما زلتُ للإخوان مذ كنت ناصحًا
فإن تقبلوا نصحي تنالوا سعادةً
وتأتوا طريقًا بيِّنَ القصد واضحًا
ومن يترِكِ القصد المنيرُ طريقُهُ
يلاقِ غدًا نارًا ليخلد طالحًا

ثم أقبل عليهم سليمان بن عمرو، فقال: يا إخوتي، ومن قد عظمت حقوقهم عليَّ، وابيضَّت أيديهم عندي، إنكم قد علمتم ما افترقنا عليه ليلتنا الماضية، وما دعاكم إليه أخي يحيى الناصح لكم الشفيق عليكم، فإن تجيبوا إلى التوبة والنزوع عما أنتم فيه فحظَّكم أصبتم وللخير أجبتم، وإن تقيموا على ما أرى من لغطكم واتباعكم أهواءكم فإني أسأل الله لكم التوفيق والسلام. ثم أنشأ يقول:

سألتُ إلهي أن يؤلف بيننا

على الخير كالتأليف في سالف الدهرِ
فقد عشتم عصرًا وعصرًا وإننا
لفي غمرةٍ جهلًا فنُهوي ولا ندري
نلجج في بحرِ سكارى بحَيْرةٍ
فحتى متى لسنًا نفيق من السكرِ
فتوبوا تنالوا جنة الخلد إنما
ينال جنان الخلد من كان ذا صبر

(قال): فلمَّا سمع بشر بن مطر الأزدي مقالة يحيى وأخيه سليمان واستحكم قولهم في قلبه أعجبه ذلك، فقال:

لعمري لئن بعتُ الهديَّة بالعمى
وآثرتُ غير الحق إني لخاسرُ
أأترك حظي بعدٍ إذ أنا قادرٌ
على أخذه والحقُّ فيهِ بصائرُ
سأجبر نفسي عن هواها وغيِّها
بصبر قوي العزم والحُرُّ صابرُ

(قال): فلما سمع القوم مقالة بشر غمَّهم ذلك غمًّا شديدًا، ثم أقبل هارون بن الحصين على أصحابه، وقال لهم: إنا لله وإنا إليه راجعون، ما أعظم الرزية بفرقتكم وأجلَّ المصيبة بتباعدكم، والله ما أظن هذا الأمر إلا مشتتًا جماعتنا مكدرًا علينا صفو عيشنا؛ لأن الذي دعوتمونا إليه مزايلة ما نحن فيه لَشديد، وهو أثبت وأرسخ من أن تزيله العظات. ثم افترقوا ليلتهم مغمومين.

فلما كان من الليلة الثالثة اجتمعوا، فلما اطمأن بهم المجلس أقبل عليهم محمد بن زرعة العبدي، فقال: يا إخوتاه، اسمعوا مني كلامًا، وتدبروه بقولكم، فقد أتيتكم بأعجوبة. فقالوا: هات ما بدا لك. قال: اعلموا أني لما فارقتكم الليلة الماضية وسرتُ إلى منزلي أرقت أرقًا شديدًا، حتى إذا كان قبل الصبح أغفيتُ، فإذا أنا بآتٍ قد أتى في منامي، وهو يقول:

يا تارك القصد بعد معرفة
وسالكًا غيرَهُ من الطرق
يحيا وأصحابه على رشد
كما جلا الليل ساطع الفلقِ
فلا تكونَنَّ كالمقيم على
دَحْضٍ مُزلٍ أشفى على غرقِ

(قال): فلما سمعتُ ذلك استيقظت فزعًا مرعوبًا، حتى كاد أن يُنْزَع قلبي. (قال): فأقبل عليه يعقوب بن عبد الكريم الطائي، فقال: كأني وإياك يا أخي والله على أمر واحد، غيرِ أن الألفاظ مختلفة، وذلك لمَّا أني قمت من مجلسنا حين افترقنا بالأمس وبي من الفرقة والأسف لِتَشَتُّت الشمل ما لا أبلغ وصفه

حزنًا على إخواني لما رأيت من مفارقتهم لنا ونقضهم علينا ما نحن فيه من الألفة والمودة؛ أتيت إلى منزلي وأقمت عامة ليلتي أدير عيني على الغمض، فلا أقدر على ذلك، فبينما أنا كذلك بين النائم واليقظان، إذ أنا بهاتف يقول هذه الأبيات:

يا خاضعًا في غمرة المهلِ
وحائدًا عن أوضح السُّبلِ
لست على شيء فلا تكذبنْ
وارجع إلى التوبة في مهلِ
من قبل يوم معظم هائلِ
يُشيب رأس المرضَع الطفلِ

فلما سمعت ذلك استيقظت وما معي شيء من عقلي، فهذا والله يا إخوتي ما رأيت. فلما سمع القوم ذلك عجبوا، وجعل بعضهم يقول لبعض: كيف خُصَّ محمد بن زرعة ويعقوب بن عبد الكريم بهؤلاء الهواتف من بيننا؟! هذا سكونٌ لِنابنا.

(قال): ثم أقبل سعيد بن إسماعيل الأسدي على محمد بن زرعة وهو يقول هذه الأبيات:

لولا الذي أُحرمتَ من غدرةِ
ما راعك الهاتف إذ يهتفُ
خُصصتَ بالهاتف من بيننا
ما لك في قولك ما تنصفُ
والله رب العرش يا إخوتي
فإنني مجتهدًا أحلفُ
لا خنتُ من أهوى ولا سمتهُ
هجرًا ولا مثلي به يوصفُ

(قال): ثم أنشأ هارون بن الحصين التميمي يقول هذه الأبيات:

أبالأحلام أسلو عن هوائي
لأقوام أتوا بالتُّرَّهاتِ
أتونا يزعمون بأنَّ زَوْرًا
أتى بنصيحةٍ عند البياتِ
يحضُهم على هجر وغدرٍ
وقطع الحبل منا والشتاتَ
فمن يكُ راغبًا عن وصل إلفٍ
فلستُ براغبٍ حتى المماتِ

(قال): وتفرق القوم ليلتهم تلك أيضًا، وقد وفق الله — تعالى — خمسة نفر للتوبة، وهم: يحيى، وسليمان، وبشر، ومحمد، ويعقوب، وبقي منهم خمسة: هارون، وعبد الله، وسعيد، والأحمدان.

قال: وجعل هؤلاء الخمسة الذين تابوا يدعون إلى الله ويتضرعون في أن يرد قلوب إخوانهم إلى ما هم عليه من التوبة ويدعوهم إليها، فلم يزالوا كذلك إلى أن استجاب الله منهم دعاءهم في إخوانهم، وأقبلوا بقلوبهم إلى الطاعة، فكتب كل واحد منهم بأبيات من الشعر، وأرسلوها إلى إخوانهم التوابين، فلما وصلت هذه الأبيات من هؤلاء الخمسة إلى إخوانهم فرح الذين سبقوهم إلى التوبة، واستبشروا واشتد سرورهم، ثم ابتهلوا إلى الله — عز وجل — في أن يقوي عزمهم فيما عزموا عليه من التوبة، فاستجاب الله لهم ذلك.

(قال): ثم إنهم تواعدوا أن يجتمعوا في مشربة لهم، فيكلم بعضهم بعضًا، فاجتمعوا في مشربتهم تلك، وهي مشربة معروفة بالمدينة، يقال لها اليوم مشربة التوبة، وكانت تُعرَف قبلًا بمشربة العطارين بالمدينة، فلما اجتمعوا هناك اعتنقوا، وبكى بعضهم على بعضٍ لطول الفرقة، وما كانوا عليه من التباعد، وحمدوا الله على ما هم عليه من التقوى، وسألوه التوفيق والعصمة والثبات.

ابن التلميذ الطبيب النصراني والأطباء

من النوادر التي رواها الكتبة عن ابن التلميذ الطبيب النصراني: أن الخليفة كان فوض إليه رئاسة الطب ببغداد، فاجتمع إليه سائر الأطباء؛ ليرى ما عند كل واحد منهم من هذه الصناعة، وكان في جملتهم شيخ له هيئة ووقار وعنده سكينة، فأكرمه أمين الدولة، وكان لذلك الشيخ دربةٌ ما بالمعالجة، ولم يكن عنده من علم صناعة الطب إلا التظاهر بها، فلما انتهى الأمر إليه قال له أمين الدولة: ما السبب في كون الشيخ لم يشارك الجماعة فيما يبحثون فيه حتى نعلم ما عنده؟ فقال: يا سيدنا، هل شيء مما تكلموا فيه إلا وأنا أعلمه، وقد سبق إلى فهمي أضعاف ذلك مرات كثيرة! فقال له أمين الدولة: فعلى من كنت قد قرأت هذه الصناعة؟ فقال الشيخ: يا سيدنا، إذا صار الإنسان إلى هذه السن ما يبقى يليق به إلا أن يُسأل كم له من التلاميذ، ومن هو المتميز فيهم، وأما المشايخ الذين قرأت عليهم فقد ماتوا من زمان طويل. فقال له أمين الدولة: يا شيخ، هذا شيء قد جرت العادة، ولا يضر ذكره، ومع هذا فما علينا، أخبرني أي شيء قد قرأت من الكتب الطبية؟ وكان قصد أمين الدولة أن يتحقق ما عنده. فقال: سبحان الله العظيم، صرنا إلى حد ما يسأل عنه الصبيان «أي شيء قد قرأته من الكتب؟»، لمثلي ما يقال إلا: «أي شيء صنفته من صناعة الطب، وكم لك فيها من الكتب والمقالات؟»، ولا بد أنني أعرفك بنفسي.

ثم إنه نهض إلى أمين الدولة، ودنا منه وقعد عنده، وقال له فيما بينهما: يا سيدي، اعلم أنني قد شخت وأنا أوَسم بهذه الصناعة، وما عندي منها إلا معرفة اصطلاحات مشهورة في المداواة، وعمري كله أتكسب بها، وعندي عائلة، فسألتك بالله يا سيدنا، مشِّ حالي ولا تفضحني بين هؤلاء الجماعة. فقال له أمين الدولة: على شريطة، وهي أنك لا تهجم على مريض بما لا تعلمه، ولا تشير بفصد ولا بدواء مسهل إلا لما قرب من الأمراض. فقال الشيخ: هذا مذهبي مذ كنتُ ما تعديت السكنجبين والجلاب. ثم إن أمين الدولة قال له معلنًا والجماعة تسمع: يا شيخ، اعذرنا فإننا ما كنا نعرفك، والآن فقد عرفناك، استمر فيما أنت فيه، ولا أحد يعارضك.

ثم إنه عاد بعد ذلك فيما هو فيه مع الجماعة، وقال لبعضهم: على من قرأت هذه الصناعة؟ وشرع في امتحانه. فقال له: يا سيدنا، أنا من تلامذة هذا الشيخ الذي قد عرفته، وعليه كنتُ قد قرأت صناعة الطب. ففطن أمين الدولة بما أراد من التعريض بقوله، فتبسم، وامتحنه بعد ذلك.

الجواد الكريم

حدَّث حضرة الأب إنستاس الكرملي في مقالته المعنونة: الخيل العراب عند العرب والأعراب (المشرق ٧:٣٤٩) قال:

بينما كنتُ في خراسان في السنة المنصرمة، جاء شاب حسن الطلعة من أبناء الشيوخ، راكبًا جوادًا عربيًّا كريمًا، وكان قد طلب منه أحد أصدقائه من قبيلة أخرى ليعيره إياه، فيرسله على حِجر له، وقد أهدى له هدية لقاء هذه الإعارة ما يساوي أربعمائة فرنك، فلم يشأ صاحب الجواد، فأخذ الثاني يترصد له؛ لينتقم منه فيقتله غيلةً، فلما أراد يومًا صاحب الفرس الكريم — وكان اسمه محمدًا — أن يذهب إلى واحد من أقاربه وكان بعيدًا عنه نحوًا من سبعة فراسخ، وإذا بعدوِّه — وكان اسمه محسنًا — قد تأثَّرَه عن بعيد، حتى إذا صار الأول في قلب البادية، وإذا بمحسن ينهب الأرض بجواده كأنه البرق الخاطف، ولما أوشك أن يكون من صاحبه على قاب قوسين، أحس هذا بالخطر، فقال لجواده: «خلصني يا حمام» — وحمام هو اسم فرسه. وفي أثناء هذه الكلمات ضربه برجله، فإذا بالحمام يطير كأن قد نبت له جناحان، وأما محسن فوقف كالمبهوت المتحير، أو كأنه قد صُعِق بمكانه، وخاف أن يعود إلى عشيرته لانكشاف أمره وافتضاح سره، فلم يُعرَف ما جرى به. وأما محمد فبعد أن قص كل هذه القصة بتفاصيل عجيبة غريبة — وقد اختصرناها هربًا من الإطالة — قدم له ما يروي عطشه، وكان النهار حارًّا يتقد نارًا، أما هو فلم يشرب بل أشربه جواده، ولم يكن في تلك الخيمة غير هذا الماء، والمورد كان بعيدًا عن الأعراب، ثم قُدِّم له خبز فأطعمه جواده أيضًا، وبينما كان يأكل كان صاحبه يقبله مرات عديدة، ويأكل بعض الكِسَر اليابسة التي بيده، ولما كان فمه ناشفًا لقلة الرضاب غصَّ بكسرة من هذا الخبز فمات، وأما أصحاب الخيمة فبكوا بكاءً عظيمًا، ثم كتب أحدهم هذه الحكاية، وأناطها برقبة الجواد، ثم ضرب الجواد قليلًا، ففهم معنى ذلك، ورجع إلى أهل الميت لا فارس عليه، فعلموا أن محمدًا قد قُتل، غير أنهم لما فضوا الرقعة أدركوا السبب، وندبوه أيامًا طوالًا.

مأثرة برمكية

اقتطفها الأب لويس شيخو اليسوعي من كتاب «أحسن المسالك لأخبار البرامك» ليوسف بن محمد البلوي

ذكِر في قطب السرور عن عمرو بن مسعدة قال: رفع محمد بن عبد الله إلى المأمون رُقعةً يمتُّ فيها بحرمة، ويزعم أنه من صنائع البرامكة، وأنه مولى ليحيى بن خالد، وقد كانت له نعمة واسعة وضيعة، وأن ضيعته قبضت فيما قبض للبرامكة، وزالت نعمته بحلول النقمة بهم، ودفعها إلى المأمون، فدفعها المأمون إلى أحمد بن أبي خالد، وأمره بضمه إليه والإجراء عليه، فصلحت حال محمد بن عبد الله بذلك، وتراجع إليه أمره، فكان ينادم أحمد بن أبي خالد لا يفارقه، فتأخر عنه يومًا لمولود وُلد له، فبعث إليه، فاحتجب عنه، فغضب عليه بسبب ذلك، فحبسه وقيده وألبسه جبة صوف، فمكث كذلك أيامًا، فسأله المأمون عنه يومًا، فذكر له ما هو فيه من الصلف والتيه والافتخار بالبرامكة، وأنه لا يزال يذكرهم ويترحم عليهم، فأمر بإحضاره، فأُحْضِرَ على تلك الحال، وأقبل عليه بالتوبيخ مُسفِّهًا لرأيه، ويذكره ما تقدم من فقره، ويعظّم في عينيه إحسان ابن أبي خالد. فقال له: يا أمير المؤمنين، أطال الله بقاءك، لقد وضعتَ من البرامكة غير موضوع، وصغرت منهم غير مصغَّر، وذممت غير مذموم، وقد كانوا شفاء أيام دهرهم، وغياث جدب عصرهم، ومفزعًا للملهوفين وملجأ للطالبين، فإن أذن أمير المؤمنين حدثتُهُ ببعض أخبارهم؛ ليعلم صدق قولي في تفردهم في عصرهم بالأيادي النفيسة. فقال له: هاتِ وأوجز. فقال: ليس بإنصاف وأنا في القيود. فأمر بفك قيوده، فقال: يا أمير المؤمنين، ألمُ الجبة حائل بيني وبين حلو الحديث، ومانع لي من الوقوف على غرَره. فأمر بخلع الجبة عنه، وأن يُخلع عليه، ثم قال له: هات حديثك. فقال:

يا أمير المؤمنين، كان ولائي ليحيى وانقطاعي للفضل ابنه، فقال لي الفضل يومًا بحضرة أبيه وأخيه: يا محمد، أحب أن تدعوني دعوةً كما يدعو الصديق صديقه. فقلت له: حالي تصغر عن ذلك وتضيق به، ومالي يعجز عنه، وهيأتي لا تقوم به. فقال لي: دع عنك فلا بد منه. فأعدتُ عليه الاستقالة والاستعفاء، فرأيته مصممًا، فأقبلت على أبيه لائذًا ومستعينًا به، واستعنت بأخيه جعفر، فأقبلا عليه وسألاه ذلك، وأعلماه بقصور يدي عن بلوغ ما يحبه ويشتهيه، فقال لهما: لستُ بقانع منه دون أن يدعوني وإياكما لا رابع معنا. (قال): فأقبلا عليَّ، وقالا: هذا قد أبى أن يعفيك، وإن لم يكن الأمر إلا لنا فلا حشمة بيننا، أقعدنا على أثاث بيتك فأطعمنا من طعام أهلك، فنحن بذلك قانعون. فقلت للفضل: إن كنت قد عزمت على ذلك وأبيت إلا فضيحتي فلا بد من أن تؤجلني أجلًا أتأهب فيه لكم. فقال: استأجل لنفسك ما تريد. فقلتُ: أجلني سنة. فقال: ويحك! أومعنا أمان من الموت لسنة! فقال يحيى: ويحك! قد أفرطتَ في الأجل، ولكني أحكم عليكما بما أرجو أن لا يرده أبو العباس، فاقبله أنت أيضًا. فقلت: احكم، جعلني الله فداك، ووفقك للصواب، وتفضل علي بالفسحة في المدة. فقال: قد حكمت بشهرين. فخرجت من وقتي، وبدأت برمّ منزلي، وإصلاح آلتي، وشراء ما أتجمل به من فرش وأثاث وغير ذلك، وهو مع ذلك لا يزال يذكرني، حتى إذا كانت الجمعة الذي نجز فيها الوعد قال لي: يا محمد، قد قرب الوعد، ولا أحسب قد بقي إلا عمل الطعام. فقلتُ: نعم، جعلني الله فداك. وأمرت بالطعام فأصلح بغاية ما تناله يدي ومقدرتي، وجاءني رسوله عشية اليوم الذي صبيحته الوعد فقال: هل تأذن في البكور؟ فقلت: نعم، جعلني الله فداك.

فبكّر إليَّ هو وجعفر ويحيى وسائر أولادهم وفتيانهم، فلما دخلوا أقبل علي الفضل فقال: يا محمد، أول شيء أبدأ به أن أنظر إلى نعمتك صغيرها وكبيرها، فقم بنا حتى أدور عليها، فأحتاطَ بها علمًا. فقمتُ وقام وهما معه حتى طاف المجلس، ثم خرج إلى الخزائن ثم إلى بيت الشراب، وخرج منه إلى الإصطبل، ونظر إلى كبير نعمتي وصغيرها، ثم عدل إلى المطبخ؛ فأمر بكشف القدور وعَرْضِ كل ما أصنع من الطعام قِدرًا قدرًا، ثم أقبل على أبيه وقال: هذا اللون الذي يعجبك، ولستَ ببارحٍ دون أن تأكل منه. ودعا برغيف فغمسه في القدر وناوله أباه، ثم فعل بأخيه كذلك، ثم أمر غلمانه برفع القدور وأكل ما فيها.

فلما رأيت ذلك ضاقت علي الدنيا، وقلتُ: ما العمل، هذا شيء اجتهدت فيه، ولا يمكنني استئناف عمل طعام آخر؟ فقال لي الفضل: نحن نقنع منك بما في منزلك من طعام أهلك. ثم دعا بالخلال، وخرج إلى صحن الدار، فأدار بصره في جنباتها وسقوفها وأروقتها، ثم قال لي: يا محمد، مَن بجوارك؟ فقلت: جعلتُ فداك، فلان التاجر عن يميني، وفلان الكاتب عن شمالي، وخلف ظهري رجل قد ابتاع خربة، فهو في بنيانها لا يبرح. فقال لي: أفتعرفه؟ قلت: لا. قال: كان الأليق بمحلك منا أن لا يجترئ عليك رجل ويشتري بقربك شيئًا إلا بأمرك، ولا سيما إذا كان ملاصقًا لك. فقلت: ما منعني من ذلك إلا ما كنت فيه من الاشتغال بهذه الدعوة المباركة. قال: فأين الحائط الذي يتصل بدارك؟ فأومأت إلى موضع من الدار، فقال: علي بنجار. فأتي به فقال له: افتح هنا بابًا. فأقبل عليه أبوه وقال له: نشدتك الله يا بني، لا تهجم على قوم لم تعرفهم. وأقبل عليه أخوه بمثل ذلك، فأبى إلا فتح الباب، وخفتُ مغبة ذلك، ولم أجترِ على الكلام بعد أن رد أباه وأخاه. ففتح الباب في الحائط، ودخل منه، ثم بعث إلى أبيه وأخيه أنِ ادخلا، فدخلا، فإذا في وسط الدار فتًى جالس على سرير، وعلى رأسه عشرون غلامًا كأنهم الدنانير بالمناطق المثمنة، فقاموا بأجمعهم بين يديه فدخل الدار، وطاف في مجالسها وخزائنها، فوجدها مشحونةً بآلة الملوك من الفرش والأواني، فأقبل علي وقال: يا محمد، أيما أحسن هذه أم دارك؟ فقلت: أصلح الله الوزير، والله ما رأيت مثل هذه الدار، وإنها لا تليق إلا بك. فقال لي: أتحب أن تكون صاحب الدار، ويكون مالكها عبدًا لك؟ فقلت: جُعلت فداك، من أين لي ذلك؟ فقال: اعلم أنك لما نهضت من بين يدي ساعة سألتك دعوتي، أمرت غلامي بشراء هذه الخربة وبنائها واتخاذ كل ما ترى فيها، وقد وهبتُها لك بكل ما فيها، يا غلام، هاتِ ما عندك من الطعام، فأتي بطعام ما رأيت مثله، فجعلوا يأكلون.

ثم نظرت إلى جعفر، فرأيت الكآبة بادية على وجهه، وقد التفت إلى أبيه وقال: يا أبت، أعزك الله، لا أزال أشكو أخي أبا العباس إليك ولا تنصفني منه، أفترضى له أن يختص بهذه المكرمة دوني، ويضن بمشاركتي إياه؟ فأقبل يحيى على ولده الفضل وقال: يا بني، لقد كنت أولى أن تشرك أخاك في هذه النفيسة. فقال له: جُعلت فداك، والله ما تفردتُ بها دونه، ولا استبديت بها دونه، ولقد تركتُ له صفوها. فقال: ما هو وقد قُضي الأمر؟! فقال الفضل: إن محمدًا هذا رجل قليل ذات اليد، لا مال له، ولا ضيعة عنده تقوم بهذه الدار، ومتى خُلِّي بينه وبين هذه الدار وهؤلاء الغلمان لم يقوَ على ذلك، وكان مضرًّا بحاله، وضيعتك الفلانية مشاكلة لهذه الدار، فأوهبها له؛ ليقوى بها على أمره. فقال له جعفر: صدقت، لقد فرجت عني، يا غلام، هاتِ كتاب الضيعة. فسلمه إلي، وقام يحيى، فضم ولديه إلى صدره وقبلهما، وقال: بأبي أنتما وبنفسي أقيكما، لا أخلاكما الله من مزيد بسطة ونعمة جليلة، ولا أخلاني فيكما من دوام العافية وطول العمر واجتماع الشمل.

(قال): فبكى المأمون عند استماعه ذلك، وقال: والله لقد برّز القوم في فضلهم، وسبقوا بمجدهم، إنك لجدير يا محمد أن تطنب فيهم، وأمر برد نعمته عليه، وأمر له بألف دينار.

الضيافة عند العرب

رواية معرَّبة بقلم أحد الأدباء

اطَّلعنا في أحد أعداد من النشرة التونسية على خبر، رواه أحد وكلاء الدعاوي في تونس، أحببنا إثباته هنا؛ ليرى القراء أن ما نُقل عن جود أهل البادية وعن تفانيهم في إكرام الضيف وتأهيل الغريب في القرون الغابرة قد توارثه العرب المحدثون، كخلفة شريفة يبذلون دونها نفسهم ونفيسهم، ويتفاخرون بها مرددين قول الشاعر:

الله يعلمُ أنه ما سرني
شيء كطارقة الضيوف النزَّلِ
ما زلت بالترحيب حتى خلتني
ضيفًا له والضيف رب المنزلِ

قال الراوي: دعتني واجبات مهنتي في أواسط شهر آب سنة ١٨٩٣، إلى بلدة تُدعى زاوية المعيصرة شمالي «قُرْبة» في أنحاء رأس الدار Cap-Bon، فعقدتُ فيها جلسة لاستنطاق بعض الجُناة، ثم اتخذتُ لي دليلًا من عرب الناحية نحو الساعة الثانية بعد الظهر؛ ليسير بي إلى «نابل» قبل ورود الليل، وما كنت لأباشر سيرًا كهذا في فصل القيظ، لولا أني رأيتُ أديم السماء قد غطته السحب فلطَّفت ودائق الحر.

فلما صرنا على مسافة بعض أميال من «قربة» اكفهرَّ الجو، وومض البرق الخاطف للأبصار، وعصفت الريح، فثار من الأرض عجاج كحل العيون بذراته، ولم يلبث قصيف الرعد أن دوى، ومزق أديم الزرقاء، وأجرى الأمطار كالسيل المدرار، فصارت ثيابي بعد قليل كعصير الماء إلا أن رفيقي صاح بي قائلًا: «بارك الله فيك يا سيدي، فإن سفرك لميمون، دونك المطر غسال البيدر، ولكن لا سبيل إلى مواصلة السير، فهيا بنا نحل في هذا الدوار على شمالنا في جانب الطريق.»

فأذعنتُ لقول دليلي، وركضتُ جوادي إلى حيث أشار، فلما اقتربنا من المكان هرَّت في وجهنا الكلاب، وكادت تهجم علينا، وإذا برجل من أهل الدوار خرج فتقدم إلينا، فابتدره رفيقي بالسلام وقال: بشراك يا شيخ أحمد، هو ذا السيد ب. وعبدك أتيناك طالبَين ضيافتك، فنسكن عندك ريثما يأذن الله في رُكود الريح وهدوِّ العاصفة.

– بارك الله فيك وفي السيد القادم.

منزلنا رحبٌ لمن زارَهُ
نحن سواء فيه والطارق

قال هذا، وأمسك المطايا لنترجل عنها، ثم سلم الخيل لولد، وأدخلنا داره في وسط حيه، وهم يدعون الحي قربي gourbi، وكانت الدار مفروشةً بحصير من الحلفاء، فأجلسنا في صحنها وأكرم مثوانا،

ثم خرج بعد حين مستأذنًا بالذهاب، طالبًا أن ننتظره.

مرت علينا ساعة، وإذا بصاحب الدار عاد وبين يديه جَفنَةٌ من الكُسْكس، وفي أثره غلمان يحملون القصاع، فيها إدام من المرق الأحمر والبندورة والفلفل واللحم غير النضيج، وكان ينبعث من الأطعمة رائحة كريهة من الزيت القنِم والسمن السنِخ، غثت منهما نفسي، وجشأت، فما استطعتُ أن أذوق منها لماظًا.

فشق على ضيفي امتناعي عن الأكل، وكان عد ذلك إهانة لولا اعتذاري بأني لم أعتد هذه المآكل، فقام على الأثر، وأتاني بعد برهة من الزمان بعدد من البيض النمبرشت.

فبعد البسملة باشرتُ بنقف بيضة لأتحساها، ثم فكرت في الملح، فطلبت منهُ قبضةً، وأنا لا أدري ما تكمنه لي الأقدار، فخرج الشيخ أحمد إلى مضارب الدُّوَّار فلم يجد ملحًا عند أهله، فعرفت فضولي وتندمت على طلبي، ثم طيبت قلب الشيخ قائلًا: إنني عنه لفي غنًى. لكنه لم يُصغ إلى كلامي، بل أومأ بيده إلى غلام هناك، فاقترب منه شابٌ في مقتبل العمر، رشيق القد، جميل الهيئة، حسن البزة، وهو مشتمل بإحرام، فنظر إليه الشيخ نظرة مفتخر وقال لنا: «هذا علي ابني.» ثم التفت إلى الفتى قائلًا: «أبني علي، كأني بالعاصفة قد سكنت ثائرتها، فاركب مسرعًا مهرنا الخضراء، واذهب إلى أقرب دوار منا، وائتنا بملح.»

فتصدَّيتُ للشيخ ما أمكنني، وحلفتُ بأيمان محرجة أني لا أذوق البيض إذا خطا علي ابنه خطوةً خارج الدوار، لكن الشيخ أحمد لم يكترث لقولي، فسار الغلام، وبقيتُ في الدار وحدي مع الدليل وضيفي.

فمضى علينا نصف ساعة ثم ساعة ثم ساعتان قبل أن نستبشر بعودة الغلام، فانفرط بيننا سمط الكلام، ثم ساد سكوت أشبه بسكوت القبور، وبدت على ملامح الشيخ أحمد أمارات الجزع والاضطراب، وكان الليل في أثناء ذلك ضرب على الأرض أطنابه، وهدأت كل الحركات، فلم نكد نسمع ركزًا، اللهم إلا صوت قطرات من المطر كانت تكف فوق الحصى.

وكانت أتعاب النهار مع قلة الأكل قد هدت قواي، فشعرتُ بالنعاس قد أثقل أجفاني، وكاد يخدر أعضائي، وكذلك رفيقي أوشك النوم يكتحل عيونه... ونحن كذلك إذ سمعنا من كثب صوتًا منكرًا، أطار النوم عن العيان واقشعرت له الأبدان، وكان الصوت صراخًا فاجعًا مستطيلًا، طرحته امرأة في بطن الليل الداجي، ثم أردفت الكلاب من بعده فصخبت صخبًا شديدًا، وملأت الحي نبحًا.

فوثبنا ثلاثتنا إلى الجربة؛ لنرى ما الخبر، وإذا بأصوات البكاء والعويل تتوالى، فتقربُ إلينا وفي جملتها ولولة النساء لا تخمد من حين إلى آخر، حتى يُسمع هتاف أفظع من الصراخ الأول، كاد يجمد له الدم في العروق.

وكنا نحن على باب الجربة، ينظر بعضنا إلى البعض نظر المتحير الدهش، لا ندري ما الداعي لهذه أصوات الويل والثبور، إذ تراءى لنا نور مشعل ضئيل، فميزنا في ضوئه جنازةً يحملها نفر، وكان

على الجنازة جثة هامدة، ولم نلبث أن عرفناها، وإذا هي جثة عليٍّ، ذاك الشاب ذي البهاء والجمال الذي راقنا منظره في أصيل النهار.

وكانت علة موته أنه لما عاد من الدُّوَّار حيث أرسله أبوه لطلب الملح؛ عثرت رجل فرسه في دجى الليل، فوقع الراكب من ظهرها، وصُدم رأسه بصخرة في الطريق فمات موتًا وحيًّا، فلما استطال أهله عودته أرسلوا قومًا يستطلعون أخباره، فوجدوه صريعًا بين الصخور.

وبينما كان حملة النعش يحطون بجسم الميت، كان الشيخ أحمد ينظر إلى ابنه نظرة أبٍ فُجِع بفلذة أكباده ومظنة آماله، وأنا سبب موت الغلام على غير اختياري، بل رغمًا مني، كنت بقُربه واقفًا واجمًا، لا أبدي حراكًا، كأن صاعقةً انقضت علي ففلجت جسمي، أما الدليل رفيقي فكان يسرح بصره بين الوالد المسكين وبيني، لا يدري ما يقول أو يفعل.

فمُدَّ الميت في زاوية من الجربة، وكان فوهُ منفتحًا، كأنه يريد التكلم، فأشار الشيخ إلى النسوة أن اكففن عن العويل. فسكتن للحال، وخرجن مطرقات صامتات.

عندئذ دعانا ضيفُنا ودعا معنا كل الحضور؛ لندخل المنزل، فجلسنا حوله لا ننبس بكلمة، وكان كلٌّ منا يجيل في فكره حوادث ذاك النهار المشئوم، وكانت كل أصوات الخارج قد هدأت ثانيةً إلا قطرات ماء المطر، كانت تُسمع بقبقتها عند سقوطها في أجران الماء، تحسب صوتها في هدوّ الليل الدامس كصوت الموت.

وبقينا كذلك مدةً غائصين في بحر الغم، إذ لمحنا الشيخ أحمد، فرأيناه مسح وجهه ولحيته بيديه قائلًا: «الله أكبر، إنه وحده أزلي لا يموت.» ثم التفت إلى أحد الحضور فسأله: وهل أتى بالملح؟ فقام رهط من الجلوس ودسوا جثة الميت، فوجدوا لفافة فيها الملح، فوجه الشيخ الكلام نحوي قائلًا: «سيدي، إن ولدي أتاك بالملح، فقم بلا تكلف وشرفني بأكل طعامي.» ثم أراد أن ينشطنا على الأكل، فأخذ دُبلة من الكسكس وأدخلها فاه، وقال للجلوس: «هيا، باسم الله، يا أسيادي كلوا.»

فلما رأيت هذا الجلَد، وسمعت هذا الكلام عمل فيَّ منظر الشيخ عملًا لا يوصف، فاندفعت أبكي وعلا صوت نحيبي، ثم خرجت من الدوار وحدي، رغمًا عن العاصفة وأهوال الليل وقفر المكان لا أعي، فقام الشيخ مع الحضور ليوقفوني ويردوني إلى المنزل، إلا أني لم أعرهم سمعي، ولم أنكص على الأعقاب لتوسلاتهم وإلحاحهم، بل سرتُ هائمًا في وجهي إلى ما شاء الله.

www.ingramcontent.com/pod-product-compliance
Lightning Source LLC
Chambersburg PA
CBHW050058170426
43198CB00014B/2380
* 9 7 8 0 4 6 3 0 7 4 2 8 2 *